建築史論聚

中村昌生先生喜寿記念刊行会編

思文閣出版

はじめに

本書は、京都工芸繊維大学名誉教授中村昌生先生の喜寿を記念して、先生に親しく薫陶を受けた者たちが論文を献ずることによって、その学恩に報いようとして計画されたものである。奥付発行日の本年八月二日、先生は満七七歳を迎えられる。

還暦、御退官、古稀など、これまでにも記念の論集を編もうという気運はあったのだが、先生はその都度、首を縦にふられなかった。このたび、ようやくわれわれの計画を受け入れていただくことができた。日頃の研究成果を発表する機会に恵まれない——怠っている——われわれへの暖かい思いやりによるものと思う。ついては、各自がオリジナル論文を持ち寄ること、という条件が付せられた。研究室を巣立ち、それぞれの領域で応分の活動をしてはいるが、師弟の関係はいつまでも続くもの、先生には各論文を査読するという役割をお引き受けいただいた。とはいえ、本書に納められた論考に瑕疵があるとすれば、その責は執筆者に帰すべきであることは言うまでもない。

本書の内容は、扱う対象を整理して、寺社建築、茶室、建築生産史・都市史、近代建築の四部に便宜的に分けている。先生は「日本建築の歴史的伝統を深く把握することが新しい時代の建築の創造に寄与しうる基本的な課題である」(『中村昌生の仕事　数寄の空間』淡交社、二〇〇〇年)と言明しておられる。本書に寄稿していただいた研究室史(「思い出すままに」)にも描出されているとおり、研究室では実に多彩なテーマが展開されていた。

そのことは、とりもなおさず先生ご自身の懐の深さを物語るものであり、お釈迦様の掌上の孫悟空とはわれらのことか、というのが偽らざる所感ではある。先生の到達された学識の高みには——大いなる目標であるとしても——決してたどりつくことのできないであろうわれわれであるが、各論考は、「多様」で「一つ一つ個性的」である。これはまさに茶室的様態というべきであり、先生を「師」とする幸いに恵まれた者たちとして、いささかの自負を許されるのではないかと思う。

あらゆる面において終始ご指導いただいてきたことに対して心より感謝を申し上げ、本書を中村昌生先生に献じたい。

二〇〇四年七月

中村昌生先生喜寿記念刊行会を代表して　日向　進

I　寺社建築

◆中扉写真◆

浅間神社側本殿妻飾り

歴史的にみた多武峯十三重塔

中村伸夫

はじめに

多武峯（談山神社）十三重塔（図1）は、檜皮葺の屋根が幾重にも重なるその美しい姿が背景の山と溶け合い、古来見る人に強い印象をあたえてきた。本塔が現存する唯一の木造十三重塔としてきわめて高い価値を有することには誰しも異論がないであろう。しかし、同種の遺構がほかに存在しないことから、この特徴のある建築形式がいつの時代に成立したのか、また寺院開創時の形式を受け継いでいるのかどうか、さらに中国から輸入された形式なのかどうかなど解明されていない点が多い。従来、十三重塔は寺伝のとおり藤原鎌足の遺骨を埋葬するために創建された建物と考えられていたのに対して、黒田曻義氏は、多武峯が寺院として開創されたのは寺記に伝える天武七年（六七八）ではなく、嘉祥元年（八四八）頃ではないかと推定し、十三重塔の創建が貞観七年（八六五）以降に下がる可能性があることを指摘した。[1] さらに現存する塔の形式が、初層が特に大きい点に着目して、般若寺十三重塔や海住山寺五重塔、また絵図に描かれる笠置寺十三重塔と類似することから鎌倉時代に成立したことを推定した。

図1　多武峯（談山神社）十三重塔

黒田氏の見解に対して、その後これを積極的に支持する説、あるいは正面から否定する説も提出されていないというのが現状で、建築史の中での多武峯十三重塔の位置づけについては曖昧なまま残されているといえる。

そこで本稿では、まず史料の上から明らかになる木造十三重塔の実例を展望し、その全体像をつかみたい。つぎに多武峯十三重塔が中国大陸や朝鮮半島からの影響を受けている可能性について、本塔の外観の最大の特徴である初重の屋根を大きくしている点に着目して考えてみたい。また黒田氏が指摘した、初層の屋根が同様の特徴をもつ石造十三重塔との関連性についても検討したい。最後に多武峯十三重塔の沿革、現存遺構の構造技法及び意匠的特色について述べるとともに、その形態に決定的な影響を及ぼしている明治の修理に関して、具体的修理内容を示す資料を調査する機会を得たので、あわせてその紹介をしておきたい。

一　史料にあらわれる木造十三重塔

多武峯十三重塔を建築史の中で正しく位置づけるためには、かつてわが国に存在した木造十三重塔について知っておく必要がある。史料から明らかになる木造十三重塔の造立例は他の多層塔に比べるときわめて少なく、多武峯塔のほかにつぎの六例だけである。すなわち、興福寺四恩院、長谷寺、笠置寺、高山寺、光明峯寺、極楽寺にあったものである。そのうち、興福寺四恩院、高山寺、光明峯寺については足立康氏が紹介し(2)、近年においては濱島正士氏が多武峯、興福寺四恩院、長谷寺、笠置寺、高山寺、極楽寺の六例についてより詳細に考察を加えている。(3) ここでは濱島氏の論考によって各実例について略述したい。

（1）興福寺四恩院十三重塔

興福寺四恩院は、興福寺伽藍から東へ離れた春日山内、氷室神社のさらに東方に位置し、『興福寺濫觴記』には御祈禱所と記される。十三重塔は『濫觴記』等によると覚運の入滅後に弟子の行蓮が建保三年（一二一五）に建立供養を行ったもので、本尊は五社垂迹の釈迦、薬師、地蔵、観音、文殊各尊像であったという。建立後、文明一二年（一四八〇）に焼失したことがわかるが、(4) 江戸時代の「興福寺春日社境内絵図」（興福寺蔵）に描かれているので、その後再建されたらしい。同絵図は宝暦一〇年（一七六〇）頃の制作であるが、江戸初期の状況を描いたものと考えられていて、享保二年（一七一七）の火災、明和四年（一七六七）の火災および寛政三年（一七九一）の台風によって失われた建物を朱で囲み、その旨を注記している。四恩院も朱で囲み、明和四年四月炎上と記している。明和焼失後は、興福寺伽藍の復興状況から考えておそらく再建されなかったと考えられる。

『濫觴記』に引用する「元要記」はこの塔を白河院の建立とするが、そのことは史料上確認ができない。十三重塔の規模は『濫觴記』に「東西南北二間三寸四方、高十二間」と記している。境内絵図には初重から十三重まで低い軸部と軒を積み重ねた形に描かれ、「二間四方高拾一間、屋根柿葺」と記している。両者で多少寸法の差があるが、一間を六尺五寸とみると、初重柱間が約一三尺、高さが七一・五尺〜七八尺で、多武峯塔よりも一回り大きい塔であったことがわかる。

（2）長谷寺十三重塔

『大和志料』に載せる「長谷寺秘記」によると、弘安三年（一二八〇）の大火によって観音堂等とともに十三重塔が焼失したことがわかり、[5]『大乗院寺社雑事記』によると、正和五年（一三一六）に十三重塔供養とあって、弘安焼失後三六年たって再建されたことが明らかになる。『雑事記』によると、その後明応四年（一四九五）に観音堂・十三重塔以下悉く焼失した。[6]明応焼失後の再建に関しては記録がなく明らかでないが、「秘記」では天文五年（一五三六）に観音堂他が炎上し灰燼となったというから、十三重塔もいったん再建され、再度焼失した可能性が高い。

寛永一五年（一六三八）の「長谷寺境内絵図」（同寺蔵）に、観音堂の東方に十三重塔が描かれていて、「東塔ほんそんやくし」と記されるが、この絵図は復興計画のために天文焼失前の景観を復原的に描いたものと濱島氏は推定している。

安置仏については、菅家本『諸寺縁起集』に「十三重塔一基　在観音堂東方　安地蔵井像也」とあって、同書が編纂された室町時代には地蔵菩薩を本尊としていたことがわかる。

この塔の創建については記録がなく不明で、寛平八年（八九六）の『長谷寺縁起文』に十三重塔の記載がないので、寛平八年以後弘安三年以前の創建としかわからない。

(3) 笠置寺十三重塔

笠置寺の十三重塔については、貞慶の「笠置寺十三重塔造立願文」があり、[7]それによると、建久九年（一一九八）一一月七日に落慶供養されたことがわかる。願文によると木瓦葺で、一尺六寸の釈迦如来像を本尊とし、母屋柱や扉に仏画等を描き、上層にも四天王像を描いて、仏舎利・弥勒菩薩像千体・経巻等を奉納している。

鎌倉時代中頃の作とみられる「笠置寺曼荼羅」（重文・大和文華館蔵）をみると、磨崖仏の弥勒菩薩の横に十三重塔が大きく描かれる。これは貞慶が建てた塔を描いていると考えられ、高欄を回らした基壇上に建ち、初重は軸部を本格的に造り、組物も備えている。二重以上は軸部がごく低く、軒の出は初重を特に大きくしている。屋根は檜皮葺のように見え、この点は願文にいう木瓦葺と異なる。細部はともかく、全体の形は多武峯十三重塔とよく似ている。規模については不明であるが、他の建物や人物、磨崖仏とくらべるとあまり大きくないらしいと濱島氏は推定している。

建立後の沿革については記録がないが、笠置寺は南北朝の争乱に巻込まれ、元弘元年（一三三一）九月二八日に全山が焼失しているので、(8)その時に塔も焼失したと思われる。その後、笠置寺は振るわず、塔の跡地と伝えられる場所には南北朝時代の石造十三重塔（重文）が建てられている。

（4）高山寺十三重塔

『高山寺縁起』によると、伽藍の東南隅に十三重塔があり、この塔は明恵が入滅（貞永元年＝一二三二）後に弟子の覚厳が、明恵が年来本尊としていた弥勒菩薩を安置するため嘉禎二年（一二三六）に造立したことがわかる。(9)壁面や柱には曼荼羅や十六羅漢が描かれ、また千体釈迦像も安置されていた。桃山時代の作とみられる「神護寺伽藍之図」（神護寺蔵）に高山寺も描かれていて、そこに十三重塔が見える。描かれた十三重塔は層塔とも簷塔ともとれる形をしている。建立後の沿革については記録が乏しく、『厳助往年記』により天文一六年（一五四七）に兵火によって十三重塔以下悉く焼失したことがわかるだけである。(10)

（5）光明峯寺十三重塔

光明峯寺十三重塔については濱島氏は取り上げておらず、これに関しては足立氏の紹介文のほかに光明峯寺についての福山敏男氏の論考がある。[11] 九条道家は嘉禎二年（一二三六）に東大寺と興福寺にならって大伽藍の建立を発願し、寺名を両寺にちなんで東福寺とした。延応元年（一二三九）に仏殿の工事を始めたが、ちょうどそれと時を同じくしてその東方の東山山裾に、高野山を模して御所と御堂からなる密教寺院の建立に着手した。これが光明峯寺で、道家は出家後ここに住したので光明峯寺殿あるいは峯殿と称された。道家は伽藍から少し東方に離れた山中に、高野山の奥の院に倣って御影堂、十三重塔、草庵を建て、道家の死後、遺言によりここを彼の墓所とした。『九条道家初度惣処分状』には、十三重塔は多武峯塔を模したもので、仏舎利三十二粒を宝瓶に入れて安置したと記す。[12] 足立氏は、道家の遺言により十三重塔などにおいて仏事を修めていることから木造であったと推定した。[13] しかし、この塔が木造かあるいは石造であったのかという問題についてはそれほど単純でなく、いくつかの疑問点が残されており、福山氏も多くの史料を用いて考証したが、結局どちらとも結論を得ないまま終わっている。その要点を記すと、『聖一国師年譜』によると、延応元年（一二三九）五月、道家が病気に罹り、諸僧に命じて平癒を祈禱しているときに比良明神の神託があり、道家が寺を創建し、また十三重石塔を造ろうとしていることをほめたたえ、自分は眷属をひきいて伽藍神に成ろうと僧政慶（証月上人）に告げたという。[14] 延応元年というとまさに光明峯寺の造営工事の最中であるから、この十三重塔は奥の院のものと考えられるが、石塔となっている点がまず疑問として残る。

光明峯寺のその後の変遷については詳らかにならないが、『京都坊目誌』や『東福寺誌』には建武二年（一三三五）に戦火で焼けたように記すが、[15] これには疑問があると福山氏はしている。応仁二年（一四六八）に兵火により光明峯寺は全焼した。[16] さらに『京都坊目誌』や『東福寺誌』には、文明二年（一四七〇）にも光明峯寺が兵火にかかったように記すが、これについても不明であると福山氏はしている。その後光明峯寺の再興が企てられたが、藤原氏の勢力が衰えてしまい結局果たせずそのままになった。

現在東福寺三門の東北の山中へ少し入った場所に石造十三重塔（重文）があり、基礎につぎのように刻銘が記されている。[17]

比良山大□□
願院□□□□
超□結衆
右時延応元年五月
□□檀門守門
□北蓮建□
十三層石塔
康永二癸未仏生日
□造立

康永二年（一三四三）造立とあり、様式から判断してもこの石塔はその時に造られたものと見なしてよい。前の六行は摩耗がはげしくすべてを判読することができないが、文頭に比良山大□□（明神カ）とあり、また延応元年五月の年号が記されていて、前記の『聖一国師年譜』に記される比良明神の神託云々という記事と符合するので、この石塔は光明峯寺奥の院の十三重塔の後身と見なすのが妥当である。『京都坊目誌下巻之三十一』には、この石塔は光明峯寺にあったもので、後世この場所に移したと記すが、[18]他の江戸時代の地誌類にはこの十三重石塔がもとは光明峯寺にあったという記載は見られず、この『坊目誌』の記事が正しいのかどうかは確かめられない。この東福寺十三重石塔がもとはどこにあったのかという問題はここでは措いておくとして、光明峯寺十三重塔の後身であるとした場合、延応元年に建立された塔が百年余りのちに再建されたという事実から、創建された光明峯寺塔が石造であったかどうかを考えた場合、百年あまりで石塔が再建が必要となるほど破損したとは考えにくい。やはり、木造塔であったので破損が進み、石造にかえて再造したと考えるのが自然と思われる。

光明峯寺奥の院の造営は道家の弘法大師への深い傾斜を反映している。しかし、高野山（金剛峯寺）の奥の院には十三重塔は存在しなかったから、十三重塔については別の意図によって建立されたと考えられる。ひとつには、道家の心に深く刻み込まれた多武峯十三重塔の美しさを自らの墓所において再現しようとしたことが想像されるし、またもう一つには、道家は自身の遺体を奥の院の御影堂の下に納めるようにとの遺言を残しているから、この十三重塔は自身の墓塔として建立したことが考え得る。あるいはその両方の意図があったのかも知れない。

「多武峯を模した」という記載が問題となるが、これには以上の二通りの意味合いを含んでいるように感じられる。多武峯塔は藤原氏の氏祖である鎌足の遺骨を埋葬した上に建立された建物と信じられていたから、その故実になぞらえて道家自身の墓塔として建立したという解釈は充分成り立つであろう。以上のことを考えると、道家が再現しようとした十三重塔は檜皮葺の建物がふさわしく、光明峯寺十三重塔はやはり木造塔であったとみたい。

（6）極楽寺十三重塔

忍性が開いた鎌倉の極楽寺にも十三重塔があったが、これは忍性が嘉元元年（一三〇三）に入滅した後、正和四年（一三一五）七月九日に供養されたものである。[19] 安置仏は不明である。室町時代末期から江戸時代初期にかけて描かれ同筆と考えられる境内絵図（極楽寺蔵）が二枚残されていて、一枚には堂塔が数多く描かれ、他方には少ししか描かれていないことから、前者は往古の景観を、後者は現状の景観を描いた図と考えられている。現状図には塔は石塔しか無いが、往古の図には十三重塔と五重塔の二基の塔が並んで描かれる。両塔とも簷塔形式で、屋根の描き方から木造と見られる。十三重塔の建立後の沿革は不明であるが、前記の現状図に描かれていないし、江戸時代の地誌に出ていないところから、かなり早い時期に失われ、再建されることがなかったと考えられる。

以上見てきた木造十三重塔について、濱島氏は、現段階では十三重塔の歴史的な位置づけを明確にすることはできないと断ったうえで一応のまとめをしているが、その要点を述べると、まず建立年代については、多武峯と長谷寺は興福寺の末寺であった時期があることから、興福寺四恩院塔は多武峯が興福寺に属していた天暦年間（九四七~九五七）以前に創建された可能性があること、また長谷寺は正暦元年（九九〇）以降興福寺に属しているから、同年以降に四恩院塔に倣って建てられた可能性も考え得るとし、全体の十三重塔について、いずれの塔も創建は平安時代から鎌倉時代にかけてであるとしている。このことは光明峯寺十三重塔にも当てはまる。

形式に関しては、構造上の理由と各絵図を参考にして、いずれも層塔形式でなく、簷塔形式であったと推定し、多武峯塔の特色である初重の屋根をとくに大きくしている点については、笠置寺塔では絵図によってそうなっていたことを確認できるが、他の塔については不明であるとしている。つぎに安置仏については、各塔それぞれに信仰形態を反映して異なるが、全体としてはすべて南都仏教系のもので、密教系の本尊を祀った例はないとしている。

さらに、濱島氏はふれていないが、ここで見落としてならないのは、興福寺四恩院、高山寺、極楽寺において、十三重塔建立の動機として師の威徳を偲びその供養のために弟子が建立している点がある。その場合に、師が信仰していた本尊を安置するという建立目的はあるにしても建物は墓塔に近い性格を帯びているといえる。十三重塔はあらゆる木造建造物の中で最も求心性の強い形式の建物と言っても過言でない。その点が墓塔にふさわしく、石造の場合でも十三重塔が墓塔や供養塔として多く採用された理由であろう。その意味で、多武峯塔が鎌足の墓塔として建てられたという伝承はきわめて象徴的で、後世に木造十三重塔が建立される場合の動機付けに大きな影響を与えている可能性がある。光明峯寺塔に端的に見られるように、多武峯塔は、鎌倉時代において形態と建立目的の両面において十三重塔として規範的な存在であったことが想像される。

二　多武峯十三重塔の源流

多武峯十三重塔が中国大陸や朝鮮半島からの影響を受けている可能性について、顕著な特徴である初重の屋根をとくに大きくしている点に着目して考察したい。木造多層（簷）塔の源流は中国大陸にあり、仏教文化とともに中国から直接かあるいは朝鮮半島を経由してかいずれかの経路で日本に導入されたと考えられ、十三重塔についても同様であったと考えるのが自然である。中国の清涼山宝池院の塔を模したという伝説が真実を伝えるとすれば、多武峯十三重塔は中国から直接請来されたことになる[20]。

図2　鹿谷寺跡十三重石塔

中国国内には創建の多武峯塔との関連で問題となる唐時代の木造十三重塔の遺構は残っていない。しかし、唐時代に造られた石造多層塔あるいは多簷塔はかなりの数が残存している。中国では古くから多くの木造多重塔が造られたと考えられるが、落雷などで焼失し、ほとんどは永い期間維持されることがなかった。唐の時代になると、これに懲りて磚造や石造で多重塔をつくる場合が多くなった。中国の石造多重塔は木造のそれを細部まで模して造られたものが多いので木造塔を考える際に充分参考になり得る。唐より後の時代になると八角が多いが、唐時代には圧倒的に四角が多い。層塔と簷塔の二種類があり、それぞれ外形の輪郭に特徴がある。層塔は大きな逓減率をもち、外形の輪郭線が直線状をなすもので、荘重雄大な印象を与えるものである。代表的なものとしては西安の慈恩寺大雁塔（四角七重）、興教寺玄奘塔（四角五重）がある。十三重塔では我が国に唐の形式のものが残っている。すなわち、大阪府太子町に所在する鹿谷寺跡の十三重石塔（図2）は、屋根のみを積み重ねたような簷塔形式の石塔であるが、輪郭は直線状である。奈良時代後期に造立されたものと推定され、唐の様式を直接模倣していると考えられている。

一方、簷塔は上重へいくほど逓減率が大きくなり、輪郭がまろやかな曲線をなすものが多い。北魏の嵩岳寺十五簷塔（河南省登封県）がその最も古い遺構である。嵩岳寺塔は一二角であるが、唐時代のものとして河北省房山県所在の雲居寺の四角七簷塔や四角九簷塔、陝西省西安所在の薦福寺小雁塔（四角十五簷）、雲南省大理所在の崇聖寺大塔（四角十六簷）やほかにも多くの遺構が残る。

以上の唐時代の石造多層（簷）塔をみるかぎり、初重の屋根をとくに大きくしている例は見られない。しかし、このことから、木造の多層（簷）塔が同様であったと結論づけることは早計であろう。磚造や石造の塔が木造塔を模していることは細部からみて間違いないが、磚や石で作りやすい軒の出の少ない形態を意図的に選択している可能性があるからである。

北魏の五一六年に建てられた洛陽の永寧寺九重塔は巨大な建築物で、発掘調査の結果、側回りが一辺二九・二メートルあり、柱間は九間で、隅に矩手に三個つながった状態で礎石が発見されていて、さらに柱一本分外に出ていたと考えられている。この内側に入側柱と考えられる七間の柱列があり、この柱列の内側に接して磚で包まれた塔身部がある。すなわち、磚造の構造体の周囲に柱列を立てて回廊を設ける形式になっていたと考えられている。[21] 上部構造については明らかでないが、後述する仏宮寺釈迦塔や興聖教寺九重塔を参考にすると、初重の歩廊部分の屋根が上重の屋根より大きくなっていた可能性が高い。

　山西省応県所在の仏宮寺釈迦塔は遼の時代（一〇五六年頃）の建立で、全体を木造とする塔として中国で唯一現存する遺構である。高さ六四メートルの巨大な五重塔で、初重に裳階が付く。裳階の屋根は初重の屋根より大きく作られており、裳階は吹き放しで歩廊状になっている点が注目される。

　つぎに紹介するのは全体が木造ではないが、塔身部が磚造で軒あるいは斗栱と高欄を木造とする遺構で、南方の江蘇省や浙江省にまとまって残っている。四角塔としては江蘇省上海の近くの松江に所在する興聖教寺九重塔（図3・4）がある。北宋の一〇六八年から一〇七七年にかけて建てられ、明・清時代に多くの改造を受けていたが、一九七四年に北宋時代の形式に復原されている。注目されるのは初重の屋根で、上重の屋根よりひとまわり大きく土庇状に造っていて、柱間三間の柱列で支持している。柱間装置はない。八角形の例としては同じ江蘇省の蘇州所在の瑞光寺塔がある。寺の創建は三国時代に遡り、当初は舎利塔で十三重あったと伝えられる。北宋末

図3　興聖教寺九重塔（濱島正士氏撮影）

図4　同上初重部分

の一一一九年から一一二五年に十三重から七重に変更されて再建されたのが現在の建物である。[22] 四角と八角の違いはあるが全体の形状は興聖教寺九重塔と類似していて、初層は土庇状になり、屋根を一回り大きく造っている。これらの塔の初層の屋根は仏宮寺釈迦塔と異なり裳階でない点が多武峯十三重塔と共通していて注目されるが、南方の特定の地域にしかも時代的にも限定して遺構が残ることから、同様の建物が北方の地域に古くから存在したのかどうかは明らかでない。

以上見てきたことから、中国の木造多層塔は全部を木造とするものは稀で、塔身部を磚造とし、初層は木構造で屋根を支えて歩廊とするものが時代に関係なく存在したことがいえそうである。その場合には仏宮寺釈迦塔や興聖教寺九重塔に見られるように、初層の屋根を上重より一回り大きくしていた建物が多かったものと想像される。

つぎに朝鮮半島をみると、高句麗では四世紀終わり頃に中国から仏教が伝来して寺院が建立された。平壌市内の九寺をはじめ多くの寺院の名称が文献に記録されており、一部については発掘調査によって伽藍形式が判明している。調査された定陵寺（五世紀初創建）や金剛寺（清岩里廃寺、四九八年創建）、上五里の寺跡では八角形塔が伽藍の中心であることが明らかになった。金剛寺と上五里の寺跡では裳階のものとみられる礎石が発見されている点が注目される。

新羅（古新羅）では仏教が公認されたのが五二四年と高句麗や百済よりも遅れる。慶州の皇龍寺は新羅最大の寺院で五五三年に創建された。伽藍は三期に分けられるが、いずれも塔が中心で中門を入ってすぐの位置に建てられていた。発掘調査の結果、二次の伽藍の詳細が明らかになっており、塔は六四五年に建設され、四角九重で方七間、高さは八〇メートルという巨大な建築物であった。構造は不明であるが、上層へいくほど柱間数が逓減していたと推定される。藤島亥次郎氏によると、初層を七間、二層から五層を五間、六層から九層までを三間に復原されていて、初重の屋根がひときわ大きかったと推定している。[23] 充分可能性のある復原と考えられ、本論のテーマとの関連上注目される。

統一新羅時代（六七六～九三五）になると、金堂の前に東西二基の塔を備える双塔式伽藍が一般的となる。ここでは塔が木造の場合と石造の場合の二種類あったが、木造塔で注目されるのは慶州の望徳寺である。六八四年に創建された寺院で、『三国史記』の記録によればこの塔は十三重であったという。(24) 発掘調査の結果、金堂の前方に配された東西の塔は方三間で、東塔は遺構の残りがよくて各柱間五・五唐尺（約一・六メートル）で全体で一六・五唐尺（約四・八メートル）と推定されている。また西塔は心礎が八角で、中央に舎利安置のための方孔が発見されている。藤島亥次郎氏は、遺址から見ても十三層塔であったとは思えず、せいぜい七重塔だったろうかとしているのに対して、(25) 中西章氏は、記録どおり十三重塔であったとしている。(26) いずれが正しいのか断定はできないが、藤島氏が十三重でなかったと推定する根拠が明らかでなく、つぎに記す浄恵寺跡十三層石塔の存在を考えると、記録通り十三重塔であったと見る方が自然ではないかと思う。ここで問題となるのは方三間という点で、前述した中国で見られる初重のまわりを歩廊とした建物では、初重が方五間以上か、あるいは方三間の場合は裳階の柱列があるはずであるから、望徳寺塔は歩廊付きの形式でないということがいえる。

慶州の近くに多武峯十三重塔との関連性が注目される遺構が存在する。慶尚北道月城郡の浄恵寺跡十三層石塔（国宝／図5）で、慶州から約二〇キロメートル北方の安康邑の近くに所在する。現在、寺は廃絶して石塔だけが残る。塔は高さ五・九メートルで、形態に大きな特徴があり、初層を思い切って大きく造り、二重から上は急に縮まり尖ったような形状をしている。二重の葛石基壇の上に建ち、初層は四隅に太い方柱を立て、その間は地覆石と楣石を上下に入れ、両側に方立石を立てて中央に龕をつくる。初層の軒裏は三段持ち出し、深く軒を出す。屋根はゆるい勾配で若干反りをもたせ、隅棟も造り出している。初層の屋根上は品軒状のものを置き、二層から上は屋根を思いきって小さくし、軸部の高さも低くする。軒裏は初層と同様に三段に造り出す。相輪は欠失して

図５　浄恵寺跡十三層石塔

いる。全体の形姿は緊張感と安定感を合わせ持つ美しい造形となっている。造立年代については、他に類例がないこともあって、八世紀頃とされるだけで詳しく検討されてこなかった。そこで時代的な特徴が表れやすい軒反りについて見てみると、下端は直線で上端が隅でごくわずかに反り上がっていて、慶州付近に所在する他の石塔と比較すると、七世紀末から八世紀初頃の特徴をもつことが明らかになる。(27) 朝鮮半島に現存する十三重塔はこの塔一基だけなので、この形態が十三重塔として一般的なものであったかどうかは不明であるが、中西章氏は、前記の望徳寺十三重塔はおそらくこの浄恵寺跡塔や多武峯塔のような形態であったと推定している。(28) この頃朝鮮半島は中国文化の圧倒的な影響下にあったので、望徳寺塔や浄恵寺塔の形態は中国に原形があると考えるのが自然であろう。

以上見てきたことを要約すると、中国には石造で直接多武峯十三重塔と結びつけることのできる遺構は残っていない。木造では、時代は下がるが仏宮寺釈迦塔や興聖教寺九重塔などに見みられるように、初重の軸部を磚で固めたものや磚造の塔身部の周囲に木造の歩廊を廻らした遺構が伝統的に存在し、この場合初重の屋根が裳階のものとそうでないものとがあったが、いずれも屋根が上重よりも一回り大きく造られている。北魏の時代に建てられた洛陽の永寧寺九重塔にも周囲に回廊が設けられていたことがわかるので、唐の時代にも同様の遺構が存在した可能性が高い。しかし、これら歩廊付きの塔が多武峯十三重塔の原形であるかどうかについては、これらの建物は形態的には確かに共通点があるが、いずれも巨大な建築物で、多武峯十三重塔とは規模があまりにも違いすぎる点があり、直接結びつけてよいかどうかは判断に迷う点が残る。

朝鮮半島では、浄恵寺跡十三重塔が注目されるが、この形態が中国に見られる歩廊を廻らした多重塔に由来するのか、あるいは望徳寺に見られる慶州に所在した十三重塔を石造で模倣したものかを判断するにはその材料が少なく、後考に俟ちたいと思う。

三　石造十三重塔との関連性について

初重の軒を大きくした十三重塔として、多武峯塔との関連でふれておかねばならないものとして我が国の石造十三重塔がある。代表的なものに般若寺十三重塔があり、黒田氏が多武峯塔の様式を鎌倉時代のものと見なす根拠のひとつにあげており、岡田英男氏も「初重のみを特に大きく造る形式は、鎌倉時代の石造層塔に例があり、鎌倉頃の一つの傾向を示すものと考えられる」(29)としている。この指摘が妥当かどうかを検証してみたい。

全国に残る石造十三重塔の遺構は厖大な数にのぼり、すべてを考察対象とすることは筆者の力の及ぶところでないので、まず重文指定品にかぎって全体的な傾向をつかみたい。

重文指定の石造十三重塔は二〇基あり、熊本県にある明導寺石塔婆を除いてすべてが簷塔形式である。そのうち初重の軒を大きくしているのは、明確なものは般若寺塔だけである。中には判断が微妙なものもあり、京都府の浮島十三重塔は見方によってはわずかに大きいようにも見えるが、逓減率が大きいものはそのように見えがちで、意図的に大きくしているとはいえないようである。

つぎに古い時代の石造遺品が集中して残る京都府と奈良県について未指定のものを含めて詳しく見ていきたい。本稿では鎌倉時代とそれ以前の時代を問題にしているので、両府県について調べることで目的が達せられると考えられる。京都府内については川勝政太郎氏の著作があり、奈良県内については『奈良県史』(第七巻、清水俊明編）に網羅的に収録されている。

京都府内にある京都文化圏のものについて、川勝氏の『京都の石造美術』[30]に十三重塔は七例紹介されているが、前記の浮島十三重塔を除くと、初重の軒がとくに大きい特徴をもつものはない。十三重塔ではないが、九重塔で本稿の主題に関連して注目される遺構がある。それは引接寺九重塔（至徳三年＝一三八六）で、屋根が十重あるところから、初重は裳階と解釈される。そのことは初層の軸部と屋根の四隅に面を取って上層と扱いを変えている点からも確かめられる。裳階の上の本来の初重の屋根を上重より一回り大きく造っていて般若寺塔と共通する。木造の多重塔では裳階が付属した建物はかなりの数が存在したことが確認できるが[31]、石造物でもその形態を模したものが存在したことは興味深い。

奈良県内については、『奈良県史』によると、十三重塔であることが確実な遺構は四八基確認されている。他府県に比べて圧倒的に多く、もちろん十三重塔に限らず多重塔自体が多いのであるが、奈良が仏教文化の中心であった事実を改めて確認することができる。そのうち初重の軒がとくに大きい遺構は次の四例である。

・般若寺十三重塔（重文／図6）　奈良市般若寺町　建長五年（一二五三）
・正楽寺十三重塔（図7）　橿原市五条野町　鎌倉後期
・上宮寺層塔　明日香村上居　鎌倉中期
・蓮花寺十三重塔（図8）　明日香村細川　鎌倉後期

般若寺十三重塔は納入品の銘から建長五年（一二五三）に造立されたことが明らかで、伊派石工の伊行末がその晩年に子の行吉らとともに長い期間をかけて完成させたものである。伊行末が造った十三重塔としては、本塔のほかに大蔵寺十三重塔（奈良県宇陀郡大宇陀町）が知られているが、大蔵寺のものは初重の屋根を特に大きく造っていない。般若寺塔の願主は良恵上人と考えられているが、塔の基本的な形態を発案したのが石工であった

図6　般若寺十三重塔

図7　正楽寺十三重塔

図8　蓮花寺十三重塔

のかあるいは願主であったのかが問題となるが、確かめることはできない。

正楽寺十三重塔はもと嵯峨中の顕福寺にあったもので、顕福寺が廃寺となって正楽寺に合併し、その後正楽寺は現在地に移転されたが、十三重塔も同時に移築された。顕福寺が元あった場所は橿原市の南東端の明日香村との境にごく近い所である。塔は保存状態が良好である。比較的軒厚が薄く、隅でわずかに反り上がっており、鎌倉後期の特色を示している。

上宮寺層塔は現在五層あって、初重の屋根が際だって大きく、上の四重と釣り合っていない。元々何重であったかは不明であるが、上の四重の屋根石を見ると、上から二重目の屋根石は反りの形が他と異なるので別物とみられるが、あとの三個は初重の軒の形式と似ているので、十三重塔の最上部の屋根石であった可能性があるように思われる。その場合、初重の屋根石の大きさから考えて、初重の屋根がとくに大きかった可能性が高い。地理的につぎに記す蓮花寺と同様に旧多武峯街道沿いにあるので、多武峯塔の影響を受けている可能性が充分考えられる。

蓮花寺は明日香村の石舞台から冬野川沿いに多武峯へ登っていく旧多武峯街道の途中にある。この十三重塔も保存状態がよく、軒が隅で力強く反り上がっていて鎌倉後期の特徴を示す。注目されるのは初重の屋根がとくに大きい点と十四重ある点である。『明日香村史』や『奈良県史』では、初重の屋根石は他のものが混じっているとしているが、軒反りの形状、材質や風化具合が上重の屋根石とよく似ていて、軸部の大きさも上重と揃っていることから、初重が別物であるとはどうしても見なしがたい。また初重の屋根が大きいことから全体として安定感のあるまとまった造形となっている点から考えても当初から現在の形であったとみたい。それでは、十四重ある事実をどう解釈すればよいのかであるが、多重塔の屋根は奇数という原則があるから、初重は裳階の屋根を表していると理解される。

以上を総合すると、確かに鎌倉期に初重の軒を大きくした石造十三重塔がいくつか造立されているが、般若寺塔をのぞく三基は地理的に見て、多武峯塔の強い影響があったとみるのが妥当である。般若寺塔だけをもって鎌倉期の特色と考えるのは根拠が弱いように思われる。なお黒田氏が言及している初重の屋根を大きくした海住山寺五重塔の姿は、後世の改造によるものであることが解体修理時の調査により判明しているので、鎌倉時代のものではない。

四　多武峯十三重塔について

多武峯の歴史については、『桜井町史』、『桜井町史　続編』、『大和史料』、『桜井市史』などすでに多くの著書がある。また十三重塔については、関野貞、天沼俊一、黒田昇義、濱島正士各氏の論考があり[32]、詳細な報告として修理工事報告書と『日本建築基礎資料集成』[33]がある。なかでも修理工事報告書は沿革、構造形式について詳述し、修理工事の機会をとらえて各部材を調査し、修理の経緯を考察している。ここでは、それら諸先学の業績に拠りながら、十三重塔に関連する範囲で多武峯の歴史、前身建物の沿革、現在の遺構の構造形式について略述し、意匠上の要点である上重への逓減の仕方について考察したい。

(一)沿　革

多武峯十三重塔について考えようとする場合、寺の開創問題を避けて通れない。多武峯の歴史そのものが十三重塔の建立を起源とする伝えがあるからである。多武峯の歴史については『多武峯略記』がもっとも信頼のできる基本史料で、そのほかにもうひとつ重要な史料として『紅葉拾遺』がある。『多武峯略記』（以下便宜上『略記』と記す）は建久八年（一一九七）に、多武峯寺の検校であった静胤が旧記類や古老の所伝など多武峯に関する史料を蒐集し整理・編纂したもので、寺の由来、地形、住持、仏事、各建造物の建立由来、仏像などの項に分類したうえで考察を加えている。また『紅葉拾遺』は、元文二年（一七三七）に役僧の彦然によって編纂されたもので、詳細な内容にわたり、『略記』と重複する部分もあるが、これによってのみ知ることができる史実も少なくない。寺の草創に関しては旧記類など相互に矛盾点が多くあり、すでに鎌倉初期において『略記』の編者の静胤が諸説を紹介したうえで、疑問を呈している。新たな史料の発見が望めない現在、それらを解明することは到底不可能なことであるが、ここでは既往の論考を整理し、いくつかの気づいた点を補足しておきたい。

『略記』に引用される『荷西記』によると、藤原鎌足は天智八年（六六九）に亡くなり、その遺骸は次子の不比等によって摂津国島下郡（現在の大阪府茨木市）の阿威山に葬られた。天武七年（六七八）に唐に留学していた鎌足の長子定慧（恵）和尚が帰朝し、亡父の遺志により遺骸を多武峯に改葬し、その上に十三重塔を建てた。[34]のち、塔の南に三間四面の講堂を建立して妙楽寺と号したのが寺の草創という。[35]しかし、上記の記載は、史実として信憑性のおける『日本書紀』や『藤氏家伝』(天平宝字四年・七六〇頃成立)の記事と照らし合わせると内容的に食い違う点が多い。『日本書紀』に、鎌足は近江京の淡海之第で薨じたのち山科の地で殯に付されたことが記されるので、埋葬地は摂津阿威山でなく、山科であったと考えられている。定慧については、『藤氏家伝』に彼が亡父の墓を改葬した事実は記されず、また定慧自身は父鎌足よりも早く天智四年(六六五)に亡くなっているので、そもそも彼が父の墓を改葬することはあり得ないことになる。

『延喜式』の「諸陵寮」には、多武峯墓を「淡海公藤原朝臣」の墓と記している。[36]神社の背後にある破裂山の頂上に藤原鎌足の墓と伝承される小円墳があり、これが多武峯墓とみられるが、古来より、ここを鎌足の墓とする説と、鎌足の次子不比等の墓とする説とに分かれている。不比等の墓とする説は「淡海公藤原朝臣」が不比等を指す称号であることに根拠をもつが、不比等の墓は添上郡佐保山椎山岡に存在したことが確実であるのでこの説は成立しない。一方、『類聚符宣抄』では多武峯を鎌足の墓としているし、平安中期においては鎌足を「淡海公」と呼称している記録が存在するので、多武峯墓は伝承通り鎌足の墓と考えるのが妥当で、鎌足の墓は『藤氏家伝』が記された天平宝字四年(七六〇)以降のある時期に山科の地から改葬されたと考えられている。[37]もしも破裂山頂に鎌足の墓があるとすると、鎌足の遺骨を改葬した上に十三重塔を建てたという伝説は史実を正しく伝えていないことになる。ここであえて十三重塔の造立意図を推察するならば、実際の遺骨は破裂山山頂に埋葬されていたが、近くにあって日常的に参拝する対象、言い換えるならば墓塔として十三重塔を建立したという解釈ができるであろうか。

また同じ『荷西記』によると、十三重塔は五台山の清涼山宝池院の塔を模したもので、定慧が唐にいた時、材木・瓦等を調えて帰朝しようとしたが船が狭く、一重分を残して海を渡った。此の峯に登り、十二重まで組及んだが材瓦備わらず、嘆息措くあたわざるところに、夜半雷・霹靂・大雨・大風ののち晴れて、明朝には材瓦積み重なり、形色異なることがなかったという。[38]さらに『略記』には、定慧が唐にいる時に栗の木一本を以って一基の材木をことごとく作ったという伝説が『古老伝』にあることも紹介している。[39]これらの伝承はもちろんそのまま史実とみることはできない。寺院の草創を説話で飾り、木造十三重塔という建築形式の特異さを強調する役割を果たしていると理解される。

『略記』によると、その後年を久しく経て妙楽寺は荒廃し、世にその存在をほとんど忘れ去られていたが、賢基が嘉祥元年（八四八）にこの地を訪れ、霊験を得て寺塔の再興を志したとされる。[40]貞観七年（八六五）には、多武峯墓辺寺に居住した賢基に正税稲より供料を給い、墓地四至の内を検せしめている。[41]賢基は貞観一〇年（八六八）に延安と名を改め、この寺の初代検校になり、ついで座主となった。

黒田氏はこれらの記事から、嘉祥元年は多武峯が再興された年というよりは、賢基が寺院を開基した年と見なした方が妥当で、当時は寺観もまだ整っていなかったらしいから、十三重塔は貞観以降に建立された可能性があることを指摘した。

天武七年（六七八）という創建年代については、『荷西記』の記載が史実とみなしがたい点を考えると疑わしく、先述したように、鎌足の墓の改葬が寺の草創を意味するならば、それは八世紀後半以降に時代が下がることになる。黒田氏の指摘が正しいかどうかは、寺の創建に関する信頼のおける史料が現在のところ発見されていないので不明というほかかない。

安置仏に関わる古い記事として、『略記』に引く『要記』に、初めは仏像がなく、延喜年中（九〇一～九二三）に四仏の絵像を安置したと記す。[42]黒田氏は単に像を安置しただけでなく、塔の創建がこの時である可能性があることを指摘した。しかし、もしも塔が延喜の創建であるとするならば、そのように『略記』に記すはずで、黒田氏の推論は根拠が薄いように思われる。またこの時に塔の修理等を行ったことは記されないが、天慶八年の屋根修理の二〇〜四〇年前であるから、屋根葺替修理が行われた可能性があることを濱島氏は指摘している。(43) 安置仏について濱島氏は、『略記』に文殊師利像とあるから、『略記』が編纂された建久八年（一一九七）頃には文殊菩薩を本尊としていたと考えられる点と、文治元年（元暦二年＝一一八五）の願文では四方に三尺の弥陀、釈迦、薬師、弥勒像各一躰を図絵すると記していて、建久八年は元暦二年から一二年しか経っていないので問題があるとしながらも、元暦再建塔では従来あった文殊像のほかに四仏を図絵したという見方ができることを示唆した。その後、寛文八年（一六六八）に十三重塔の修理をした際に本尊文殊菩薩像も修理しているので、その時まで文殊菩薩像があったことは間違いない。

十三重塔の工事で最初に明らかになるのは天慶八年（九四五）の修理である。すなわち、『略記』塔婆に、

十三重塔　檜皮葺、元瓦葺、

記云、十三重瓦葺塔一基、件塔建立年久、破壊日新、天慶八年座主真昇大法師、殊廻私計造営修理、以瓦覆九層、以檜皮葺四層云々

と記す。(44) 建立して年久しく、破壊が日に新たであったと記しているところをみると、全体的に破損が進行していたように思われ、解体に近い根本的な修理が行われた可能性もある。このことからみても塔の創建が、九世紀に遡る可能性が高いと思われる。注目されるのは、九層を瓦で覆い四層を檜皮で葺いたという記述である。元は瓦葺であったことがわかるが、修理するにあたって瓦葺と檜皮葺を屋根の層によって葺き分けるというのは変則的である。あえてこのような修理をした理由を推測すると、一つには瓦は運搬が大変で高価であったから、破損した瓦を補足して修理することをせずに不足分を現地で調達しやすい檜皮で代用したということが考えられる。しかし、座主真昇が私計を廻らして修理したと記しているところをみると、単に材料入手の問題だけでなく、他に

も理由があったように感じられる。瓦葺と檜皮葺の屋根をどう葺き分けたかを考えた場合、瓦と檜皮では荷重に差があるから、バランスを考えると、上から四層を荷重の少ない檜皮で葺いた可能性が高い。十三重塔を永く保持させる場合に最も重要な課題は傾斜を防ぐことであったと考えられる。十三重塔は相当縦長のプロポーションにならざるを得ず、創建の多武峯塔は瓦葺であったと記されるから、地震の心配のない中国大陸ならいざ知らず、我が国では常に傾斜と倒壊の危険に直面していたであろう。真昇が私計を廻らして解決しなければならなかった課題として、いかにして傾斜を防ぐかという問題があったのではないだろうか。そこで一つの改善策として上の四層を荷重の少ない檜皮で葺く方法を思いついたのではなかったか。

多武峯は興福寺と対立し、幾度も攻撃を受けたが、三度目の承安三年（一一七三）に山郷并びに寺中堂塔僧坊等ことごとく焼失し、十三重塔も失った。罹災後まもなく復興が始められ、治承元年（一一七七）一二月二日に斧始めがあり、元暦二年（一一八五）三月五日葺始め、同四月三日葺終わり、同一一月二五日別当覚玄を導師として供養が営まれた。『略記』に記す文治元年（元暦二年＝一一八五）の願文によると、その時に供養された塔は檜皮葺で、四方に式部大輔光範作の三尺の阿弥陀・釈迦・薬師・弥勒の四仏を描いていたことがわかる。大工は散位桜島末永とその長男行末で、(45)行末は、治承五年（一一八一）から始められた興福寺伽藍復興の際に官行事所に属して廻廊の工事を担当したことが明らかになっている。散位（位だけあって官職についていないことをいう）とあるから、もとは宮内省に属して高い官位をもち、治承当時は朝廷の出先機関である官行事所に所属して大和地方で活躍していた工匠と考えられている。(46)

また他の建物を担当した大工を見ると、講堂、弥勒堂、如法堂、鐘楼、宝蔵は同じ末永と行末が担当しており、少し遅れて建久五年（一一九四）に始められた惣社の再建とその翌年に行われた講堂の修理は友成が担当している。友成も官行事所の大工で、興福寺北円堂の工事に携わったことが明らかになっている。(47)このように、争い合っていた二寺の建築工事を同じ工匠グループが担当していた事実は藤原氏を中心とする貴族社会における工匠のあり方を考える上で興味深い。前記の興福寺四恩院十三重塔の工事を担当した工匠は明らかでないが、多武峯十三重塔を担当した工匠と近い関係にあった可能性が高く、構造技法に多武峯塔の影響を何らかの形で受けたと考えるのが自然であろう。

元暦二年の再建で注目されるのは、屋根を檜皮で葺いたことで、前回の天慶の修理では瓦葺の屋根を部分的に檜皮葺に改めたが、今回はすべてを檜皮で葺いた。屋根を瓦葺から檜皮葺に変更することは、平安時代後期以降の一般的傾向で、平安時代の文化一般に共通する中国風から国風化への移行という風潮の中でとらえることができるが、多武峯塔の場合は、それとは別に、屋根荷重の軽減という目的があったのではないかと推察される。

正平六年（一三五一）に僧坊の失火により堂塔ことごとく焼失し、翌年から復興に取りかかったが、十三重塔がいつ再建されたのかは明らかでない。

室町時代になって多武峯は衰微し、永正三年（一五〇六）八月に細川氏と十市・越智氏の争いに巻き込まれ、兵火によって堂舎が焼亡した。その復旧は永胤上人が勧進となって進められたが、なかなか進捗を見なかった。十三重塔については享禄五年（一五三二）にやっと完成をみた。[48] この時の建物が現存の十三重塔である。工事を担当した工匠は下居刑部助透で、彼の本国は十市上庄であったというが、[49] どのような系統に属する大工であったのかは明らかでない。建立後の修理経過については修理工事報告書に詳しく考察しているのでここでは省略する。

(2) 構造形式

多武峯十三重塔は組物をつくらず、初重のほかは屋根と軒だけを積重ねたような形態の簷塔と呼ばれる建築形式をもつ。瑞垣で四方を囲み、二重の花崗岩製の壇上積基壇の上に建つ。上重の基壇上にさらに亀腹を設け、その上に自然石の礎石を据えて井桁に組んだ土台を置く。

初重は、円柱の側柱を土台に枘差しで立て、四天柱は角柱を自然石の礎石の上に立てる。側柱上に台輪をのせ、中柱通りは台輪と同じ木柄の力肘木を上端を揃えて組む。この台輪と力肘木は木柄が太く、断面はほぼ正方形である。隅では台輪を延ばして繰型をつけて肘木形にし、中柱通りの力肘木を同様の形状につくって出桁を受ける。台輪上と力肘木上の外に出た部分に出桁と同じ木柄の天井桁をのせて出桁との間に軒組入天井をつくる。力肘木上の天井桁は出桁より外に延ばし、隅の出桁と木口の出を揃える。初重ではこれらの天井桁を内側へ延ばさずに側通りで止めている。

内部は四天柱に足固貫を通し、土台上に置いた無目の高さに床板を張る。天井は力肘木上端の高さに猿頬の棹縁天井を張る。心柱の手前に本尊を安置するため、板壁を両側面は正面寄りの四天柱に、奥は心柱に添わして張って区画する。ただし現在は本尊は安置していない。

図９　多武峯十三重塔　初重軸部

二重は、初重の地垂木尻上に柱盤を置いて円柱の側柱を立て、その上に台輪を廻す。隅で台輪の端を延ばし、中柱通りに力肘木をのせて出桁を支える。力肘木は井桁に組み、初重の四天柱はこの力肘木まで延びている。

三重は二重地垂木上に柱盤を置いて円柱の側柱を立て、井桁に組んだ二重の力肘木上に角柱の四天柱を立てる。二重と同様の構造によって台輪と中柱通りの力肘木とで出桁を受けるが、力肘木は尻を四天柱に枘差しとする。四天柱は各重において貫で固めるが、この貫は地垂木の垂木掛を兼ねる。

三重目から上の重も同様に下の重の地垂木上に側柱を立て、台輪と中柱通りの力肘木で出桁を受ける。

二、四、六、八、十、十二重の中柱通り力肘木は通り肘木として井桁状に組み、その上に二重分通しの四天柱を立て、三、五、七、九、十一重の力肘木は尻を四天柱に枘差しとする。この四天柱を二重分ずつ通し柱とする技法は現存する多重塔に例がなく、十三重塔などの重数の多い多重塔に限って採用されたものと考えられる。初

図10　多武峯十三重塔 立面及断面(現状)

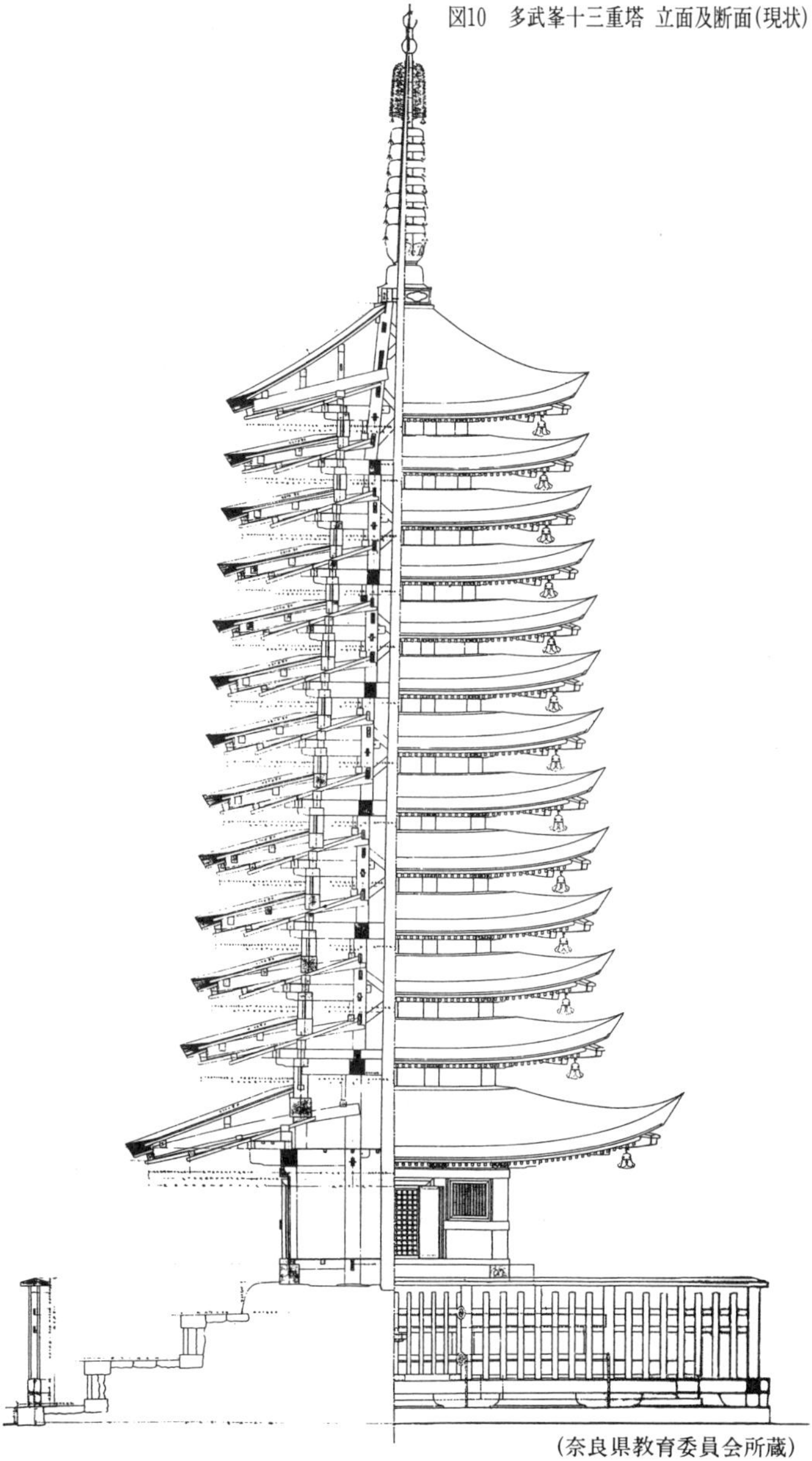

(奈良県教育委員会所蔵)

図11　多武峯十三重塔 明治修理前立面及断面

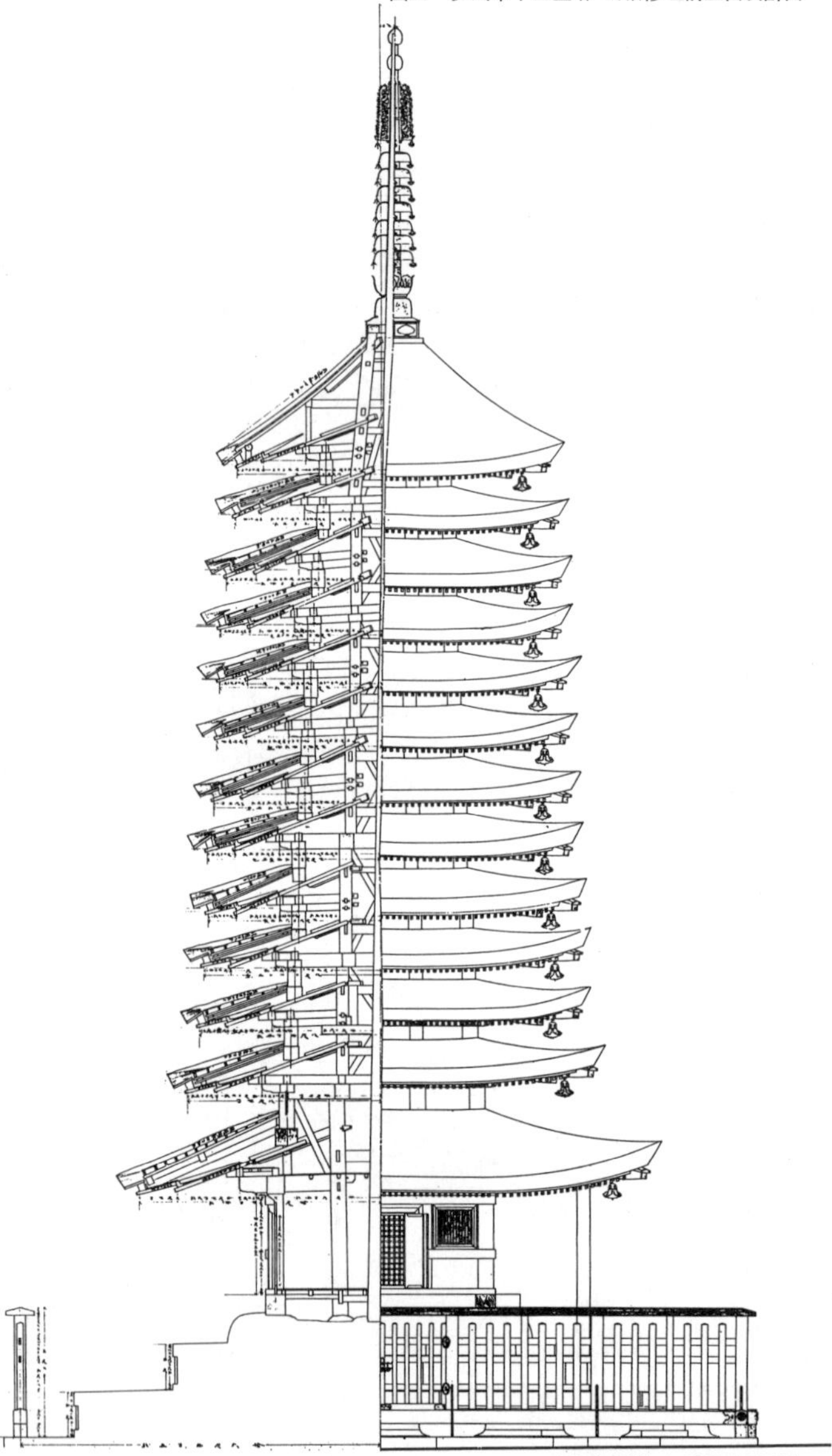

（奈良県教育委員会所蔵）

重においては、台輪の端と力肘木上にそれぞれのる天井桁は内側へ延ばさずに側通りで止めているが、二重から上の奇数重ではこの材は下の力肘木と一木にしている。しかし、明治の修理前の実測図を見ると、この材は下の力肘木とは別材で、力肘木とは別個に尻を四天柱に枘差しにしていたことがわかる。言い換えるならば二段重ねの力肘木になっていて、上のそれが軒天井桁を兼ねていたことになる。この変更は軒の垂下を防ぐためのものと理解される。二重から上の軒天井は単に天井板を張るだけの簡略化した形式としている。

十二重の力肘木上に立てる最上層の四天柱は内方へ傾斜して左義長柱となり、頂部に露盤枠をのせる。

軒は二軒繁垂木で、垂木は木割が細く繊細である。地垂木は直材で反り増しはなく、飛檐垂木は上端はほとんど直線に近く下端にこきをつける。化粧裏板は地・飛檐とも竪板とする。屋根は檜皮葺で、一重軒付とする。裏甲を用いずに、茅負上に檜皮葺の軒付蛇腹板を直接取付けている点が特異であるが、これは軒先をすっきりと見せるための配慮と見なされる。

現状建物の形式を見るうえで、特別保護建造物に指定後、明治三六・三七年度に行われた解体修理の内容について知っておく必要がある。当時の設計書によると、形式・手法は全く変更せず、小屋組に於て、新たに桔木を補加し、その他所々鉄物を以て堅牢に補強したと記している。しかし実際には、桔木の補加だけでなく、先に述べた奇数重の力肘木の変更の他に、奇数重において四天柱間に桁行・梁行双方に襷状に筋違を入れている。さらに、見逃してならないのは、桔木の挿入が外観にも大きな影響を及ぼしている点である。明治修理前の実測図(図11)によると、二重から上の地垂木の尻は四天柱間に通る貫上にのっていたが、現状は貫の側面に地垂木の木口が当たって納められているので、明治の修理の際に垂木の勾配をゆるくしたことが明らかになる。初重に関しても引渡勾配が地・飛檐垂木に記されていて、やはり勾配をゆるくしたことが確認される。このように軒の勾配をゆるく変更した理由は、桔木を挿入するに際してその尻を前記の四天柱に通る貫で押さえる必要があったが、当初の勾配では貫の下に持ってくることができないためであったと推定される。このことによって、屋根の勾配もゆるく変更されており、明治修理後の姿は、それ以前に比べ、結果的に軒の軽快さが強調されているといえる。

柱間装置は、初重は四面とも中央間に幣軸を廻して外両開板扉を建て、両脇間は腰長押を打って上に連子窓を設け、下は横嵌板壁とする。二重以上は、各重とも中央間に板を建込んで板扉のようにみせ、両脇間は板壁を白く塗って漆喰壁にみせている。

相輪は通常の塔と同じように、露盤、伏鉢、請花を置き、宝輪を積重ねて水煙、竜車、宝珠を順にのせるが、宝輪が七輪になっている点が珍しい。各宝輪と水煙の四方には風鐸を吊る。昭和三九年に防災工事で塔頂に避雷針を取付けた際に宝珠から納入物が発見された。報告書によると、納入物としては、宝珠内に縦に並べて四個の真鍮製の印篭蓋付きの平たい直方体の容器（ただし、容器の一個は木片で代用していた）を納めてあった。それぞれの容器の中には、(1)舎利塔一、鏡一、(2)鏡（明治三八年の銘あり）一、(3)舎利塔（破損、木製台付）一、が紙に包んで納められていた（明治鏡は白綸子包み）。舎利塔は形式的に中世のものとみられ、明治のものは修理の竣工を記念して納入した旨を記してあった。

軸部と軒に関して、上の重への逓減の仕方を考察する。本塔の大きな特徴は軸部と屋根について、初重をとくに大きくしている点であるが、二重から上の重への逓減はそれほど大きくないように見てとれる。このことを寸法的に確かめると、まず各重の柱間寸法について見ると、表1の通りで、総柱間についてみると、初重から二重への逓減は一・一尺で、二重から上へはすべて二・八寸落ちに統一している。また各重の支数についてみると、総柱間の支数は初重が三四、二重が三〇で四支落ちであるが、三重から上はすべて一支落ちに統一している。上下隣り合う重の中央間と両脇間についてみると、中央間は同じ支数かあるいは一支落ちとし、一方、両脇間は同じ支数かあるいは半支落ちとして全体の支数が一支落ちとなるように調整している。その結果、総柱間に対する中央間と脇間の比率は一定でなく、また中央間と脇間の一支寸法にもばらつきが見られる。一支寸法は三重の中央間だけが二・九寸を少し越えているが、そのほかは二・七〜二・九寸の間の数値になっている。

つぎに軒の逓減をみると、(1)出桁の出　(2)出桁〜木負　(3)木負〜茅負　の各寸法は表2の通りで、(1)

表1　各重の柱間・軒の出寸法及び支割　　(単位：尺)

	総間		中央間			脇間			出桁真々		論治真々		萱負口脇内	
	寸法	支数	寸法	支数	1支	寸法	支数	1支	寸法	支数	寸法	支数	寸法	垂木数
初重	9.50	34	3.90	14	0.279	2.80	10	0.280	12.88	46	18.20	65	22.14	78
二重	8.40	30	3.36	12	0.280	2.52	9	0.280	10.64	38	14.28	51	17.18	60
三重	8.12	29	3.20	11	0.291	2.46	9	0.273	9.80	35	13.44	48	16.30	57
四重	7.84	28	3.08	11	0.280	2.38	8.5	0.280	9.52	34	13.16	47	16.02	56
五重	7.56	27	3.00	11	0.273	2.28	8	0.285	9.24	33	12.88	46	15.74	55
六重	7.28	26	2.84	10	0.284	2.22	8	0.278	8.96	32	12.60	45	15.46	54
七重	7.00	25	2.76	10	0.276	2.12	7.5	0.283	8.68	31	12.32	44	15.18	53
八重	6.72	24	2.60	9	0.289	2.06	7.5	0.275	8.40	30	12.04	43	14.90	52
九重	6.44	23	2.52	9	0.280	1.96	7	0.280	8.12	29	11.76	42	14.62	51
十重	6.16	22	2.48	9	0.276	1.84	6.5	0.283	7.84	28	11.48	41	14.32	50
十一重	5.88	21	2.44	9	0.271	1.72	6	0.287	7.56	27	11.20	40	14.06	49
十二重	5.60	20	2.46	9	0.273	1.57	5.5	0.285	7.28	26	10.92	39	13.78	48
十三重	5.32	19	2.48	9	0.276	1.42	5	0.284	7.00	25	10.64	38	13.50	47

については初重が一・六九尺、二重が一・一二尺で、三重以上はすべて八・四寸に統一している。(2)と(3)については二重以上を(2)は二尺、(3)は一・四尺に統一している。以上を要約すると、三重から上は軒の出を一定にして、柱間の逓減がそのまま軒の大きさの逓減に反映されていることになる。

(3)『社寺建築図面』について

「社寺建築図面」と題された資料が京都工芸繊維大学に所蔵されている。これは明治三〇年に古社寺保存法が公布され、その年から始められた古社寺修理事業において、その最初期から奈良県内で工事にたずさわった現場主任の一人であった藤本民次郎氏が作成した書類を一括して保存したもので、同氏の遺族が同大学に寄贈されたものである。内容は大きく二つに分けられ、東本願寺の明治再建に関する資料と、もう一つは奈良県での保存修

表2　各重の軒の出寸法　　(単位：尺)

	出桁の出	出桁～木負		木負～茅負		計	
		実際の寸法	推定計画寸法	実際の寸法	推定計画寸法	実際の寸法	推定計画寸法
初重	1.69	2.786		1.873		6.349	
二重	1.12	1.989	2.0	1.408	1.4	4.57	4.52
三重	0.84	1.993	2.0	1.389	1.4	4.222	4.24
四重	0.84	1.995	2.0	1.391	1.4	4.226	4.24
五重	0.84	1.998	2.0	1.393	1.4	4.231	4.24
六重	0.84	2.000	2.0	1.395	1.4	4.235	4.24
七重	0.84	2.002	2.0	1.397	1.4	4.239	4.24
八重	0.84	2.007	2.0	1.397	1.4	4.244	4.24
九重	0.84	2.009	2.0	1.399	1.4	4.248	4.24
十重	0.84	2.012	2.0	1.401	1.4	4.253	4.24
十一重	0.84	2.014	2.0	1.404	1.4	4.258	4.24
十二重	0.84	2.016	2.0	1.406	1.4	4.262	4.24
十三重	0.84	1.998	2.0	1.393	1.4	4.231	4.24

※寸法は明治の竣工図面に記される寸法の少数点第四位以下を四捨五入したものである

理工事に際して作成した書類であるが、その他に京都と奈良の社寺の図面がある。

この中に彼が修理工事を担当した談山神社十三重塔のものがあり、材木等の建築材料や工事に必要な諸物品の購入、大工や手伝の選定、檜皮葺工事発注の伺いのための書類、工程月報、出面表、実測野帳、計画寸法表、規矩寸法図、施工図等が含まれている。明治三六年一二月から明治三八年三月にかけて実施された修理工事は現存遺構の形態に決定的な影響を及ぼしているが、その内容のわかる資料としては保存図以外は行政文書として奈良県と神社に残された書類が唯一のものであった。その意味で詳細な工事経過と各部の寸法、規矩の決定過程などが具体的に明らかになる本資料は、きわめて貴重なものである。これらを一覧表にしたのが表3である。

藤本氏は安政五年(一八五八)二月七日京都に生まれ、明治一三年から始められた東本願寺の造営工事に際しては副棟梁の役割を果たした宮大工の一人で、規矩をはじめ江戸時代の社寺建築の設計技術を身につけていた。[50] 談山神社十三重塔の修理工事に当たってもその技術を駆使

表3 『社寺建築図面』「談山神社十三重塔」一覧表（京都工芸繊維大学所蔵）

通し番号	番号	種類	題名	数量	日付	備考
1	1	決裁文書	談山神社塔婆修理修繕工事着手準備伺	1冊	明36年12月	
2			就業時間定			
3			談山神社塔婆修繕工事工程表			
4			工作場及出張所配置図（四百分一）			
5			談山神社塔婆修繕ニ付大工及び手伝棟梁選定ノ件伺		明36年12月	
6			談山神社塔婆修繕ニ付製図用品其他紙買入ノ件伺		〃	
7			談山神社十三重塔修繕事務所用木材買入見積伺		明37年1月17日	
8			談山神社十三重塔修繕周囲埒垣及火焚場用木材買入ノ件伺		〃	
9			談山神社十三重塔修繕事務所用炭及石油買入ノ件伺		〃	
10			談山神社十三重塔修繕木材買入ノ件伺		明37年1月28日	
11			談山神社十三重塔修繕足代用材買入ノ件伺		〃	
12			談山神社十三重塔修繕足代用素縄買入ノ件伺		〃	
13			談山神社十三重塔修繕工作場用筵及水桶買入ノ件伺		〃	
14			談山神社十三重塔修繕事務宿直所用畳買入ノ件伺		〃	
15			談山神社十三重塔修繕信書用郵便ハガキ及切手買入ノ件伺		明37年1月30日	
16	2	決裁文書	談山神社十三重塔修繕木材買入ノ件伺	1冊	明37年8月26日	朱書で買入金額・員数を加筆
17			修繕木材買入見積書			
18	3	見積書	修繕木材買入見積書	1冊	なし	前記の買い入れ金額の書類
19	4	檜皮葺関係	檜皮仕様書	1冊	明31年10月3日	
20			檜皮屋根葺替明細見積書			
21			檜皮屋根略図面			
22	5	寸法書き	各重の桔木の勾配、墨	1冊	なし	11枚

23	6	工程月報 出面帳	工事工程月報（計8枚） 毎月の工事種別毎の出面を記載 大工、手伝人夫、石工勤怠表（計3枚） 毎月の個人別出面を記載	1冊	明37年1月〜同38年2月	裏面を唐招提寺講堂の実測野帳として利用（主として鉛筆書き）（軒格天井廻り、虹梁、組物、支輪）
24	7	工程月報 出面帳	工事工程月報（計6枚） 毎月の工事種別毎の出面を記載 大工、手伝人夫、石工勤怠表（計5枚） 毎月の個人別出面を記載	1冊		裏面に唐招提寺講堂の軒廻り規矩の寸法を記入
25	8	寸法書き	各重柱真ヨリ萱負外下角迄ヲ出ス	1枚	なし	
26			各重野勾配			
27			十三重塔修理寸法記 各重垂木勾配・出、軒の幅・高さ、丸桁の高さ、各重丸桁・萱負の高さ、各重振分真〜萱負、各重の萱負の高さの差	1冊	なし	
28			在来寸法 各重の柱間寸法、出桁真々、論治真々、萱負口脇内			実測寸法と考えられる
29			各重萱負・木負・出桁反上り寸法を記すもの			計画寸法と考えられる
30	9	寸法表	枝割寸法表 各重の各柱間寸法、出桁真々、論治真々、萱負口脇内	1冊	なし	計画寸法（前記「在来寸法」と相違する個所がある）
31		〃	萱負及木負出桁反上り之記（5枚） 各重萱負、木負、出桁			29を表に整理したもの
32		寸法図	各重の萱負の出を図示したもの（十重の萱負を基準とする）			
33		〃	各重の萱負の出を図示したもの（十三重の萱負を基準とする）			
34		〃	枝割を各重毎に図示（13枚） 振分、中央間柱真、側柱真、桁真、論治、萱負口脇の各間の長さと枝割を示す			
35	10	断面詳細図	露盤・品軒詳細図	1枚	なし	

36	11	寸法図	十三重の屋根葺地流れの曲線決定図	3枚	なし	
37		〃	十三重の桔木勾配決定図			
38		〃	同上下書き			
39	12	屋根流れ曲線作図	十三重屋根葺地曲線決定図解 上記36の流れ曲線を萱負曲線を決めるのと同様の円弧を割り付けて決定	1枚	なし	
40	13	姿図	基壇詳細図	1冊	なし	
41		断面詳細図	基壇断面詳細			
42		断面詳細図	初重・二重軒廻り詳細図			竣工図
43		〃	二重・三重軒廻り詳細図			〃
44		〃	四重・五重軒廻り詳細図			〃
45		〃	六重・七重軒廻り詳細図			〃
46		〃	八重・九重軒廻り詳細図			〃
47		〃	十重・十一重軒廻り詳細図			〃
48		〃	十二重・十三重軒廻り詳細図			〃
49		寸法図	十三重の屋根葺地の曲線決定図			36と同じ図
50		断面詳細図	露盤・品軒詳細(品軒寸法)			
51		寸法図	露盤の高さ、転束(左義長柱)、母屋の位置を図示したもの			
52		〃	転束(左義長柱)詳細			
53		〃	十三重の屋根葺地の曲線決定図			36と若干寸法が相違する個所がある
54		曲線図解	十三重屋根葺地曲線決定図解			39と若干寸法が相違する個所がある
55		断面図	十三重の屋根隅棟図			
56		姿図	玉垣之図			
57		〃	同上			
58		施工図	玉垣土台継手図			
59		〃	玉垣笠木留仕口之図			
60		原寸姿図	玉垣土台泥足鼻繰形正寸之図			

61		寸法図	十三重軒付反り増し寸法図			
62		〃	十三重軒付			
63		〃	十二重軒付			
64		施工図	玉垣土台継手図			
65	14	断面寸法図	初重軒付	1冊	なし	
66		〃	二重軒付			
67		〃	三重軒付			
68		〃	四重軒付			
69		〃	五重軒付			
70		〃	六重軒付			
71		〃	七重軒付			
72		〃	八重軒付			
73		〃	九重軒付			
74		〃	十重軒付			
75		〃	十一重軒付			
76		〃	十二重軒付			
77		〃	十三重軒付			
78	15	員数表	各重の地垂木、飛檐垂木、配付の再用・補足の員数、長さ	1枚	なし	
79	16	立・断面図	談山神社十三重塔実測図 修理前の図に桔木を朱で書き加えて納まり・支持方法等を検討している	1枚	なし	縮尺1／20
80	17	棟札写し	寛永棟札写し	1枚	なし	寛永18年の棟札写し
81	18	屋根面積	各重屋根平坪、軒坪、軒口蛇腹長さ	1冊	なし	

※「番号」は同大学での整理番号、「通し番号」は筆者が便宜上付けたもの

して、軒の規矩や屋根の各部の曲線を決定していることがわかる。また桔木を新たに挿入しているが、それに際してはあらかじめ勾配等を綿密に検討したうえで工事を行っていることも知られる。

おわりに

以上、諸先学の業績に導かれて多武峯十三重塔について考えてきたが、残念ながら当初の設問に対して明解な解答を与えることはできなかった。しかし、中国や朝鮮半島に多武峯十三重塔の原形となった可能性のあるものが存在したことは提示できたかと思う。また現存遺構の形式が創建時のものを受け継いでいるかどうかについては、鎌倉時代の様式とする従来の見方は根拠が弱く、やはり多武峯が寺院として開創された当初に大陸からの影響を受けて成立した建築形式である可能性が高いといえる。そしてその創建時期は八世紀後半から九世紀前半の間であると推定されるが、現段階ではそれ以上には限定することはできない。

木造十三重塔の造立例がきわめて少ない理由を考えると、まず建築技術的にかなり困難な要素を内包していて、構造的にも無理な点があることがあげられるであろう。構造的に弱いことは多武峯十三重塔の明治修理前の写真や破損実測図を見ると明らかで、塔は大きく傾斜し、初重の各隅木の下に支柱を立てて倒壊を防いでいたことがわかる。明治の修理に当たってはそれらの弱点を補うため、軒の形式変更や軸部の補強を行ったのである。

もうひとつ考えられる理由は、三重塔や五重塔に比べると、建立目的が限定されていることがあげられるであろう。すなわち、三重塔や五重塔は寺院の伽藍を整える目的のために建立されることが多かったのに対して、十三重塔は亡くなった師を敬慕し礼拝するためや貴族が自らの墓所にその象徴的建物として建てるなどいわば私的な目的で建立するケースが多かったことがわかり、実際に納骨されているいないにかかわらず墓塔に近い性格を帯びているということができる。その際に先行する存在として、多武峯塔のイメージが強く影響を与えていたことが想像される。

その意味で、多武峯十三重塔はかつて存在したいく棟かの木造十三重塔のうちの一棟が偶然今日まで残ったというよりも、それらの中で最も重要ないわば規範的ともいえる建物が残されてきたという見方が正しいであろう。

十三重塔固有の構造に関する問題については、現存遺構の構造が創建以来のものであるのかどうか、あるいは他の構造技法があり得たのか、また中国建築の影響を受けているのかなど知りたいことは多くあるが、手がかりとなる遺構が多武峯塔のほかに残っていないことから諦めるしかなかった。この問題については他日を期したい。

（1）黒田昇義『大和の古塔』（天理時報社、昭和一八年）
（2）足立康「十三重木造塔婆の造立例」（『史迹と美術』八ノ四、昭和一二年四月、のちに『塔婆建築の研究』所収、中央公論美術出版、昭和六二年）
（3）濱島正士「寺社縁起にみる十三重塔」（『畿内寺社縁起資料の調査ならびに研究』、昭和六二年度科学研究費補助金研究成果報告書、国立歴史民俗博物館）
（4）『興福寺濫觴記』七・春日山内御塔之事

四恩院御祈禱所

十三重塔

順徳院御宇健保三年五月廿八日覚連上人入滅同十一月十日門弟行蓮房建立供養導師権別当法印範円七僧在之本尊五社垂跡釈薬地観文尊像舎利殿在之四条院御寄進云々於舎利者本来寺物也建立已後二百六十六年経而文明十二年十一月十九日夜炎上於本尊者仏舎利以下悉以奉取出

但本尊者唐院客殿持仏堂有之

元要記曰十三重塔婆白河院御建立也

『諸寺縁起集』（菅家本）

四恩院

十三重塔健保三年五月廿八日覚蓮房上人入滅、同十一月十日門弟行蓮房述（延カ）供養、導師権別当法印範円、七僧在之、本尊御本地、尺、薬、地、観、文、四天、絵畵尺迦浄土相、大明神地下并弥勒等来迎相、四本柱以下絵書之、障子十六ラカン、唐筆スミ絵、戸（扉）平八枚、法花万タラ、云木像云絵像、希にて神妙シテ難及言詞者也、舎利殿台在之、四条院御寄進云々、於舎利者本来寺物也、

文明十二年十一月十九日夜炎上了、於本尊者奉取出云々、土民所為也

（5）

『大和史料』長谷寺の項

長谷寺秘記曰、弘安三年庚辰二月十五日丙辰寅半時出火、始自鎮守之拝殿、次社壇三所、次十三重塔、次鐘楼并廻廊迄、次観音堂同尊像次食堂僧坊四五也頂上仏面小面二面錫杖天衣等奉取出

『大乗院寺社雑事記』「尋尊大僧正記」百六十二　明応四年十一月廿六日の項

一弘安三年三月十四日長谷寺炎上、本尊以下頂上仏錫杖取出、食堂薬師寺等焼了、正和五年六月九日十三重塔供養、導師額安寺殿、卅七年ニ当也、

（6）

同前　廿四日の項

一京都注進之辰市御童子上之、粮物并山城新関共下行之、一条殿難波方仰之、

一昨日廿二日夜子時、長谷寺観音堂并本尊・十三重塔・鐘楼・経蔵・新宮社潅頂堂・本長谷寺・三重塔悉以焼失候、諸堂不残一宇、二王堂相残候、言悟道断次第候、公武可有御披露候也、

（7）

笠置寺十三重塔造立願文（『讃仏乗抄』第八所収）

笠置寺

奉造立木瓦葺十三重塔一基、

奉畵母屋柱大迦葉、須菩提、舎利弗、目犍連、阿難陀、羅喉羅等羅漢像、合六体、

奉畵扉面、梵王帝釈、日天月天、難頭龍王、沙伽羅龍王、金剛力士等像合八体、

奉畵扉後左右障子等、霊鷲山、清涼山、釈迦超劫等畵六禎、奉畵上層四天王像各十二体、

奉造立皆金色一尺六寸釈迦如来像一体、

奉畵鏡面文殊師利菩薩像一体

奉造立綵色一搩手半四天王像各一体

奉摺写唐本大般若経一部六百巻、
奉納仏舎利三粒、弥勤菩薩像一千体
奉摺写妙法蓮華経一部八巻、無量義、観普賢経各一巻
奉書写大乗本生心地観経一部八巻、宝篋院陀羅尼、
（中略）
建久九年十一月七日

(8)『続史愚抄』他

(9)『高山寺縁起』

当東南角有十三重塔宝塔一基。在龕
右宝塔者。上人滅後。覚厳法眼依敬重彼遺徳。為奉安置上人年来本尊霊像。嘉禎二年造立之。大工末弘。

中尊一搩手半弥勒菩薩像。快慶作。

上人年来本尊也。最後病悩之時。奇瑞等在之。別記之。

脇士。

制多迦童子。梵天。帝釈。毘沙門。已上四体。湛慶作。

後壁正面図絵宝楼閣曼荼羅。

同後面図絵観率曼荼羅。

四柱図絵神変十六羅漢像。

四角八方奉懸安八大師影像。

此御影者。仁和寺法親王故御室御施入。銘即彼御筆也。

十三重塔安置千体釈迦像。長六寸
右塔婆仏像塔。嘉禎三年丁酉正月十八日以前大僧正行遍。于時法印権大僧都。有開眼密供養儀。

同十九日相当上人遠忌日展供養梵莚。導師義林房。喜海。

(10)『厳助往年記』下　天文十六年丁未正月の項

同五日暁、（中略）神護寺之金堂講堂塔婆御影堂潅頂堂已下一宇不残悉以放火、大門八夜叉神造焼失云々、或説寺於

八夜叉又者江州エ行云々栂尾又同前十三重塔婆已下悉以炎上、諸坊一宇不残両寺滅却、

（11）福山敏男「光明峯寺の歴史」（『寺院建築の研究　下』所収、中央公論美術出版、昭和五八年）また光明峯寺御影堂については川上貢「弘法大師御影堂について」（『日本建築の特質』所収、中央公論美術出版、昭和五一年）の論考がある。

（12）『九条道家初度惣処分状』（九条家文書）

奥院

東去六町許、在一隙地、頗象高野奥院、仍卜之、可用少僧墓所

御影堂一宇其躰摸奥院御廟

奉安大師等身御影一躰

件御衣木、建長二年九月廿一日、於高野奥院御廟辺採之、随身還向、十月十八日鬼宿日曜奉始之、仏師法眼定慶康慶弟子、御衣木加持覚本房阿闍梨道範、依為高野住侶、殊請定之

十三重塔一基摸多武峯十三重

奉安置仏舎利卅二粒納宝瓶

草庵一宇

（13）同前

依之於十三重塔并護摩堂・菴室等、所始修仏事、

（14）『聖一国師年譜』延応元年の条

五月藤丞相道家染レ疾。命二諸僧一誦呪以祈二保安一二十三日。比良山神託二家盛妻一告二僧慶政一証月上人曰下藤丞相将三剏建レ寺。復造二十三重石塔一憑二此善念一夙罪消滅。今後善根必当清浄。我有二三千眷属一当為二伽藍神一以致護衛上道家聞乃願心彌堅。

（15）『東福寺誌』〔両檀歴代御廟記〕両檀御御廟塔有レ之考

光明峯寺址は、今福稲の地、東福寺の東、内山、三ノ橋川の上流に沿ひ、以南の地に在りて、道家先考の別墅月輪殿に在り、入道して一堂を営み光明峯寺と号す、本尊毘沙門天を安置す、後ち道家の像を奉安せしが、建武二年兵火に罹り、足利義満之を再建す、文明二年また兵燹に遇ひしも本尊並道家の像ともに災を免れたるの

霊験あり、(以下省略)

(16)『大乗院日記目録』

(17)『京都古銘聚記』(川勝政太郎、スズカケ出版社)による。

(18)『京都坊目誌』下巻卅一学区之部

△十三重ノ石塔　成就宮の傍に在り。延応元年五月九条道家。光明峰寺に建立す。則ち比良の神を勧請すと。旧記に見ゆ。後世之に移せり。

(19)「極楽寺十三重塔供養日記」(『神奈川県史資料編』所収)

(表紙)
「　正和四年七月九日修之、
　極楽寺十三重塔供養式
　　亮順」

(20)濱島氏はこの伝説の真偽に関して、「寺社縁起にみる十三重塔」の中で「唐の清涼山は五台山清涼寺と考えられるが、五台山について詳しい記述がある円仁の『入唐求法巡礼行記』には、宝池院塔は出てこない」と記している。

(21)濱島正士「多重塔の構造手法について(講演記録)」文建協通信六一号

(22)羅哲文『中国古塔』(英文、外文出版社、一九九四年)

(23)藤島亥次郎『韓の建築文化』(芸艸堂、昭和五一年)

(24)『三国史記』巻第八

景徳王十四年春。望徳寺塔動(唐令狐澄新羅国記曰。其国為唐立此寺。故以為名。両塔相当高十三層。忽震動開合。如欲傾倒者数日、其年禄山乱。疑其応也。)

(25)藤島亥次郎、前掲注(23)

(26)中西章『朝鮮半島の建築』(理工学社、平成二年)

(27)八世紀中頃建立の仏国寺の多宝塔や三層石塔では、軒の上端が隅でかなり急に反り上がる。浄恵寺跡塔の軒は、むしろ六八二年建立の感恩寺跡三層石塔や七世紀最末期から八世紀初に建立されたと推定される月城羅原里五層石塔の軒の形状に近い。

(28)中西章、前掲注(26)

(29)『重要文化財談山神社塔婆（十三重塔）修理工事報告書』（奈良県教育委員会、昭和四一年、執筆編集・岡田英男・北村豊之助、監修・元田長次郎）
(30)川勝政太郎『京都の石造美術』（木耳社、昭和四七年）
(31)裳階を付けた塔の遺構としては法隆寺五重塔、薬師寺東塔、海住山寺五重塔、長野県安楽寺三重塔があり、文献等から知られるものとして大官大寺九重塔、春日大社東塔、兵庫県円教寺五重塔がある。
(32)関野貞「談山神社十三重塔」（『建築雑誌』二三一号）
天沼俊一「談山神社十三重塔」（『東洋美術』創刊号）
黒田昇義『大和の古塔』（天理時報社、昭和一八年）
濱島正士「寺社縁起にみる十三重塔」（『畿内寺社縁起資料の調査ならびに研究』、昭和六二年度科学研究費補助金研究成果報告書、国立歴史民俗博物館）
(33)『日本建築基礎資料集成　十一　塔婆Ⅱ』（中央公論美術出版、平成一一年、編集責任者・太田博太郎、編集執筆担当者・濱島正士、談山神社十三重塔執筆担当者・中村伸夫）
(34)『多武峯略記』草創（『多武峯略記』は『神道大系　神社編五　大和国』に収録されているものに拠った）
荷西記云、定慧和尚、天智天皇治二天下一丁卯、生年二十三入唐、天武天皇治二天下一戊寅帰朝、謁二右大臣一不比等也、問言、大織冠御墓所何地哉、答曰、摂津国嶋下郡阿威山也、爰和尚称レ有二平生契約一、引二率廿五人一参二阿威山墓所一、掘二取遺骸一、手自懸レ頸、即落レ涙言、吾天万豊日天皇太子也、宿世契為二陶家子一、役人荷レ土、共登二談岑一、安二遺骸於十三重塔之底一云々
(35)『略記』堂舎
荷西記云、安二置遺骸於十三重塔之底一、経レ年之後、塔南建二三間四面堂一、号二妙楽寺一云々
(36)多武峯墓　贈太政大臣正一位淡海公藤原朝臣。在二大和国十市郡一。兆域東西十二町。南北十二町。無二守戸一
(37)『桜井市史』上巻（桜井市史編纂委員会、昭和五四年）第二章第二節参照
(38)『略記』塔婆
荷西記云、件塔移二清涼山宝池院塔一、和尚在唐時、調二材木・瓦等一、依二乗船狭一、一重之具留棄渡海、攀二登此岑一、歎言、材瓦不レ備、所願何遂、漸及二十二重一、歎息無レ措、夜半雷電・霹靂・大雨・大風、忽然天晴、明

朝材瓦積重、形色無レ異、知二飛来一也、和尚感然伏レ地、見聞奇異云々、

(39)『略記』塔婆
古老伝云、和尚在唐時以栗一本一基材木皆悉作之云々

(40)『略記』住持
記云、建立之後年序久積、堂塔独存、香花不レ継、無二修営住持之人一、為二樵牧葬埋之地一、国郡不レ制レ之、朝家無レ知之、爰有二一近士一、名曰二賢基一、稟性温良、発心堅固、名山勝地莫レ不二歴覧一、嘉祥元年戊辰初到二此岑一、喟然歎曰、勝地無レ主、去留随レ縁、此岑之蕭踈、非レ吾而誰興、遂忘レ帰止住二此処一、芟二掃荊棘一、修二造寺塔一

(41)『三代実録』貞観七年（八六五）五月廿六日の条
勅近士賢基修業年久居二住多武峰墓辺寺一、宣レ令下二大和国一以二正税稲一日給二米一升二合一、充中其供料上兼令下賢基一率二沙彌等一、検中彼墓四至之内上、

(42)『略記』塔婆
文治元年供養御願文云、殊抽二懇府之新(ママ)誠一、更思二仏聖(屋カ)之復旧一、寺家戮力、土木励レ功、建二立檜皮葺十三重塔一基一、四方奉レ図二絵三尺阿弥陀如来・釈迦如来・薬師如来・弥勒菩薩等像各一体一云云

(43)濱島正士「寺社縁起にみる十三重塔」

(44)『紅葉拾遺』には同じ記事を『要記』のものとして引用している。

(45)『略記』塔婆
治承元年十二月二日斧始、大工散位桜島末永・同行末・僧観念、速(ママ)五人、右馬允康教靭負尉功也、

(46)大河直躬『ものと人間の文化史・番匠』「第一章　興福寺事始め」（法政大学出版局、昭和四六年）

(47)同右

(48)寛永の修理棟札及び『紅葉拾遺』にその旨が記される。

(49)『紅葉拾遺』塔廟（『紅葉拾遺』は『神道大系　神社編五　大和国』に収録されているものに拠った）
永正兵塵終遭二煨燼一、於二後二十七年一、天文元年依レ地而起、迄二元文丁巳一経二二百六年一殿下近衛稙家公、中御門宣秀卿下二長者宣一宣文已亡、工匠下居刑部助透本国十市上庄人也、即今仰望宝塔是也、

(50) 藤本民治郎氏をはじめとする古社寺保存法の公布により発足した古社寺保存修理事業に携わった現場主任技術者の出自について考察したものとして左記の論文がある。
清水重敦「明治後期の古社寺修理にかかわる技術者の出自について」(『日本建築学会計画系論文集』第五五八号、平成一四年八月)

〔付記〕 小稿をまとめるにあたり、種々の貴重な助言と励ましをいただいた濱島正士氏に感謝申し上げます。

中世紀国造家の譲補の儀について——五八代国造親文（暦応三年）を中心として——

髙井　昭

はじめに

和歌山市内の同一境内東西に鎮座する日前神宮と国懸神宮（以下両者を総称していう場合には、日前・国懸神宮、両宮あるいは当神社などとする）は、古代から現在に至るまで紀国造家がその祭祀を専修してきた我が国有数の古社である。

ところで、一四世紀から一五世紀にかけて、幾代かの国造が先代からその職を譲り受けた（以下このことを譲補と呼ぶ）[1]際、上洛の儀[2]を行っていたことを記す史料が残されている。

本稿では、その記録を紹介することを主目的とし、若干の考察を試みることにする。

一　史料の確認

譲補に関する史料は『日前国懸両宮大双紙』[3]（袋綴、七二丁、以下『大双紙』とする）などに収められていたが、近年（平成一一年）その元となった史料あるいは同じ原本を写したと思われる史料が幾つか発見されている。ここでは管見の限りで確認できたものを以下に紹介する。
◎平成一一年に発見された史料（以下、新史料とする）
ア『暦応三年親文譲補記　文政四巳年裏張之　三冬』(4)（巻子）
イ『永和元年俊長卿譲補委細日記　文政四巳年裏張之　三冬』（巻子）
ウ『永和元俊長公譲補記　文政四巳年裏張之　三冬』
エ『行文譲補之記』（巻子）
オ（題は記されていないが、内容はエと同じであり、エの原本とも考えられる）（巻子）
カ『寛正六年親弘公譲補行列之次第　文政四巳年裏張之　三冬』
キ『元服譲補記写』（袋綴　九丁）
最初に「国造元服譲補之次第」とあり、さらに次のような七つの項目を記す。
1「元服之事」　2「譲補之事」
3「国造職ヲ辞スル時奉幣ノ事」　4（題は記されていないが、内容は、立国前の潔斎）
5「清キ物ノ注文」　6「細々物注文」
7「譲補ノ時衣装色々」
最初の「国造元服譲補之次第」の下に割注で「此次第ハ代々ノ記文ニアレトモ臨時ノ儀マジハリ或ハ記シモラセル事モアル間差定ル法式ノ分是ヲ記シ出ス見分ヤスカランカ為也」とある。つまり譲補の儀式に関しては、代々の国造で史料は残るが各々で相違点や記入漏れなどのあるため、「差定ル法式」いわゆるマニュアル的なものを残そうとして記されたと考えられる。しかし内容的に、1と2は、何代かの国造の史料をまとめたものであるが、3～7の項目は、ある代の国造の史料の全文や一部をそのまま掲載したものか、要約したものか断定はできない。また奥書には「右為後日比記之畢　寛永十二年十月日忠光」とあり、寛永一二年（一六三五）に六八代国造忠光によってこの作業が行なわれたことがわかる。

ク『圀造元服譲補記　全』（袋綴　一三丁）

内容は、次のように五つの項目に分かれる。

1「上洛之次第」　2「註文」　3「清キ物ノ註文」　4「細々物註文」　5「譲補ノ時衣装色々」

（キ）と同様に、1は幾代かの史料をまとめたような内容であるが、2から5はある代の史料をそのまま掲載したものか、要約したものか断定できない。さらに、1の末尾に「右抜萃旧記所誌大概如此　寛文二年七月廿九日　紀昌長」とあり、まとめの作業が、寛文二年（一六六二）、六九代国造昌長によって行なわれたことになる。

◎『大双紙』所収のもの

ケ「国造元服譲補之次第」（三三一～三七丁・四五丁）

三七丁目表で文章が途切れ、その続きが四五丁目にまぎれ込んでいるかたちとなっている。内容は(キ)と同様に七つの項目（1～7）に分かれているが、重複するので省略する。

コ「行文譲補記」（三八～四一丁）　サ「親弘譲補記」（四一～四二丁）

シ「俊連譲補記」（四二～四三丁）　ス「俊調元服譲補記」（四三丁）

セ「御元服事」（四四丁・四六～五二丁）　ソ「ム譲補記」（五二～五四丁）

タ「永和元年譲補俊長日記」（五五～六七丁）　チ「譲補之時之記色々」（六七丁）

ツ「譲補之時之祓之次第」（六八丁）　テ「清物の註文」（六九丁）

ト「細々物註文」（六九～七〇丁）

◎『故事類苑　神祇部九十二』所収のもの

ナ「永和元年俊長卿譲補委細日記」

先にも述べたが、これら新史料や『大双紙』所収の史料は、内容から判断して、同一の原本を書写したものかあるいは、後者が前者を書写したものと考えられる。ここでは、これらの史料を五八代親文から六五代俊調までの各国造に関連するもの、及び各代の史料をまとめたものに分類し、史料Ⓐ・史料Ⓑなどの記号を付けることにする。

○五八代親文（譲補年　暦応三年〈一三四〇〉八月）（史料Ⓐ）

（ア）と（セ）。上洛前の元服の儀、上洛の往路の様子、京都での儀式、帰路の様子など内容的には本稿でとりあげる史料の中で量・質ともに最も充実している。また末尾には「九今度維春為記録奉行委細註之」とあるが、維春とは元服の儀の折に指燭役人、往路の行列では御輿屋形口を務めており、その他多くの儀式に参加した人物である。本稿ではこの（ア）と（セ）を史料Ⓐとする。

○五九代俊長（譲補年　永和元年〈一三七五〉一〇月）（史料ⒷⅠ・ⒷⅡ・ⒷⅢ）

（イ）（タ）（ナ）。三者とも同一の内容であるが『大双紙』所収の（タ）と『故事類苑』所収の（ナ）は、欠落しているところが何カ所か見られ、新史料（イ）がそれを補うかたちになる。この史料の初めに「此ノ沙汰次第予存知分許記之……」とあり、「予」とは俊長自身のことと考えられるので、俊長のわかる範囲内で日記形式で書かれた史料ということになる。内容は、永和元年正月から上洛の出発日である一〇月二七日直前までの様子が細かく記されており、(5) その間に神官等が何度か京都に赴いて段取りを整えている苦労がうかがえる。但し、出発前の儀式、上洛の途次、京都での儀式等の様子を紹介することが本稿の主目的なので、この史料は必要に応じてそのつど引用するに留めた。これを史料ⒷⅠとする。また奥書に「永和三年三月廿九日記之畢　応永二年

正月十一日見之　同三月廿八日肝要条以朱分之……」とあり、永和三年に記したものを六〇代行文に譲る時（応永二年）に見直したものである。

（ウ）と（ソ）。『大双紙』所収（ソ）の前半部分は出発までの準備等を記すが、後半部分では「立国次第」として出発後の一〇月二七日から一一月一日までの事柄を簡単に記している。一方、新史料の（ウ）は、（ソ）の前半部分の一部しか記されていない。本稿では（ソ）の「立国次第」以下の部分を史料ⒷⅡとして取り扱う。また（ソ）の題が「ム譲補記」と記されているが、（ウ）が「永和元俊長公譲補記」となっていることから考えて「ム」は「公」の誤りであろう。

（キ-4）（ク-2）（ケ-4）。「前ニモ云ガ如ク立国ノ日ノ前二日ヨリ……」で始まり「右此段ハ俊長公譲補ノ記ニ見ヘヨク註ヲ見分ヨ」で終わる短い記録であるが、出発前の細かい様子がうかがえ、史料ⒷⅢとする。また、先に紹介した史料ⒷⅠの一〇月中旬から下旬の記録を参考にしてまとめたものとも考えられる。

○六〇代行文（譲補年　応永二年〈一三九五〉八月）（史料Ⓒ）

（エ）（オ）（コ）。出発日の八月一三日の途中からいきなり始まっている内容である。新史料（エ）や『大双紙』所収の（コ）には、最初に「コレヨリマヘナシ」あるいは途中に「下ミヘス」などの但し書きが見られ、おそらく新史料（オ）が原本と思われる。文中には「今日予辞職有奉幣」などとあり、「予」とは前国造俊長と考えられ、この記録は前国造俊長が、上洛の途次や京都での様子を後に聞いたもの、あるいは自らの経験に基づいて記したものであろう。奥書には「応永四年丁丑夾鐘十一日終記録之切而已」とあり、これを史料Ⓒとする。

○六一代行長（譲補年　応永二九年〈一四二二〉八月）

『官幣大社日前神宮国懸神宮本紀大略』(6)（以下『本紀大略』とする）等に「六十一代国造行長譲補記之文依虫損多略之」とあり、譲補に関する記録がかつて存在していたが欠損状態が相当にひどかったと思われる。また現存するかどうかわからない。

但し、六二代国造行孝が、京都へ出発した後の辞職奉幣の記録が残るので以下に紹介する。(キ-3)と(ケ-3)。「国造職ヲ辞スル時奉幣ノ事」から始まるもので、これを史料ⒹⅠとする。次に(チ)。これも内容的には史料ⒹⅠと同じであるが、表現方法が多少異なって記されている。これを史料ⒹⅡとする。前国造の辞職奉幣に関しては、六一代行長の記録のみが現在確認できており貴重な史料である。

○六二代行孝（譲補年　文安四年〈一四四七〉七月）

六一代行長同様、『本紀大略』等に「六十二代国造行孝譲補記之文依虫損多略之」とある。

一方、(キ-5・6)(ク-3・4)(ケ-5・6)(テ)(ト)に「清物之註文」「細々物註文」と題した記録がある。文末に「右此二段ハ行孝譲補ノ時ノ註文ト見タリ……」とあり、行孝の譲補に際しての必要な道具等が記されている。しかし、本稿ではそれらを細かく考察することを目的としないので、特にとりあげることはしない。

○六三代親弘（譲補年　寛政六年〈一四六五〉一二月）（史料Ⓔ）

(カ)と(サ)。最初に上洛の行列を記し、以下往路と帰路の様子を簡略に記してある。これを史料Ⓔとする。また、(キ-7)(ク-5)(ケ-7)に「譲補ノ時衣装色々」と題した記録がある。親弘譲補の時の衣装に関することが短く記されているが、先の六二代行孝と同様に本稿では特にとりあげない。

○六四代俊連（文明二年〈一四七二〉元服）（史料Ⓕ）

(シ)。「俊連譲補記」と題した記録であるが、内容は元服に関して簡略にまとめたものであり、上洛の儀等については一切記されていない。これを史料Ⓕとする。

○六五代俊調（延徳四年〈一四九二〉元服）（史料Ⓖ）

(ス)。「俊調元服譲補記」と題したものであるが、内容は、六四代俊連同様に元服に関してのみの記録である。これを史料Ⓖとする。

○代不詳（史料Ⓗ）

（ツ）。「譲補之時之祓之次第」と題し、京都からの帰路の解除に関して簡略に記されている。『大双紙』所収のもので、前後の史料が六二代行孝の時の記録なので、これも同様であると推測は可能であるが、断定はできない。ただ、年代的に今までとりあげた史料を大きく離れないことは確かであろう。本稿では、これを史料Ⓗとする。

○諸代の記録をまとめたもの（史料ⒾⅠ・ⒾⅡ）

（キ-1・2）と（ケ-1・2）。これまで紹介してきた五八代から六五代の史料を寛永一二年（一六三五）に六八代国造忠光がまとめたものである。ただそれらの史料には見られない内容も書かれているので今回確認できなかった他の史料も参考にした可能性がある。これを史料ⒾⅠとする。

（ク-1）。これも史料ⒾⅠ同様に、各代の史料を寛文二年（一六六二）に六九代国造昌長がまとめたものである。これを史料ⒾⅡとする。

以上史料Ⓐから史料ⒾⅡまでを確認したが、先に述べたように史料Ⓐ（五八代親文）が質量ともに最も充実しているのでこれを中心に譲補の儀を検討することにする。そして各史料は、比較するため表1・2のように同一内容の文を同じ列群に入れて表すこととし、便宜上、表の各列群に番号を付した。以下の章では、章の始めにこの列群番号を記し、その内容について考察を進める。また、特に史料記号を断らない場合は、史料Ⓐのこととする。

表1　元服の儀（列群番号1～16）　※（ ）内は原文割注

	Ⓐ五八代親文　暦応三年（一三四〇）	Ⓕ六四代俊連　文明四年（一四七二）	Ⓖ六五代俊調　延徳四年（一四九二）	ⒾⅠ
1	御元服事	御元服之事	御元服事	元服之事

2	暦応参年(庚辰)八月十□□	文明四年(壬辰)十一月十五日 (戌申)辰時也	延徳四年(壬子)十一月廿七日(甲午)	
3	於御寝殿有此儀 (于時御年十二歳御実名親文)		於御寝殿有此儀 (于時御年十二歳御実名俊調)	寝殿有ニテ此義アリ
4	御出居上(横座東向)		御出居上(横座東向)	前職国造(横座東向)
5	千世若御料(南座北向)	御歳廿三　淑連(私曰後改俊連)	宮楠御料(南座北向)	新国造(南座北向)
6	両白冠上祝秀種下祝右保 (御出居内東端南座北向)	同役人(衣装事)	両白冠上祝弘光下祝光保 (御出居内東端南座北向)	両白冠 (御出居内東端南座北向)
7	東人母頼幸(御出居内東端北向)			
8	南人母氏秀　鳴神行事重澄　反橋行事助世 以上三人公卿座(北座南向)		南人母秀久　津奈行事弘盛 公卿座(北座南向)	人母　行事 公卿座(北座南向)
9	修理亮維春　孫四郎経兼 (公卿座東座西向)		彦太郎連植　又太郎連能 (公卿座東座西向)	青侍二人 (公卿座東座西向　指燭役)
10	理髪役人　東人母頼幸 指燭役人　維春　経兼　也 (各布衣立烏帽子)	理髪役(下結)上白冠(親秀) 指燭役(立烏帽子直垂)北林弾正左衛門 (秀経)　前岸与四郎(弘光)	理髪役人　上白冠弘光 指燭役人　連植　連能　也 (各布衣立烏帽子)	理髪ノ役人　(白冠或人母) 指燭ノ役人(青侍二人 各布衣立烏帽子)
11	広蓋役人　兵衛三郎貞政 御太刀役人　孫五郎宗保 (各立烏帽子直垂)	広蓋役(同)植松伊勢左衛門(秀安) 御太刀役(同)津奈石見左衛門(頼右)	広蓋役人　左京亮真総 御太刀役人　与三郎好頼 (各立烏帽子直垂)	広蓋ノ役人(青侍) 太刀ノ役人(青侍 各立烏帽子直垂)
12	役人禄物事 理髪役人(頼幸)浄衣一具(白布二也) 指燭役人(維春　経兼)巻直垂各一具 (彼禄物広蓋役人勤仕之)		役人禄物事 理髪役人(弘光)浄衣一具(白布二也) 指燭役人(連植　連能)巻直垂各一具 (彼禄物広蓋役人勤仕之)	役人禄物ノ事 理髪ノ役人ニ浄衣一具(白布二) 指燭ノ役人ニ巻直垂各一具 (彼禄物ノ役ハ広蓋ノ役人ツトムル也)
13	傅膳役　貞政　家経　頼澄　也 (各立烏帽子直垂)		傅膳役　頼右　秀乗　連与　也 (各立烏帽子直垂)	傅膳ノ役人(青侍 立烏帽子直垂)
14	青侍等着中御侍 中臈等着北御侍　各酒垸飯給之		青侍等着中御侍 中臈等着北御侍　各酒垸飯給之	青侍等中ノ侍ニ着ス 中臈等北ノ侍ニ着　各酒垸飯ヲ給ル
15	中間　御厩者　諸卿百姓等　同給之		中間　御厩者　諸卿百姓等　同給之	中間　厩者　卿々百姓等モ同ク給ル也
16		条々多シ　文明四年十一月吉日□		

表2 立国前の潔斎・奉幣等～到着の儀（列群番号17～112）　※Ⓑは列群番号18までは史料ⒷⅢ、19以降は史料ⒷⅡとする。（ ）内は原文割注。

	Ⓐ五八代親文　暦応三年（一三四〇）	Ⓑ五九代俊長　永和元年（一三七五）ⒷⅢ	Ⓒ六〇代行文　応永二年（一三九五）
17	一　御譲補事 暦応三年（庚辰）八月十七日（戊戌）		
18		前ニモ云ガ如ク立国ノ日ノ前二日ヨリ間ヲ洗ヒ髪ヲ洗ヒ行水ヲメ潔斎ス（立国ノ日マテ三日潔斎ニアタル）諸道具アタラシク清キヲ用ユ 畳席（新シクス）足駄厠（各可改）火鉢（モトノヲ用ユ）枕（改ム）台（衝重ノ事也アタラシクス） 髪ヲ洗フ水ハ（新火所ノ水ニテ洗テ塩ヲウツヘシ）手水（ナンドノハ先只ノ水也）　小袖（ヲハ人ハダヲ不付メ祓ノ時キル下向ノ時道ニ置テ行水ハナシ）小袖湯帷（各改ムコレモ祓ノ後モ同物ヲ用ル） 髪ノ湯行水（新火所ノ水也）　鏡ハ（マズ本ノヲ新火所ノ水ニテス、イデトギテモツ也）　右本結 烏帽子サシヒタヒト、メ烏帽子　帯（各新） 箸（新）飯（今日ヨリ土器ニテクウ飯スル器ハイマダ同シ物也） 手水桶（イマタ同シ祓ノ後カユル）　力子（モトノヲス、イデ塩ニテキヨムル祓ノ後アラタム）草履（改ム祓ノ後又改ム）行水ノ後（洗タル間ヘ入ヘシ）先ソト行水ヲメサテ湯帷ヲキテ髪ヲ洗フ髪ヲ洗フ者ハ青侍也（京上ノ者ハコレヲユルス）火物ノ道具ヲハ（祓ノ後皆改ム）火ハ火バツヲトテアサ火ヲ打テ其ハツヲヌクウ後ニハ人クヘドモ不苦（京上以前精進ニ入日ヨリ祓ヲスルマデノ事也）火鉢灯台ハ（不苦ト云也）中ノ間ニ入ラバソト塩ヲ打ヘシ 右此段ハ俊長卿譲補ノ記ニ見ヘヨク註ヲ見分ヨ	

	17	18
Ⓔ六三代親弘　寛政六年（一四六五）	寛政六年（乙酉）十二月	
ⓘI　国造元服譲補之次第（一六三五）	譲補之事	立国ノ日ノ前二日ヨリ（立国ノ日マデ三日ニアタル）間ヲ洗ヒ髪ヲ洗ヒ行水ヲシテ潔斎ス（是ヨリ七瀬祓マテ潔斎也）諸道具皆新キヲ用ユ
ⓘII　国造元服譲補記　全（一六六二）	上洛之次第	自立国之前二日洗間洗髪行水而潔斎（自此至七瀬祓潔斎也）諸道具皆用新也

	Ⓐ五八代親文　暦応三年（一三四〇）	Ⓑ五九代俊長　永和元年（一三七五）ⒷII	Ⓒ六〇代行文　応永二年（一三九五）
19	御立国	立国次第	
20	先為御奉幣御参宮（御浄衣） 御祝師座上人母頼幸也	十月廿七日（甲寅）進発着浄衣参社頭奉幣 祝師座上人母（頼有）	
21	入御本亭於御寝殿有勧盃（三献）	其後帰本亭	
22	御出居上御横座 大夫御料南座　田上殿　入江殿　北座 両白冠　両人母　参		傳膳役　兼顕　頼長　秀冬　経仲　基綱　也 経営奉行　頼久　有秀 □奉行　親継　秀村等　也 両白冠（顕保　秀政）両人母（秀連　頼世） 行事一人重秀参
23	供奉侍等被召公卿座各賜御酒		供奉侍被召公卿座各賜酒 両白冠（公卿座也）□□□ 東座　顕基（対馬守）□□ 西行事顕綱者今度一向為奉行之間□□
24	牛剋一点御進発（御直垂立烏帽子）	着直垂	立国上洛　申剋一点　進発（絹直垂立烏帽子）
25	召御張輿（先々雖為手輿為御用心張輿也）	乗輿	乗網代輿（永和元年之例也）
26	御引馬四疋内　白槻毛青黒　此二疋置鞍 黒槻毛　駮　二疋裸馬也	引馬二疋 長持一棹	引馬二疋 内一疋□□　□□裸馬也
27	供奉青侍先陣五騎 雅楽助幸保　貞政　経兼　宗秀　頼澄也（前 後者毎日取孔子）	供奉青侍	供奉青侍先陣□□ □□　（弾正少忠）頼良（先後者毎日取孔子）
28	御輿屋形口　修理亮維春也	讃岐守盛秀（屋形口但下向之時无其儀）	御輿屋形口　対馬守顕基　其□
29	其外　宗保　頼顕　家継　親秀　家経 秀幸　実治　保村　貞茂　頼兼	弾正左衛門尉頼右（下向之時屋形口布衣上道直垂） 前馬勘解由左衛門尉頼種　善左衛門尉貞良	保聡　行連　経仲　秀親　国親　経右

※文頭に①②③などとあるのは、史料Ⓐの内容に合わせるため文の記述を筆者が前後させた箇所で、実際の史料では、若い数字の順に記されている。

	Ⓔ六三代親弘　寛政六年(一四六五)	①Ⅰ　国造元服譲補之次第(一六三五)	①Ⅱ　国造元服譲補記　全(一六六二)
19	②御譲補之出立次第 (十二月十日)酉刻御出立	サテ立国ノ日	立国之日
20		先奉幣ノタメニ社参ス(浄衣ヲ着ス) 祝師座上ノ人母也	先為奉幣参宮(着浄衣) 祝師座上人母也
21		下向メ寝殿ニテ勧盃三献アリ	両宮并中言社奉幣之義畢下向而入于本亭
22		前職又一族着座アリトシルセルモアリ	前職同新上并一族着座寝殿(前職横座　新上 南座　一族北座) 有勧盃(三献) 次召両白冠両人母
23		又只供奉ノ青侍公卿ノ座ニ召テ酒ヲ給ルト計 モアリ(其時ニヨルメ)	供奉之青侍於公卿之座令勧盃也
24		其後絹直垂立烏帽子ヲ着テ立国ス	何刻一点新上着絹直垂之烏帽子
25		先々ハ手輿ニノル又張輿ニモノレル事アリ 永和元年ヨリ網代輿ニノル也	乗網代輿(先々乗手輿　親文乗張輿 行文乗網代輿永和元年之例也)
26		②又馬ヲ引スル	令引馬(置鞍　裸馬)
27			
28		①(輿ノ屋形口青侍也)	御輿屋形口　青侍也
29	①御譲補行列之次第 御神木一本御鉾一本	④行列之次第(此次第親弘記ニアリ) 神木(一本)御鉾(一本)神人等(馬上)中臈(馬	進発行列次第 御神木(一本)御鉾(一本)神人(馬上)持之

	Ⓐ五八代親文　暦応三年　(一三四〇)	Ⓑ五九代俊長　永和元年(一三七五)ⒷII	Ⓒ六〇代行文　応永二年(一三九五)
29	童一丸　魔尼楠丸　左衛門慰秀助代官氏平 左衛門慰久氏代官能忠　覚法代官保清 (持物具者給夫二人不持者夫一人) 先々雖為狩装束為御用心上道不用騰行	太郎左衛門尉保貫(上下向同前後毎日孔子) 此外 兵庫助長経 主殿助顕基 二郎左衛門尉秀経 民部左衛門尉行連 若狭左衛門尉保氏 田九郎親貫 宮一丸(前後不次第)	保□　頼秀　顕直　保直　頼高 (各給夫二人) 依先規狩装束也
30	経紀三所渡被召御舩(青侍等各乍騎渡河)		経紀三所渡乗舩(青侍等各乍騎渡河)
31		十一月一日(丁巳)神官等立国於行事顕綱者今度事 依令奉行當職進発日同上洛	
32	調月新三郎入道山東彦八之手者共数十騎為御兵士信達川橋東打立御輿過橋上之時各下馬 供奉青侍過橋上之時各下馬(調月新三郎入道山東彦八者法眼朝覚聟也)	雑色(上道直垂下道狩衣) 直垂中間(上道単直垂下道重大維　上結) 既	
33	今夜御留和泉国古木宿		今夜留山中宿
34			今日予(前職)辞職有奉幣布衣 青侍経遠帰宅即始食中火
35	坂田紀三井寺者共少々為御兵士参古木宿(其中之上衆者申暇自山中帰了)		
36	十八日(未剋計) 於天王寺宿与細川兵部少輔殿有御対面		十四日酉剋　着天王寺　翌日□□
37	大夫御料御浄衣自南小門奉入於公卿座御対面 御退出之後自是被進御馬(黒槻毛)維春為御使		

	29	30	31	32	33	34	35	36	37
Ⓔ六三代親弘　寛政六年(一四六五)	神人等馬上中臈馬上両人母馬上 新火上様(網代輿ニ召) 雑色六人馬上 御中間(絵直垂ヲ着ス人数不定) 次騎馬衆人数不定 両行事(頼右　康千) 殖松伊勢守秀貞　飯垣周防守親保 堀内修理亮経重　前岸大和守俊好 西嶋八郎太郎親頼　森本彦太郎秀忠 林又七				山中之宿ニ御着			(同十一日)和泉境ニ御着	
Ⓘ I　国造元服譲補之次第(一六二五)	上)両人母(馬上)行事ハ(後陣之青侍ニ交テ供奉ス)新国造(網代輿)雑色六人(馬上)中間(人数不定)青侍(馬上)人数不定(物ヲ持テハ夫二人ヲ給フ持サルハ夫一人ヲ給フ) 装束之事　新国造(絹直垂立烏帽子)青侍(狩装束) 雑色(上道ハ直垂下道ハ狩衣)中間(絵直垂ヲ着ス 又上道ハ単直垂下道ハ大維ヲ重又上結トモアリ) 力者八人(直垂頭巾坂田寺紀三井寺ノ法師也) 舎人(水干)	③紀三所ノ渡ヲ舟ニノル 馬乗ドモハ乗ナカラ河ヲ渡ル也							
Ⓘ II　国造元服譲補記　全(一六六二)	中臈(馬上)両人母(馬上)青侍五人(馬上) 新上(網代輿力者八人直垂坂田寺紀三井寺法師也) 雑色六人(馬上上道直垂下道狩衣) 中間(人数不定着直垂上道単直垂下道重大帷子又上結) 青侍(馬上狩装束用心之時不用騰行) 人数不定(持物具賜夫二人不持賜一人) 行事(後陣交青侍供奉) 舎人(水干)	経紀三所渡乗舩　青侍等各乍騎渡河			今夜宿和泉国古木庄			第二日行列如昨日	

	Ⓐ五八代親文　暦応三年（一三四〇）	Ⓑ五九代俊長　永和元年（一三七五）ⒷII	Ⓒ六〇代行文　応永二年（一三九五）
37	而以舎人武光為末等自東小門被引進之佐竹侍 従房中間請取之		
38	今夜御留摂津国国嶋宿		十五日酉剋　着山崎　今日□□　神官立国
39	十九日（未剋終）御入洛 自東寺前先陣皆加後陣供奉		十六日未剋入洛 自東寺之前先陣皆加後陣供奉
40	即勘解由小路油小路（油小路面東頬）為御宿所 （平門内也）陰陽師大蔵大副（兼言）家也		即勘解由小路油小路為御宿所 陰陽師内蔵頭盛兼之家也 亭主一献沙汰之水原扇進也
41	了雲御房自元於彼所奉待御京着給		
42	京都御雑掌人出雲法橋祐尊 為御儲持参用途壹貫文 兼言朝臣請取之進御酒肴　合原法橋定祐同参		
43	廿一日　御参日野別當殿　了雲御房被同車 山科中将入道殿御車牛飼等被借召之 雑色一人（貞安）中間五六人 折節別当殿被参仙洞之間　只与蔵人左少弁殿 （別当殿御息宗光朝臣）有御対面		
44	廿二日　北野社御参詣		十七日　北野社参詣　乗輿　着絹直垂 供奉青侍　行連　頼名　頼良也
45	今日又御参別當殿御亭於寝殿有御対面 大夫御料絹御狩衣（結上） 為御酒肴兼被送進五結仍有御酒宴		
46	今日　御鉾御神木神官已下入洛		
47	廿三日　入御山科中将入道殿御亭（絹御直垂） 了雲御房御同車 為御酒肴兼被送五結仍有御酒宴		十八日　行于山科中納言（教言卿）亭 有酒宴　父子三人被出対 子息者　中将教冬　内蔵頭教興也

	Ⓔ六三代親弘　寛政六年(一四六五)	ⓘI　国造元服譲補之次第(一六三五)	ⓘII　国造元服譲補記　全(一六六二)
37			
38	(同十二日)八幡之宿ニ御着		留摂津国々嶋宿
39	(同十三日)申刻御京着	東寺ノ前ヨリ先陣皆後陣ニ加テ供奉ス 又神官等後日ニ上洛ノ時ハ青侍五六騎先陣次 新国造雑色中間サテ又青侍也(行列次第如此)	第三日行列如昨日 入洛之時 自東寺之前先陣皆加後陣供奉
40			京着之宿者勘解由小路油小路(油小路面東頬 平門内也)陰陽師之家也
41			
42			
43			
44			
45			
46			
47			

	Ⓐ五八代親文　暦応三年（一三四〇）	Ⓑ五九代俊長　永和元年（一三七五）ⒷII	Ⓒ六〇代行文　応永二年（一三九五）
47	山科殿父子三人被出対		供奉青侍　顕基　行連　頼良
48	廿四日為洞院右大臣殿御対面　令参徳大寺殿給 洞院殿為如法経書写本自御坐徳大寺殿之故也 了雲御房御同車　雑色二人（貞安　弘里） 中間五六人参　青侍　雅楽助幸保　摩尼楠丸 維春　三人騎馬供奉 洞院殿御出対于公卿座（烏帽子直衣） 大夫御料（絹狩衣結上）公卿座之広廂仁参候 了雲御房候大床　令申御返事給 右府入御之後 徳大寺大納言殿（洞院殿御聟絹御狩衣）又御対面 其後令退出給		
49			
50	廿五日　御院参（絹御狩衣入身）		
51	雑色三人（貞安　弘里　弘景）　中間四五人供奉		
52	先召御車　令参別当殿御亭給 其後与左少弁殿（宗光朝臣）有御同道		
53	令参泉殿常御所候簀子給 上皇自御簀傍顕龍顔年齢何程哉之申有勅問十 二歳之由令申給		
54	御退出之後又被参別当殿御亭 大理被仰云　今日参常御所簀子之条面目也		
55	其日奉請取官符 請取使人母頼幸（布衣）修理亮維春（布衣）合		今日奉請取官符 請取使人母秀連（布衣）西行事顕綱

	47	48	49	50	51	52	53	54	55
Ⓔ六三代親弘　寛政六年(一四六五)				(同十八日)車ニテ御参内					則綸旨院宣於清涼殿内御頂戴
Ⓘ I　国造元服譲補之次第(一六三五)			サル時ハ神官上洛ノ後御鉾神木人母カ宿所ヨリ国造ノ宿所ヘ入ル(宿所ハ勘解由小路油小路陰陽師ノ家也)国造即チ烏帽子浄衣ヲ着テ庭上ニ下向ス御鉾神木白沙壇上ニ立奉ル	参内ノ時　車ニノル 装束ハ絹ノ狩衣ニ実ヲ入ル或ハ束帯ト記セルモアリ					綸旨禁中ニテ頂戴申ス
Ⓘ II　国造元服譲補記　全(一六六二)			御鉾御神木奉立白沙壇上也	参内之時新上着絹狩衣(或束帯) 乗網代輿　乗車					綸旨官符口宣案等於清涼殿之内頂戴卆(又於大使宿所奉請取官符時使人母一人青侍一人或

	Ⓐ五八代親文　暦応三年（一三四〇）	Ⓑ五九代俊長　永和元年（一三七五）ⒷII	Ⓒ六〇代行文　応永二年（一三九五）
55	原法橋定祐為問答令同道		
56	大使主殿左衛門宿所（着布衣） 於客殿被積百貫文之後奉入 官符於覧莒蓋安于大使前 人母立奉請取之　人母与大使対座也 被彼請取状即各帰夲		人母立奉請取之　人母与大使対座也 取彼請取状即各帰夲
57	人母以官符奉授于大夫御料　有再拝請取給		人母以官符授于大夫　有再拝請取之
58	太政官符　紀伊国造　従五位下紀朝臣親文 右今日補任彼国国造畢国宜承知依例任用符到奉行 防鴨河使正五位上行左少弁兼左衛門権佐春 宮大進藤原朝臣〔判〕 修理東大寺大佛長官正五位上左大史 小槻宿禰〔判〕　暦応三年八月五日		（文章如先規略之）
59	如先々者官符禄物者皆料二百十九貫四百文也 而今度自兼日有問答令治定于百貫文者也		如先々者官符禄物者皆料二百十九貫四百文也 而今度自兼日有問答令治定于卌五貫文
60			
61	同日　請取省符給　式部省符署之 式部省禄物先々者皆料九貫文也 而省官符以半分儀令治定于五貫文夲		

	55	56	57	58	59	60	61
Ⓔ六三代親弘　寛政六年（一四六五）							
ⒾⅠ　国造元服譲補之次第（一六三五）	又宿所ニテ頂戴申ス時ハ請取申シユク使人母一人（布衣）青侍一人（布衣）又人母一人行事一人モアリ時ニヨル欤	官符ハ覧莒ノフタニ置テ大使ノ前ニ安ス 人母立テ請取申ス 人母ト大使ト対座也	人母官符ヲ新国造ニ授ル時（行水〆浄衣立烏帽子）再拝〆請取申ス		官符禄物ハ先々ハ皆料二百十九貫四百文也 親文ノ時ハ兼日ヨリ問答〆百餘貫文也（此時官銭百餘貫文） 俊長卿ノ時ハ責伏而彼是六十貫文計ト云々 行文卿ノ時ハ卅五貫文也	内院上卿職事官方ナト方々ヘノ料足ハ代々内日記ニアリ　又請印ハ在京ノ内ニ被成下	
ⒾⅡ　国造元服譲補記　全（一六六二）	行事也）	（於大使宿所客殿積官銭奉請取官符之時 人母与大使対座也　奉入官符於覧莒蓋安 人母請取被請取彼官銭之状）	（即帰人母以官符奉授于新上之時新上行水着立烏帽子浄衣再拝而奉請取頂戴也又請印在京之内被成下）				

	Ⓐ五八代親文　暦応三年（一三四〇）	Ⓑ五九代俊長　永和元年（一三七五）ⒷII	Ⓒ六〇代行文　応永二年（一三九五）
62	官符請印者御京上以前了雲御房属日野別当殿去		
63	八月五日　官庁御政之次　有申御沙汰 而所被宣下也		
64	上卿冷泉大納言（公泰） 祭方上卿平中納言宗経職事左少弁宗光也		
65	今日烏帽子三郎入道進御酒肴 又官符已下日次事兼言朝臣撰申之 用途二貫文被送之		
66	今夜（戌時）御神木御鉾自人母頼幸宿所奉入之 新上即下向庭上給　御鉾御神木奉立白沙壇上		今夜御神木御鉾自人母秀連宿所奉入之 国造下向于庭上　御鉾御神木奉立 于白沙壇上
67	又今夜自別当殿被引進御馬（鹿毛） 青侍一人（乗馬）舎人一人参青侍即帰卆 留舎人許給酒又銭二百舎人給之		
68			十九日　行于同新中将教遠朝臣亭有酒宴 （供奉青侍同）
69			廿一日入夜参御所　室町殿御事也　布衣 対馬守顕基（用六位狩衣　臨時儀也） 御前万里小路大納言（嗣房卿）□候 年齢事御尋也　大納言被申御返事 丹生社事被申不思議之由被仰 今日予始食常火
70			
71			
72	廿七日（卯剋）　御出京		廿二日　卯剋　出京　雨降

	Ⓔ六三代親弘　寛政六年（一四六五）	Ⓘ I　国造元服譲補之次第（一六三五）	Ⓘ II　国造元服譲補記　全（一六六二）
62			
63			
64			
65			
66			
67			
68			
69	（同十八日）網代輿室町殿御参		
70	（同日）日野殿傳奏管領守護方エ有御礼　雖然無御隙者可為翌日		
71	（同十九日）北野御参詣	又在京ノ内ニ北野社へ参詣アリ臨時ノ義歟　但代々参詣トミヘタリ	又在京之内参詣于北野社（雖臨時之事但代々参詣也）
72	（同廿一日）辰刻御馬京都　於御出立御衣冠	出京ノ時	出京時

	Ⓐ五八代親文　暦応三年　（一三四〇）	Ⓗ代不詳	Ⓒ六〇代行文　応永二年（一三九五）
73	亭主(兼言朝臣)進御酒(一献)		
74	御進発　行列次第 先御神木御鉾 次神官(下臈為先)　祝師衣冠其他布衣 次新上(衣冠騎馬総鞍也) 舎人二人(武光　為末　水干) 次雑色二人(貞安　弘里　乗馬) 次布衣侍二人(維春　頼顕) 次随兵(今度用騰行) 其人数与上道同　但両行事(重澄　助世) 任例加随兵中(各具乗替)		御進発　行列次第 先神木御鉾 次神官(下臈為先)　祝師衣冠其外布衣 次新国造(衣冠騎馬総鞍也) 舎人二人(　水干) 次雑色二人(光弘) 次布衣侍二人(顕基　行連) 次随兵(用騰行) 行事任例加隋兵中(具乗替　西行事者留京)
75	今朝於七条西朱雀有御解除	七条西朱雀	今朝　於西朱雀有解除
76	新上対坤方給(先敷葉薦々上莚々上鹿皮々々上布也) 御祝師人母頼幸(衣冠)	対坤方 (先葉薦ニ)上莚ニ上鹿皮ニ上布也	国造対坤方 先葉薦々上筵々上鹿皮々々上布也 御祝師人母秀連(衣冠)
77	復於水浜有御解除	次大祓	復於水浜有解除
78	新上対巽方給(対流御坐御敷物与七条朱雀同) 於河北在家西芝上改御装束(布狩衣平礼) 祝師又改装束(布衣) 舎人又改御装束(直垂)	対巽方流於河上西在家芝上改装束 (祝師同)	国造対巽方(対流坐敷物同) 於河北在家西芝上改装束(布狩衣) 祝師又改装束
79	今夜　着国嶋宿給(先々雖為大和道今度依世上 擾乱自水浜引返経山崎前趣和泉道給)		今夜　宿杜口
80	廿八日夜　着和泉国信達宿給終夜雨降		廿三日　宿和泉古木
81	廿九日　為丹生社志津川御解除　経雄山川辺 着粉河宿給終日雨降入夜天始霽		廿四日　為丹生社志津川解除　経雄山川辺 着粉河宿

※史料Ⓑは列群番号32以降何も記されていないので、便宜上その行に、列群番号73以降史料Ⓗを記した。

	Ⓔ六三代親弘　寛政六年（一四六五）	ⓘI　国造元服譲補之次第（一六三五）	ⓘII　国造元服譲補記　全（一六六二）
73		宿ノ主国造ニ一献ヲス、ム	宿主進一献於国造
74		行列ノ次第 先神木御鉾 次神官（下臈為先）　祝師衣冠其外ハ布衣 次新国造（衣冠）乗馬（総鞍也） 舎人二人（水干） 雑色二人（乗馬但上洛ノ時六人アラハ出京ノ時モ六人アルヘキ歟　親弘ノ記ニ不見） 次布衣侍二人 次随兵（騰行ヲ用ユ） 又両行事例ニマカセテ随兵ノ中ニ加フ（各乗替ヲ具ス）	進発行列次第 先神木御鉾 次神官（下臈為先）祝師（衣冠）其外（布衣也） 次新上（衣冠騎馬総鞦也） 舎人（水干二人） 次雑色（二人　馬上） 次布衣侍二人 次随兵（用騰行） 其人数与上道同 又両行事任例加随兵之中（各具乗替）
75	（七条西朱雀有御解除）	此日七条ノ西ノ朱雀ニテ解除アリ	今日於七条西朱雀有御解除
76		其次第　国造坤ノ方ニ向フ先葉薦ヲシク薦ノ上ニ莚々ノ上鹿皮々々ノ上ニ布ヲ敷也 祝師人母（衣冠）解除ヲツトム	新上対坤方（先敷葉薦々上莚々上鹿皮々々上布也） 御祝師人母（衣冠）勤解除
77	（同日）淀之大渡（有御解除）	又水浜（淀ノ大渡也）ニテ解除アリ	又於水浜（淀大渡也）有解除
78		其次第　国造巽ノ方へ向フ（流レニ対メ坐スル也敷物ハ七条ノ朱雀ニ同シ） 河ノ北ニ家アリ其西ノ芝ノ上ニテ国造祝師装束ヲ改ム国造ハ布衣平礼也　祝師ハ布衣也 舎人モ装束ヲ改ム直垂也	新上巽方（対流坐敷物与朱雀同） 祝師人母（衣冠） 於河北在家於西芝上新上改装束（布狩衣平礼） 舎人又改装束（直衣）
79	河内国四条之宿ニ御着	サテソレヨリ先々ハ大和路へトヲリタレトモ 近年ハ和泉路也	自大渡経大和路参丹生酒殿社（先々如此 近年和泉路也
80	（同廿二日）和泉近木之宿ニ御着		
81	（同廿三日）粉河之宿ニ御着	雄ノ山ノ川辺ヲ経テ粉河ノ宿ニツキテ翌日モシクハ同日天野ノ丹生社ニテ解除アリ	経雄山川辺着粉河宿）

	Ⓐ五八代親文　暦応三年（一三四〇）	Ⓗ代不詳	Ⓒ六〇代行文　応永二年（一三九五）
82	九月一日朝　御参丹生酒殿社 触仰子細之処　神主申云 御祓以前一夜先立可被触仰也 而当日承之条違先規上者明旦可参云々 雖然度々誘申之間及酉剋始参入	一、丹生社奉幣事	廿五日　朝参丹生酒殿社
83	其次第		其次第
84	先神主（衣冠）御社乾角曳幕　参候于宝前 新上着葉薦給 両人母相見一人候右方 白犬一疋付白布相見引之　彼社権神主請取之 次　膝突布二端　大刀一腰　腹巻一両 弓一張　矢一腰　土師渡之 又犬食米俵一（枡斗一斗）小鳥居西柱倚之 其後有御奉幣 皆料以壹（十）貫文取替祭物伞（近年定例也）	（於堂引幕着装束） 先神主衣冠候社乾角　国造着葉薦 両人母相見一人候右方 白犬一疋付白布相見引之 彼社相見請取之（元者権案主也） 次　膝突布二端　腹巻一両　弓一張 箭一腰　太刀一腰　土師渡之 又犬米俵一（枡斗一斗）小鳥居西柱倚之 其後有御奉幣 皆料以十貫文取替祭物伞	先神主衣冠候社乾角 国造着葉薦 両人母相見一人候右方 白犬一疋付白布相見引之　彼社権神主 請取之 次　膝突布二端　大刀一腰　腹巻一両 弓一張　矢一腰　土師渡之 又犬食米俵一（枡斗一斗）小鳥居西柱倚之 其後有奉幣 皆料以拾貫文取替祭物伞
85	同日秉燭時剋有志津川御祓	次　志津川祓	其後　有志津河祓
86	新上於川西向巽方御坐 祓後流鮭（内人役）其後改御装束	向巽坐 祓後内人流鮭　其後於那手宮□	国造於川西向巽方坐 祓後流鮭（内人役）其後改装束
87	今夜々半許着小倉堂給	今夕着小倉堂	今夕着小倉堂
88	同三日　於高宮山西麓有御奉幣（無祝詞）	一、高宮	廿六日　於高宮山西麓有奉幣（無祝詞）
89	其後三返匝樗木（元者楠木也今者樗木也 着衣冠廻木時袒右肩給）	廻楠木三遍	其後（匝楠木廻木時袒右肩）

	Ⓔ六三代親弘　寛政六年（一四六五）	ⒾI　国造元服譲補之次第（一六三五）	ⒾII　国造元服譲補記　全（一六六二）
82	（同日）天野御参詣（有御祓）		
83		其次第	有解除　其次第
84		神主（衣冠）御社ノ乾角ニ幕ヲヒキ宝前ニ参詣ス 国造ハ堂ニ幕ヲヒキ衣冠ヲ着スサテ葉薦ノ上ニツク 両人母相見一人右方ニ候ス 白犬一疋白布ヲ付テ相見コレヲヒク 彼社ノ権神主コレヲ請取ル 次　膝突（二端）　太刀（一腰）　腹巻（一両） 弓（一張）　矢（一腰）　土師ノ役トメアナタヘ渡ス 又犬ノ食米俵一ツ（枚斗一斗）小鳥居ノ西ノ 柱ニヨセテヲク 其後奉幣アリ 但今ハ皆料十貫文ヲ以テ祭物ヲ取替ル也	神主（衣冠）御社乾角曳幕　参候于宝前 新上曳幕於堂着衣冠着于葉薦 両人母相見一人候右方 白犬一疋付白布相見引之　彼社権神主請取之 次　膝突布（二端）太刀（一腰）腹巻（一両） 弓（一張）矢（一腰）為土師之役渡之 又犬食米俵（一）寄置小鳥居西柱也 其後有御奉幣
85	同静川ニテ有御祓	同日ニ志津川ノ解除アリ（志津川トハ名手ノ宮ノ東ナル川ナリ）	々々仐　同日有志津川之祓
86		国造川ノ西ニテ巽ノ方ヘ向フ 祓ノ後内人ノ役ニテ鮭ヲ流スソレヲ見ヌ物也 其後装束ヲ改ム	新上於川西向巽方坐 祓後為内人之役流鮭　不可見之 其後改装束
87	（同廿四日）小倉尺迦堂ニテ 御衣装ヲ被改テ	此日小倉ノ堂ニツク	此日着于小倉堂
88		翌日若シクハ二三日シテ高宮ノ山ノ西麓ニテ奉幣アリ（和佐ノ三廻ト云所也　此所ニイマス神ヲハ気鎮大明神ト云也）　祝詞ハナシ	翌日於高宮西麓有奉幣（无祝詞）
89	和佐ノ三廻ニテ在御祓	其後右ノ肩ヲヌキテ三□反楠ノ木（今ハ樗ノ木也）ヲメクル也（此時衣冠ノ肩ヲヌグハ座ニ居ナカラヌク也又居テ袖ヲナヲス大帷ノ袖ヲハヌカス）	其後袒右肩三返回楠木 （此時袒衣冠之肩乍居座袒之　又居直袖大帷子之袖不袒之）

	Ⓐ五八代親文　暦応三年　(一三四〇)	Ⓗ代不詳	Ⓒ六〇代行文　応永二年(一三九五)
90	渡御幣於高宮神人畢　即改御装束(絹御狩衣)	其奉幣　無祝　於和佐芝改装束	渡御幣於彼社神人卆　即改装束(絹狩衣)
91	於宮芝原市場令下馬給		於宮芝原下馬
92	即又召御馬廻両宮北道着上白冠(秀種)家給		又乗馬廻両宮北道着上白冠(秀政)家
93	御鉾御神木自鳥居前経十二松正路奉入 上白冠宿所		神木自鳥居前十二松正路奉入白冠家
94	御儲等有之(公文所沙汰也) 又有棚菓子(十合御肴二種白冠沙汰也)		儲等有之(公文所沙汰也) 又有棚菓子(十合肴二種白冠沙汰也)
95	両人母着公卿座白冠不出対仍人母立座 令言上子細之処可出対之由被仰出 人母如元着座　有勧盃		両人母着公卿座白冠不出対
96	御侍中臈神人等打仮屋着之 (近習恪勤者候御前)各有垸飯酒		侍中臈神人等打仮屋着之 (近習者候御前)各有垸飯酒
97	又上白冠引進御馬(黒先々者白冠雖賜田地 今度者無其儀之間馬代三貫自公方賜之)		上白冠如先規者雖引進馬 今度以簡略之儀無之
98	今日御鉾御神木奉入社内		今日神木奉入社内
99	其日御出居上入御上白冠宿所(公卿手輿) 有勧盃		予行上白冠宿所(直垂乗手輿) 新国造(絹狩衣)　有勧盃 前職御入之時亭主雖引進馬今度略之
100	同七日　有七瀬祓	一、七瀬祓アリ	廿八日　七瀬祓
101	其次第　先新上着庁(衣冠)有饗膳盃杓 新上三献　神官二献　也		其次第　先新上着庁(衣冠)　有饗膳盃杓 新上三献　神官二献
102	次御奉幣祝師人母(衣冠)		次御奉幣　祝師人母(衣冠)
103	其後　出御祓給　其行列之次第		其後　出御祓給　其行列之次第

	Ⓔ六三代親弘　寛政六年(一四六五)	①I　国造元服譲補之次第(一六三五)	①II　国造元服譲補記　全(一六六二)
90		幣ヲ高宮ノ神人ニ渡ス　即チ装束ヲ改ム絹狩衣也	渡幣於高宮神人卆　即改装束(絹狩衣)
91		②国造芝原ノ市場ニテ下馬メソト社頭ヲヲカミテ	②新上於宮芝原市場市夷之前下馬メ拝社頭
92		③即チ又馬ニノリ両宮ノ北ノ道ヲ廻テ上白冠カ宿所ニツク	③即又騎馬廻両宮北道着上白冠宿所
93	同日酉刻上白冠在所ニ御着(三廻ヨリ坂田紀三井寺両寺ヨリ兵仕御迎ニ参)	①サテ宮ノ芝原ニテ御ホコ御神木鳥居ノ前ヨリ十二ノ松ヲ経テ正路ニ上白冠カ宿所ニ入奉ル	①自高宮飯御鉾御神木自鳥居之前経十二松正路奉入上白冠宿所
94		御儲アリ(公文所ノ沙汰也) 又棚菓子(十合肴二種白冠沙汰也)	有儲等(公文所沙汰也) 又有棚菓子(十合肴二種白冠沙汰也)
95		両人母公卿ノ座ニツク勧盃アリ	両人母着于公卿之座　有勧盃
96		侍中臈神人等仮屋ヲ打テ居ス 皆垸飯酒アリ(近習恪勤ハ御前ニ伺候ス)	侍中臈神人等打仮屋着之 (近習恪勤候于前)皆有垸飯酒也
97		又上白冠馬ヲ出ス其代ニ田地ヲヤル田地ヲヤラ子ハ料足ヲヤル也	又白冠引馬(其代遣田地或遣料足)
98		②今日御鉾御神木社内ニ入奉ル	今日御鉾御神木奉入于社内
99		①此日前職国造白冠所ヘ御入アリ (直垂ヲキ手輿ニノル)勧盃アリ 其時亭主ノ白冠馬ヲ出ス(但行文記ニ簡略云々)	同日前職入白冠宿所(着直衣乗手輿) 有勧盃也
100		其後二三日又ハ四五日ノ間ニ七瀬祓アリ(行水アリ)	其後二三日又四五日也間有七瀬祓(有行水)
101		其次第新国造(衣冠)社内ニ入テ中言ノトヲリト 御拝ノ石トニテソト礼ヲメスグニ庁ヘツク 饗膳勧盃アリ　国造三献神官二献也 其後神官座ヲタツ次国造座ヲタツ	其次第新国造(衣冠)入于社内於中言之通与 御拝石□到礼　直着 有饗膳勧盃(国造三献神官弐献) 其後神官起座次国造起座
102		両宮并中言社ニテ奉幣アリ　祝師人母(衣冠)	両宮并中言社有奉幣　祝師人母(衣冠)
103		其後スグニ祓ニ出ツ　行列ノ次第	其後　直出于祓　行列次第

	Ⓐ五八代親文　暦応三年（一三四〇）	Ⓗ代不詳	Ⓒ六〇代行文　応永二年（一三九五）
103	先御神木御鉾（各二本） 次神官（下臈為先） 次新上　舎人二人　雑色二人 次布衣侍二人（維春　頼顕） 次後騎随兵等也 又両行事（重澄　助世）任例加随兵中供奉		先御神木御鉾（各二本） 次神官（下臈為先） 次新上　舎人二人　雑色二人 次布衣侍二人 次後騎随兵等也 又両行事（重秀）任例加随兵中供奉
104	御解除次第 先納浪瀬（敷葉薦給） 次野乃辺戸 次蓑嶋 次直河彼祓　彼祓後 新上有御舞（袒右肩）敷鹿皮舞其上給 又構仮屋着之給 神官青侍各有仮屋有酒宴坏杓 （近習恪勤者候御前） 次溝内 次直水谷　祓後人母負征箭三矢射之		御解除次第 先納浪瀬（敷葉薦給） 次野之辺戸 次蓑嶋 次直河　彼祓後 新上有御舞（袒右肩）敷鹿皮舞其上給 又構仮屋着之給 神官青侍各有仮屋有酒宴坏杓 （近習恪勤者候御前） 次溝内 次直水谷　祓後人母負征箭三矢射之
105	次芝原（惣門外東脇也）		次芝原（惣門外東脇也）
106	其後帰坐上白冠宿所 （於鳥居西神官上臈給暇）		其後帰坐上白冠宿所 （於鳥居西神官上臈給暇）
107	同夜　有火下事 両人母　酒殿守　両土師　参勤之		同夜　有御火下事 両人母　酒殿守　両土師　参勤之
108	御火下之後 両人母着廊　白冠出対　有勧坏饗膳等 人母以下禄物布依例賜之		御火下之後 両人母着廊　白冠出対　有勧坏饗膳等 人母以下禄物布依例賜之

	103	104	105	106	107	108
Ⓔ六三代親弘　寛政六年（一四六五）						
ⒾI　国造元服譲補之次第（一六三五）	先御神木御鉾（各二本） 次神官（下臈ヲ先トス） 次国造　舎人（二人）　雑色（二人） 次布衣侍（二人） 次後騎随兵等也 又両行事例ニヨッテ随兵ノ中ニ加テ供奉ス	解除之次第 第一番（荒内郷）納浪瀬（葉薦ヲシク） 二番（吉田郷）野之辺戸 三番（黒田郷）蓑嶋（子ギカ池也） 四番直河コヽニテ祓ノ後国造舞アリ 仮屋ニテヒモヲトキテ右ノ肩ヲヌグ鹿皮ヲ敷テ 其上ニテ舞也　又仮屋ニ着テ肩ヲ入ル 神官青侍皆仮屋ヲ打テ杯杓アリ （近習恪勤ハ御前ニ伺候ス） 五番溝内（北川也） 六番直水谷（忌部郷僧綱寺山ニアリ）祓ノ後人母 征矢ヲ負テ三矢イル也　其時イカニモマツ スグニ居テソバナトミヌ也（コヽニテノ祓 ノ大事別紙ニ記ス）	七番芝原（東脇有池）	祓ノ後上白冠カ宿所ニ帰ル	同夜　火下ノ事アリ 両人母　酒殿守　両土師　来テコレヲ勤ム 酒散米ヲ供メ祝詞祓アリ	火下ノ後 両人母廊ニツク　白冠出対メ勧盃饗膳アリ 人母以下禄物ノ布例ニヨッテ給フ也
ⒾII　国造元服譲補記　全（一六六二）	先御神木御鉾（各二本）神人持之（馬上） 次神官（下臈為先） 次国造　舎人（二人）　雑色（二人） 次布衣侍（二人） 次後騎随兵等也 又両行事依例加随兵之中供奉	解除之次第 第一番納浪瀬（敷葉薦） 二番野乃辺戸 三番蓑嶋 四番直河 祓後国造有舞（袒右肩）敷鹿皮舞其上也 又着仮屋着入肩 神官青侍打仮屋有杯杓 （近習恪勤候于前） 五番溝内（北川也） 六番直水谷　祓後人母負征矢三矢射之	七番芝原池	祓後帰上白冠宿所	同夜　有火下之事 両人母　酒殿守　両土師　来勤之	火下之後 両人母着廊　白冠出対　有勧盃饗膳 人母以下禄物布依例賜之

	109	110	111	112
Ⓐ五八代親文　暦応三年（一三四〇）	同九日　新上入御本御亭　路次経社頭北	即有盃杓等 青侍於中御侍給垸飯并酒 中臈着北御侍給垸飯酒等 中間　御厩　力者等同給之 （今日両行事不参）		九今度維春為記録奉行委細註之
Ⓗ代不詳				
Ⓒ六〇代行文　応永二年（一三九五）	廿九日　新国造移住本亭　路次経社頭北	即有盃酌（内々義也　女中会交） 青侍給一献	款状在于別紙	応永四年（丁丑）夾鐘（二月）十一日終記録之功而已

	109	110	111	112
Ⓔ六三代親弘　寛政六年（一四六五）				
ⒾI　国造元服譲補之次第（一六二五）	其翌日又ハ二三日過テ新国造社頭ノ北ヲ経テ本亭ニ入	即盃杓等アリ 青侍中ノ侍ニテ垸飯酒ヲ給ル 中臈北ノ侍ニツキ垸飯酒ヲ給ル 中間　御厩　力者ニモ同クコレ給ル 但行文卿記ニハ青侍一献ヲ給ルトハカリアリ		
ⒾII　国造元服譲補記　全（一六六二）	其翌日若二三日過　新国造経社頭北路入本亭	即有杯杓等 青侍着于中侍 中臈着北侍　給垸飯酒 中間　厩者　力者等同給之	供奉人数事（今私考之） 人母（二人）青侍（五騎先陣）行事（二人） 神人（二人）雑色（六人）力者（八人） 舎人（二人）中臈（社人）青侍（後陣） 中間（以下人数不定）	右抜粋旧記所誌大概如此 寛文二年七月廿九日　紀　昌長

二　元服の儀（列群番号1～16）

Ⓐから Ⓗの史料の中で元服の儀と上洛の儀を連続して記すのは五八代親文のⒶのみであり、これだけでは両者が常に連続して行われていたとは断定し難い。ただ元服の儀のみを記す六四代俊連のⒻや六五代俊調のⒼでも史料名には「俊連譲補記」「俊調元服譲補記」など譲補の文字が用いられていることや、各史料をまとめたⒾⅠが元服の儀と上洛の儀を連続して記していることなどから、両者が一連の儀式であると考えられていた可能性もある。

ところで、『紀伊続風土記』[7]「日前国懸両大神」の項に「国造家譜」と題し歴代国造の各事柄が記されている。[8]これらをもとにして各国造が任命された年・職を退いた年・亡くなった年をまとめたものが表3である。先代が存命中に職を譲り受けたことの確認できる国造は一四名であるが、そのうち年齢がわかるものは、九歳一名・一二歳二名・一三歳一名の計四名であり、元服相応の年齢を意識して先代が譲ったと考えられなくもない。しかし断定するには例の絶対数が少なく、各国造によって状況の異なることも考慮しなければならないだろう。またⒻには俊連の年齢を二三歳と記してあり、元服にしては高齢の感がある。

次に次第を見る（※前節でも述べたが、以下史料記号を特に断らない場合は五八代親文の史料Ⓐのこととする）。

元服の時期については「八月十□□」とあり、後の記述を見るに立国の日が八月一七日と記されているので、その直前か数日前に行われていたことになる。しかしⒻとⒼには、元服の記述しかないためその確認はできない。場所は「御寝殿」と記されており、本亭の中にある建物の一つであろう。[9]寝殿の中に「御出居」という部屋があり、そこで元服の儀が行われている。そして「御出居上」が先代の国造のことであり、[10]「千世若御料」が新国造の幼名と思われる。Ⓖの「宮楠御料」も同様であろう。要するに御出居の西中央に前国造が東を向いて座り、新

表3　『紀伊続風土記』等をもとにした歴代国造の国造職に就いた年、退いた年、亡くなった年

	国造	任	退	卒
	38奉世	天暦7年(953)12月28日		
○	39行義	天元年(978～82)中		
	40孝経			
	41義孝	寛仁3年(1019)2月19日		
○	42孝弘	長元7年(1034)閏6月22日		康平6年(1063)
△	43孝長	康平6年(1063)		寛治4年(1090)9月24日
	44孝季			
	45経佐	寛治5年(1091)4月10日	天仁2年(1109)正月	永久元年(1113)
○	46良守	天仁2年(1109)正月16日	長承3年(1134)3月	保延4年(1138)10月
○	47良佐	長承3年(1134)3月15日		久安4年(1148)7月15日
△	48良忠	久安4年(1148)7月14日(19歳)		久寿2年(1155)9月12日
△	49良平	久寿3年(1156)3月(宣下)		久寿3年(1156)4月5日
△	50良宣	保元元年(1156)10月21日		寿永3年(1184)3月21日
△	51宣俊	元暦元年(1184)12月27日	建久6年(1195)8月	元久元年(1204)9月16日
○	52宣宗	建久6年(1195)8月10日(9歳)		
	53宣保	承久3年(1221)8月27日		元仁元年(1224)11月27日
△	54宣親	嘉禄元年(1225)9月7日(10歳)	建長5年(1253)4月	文永11年(1274)3月24日
○	55淑文	建長5年(1253)3月6日(12歳)	文永11年(1274)2月	
	56淑氏	弘安6年(1283)(13歳)		
○[1]	57俊文	文保元年(1317)12月		
○	58親文	暦応3年(1340)(12歳)[2]		
○[3]	59俊長	永和元年(1375)	応永2年(1395)	
○	60行文	応永2年(1395)8月18日(13歳)	応永29年(1422)	
○	61行長	応永29年(1422)		
○[4]	62行孝	文永4年(1447)		
○	63親弘	寛正6年(1465)12月		
	64俊連			
	65俊調			
	66光雄			
	67忠雄			天正18年(1590)8月晦日

	68忠光			万治元年(1658) 7月25日
	69昌長		延宝6年(1678) 4月	元禄11年(1698) 11月3日
○	70俊弘	延宝6年(1678)		宝永3年(1706) 4月10日
	71俊範			享保19年(1734) 11年2日
	72豊文			延享3年(1746) 7月27日
	73俊敬			宝暦3年(1753) 6月20日(8歳)
	74慶俊			天明元年(1781) 7月4日
	75三冬			
	76尚長			

○印：先代が存命中に職を譲り受けた国造
△印：先代が亡くなった後職についた国造(但し、亡くなる1日前の48代良忠は△とした)
1)『本紀大略』「国造譲補の事並宣旨等之写」から
2) 史料Ⓐから
3) 史料ⒷⅠから
4) 史料ⒹⅠ・ⒹⅡから

国造が南側に北を向いて座り、南側の東端に両白冠[11]が座る。Ⓕ・Ⓖ・ⒾⅠ東人母も御出居の東端に位置するとされているが、Ⓕ・Ⓖ・ⒾⅠにそのような記述は見られない。次に「公卿座」とは御出居に隣接した部屋と考えられ、そこの北側に南人母、行事二人（Ⓖは一人）、東側に維春・経兼（ⒾⅠより彼らは青侍であると思われる）らが座る。その後、理髪役人を東人母、指燭役人を維春や経兼らが務めているが、Ⓕ・Ⓖはで理髪役人を上白冠としており、ⒾⅠは両者をまとめて「白冠或人母」としている。おそらく彼らが公卿座から御出居に入り元服の儀式を行ったものと思われる。この時、広蓋役人・御太刀役人の名も見られるが、必要な時期に公卿座あるいは御出居に入ってきたのであろう。ただ具体的にどのような儀式が行われたかは記されておらず、想像するに理髪役人が新国造の髪形を成人用に改め、さらに加冠を行ったのであろうか。[12]最後に理髪役人や指燭役人に禄物が渡され、青侍等は中御侍において、中臈等は北御侍において酒・垸飯を頂いている。中御侍や北御侍とは寝殿内の部屋、あるいは本亭内で寝殿とは別の建物と思われる。また中間・御厩者[13]・諸郷百姓等も同様に頂いている。

三　立国前の潔斎・奉幣等

立国（京都に向かっての出発）前の潔斎に関してⒶは何も記していないので、ここではⒷIIIを見る。ⒾIやⒾIIもこれを参考にしたものと思われる。

(一)立国前の潔斎（列群番号17～18）

まず「立国ノ日ノ前二日ヨリ間ヲ洗ヒ髪ヲ洗ヒ行水ヲメ潔斎ス立国ノ日マテ三日潔斎ニアタル」とあり、潔斎の期間が立国の二日前から立国の日も含めて三日間であることがわかる。「髪ヲ洗ヒ行水ヲメ」は比較的容易に解釈できるが「間ヲ洗ヒ」が難解である。「マ」の音からは「身(マ)：身体」「魔：穢れ」などが想像されるかも知れないが、後に「行水ノ後洗タル間へ入ヘシ先ソト行水ヲメサテ湯帷ヲキテ髪ヲ洗フ髪ヲ洗フ者ハ青侍也」とあり、行水の後「洗タル間」に入りそこで湯帷を着て髪を洗っていることがわかる。間とはこの髪を洗う神聖な部屋のことではないだろうか。ⒷIIIには他に「中ノ間」という語句も見られ、これも部屋の一つであろう。[14] さらに注目すべきことは「髪ヲ洗フ水ハ新火所ノ水ニテ洗テ塩ヲウツヘシ」「髪ノ湯行水新火所ノ水也」「鏡ハマズ本ノヲ新火所ノ水ニテス、イデトギテモツ也」などの文中に「新火所」の語句が幾度か見られることである。新火所から直ちに想起されるのは、出雲大社のお火所ではないだろうか。お火所とは、出雲国造の屋敷の一隅にあり、聖火を保存し国造用の食物を調理するための一棟のことであるが、[15] 同様の性格を持つ建物が紀国造の屋敷内に存在していたことは充分考えられる。しかし残念ながら新火所の語句は断片的に見られるのみで詳細は不明である。また「新火所」と「洗タル間」や「中ノ間」との関係等も今後の課題である。

(2)立国前の奉幣と立国（列群番号19～35）

立国当日、まず奉幣のための「御参宮」が行われている。ⒷIIにも「参社頭」とあり、ⒾIはこれらをまとめて「社参ス」としている。ただⒾⅡには「両宮并中言社奉幣之義」とあり具体的に日前宮・国懸宮・中言社[16]の三社に対して奉幣が行われたと記す。これが何かの史料に基づいたものかⒾⅡを記した時の推測かはわからないが、概ね正しいものと思われる。[17]また祝師は座上人母が務めている。

奉幣の後、本亭の寝殿に戻り勧盃が行われている。部屋は元服の時と同様に出居と思われるが、「御出居上」（前国造）が横座（西側であろう）に、「大夫御料」（新国造）が南座に、さらに田上殿・入江殿（ⒾⅠ・ⒾⅡは一族とする）が北座に座り、後に両白冠と両人母（Ⓒは行事一人も加わっている）が入ってきている。ここで留意しておきたいことは、新国造の呼び方が元服後に「千世若御料」から「大夫御料」に変っている点である。後述するが、この後、呼び方が「新上」と再び変化する（列群番号66）。ⒾⅡで新国造を「新上」と記しているのはそれを採用したものと考えられる。次第はその後、供奉侍（ⒾⅠは供奉ノ青侍）が公卿座に召されて御酒を賜ったとある。Ⓒでは傅膳役や経営奉行などを努めた者の名前も記されている。

いよいよ立国である。出発時刻は午剋一点（午前一一時頃）、Ⓒは申剋一点（午後三時頃）、Ⓔは酉剋（午後五時頃）で各々異なるが、これはその時々の状況に応じたものであろう。

新国造の乗物については「召御張輿先々雖為手輿為御用心張輿也」とあり、従来手輿であったが五八代親文より張輿を用いるようになった。またこの記述から、五八代以前より上洛の儀が行われていたこともうかがえる。さらにⒸには「乗網代輿永和元年之例也」とある。つまり五八代より前は（屋形のない）手輿であったが、用心のため五八代親文の時に筵張の張輿、永和元年の五九代俊文以降は網代で包んだ網代輿へと変化したことになる。[18]

次に実際の行列を見るに、供奉青侍が先陣五騎を務めており、Ⓒも同様である。[19]また「御輿屋形口」とは御輿の先導役ではないかと思われるが、元服の時の指燭役人の一人修理亮維春がその役を務めている。ⒷⅡ・Ⓒではそれぞれ讃岐守盛秀・対馬守顕基が務めているが、彼らの神社での役職はⒾⅠ・ⒾⅡより青侍と考えられる。その他行列に参加した者の名前が十数名記され、荷物の有無によってそれぞれに夫が一人乃至は二人付けられている。ⒷII・Ⓒにも同じようにその他行列に参加した者の名前が記されている。一方、Ⓔの六三代親弘の記述は「御神木一本、御鉾一本、神人等馬上、中臈馬上……」とあり、内容が少し異なる。これは行列の順に記されているものと思われ、どちらかというと、ⒶやⒸの京都からの帰りの行列に類似している（列群番号74）。そしてⒾI・ⒾIIはⒶ・ⒷII・Ⓒ・Ⓔをまとめたものであるが、特にⒺを重視した内容になっている。ところが、後で述べるがⒶでは新国造が入洛したのが八月一九日であるのに対して、二二日の条に「今日御鉾御神木神官已下入洛」とある（列群番号46）。ⒷIIも新国造が出発したのが一〇月二七日であるのに対して一一月一日の条に「神官等立国」（列群番号31）、Ⓒも出発日八月一三日に対して一五日の条に「神官立国」（列群番号38）とある。この点を考えると、御鉾・御神木・神官等は新国造の行列に参加するのではなく二、三日遅れて出発する日程のほうが本来の姿ではないだろうか。

次に「経紀三所渡被召御舩青侍等各乍騎渡河」とありⒸ・ⒾI・ⒾIIも同様のことを記す。『紀伊続風土記』巻一三の地図[20]に紀三所の地名が見られ、現在のJR和歌山駅北方の中之島地区付近に比定できる。このあたりを新国造は船に乗り、青侍等は騎乗のまま渡ったと考えられる。さらに調月新三郎入道山東彦八[21]の手の者数十騎が兵士つまり護衛として信達（現大阪府泉南市あたり）まで同行していることが記されている。

そしてこの日は「和泉国古木宿」（現大阪府貝塚市近木）に留まることになる。一方、Ⓒ・Ⓔは「山中宿」（現阪南市山中渓）となっているが、これはⒶと比べて出発時刻が遅かったためであろう。また坂田寺・紀三井寺の者のうち何人かは兵士として古木宿に残った[22]。さらに少し戻ってⒾIを見るに「力者八人直垂頭巾坂田寺紀三井寺ノ法師也」とあり、これに従うと新国造の輿を担ぐ者も坂田寺と紀三井寺の法師ということになる。

四　前国造の辞職奉幣

列群番号34の©に「今日予前職辞職有奉幣布衣　青侍経遠帰宅即始食中火」とある。予とは前国造（五九代俊長）のことと考えられ、新国造が出発したその日に辞職に際しての奉幣が行われていたことになる。また実体は明らかでないが「中火」なるものを前国造が始めて食していることもわかる。但し、©ではこれ以上詳しいことはわからない。二節でも述べたように、一応まとまったかたちで辞職奉幣の記録が残るのは六一代行長の時（六一代行長が六二代行孝に譲る時）のⒹⅠ・ⒹⅡ（表4）であり、以下にこの記述を見る。

ⒹⅠは「国造職ヲ辞スル時奉幣ノ事新国造立国ノ後也」から始まる。一方ⒹⅡには「文安四年十一月廿一日」と日付が記されており、この日に新国造六二代行孝は京都に向かって出発したと考えられる。

辞職奉幣には前国造以外に、祝師として両白冠・幣取次として相見・狩衣衆一人・沓取一人の計五名が参加している。「下祝」「上祝」とはそれぞれ下白冠と上白冠のことであり、下宮（日前宮）の祝詞は下白冠が担当し、上宮（国懸宮）と中言社の祝詞は上白冠が担当したということであろう。その後「スクニ下向ス」とあるが本亭に向かったのであろう。但し両白冠とは惣門と鳥居の間（図1参照）で別れている。

次にⒹⅠには「朝飯ヨリ中ノ火ヲクウ　西ノ侍ニテ中間コレヲスル　三日ノ間ハ中ノ火也　四日目ヨリハタヾノ火ノ物ヲクウ也」とある。つまり前国造は、奉幣の翌朝から三日間は「中ノ火」を食し、四日目から「タヾノ火ノ物」を食したのであり、中間[23]が、本亭の中の建物あるいは部屋の一つである「西ノ侍」において調理などの仕事を行ったのであろう。一方ⒷⅠを見るに、永和元年三月十六日の条に「明日厳君御方御職御辞退可有今夜殿中ニ入御アテ御幣明日可有御下向之後中ノ火可聞召」とある。これは五九代俊長が京都へ出発する七カ月も前のことであるが、ここでも厳君御方（五八代親文）が辞職に関連して奉幣を行い、その後「中ノ火」を食している

表4　前国造の辞職奉幣

ⒹI	ⒹII　文安四年（一四四七）十一月廿一日
	譲補之時之記色々
	行長之譲行孝職辞職時儀也
	文安四年十一月廿一日
国造職ヲ辞スル時奉幣ノ事（新国造立国ノ後也）	前職行長辞職奉幣事
前ノ日ヨリ酒殿守ヲ以テ相触也	昨日自廿日以酒殿守被相触
祝師両白冠	祝詞師両白冠也
幣ノ取次本相見也	取次本相見（依老躰相留也）
国造（布狩衣指貫立烏帽子）	予布狩衣指貫（立烏帽子）
狩衣衆一人（六位）　沓取一人（如常）	狩衣衆一人（立位）　沓取一人（如常）
下宮ノ祝詞ハ下祝也	下宮祝詞師下祝
上宮中言ノ祝詞ハ上祝也	上宮中言祝詞師上祝也
中言ヨリスクニ下向ス	自中言直下向
惣門ト鳥居トノ間ニテ両白冠ニイトマヲヤル	惣門与鳥居ノ於間両白冠イトマヲタフ
左ヘ見カヘル　下向ノ後	左エ見帰　下向ノ後
朝飯ヨリ中ノ火ヲクウ	朝飯ヨリチュウノ火ヲクウ
西ノ侍ニテ中間コレヲスル	西ノ侍ニテ中間是ヲスル
三日ノ間ハ中ノ火也	廿一日ヨリ廿三日マテハ中ノ火
四日目ヨリハタヾノ火ノ物ヲクウ也	後廿四日ヨリタ、ノ火ノ物ヲクウ也
（供奉ノ青侍遠郷ヲ経テ帰宅云々）	
右此段ハ行長辞職ノ時ノ記ニ見タリ	

注：（　）内は原文二行割注

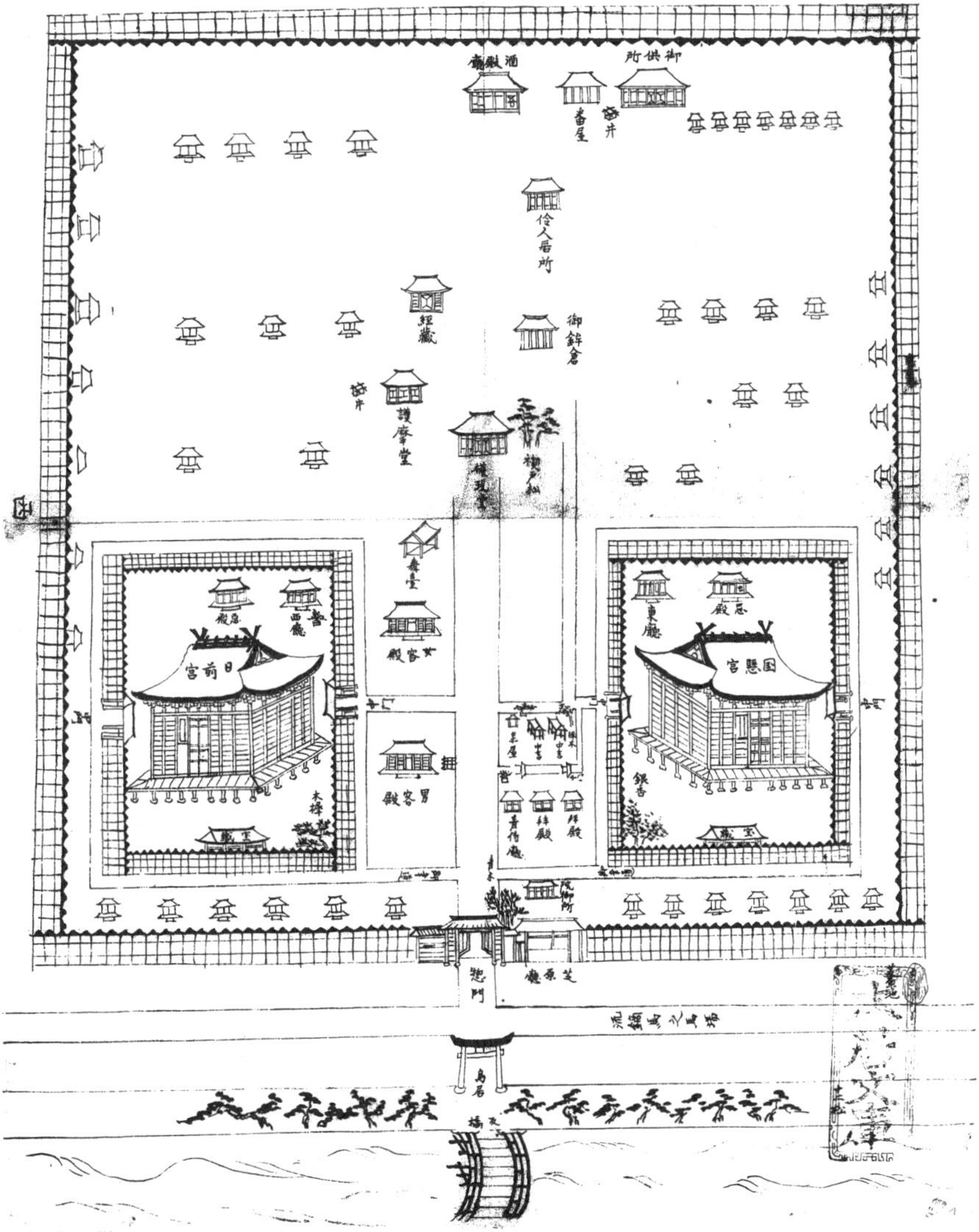

図1　中世の境内を描く絵図

ことがわかる。想像の域を出ないが「タヾノ火」を普通の火と解釈した場合、国造在職中は特別な火で調理したものを食していたが、辞職奉幣の翌朝から三日間だけ「中ノ火」[24]を食し、その後、普通の火で調理した食事に戻ったのであろうか。また、先に「中ノ間」や「中ノ火マ」なる部屋の存在も確認したが、「中ノ火」との関連性も考えられる。

五　往路について（列群番号36〜38）

和歌山を出発したその日（八月一七日）は、「和泉国古木宿」（現貝塚市）、二日目の夜は「摂津国国嶋宿」（現大阪市東淀川区柴島）に泊まり、三日目の八月一九日に入洛している。Ⓒは、一日目（八月一三日）・「山中宿」（現阪南市山中渓）、二日目・「天王寺」、三日目・「山崎」に泊まり、四日目（八月一六日）に入洛。Ⓔは一日目（一二月一〇日）・「山中宿」、二日目・「和泉境」、三日目・「八幡之宿」に泊まり、四日目（一二月一三日）に入洛。宿所が一定していないのは、その時々の異なる状況のためと思われるが、ⒾⅡは、Ⓐの「古木宿」と「国嶋宿」を採用している。またⒸⒺがⒶよりも入洛までに一日多くかかっているのは、一日目の出発時刻が遅かったためであろう。先に述べたが、Ⓒには一五日に「神官立国」とあり、残りの神官がこの日に和歌山を出発したことがわかる。

さて、往路での出来事を記すのはⒶの二日目のみである。つまり八月一八日、新国造は天王寺の宿において「細川兵部少輔殿」と対面している。年代から考えて、この人物は、足利氏の支族で足利尊氏の挙兵に従って一斉に活動を開始し近畿・四国などで軍功・勤功を積んだ、細川和氏・頼春・顕氏あたりではないかと思われる。[25]またこれは紀国造家が神職に携わる一方で、時の有力者との関わりにも十分に配慮していたことを示すものではないか。

六　京都の儀

(一)入洛(列群番号39～42)

出発から三日目の八月一九日に入洛している。時刻は「未剋終」(午後三時頃)で、「自東寺前先陣皆加後陣供奉」とある。先陣を、一七日の出発時の「供奉青侍先陣五騎　雅楽助幸保　貞政　経兼　宗秀　頼澄」(列群番号27)等のことと考えるならば、後陣は新国造や御輿屋形口の維春その他の者ということになる。いずれにせよこれらが同時に東寺前から入洛したと考えられる。但し二一日の条に「御鉾御神木神官已下入洛」とあり遅れて和歌山を出発した神官等は当然この時点では入洛していない。Ⓒも八月一六日に入洛しているが、神官はその前日一五日に和歌山を出発しており一六日の入洛のメンバーには入っていないであろう。とするならば「東寺ノ前ヨリ先陣皆後陣ニ加テ供奉ス　又神官等後日ニ上洛ノ時ハ青侍五騎先陣次新国造……」とするⒾⅠには若干の疑問が残る。要するに、この記述では前半部分の「東寺ノ前ヨリ先陣皆後陣ニ加テ供奉ス」が神官等が後日ではなく新国造らと同時に入洛する時の説明となってしまうから誤りではないか。

宿所に関しては「勘解由小路油小路油小路東頬」にある「陰陽師大蔵大副兼言家」とある。Ⓒも同様に「陰陽師内蔵頭盛兼」とあり、場所は現在の京都市上京区で府庁の西方あたりに比定できる。また陰陽師は当時、賀茂氏と安倍氏に別れていたが、系図から「兼言・盛兼」の名は見当たらない[26]。いずれにしても当時、紀国造家と親密な関係にあり、京都の宿所として定着していたと思われる。

Ⓐに戻るが、「了雲御房」が以前よりその場所で新国造の到着を待ち、「京都御雑掌人出雲法橋祐尊」が壹貫文を陰陽師兼言へ持参し、兼言がこれに対して酒肴を進めている席に「合原法橋定祐」が来たことなどが記されている。これらの人物が何者であるか詳細はわからないが、以下の記述を見るに了雲御房は新国造が各公家宅を訪

問する際に同行しており、案内や取次ぎを行う役割を果たしている。出雲法橋祐尊も「京都御雑掌人」とあるので、京都において当神社の雑務・世話をする人物かと思われる。

(2)北野詣と公家宅訪問(行群番号43〜48、71)

順序が前後するが、八月二二日の条に「北野社御参詣」とあり、同様にⓒにも八月一七日に「北野社参詣」とある。またⒺでは、京都出発前の一二月一九日に北野社参詣のことが記されている(行群番号71)。それらをまとめたⓘⅠにも「在京ノ内ニ北野社へ参詣アリ……」と書かれているように、在京のはじめの頃か終わりの頃かは時代によって異なるものの、新国造の北野社参詣は恒例の行事となっていたのであろう。

戻って京都に到着した二日後の八月二一日、新国造は、了雲御房の同行で「日野別当殿」宅を訪問している。その日、別当殿は「仙洞」(院御所)に出かけて留守であり、翌日再び訪れて寝殿において対面をはたしている。この日野別当殿とは「御息宗光朝臣」とあることから、権大納言日野俊光の四男で柳原家の始祖、柳原資明であることがわかる。[27]また五七代俊文(文保元年)や五九代俊長(永和元年)の譲補の時の宣旨等に日野氏の名前が見られることから、[28]日野氏は紀国造家にとって重要な存在であったと考えられる。

次に二三日「山科中将入道殿」宅を訪れている。山科中将入道殿は、日野別当殿宅を訪れた際に、御車・牛飼を借召された人物であり、この日は「……有御酒宴山科殿父子三人被出対」とある。年代から考えるに、この父は山科教行で子息の一人は教言ではないか。ⓒの六〇代行文の時も山科中納言宅を訪れ、父の教言、子息の教冬・教興[29]と対面し酒宴が催されている。また教言は五九代俊長の母方の叔父に当たり、[30]ここでも山科家と紀国造家の親密な関係がうかがえる。

その後(二四日)、新国造は、洞院右大臣・徳大寺大納言など公家の重鎮[31]との対面をはたしている。

以上のことから、先にも少し述べたが、紀国造家が和歌山において神職に専念する一方で、国造補任を確かなものとするため各公家との関わりを重要視していたことがわかる。またこのような関係は五八代親文の代になって急に成立するものではなく以前から存在していたと考えられる。同時に譲補に際しての上洛の儀も五八代親文よりも以前に行われていたと推測できるのではないか。

（3）官符を頂く（列群番号50〜65）

「廿五日　御参院……」とある。この日は、まず日野別当殿宅へ寄り、左少弁殿（資明の子息宗光朝臣）が院へ同行している。「院」とは、建武三年（一三三六）末より観応三年（一三五二）まで北朝の院御所であった持明院殿のことであろう。(32)場所は現在の京都市上京区安楽小路町あたりである。

「令参泉殿常御所候簀子給　上皇自御簀傍顕龍顔年齢何程哉之申有勅問　十二歳之由令申給」の記述から、院御所の泉殿へ参り常御所の簀子に座し、光厳上皇が年齢を尋ねられたことがわかる。鎌倉時代末の持明院殿において「北面常御所」「泉殿」の存在は確認できるが、(33)今回の「泉殿常御所」との関連や詳細は不明である。

その後、大使の宿所の客殿において官符を頂くことになる。請取使は人母頼幸と修理亮維春で合原法橋定祐が同行しているが、実際には大使の前の覧筥の蓋に置かれた官符を人母が大使と対座して請取るとある。Ⓒも同様の内容であるが、Ⓔは場所が清涼殿となっている。これは、南北朝時代のⒶや南北朝統一直後のⒸと比べ内裏の整備がかなり進んでいたためであろうか。(34)そしてⒾは大使の宿所と禁中を併記している。

官符禄物については、以前は二一九貫四〇〇文であったが五八代親文の時に一〇〇貫文となり、以下ⒷⅠより五九代俊長の時は六〇貫文、(35)Ⓒより六〇代行文の時は三五貫文と徐々に減少している。そしてこのことからも五八代親文以前に譲補の際に上洛の儀が行われていたことが推測できる。

（4）神木等（列群番号66～68、49）

「今夜戌時御神木御鉾自人母頼幸宿所奉入之……」とあるので、官符を頂いた廿五日の夜に神木と鉾が人母頼幸の宿所より新国造の宿所に運ばれたことがわかる。新国造が入洛した三日後の二三日の条に「御鉾御神木神官已下入洛」とあったので、神木と鉾はこの日まで、新国造の宿所とは別の人母等の宿所に置かれていたことになる。そして神木等が運ばれた時、「新上（新国造）」は庭へ降り、自らの手で白沙壇上に神木と鉾を立てている。これは官符を頂き、名実ともに国造になったことを示す儀式ではないだろうか。

Ⓒも官符を頂いた日の夜に神木・鉾が新国造の宿所に運ばれている。一方、ⒾIIは新国造が入洛したその日に「御鉾御神木奉立白沙壇上也」とあり、ⒾIも新国造が入洛の時に神木等が立てられる場合と、神官が入洛の後に立てられる場合があるような書き方である（列群番号49）。しかしⒶやⒸを見る限りではこのような解釈はできない。

またここで注目すべき点は、新国造の呼び方が「新上」と変わったことである。つまり元服前は「千世若御料」、元服後は「大夫御料」、官符を頂いた後が「新上」となっている。これは新国造が、ある段階を経過していく毎に明らかに意識的に呼び方を変えていると思われる。ただⒶ以外の史料は「新国造」「新上」「新火上様」等と記すが、段階的に呼び方を変えたりすることは見られない。

さらにその日の夜に日野別当殿より馬を頂いている。Ⓒには、翌日「新中将教遠」（山科教言の甥[36]）宅において酒宴が催されたことが記されている。

（5）室町殿訪問（列群番号69～70）

Ⓒによると、官符を頂いた三日後の八月二一日夜に新国造は室町殿を訪れている。またⒺにも「網代輿室町殿御参」と記されている。この室町殿とは三代将軍足利義満が北小路室町に造営し、永徳元年（一三八一）に落成した将軍亭・幕府政庁のことであり、[37]Ⓒの時は四代義持、Ⓔの時は八代義政が将軍である。五八代親文の南北朝混乱期には行われていなかったが、南北統一後、室町幕府が安定してきたために、このような室町殿訪問が在京中の重要な行事の一つとして加えられたのではないか。またⒸでは、時の有力な公卿万里小路嗣房[38]も同席しており、新国造が帰路の途中で解除を行う丹生社に言及していることも興味深い。

さらにⒸには「今日予始食常火」とある。予とは和歌山の前国造（五九代俊文）のことで、「常火」とは、五節でとりあげたⒹⅠ・ⒹⅡの「タヾノ火」に相当すると思われる。ⒹⅠ・ⒹⅡでは、辞職奉幣の翌日から三日間は「中ノ火」を食し、四日目から「タヾノ火ノ物」を食したとあったが、Ⓒでは「中火」を食した日を一三日（列群番号34）としており、そこから数えて八日後となる。ⒹⅠ・ⒹⅡと較べた場合、Ⓒは日数的に少し長いが、辞職した前国造の食する物が、「中ノ火」から「タヾノ火」へと段階的に変化していくことは定着していたのではないか。

（6）出京（列群番号72〜74）

入洛した八月一九日から数えて八日目の二七日卯剋に出京している。出京に際しては、宿所の主人兼言より御酒一献も進められている。さて行列の次第は、御神木・御鉾―神官―新上・舎人―雑色―布衣侍―随兵等とあり、Ⓒやこれらをまとめた①Ⅰ・①Ⅱも同様である。往路は、神木・鉾・神官等が遅れて出発していたのに対し、帰路では全員が一斉に行列に参加していることが異なる点である。

七　帰路の儀

（一）七条・水浜の解除（列群番号75〜80）

出京の後、まず七条西朱雀において解除が行われている。次第を見るに、葉薦の上に莚・鹿皮・布を敷き、その上に新上（新国造）が坤方（南西）を向いて位置し、人母頼幸が祝師を務めている。解除とは一般に穢れを祓い清めることをいうが、(39)この記述からはさらに詳しい意味はわからない。Ⓑ Iの一〇月二〇日の条に「上御前へ参ス於京都祓次第等口伝有之　又上洛時分ニ尚御口伝可有……」と記されている。このことから五九代俊長は、出発の七日前（出発は二七日）に上御前（先代親文）から京都における祓の次第を口伝えに聞き、さらに出発直前にもう一度「口伝」のあったことがわかり、祓の次第はまさに代々の国造のみが知り得る秘儀であったといえる。

次に水浜においても解除が行われており、場所はⒺ・Ⓘ I・Ⓘ IIに「淀ノ大渡」とある。現在の淀付近に水浜の地名は見当たらないが、伏見区淀美豆町あたりと推測している。美豆の地は、平安時代から鎌倉時代にかけて春日社行幸の際、天皇が立寄った美豆頓宮(40)が設けられていた場所であり、さらに『修明門院熊野御幸記』の承元四年（一二一〇）四月二一日の条には「御美豆浜」の語句も見られほぼ間違いなかろう。また美豆頓宮の位置は現在の美豆町にある涼森神社あたりではないかと考えられており、(41)新国造の解除が行われた水浜もその付近かも知れない。その次第を見るに「新上対巽方給（対流御坐御敷物与七条朱雀同）……」とあり他の史料も同様である。つまり新国造は巽（南東）を向いて座るが、これが流れに対して座っているとある。この流れとは木津川の流れと考えられるが、現在の木津川は明治元年の大洪水後の改良工事によって流路が変えられたものであり、(42)それ以前の流路は、その北側、現在の京都府道15号線（宇治淀線）に沿うあたりであった。この川の流れは北西あるいは北北西であり、新国造が流れに対して座るという記述と一致している。また、敷物は七条西朱雀の時と同じであること、在家の敷地内で装束を着替えていることもわかる。

この後、国嶋―和泉国信達、Ⓒは杜口(現守口)―和泉古木、Ⓔは河内国四条―和泉近木に宿泊して和歌山に入っており、これらはいずれも往路と同様に淀川沿いそして大阪湾沿いの経路である。ただし「先々雖為大和道今度依世上擾乱自水浜引返経山崎前趣和泉道給」とあり、これに従うならば、五八代親文の時は世上擾乱のため水浜から山崎へ引返し泉道を通ったが、それよりも以前は大和道が利用されていたことになる。世上擾乱とは南北朝の動乱のことであろう。また泉道とは今回通った淀川沿い・大阪湾沿いの経路のことをいっており、大和道とは内陸部を通り奈良を経由して和歌山へ入る道のことであろう。その経路は先にあげた春日行幸記の記録等を参考にして考えるに、水浜から現在の八幡市石田、京田辺市田辺、祝園を経て奈良に入ったのではないか[43]。奈良からは南海道すなわち南大和を経由して国境の真土山を越えて紀ノ川北岸沿いを西進したのであろう[44]。これは現在の国道24号線にほぼ相当する。

ところで、平安時代から鎌倉時代にかけて上皇・女院あるいは貴族がたびたび熊野詣を行っており、その記録が多く残されているが、経路は淀川・大阪湾沿いである(但し淀川は船上の旅[45])。五八代親文の一代前の五七代俊文が国造に就いたのは文保元年(一三一七)で鎌倉時代末である。平安時代から鎌倉時代にかけて一方で淀川・大阪湾沿いの経路が頻繁に使用されていた時代に、何故に奈良経由の内陸側の経路が取られていたのであろうか。次項でとりあげるが、この後丹生酒殿社(和歌山県かつらぎ町三谷)において解除・奉幣が行われており、大阪湾沿いに南下し、雄ノ山を越えて和歌山に入る経路では、日前宮に帰る時、遠回りとなる。よっていわゆる大和道が採用されていたのではないだろうか。なお、戻って「先々雖為大和道…」の記述から五八代以前に上洛の儀が存在していた可能性をここでも確認しておく。

(2)丹生酒殿社の解除(列群番号81〜84)

八月二九日、雄ノ山の川辺を経て粉河の宿に到着し、翌日九月一日に解除のため丹生酒殿社に赴いている。Ⓒも同様であるが、Ⓔは粉河の宿に到着したその日に天野社に参詣しており、ⒾⅠは両者をまとめて「翌日モシクハ同日天野ノ丹生社ニテ解除アリ」と記している。

丹生酒殿社とは、現在の伊都郡かつらぎ町三谷にある丹生酒殿神社のことで、同じくかつらぎ町上天野の山中に鎮座し丹生都比売大神を主祭神とする丹生都比売神社の遙拝所あるいは最初に大神が降臨した地といわれている神社である。(46)またⒺは「天野」、Ⓗは「丹生社」、ⒾⅠは「天野ノ丹生社」と記しており、これらは一般には丹生都比売神社のことを指す。しかしⒶを見るに九月一日は「丹生酒殿社」と記されているが前日の八月二九日は単に「丹生社」としか記されておらず(Ⓒも同様)、実際には全て丹生酒殿社を示していると考えられる。

解除が始まる前に、酒殿社の神主から、御祓はそもそも前日の夜に触仰すべきものであり当日になって承るのは先規に違反するので明日改めて来て下さいという趣旨が述べられ、それに対し何とかお願いして酉剋にようやく認められたというエピソードが記されていることも興味深い。

解除の次第は、まず酒殿社の神主が御社(本殿のことか)(47)の乾(北西)に幕を引き、宝前(本殿の正面か)に参り、新国造は薦薦の上に着座し、その後、両人母と相見一人が新国造の右方に着き、相見が白犬一疋を酒殿社の権神主に渡したとある。次に膝突布・太刀・腹巻・弓・矢が土師から渡され、最後に犬食の米俵(枚斗一斗)を小鳥居の西柱に倚せたとある。丹生都比売神社の祀職丹生氏の家記『丹生祝氏文』(48)の中に、かつて崇神天皇の御代、紀国造(六代)宇遅比子命らが紀伊国の黒犬・阿波遲国の白犬を献じたことが記されているが、これと関連するのではないだろうか。(49)その後奉幣が行われ、一〇貫文を出している。

（3）志津川の解除（列群番号85～87）

丹生酒殿社の解除の後、同じ日に志津川でも解除が行われている。丹生酒殿社での解除の開始時刻が遅れたために、志津川に到着したのは「秉燭」すなわち火を燈さなければならない時刻となっている。さてⒺでは志津川のことを「静川」と記しているが、『紀伊続風土記』を見るに、那賀郡静川荘と伊都郡加勢田荘の間に流れる川のことを静川としている。これは現在の那賀郡那賀町と伊都郡かつらぎ町の境を流れる穴伏川に相当し、解除が行われた志津川（静川）とはこの穴伏川のことであろう。(50)

次第は、新国造が川の西側に巽（南東）の方を向いて座ることから始まり、祓いの後、内役人が川に鮭を流している。Ⓘ I には、その時「ソレヲ見ヌ物也」とあるが、ⒶⒸⒺⒽにそのような記載は見られず、筆者が今回とりあげた以外の史料を参考にした可能性もある。

その後、小倉堂に到着し、そこで宿泊したことになる。現在の和歌山市東部を小倉地区と呼び、小倉堂はこの地区のどこかに存在していたことになろう。但し、Ⓔでは小倉堂のことを「小倉尺迦堂」と記しており、『紀伊続風土記』の那賀郡小倉荘吐前村の項に、かつて釈迦堂のあった場所に新たに寺院を建立して寺号を光恩院としたという記録が見られ、(51)この釈迦堂を「小倉尺迦堂」に比定した場合、現在の吐前と大垣内の境あたりの光恩院まで場所は限定できる。

ここで、和歌山に入ってから、丹生酒殿社→志津川→小倉と東から西へ進んでいることを考えると、本節-(1)で述べたように、雄ノ山を越えて和歌山に入る経路は遠回りで不自然であり、五八代親文より以前は大和道（奈良から紀ノ川を西進）が用いられたということが、蓋然性を持つことになる。

（4）高宮の奉幣（列群番号88～90）

志津川解除の二日後、九月三日に高宮山の西麓で奉幣が行われている。Ⓔでは翌日に行われており、ⒾⅠは両者をまとめるかたちで「翌日若シクハ二三日シテ」とある。しかしⒶの場合丹生酒殿社解除の開始が大幅に遅れ、最終的に小倉堂到着が深夜に及んだために、やむなく二日後になったと考えた場合、通常は翌日に行うものということになる。

高宮山とは、現在の和歌山市和佐地区にある高積山（標高二三七メートル）のことで、山頂に高積神社、西麓に気鎮社[52]が鎮座しており、奉幣が行われた場所はこの気鎮社であろう。

次第は、奉幣の後、新国造が衣冠を着けたまま右肩を袒いだ状態で樗木の回りを匝っている（以前は楠木であった）。樹木などあるものを中心として廻る行為は、そこに神を迎える、あるいはそこから神を送ることを意味するのではないかといわれている。[53]また高積山が当神社の神事と深い関わりを持つことはかつて筆者が指摘した。[54]そのようなことから想像するに、高積山の麓で樗木の回りを廻ることは、新国造就任の報告等のために山頂から神を迎えたのであろうか。Ⓒ・Ⓗも同様の事柄を簡略に記すが、Ⓔではその場所を「和佐ノ三廻」と呼んでいる。ⒾⅠでは「衣冠ノ肩ヲヌグハ座ニ居ナカラヌク也又居テ袖ヲナヲス……」と詳細な記述が見られる。

最後に幣を高宮の神人に渡し、いよいよ日前・国懸神宮に戻る。

八　到着の儀

(一)上白冠の宿所に入る（列群番号91〜105）

当神社に到着し、まず宮芝原市場（ⒾⅡでは宮芝原市場市夷前）で馬を降りている。中世の境内の様子を表す絵図を見るに（前掲図1）[55]、西に日前宮本殿、東に国懸宮本殿が並び、各々南方に宝殿、北方に忌殿と庁が位置し、それらを瑞垣が囲み、瑞垣の東西に中門を開く。さらに中言社・女客殿・酒殿庁等数多くの建物が点在し、それら全体を瑞垣と同様の板垣が囲み、南側中央に惣門が開かれている。惣門の南側は鳥居・反橋が続き、惣門と鳥居の間を東西に流鏑馬之馬場と称した道、鳥居と反橋の間に一二本の松が並んだ道がともに東西に通っている。芝原市場の明確な位置はわからないが、惣門の東側に芝原庁という建物のあることや、板垣の南東角にある池を芝原池と呼んでいることから考えて、流鏑馬之馬場と称した道の東側付近と考えられる。①Ｉでは、馬を降りた新国造が「ソト社頭ヲヲカミテ」とある。

その後、再び馬に乗り直ちに本亭には帰らず、上白冠秀種の家に着いている。この上白冠の家がどこに位置するか厳密にはわからないが、「廻両宮北道」の記述から境内からそう離れた所ではない北方であろうことは想定できる。(56) 次に御鉾・御神木も同じように上白冠の宿所に運ばれているが、新国造が「両宮北道」を廻ったのに対し「自鳥居前経十二松正路」によって運ばれているところが異なる点であり、この二つの経路が難解である。絵図によると惣門から板垣内に入り北方へ通じる道が大小二本描かれている。しかし「両宮北道」の場合、例えば「経惣門」などの記述があれば、板垣内の道となるが、そのような記述は見られないので板垣の内外いずれかは決めがたい。一方、御鉾・御神木の通った道であるが、「正路」の語句だけからでは、惣門を入り北方へ通じる太いほうの道も考えられるが、「正路」の前に「自鳥居前経十二松」とあり、これは惣門から少しずつ遠ざかることになる。とするならば、この「正路」は板垣外の道ということになる。いずれにしても上白冠への経路が二種類存在していたことは確かである。またⒺでは、この時、坂田寺・紀三井寺両寺から兵士が迎えに来たと記す。

次に御儲等・棚菓子が行われている。両人母は公卿座に着座して勧盃があり、御侍・中﨟・神人等は臨時に造られた仮屋に着座し、近習恪勤者(57)もその前にいて、各々垸飯・酒を頂いている。さて、これらが行われた場所について考える。「公卿座」の語句は元服の儀や立国前の儀のところで出てきたが、いずれも本亭内の寝殿という建物の中にある部屋のことであった。ここでの公卿座も同様に本亭内と考えられるが、一連の流れから推測した場合、上白冠の家の内部の可能性もある。さて、次に上白冠が御馬を進めている。割注には、以前は馬を進めた上白冠に対して田地が賜れていたが、今回はその儀は行われず馬代として三貫が公方より賜られたとある。この公方とは新国造のことか。

さらに「今日御鉾御神木奉入社内」とあり、新国造が神社に到着した九月三日のうちに鉾と神木は境内に運ばれたことがわかる。また御出居上（前国造）もその日に手輿で上白冠の宿所に赴き勧盃が行われた。Ⓒによると本来はこの時に亭主（上白冠）は前職（前国造）に馬を進めるのであるが、今回は省略されたとあり、ⒾⅠもこの記事を引用している。これを採用するならば、六〇代国造行文以前は、同じ日に上白冠が新国造と前国造に各々馬を進めていることになる。(58)

七日には「有七瀬祓」とあり、神社に到着した三日から数えて四日後に七瀬祓が行われた。Ⓒは神社到着の二日後に行われており、ⒾⅠは、これらをまとめたかたちで「二三日又ハ四五日ノ間」と記す。そして出発前に新国造は庁に着き饗膳盃杓が行われたが、この庁に関して若干考えたい。ⒾⅠがどの史料を参考にしたかは不明であるが「中言ノトオリト御拝ノ石トニテソト礼ヲメスグニ庁ヘツク」と記す。絵図を見るに中言社や草宮ノ伏拝（御拝ノ石のことであろう）から最も近くにある庁は青侍庁であり、ここで饗膳盃杓が行われたのであろうか。但し、青侍庁は他の庁（西庁・東庁・酒殿庁・芝原庁など）と比べて、かなり小規模な建物として描かれており、中世の年間の神事を記した史料にも使用された記述は見られない(59)ので、結局のところ不明といわざるを得ない。

この後、奉幣が行われ出発となる。解除の場所は、納浪瀬・野乃辺戸・蓑嶋・直河・溝内・直水谷・芝原である。ただ、七瀬祓については、中世の終わりに衰退したものを近世になって復活させたらしく、興味深い点も多いのでこの項目については稿を改めて論ずることとし、ここでは史料の提示にとどめておく。

（2）本亭に入る（列群番号106～110）

七瀬祓の七番目の解除は、神社の板垣の南東角にある芝原池で行われる。その後、新国造は再び上臼冠の宿所に戻る。割注によると、この時上臈の神官とは鳥居の西で別れている。

その夜「火下事」が行われ、両人母・酒殿守・両土師がこれを務めている。これは本亭内のある建物の中で行われたものであろう。さて、この「火下」も非常に興味深い語句であり、当神社においてかつて出雲大社における火継神事と類似の神事が行われていた可能性を推測させるものではないか。しかし残念ながら、出雲大社のようにその次第を詳しく記した史料は現在のところ確認できない。

そして二日後の九日、新国造が本亭へ入る（Ⓒは翌日の二九日）。この日まで本亭に入らず上臼冠の宿所にとどまっていたのは、火下の儀の終了を待っていたとも考えられる。また「路次経社頭北」とあるが、これは「廻両宮北道」と同じ経路のことであろうか。その後、盃杓等が行われ、八月の元服からの儀式は一応終了を迎える。

おわりに

以上、元服から国造譲補に関する儀式を一覧した。問題が多岐にわたり、決して各項目を深く考察したとはいえないが、次の三点をあげて本稿のまとめとしたい。

まず一点は、今回とりあげた国造譲補に際しての上洛の儀は、どこまで遡るかはわからないが、五八代親文以前より行われていたことが推測できる点である。

二点目は、筆者はかつて中世における神事記録から当神社の建築と神事の関わりを考察した。その神事記録からは、当神社の場所において、その時代の社会情勢や時間軸などを全く超越した神事空間が展開されているという印象を非常に強く受けた。しかし今回の譲補に関する記録を見るに、神事記録と同時代において、一方では、時の有力者（公家・武家など）との関係を重視して社会に細かく対応している姿が確認できた。

三点目は、「火下」や「新火所」などの語句から、細かい次第はわからないが、中世のある時期に、出雲大社の火継神事と類似の神事が当神社において行われていた、あるいは、お火所のような建物（部屋）が存在していた可能性が考えられる点である。(60)

（1）本稿でとりあげる史料には、多く『〇〇譲補記』などと記されており、この語句を採用する。

（2）古代に遡って『儀式』巻第一〇には、「太政官曹司庁任出雲国造儀」と並んで「太政官曹司庁任紀伊国造儀」の記事が記されている。よって貞観の少し前（弘仁から承和にかけて）の時代に、大内裏において国造任命の儀式が行われていたことがわかる。しかしこの儀式のその後の経緯に関しては不明である。

（3）江戸時代の初めに、その当時、神社が所有していた個々の史料の全文あるいは一部を列記したもの。数々の事柄を記し、一三世紀以降のものが中心である。東京大学史料編纂所に写本が残る。

（4）三冬とは七五代国造のこと。

（5）例えば、三月には、先代(五八代親文)の御職辞退を聞き、あと二、三年の猶予があれば、という胸中も述べている。

（6）大正五年に当神社から発行されたもので、当時、神社が所蔵していた数々の史料が記されている。一九八四年復刻版発行。

（7）天保三年（一八三九）、和歌山藩の儒臣仁井田好古が幕府に奉呈した紀伊国の地誌。明治四三年に和歌山県神職取締所から五冊の活字本として出版され、一九九〇年復刻版発行（臨川書店）。

（8）「国造家譜」という史料に、『紀伊続風土記』の著者が注釈や説明を加えるかたちとなっている（前掲注7の復刻版第一輯、二九五～三一四頁）。

（9）本亭とは、境内と川を隔てて南側に当時存在していた国造の日常の屋敷のことである。

（10）史料Ⓐの列群番号99のところでも前国造のことを「御出居上」と記す。

(11) 神官に関しては『本紀大略』（前掲注6）の中に「日前宮古代神官之事」と題して以下のように記す。但しこれらの神官の頂点に国造が位置する。
白冠二人　人母二人　行事二人　以上称六神官社人之上臈也
相見二人　大内人二人　火焼二人　権内人二人　大案主六人　以上称中臈也
酒殿守一人　土師二人　御琴引二人　案主二十五人　内人六人　以上称下臈也　右社人也
青侍員数不定　御壹番　新火所　所司　老者　近習……　右武人也（以下省略）
(12)『国史大辞典』第五巻（一九八五年、吉川弘文館）二一四～五頁
(13)『本紀大略』（前掲注6）の「日前宮古代神官之事」に既や中間のことを「此役人等皆国造之譜代之僕而令供其職者也」としている。
(14) 史料ⒷⅠの一〇月一五日の条には「中ノ火マアラウテ後キヨキ具足等自馬場元殿給之……」とあり「中ノ火マ」の語句も見られる。
(15) 平井直房『出雲国造火継ぎ神事の研究』（大明堂、一九八九年）三三七頁
(16) 両宮の中間東寄りに東西二社並立する。西社は名草姫を東社は名草彦を祭る。
(17) 筆者はかつて以下の拙稿ⓐ～ⓓにおいて、当神社の建築と神事との関わりを検討したが、中世の神事記録の中に「先両宮御奉幣……次中言社御奉幣」「参宮奉幣如常」（傍点筆者）などの記述が度々見られる。
ⓐ「中世日前・国懸神宮の本殿」（『日本建築学会計画系論文報告集』第四四八号、一九九三年六月）
ⓑ「日前・国懸神宮本殿の建築と神事について」（『日本建築学会計画系論文集』第四六〇号、一九九四年六月）
ⓒ「中世における日前・国懸神宮の神事――その相違点を中心として――」（『神道及び神道史』第五二号、一九九四年一一月）
ⓓ『中世日前神宮・国懸神宮の本殿の建築と神事に関する基礎的研究』（右記三稿をまとめたもの、一九九四年七月、私家本）
(18) 輿に関しては『有職故実大辞典』（吉川弘文館、一九九六年）二九五～八・五七九～八〇頁を参考にした。
(19)「（前後者毎日取孔子）」の意味がよくわからないが、前後の順番をくじのようなもので決めたのであろうか。
(20)『紀伊続風土記』巻一三・名草郡部八・日前國懸両大神上の神領図。前掲注(7)の復刻版第一輯、二八〇頁。

(21)「法眼朝覚聟也」とあるが詳細は不明である。
(22)『和歌山県の地名』(日本歴史地名体系31、平凡社、一九八三年)に「応永(一三九四~一四二八)頃には、日前国懸社の祭礼に紀三井寺は坂田の浄土寺(現了法寺)とともに警護の兵士役を勤仕した」(三八二頁)とある。
(23)前掲注(13)参照。
(24)文字だけから判断すると「中ノ火」を特別な火から普通の火に戻る前の中間的な火と解釈できなくもない。
(25)三名のうち兵部少輔は顕氏だけなのでこの人物か(『国史大辞典』第一二巻、吉川弘文館、一九九一年、七二九~四四頁参照)。
(26)村山修一『陰陽道基礎史料集成』(東京美術、一九八七年)の「陰陽道宗家の系図」からは見当たらない。また賀茂氏は室町中期から勘解由小路家を名乗っているので、ここの陰陽師は賀茂氏か。
(27)『新訂増補国史大系59・尊卑分脈二』(吉川弘文館、一九五九年、二四六~七頁)、『国史大辞典』第一四巻(吉川弘文館、一九九三年、九〇~一頁)参照。
(28)『本紀大略』(前掲注6)の「国造譲補の事并宣旨等之写」の項。
(29)前掲注(27)『新訂増補国史大系59・尊卑分脈二』三七六~九頁。
(30)『和歌山市史』第一巻(和歌山市、一九九一年)九〇〇頁。
(31)「洞院右大臣」とは北朝の重鎮として朝政の枢機に参与し、院政を支えた洞院公賢のことであろう。また「徳大寺大納言」は年代から考えて徳大寺公清あたりかと思われる(『国史大辞典』第一〇巻、吉川弘文館、一九八九年、二四~六・三二五~七頁、『新訂増補国史大系58・尊卑分脈一』、吉川弘文館、一九五七年、一七〇~八〇頁参照)。
(32)川上貢『日本中世住宅の研究』(墨水書房、一九六七年)九一頁。
(33)同右、九六頁。
(34)南北朝時代及び室町時代の内裏に関しては、前掲注(32)一五九~九六頁、藤岡通夫『京都御所』(中央公論美術出版、一九八七年)五四~六八頁、藤田勝也「南北朝時代の土御門東洞院内裏について」(『日本建築学会計画系論文集五四〇』二〇〇一年二月)参照。
(35)ⒷIの一〇月一六日の条に「先々者二百貫文也　厳君之御時者百餘貫文也　今度責伏而彼是六十貫文計也」とある。

(36) 前掲注(29) 三七六～八頁。
(37) 『国史大辞典』第一三巻（吉川弘文館、一九九二年）七〇七頁。
(38) 前掲注(37) 一八六～七頁、前掲注(29) 八六頁
(39) 『神道大辞典』一九八六年復刻版・臨川書店（平凡社、一九二三年）四九六頁。
(40) 例えば『本朝世紀』の久安三年（一一四七）二月二三日の条に「今日有行幸春日社事……到淀津盛乗輿……巳二点着御美豆頓宮……」とある。
(41) 『巨椋池干拓誌』（巨椋池土地改良区、昭和三七年）二〇〇頁。
(42) 同右、一四六頁。
(43) 同右、一九九～二〇〇頁。
(44) 前掲注(30) 四六一頁。
(45) 『神道体系　文学編五　参詣記』（神道体系編纂会、一九八四年）に「頼資卿熊野孟詣記」「修明門院熊野御幸記」など多く収められている。
(46) 『国史大辞典』第一一巻（吉川弘文館、一九九〇年）一〇二一～三頁、『寺院神社大事典（大和・紀伊）』（平凡社、一九九七年）四六五～四六九頁。
(47) 現在の本殿は一間社春日造の社殿が二棟並び北面しているが、当時の詳細はわからない。
(48) 『田中卓著作集2』（国書刊行会、一九八六年）の「丹生祝氏本系帳の校訂と研究」の中に校訂・和訓が記されている。
(49) 『丹生都比売神社誌』（丹生都比売神社奉賛会、一九八〇年）の中で、「崇神天皇の御代、紀国造、大阿牟太首が犬を献じた伝承、或いは紀国造譲補の奉幣に白犬一疋を丹生社に奉る行事も、元来は丹生都比売神社にではなく、地主の狩猟神たる高野大明神に奉ったものではなかろうか」とある（九〇頁）。
(50) 『紀伊続風土記』の絵図（前掲注7の復刻版の第一輯、七二四頁）では、この静川が西方から流れる江川と合流し、その合流点から紀ノ川をまでを「穴伏川」としている。しかし那賀郡名手荘穴伏村の項に「静川といふ穴伏村に至りて紀ノ川に合する所を俗に穴伏川ともいふ……」（傍点筆者、七三〇頁）と書かれてあるので、一般に紀ノ川に達するまでを静川と呼んでいたのであろう。つまりこの静川と現在の穴伏川は全く一致する。

(51)『紀伊続風土記』(前掲注7の復刻版)第一輯、七三七～八頁。
(52)山頂の高積神社は高宮・高社・高御前とも呼ばれる。祭神は都麻都比売命で、相殿に大屋都都比売命・五十猛命を祀り、三神を祀るので高三所明神ともいわれる。西麓の気鎮社は明治四三年に高積神社に合祀されている。
(53)「物の周りを廻る民俗」(中山太郎『日本民俗学神事篇』、大岡山書店、一九三〇年)。
(54)前掲注(16)のⓑ。
(55)日前・国懸神宮の中世の境内の様子を描いた絵図としては、『神社古図集』(一九四二年、日本電報通信社出版部／一九八九年、臨川書店復刻版)に掲載されているもの(ア)、『紀伊続風土記』(前掲注7)に掲載されているもの(イ)、東京大学文学部本居文庫所蔵のもの(ウ)などがあるが、今回は、刊本に掲載されていない(ウ)を図1とした。
(56)境内(板垣)内部の可能性もあるが、絵図にはそれらしい建物は見当たらない。
(57)いろいろな雑用等で当神社に奉仕する者達のことではないか。
(58)ⒷⅠの八月九日の条には「上白冠ハ前職御入ノ時モ馬ヲ進ス当職ヘモ進ス」とある。
(59)拙稿(前掲注16のⓐ)において、絵図に描かれている建物と神事記録に記されている建物の比較を行ったが、青侍庁が使用された記録は一例も見当たらなかった。
(60)前掲注(49)に「室町末までは出雲国造と同じく火継神事も行われていたと伝える」とある(八八頁)。

〔付記〕今回の研究にあたっては、日前神宮・国懸神宮宮司紀俊武氏に数々のご協力を賜りました。記して感謝の意を表します。

浅間造本殿の特質

建部恭宣

はじめに

静岡県富士宮市にある富士山本宮浅間《せんげん》大社（以降浅間大社と略称）[1]の本殿は「浅間造」と称され、重層という他に類例を見ない特異な姿（図1）が注目されており、国の重要文化財に指定されている。ところが、建築形式を端的に表現する「造」という語を付けた「浅間造」の定義や社殿の特徴に関しては、これまで明確にされているとは言えないのが現状である。[2]そこで本稿では、浅間造社殿の成立や特質などについて考察を行なうものである。

一　「浅間造」本殿の成立

(一)本殿の建築形式（図2〜5）

本殿を初めとする幣殿・拝殿など、現存する各社殿は、慶長九年（一六〇四）に徳川家康によって造営され、同一一年には遷宮が行なわれて落成している。

下層は、桁行五間、梁間四間、寄棟造、桧皮葺。側面と背面の三方に切目縁を廻し、前面は拭板敷きの前縁とする。正面と背面にそれぞれ木階を備える。身舎部分の前面一間通りを外陣のように扱い、正面に蔀戸を吊る。中央部三間四方の前面の柱間と背面中央間に両開きの板唐戸を建てる。両脇に縦長の室を配し、西側の脇の間には折れ曲がりの階段を設けて上層に登るようになっている。

上層は三間社流造の社殿で、前方を外陣、後方を内陣とし、内陣の中央間のみ両開きの板唐戸を建てる。廻縁には縁束を立てず、挿肘木を三手出した腰組で支えられる。したがって、下層の屋根との納まりはすっきりとしている。向拝には浜床が張られ、木階四級を備えた登り高欄に造る。棟に置き千木と五本の堅魚木を飾る。

図1　浅間大社本殿全景

(2)曼荼羅図に描かれた本殿

浅間大社には、狩野元信筆と伝えられる国指定の重要文化財「富士曼荼羅図」(3)が所蔵されており、そこには霊峰富士山を頂点にして、浅間大社の境内も描かれている（図6）。周知のように、狩野元信は一六世紀初頭から没年の永禄二年（一五五九）にかけて活躍した画家である。したがって「富士曼荼羅図」には、およそ一六世紀前半頃の浅間大社の社殿が描かれていると解釈される。

境内の湧玉池で登山前の禊ぎをする人々の左側には、本殿の他にも各建物が写実的に描かれている。本殿は入母屋造平入りで、屋根は桧皮葺のようである（図7）。柱間は桁行が三間または五間、梁間は二

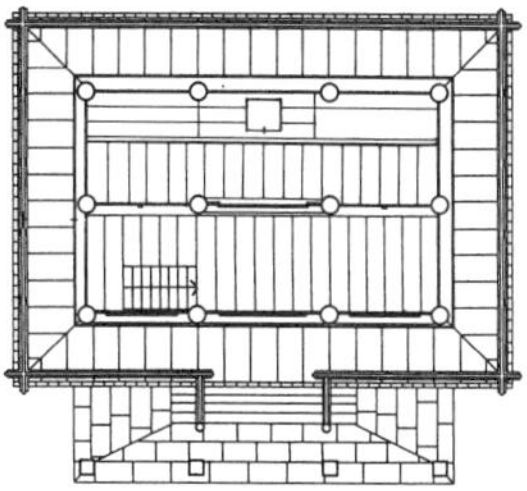

図 3　上層平面図

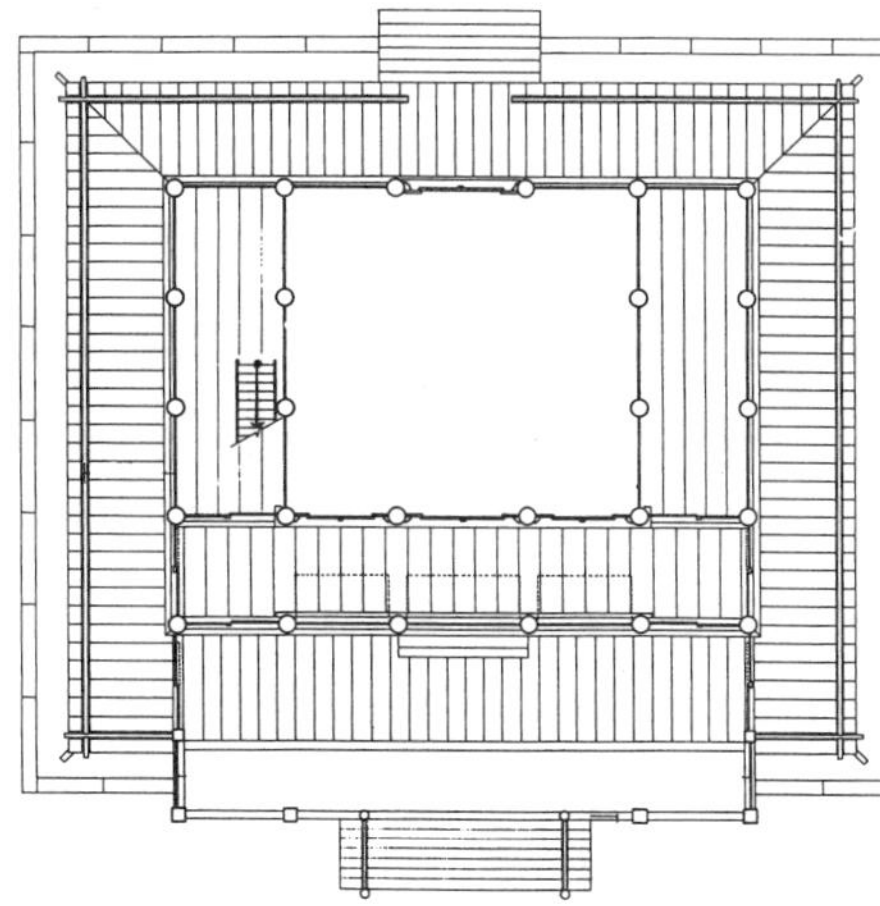

図 2　下層平面図

図 5　上層側面図

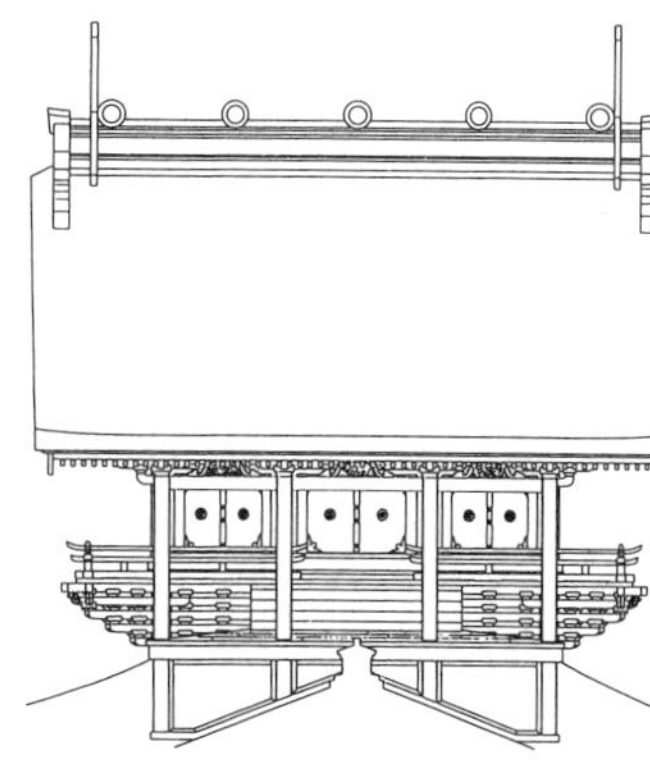

図 4　上層正面図

図6　富士曼荼羅図(部分)

図7　富士曼荼羅図(部分)

図8　富士浅間曼荼羅図(部分)

間、正側面に切目縁が廻され、後方には脇障子もあり、正面の縁に狛犬が置かれている。本殿前面に木階を設け、その上部は屋根幅を狭めて葺降ろしているので、向拝とみてよい。正面脇間と側面の柱間は壁で、開口部は正面のみだったと考えられる。本殿の前には軒を接するようにして、舞殿もしくは拝殿とみられる建物がある。この図の描かれた確実な年代やその背景などについて特定するには至っていないが、室町時代末期には現在のような重層の本殿ではなく、単層で比較的簡素な建築形式だったことが知られる。

一方、静岡県指定文化財の「富士浅間曼荼羅図」[4]にも、やはり単層で簡略な本殿が描かれている。先の「富士曼荼羅図」に比べると建物の表現は稚拙であり（図8）、規模や形式も若干異なるが、単層の本殿であったことは共通している。

(3)江戸期の境内絵図に描かれた本殿

浅間大社には、曼荼羅図以外にも境内の様子を描いた江戸期の図が二枚伝えられており、それらはほぼ同一のものである。両図には、「寛文十年庚戌二月廿七日ニ　寺社御奉行所江差上候絵図之写」と書かれているが、さらに図の左端には、「宝永五戊子年六月日」の書き込みも見られる。このことから、寛文一〇年（一六七〇）二月、寺社奉行へ差し出した境内絵図の写しが当社に残されていたものを、宝永五年（一七〇八）六月に再び模写したものであることが判明する。

寛文一〇年に同図の描かれたいきさつは、「右目録之通、慶長九甲辰年御造営被為仰付、其以後歴六十九年、寛文十二壬子年黄金一千両拝領仕、本社・造合・拝殿（中略）右拝領仕候黄金一千両を以、御修理仕候御事」[5]とあるように、建立以来六九年を経て相当傷んだので、黄金千両を拝領して全面的に修理をすることになり、そのために寛文一〇年に寺社奉行へ差し出した図の控えであった。

その後三〇数年を経た宝永四年一一月二三日には、富士山の大噴火が発生し、浅間大社の各社殿も大きく被害を蒙ったのである。翌年には、「一同（宝永）五戊子年六月九日当社為御見分、甲良豊前殿□□、同本宮御修理被仰付、金貳千両拝領。一同七寅年御修覆相済」(6) とあるように、六月九日に被害状況の見分が行なわれており、このために寛文一〇年の境内図を複写して準備したものと考えられる。幕府の棟梁甲良豊前の見分を受け、その後拝領金二千両を充てて修理することになり、同七年に修理が完了したのである。

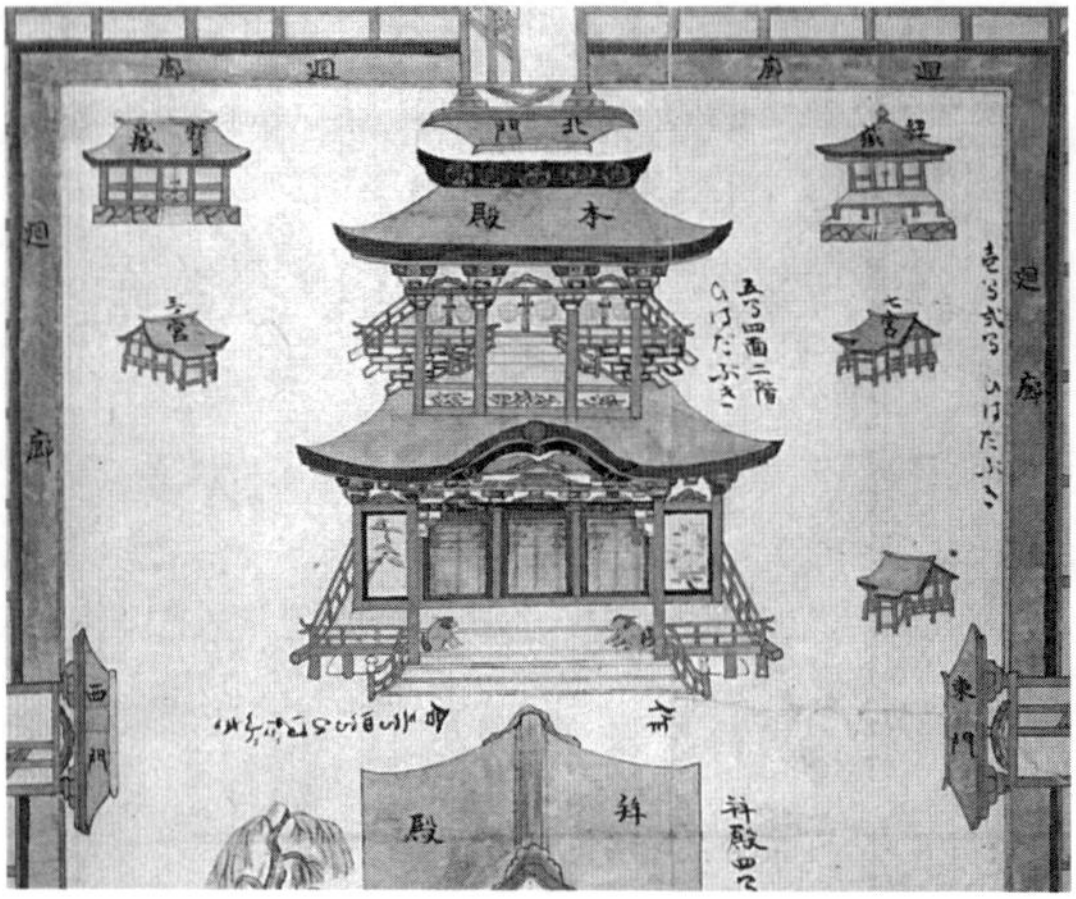

図9　富知神社(部分)

では、図に描かれた本殿はどのような形式であったのか（図9）。図中に「本殿、五間四面二階、ひはだぶき」の書き込みがある。下層は間口五間で、中央三間に御簾が掛けられ、両脇間は絵が描かれた壁である。縁を廻して正面に狛犬二頭を置き、木階・登り高欄を付す。屋根の正面には軒唐破風を付ける。上層部分は下層の屋根の上に乗り、間口三間、腰組で張り出された縁が廻り、木階・登り高欄を設け、向拝部分には浜床がある。屋根の形状は勾配を意識したのか、寄棟造のように見え、図からは流造の屋根とは判断できない。

本殿の前方に少し離れて、入母屋造妻入りで向拝付きの「拝殿四間五間とちぶき」が建っている。しかし、本殿と拝殿の間の空地に、「作合三間四間ひはだぶき」と書き込まれているので、現在幣殿として使われている部分のことを指し、この部分を省略して本殿の全景がよく見えるように描いたことが推測される。

この図に見られる本殿正面の軒唐破風は改変されて現存せず、

今日では幣殿と軒を接している。これは、

合ノ間ハ古来存在セシ由ナルモ、現在ノ如ク完全ニ拝殿ト連続セシメタルモノニハ非ラザリシガ、明治十九年ノ修理ニ際シ、本殿向拝ノ軒唐破風ヲ撤却シ、向拝柱・虹梁・階段・勾欄・廻椽等ヲモ改造セシモノニシテ、社殿ノ美観ハ著シク損傷セラレタルモノナリ。サレド今其原状ヲ精確ニ探究復原スル事ハ到底不可能ナルニヨリ、現状ノ儘修理ヲ加フルコトトセリ。

とあるように、[7]明治一九年（一八八六）の修理の際に撤去されており、大正一四年の修理では到底復原不可能と判断されたのである。しかし、軒唐破風や上層の棟廻り等一部を除くと、同図に描かれた本殿の建築形式は、現状にほぼ同じとみなせる。

(4)浅間造本殿の成立

徳川家康によって造営された現社殿の前には、武田勝頼の造営した社殿があったが、勝頼自刃の前後に全て焼かれてしまった。一説には、信長方によって焼き討ちされたと伝えられるが、[8]詳らかではない。勝頼による造営は、天正四年（一五七六）五月二八日の年紀を有する「武田勝頼朱印状」[9]に、

定

一神殿幣殿上葺御造作之事

一材木并金物事

一舞台造立事

一楼門上葺之事

一公物刷之事

右来御遷宮以前令造畢之様、鷹野喜右《ママ》兵衛尉令談合（後略）

とあり、また「遷宮入物引付覚」[10]には、端裏書に「御遷宮入物引付覚天正六戊寅年十二月勝頼公御建立ノ記」と記されているので、天正四年から六年にかけて造営の行なわれたことが知られるが、この時の本殿の建築形式に関しては、いずれの史料にも記されておらず、不明とせざるを得ない。

しかし前述した二種の図によって、一六世紀前半頃には単層入母屋造平入りであった本殿が、江戸時代初期には現在のように重層になったことは明らかである。元禄一四年（一七〇一）から同一六年にかけて寺社奉行に差し出された修理願[11]によると、「富士本宮浅間明神之事（中略）依之従往古之聖代至于今、仰国君之台命、奉蒙御造営来。殊依大権現宮様尊命、慶長九甲辰年御建立被為仰付、（後略）」とあって、慶長九年（一六〇四）に徳川家康によって再興造営の仰せ付けられたことが記されている。最初に述べたように二年後の慶長一一年には遷宮が行なわれているので、[12]この頃には造営の完了していたことが知られる。したがって、現存する「浅間造」の本殿は、慶長一一年には成立していたことが確認される。

二　「浅間造」という語について

（一）用法と解釈

例えば、静岡県教育委員会が発行した『ふるさと静岡県文化財写真集　第一巻　建造物編』[13]の浅間大社本殿に関する解説には、「本殿は桁行五間、梁間四間の殿守の上に三間社流造の二階部分がのっている二重楼閣造である。二階神座の背面にも扉があり、開けば拝殿から本殿二階の空間部分に直接富士山を拝むことが出来るよう工夫された、浅間造《せんげんづくり》とよばれる特殊な神社建築様式である」と記される。建築形式については、

下層は桁行五間、梁間四間

その上に三間社流造の社殿がのっている二重楼閣造

浅間造とよばれる特殊な神社建築様式

ということである。しかしその後に続く説明に関しては、いささか問題がある。まず、「二階神座の背面にも扉があり」というのは、平面図からも明らかであるが、下層背面中央に開かれた板唐戸のことを間違えたものと思われる。したがって、「開けば拝殿から本殿二階の空間部分に直接富士山を拝むこと」は不可能である。たとえ下層背面の板唐戸を開いたとしても、前面の蔀戸を上げて開放しなければ視線は通らず、さらに拝殿からではほ

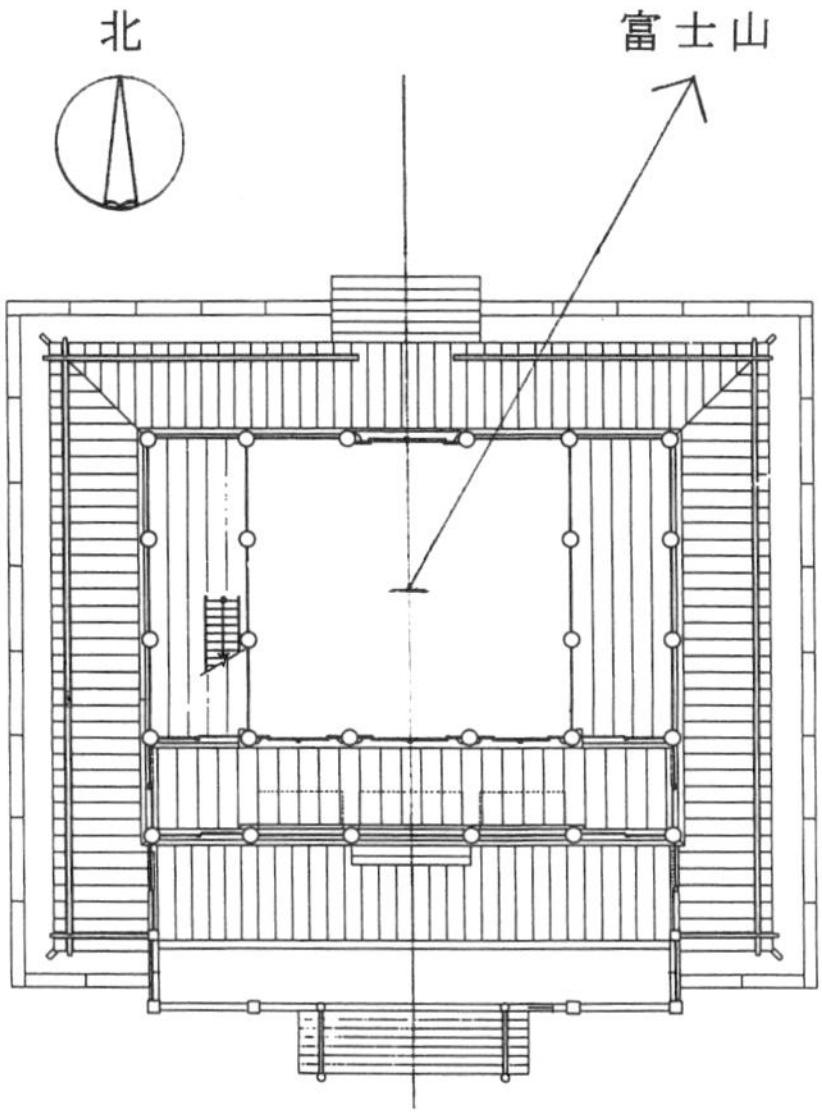

図10　本殿軸線と富士山の方角

図11　静岡浅間神社拝殿

ぼ水平の仰角となるので、無理である。加えて、図に示したように（図10）、浅間大社の本殿・幣殿・拝殿の軸線は正南北線上にあるが、この位置から富士山の方向は約三五度東へ振れており、方角の点からも扉を通して直接富士山を拝むことはできない。また、「現在では木が茂って見えないが、本殿下層背面の扉を開けると富士山が見える」という言い伝えが神社側に残されている。しかし前述のように、富士山は浅間大社から略北東の方角に位置しているので、樹木が生い茂っていなくても、下層背面の扉から富士山が見えるわけではない。何故このような誤りが生じたのか不思議であるが、開かれた扉越しに霊峰富士山を遙拝したい、という願望が大衆の意識の根底にあったことも推測されるのではないだろうか。

一方、静岡市内にあり、「お浅間さん」の愛称で広く大衆に親しまれている静岡浅間神社の拝殿（図11）について同書は、「拝殿は切妻造の初重に入母屋の楼を重ねた形の外観をもつ建物で、俗に浅間造と呼ばれる」と説明される。ここでは、

一階が切妻造

その上に入母屋造の楼を重ねた建物

俗に浅間造と呼ぶ

ということである。このように同書では、「浅間造」の建築的な定義が曖昧に使われており、およそ異なる形式を同一の用語で説明している。

文化庁編集になる『国宝・重要文化財建造物目録』の構造形式に関する説明ではさすがにこのような混同は見られず、浅間大社本殿については「桁行五間、梁間四間、二重、浅間造、檜皮葺」、また静岡浅間神社の拝殿は「桁行七間、梁間四間、二重、入母屋造、本瓦形銅板葺」と記され、「浅間造」と「入母屋造」に厳然と区別される。

では、一般的に建築の分野ではどのように説明されているのであろうか。『建築大辞典』[14]の「浅間造り」の項

目には、「神社本殿形式の一。江戸時代に成立したもの。二層から成る。下層は五間×四間ほどの入母屋造りまたは寄棟造りで高欄付き回り縁をめぐらし、正面に唐破風付きの向拝を設ける。上層は三間×二間の流れ造りの屋根を架ける。富士宮市の浅間神社本殿がこの例」とあり、

江戸時代に成立した

重層である

下層は五間×四間ほどの入母屋造または寄棟造

高欄付き縁をめぐらす

正面に唐破風付きの向拝を設ける

上層は三間×二間の流造の屋根を架ける

と要約される。

これらの項目の逐一についてここでは触れないが、この後に続いて、関連して詳しく理解するための語として、「しちめんづくり」が挙げられている。そこで、「七面造り」の項目を見ると、「江戸時代に生まれた神社建築様式の一。浅間造りの変形。（中略）平面は十字形。正面中央に唐破風の向拝を付ける。主屋は平入り、入母屋造り。屋根上に方形造りの楼を載せ、楼は正面千鳥破風、両側面は軒唐破風とする」とあって、七面造建築の図を掲載している。ここでは「浅間造りの変形」と記されているのが注目される。七面造とは、日蓮宗の守護神である七面大明神を祀る御堂の形式を指すものであるが、この七面造を採り上げて図を掲載した建築関係の辞典は、おそらく『日本建築辞彙』(15)が初めてと考えられるが（図12）、そこには浅間造との関連については一言も触れられていない。最近、渡辺洋子博士によって、山梨県下における七面堂建築に関する論考(16)が発表されている。それによると、現在の七面山本社は「七面造り」と呼ばれているようであるが、楼が無く図とは明らかに異なる形式

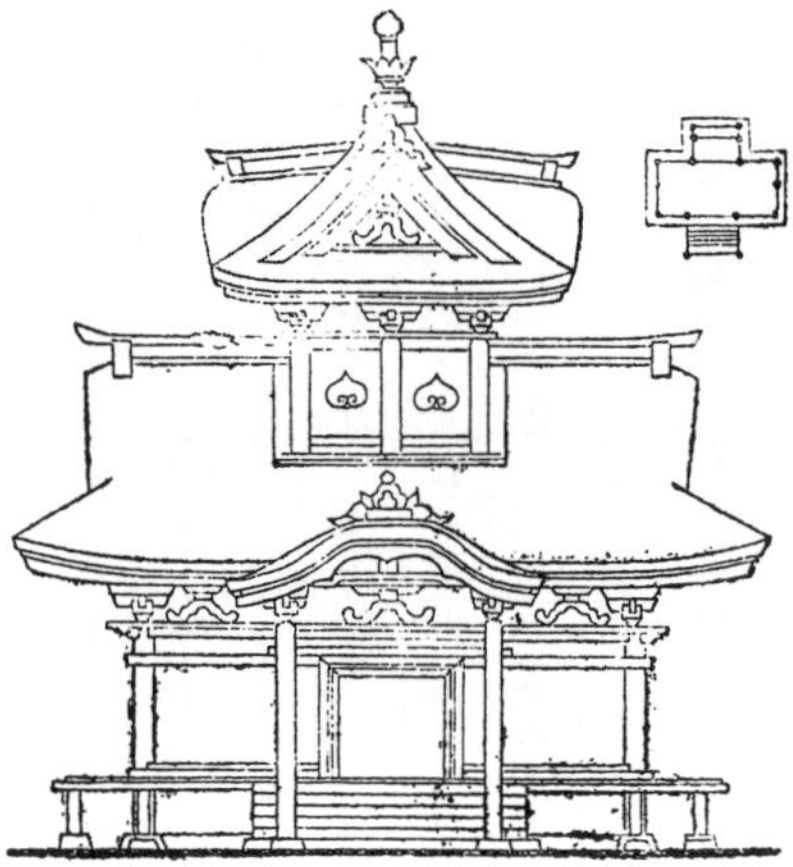

図12　七面造の図（『日本建築辞彙』より転載）

であり、渡辺博士も『建築大辞典』の説明については、「二層目の相違だけで（富士山本宮浅間大社に）よく似ているため、七面造りは浅間造りの変形としたのであろう」としている。二層目の相違だけではないと考えられるが、いずれにしても、本稿でも七面造との関連については考察するには及ばないと判断する。

（2）江戸時代における表現

富士山信仰の普及に伴って多くの人々が参拝し、その特異な社殿形態から強い印象を受けたものと考えられ、江戸時代における浅間大社本殿の建築については、以下のように表現されている。

史料一　宝永五年（一七〇八）、「大宮司別当公文案主連署造営見聞　願写[17]」

宝殿造　一本社　五間四面　但シ七尺間

史料二　享保一八年（一七三三）、『富嶽之記』[18]、中谷顧山著

本殿二重閣

史料三　寛政二年（一七九〇）、「本宮及末社間数坪数書上写[17]」

一本社二階　貳間ニ三間　宝殿作

一本社　五間四面　唐破風作

史料四　文化六年（一八〇九）、『駿河記』[18]、桑原藤泰著

本社二階、高五丈三尺

史料五　文政四年（一八二一）、「大宮司富士茂矩富興行願下書[17]」

往古より御本社二階造ニ而

史料六　文政一三年（一八三〇）、『駿河国新風土記[18]』、河野通春著

本宮ハ二階作リニテ、外ニ類ナキ作リザマナリ

史料七　天保九年（一八三八）、『不士山道の記[18]』、越路舎主人著

本宮は高楼造りと称して、世に比類なき経営也

史料八　文久元年（一八六一）、『駿河志料[19]』、中村高平著

富士郡　浅間神社

神殿　楼閣高五丈八尺、楼上三間二間、下之重五間四間

当社の神殿は、内陣の上に楼閣あり、

また、成立時期はよくわからないが、次の史料も併せて掲げておく。

史料九　「神祇志料附考[18]」

本宮は二階に作りて、世に類なき造りざまなる

以上九点の史料に記された浅間大社本殿の建築形式を分類すると、

宝殿造（史料一・三）

二重閣（史料二）

二階、二階造（作）等（史料四・五・六・九）

高楼造り（史料七）

楼閣（史料八）

となる。「二階造」や「二重閣」は重層を、「楼閣」及び「高楼造り」等は高い建物を意味する。このように管見の限りでは、江戸時代を通じて浅間大社の本殿を「浅間造」と表現することはなかったと考えられる。

（3）古社寺保存法の指定告示

最初に述べたように、現在の本殿は国の重要文化財に指定されている。しかし、それ以前は、明治四〇年五月二七日の内務省告示第六三号によって、古社寺保存法第四条による「特別保護建造物」に指定されていた。この時の官報告示によると、

浅間神社本殿

浅間造、桁行五間、梁間四間、重層、屋根柿葺

と記され[20]、「浅間造」の語が使われている。この間のいきさつは『建築雑誌』でも紹介され[21]、同文の構造形式が記されている。しかし、この後にこれを補足する短い文章が建物ごとに書かれているが、「右建物の解説は左の如し（但し内務省古社寺保存会委員の手にて調整せられたる原文のまゝを掲載す）」とあって、浅間大社の本殿については、

浅間神社本殿

社伝垂仁天皇三年八月創建大同元年坂上田村麿勅を奉じて今の地に遷し慶長九年徳川家康再興す五間四面の殿宇の上に三間社流造を構造し神社建築に一新生面を開ける者にして形状奇珍手法亦観るべし

と記されており、この説明文には「浅間造」の語は見られない。説明文は内務省古社寺保存会委員が書いた原文のままであると、特に記されていることから、告示の構造形式を書いたのも同委員であったことが推測される。

明治二九年（一八九六）古社寺保存会が発足して、五月にその委員が任命されている。(22)

古社寺保存会会長委員及幹事被仰付ノ件

右謹テ奏ス

　明治廿九年五月七日

　内閣総理大臣侯爵伊藤博文（花押）

（中略）

　帝国博物館総長　　九鬼　隆一

古社寺保存会長被仰付

右之通被命度候也

　明治廿九年五月二日

　内務大臣伯爵板垣退助（印）

内閣総理大臣侯爵伊藤博文殿

　帝国博物館理事　　山高　信離

　東京美術学校長　　岡倉　覚三

　文科大学教授文学博士　　黒川　真頼

　内務省社寺局長　　安広伴一郎

　内務技師　　妻木　頼黄

　内匠寮技師　　木子　清敬

東京美術学校教授
正四位勲四等　橋本　雅邦
小原　重哉
伊東　忠太

古社寺保存会委員被仰付
右明治廿九年勅令第百四十七号第七條ニ依リ謹テ奏ス
明治廿九年五月二日
内務大臣伯爵板垣退助（印）

（後略）

この時は、当時帝国博物館総長を勤めていた九鬼隆一を会長として、東京美術学校校長の岡倉天心ら九人の委員と一人の幹事を任命している。この中で建築関係の委員としては、内務技師妻木頼黄と内匠寮技師木子清敬それに伊東忠太の三人であった。ここでは伊東忠太の肩書きとしてなにも記されていないが、この年の一月に臨時全国宝物取調局臨時監査掛嘱託を委嘱されており(23)、翌明治三〇年一月に東京美術学校日本建築史講師を委嘱され、九月には東京帝国大学工科大学講師に就任している。

それ以降、何人かの委員が任免されているが、次いで建築関係の委員が任命されたのは明治三五年六月で、

従五位文学博士三上参次以下七名古社寺保存会委員命免ノ件
右謹テ奏ス
明治三十五年六月十六日
内閣総理大臣伯爵桂太郎（花押）
従五位文学博士　三上参次

従六位　　　今泉雄作
従六位　　　関野　貞
従七位　　　福地復一
古社寺保存会委員被仰付
（後略）

とあるように、[24]「従六位　関野貞」であった。二九年に任命された三人はそれまで免ぜられていないので、三五年六月の時点では合計四人の建築関係委員のいたことが確認される。

これら四人の委員は、明治四〇年五月の浅間大社本殿指定に関わる内務省告示に至るまで、継続して委員を勤めていたことも判明している。[25]すると、これら四人の委員の中で誰かが、あるいは単独ではなく複数人によって、『建築雑誌』に掲載された告示を補足する説明文が書かれたことになる。

（4）「浅間造」という語の作者と時期

伊東忠太は明治三四年、「日本神社建築の発達」と題する論文を(上)・(中)・(下)の三回に分割して、『建築雑誌』に掲載している。[26]これは、目次に続いて、

本篇は明治三十三年十一月二十八日建築学会通常会に於て講話せるものなるが、当時時間の制限あり、簡に失したる点多々あるを以て今之を補足せり、諸君乞ふ諒焉

と記されているので、明治三三年（一九〇〇）一一月二八日の建築学会通常会において講話したものを、その後補足して『建築雑誌』に掲載したことが判明する。伊東忠太は続く緒言で、

私は日本神社建築の発達と云ふ題で講話を試みますが、（中略）本題の範囲はひじょうに広くありまして、

殆んど際限がないのであります。

と自身が語っているように、広範囲に及ぶ論考である。

後日、この論文は再度手が加えられ、昭和一二年(一九三七)発行の『伊東忠太建築文献』に収録されている。[27]そこでは、同論文の最後に、

本篇は明治三十三年十一月二十八日建築学会通常会に於いて講話したものであるが、今これを若干修正したものである。

と附言され、『建築雑誌』の記述に同様であるが、実は、内容に関しては大幅に書き変えられている部分があったのである。特に、『建築雑誌』に連載された(中)の「第五章　神仏混淆の時代」部分に顕著で、本稿に最も関連があるのは、その中の「各種の変態(実例)」[28]という項である。すなわち、厳島神社をはじめ吉備津神社・香椎宮本殿などの特異性を説明し、『建築雑誌』では記述していない以下のような説明文を掲げている。吉備津神社本殿に関しては、

其のPlanが頗る異様で、内陣が中心に位し、屋根は比翼入母屋造と申して、(中略)我々はこれを「吉備津造」と名づけて重要視してゐるのです。

とか、香椎宮本殿については、

(前略)図に見る通り頗る変った様式でありますので、特にこれを「香椎造」と呼んでゐる人もあります。

と説明し、「吉備津造」や「香椎造」という新造語を用いている。[29]吉備津神社本殿は明治三五年四月に特別保護建造物に指定されており、その時の告示文には、

本殿桁行正面五間、背面七間、梁間八間、単層、屋根比翼入母屋造、檜皮葺

とあり、「吉備津造」ではなく屋根形式を示す「比翼入母屋造」の方を採っている。[30]また、大正一一年四月には

香椎宮本殿も特別保護建造物に指定され、そこには構造形式として「香椎造」の語で表現されている。[31]

同論文ではこの後に続いて浅間大社について触れ、

最後に最も奇異なる変態的神社は駿河大宮の浅間神社であります。第一五九―一六一図がそれで、重層の社殿であり、其の上層が本殿で流れ造の形式であり、創立は大同年間といふのですが、今の建築は徳川家康の造営と云はれてゐます。実に唯一の重層社殿の例であります。これを「浅間造」と称して特に珍重してゐる人もあります。

と、図[32]を示して「最も奇異なる変態的神社」というかなり強烈な言葉で説明している（図13）。

この記述では「特に珍重してゐる人もあります」と、伊東忠太本人ではなく、あたかも他人が「浅間造」と称しているような言い様である。

吉備津神社に関しては、我々はこれを「吉備津造」と名づけて重要視している、と言うので、これは伊東本人

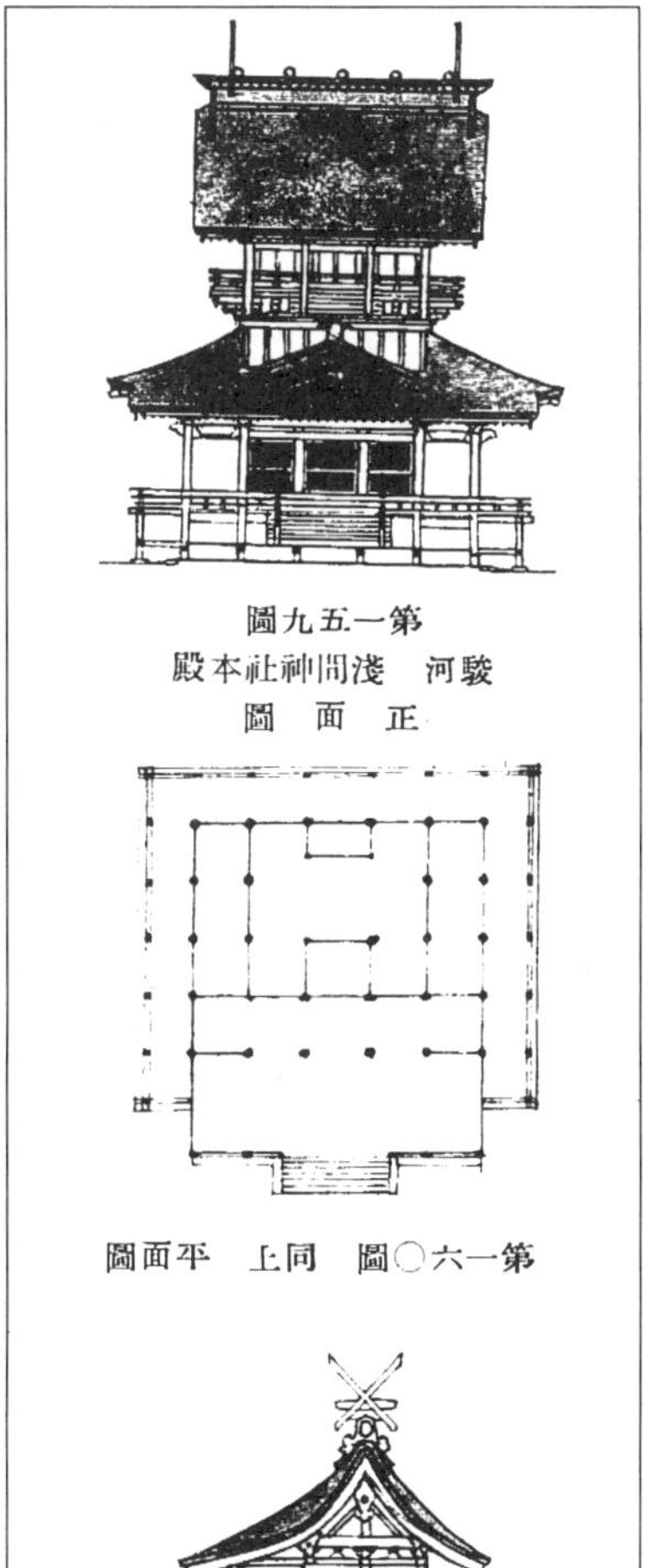

図13　浅間神社本殿図
（『日本建築の研究・上』より転載）

の意見と解釈してよい。一方、香椎宮については、特にこれを「香椎造」と呼んでいる人もあります、とするので、他人の意見のような言い方である。

このように、三種の「〇〇造」という特異な神社建築の形式を現わす語については、伊東忠太本人の意見なのか、それとも本当に他の誰かがそのように唱えていたのか、微妙な言い回しと感じられるが、むしろ第三者の口を借りて伊東自身の考えを発表していると解釈した方が妥当と考えられる。

すると、この『伊東忠太建築文献』に収録された「日本神社建築の発達」が何時改定されたのか、という点が問題になってくる。最も長期間を想定すると、明治三三年一一月二八日以降、『伊東忠太建築文献』の発行された昭和一二年までの三〇数年の間に書き直されたことになる。

しかし、明治四〇年五月の浅間大社本殿指定時には、伊東忠太はまぎれもなく古社寺保存会の委員であり、明治三三年には「日本神社建築の発達」と題する講話を行なっているわけであるから、このような背景を考慮すると、古社寺保存法で告示された「浅間造」の語について、伊東忠太の関わっていた可能性を否定することはできないであろう。むしろ、伊東本人が大きく関わっていたと考える方が、素直な解釈ではないだろうか。

三　静岡浅間神社拝殿について

(一)静岡浅間神社の略史

これまで、浅間大社本殿の建築形式である「浅間造」について述べたが、ここでは、静岡浅間神社の拝殿の建築形式について考察する。静岡浅間神社の正式名称は、神部《かんべ》神社浅間《あさま》神社大歳御祖《おおとしみおや》神社、と称する。(33)この名称が示すように、同一境内に神部神社と浅間神社、それに大歳御祖神社を祀っている。神部神社は、駿河国の「惣社」とも称された。『延喜式』神名帳には、安部郡七座として、神部神社と大歳御祖神社が記されている。また、浅間神社については、延喜元年（九〇一）に醍醐天皇の勅願によって大宮の本宮（富士山本宮浅間大社）の祭神木之花開耶姫命を勧請し、そのことによって「新宮」と称されたことが伝えられている。

(2)古記録に見る拝殿の形式

はじめに、前節でも一部引用したが、文久元年（一八六一）の成立になる『駿河志料』を採り上げる。

『駿河志料』巻之四十

　両社拝殿一宇東面二階拝殿と云、屋根銅葺、元は檜皮なり、楼上二重高閣なり、（中略）当社の拝殿は楼閣ありて、他社に無き制造なり、神官に伝云、神造の儘に造れるなりと云々、延喜の制度なり、富士本宮は神殿に楼閣あり、当社は拝殿に楼閣あり、こは神殿は惣社相殿なるに依て、拝殿の方を神造の形ちに作れりとぞ、三代実録に、貞観六年五月浅間大神に大山焼て、甲斐国剗海を埋み、自然に社宮を飾造す、それが中に二重高閣石を以て搆営す、彩色美麗勝て言べからずと記されたる如く、当社の高閣又彩色美麗の制造、此故事に因れるなり
　高平云、此神造の社宮とあるは自然になれる物にて、甲斐国川口浅間の社地に石の形をなせる也

ここに「両社拝殿一宇」とあるが、この両社とは、神部神社と浅間神社のことである。神部・浅間の両神社は、鳥居・楼門・舞殿・拝殿等の並ぶ軸線の最奥で、石垣を積んで一段高くなった場所に位置し、空殿を挟んで三間社流造を二社連結した「比翼三間社流造」と称される社殿形式を採っている。したがって、「両社拝殿一宇」とはこれら二社に共通の拝殿ということである（図14～16）。

次いで、拝殿の規模や特徴等を記述した後に、形態の由来について触れることになる。すなわち、「延喜の制度」つまり延喜元年に浅間大社からこの地へ勧請して新宮とした際、「神造」のままにこのような「楼閣」すな

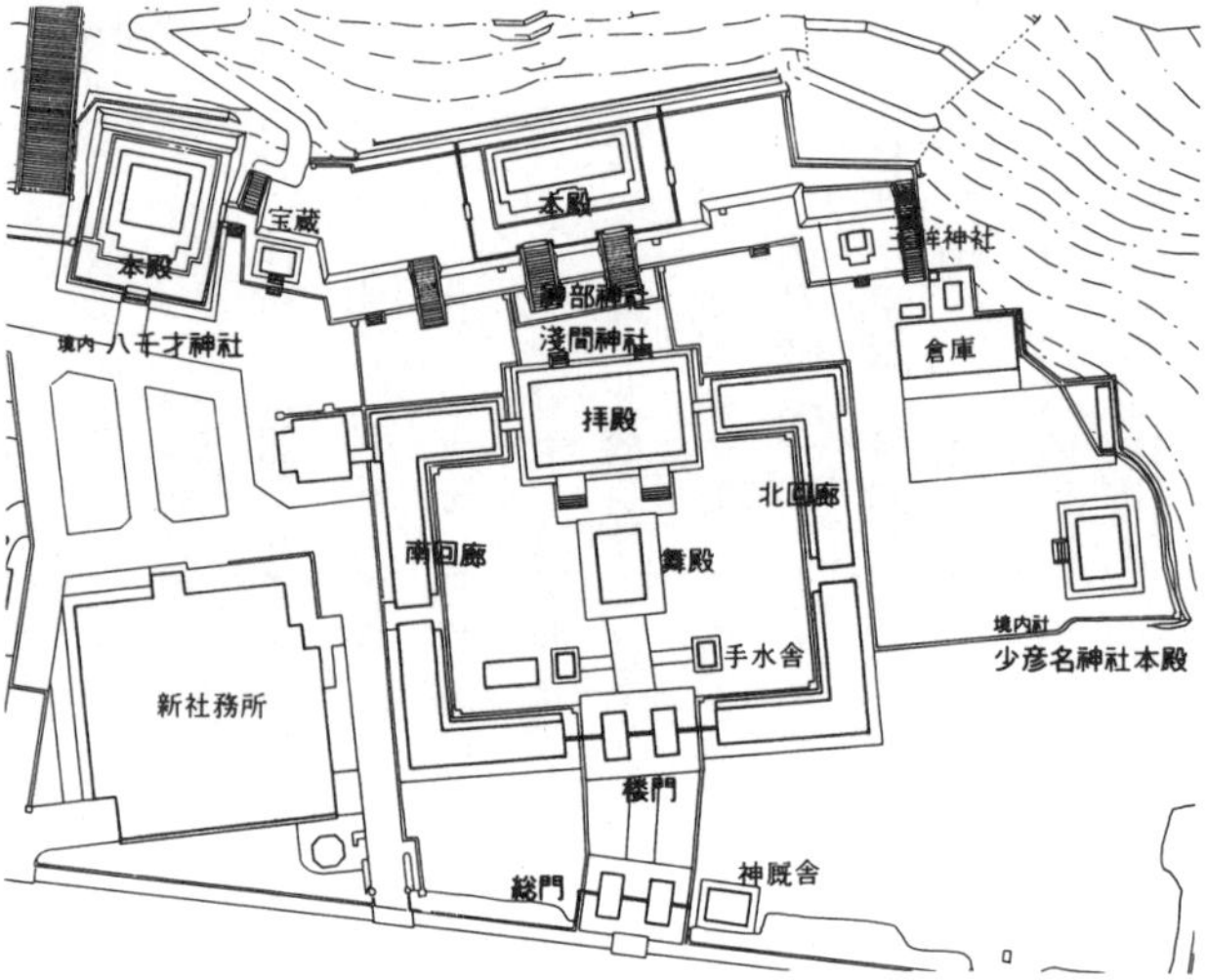

図14　静岡浅間神社配置図（修理工事報告書より転載）

わち重層の拝殿を造った、という。本宮では本殿が重層であるが、新宮の場合は神部・浅間両社を連結した「相殿」とするため、浅間神社の方を楼閣に造るわけにはいかず、代わりに拝殿の方を重層形式にした、とのことである。

「神造の儘」に拝殿を重層形式に造った根拠としては、『三代実録』貞観六年五月の条に、富士山の噴火によって甲斐国の湖を埋めて自然に社宮ができ、その中に「彩色美麗勝て言べからず」石製「二重高閣」の構造物があったからだ、という。さらにこの故事にちなんで当社の拝殿は、「高閣又彩色美麗の制造」としたものである、と続けている。

この直後に「高平云々」とあるが、高平とは本史料の著者で、安政三年（一八五六）まで静岡浅間神社の神主を務めた中村高平のことである。中村高平はさらに、富士山本宮浅間大社の本殿に関する記述のある『駿河国式社備考』という史料も著している。(34)

『駿河国式社備考』富士郡

浅間神社名神大、有封、大宮郷ニアリ。（中略）

当社神殿内陣之上ニ閣アリ。他社ニナキ製作ナリ。此製造ハ、三代実録、貞観六年五月、浅間大神ノ大山焼

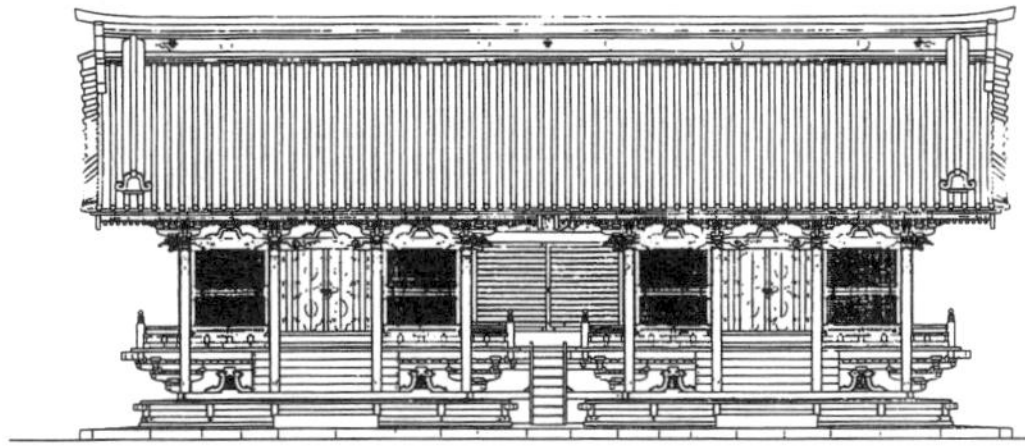
図15　神部神社・浅間神社本殿正面図(修理工事報告書より転載)

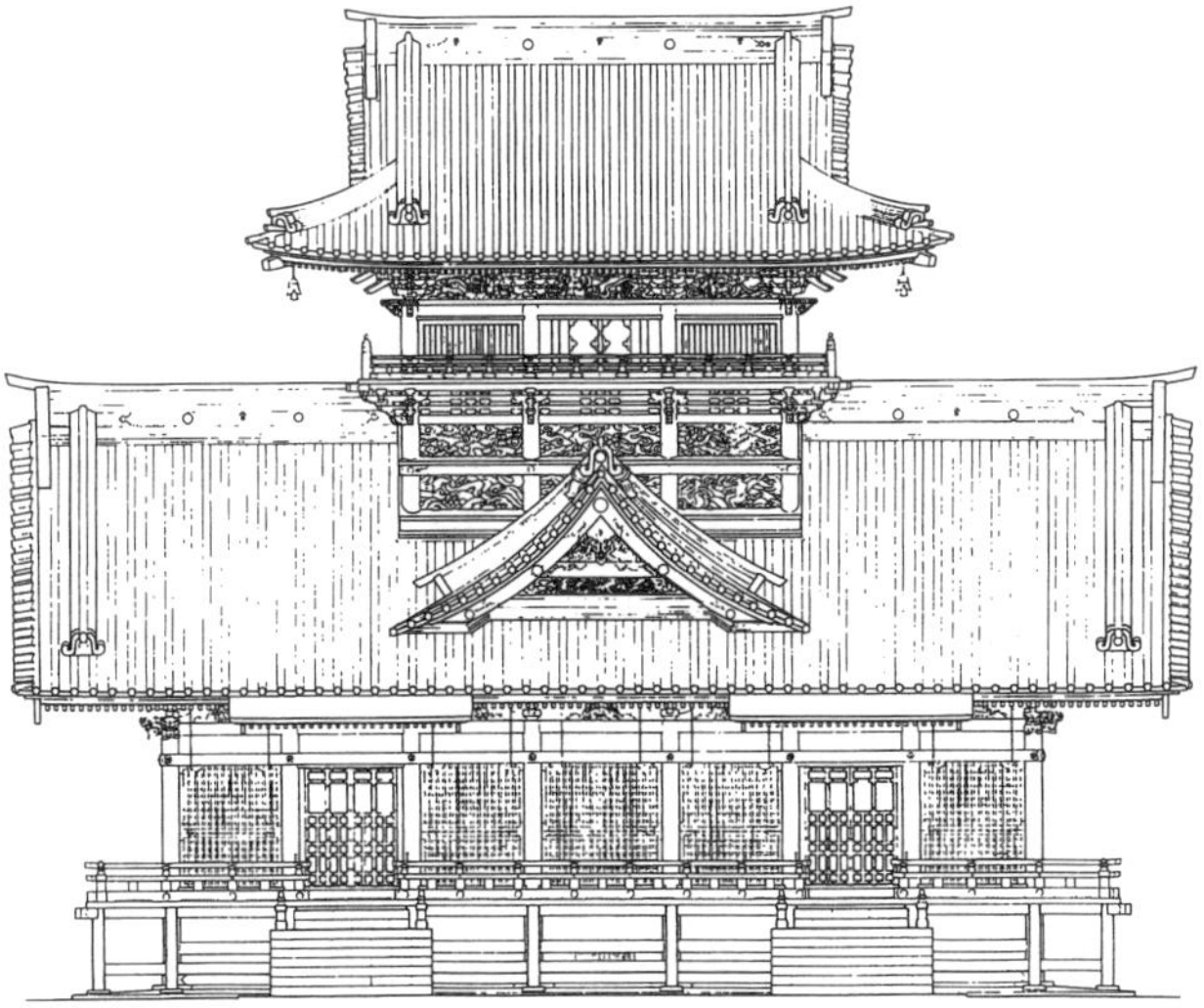
図16　拝殿正面図(修理工事報告書より転載)

テ、甲斐国剗海ヲ埋ミ、自然ニ社宮ヲ飾造レル、ソレガ中ニ、高閣石ヲ以テ搆営ス。彩色美麗勝テ言ベカラズト記サレシ、此神造ノ製造ニ因レルナリ。国府ノ社ハ拝殿高閣アリ。此故事ニ因テナリ。

後半の「三代実録云々」は言いまわしが少し異なる程度で、静岡浅間神社拝殿の記述にほぼ同じである。いずれも、甲斐国における「高閣石」から社殿形態の制作由来があるとする。そこで『三代実録』の該当個所を採り上げて、中村高平の説が妥当かどうか、検討してみたい。

『三代実録』貞観六年五月二五日条

駿河国言、富士郡正三位浅間大神大山火、其勢甚熾、焼山方一二許里、光炎高二十許丈、有雷、地震三度、歴十余日、火猶不滅、焦巌崩嶺、沙石如雨、煙雲鬱蒸、人不得近、大山西北有本栖水海、所焼巌石、流埋海中、遠三十許里、広三四居里、高二三許丈、火焔遂属甲斐国堺、

これによると、この時富士山が噴火して、方一～二里程を焼き、炎の高さは二〇丈余りであった。雷が鳴り、地震が三度、一〇日ばかり経たが火は未だ消えず、巌を焦がして嶺が崩れ、砂や石は雨のように降って煙が満ち、とても人が近づけない状況であった。また、溶岩流は富士山の西北に位置する本栖湖にまで流れ込んだ。その範囲は、距離が三〇里、幅が三～四里、高さは二～三丈程に及び、火焔はついに甲斐国境まで達した、とのことであった。このように『三代実録』では、『駿河志料』と『駿河国式社備考』にある「自然に社宮を飾造す、それが中に二重高閣石を以て搆営す、彩色美麗勝て言べからずと記されたる如く」という内容の記述は、認められない。浅間大社の本殿と静岡浅間神社拝殿の社殿形式の特異性を説明するために、中村高平は、いかなる理由から『三代実録』の富士山噴火に関する記述を引いたのか、不明とせざるを得ない。また「二重高閣石」というものを、どのような形態と捉えて重層社殿になぞらえたのか、これについても容易には理解し難い。

(3)古絵図に描かれた拝殿

静岡浅間神社には、社頭を描いた数点の絵図が所蔵されており、各社殿の様子が判明する。

〈絵図1〉「駿府浅間社中絵図」(図17)

図中に、「天正十四年九月十四日権現様御建立之御宮加様ニ出来仕候」とあり、徳川家康によって天正一四年（一五八六）に造営された社殿の状況を描いたものと思われる。年紀を記した部分の書き方にはやや疑問が感じられるので、果たしてこの図が天正一四年当時のものか、あるいは後世の写本か詳らかでない[35]。しかし本稿では、一応その頃の社頭を描いた絵図と解釈して考察する。

本殿や拝殿さらに楼門に至るまで、ちょうど中央に縦一本の赤い軸線を引いており、本殿の上部に「そうじやさかい」と書かれている。本殿中央の空殿「合の間」を境として右が惣社すなわち神部神社、左が新宮すなわち浅間神社として、厳然と区別されていたことがわかる。

拝殿は重層に描かれており、上層は袴腰のような格好でその上に刎高欄付きの縁を巡らせている。屋根は上・

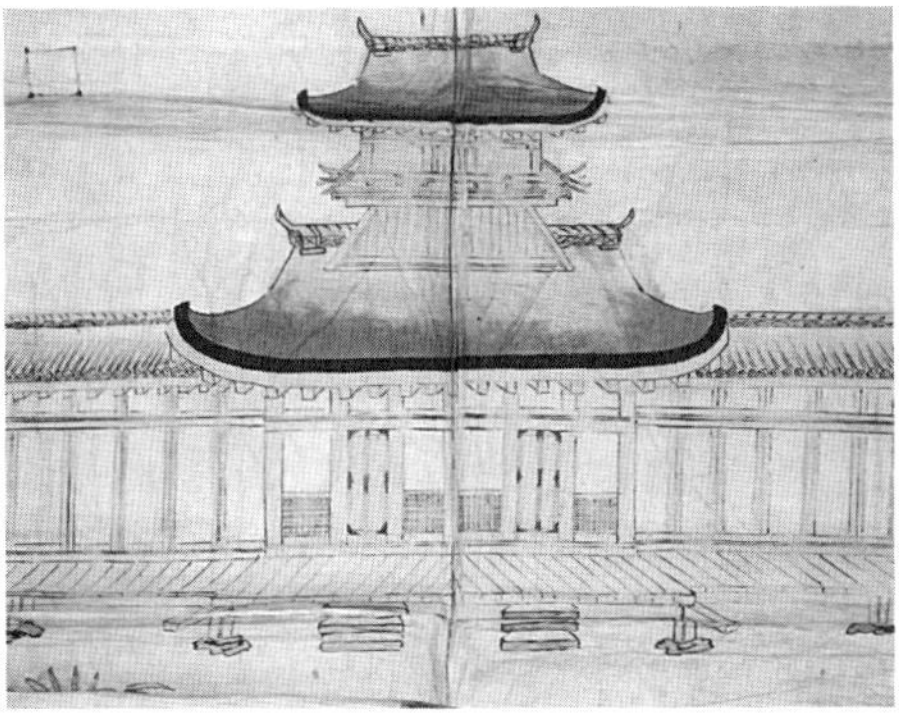

図17　駿府浅間社中絵図（部分）

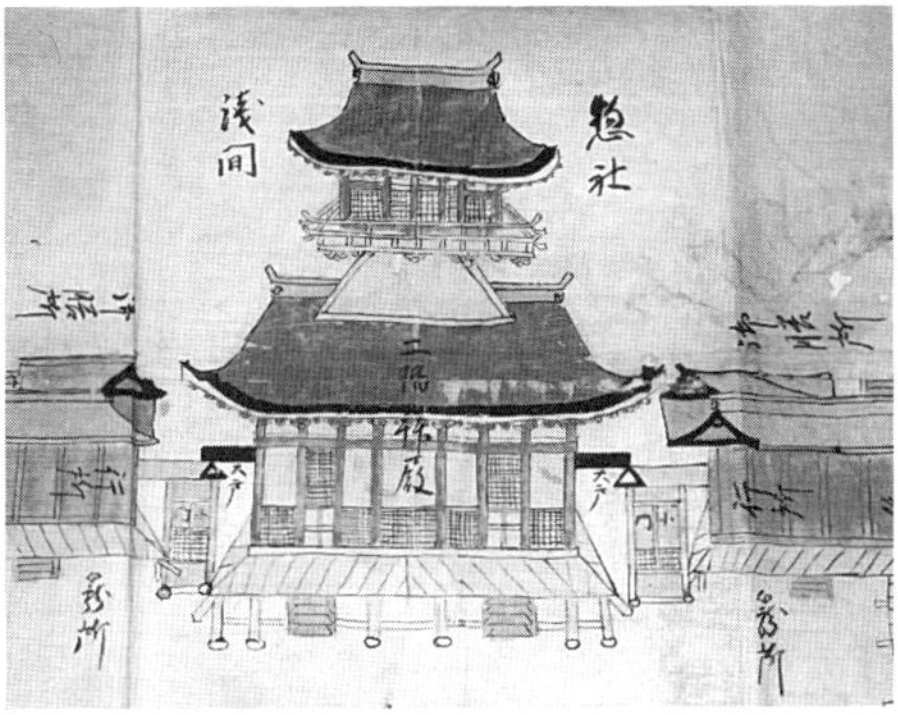

図18　寛文10年社頭絵図（部分）

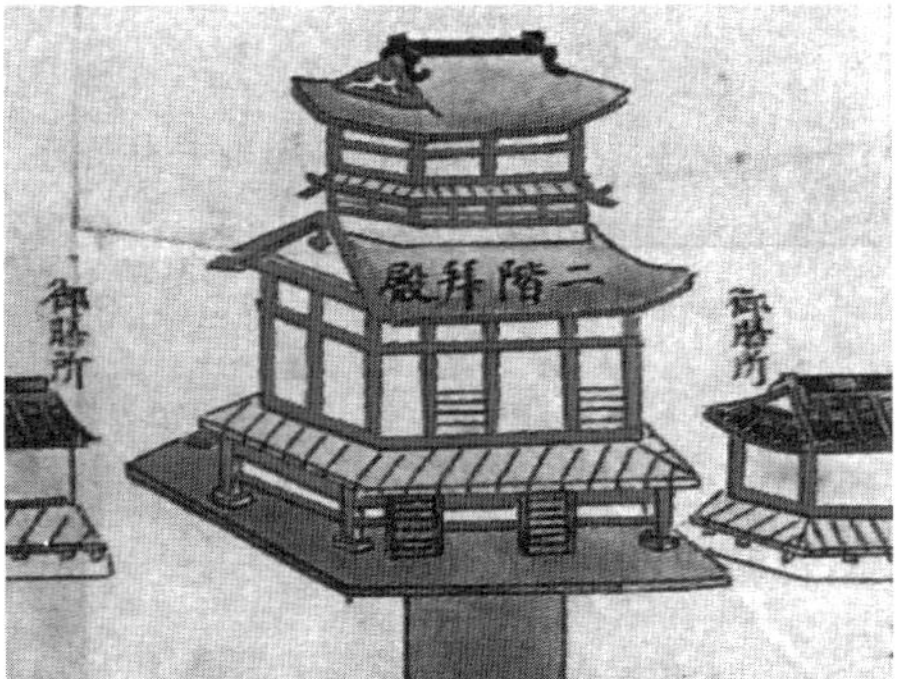

図19　延宝元癸丑年御修復被仰付候絵図（部分）

下層共に入母屋造と解釈される。現在では下層の屋根正面に千鳥破風を造るが、図に千鳥破風は見られない。

〈絵図2〉無題　寛文一〇年社頭絵図（図18）

図の一隅に、「此御宮破損之御訴訟申上候ニ付寛文拾年戌六月廿日於江戸寺社御奉行加□甲斐守様小笠原山城守様指上申候社中絵図之写」とあるので、寛文一〇年（一六七〇）に寺社奉行へ修理を願い出る為に作成した図の写しであることが知られる。

拝殿の形式は先の天正一四年の図に同様で、上層は袴腰のように描かれている。しかし、ここで注目されるのは、拝殿の中央に「二階拝殿」と書き込まれていることである。ここに初めて、建築形式を示す語が記され、当時はこのように称していたことが判明する。

〈絵図3〉「延宝元癸丑年御修復被仰付候絵図」（図19）(36)

延宝元年（一六七三）の図であるが、図題の後に「但朱之丸御修復相残候印」と書き足されている。そこで図を詳しく見ると、着色された建物と、そうではなく未着色に赤丸を記した建物の二種類に分かれている。したがってこの図は、但し書きにあるように、寛文一〇年に修復願いを出して修理を始めたが、三年後の途中の進捗状況を描いた図であったことが判る。拝殿上層はもはや袴腰には描かれず、現状のように切妻造下層の屋根上に入母屋造の上層が載った形式である。そこには「二階拝殿」と書かれている。

〈絵図4〉無題　寛政三年社頭絵図（図20）

この図が描かれたのには、理由があった。実は、安永二年（一七七三）正月一二日に近隣で発生した火災によって、当社も殆んどの建物が類焼してしまったのである。さらに、未だ再建造営がならない天明八年（一七八八）一一月五日には、再び類焼して仮殿等も悉く焼失したのであった。そこで再建復興を目指して願いが作成され、それに添付した図面の写しが本図であった。

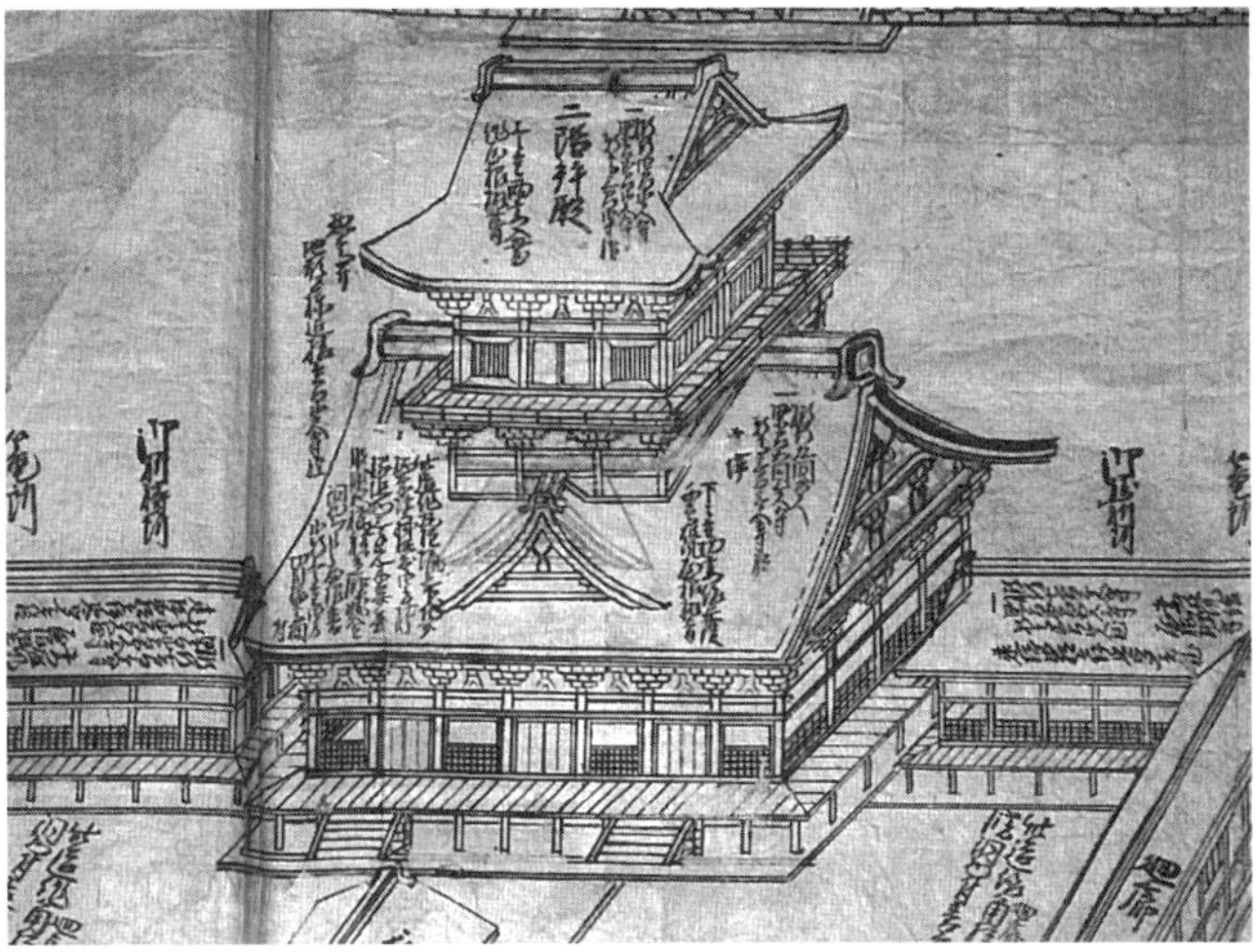

図20　寛政3年社頭絵図（部分）

このような背景があった為か、他の三図と比べてより立体的に描かれており、さらに各建物の規模や仕上げについても詳しく記されている点が特徴である。これを基に、享和三年（一八〇三）一二月には幕府から再建の旨が出され、翌文化元年より着手することになり、現存する各社殿が造営されたのであった。[37]この図に描かれた拝殿には、やはり「二階拝殿」と書き入れられており、寛文一〇年の絵図以来一貫して「二階拝殿」という呼び方には変化が認められない。

(4)拝殿の建築形式に関する浅間神社側の解釈

『神社誌』によると、まず序説の中で拝殿について、「殊に拝殿は浅間造と称せらるゝ特殊な重層楼閣造であるから」と述べ、建築の特異性を強調している。[38]『神社誌』ではこれ以降、「殊にその拝殿の如きは、他に類の少ない特殊な建物であって、世に浅間造の名を以て呼ばれてゐる」とか、「唐門前の石磴を下ると、大拝殿が存する。所謂浅間造の八棟楼閣で、俗に二階拝殿とも言ふ。本社々殿中最も特徴を有する建物である」などと、当時の浅間神社では拝殿を「浅間造」「所謂浅間造の八棟楼閣」「俗に二階拝殿」などと称し、社中にあって最も特徴のある建物と説明している。

さらに拝殿の建築形式に関して、

なほ一言附記しておきたいことは、右の楼閣造拝殿は前記の如く浅間造と称せられて他に比類なき建物であるが、これと同種の建物として挙げられるのは、大宮の本宮官幣大社浅間神社の御本殿である。これも同じく楼閣造で頗る類似し、共に浅間造として人口に膾炙してゐる。かゝる御社殿が駿河国の浅間神社に於いて共通に存し、他に見ることが出来ないことは、如何なる理由に基づくか、なほかゝる建物が何時頃から造られたかについては未だ明瞭な解決が存しない。

と解説される。以上のことを要約すると、

一　「浅間造」と称せられて他に比類なき建物である

二　同種の建物として「本宮官幣大社浅間神社」、すなわち浅間大社の本殿が挙げられる

三　同じ楼閣造で頗る類似し、共に浅間造として人口に膾炙している

四　このような社殿が駿河の浅間神社に共通し他には見られないが、その理由や時期については明瞭でない

ということである。また、上記の文章の後に、以下のように続いている。

一説には三代実録にいふ富士山の爆発によって「二重高閣石を以て構営す」とあるに起ったとしてゐるが、遽に信用し難い。或は本社がもと富士山の崇敬に起るので、その御山を拝するに都合宜しき様に、かく高閣造としたものであらうとも考へられてゐる。何れにしても相当古い時代にかゝる特異な御社殿が作られ、それが引つゞき古制を守って伝来したものであり、本社のものも恐らく本宮から承けたものであらうと思はれる。

これによると、『三代実録』にある記述云々に根拠を求める説もあるが俄には信じ難い、としながらも、重層の建築形式の元はやはり浅間大社であり、静岡浅間神社拝殿はそれに倣ったものであろうとする。これらの記述に見られるように、神社側の解釈は一貫して浅間大社との関わりを唱え、重層社殿の特殊性を強調することに終

始している。しかし、建築学的には、浅間大社本殿と静岡浅間神社拝殿は、「頗る類似」しているとは言えず、単に双方とも重層であることが共通しているに過ぎない。

ただし、この『神社誌』の中で注目されるのは、「更に本社拝殿の構造が、建築家の間に浅間造として著名なことや(後略)」とある部分で、この部分は大場磐雄の執筆ではなく、昭和一一年一二月当時、内務省の考証官であった宮地直一博士が書いた『神社誌』の序の部分である。つまり、内務省考証官である宮地直一は、その頃の建築家の間において静岡浅間神社の重層拝殿も「浅間造」として知れ渡っている、と認識していたことである。

四　浅間大社における仏教的要素の変遷

(一)仏教的要素について

これまでとは視点を変えて浅間大社における仏教的要素を検討し、併せて本殿の建築について異なる解釈のあったことを考察する。

浅間大社ではいつ頃から神仏習合の形態を採っていたのか、その起源については知り得ない。「富士曼荼羅図」によると、富士山の頂上には本地仏として釈迦如来・阿弥陀如来・勢至菩薩が描かれている。[39] 先にも述べたが、同図の成立は一六世紀前半頃と考えられるので、この頃には神仏習合の形態を示していたことが明らかである。

一方、社僧に関する記述は、

富士大宮別当領之事(中略)
門前居屋敷等、此外供僧、一供。是又可為支配。然者社中護摩堂年来断絶之上、国中以勧進可造立之旨、先年より出置印判之処、以自力令建立之由、甚神妙之至也。(中略)
永禄参庚申年

十月廿六日　　　　　　　　氏真（花押）

大宮宝幢院

僧都増円

とあるので、[40]記録によって確認される限りでは、永禄三年（一五六〇）のこの史料が初めてと考えられる。また、かつては社中に建っていた「護摩堂」が断絶していたものを、再建へ向けて勧進を行なっていたところ自力をもって建立したことについて、「甚神妙之至」であると書いてあることから、年代については不明ながら、永禄三年をある年月遡った時期に護摩堂の建っていたことが導き出される。その後の永禄九年にも、「一供僧社人、以内衣社壇江不可上之事」と記され、[41]供僧と社人の双方に関する記述が認められるので、それ以降、社家と仏家によって年中祭礼等が執行されてきたことが推測される。

（2）絵図及び史料に見る仏教建築

「富士曼荼羅図」に描かれた本殿は現在とは異なり、単層で入母屋造平入りの形式であった。社頭には他の建物も幾つか描かれているものの、仏教建築であると顕著に認められる建物は見当たらない。

また、寛文一〇年（一六六九）の年紀を有する境内絵図には、三重塔を初め他の仏教建築も一〇棟余り描かれている。それらの建物は廻廊の外側に配されているが、経蔵のみ廻廊の内側で、本殿の東北に建てられているのが注目される。一方、絵図以外の各史料からも仏教建築の存在していたことが確認されるので、社頭絵図[42]に描かれたものも含めて、一覧表に示した（表1）。

宝永五年（一七〇八）の年紀を有する「大宮司別当公文案主連署造営見分願写」[43]（以降「見分願写」と略す）によると、「右目録之通、慶長九甲辰年御造営被為仰付」とあり、本殿造営時に一四棟の仏教建築も建立されたこ

表1　浅間大社における仏教建築物一覧

番号	慶長9年(1601)*1	寛文10年絵図(1670)*2	宝永5年(1708)*1	寛政2年(1790)*3	備考
1	経蔵(2間4面、6尺間)	有	潰レ	経蔵(2間4面)	
2	三昧堂(3間4面、7尺間)	有	潰レ		
3	弁財天堂(1間4面、6尺間)	有	潰レ	弁財天堂(3間4面)	
4	普賢延命堂(1間4面、7尺間)	有	潰レ	普賢延命堂(3間4面)	
5	摩利支天堂(1間4面、6尺間)	有	潰レ	摩利支天堂(3間4面)	
6	護摩堂(3間4面、7尺間)	有	潰レ	護摩堂(3間4面)	
7	鐘楼堂(2間4面、6尺間)	有	鐘楼堂	鐘楼堂(2間4面)	
8	帝釈天堂(3間4面、6尺間)	有	潰レ	帝釈天堂(3間4面)	
9	三重ノ塔(1丈5尺四方)	有	潰レ	三重塔(1丈5尺四方)	
10	御本地大日堂(3間4面、7尺間)	有	潰レ	本地大日堂(3間4面)	
11	弁財天堂(1間4面、7尺間)	有	潰レ	弁財天堂(3間4面)	
12	五大尊堂(3間4面、6尺間)	有	潰レ	五大尊堂(3間4面)	
13	阿弥陀堂(2間4面、6尺間)	有	潰レ	阿弥陀堂(2間4面)	
14	薬師堂(2間4面、6尺間)	有	潰レ		

＊1　「大宮司別当公文案主連署造営見聞願写」(宝永5年6月)による
＊2　「寛文十年庚戌二月廿七日ニ　寺社奉行所江差上候絵図之写」による
＊3　「本宮及末社間数坪数書上写」による

とが知られる。この目録には、仏教建築であることを区別するため、例えば経蔵については、

仏
一経蔵　二間四面　但シ六尺間
檜皮葺、惣屋禰拾七坪余

と、肩にわざわざ「仏」と記している。

さらに、「其以後歴六十九年、寛文十二壬子年黄金一千両拝領」して、本社・造合・拝殿以下一七個所の修理が行なわれたことを述べている。この中に、仏教建築は唯一「鐘楼堂」が書き上げられているにすぎない。続けて、「廻廊三ヶ所　護摩堂　宝蔵　(後略)」等二九個所について、「右者四十年以前潰レ申候諸堂社等ニ而御座候御事」と記されている。したがって、一四棟あった仏教建築のうち「鐘楼堂」を除く一三棟は、寛文一〇年以前に何らかの理由によって「潰レ」ていたことが判明する。

これらのことから、寛文一〇年及び宝永五年の年紀を有する社頭絵図に描かれた各建物は、寛文

九年以前の状況を復原的に表現しており、特に鐘楼堂を除く他の仏教建築については、寛文一〇年から宝永五年までの約四〇年間存在していなかったことが想定される。

「見分願写」は、

一廻廊三ヶ所、護摩堂一宇之所者、十二年以前丑ノ年御修復之御訴訟奉願始之節、書付差上申候御事。

（中略）

一護摩堂無之故、本尊等安置、別当坊護摩供養修行仕候御事。

一宝蔵経蔵無之ニ付、従古来之御宝物并経巻等、殊ニ慶長九年御造営之剋、御神宝等御寄進物数多御座候故、御内陣方ニ相応之所へ納置申候。只今之社頭之体ニ御座候ハヽ、雨露霧ニ朽腐可申与奉存候御事。

と、その間の実情も説明している。すなわち、廻廊と護摩堂の復興については、「十二年以前丑ノ年」である元禄一〇年（一六九七）に書付を差し出しているが、未だ実現していない。また護摩堂が無いため、本尊は別当坊である宝幢院に安置され、そこで護摩供養修行を行なっている。さらに、宝蔵と経蔵が無いので宝物や経巻等は然るべき代りの場所へ納めている有様であった。

以上のような状況に加えて、宝永四年（一七〇七）一〇月四日と五日の二度に亙り大地震が発生し、さらに一一月二三日には富士山が噴火するという災害が続いた。そのために、浅間大社では全ての建物が傾いたり倒壊するなど、大きな被害を蒙っている。その後、宝永五年に出された修理願を受けて、六月九日の甲良豊前による見分の後、金二〇〇〇両を拝領して修理が行なわれ、宝永七年には修復が完了したのであった。

宝永年間の修理に際して、仏教建築再建も併せて実施されたか否かは、不明である。しかし、八〇年後の寛政二年（一七九〇）の「本宮及末社間数坪数書上写」(44)には、三昧堂と薬師堂の二棟以外は全て記されている。したがって、宝永の修理時か、あるいはそれ以降のある時期に一二棟の建物が再建されたことが知られる。なお、普賢延命堂・摩利支天堂及び弁財天堂二棟の合計四棟は、いずれも慶長年間の規模よりひと廻り大きくなっている。

（3）仏家による解釈

大宮司側と別当側では立場も違い、諸事に関して異なる解釈やそれぞれ独自の主張が発生することは、容易に理解できよう。その中にあって、社家と仏家による解釈の相違を如実に示す史料を次に見てみたい。

宝永五年一〇月に、別当職を務める宝幢院祐泉によって寺社奉行所へ出された口上書写し[45]から、四つの段落を抜粋して掲げた。

乍恐口上書を以申上候。

一社家ニ神体ト申体ヲ、仏家ニハ御正体申習い、浅間大明神ヲ浅間大菩薩トモ、何百年来唱来申候御事。

（中略）

一浅間本社之造り様ハ、三軒社宝殿造トモ申、又者堂宮造共申候。此本社五間四面之御内陣之内ニ、金大日尊像安置、神前正面之大床ニ、仏具・経札・磬・錫杖、常恒ニ立置之、余社ニ者異易たる社頭ニ而御座候。又御神宝之内、遷宮之時大菩薩荘厳法事之具茂数多御座候故、遷宮之咄茂仕候御事。

一別当儀者、従往古法事祭礼御祈禱修行之節、大別当大宮司対座仕、相互勝劣之儀者無御座候。別当相勝レ候儀ハ、正月元旦中双方出仕。於神前中壇を立、如恒例御祈禱始メ、開白之御祈願別当申上、作法畢而後、大宮司奉幣仕候。

一極月晦日双方出仕。於神前御祈禱結願、大般若転読、ケ様ニ恒例之御祈禱、開白・結願を別当勤来申候。此外従往古、別当勤方之法会数多御座候。委細者年中行事有之候。

第一の段落では、社家と仏家による御神体・御正体の呼称が異なり、それぞれ「浅間大明神」「浅間大菩薩」

と古来より呼び慣わしてきたと言う。

第三・四の段落では、年中祭礼に当たり大宮司と別当の間には勝劣が無いことをまず述べ、次いで別当の方が勝れて法事を行なうのは元旦と大晦日に行なわれる祭礼であることを報告している。その後行なわれる一連の日中神事の途中で、「礼壇」を装飾して別当による法事が催され、終了後に壇を撤収する。[46] さらにその後は、大宮司による奉幣・内陣参拝等が続いて神事が終わる。ただし、第四の段落にある極月晦日に大般若経転読とあるのは、次節で採り上げる慶安三年（一六五〇）の祭礼次第[47]にも見当たらず、二七日に「同日晩臨時之般若会」の催されることが記されるのみである。

口上書写しで最も注目されるのは第二の段落である。すなわち、「浅間本社之造り様ハ、三軒社宝殿造トモ申、又者堂宮造共申候」と記された部分である。先の「見分願写」には、

三軒社

一本社二階　三間仁二間　但シ六尺間

（中略）

宝殿造

一本社　　五間四面　　但シ七尺間

とあって、宝永年間には本殿上層を「三軒（間）社」、下層を「宝殿造」と称していたことが認められる。さらに、仏家では本殿を「堂宮造」と称し、下層内陣に大日如来像を安置して、正面の大床には「仏具・経札・磬・錫杖」等を常に立てて置いてあり、「余社ニ者異易たる社頭ニ而御座候」と、他には類を見ない特異な形態を採っていることを主張している。やはり次節で採り上げるが、この頃上層には白絹に纏われている御神体があったのである。これに反して、下層には大日如来像が安置されていたことになる。ただし、ここに「御内陣之内」と

称されているのは、下層中央三間四方の部分であったかどうか詳らかでない。むしろ、「大床」のすぐ奥の「内陣」を指したものと解釈するのが妥当かもしれない。

（4）仏教的要素の終焉

慶応四年（一八六八）三月、太政官布告の神仏判然令によって、ここ浅間大社でも廃仏毀釈の動きが発生した。

乍恐書附を以御届奉申上候
駿州富士山本宮浅間大神大別当宝幢院奉申上候。当社之儀者往古より社領被為附、連錦神務相勤来候処、今般王政御復古、前古未聞之御盛典被為興、諸神社之儀者、西天仏氏之説を御芟除被遊、別当・社僧復飭被仰出御旨、謹而奉拝承候。就而者私儀も御趣意基キ、速ニ復飭仕、（中略）
且又復飭之上者、寺院之号を相除、姓名を富士神一郎と相改度、此段御聞置被下置候様奉願上候。（後略）

というように、[48]宝幢院は廃され別当も改名した。

社頭に建っていた一四棟の仏教建築もまた、棄却されたようで、明治六年（一八七三）七月三〇日の記録には、[49]

境内旧阿弥陀堂・鐘楼取除、鐘楼跡へ社務所建築致度、且梵鐘売却、右費用ニ相充度段、県庁へ願出候処、御聞届相成候ニ付、直ニ着手候事。

とあって、それまで残っていた阿弥陀堂と鐘楼を取り除き、拝殿の東方で廻廊の外側に建っていた鐘楼の跡地に現存する社務所を建築した。これを以って、浅間大社における神仏習合の形跡は、悉く消滅したのであった。

五　祭礼と本殿の建築

（一）慶長遷宮と年中祭礼

ここでは、本殿上層及び下層の各部がどのように呼ばれていたのか、またどのように使われていたのか[50]、について考察する。

慶長一一年（一六〇六）に行なわれた遷宮関連の記録の一つである「遷宮大事[51]」に、「内陣ニハ綿ヲ敷遷シ申、惣而敷数已上七重也」とあり、初めて「内陣」の語が見られる。因みに七重の敷物とは、「遷宮要用覚[52]」によると、「薹薦　薹莚　藺莚　白布　絹　荒薦　綿」のことである。しかし、この「内陣」が果たして本殿の上層なのか、あるいは下層のことなのか、これらの史料から知ることはできない。

江戸時代を通じて、年中祭礼を記した史料として「富士本宮年中祭礼之次第」（以下「年中祭礼」と略す）と、「古来所伝祭式」（「古来祭式」と略す）がある[53]。

「年中祭礼」は、奥書から慶安三年（一六五〇）五月に記されたことが知られる。一方、「古来祭式」には奥書を有しないが、正月四日の田遊神事の際に唱えられる「鳥追詞」の中に、「夫レ当リタル年号ハ嘉永四辛亥年、月ノ数ガ十二ケ月、日ノ数ガ三百五十四日（後略）」とあるので、嘉永四年（一八五一）にこの史料の用いられたことが知られる。これら二点の史料から、江戸時代前期と末期の祭礼や社殿各部の状況を比較検討することが可能である。年間を通じた各種の祭礼の中から、本殿で行なわれたと考えられるものを抜粋して表2に示した。

(2)「年中祭礼」に見る本殿の建築

「年中祭礼」に記された本殿の建築に関する記述は、「御内陳（正月元旦、歯固神事等）」「内陳御簾上ル役人（正月三日、日中法事）」「大床・作合（十二月晦日、煤払）」等がある。

これら以外では、四月申の日の大祭礼が注目される。大祭礼に先立つ未の日には、「御鉾[54]」を主体とする山宮への御幸が行なわれる。申の日に「御鉾」が還幸すると、場所は不明だが、机の前の荒薦の上に榊の枝を置いて

表２　年中祭礼一覧(本殿で行なわれたと考えられる祭礼)

	富士本宮年中祭礼之次第	古来所伝祭式
正月元旦	歯固○	御歯固神事◎
	日中法事	日中神事○
2日	後夜法事	初夜法事○
	日中法事	後夜法事○
3日	日中法事○	初夜法事
	初夜法事	後夜法事
4日	後夜法事	初夜法事
	初夜法事	後夜法事
	田遊神事	田遊神事◎＊
5日	後夜法事	初夜法事
	よそう合神事	後夜法事
	初夜法事	ヨソウゴウ神事
	田遊神事	
6日	後夜法事○	初夜法事
	日中法則	後夜法事
	初夜法事	
	田遊神事	
7日	後夜法事	神事◎
	初夜法事	初夜法事
		後夜法事
8日	後夜法事	後夜法事
11日	大般若会	大般若会
15日	小豆粥神事	神事
2月	彼岸講	
3月下申	本宮柴	
下未	柴振舞	
4月申	大祭礼◎	大祭◎＊
5月	端午	(端午)
6月18日	蓮華会	
28日	御田植神事	田植神事○
7月	七夕	
8月15日	御念仏会	
9月9日	重陽御神事	重陽神事
15日	本宮大祭礼	大祭礼神事
11月初申	大祭礼	(大祭礼)
12月27日	煤払○	

註：◎○印は本殿各部の名称が多く書かれている祭礼。＊は図あり。

休み、大宮司・公文・案主の三人が立向かって御酒を供え、その後本殿へ入る。

　御鉾ヲ奉鎮内陣、悉皆拝〆著本座。大公案内陣へ入二ノ御鉾・一ノ御鉾共々ニ、真ノ内陣へハ正鎰取奉鎮之。

これによると、大宮司・公文・案主の三人が御鉾共々内陣へ入るが、その先の「真ノ内陣」へは正鎰取が奉鎮する、ということである。

　さらに祭礼が進んで終わりに近づくと、「御神拝如正月。大公案三人真之内陣へ入、鎰取簾ヲ上」る。大宮司・公文・案主の三人も、正月の神拝時と同じように、やはり「真ノ内陣」へ入るのである。ここでは、「内陣」と「真ノ内陣」が区別されており、「真ノ内陣」の方がより奥まった場所と解釈される記述である。しかしこれとても、上層のことを指すのか否か、この史料から判断することはできない。

(3)「古来祭式」に見る本殿の建築

「古来祭式」に記された本殿の各部については、「年中祭礼」と同様に、「内陣」とか「大床」等と記されることが多い。ところが、以下の三つの神事では、本殿の建築の様々な事柄が判明する。祭礼の順序が時の流れとは多少前後するが、建築の各部が判明するものから採り上げる。

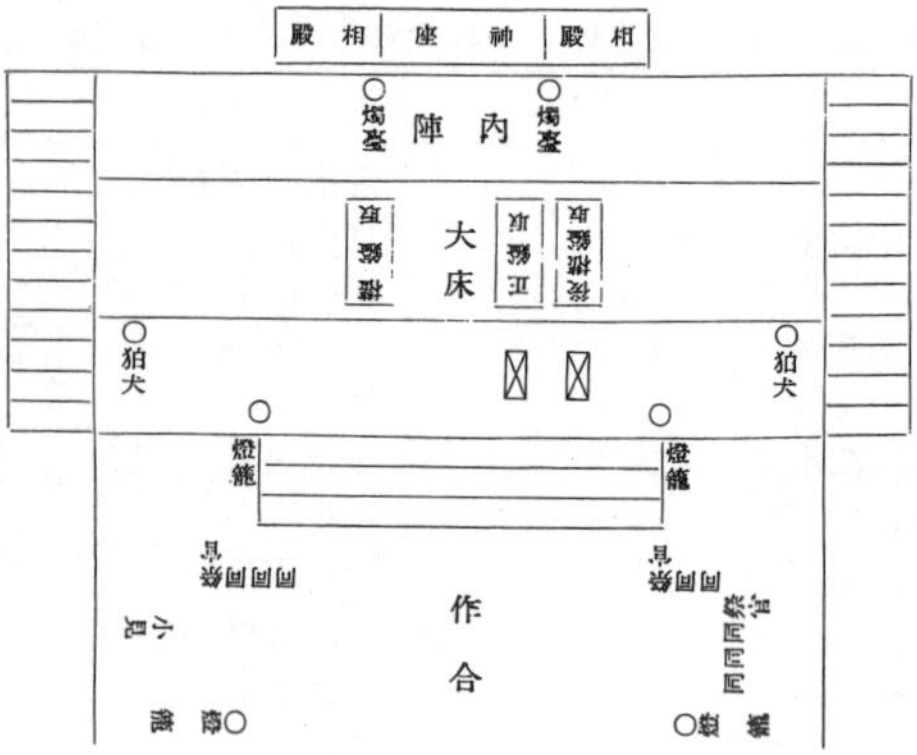

図21 「田遊神事」敷設図

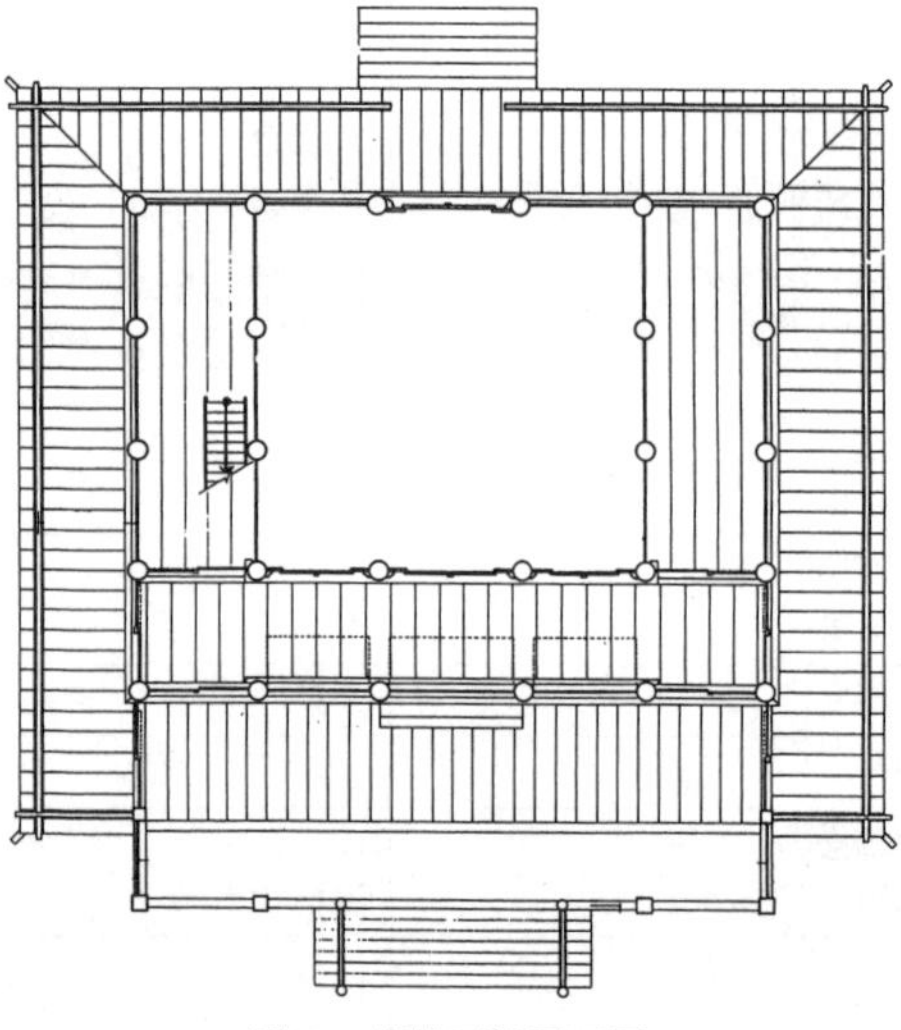
図22 現状下層平面図

「田遊神事」（正月四日夜）

この部分には、社殿における田遊神事の敷設図が描かれている（図21）。敷設図と本殿の現状平面図（図22）を比較しながら、各部の名称を確認しておきたい。

本殿と拝殿を繋ぐ長さ三間程の一段落ちた板間は、敷設図では「作合」と称されている。「作合」から木階を登ると、両側に狛犬をおいた約四尺程の板間があり、そこからさらに一段上がった板間が「大床」と呼ばれる場所である。その奥は間口五間の柱筋で、現状では中央三間は内側へ上げる蔀戸、両端の柱間は片引きの板戸を設けて出入口とされ、大床の側にはいずれの柱間にも簾を掛けている。敷設図では、ここを「内陣」と記して燭台を二基描いている。祭礼の進捗に従い、行事大夫は「御種桶ノ前ニ座シ、酒肴ヲ三社ニ供シ奉」り、先述した嘉永四年の年号を詠み込んだ「鳥追詞」を唱えるのである。この時に酒肴を供える「三社」とは、敷設図の最上部の「神座」とその両側の「相殿」を指すものと解釈されるが、「三社」が果たして具体的にはどこなのか、図からは判らない。ところが、田遊神事の敷説図によると、慶安三年の「年中祭礼」に記された「内陣」とは「大床」の奥の「内陣」であったことが判明する。すると「真ノ内陣」とは、「神座」「相殿」と記された下層の方三間の部分が該当すると考えられる。したがって「真ノ内陣」は下層にあったと解釈してよい。

「大祭」（四月上申）

四月上申の大祭の内容は、先述した慶安三年の祭礼に同様とみてよい。しかし、祭礼の次第を記述した文章には、「本殿」の他に「西相殿」と「東相殿」のそれぞれに幣を納めることが記されており、正月四日の田遊神事にあった「神座」がここでは「本殿」と称されているものと考えられる。

「古来祭式」には、大祭の敷設図（図23）も併せて掲載されている。図の最上部に「神座」と書かれ、その下に三つに区分された「神饌案」があり、これらが「本殿」と東西の「相殿」に該当するものであろう。この図で

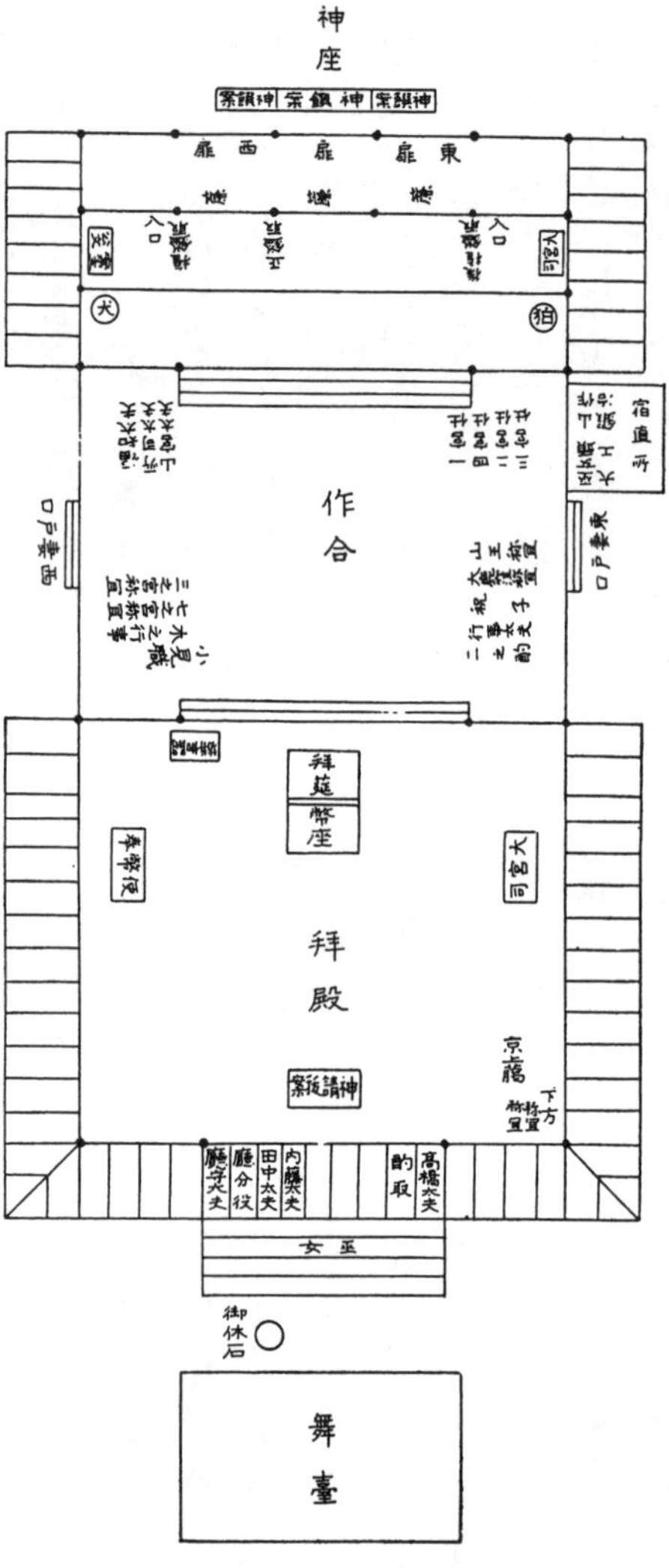

図23　「大祭」敷設図

注目すべき点は、「大床」と称されていた部分の奥の柱間の中央三間には「簾」、両端には「入口」と書き込まれており、蔀戸のことは記されていないものの、現状に合致するとみてよい。さらにその奥の柱筋の中央三間には、右から「東扉」「扉」「西扉」と書かれ、これも、現状が両開きの黒漆塗りの板唐戸であることに同じと解釈される。また、敷設図の両端の柱間には何も書き込まれていないが、現状では片引きの板戸が建てられ、東西両脇の間への出入口として使用されている。

「御歯固神事」（正月元日）

これまでに、本殿の各部の構成やそれらの名称などが多少なりとも判明した。しかし、未だ上層に関しては記述が見られない。祭礼の順が逆になったが、ここで年中祭礼の始まりである御歯固神事について触れてみたい。

元旦の未明に「御手水之儀」が行なわれる。一ノ宮仕が桶に御手水を汲み、柄杓を添えて「大床」に置く。正鎰取は桶に御手水と米二合を入れて「御簾内」に奉る。次に両脇にある燭台に灯を点ずる。

続いて、

次楼上献饌。

御備三膳。大餅一ツ、平餅二ツ、五切組赤白菱合十五枚、柿三串、大柑子七ツ、搗栗・松葉・柿以下四品、各紙ニ包ム。

右ハ一宮仕脇内陣ニ納メ有ル古折敷三枚ヲ出シ、タフノ風呂敷・同袋ニ包ミ、楼上ニ登リ、之ヲ調フ。正鎰取之ヲ供シ奉リ、七日午刻之ヲ撤ス。

とある。ここで「楼上ニ登リ、之ヲ調フ」と上層において献饌の行なわれたことが記され、初めて上層に関する記述が表れる。これを受けて正月七日の神事では、

先鳴鐘、膳入。祝子之ヲ撞ク。

次撃鼓、各昇殿着座。

（中略）

次楼上ノ神饌ヲ撤ス。鎰取・宮仕之ヲ役ス。

とあるように、元旦に献饌された上層の供物を撤収する。

上記のように元旦の神事では、一宮仕は「脇内陣」に納めてあった「古折敷」三枚を出して供物三膳分を「タフノ風呂敷・同袋」に包み、上層に登ってこれらを調えるのである。現在でも西側の脇の間には上層へと通じる階段が設けられているので、「脇内陣」とは西側の脇の間であったことが判明する。一宮仕はこの階段を登り、正鎰取による献饌を行なったのであった。

ここまでは嘉永四年の「古来祭式」により上層における献饌の状況が判明したが、実は享保三年（一七一八）の史料[55]にも、

正月朔日（中略）

一御二階之御かざり物。右ハ正銷取より出ス。正銷取一和尚役。何茂吉時ハ見祭ル。（中略）

同七日四ツ時御当社（中略）

一御二階のかざり下ル。

と記されており、上層における献饌のあったことが確認される。

六　浅間大社本殿の特異性

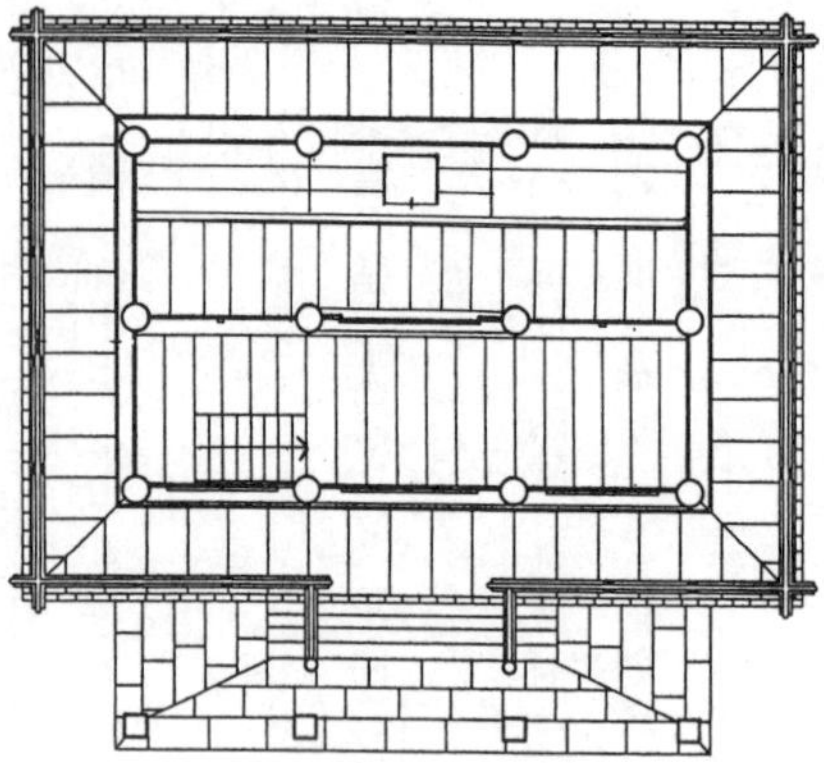

図24　本殿上層平面図

(一)本殿上層内部の状況

ここでは視点を変え、年中祭礼以外に上層を使うことがあったかどうかについて、祭礼関係以外の史料を採り上げて考察する。

その前に、現在の本殿上層の内部について概要を述べておく（図24）。下層西側脇の間に設けられた折れ曲がり階段で上層外陣南西隅へ登ると、南側に三間の両開き板唐戸が開かれている。北側は中央の一間を両開き板唐戸とするが、両脇は中央に桟を立てて定規縁に模し、扉が閉じているように見せた板壁である。内陣は一室で、奥に高さ二尺三寸余、奥行き二尺余の棚を設け、中央に小規模の宮殿を安置している。なお現在、御神体は上層に安置されていないとのことである。

(2)宝永四年富士山噴火被害による修理前の係争

宝永四年(一七〇七)一一月二三日の富士山大噴火後、幕府から二〇〇〇両の拝領金を得て修理に取りかかることになり、翌五年一二月一二日には仮殿遷宮の運びとなった。ところがこれに先立ち、大宮司側と公文・案主・別当の間で、遷宮並びに制札に関して、大宮司のみが執行するのでは無く、公文以下にも権限を分与すべき、という争いが発生した。係争の内容については、本殿の建築とは直接関係が無いので、ここではあまり触れないこととするが、その経緯を書き記した史料から、本殿上層に関する事が知られるので、以下に考察する。

「正鎰取鎖是内記等答申書控」(56)(宝永五年八月一一日)

本社御神体神秘共多、大宮司御一代ニ一度御拝□□□□来候。正鎰取儀者神供等奉献□□□白絹之上より奉拝候。時節ニより直ニ茂奉拝候外、多人之鎰□□□□奉拝御事無御座、正鎰取之□□伝仕、白絹之上より奉拝候時分茂御座候。宮仕・一和尚・四和尚者神供奉献砌、御二階江上り申候得共、御神体終不奉拝候。其外之社人、并別当初供僧、一人も古来より奉拝儀無御座候。(後略)

これは、正鎰取達から大宮司である富士信安へ宛てた答申書の控えで、内容は次の如くである。御神体は神秘なるものであるから、大宮司といえども一代に一度奉拝する程度である。神供奉献を司る正鎰取も、御神体を巻いている白絹の上から、または時節によっては直に奉拝する。この役目は正鎰取のみに限られたものであり、他の鎰取や別当・供僧達は二階へ登る場合にあっても、御神体を奉拝することは無い、ということである。

続いての史料は、公文・案主・別当を相手に、大宮司富士信安から寺社奉行宛に出された訴状の写しである。

「大宮司富士信安等訴状写」(57)抜粋(宝永五年九月二五日)

(前略)

一浅間神体之儀者、平城天皇初而御宮御建立之節、□命ヲ以出来、其節より白絹ヲ以御まとい、御安置被成下候。其例ヲ以、遷宮之節者、神体前廉々まとい置候絹を取、新敷白絹ニ而まとい直シ、神輿江移シ、下遷宮仕来候古法ニ而御座候故

（中略）

大宮司申候者、神体まとい直シ候節者、大宮司壹人、正鎰取壹人、御二階之御内江入、以前之絹を取、神体之御様子奉拝、其上新絹を以まとい直シ申候。

（中略）

常々祭礼神供備候節者、正鎰取壹人、御二階之御内江入、宮仕方より神供請取献シ申候。正面ニ而献シ候儀者不罷成、そハ向候而御供献シ、神体直拝申儀ハ恐入退キ申候。大宮司儀茂遷宮之外、常之祭礼・神事御供献シ候節茂、拝シ申儀者古例ニ而不罷成候。外之社家拝シ申儀勿論不罷成候。上下之御内江入候儀茂、曽而不罷成儀ニ而御座候。

（中略）

神体并御内之様子神密之義ニ候得者、大宮司・正鎰取共ニ、あらわニ他言仕間敷旨、大宮司代々申伝候。

（後略）

原史料は長文に亙る訴状であるが、論を進める都合上、抜粋して四つの段落に区分した。

第一の段落では、御神体は古より白絹で纏われて安置されている、しかし遷宮の際には、新しい白絹をもって纏い直して神輿へ移し、遷宮するのが古法である、と記されている。

第二の段落では、新しい白絹に纏い直すのは、大宮司と正鎰取の二人だけが「御二階之御内」へ入り、古い絹を取って「神体之御様子奉拝」し、その後新しい白絹で御神体を纏い直す、という。

第三の段落では、さらに詳細が記述されている。常々の祭礼においては、正鎰取だけが上層の内部へ入り、宮

仕から神供を請け取って供える。この際、御神体の正面に向かうのではなく、横を向いて神事を行なう。大宮司にあっても、遷宮の時のみ上層へ登って御神体を拝することができるのであり、常の祭礼時には古例により許されていない。ましてや、他の社家が「上下之御内」へ入る例は、かつて無かったということである。

前節で採り上げた「古来所伝祭式」による正月元旦の「御歯固神事」にも、

次楼上献饌。（中略）

右ハ一宮仕脇内陣ニ納メ有ル古折敷三枚ヲ出シ、タフノ風呂敷・同袋ニ包ミ、楼上ニ登リ、之ヲ調フ。正鎰取之ヲ供シ奉リ（後略）

とあったので、年中祭礼では正鎰取のみが献饌することは幕末まで続いていた慣例であったことが知られる。

最後の段落では、これら御神体及び内陣の様子は秘すべきであり、他言無用であると代々の大宮司に伝えられてきた、とある。

(3)重層本殿に関する諸説

第二節でも一部紹介したが、次の史料は社殿の形態に関する解釈を示す点で、数少ない史料と考えられる。

「神祇志料附考」(58)

浅間神社（中略）

社伝に初浅間神社、木花開耶姫命、今の山宮の地に鎮奉、平城天皇御宇大同年間、大宮の地に還奉り、国常立尊、大山祇命二神を相殿に祭ると云り、此国常立尊の事は論あり。大山祇命を祭れるものは、富士神社を一ツに祭り給ひしにて、この神宮の造り、本宮は二階に作りて、世に類ヒなき造りざまなるは、相殿の神とは申せど、一社の神々を、朝廷よりも別に官幣を奉る社なれば、あらはに二社の形を存して、宮造りし給へるもの也。故に富士浅間宮と申すならん。

これによると、木花開耶姫命を祀る浅間神社は初め山宮の地にあったが、大同年間に現在地の大宮へ移した際に、国常立尊と大山祇命を相殿として祀ったという。しかしながら、国常立尊については異論があるようで、他の史料ではもう一柱の相殿神を異なる祭神とする場合も見られる。(59) ここまでの内容としては、木花開耶姫命が浅間神社、相殿の大山祇命他を富士神社として祀る、ということであろう。

この後、いよいよ本殿の形式に触れる部分である。すなわち、相殿の神といえども朝廷からの官幣も別々に奉ることから、外観を見ても浅間神社と富士神社の二社が複合された形態を顕かに示す「二階に作りて、世に類ヒなき造りざまなる」社殿となった旨が記される。それ故に神社名も「富士浅間宮」と称する、とも述べている。

以上のことから、いずれの層にどちらの祭神が祀られているかについてはさておき、木花開耶姫命と大山祇命他は上下に分かれて祀られていたことを、この史料の著者が想定していたものと考えられる。

先にも一部引いたが、もう一つの史料を次に掲げる。

『駿河志料』巻之五十六

浅間神社（中略）

神殿楼閣高五丈八尺、楼上三間二間、下之重五間四面 当社の神殿は、内陣の上に楼閣あり、楼に氷椽高欄ありて、階段屋根の上に出てあり、他社に無き制作なり、

ここでは全体を「楼閣」すなわち重層の建物でありその高さが五丈八尺あるといい、「楼上」と「下之重」とに分けて規模を記している。「楼に氷椽高欄ありて、階段屋根の上に出てあり」という部分は、現況本殿の細部の説明である。しかし、その前の「内陣の上に楼閣あり」という記述からは、下層が内陣でその上に上層が載っている、ということになる。すると、三間社流造の上層をどのような目的・性格を有する空間と解釈したのか、

疑問の残るところである。

（4）明治初年の出来事

明治六年四月二日に、次のような出来事が発生した。(60)

御神体御出顕相成候事。

辛未年大嘗祭奉幣使参向之節、御神体ノ尋問有シニ、山宮神幸之時、仮ニ神体ト崇ムル御鉾ノミニテ、他ニ御神体坐ザル趣、旧神官ヨリ相答候由。然ルニ本日内陣洒掃ノ際、主典古矢秀之三階下ノ梁上ニ、一筥有ルヲ見出シニ因リ、神官一同打寄拝見スルニ、図ノ如シ（別掲）。

黄地錦ニテ、上面多少朽有之、模様龍形見エ、又納戸薄青色等ノ色差有之、凡五百年来ノ物ト見ユ。

是往古ヨリノ御神体ニ坐ス事明昭ナレバ、此趣県庁及教部省へ上申ノ上、内陣正面へ鎮座奉斎ス。

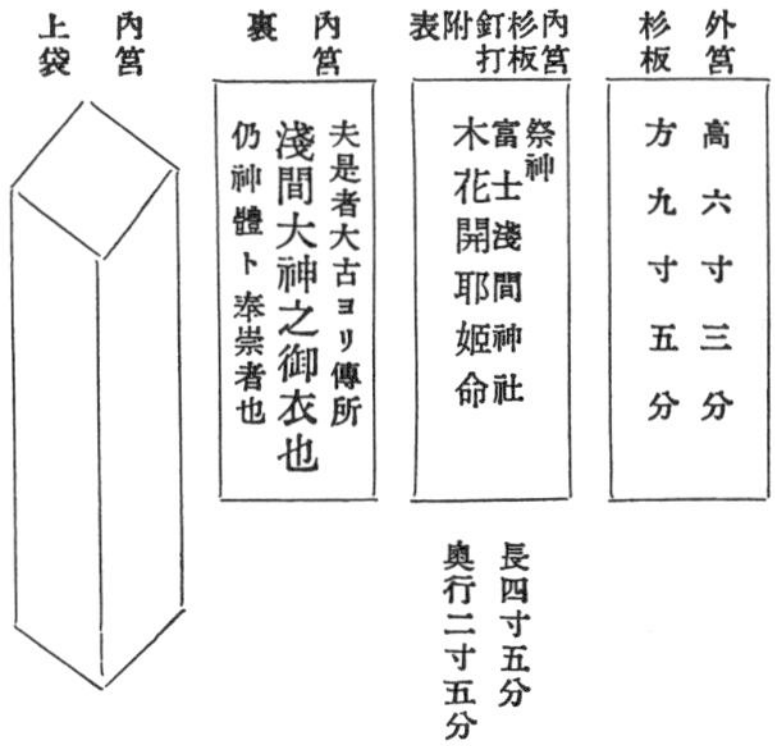

これによると、辛未の年、つまり明治四年（一八七一）の一〇月一五日に行なわれた大嘗祭の奉幣使として、静岡県権大参事の戸川平太が来た際に、御神体について尋問された。時の神官は、山宮社への神幸に当たり依代となる御鉾が仮に御神体として崇められるが、他にはそういう類のものは無い、と答えた。ところが、本日四月二日、内陣を清掃中の主典古矢秀之が、「三階下ノ梁上」に置かれている高さ六寸三分、方九寸五分の小さな箱を一つ発見した。神官一同が中を見たところ、図のような状況であった。

すなわち、箱の中にはさらに内箱があり、およそ五〇〇年も経たかと思われる黄地錦製の「浅間大神之御衣」が納められていた。この御衣は、古来より御神体として崇められてきたことが、内箱の裏に書かれていた。これが御神体であることは明白なので、県庁及び教部省へ上申し、内陣の正面へ鎮座奉斎した。

この出来事は、前節で確認した、宝永五年(一七〇八)当時は上層内陣に白絹で纏われた御神体が安置されていたこと、さらに江戸時代末の嘉永四年(一八五一)頃に上層への献饌の行なわれていたことから御神体はそこに安置されていたと推測されること、等の記述とは異なってくる。

御神体の御衣云々についてはさておき、建築的な特徴としては、上層部分が「三階」と称されることのあった事実に注目される。大正時代の修理の際に描かれた桁行断面図の記入寸法によると、下層天井から上層床まで一四・六五尺であった。また、西側の脇の間に設けられた階段は、折れ曲がりながら上層の下陣へと通じており、上下層間の階高は二三・四五尺にも及ぶ高さである。したがって、浅間大社では神官達が下層の小屋裏部分を二階、上層を三階と数えて「三階下ノ梁」という表現になったものと考えられる。

(5)江戸時代末の記録

元治元年(一八六四)に書写された「富士本宮浅間社記」によると、[61]

大宮社地、(中略)

当此時乎、以浅間社為三神合殿。

　　左　太元尊神

中者　木華開耶姫命

　　右　大山祇神

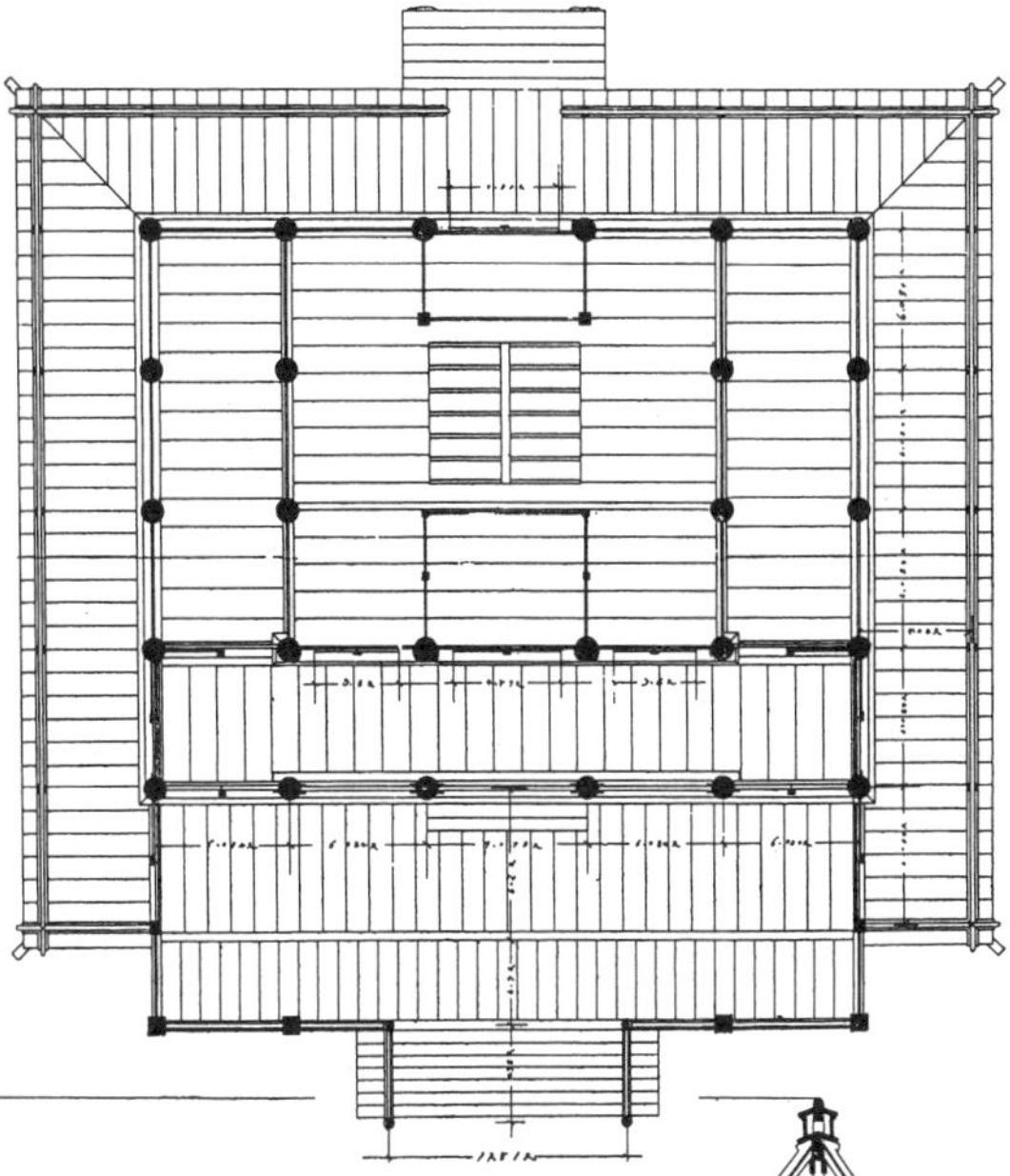

図25　大正14年平面図

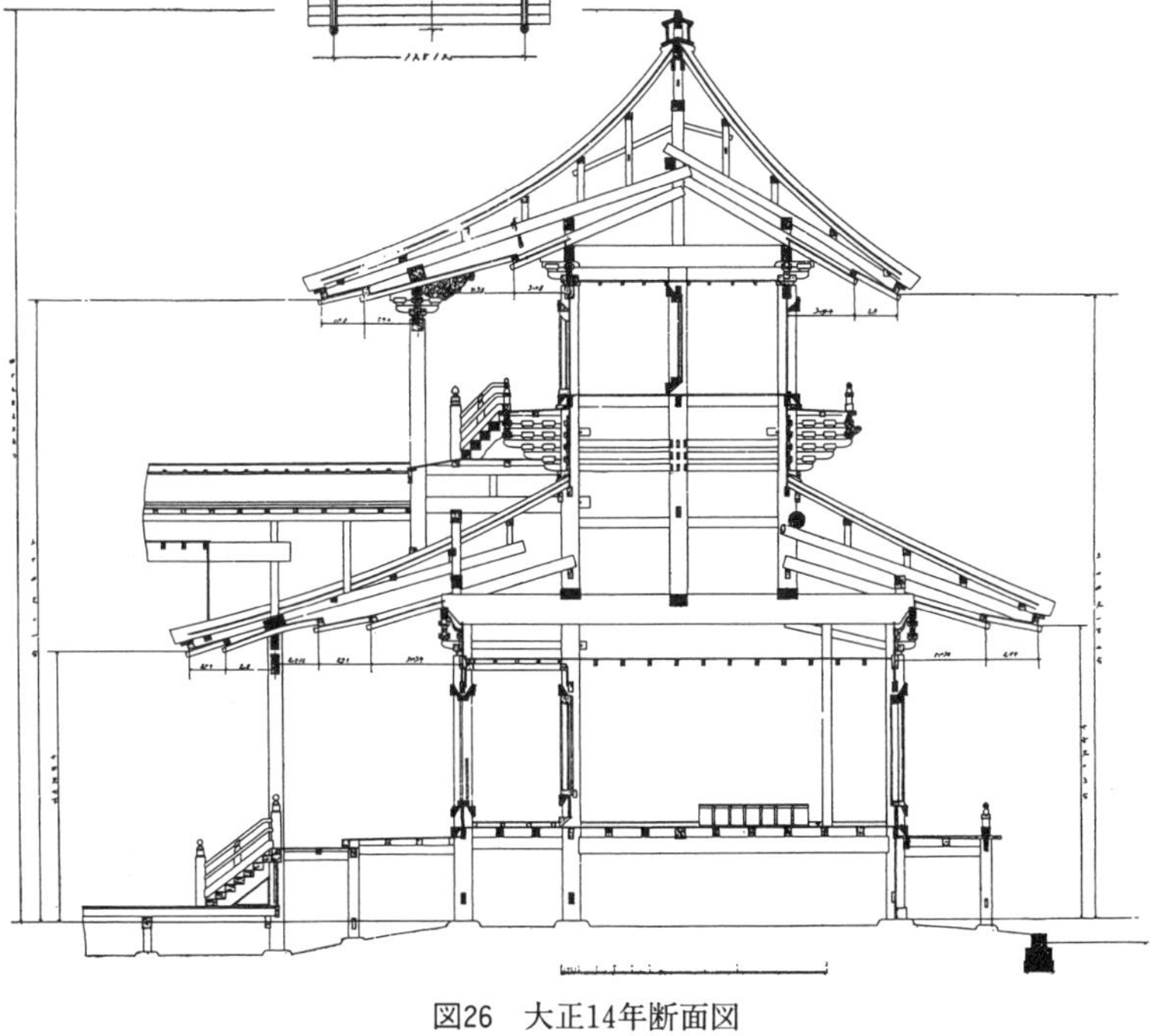

図26　大正14年断面図

社上有階、社下有池。姫神而以水徳神故也。為是神秘。（中略）

富士大宮司

和迩部民済□□

という記述が見られる。ここでは次の二点が注目される。初めに、「社上階有」という部分である。本殿は桁行五間、梁間四間の下層の上に、三間社流造が載る形式であることを示したものと解釈される。

次に、「社下有池」という部分である。記述を素直に解釈すると、本殿の下に池がある、ということになるであろう。これは、主祭神の木花開耶姫命が「姫神」で、「水徳神」故であると説く。

そこで、大正一四年の修理工事に伴って作成された平面図（図25）と梁行断面図（図26）を検討してみたい。[62]下層中央三間四方の内陣（「真の内陣」）のほぼ真中に、およそ方一間程の板状のものが表現されていることが確認される。この部分を梁行断面図で見ると、やはり板状に描かれていることが判明する。すなわち平面図と断面図から、この部分は、左右各七枚の板を繋ぎ合わせ、目地の上に目板を張って切妻屋根のように形成され、床に伏せた構造体であることが導き出される。

断面図の床下部分には何も書き込まれておらず、空白のようであるが、この屋根状の構造物の下には井戸のあることが神社側で伝えられている。つまり、社の下に池がある、という記述には著しく反しないものと考えられる。ただし、厳密な意味からは、池ではなく井戸であろう。おそらく本殿の東方、現在の社務所の北側にある、富士山からの湧水場所に上屋を置いた、寛文一〇年の境内図にいうところの「水屋明神」と同様に、湧水の上部に本殿を建てて、井戸の形式で本殿床まで達しているものと推測される。

おわりに

現在の本殿は、五間×四間の下層の上部に三間社流造の上層を載せた特異な形式を見せている。しかし、一六世紀前半頃に描かれた「富士曼荼羅図」によると、単層、入母屋造、平入り、向拝付きの比較的簡素な本殿であった。その後、天正四~六年にかけて武田勝頼による造営があったが、武田氏滅亡に前後してそれも焼失してしまった。徳川家康による造営が慶長九年（一六〇四）から始まり、一一年には遷宮が行なわれているので、現在「浅間造」と称される本殿の建築形式が成立したのはこの時であった。

拝殿から本殿上層を通して富士山を仰ぎ見ることができるとか、本殿下層背面の扉を開けるとそこから富士山が見える、という解説や伝聞があるが、視線が通らないことに加えて、富士山の方角は社殿の軸線から約三五度東へ触れていること等から不可能である。

浅間大社本殿の建築形式を「浅間造」と表現したのは、明治四〇年五月の古社寺保存法による指定告示が初であった。しかし当時、古社寺保存会の委員であった伊東忠太がこの告示文を書いた可能性は高く、明治三三年から四〇年に至る六年半の間に、伊東忠太が造語したのではないかと推測される。「浅間造」という語がその後広く定着したかというと、必ずしもそうではなかった。例えば、『日本建築辞彙』には記載が無く、昭和一七年発行の『神社古図集』でも、依然として「二階造」という語で説明されている。

静岡浅間神社の拝殿についても、重層であることから「浅間造」の名で呼ばれることがある。しかし、江戸時代に描かれた社頭絵図には、当然ながら「浅間造」の名称は見られず、いずれも「二階拝殿」という構造形式を示す語が用いられていた。昭和一一年（一九三六）頃までには、静岡浅間神社の重層拝殿をも「浅間造」と称するようになっていたらしいことが確認されるが、昭和一七年に至っても一般的に使われていたのでなかった。

静岡浅間神社の神主を務めた中村高平によると、富士山本宮浅間大社の本殿は内陣の上に楼閣を載せた「上下積層」という解釈である。一方静岡浅間神社では、三間社流造の神部神社と浅間神社が空殿で連結された「二社並列」のため、拝殿を重層とした、というものである。そのような社殿形態を採ることになった由来は、『三代実録』貞観六年五月の条に記される、富士山噴火の結果甲斐国において生じた「高閣石」に因むものである、という説であった。しかしながら、『三代実録』には「高閣石」に関する具体的な記述は無く、社殿形成の根拠とはなり難い。

浅間大社における神仏習合の形態がいつにまで遡るのか明らかでない。社僧の存在が確認されるのは永禄三年（一五六〇）で、それ以前に護摩堂の建っていたことも判るが、他に仏教建築があったか否か不明である。江戸期の社頭絵図や史料から、三重塔を初めとする仏教建築が一四棟あったことが知られる。一時退廃した時期もあったがその後復興され、明治の廃仏毀釈による撤却まで存続していた。社家と仏家では主張や解釈が異なり、御神体・御正体はそれぞれ「浅間大名神」「浅間大菩薩」と呼び慣わしてきた。注目されるのは、仏家では本殿を「堂宮造」と称し、下層内陣に大日如来像を安置し、前方の「大床」に仏具等を常に置いており、他の神社には見られない「異易たる社頭」であった。

本殿と拝殿を繋いでいる床の一段落ちた所を「作合」と称し、本殿正面の木階を登ると両側に狛犬の置かれた部分がある。その奥は床が僅かに高く「大床」と称されていた。「大床」の奥は中央三間に簾を掛け、両端の柱間を「入口」とする。その奥は「内陣」と呼ばれ、燭台が二基置かれていた。「内陣」奥の柱筋中央三間に扉が建てられ、内部には「神座」および東西の「相殿」があったと思われるが、それらの具体的な位置は不明である。「内陣」より奥を意味する「真の内陣」や、「脇内陣」と称される部分のあったことも判明したが、これらも具体的にはどこを指すのか、詳らかでない。

年中祭礼で上層へ登る必要のあった神事は、正月元旦の「御歯固神事」祭礼の内、未明の「御手水之儀」に続いて上層へ献饌することが明らかとなり、七日にはこれを撤収することも併せて判明した。しかも正鎰取のみが内陣へ入って神事を遂行した。これ以外に上層で祭礼が行なわれたか否か、史料からは読み取れない。

最も注目されるのは、宝永五年（一七〇八）当時、御神体は本殿上層の内陣に安置され、白絹で纏われていた、ということである。これは、小規模な宮殿のみが安置されている現在の状況とは大きく異なっている。[63]大宮司といえども常には上層へ登ることは無く、御神体を拝することができるのは一代に一度程度であった。しかし、本殿の修理等に伴う遷宮に当たっては、大宮司と正鎰取の二人だけが、御神体の纏っている古い白絹を取って御神体の様子を拝し、その後新しい白絹に纏い直して、神輿へ移して遷宮を執り行なっていた。このように、江戸時代中期頃までは、実際に御神体が上層内陣に安置されていたことが明らかとなった。

本殿がこのような特異な建築形式になった由来について、祭神によって本殿の形態が決められたとする説がある。すなわち、富士山本宮浅間大社は、木花開耶姫命を祀る浅間神社と、大山祇命他の相殿神を祀る富士神社の二社から成ると解釈する。朝廷からの官幣もそれぞれに奉じられることからも明らかで、二社が複合された社殿であることを外部へも顕著に示すために重層の本殿とした、というものである。「高閣石」説に比べると考えるべき点もあるかと思われる。しかし、宝永頃には上層に白絹を纏った御神体が安置されていたことや、下層に祭神または御神体が安置されていたという記述が未だ確認されないことなどから、上下層に分かれて祀るということが妥当かどうか、俄かには決し難い。

下層小屋裏の高さは相当高く、その結果神社側では明治初年頃に、上層を「三階」と称していたこともあった、ということが明らかになった。

江戸時代末の史料から、「池」すなわち富士山からの湧水と考えられる池の上に本殿は建てられており、「真の内陣」と考えられる中央の床まで井戸として達していたらしいことが推測される。管見の限りでは、本殿下に井戸あるいは湧水池のある神社を他に知らないが、極めて特異な社殿の建築条件と考えられる。

(1) 文化庁編集の『国宝・重要文化財建造物目録』(平成二年七月発行)では、富士山本宮浅間神社と記されているが、神社側では「富士山本宮浅間大社」と称しているので、本稿では神社側の呼び名に従う。

(2) 例えば、工藤圭章「富士浅間神社の建築」(『月刊文化財』昭和五五年七月号、第一法規出版)では、「富士宮の本宮では本殿が浅間造になっているが、静岡浅間では拝殿が浅間造である。こうしてみると、浅間造とは一定した様式によるものではなく、浅間神社にある高い二重の建物を指したものと思われる」とあり、曖昧な解釈である。

(3) 画面右下に壺形朱印のあることから、狩野元信筆と伝えられる。

(4) 製作年代や筆者などについては、明らかでない。

(5) 「大宮司別当公文案主連署造営見分願写」(『浅間文書纂』、名著刊行会、昭和四八年、一一三～一一六頁)。

(6) 「当山本宮記」(『浅間文書纂』、八〇～八一頁)。

(7) 宮地直一・広野三郎著『浅間神社の歴史』(古今書院、昭和四年)、二五一頁、大正一四年修理時の工事設計書による。

(8) 「富士本宮雑記抜抄」(『浅間文書纂』、七〇～七六頁)に「同年三月、当社炎上。信長所為申伝」とある。

(9) 「武田勝頼朱印状」(『浅間文書纂』、五三八頁)。

(10) 「遷宮入物引付覚」(『浅間文書纂』、二二八～二二九頁)。

(11) 元禄一四年二月・同一五年二月・同一六年二月の「大宮司富士信安等修理願写」(『浅間文書纂』、二四五～二四八頁)。

(12) 「遷宮寄社人衆書立」「遷宮寄宮僧社人衆書立」等(『浅間文書纂』、二三三～二三五頁)。

(13) 『ふるさと静岡県文化財写真集　第1巻　建造物編』(静岡県教育委員会、平成三年)。

(14) 『建築大辞典』(彰国社、昭和四九年)による。

(15) 中村達太郎著『日本建築辞彙』(丸善)、ただし大正四年版による。

(16) 渡辺洋子「山梨県南巨摩郡における在郷七面堂建築について」(『日本建築学会計画系論文集』第四九五号、平成九年五月)。
(17) 『浅間文書纂』所収。
(18) 『浅間神社史料』(官幣大社浅間神社社務所編、名著出版、昭和四九年復刻版による)所収。
(19) 静岡浅間神社の宮司を務めた中村高平が文久元年(一八六一)に著したもので、原本・写本は、静岡浅間神社・静岡県立図書館葵文庫等の所蔵になる。ここでは、『駿河志料』(歴史図書社、昭和四四年)による。
(20) 『国宝・重要文化財建造物官報告示』(文建協叢書3、財団法人文化財建造物保存技術協会、平成八年)による。
(21) 古狂生著「特別保護建造物」(『建築雑誌』第二四五号、明治四〇年五月)。
(22) 『明治廿九年　任免十』(国立公文書館蔵)。
(23) 『建築巨人　伊東忠太』(読売新聞社、平成五年)所収の年譜及び、伊藤延男「日本における文化財保護の発達」(『新建築学体系五〇　歴史的建造物の保存』、彰国社、平成一一年)参照。
(24) 「従五位文学博士三上参次以下七名古社寺保存会委員命免ノ件」(『明治三十五年　任免』巻十七、国立公文書館蔵)による。
(25) 国立公文書館所蔵の各年度の任免資料による。
(26) 『建築雑誌』第一六九号(明治三四年一月)、第一七〇号(同年二月)、第一七四号(同年六月)。
(27) 本稿では、昭和五七年復刻の伊東忠太著作集第一巻、『日本建築の研究・上』(原書房)に収録された同論文による。
(28) 『建築雑誌』では「各種の変態」とあるが、『伊東忠太建築文献』では「各種の変態実例」と微妙に変化しており、特に「実例」という語を付加している。この項以外にも、改定された部分はかなり多いと見られる。
(29) 注(27)同前書、四一〇頁。
(30) 現在の『国宝・重要文化財建造物目録』(第一法規、平成一二年)でも、「比翼入母屋造」という表現である。
(31) 大正一一年四月の告示文では、「桁行三間、梁間三間、外陣左右□子間各一間、香椎造、単層、屋根桧皮葺」とあるが、昭和四一年六月の文化財保護委員会告示第四六号の記載事項改定により、「桁行三間、梁間三間、一重、入母屋造、正面千鳥破風附、左右側面各一間車寄附属、切妻造、正面及び左右側面各向拝一間、桧皮葺」となり、

「香椎造」の語は消失している。
(32) 注(27)同前書に掲載された図を転載した。
(33) 読みは「あさま」で、神社全体を「せんげん」と略称して区別されている。
(34) 『駿河国式社備考』(静岡県立図書館蔵)。
(35) 昭和一二年に発行された『国幣小社神部浅間大歳御祖神社誌』(以下『神社誌』と略す)には、「画の様式その他から直ちに当時のものとは断定し難い。或は後世の写であるかもしれないが、これを以て家康造営の社殿とは出来ない様である」と記されているが、拝殿の建築形式に関しては寛文一〇年の絵図にほぼ同じであるから、あながち絵空事とは考えられない。
(36) この図に関しては直接調査をしていないので、『宝鑑』(平成一三年、浅間神社御鎮座千百年奉祝会)に収録されている図版によって考察する。
(37) この間の経緯は、『神社誌』による。
(38) 宮司の記した跋に、「神社誌の編纂を計画し、先づ内務省考証官宮地直一博士に御相談した所、同省嘱託大場磐雄氏を推挙せられたので、昭和九年夏以来同氏にその編纂を依頼した。大場氏は公務の傍ら資料を蒐集し、又親しく実査を行って執筆せられたが(後略)」とあり、序説を含め神道考古学の第一人者であった大場磐雄が編纂執筆したことが知られる。
(39) 『ふるさと静岡県文化財写真集5　絵画・書跡・典籍・古文書編』(静岡県教育委員会、平成七年)の解説による。
(40) 「今川氏真判物」(『浅間文書纂』、四七二頁)。
(41) 「今川家氏真朱印状」(『浅間文書纂』、一三三〜一三四頁)。
(42) 無題、浅間大社蔵。図中に寛文一〇年に寺社奉行所へ差し出したものの写しであることが記され、さらに宝永五年六月の年紀も書かれている。ほぼ同一のもう一枚の「富知神社図」には各建物名の書き込みが少ないので、ここでは無題の絵図により建物名を読み取った。
(43) 『浅間文書纂』、一一三〜一一六頁。
(44) 『浅間文書纂』、一二一〜一二三頁。
(45) 「別当祐泉口上書写」(『浅間文書纂』、三九二〜三九三頁)。

(46) 嘉永四年(一八五一)の「古来所伝祭式」による(『浅間文書纂』、四九～六九頁)。
(47) 「富士本宮年中祭礼之次第」(『浅間文書纂』、一二～四九頁)。
(48) 「別当富士神一郎御一新上京日記」(『浅間文書纂』、四五四～四六一頁)。
(49) 「浅間神社記録」(『浅間文書纂』、八一～一〇四頁)。
(50) 浅間大社によると、現在では年末の煤払いの際に上層へ登る程度で、上層における祭礼は行なわれていない、とのことである。
(51) 『浅間文書纂』、二三五～二三六頁。
(52) 『浅間文書纂』、二三六～二三七頁。
(53) 注(46・47)に同(『浅間文書纂』所収)。
(54) 現在でも長さが三～四メートル程の御鉾が二本使われており、神の依代と考えられるものである。東側脇の間には、山宮への御幸の際に主となる「一ノ御鉾」「二ノ御鉾」が収納されているとのことである。
(55) 「享保三未ノ年正月日　本宮山宮福地若宮年中御祭礼帳」(『浅間神社史料』所収の浅間文書纂補遺)。
(56) 『浅間文書纂』、五四四頁。
(57) 『浅間文書纂』、二四八～二五一頁。
(58) 『浅間神社史料』(官幣大社浅間神社社務所編纂、昭和九年、本稿では昭和四九年の復刻版による)、一九三頁。
(59) 例えば、「富士本宮浅間社記」(『浅間文書纂』所収)に見られる相殿神は大山祇神と「太元尊神」となっており、相違が認められる。なお、現在の浅間大社では、主祭神を「木之花之佐久夜毘売命」、相殿神を「大山祇神」「瓊々杵尊」としているとのことである。
(60) 注(49)に同。
(61) 注(59)に同。元治元年に大宮司家所蔵の文書を書写したことが奥書に記されている。大宮司家所蔵の原文書がいつのものか不明のため、ここでは、書写された江戸時代末期の史料として扱うことにする。
(62) 宮地直一・広野三郎『浅間神社の歴史』(古今書院、昭和四年)所収の図による。
(63) 紅雲風「諸国社寺物語」(『建築雑誌』第一七三号、明治三四年六月)に、「神座を昔は上にあったのを、後世下へ移したそうな」とある。

妙心寺大方丈の近世における使用方法について

平井俊行

はじめに

正法山妙心寺は、京都市右京区花園妙心寺町に位置する臨済宗妙心寺派の本山である。平成二年より同一〇年にかけて庫裏を中心として、大方丈・小方丈・山門等の重要文化財建造物の修理が行われ、京都府教育委員会より修理工事報告書が刊行されている。

その中で明治二〇年以前大方丈の室中北面の中央間は板壁に、その両脇間は張付壁に復原できることが明らかにされている。しかし、このような形式は、東福寺山内の竜吟庵方丈に復原されているものが唯一の現存例であり、中世の開山等の昭堂を別にもつ塔頭方丈の形式としてこれまで理解されてきたものである。(1)それでは承応三年(一六五四)に建立され、しかも本山の建築である妙心寺大方丈については、どのように考えればよいのだろうか。幸い同寺には近世の本山行事についてまとめた『規式須知』と『規式絵図』、再住入寺の際の行事をまとめた『再住入寺須知』、日常の本山の出来事をまとめた『記録』等が現存している。これらの資料を中心として近世禅宗本山の方丈建築の使い方について検討することとする。

初めに妙心寺の歴史の概略を述べ、本山としての機能が完備される時期等について考えていくこととする。

一　妙心寺の歴史

創建は暦応五年（一三四二）花園御所跡の管領を記した花園法皇の院宣が、開山関山慧玄《かんざんえげん》に下され、公認されたと伝えられている。しかし当時は、関山が大徳寺の開山宗峰妙超《しゅうほうみょうちょう》に師事していたことにより、同寺の末寺として扱われていた。このような立場の中ではあったが、関山寂後教団として順調に発展していった。しかし、第六世拙堂宗朴《せつどうそうぼく》の応永六年（一三九九）、足利義満に周防国守護大内義弘が謀反を起こした事件に連座するかたちで三三年間も中絶を余儀なくされる。永享四年（一四三二）になり再び元の地が法嗣に返還され、再興されたと伝えられている。さらに応仁の乱（一四六七～七七）により再び荒廃することとなる。

復興は文明九年（一四七七）より第九世雪江宗深《せっこうそうしん》のもとで行われる。しかし創建から一〇〇年を経過した当時においても、妙心寺は大徳寺の下位寺院としての位置付けは変わらなかった。そのため関山の流を継ぐ僧侶達はいったん大徳寺で住持となり、紫衣の勅許を受けた後、妙心寺の住持となることが決められていた。その後、永正六年（一五〇九）に妙心寺第一九世となった栢庭宗松《はくていそうしょう》が、後柏原天皇の綸旨を戴いて初めて紫衣を着て直接妙心寺に入寺することを許され、本山格の寺院として公認されることとなる。これ以降、勅使を迎えて入寺式を行う本山としての伽藍の整備が必要になり、享禄年間（一五二八～三二）には一応の完成を見たと考えられる。(2)その後は、武田・織田等の戦国大名とともに発展し、天正年間にも再度多くの建物が建立あるいは改築を受けている。(3)

江戸時代に入ると開山三〇〇年の遠忌事業としてそれまで仏殿と法堂を一棟で兼用していた状況を解消すべく、新しい法堂の建立に取りかかる。初めに、仏殿の後方にあった既存の本坊建物をさらに北に位置した塔頭域に移転し[4]、承応二年（一六五三）に庫裏を建立する。翌年には大方丈を新築し、仏殿の後方に法堂を建てるための敷地を確保する。そして明暦二年（一六五六）には法堂の上棟が行われている[5]。

現在の伽藍は、承応から明暦にかけての一連の事業により形作られたものである。以後、近世における大きな普請は、寛文一三年（一六七三）の経蔵と文化一〇年（一八一三）に手斧初めを行い、一七年あまりの歳月をかけて文政一三年（一八三〇）に完成する仏殿の造替え程度であった[6]。

明治に入ると大名家の没落や廃仏毀釈等の影響により塔頭の統廃合が進むが、本山伽藍には大きな影響はなかった。そして明治四五年（一九一二）には、古社寺保存法により仏殿・法堂・大方丈等一二棟が特別保護建造物に指定され、さらに昭和四二年（一九六七）には南門と北門が追加指定され、今日に至っている。

現在、本山方丈の棟札は、文明九年（一四七七）・天正二〇年（一五九二）と承応三年（一六五四）のものが存在する[7]。しかし、大方丈と小方丈の二棟が現れるのは承応以降のことである。文明・天正期には、方丈は一棟のみであり、儀式を行う表の空間と住持が生活する裏の空間とが、一つの建物の中で営まれていたと考えられる。

しかし、承応以降は、大方丈・小方丈の二つの方丈が成立したことにより、大方丈は住持が私的に利用する空間から開放され、本山行事の場として、特化していき、小方丈は住持の専有の空間へと変化していったと考えられる。このような変化の中で大方丈は、どのように利用されたのであろうか。次節以降で検討していくこととする。はじめに、本山行事の中での利用方法を『規式須知』を通して見ていくこととする。

二　『規式須知』の成立過程とその内容

『規式須知』は、天明二年（一七八二）一一月の総評[8]で常住清規[9]の製作について議論となり、四派[10]に記録の内容が伝達され、それぞれの派内で協議された。翌天明三年一月二九日には各派より異存のない旨が文書で提出され、同年二月三日に総評が開かれる。同日の『記録』に以下のように記され、制作が開始されたことがわかる。

天明三年二月三日の条

清規製作之儀ニ付総評　衆議ニ先月廿九日四本庵ヨリ被差出ソロ清規製作尋ノ返答書ノ趣ニテハ四派共存寄無之ソロヘハ愈製作有之可然ソロ乍然此度ノ衆議新ニ常住ニ清規製作ト申事ニテハ無之是迄山中諸院ニ古来ヨリ伝リソロ諸流ノ筆記ヲ悉ク集メ異同ヲ考ヘ合セ其上ニテ一様ニ相成リソロ様ニ致シ可然ソロ畢竟以来新規ナル流義出来不致為メニ是迄ノ私ノ筆記ヲ常住エ差出シ此度事ヲ極メソロ耳ミノ事ニソロ右製作ノ儀常住ニテハ難相決筋ニソロヘハ山中品麗達ノ前堂衆並ニ維那エ製作ノ儀選挙有之可然ソロ乍然不容易儀殊ニ諸流申合セソロ事故各々心得違無之様件々覚書ヲ以可申入トノ儀ニテ書付出来文如左

覚

一　此度衆議之上常住規式須知製作之儀山中品麗達之前堂衆並維那江令選挙候間一統申合セ製作可有之候右ニ付常住記録之写一通差出候各覧之上心得違無之一統被申合製作可被致事　当維那交代後者次之維那出席可有之事

一　諸院各々私記有之候ハヽ、会通之上被差出一様ニ相成候様製作可被致候但何連之流儀ニ茂無之新規之儀相談之上ニ而製作有之候事者縦令道理宜敷儀ニ而も堅ク可為無用候事

一　山中品麗達之前堂衆一統ニ令選挙候得共何角便利之為メ一統之内ニ而四派より壱人充掛リ之衆致差定候間衆会并聞合等之儀掛リ之四座元より宜敷取計規式肝要之儀者一統之相談ニ而被相極掛リ之四座元江被委間敷事

一　選挙一統之内当時病気或ハ極老之衆者一統相談聚会之節出席之儀往々其意相談無之候而ハ不相論儀者掛リ之衆某院江参向可被聞合候尤出席者通定ニ候得共諸般可被添心事

一　品麗衆聚会之儀者玉鳳院ニ候得共相談可及数回候得者此度者方丈裏西之間ニ而聚会可有之候尤晩炊等者副寺江可被相談候聚会之節度々行者両人出勤候様申付置候事

一　右製作当年開山忌前ニ出来有之候様可被致事右之外何角瑣細之儀者一統相談之上宜敷可被取計候若常住江被聞合度儀有之候ハヽ、選挙之内何連ニ而も常住式日ニ出席有之可被申出候

これにより、これまでの諸流儀を統一することを目的として、山中の品麗達《ひんれいたち》[11]の前堂《ぜんどう》[12]（一五名）と維那《いのう》[13]（一名）に依頼し、今年の開山忌（一二月一二日）までに製作することを目標として作業が開始されたことがわかる。しかし、正式な完成は翌年まで時間を要したようで、天明四年（一七八四）四月二〇日にこれまで提出した「住持章」「両序章」「五侍者章」「大衆章」に加えて、「年中行事並図式」を差出している。この段階で一応完成したものと考えられるが、その後、本山での取り扱いについて相談をしているようである。

その後の経緯については、詳細に把握できないが、寛政七年（一七九五）一二月一四日には先に提出した「住持章」「両序章」「五侍者章」「大衆章」を上下二冊ずつとし、新たに再住入寺須知「新命章」「第二」「第三」「図絵」を加えた一三冊を清書し、本山に提出している。

さらに、寛政一一年（一七九九）には『規式須知』を四本庵に下し意見を求める。享和元年（一八〇一）には霊雲派が、文化元年（一八〇四）には龍泉派が『規式須知』に対する意見を提出し、若干の修正を加えたものと考えられる。この頃には実際に活用される手引書となったと考えられる。さらに文化一二年（一八一五）には、規式須知調べ・副寺須知改め、小方丈清書等が行われたことが確認でき、その時代に合致した作法に変更が加えられていったものと考えられる。

今回入手できた春浦院のものは、文化元年に龍泉派が『規式須知』に対する意見を提出した後に書き写されたものと考えられ、全一三冊が保管され、各冊の前後に龍泉庵春江徒弟の印鑑が確認できる。『法山　規式須知』

表1　『規式須知』と『再住入寺須知』の記述内容
法山　規式須知

名　称	区分	冊数	内　　容	項目数	頁数
					1,362
住持章	上	第一			158
			通用式	68	26
			香語法語巡呈日限	10	8
			受請ノ式(1回住持披露受請等之式)		6
			登山ノ式(諸国末派和尚本山1回住持登山)		8
			日分		44
			月分(8月から10月まで)		66
住持章	下	第二			137
			月分(11月から7月まで)		137
両序章	上	第三	(前板　後板　蔵司　都寺　監寺)		100
			日分		8
			月分(8月から7月まで)		92
両序章	下	第四	(維那)		185
			通用式	13	6
			日分		18
			月分(8月から7月まで)		161
五侍者章	上	第五	(侍香)		141
			通用式	27	10
			日分		26
			月分(8月から7月まで)		105
五侍者章	下	第六	(侍衣　三侍者　沙喝　喝食　住持随徒)		151
			諸国末派和尚住山時登山巡山侍衣式		4
			日分		14
			日分(住持随徒)		10
			日分(沙喝　喝食)		6
			月分(8月から7月まで)		102
			月分(住持随徒)		15
大衆章	上	第七			156
			通用式	43	18

			日分		6
			日分(侍真)		6
			垂示		8
			入浴		14
			月分(8月から11月まで)		104
大衆章	下	第八			161
			月分(12月から7月まで)		161
絵図		第九			173

法山　再住入寺須知

名　　称	区分	冊数	内　　　　　容	項目数	頁数
					345
新命章		第一			89
			通用式	31	16
			以下	53	73
		第二			89
			両序	21	13
			都寺	3	4
			維那	18	11
			五侍者	20	11
			侍客	8	10
			侍衣	1	5
			侍香	20	23
			沙喝　喝食章	16	12
		第三			105
			位頭	29	18
			大衆	19	17
			光伴	1	11
			敕使奉行	18	11
			給仕	7	19
			司席	3	2
			侍真	5	12
			問禅	14	15
絵図		第四		55	62

は九分冊にされた総一三六二頁にもおよぶ大書で、住持・維那等の役職ごとに日常のきまり事を示す「通用」と毎月行われる行事を示す「日分」、さらには一年間の行事を列挙する「月分」などの項目に分けて、わかりやすく解説した手引書である。最後の「第九」には、各行事の際にそれぞれの役僧がどのように行動するかを絵によって示した「絵図」が添えられている。

同様に、『法山　再住入寺須知』は、妙心寺の僧侶が世代帳に名を記し、本山の住職となるための儀式について、やはり役職別に記された手引書であり、四冊合わせて三四五頁に達する書物である。『法山　規式須知』と同様に最終の「第四」には「絵図」が添えられている（表1）。では次節において妙心寺でどのような年中行事が行われていたか、『法山　規式須知』を通して見ていくことにする。

三　妙心寺の年中行事

妙心寺の年中行事を『法山　規式須知』を通して見ていくことにする。住持が参加するような大きな行事は、表2のようになる。日数は六二日で行事の数が六六回あり、月平均五・一六日あることになる。特に一一月から一月にかけては多くの行事が行われている。行事の内容を見ると、般若会・懺法会などの仏教行事が一九回と一番多く、次いで開山忌をはじめとする高僧の年忌が一八回と続く。次に多いのは檀越の祠堂（年忌）であり、一六回を数える。祠堂については、仏殿で行われる行事の後で、方丈あるいは庫裏において鉢斎が行われるので、のちほど詳細に検討していくこととする。その他には毎年交代する妙心寺住持の入山式等の住持関係行事（四回）、妙心寺の創建に関わる花園法皇の年忌関係（二回）、さらには冬至や大晦日・正月三カ日等の季節の行事（七回）が存在していた。

これらの行事のうち、大方丈が用いられる行事は、方丈懺法・方丈祠堂施餓鬼・開山忌の際の粥著座・斎著座

表2　妙心寺年中行事一覧表

月・日	行事名　（　）は行事を行う場所	粥・斎・茶礼
八・一	新住持入寺（仏殿・微笑塔）	鉢斎式（方丈北の間）
二	住持伝奏・所司代・両奉行所報告	
三	祠堂　利貞首座尼忌（仏殿）	鉢斎式（方丈北の間）
	一條家代香（方丈東北の間にて休息）	
六	祠堂　臨松院忌（仏殿）	鉢斎式（食堂）
九・六	東海庵心宗禅師忌（東海庵）	喫斎（東海庵方丈）
一六	般若僉疏（小方丈）	
	仏殿般若（仏殿）	
一八	方丈懺法（大方丈）	
一〇・四	初祖宿忌（法堂）	
五	初祖半斎（法堂）	鉢斎式（方丈北の間）
六	虚堂和尚宿忌（仏殿内祖堂）	
七	虚堂和尚半斎（仏殿内祖堂）	
一一・二	祠堂高源院忌（仏殿）	鉢斎式（食堂）
三	祠堂八雲院忌（仏殿）	鉢斎式（食堂）
四	祠堂見性院忌（仏殿）	鉢斎式（食堂）
冬夜	巡塔諷経（微笑庵→養源院→衡梅院→玉鳳院→法堂小参）	茶礼（大方丈）
冬至	祠堂諷経→普庵諷経等（仏殿）	
一〇	花園法皇宿忌（法堂）	
一一	花園法皇献粥（玉鳳院）→半斎（法堂）	鉢斎式（方丈北の間）
一二・八	成道会（仏殿）	

一一	開山宿忌（法堂）	
一二	微笑庵献粥（微笑庵）→粥著座（大方丈）→半斎（法堂）→斎着座（大方丈）	粥著座（大方丈）→斎着座（大方丈）
二一	大燈国師宿忌（仏殿内祖堂）	
二二	大燈国師半斎（仏殿内祖堂）	
二五	歳末祈禱般若（仏殿）	
二八	大応国師宿忌（仏殿内祖堂）	
二九	大応国師半斎（仏殿内祖堂）	
晦日	除夜巡塔諷経（微笑庵→養源院→衡梅院→玉鳳院→法堂小参）	
一・一	礼問（小方丈）→展鉢喫粥（方丈北の間）→改旦上堂（法堂）→般若（仏殿）→実性禅師半斎→鉢斎式（方丈北の間）	展鉢喫粥（方丈北の間）→鉢斎式（方丈北の間）
二	土地堂諷経→祠堂諷経→祖師堂諷経→仏前午課→般若（仏殿）→衡梅院真照禅師半斎	展鉢喫粥（方丈北の間）→鉢斎式（方丈北の間）
三	祖師堂諷経→土地堂・花園法皇諷経→仏禅午課→般若（仏殿）→満散（仏殿）	展鉢喫粥（方丈北の間）→鉢斎式（方丈北の間）
五	祠堂楊岐院忌（仏殿）	鉢斎式（食堂）
九	臨済禅師宿忌（仏殿　祖師堂）	
一〇	臨済禅師半斎（仏殿　祖師堂）	
一一	手斧始	常住開山法皇鏡餅開（評席）
一三	住持参内	
一六	仏殿般若（仏殿）→百丈禅師宿忌（祖師堂）	
一七	百丈禅師半斎（仏殿　祖師堂）→祠堂常総院忌（仏殿）	鉢斎式（食堂）
一八	方丈懺法（大方丈）	
二三	祠堂一桃常見忌（仏殿）	鉢斎式（食堂）

二八	住持二条出礼	
二・二	祠堂平田氏各霊忌(仏殿)	鉢斎式(方丈北の間)
四	祠堂慧光院忌(仏殿)	鉢斎式(食堂)
一五	仏涅槃会(仏殿)	
二八	祠堂了心院忌(仏殿)	鉢斎式(方丈北の間)
三・一七	祠堂長松院忌(仏殿)	鉢斎式(食堂)
二八	天授院二世忌(天授院)	
四・八	仏誕生会(仏殿)	
一四	結制前晩巡塔諷経	
一五	法堂結制上堂(法堂)→楞厳会(仏殿)	
一六	楞厳会(仏殿)	
五・一	微笑塔諷経→楞厳会(仏殿)	
一六	仏殿般若(仏殿)	
一八	方丈懺法(大方丈)	
六・五	祠堂法泉院忌(仏殿)	鉢斎式(食堂)
一四	祠堂明叟玄智忌(仏殿)	鉢斎式(食堂)
一六	祠堂了然宗廓忌(仏殿)	鉢斎式(食堂)
一八	山門懺法(山門)	
七・一	祠堂慶光院忌(仏殿)	鉢斎式(食堂)
七	楞厳会(仏殿)→後柏原院半斎→方丈祠堂施餓鬼	鉢斎式(食堂)
一四	解制前晩巡塔諷経	
一五	仏殿解制→楞厳会満散→小方丈交代→山門施餓鬼→満散→法堂解制上堂	

や檀超祠堂の際の鉢斎等がある。ではそれらの行事の際に大方丈はどのように用いられたのか、行事ごとに検討することとする。

（一）方丈懺法

懺法とは、経を読み罪過を懺悔する儀式作法である。妙心寺では江戸時代初期から九月一八日・一月一八日と五月一八日に方丈懺法が、六月一八日には山門懺法が行われていた。『規式須知』より行事の内容を見てゆくこととする。

A　設営

1　方丈室中の正面に観音の真影を掛け、左右に十六羅漢の真影を掛ける
2　大卓に香炉・花（松）・燈（燈籠）・燭を設け、洗米を備える
3　室中に毛氈を敷き、机三〇脚を準備する
4　机の中央に懺法の本一巻を置く
5　机の左に衣裓《いかい》にいれた樒の小枝（三・四枚の葉があるもの）を置く
6　机は四列とし、北より二列目中央に磬《けい》を設ける（維那《いのう》の席）
7　導師《どうし》・香華《こうげ》・自帰《ずき》の三役の机上には袱《ふくさ》を設け、香炉を置く（香華の机上は柄香炉）
8　浄水器に浄水を入れ、小楊枝を上に横たえ、導師の机の上に置く
9　室中東西の畳席の上に鼓・鈸《はつ》を置く（鼓、鈸とも畳席の縁に掛ける、鼓を北、鈸を南）

B　集合

10　入堂鐘の後、頃合を見計らい大鐘・洪鐘共に鳴らす
11　大衆本履をはき、玄関より上り、前堂は西南の間に座す、平僧は西北の間に座す
12　行者觸牒及び硯箱を持って西北の間東辺りにいる
13　全員集まれば鐘を収める
14　導師・香華・自帰・維那、西南の間の東辺りに一列で胡跪《こき》する。東向き北を首とする（北より導師・香華・自帰・維那の順に並ぶ）
15　前堂は導師等の後ろに並び胡跪する、北を首とする
16　平僧は南板縁の花席の上に胡跪する、東を首とする

（図1）

C　奉迎

17　鼓・鈸の役位四人は唐戸の外に進む

18　大鼓・大鈸は、東唐戸の南に立つ、小鼓・小鈸は、西唐戸の南に立つ

19　大鼓・小鼓対面して問訊する、同時に大鈸・小鈸も対面して問訊する

20　四人互いに合掌して、唐戸の東西より室中に入り、それぞれの器のあるところに東西対面して立つ、位置が定まれば同時に趺座し、準備をする

21　作法の通りに鼓・鈸を奏する

22　器を元のように置き、唐戸より退室し、自分の籍次に並ぶ

23　行者は、鼓・鈸を回収する

D　入室

24　導師・香華・自帰・維那・前堂・平僧まで起立す

25　導師・香華・自帰・維那、西南の間より南板縁に出る

26　導師は室外の扉の東に、香華は西に対面する、導師の南は自帰、香華の南は維那

27　導師は香華に問訊して室に入る。以下、香華は自帰に、自帰は維那に、維那は第一位に問訊して室に入る、以下も同様に室に入り、それぞれの位置に立つ（図2）

E　懺法開始

28　維那、磬を五聲鳴らす

29　導師、「大《だい》悲《ひ》円満《えんもん》無《ぶ》礙《かい》神《しん》咒《しゅう》」を挙げる

30　途中で、衆、座具を取り、左掌に掛け、左右問訊して座具を展べる

31　導師、「請観音経消伏害毒懺儀」を挙げる

32　途中で導師・香華・自帰、焼香する

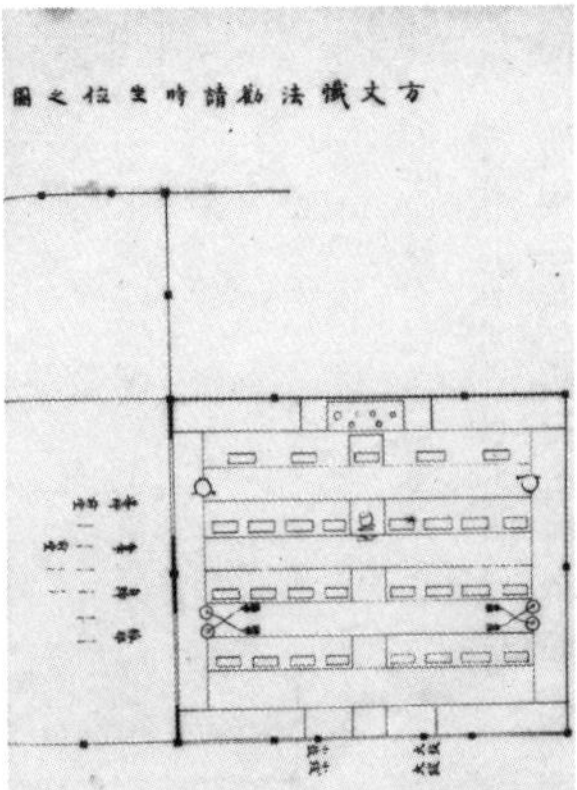

図1　方丈懺法勧請時坐位之図

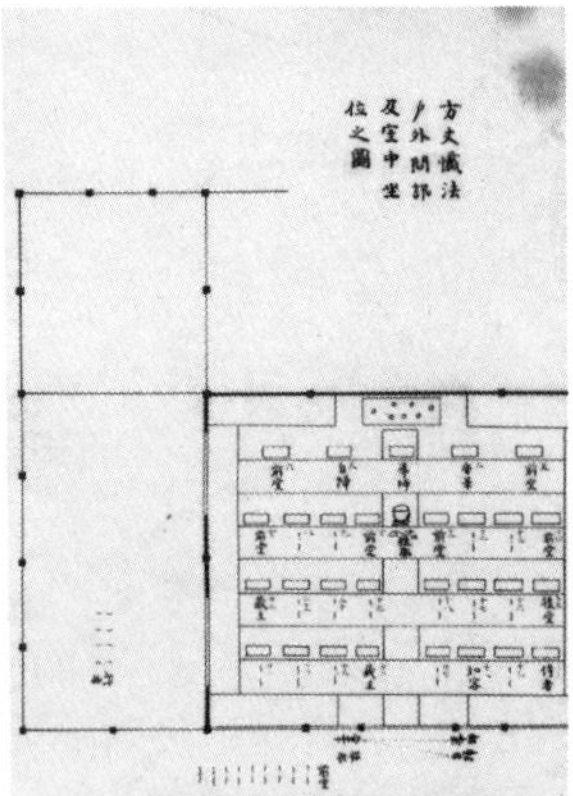

図2　方丈懺法戸外問訊及び室中坐位之図

33 その後、大衆、一礼して座す
34 香華が「各各胡跪《こここき》」と唱えれば、衆胡跪、その後、両手で衣裓をささげる
35 時到れば、花を後に散らし、衣裓を机上に置き、全員で趺座する
36 仏前に導師が進み焼香する。香華、卓前より湯器を取り導師に呈す
37 導師、香華より湯を注いでもらい、爐の東に献ずる
38 香華、卓前より茶器・茶筅を取り導師に呈す
39 導師、香華より湯を注いでもらい、爐の西に献ずる、また元の席に戻る
40 読経中に導師・香華・自帰、各々焼香
41 導師「祈禱陳白」を唱える
42 さらに「請観音経消伏害毒懺儀」を続ける
43 導師、楊枝・浄水器をもち、楊枝で浄水を撹し、楊枝を置いて礼拝する
44 導師、仏前に進み、洗米器の西に浄水を献じる、また元の席に戻り焼香・三拝して座る
45 香華・自帰、各々焼香、次に導師焼香
46 読経中に導師・香華・自帰、各々焼香
47 さらに読経中に導師・香華・自帰、各々焼香
48 導師、小回向を誦える
49 さらに「請観音経消伏害毒懺儀」を続ける
50 衆座具を収め、立つ
F 行道
51 読経中に導師は左の自帰と問訊し、次に右の香華と問訊・合掌して東に行道する、それに続き衆も行道する（図3）
52 再び元の位置に座具を展じる
53 導師・香華・自帰、観世音に各々焼香
54 導師・香華・自帰、経を唱え、「請観音経消伏害毒懺儀」を終える
55 衆ふたたび、座す
56 導師「妙法蓮華経」と唱える
57 趺座して、「普門品」を暗誦し、経を転攤する
58 衆、座具を収める
G 退室

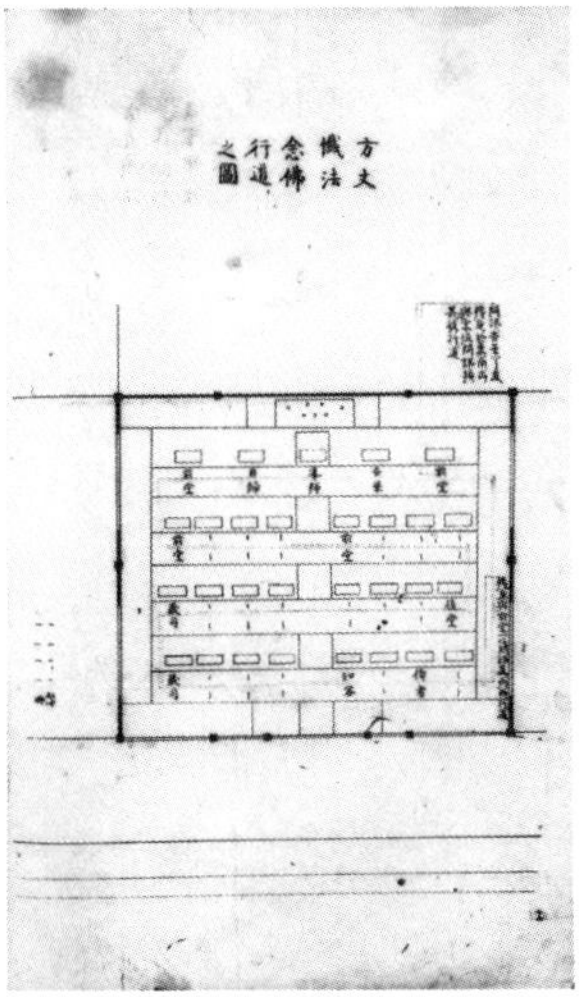

図３　方丈懺法念仏行道之図

59 互いに問訊して、導師・香華より順番に室をでる
60 導師・香華等および前堂は、西南の間に、平僧は板縁に初めのように列座する

E 奉送
61 鼓・鈸の役位四人は室にはいり、奉送を奏す
62 奉送が終われば、衆解散する

以上より方丈の各部屋の使い方が判明する。

方丈懺法の儀式の中心……室中
礼拝の方向……………室中北面の観音の真影と十六羅漢の真影
東南の間………………住持（侍者、聴叫随う）の儀式見学場所
西南の間………………役僧・前堂の控の間・儀式開始位置
西北の間………………平僧の控の間
南広縁…………………平僧の儀式開始位置

となる。さらに儀式の中心となる室中の飾り付けは、北側の壁に掛けられた観音の真影とその両脇の十六羅漢の真影であること、本来畳廻り敷きである室中に三〇人もの僧侶が座るために板の間に毛氈が敷かれること、入室前に集合する南広縁には花席が敷かれることが確認できる。

歴史的に僧員を三〇人と定めるのは延宝七年（一六七九）七月二六日の壁書である。これによると、「一　正五九月祈禱懺法之僧員可為三十人出頭也自今以後可配展待料也前堂壹銭半平僧壹銭副寺寮在籍之僧行者亦同断可為司鐘門守掃除人等者三分之事」とあり、出席した僧侶には僧階に応じて供養料を支出していることも確認できる。

（2）方丈祠堂施餓鬼

施餓鬼とは、餓鬼道におちて飢餓に苦しむ亡者（餓鬼）に対して飲食物を施すこととされ、無縁の亡者のために催す行事である。妙心寺では七月七日に方丈祠堂施餓鬼を、七月一五日には山門施餓鬼を行っていた。方丈施餓鬼の様子を『規式須知』より見ていくこととする。

Ａ　設営

1　室中の中央南よりに中卓を設ける（炉・華・燭を置く）

2　室外南正面の外縁に祭莚を敷き、大卓を設ける（三界万霊の牌を置き、供物・米・水器等を陳列する）

Ｂ　集合

3　鐘が収まれば住持小方丈の西杉戸より方丈の南板縁に出る（侍香・侍衣・聴叫随う）

Ｃ　施餓鬼開始

4　両序（役僧）室に入り立班がすめば、住持西に並ぶ東序の後ろを通り、室北寄りにある曲彔の前に立つ

5　住持、両序と問訊して、中卓に進み焼香、一歩退き問訊、合掌して元の位置に帰り、問訊(図4)

6　維那「大悲経」を唱える

7　維那「施食文」を読む、途中から住持中卓に焼香する

8　一歩退き問訊の後、中卓の東側を通り、室を出て大卓の前にゆく

9　右手に束樒を持ち、水を散らす、次に散米を行う、これを三回繰り返す

10　一歩退き問訊、合掌して中卓の西側を通り、元の位置に帰り、問訊

11　読経の中、再度中卓の東側を通り、室を出て大卓の前にゆく

12　筋（匙のこと）で粘飯を撹に落とすこと三回

13　次に撒米・灑水する

14　一歩退き問訊、室に入り西側を通って、中卓の爐で焼香、一歩退き問訊、合掌して元の位置に帰り、問訊

15　読経が止み、行者が板縁に出れば、中卓に進み焼香する、一歩退き問訊、合掌して元の位置に帰り、問訊

16　維那「楞厳咒」をあげ、次に「南無薩怛佗」を唱える

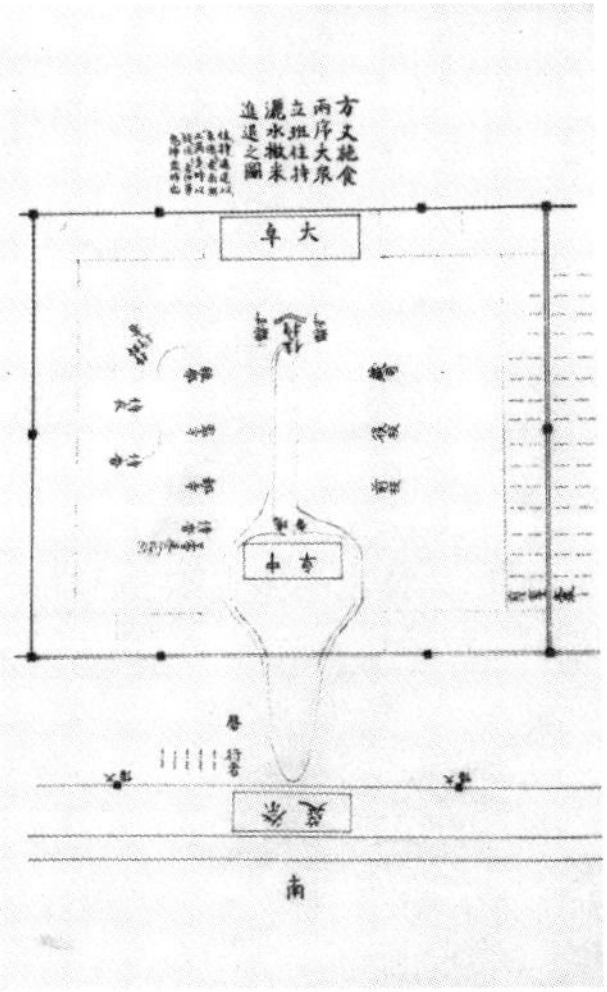

図４　方丈施食両序大衆立班住持灑水撒米進退之図

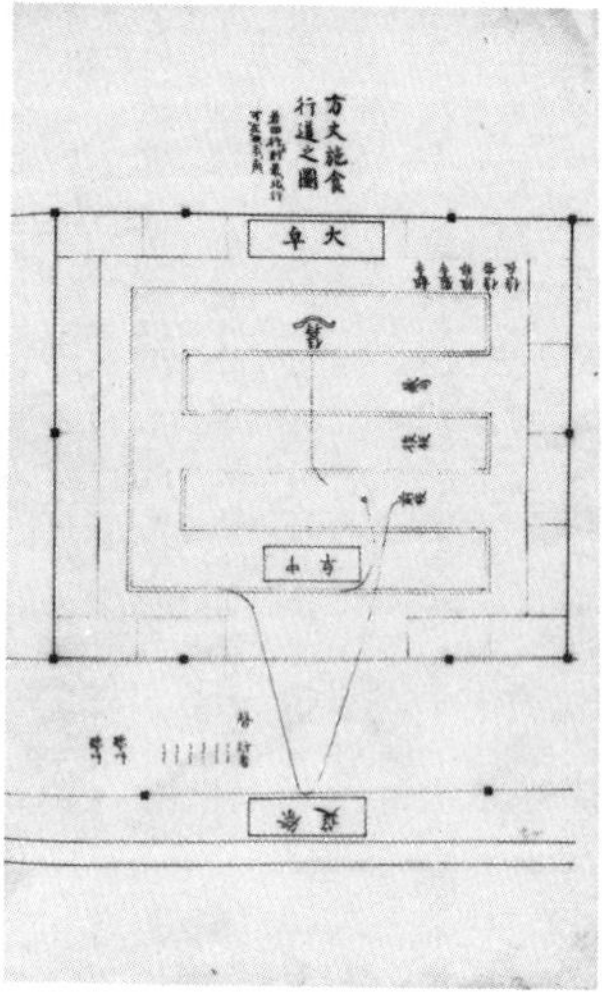

図５　方丈施食行道之図

17　二侍者・東序が東側に退けば、西序の前板の前に住持が進み問訊する

D　行道

18　その後直ちに行道をはじめる、西班は米・水を供してから、行道に入る

19　中卓の前を西に進み、室中板の部分を北に折れ、さらに西に折れて折込行道（六行なら曲彔の北を、四行の場合は曲彔の南を進む、行者がこれを導く――図５・６）

20　第五会散衆の鈴を聞いて、住持元の位置に戻る

21　焼香の鈴を聞いて小問訊、中卓に進み焼香、一歩下がり問訊合掌して元に位置に戻り、問訊

E　退室

22　回向が終われば問訊して、中卓の東より退室する。

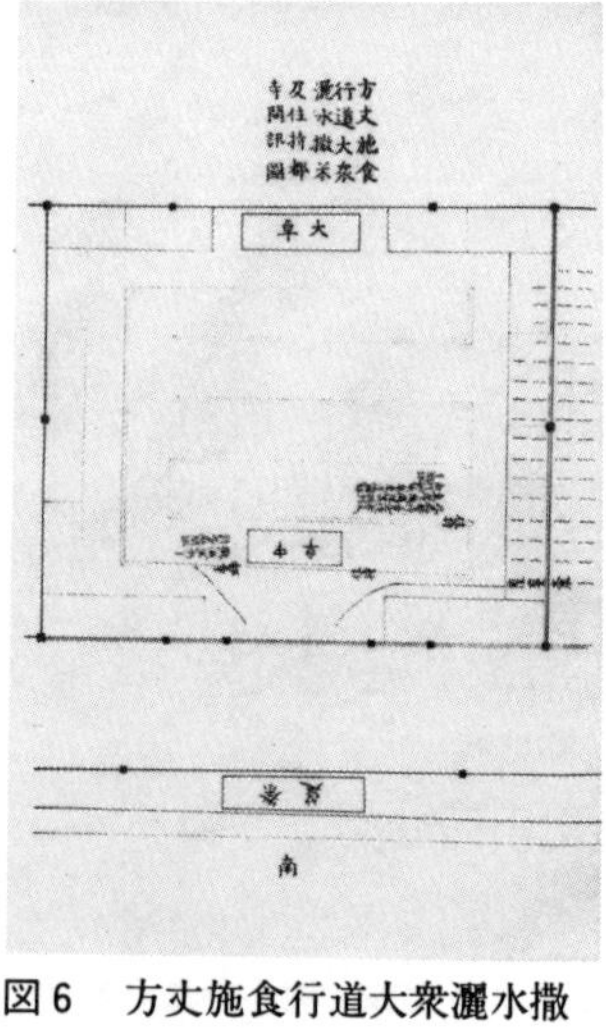

図６　方丈施食行道大衆灑水撒米及住持都寺問訊図

以上により方丈の使い方が判明する。

方丈祠堂施餓鬼の行事の中心…室中と南広縁・落縁

礼拝の方向……………………方丈南外部

室中中央……………………住持（南面に向けた曲彔に座る）

室中東側……………………西班の役僧・前住・前堂

室中西側……………………東班の役僧
東南の間…………………大衆

この行事における特色は、礼拝の対象が外部の餓鬼であるため、南側中央の落縁に祭筵を設け、南方に向かって拝む点にある。これにより本来室中の東側に並ぶはずの都寺・監寺等の東班役僧が西側に、前板・後板等の役僧をはじめ行事に参加した前住・前堂・大衆等の西班僧侶までもが東側に並ぶことになったと考えられる。しかも東西の役僧の並び順より南を上席としていることがわかり、住持は一番北にあって餓鬼と対峙している配置となっていることが確認できる。

（3）鉢斎式

鉢斎式は、八月一日の新住持入寺、一〇月五日の初祖忌、一一月一一日の法皇忌、正月の三カ日や七月七日の方丈祠堂施餓鬼と一六件を数える檀越の祠堂の際に実施されていたことがわかる。

新住持入寺とは、毎年この日より一年間、実質的に本山を預かる住持の入寺式のことで、世代帳に名を記して妙心寺の住持となる再住入寺式とは異なる。同日は卯の半刻より仏殿で祝聖の諸諷経を行い、次に微笑塔でさらに諷経を行った後、新住持お披露目の式として鉢斎式が行われる。天和三年（一六八三）一一月三日の壁書に「一　遷住之斎者従住持方副寺ヲ頼可被営弁之事　但経営者如御忌展侍料者銀百八木壹石也」と記述されていることより、この翌年より始められたと考えられる。(14)

初祖忌とは禅宗をはじめた菩提達磨の命日の行事であり、前日の宿忌・当日の半斎とも法堂に達磨像を懸けて挙行され、法要後に鉢斎式が行われる。享保一九年（一七三四）に書き写された雑華院の『副寺須知』には、初祖忌の鉢斎について触れておらず、後世の加筆に「今ハ諸事如御忌」と記述されていることより一八世紀中頃に御忌（法皇忌）と同規模の行事になったと考えられる。

法皇忌とは御忌とも呼ばれ、妙心寺の創建に多大な貢献をした花園法皇の命日の法要である。前日の宿忌・当日の半斎とも法堂に法皇の像を懸けて行われ、法要後に鉢斎式が挙行される。前述の新住持入寺の内容より、法要には銀一〇〇匁と米一石が必要であった。しかし江戸時代初期には「米銭納下帳」より毎年銀一三匁七分五厘の支出しか確認できないことより、鉢斎式は行われていなかったと考えられる。さらに現在の大方丈が建設された承応三年（一六五四）以降についても支出額に変化は見られない。以上のことより鉢斎式を伴う法皇忌は、本山の制度が整えられる延宝七年（一六七九）八月二六日の壁書の前後に整備されたものと考えられる。

正月三カ日は仏教では大切な日とされ、妙心寺においても中世から修正の行事が行われている。三カ日の妙心寺住持の日程は以下のようになっている。その中で山内の僧侶と食事をともにする方丈北の間展鉢喫粥（朝食）と方丈北の間鉢斎（昼食）が含まれている。

一日　午前 六 時　小方丈礼間↓仏殿改旦祝聖諸諷経↓微笑塔諷経↓方丈北の間展鉢喫粥↓龍安寺住持・塔頭の院主・僧徒、小方丈で年賀を述べる

午前 八 時　↓法堂改旦上堂↓仏殿般若↓龍泉庵実性禅師半斎↓方丈北の間鉢斎

二日　午前 六 時　土地堂諷経↓祠堂諷経↓祖師堂諷経↓仏前午課↓方丈北の間展鉢喫粥↓仏殿般若↓衡梅院真照禅師半斎↓方丈北の間鉢斎↓和韻を受ける

三日　午前 六 時　祖師堂諷経↓土地堂諷経↓花園法皇諷経↓祠堂諷経↓仏前午課↓方丈北の間展鉢喫粥

午前一〇時↓仏殿般若↓仏殿満散↓方丈北の間鉢斎↓山中年礼↓龍安歳偈の和韻持参↓龍安の塔頭年賀巡行

祠堂とは、妙心寺の檀越の命日に本山の仏殿内の祠堂で供養を行うことで、中世からの行事である（表3）。

表3　祠堂確認年月一覧表

月・日	行事名	俗名	没年月日	祠堂確認年月
8・3	祠堂利貞首座尼忌	一条関白兼良の娘、斉藤豊後守利国の室	天文5年8月3日	天文？
6・14	祠堂明叟玄智忌	明智日向守	天正10年6月14日	天正11年
11・4	祠堂見性院忌	不明	元和3年12月4日	慶長20年4月
3・17	祠堂長松院忌	徳善院息女	寛永4年3月17日	寛永8年3月
6・5	祠堂法泉院忌	生駒讃岐守正俊	元和7年6月5日	寛永13年6月
8・6	祠堂臨松院忌	脇坂中務小輔	寛永3年8月6日	寛永15年8月
2・4	祠堂慧光院忌	脇坂左兵衛佐	寛永12年2月4日	寛永16年1月？
1・5	祠堂楊岐院忌	柴田源左衛門尉	元和6年1月5日	正保4年
1・17	祠堂常総院忌	柴田佐渡守	文禄4年1月17日	正保4年
6・16	祠堂了然宗廓忌	有安庄三郎	慶安2年7月16日	慶安2年
1・23	祠堂一桃常見忌	有安左右馬	明暦4年1月23日	慶安5年
11・3	祠堂八雲院忌	脇坂淡路守	承応2年12月3日	明暦元年
11・2	祠堂高源院忌	三澤氏息女俗名吉村	寛文8年12月2日	延宝6年12月
2・28	祠堂了心院忌	佐藤駿河守	延宝3年3月28日	天和元年
7・1	祠堂慶光院忌	脇坂淡路守室	明暦3年8月1日	貞享3年2月
2・2	祠堂平田氏各霊忌	平田氏	安永5年2月	安永5年10月

注：行事は全て仏殿で行う

しかし祠堂の時に斎を供するようになるのは、本山の制度が整えられた延宝七年（一六七九）七月二六日の三二条の壁書以降であることが確認できる。壁書には「一　年中祠堂斎者前住或前堂或平僧従一院一人充可為出頭経営者一汁二菜香物塩山椒也副寺可被執行之一人之飯費料可為上下七分充也諸仏餉如先規之事」と記述されている。これを裏付けるように同年八月六日に始めての祠堂斎が行われたことが、妙心寺蔵の「米銭納下帳」により確認でき、一〇七人が行事に参加し、銀七四匁九分（一人あたり銀七分）が支出されている。なお毎年一冊ずつ作製される「米銭納下帳」によると、延宝七年の壁書以前には、各祠堂斎ごとに銀二五匁が支出されていることより、祖餉一五のほか二〇名程度で行事が行われて

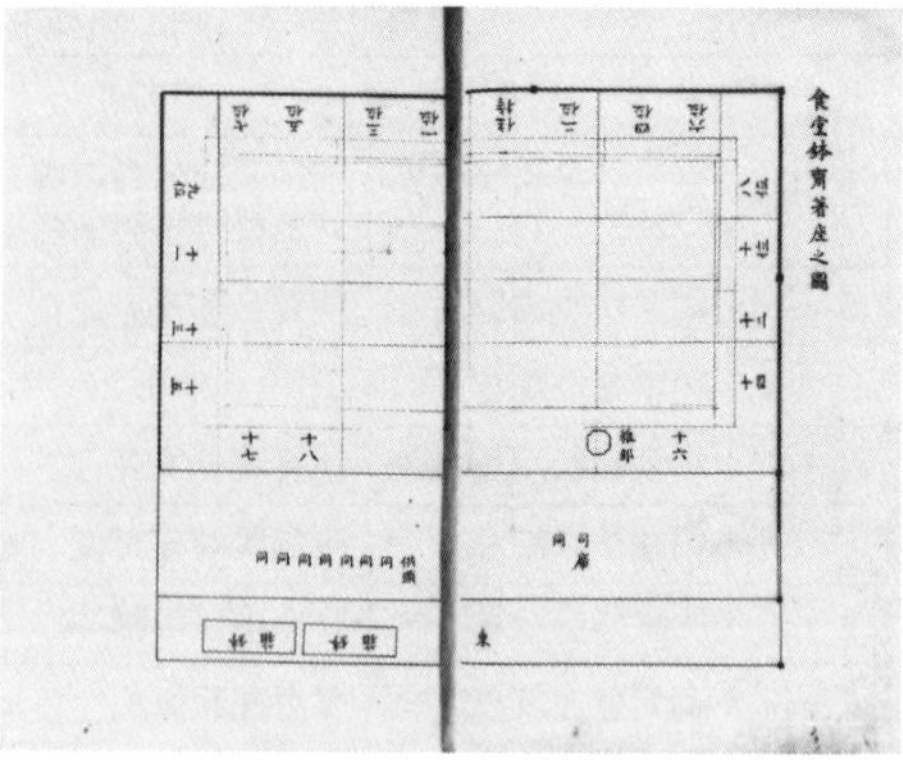

図7　食堂鉢斎著座之図

いたと考えられる。

さらに、祠堂斎は大方丈の北の間を三室ないし二室（中央間・西北の間）続きの部屋として用いる場合（三回）と庫裏内の食堂を用いる場合（一三回）に分けられる。これは檀越に格差をつけた結果と考えられるが、食堂に一回で入れる人数が二〇名であることより、ここで行われる式の方が、延宝七年以前の古い行事を踏襲した可能性がある（図7）。すると大方丈で行われる鉢斎式は、食堂の式の拡大番としてとらえることができるのではないだろうか。

では、大方丈での鉢斎式はどのように行われたのであろうか、『規式須知』より確認することにする。行事の順番については以下の通りである。

A　設営

北の中央間正中に文殊・大士の真影を掛ける

B　集合

1　大衆は方丈玄関より上り、西側の縁を廻り、鉢を持って北側の縁の中央より西に東を首として、南向き・北向きに対面するように胡跪する

2　和尚は方丈の南縁中央より上がり、東縁を廻って、北側の縁に東を首とするように南向きに胡跪する

3　北の間鉢斎の人数は四〇人を基本とするが、両端に二人ずつ増やして最高四四人まで座ることができるこの人数より多い時は末位の前堂は食堂で斎をいただく(図8)、反対に人数が少ない時は、品麗衆や持庵の後堂が入ることも可能である

C　鉢斎式開始

4　和尚は侍者より鉢をもらい、全員起立し、上位のものより案（つくえ）をまたいで入り、座る

5　維那「心経」を唱える

6　座についてから細かい作法により鉢・匙等を並べる

(詳細省略)

7　飯→羹湯→菜→塩山椒→飯→羹湯→飯→羹湯の順に食す

8　細かい作法により鉢・匙等を片付ける

9　菓子・茶を食す

10　一同起立し、左右に挨拶をした後、飯案を跨いで上位の僧より鉢をもって退室する

11　諸和尚は室外の侍者に鉢を渡し、東南の板縁を廻り、玄関より退散

12　前堂以下は、部屋を出て、自ら鉢を箱に納め、第二莚の見廻りをする

13　第二莚の菓を出し、湯を出せば、西の板縁より、玄関を通って退散

第二莚

1　第二莚著座の衆は、北側の縁の中央より西に東を首として、南向き・北向きに対面するように胡跪する。司席はその東に南を主とし、相対す

2　司席が主位と次席につき、上位のものより図のような位置に案をまたいで入り、座る

3　座についてから細かい作法により鉢・匙等を並べる

(詳細省略)

4　飯→羹湯→菜→鹽山椒→飯→羹湯→飯→羹湯の順に食す

5　細かい作法により鉢・匙を片付ける

6　菓子を食す

7　一同起立し、左右に挨拶をした後、上位の僧より退室する

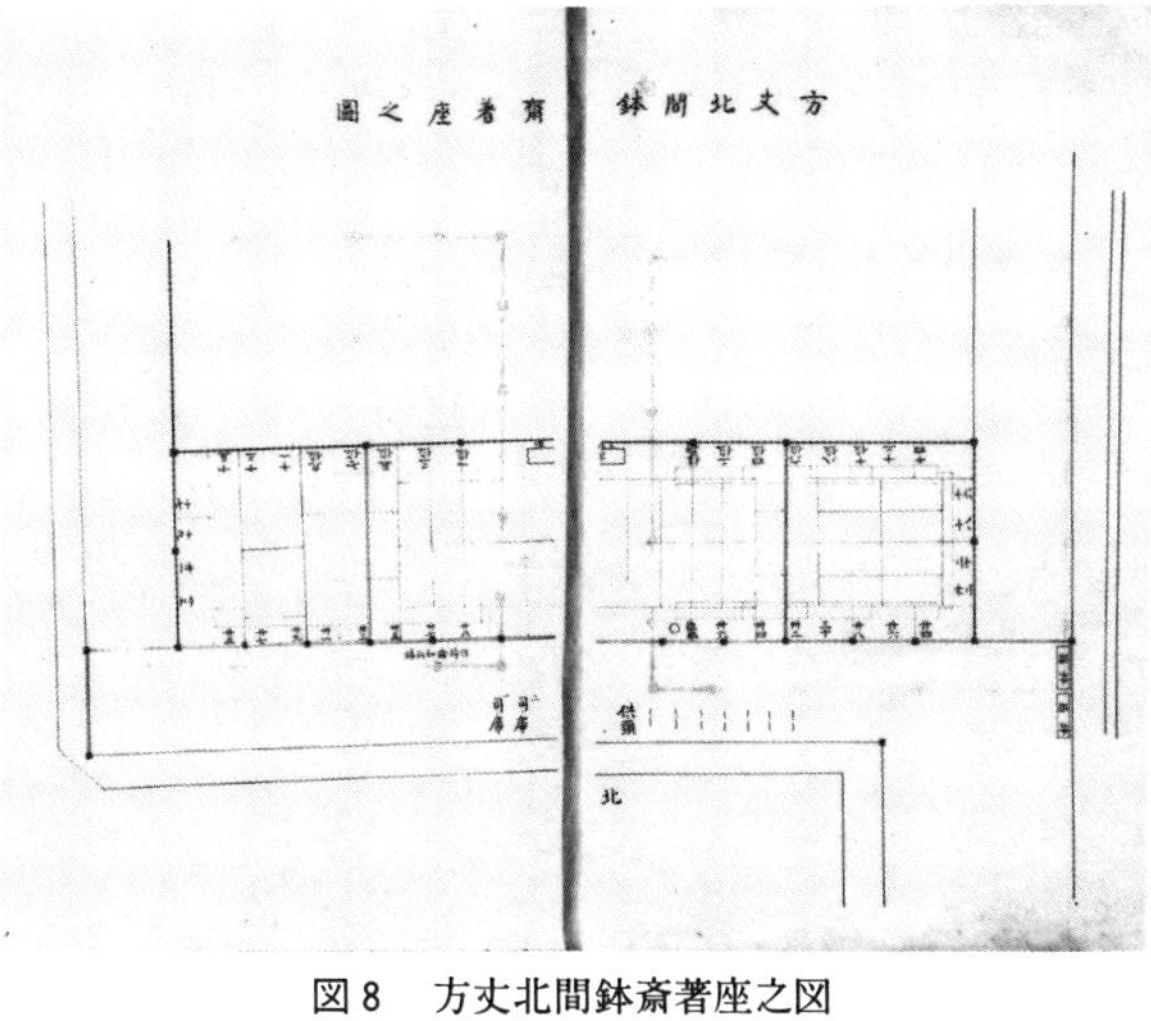

図8　方丈北間鉢斎著座之図

以上により方丈の使い方が判明する。
鉢斎式の行事の中心…方丈北の間三室ないし二室（中央間・西北の間）続きの部屋
礼拝の方向…………北の中央間の南面
北広縁…………行事の開始位置

となる。なお方丈北の間二室（中央間・西北の間）のみを用いるのは、利貞首座尼忌の一回だけである。これは利貞尼の実家である一条家から焼香に来た人が、東北の間を休息室として利用するためである。

さらに以上述べた行事も寺内の状況により退転を余儀なくされていることが確認できる。文化八年（一八一一）閏二月一九日の衆議には、仏殿造替え準備のため初祖忌の鉢斎式を当分の間停止すること、正月元旦と二日の展鉢喫粥と鉢斎が省略され、三日目の鉢斎のみになったことなどが確認できる。また、仏殿が完成した翌年の天保二年（一八三一）一月二五日の衆議では、前年の地震等による出費補塡のため、再度初祖忌の鉢斎式の停止、正月三日の満散斎の停止と利貞首座尼忌以外の祠堂斎一五回を省略して展侍料の支行へと変更すること、さらには文化一一年（一八一四）より祠堂施入施浴の代りに始められた三月一四日の施浴施主供養斎についても祠堂斎と同様の処置が取られたことが確認できる。

（4）冬夜諷経の茶礼

巡塔諷経とは、妙心寺の創建や発展に貢献した僧侶や檀越の真前に礼拝する行事で、微笑塔（開山　関山慧玄）、養源院（第七世　日峰宗舜）、衡梅院（第九世　雪江宗深）と玉鳳殿（花園法皇）を順に巡るものである。冬夜の他、除夜（一二月晦日）・結制前晩（四月十四日）・解制前晩（七月一四日）の年に四回行われる。

このうち冬夜巡塔諷経は、一一月一〇日前後の冬至の前夜に行われるもので、巡塔諷経の後に法堂小参と大方丈での茶礼を伴う行事である。特に茶礼を伴う唯一の行事である点で、ここで取り上げることとする。歴史的には元禄元年（一六八八）一一月一九日の「記録」に「冬夜茶礼之事　就方丈行之菓子熬豆　座奉行ハ副寺」とあることより、この年の諸前住と諸執事の衆評により決定されたことがわかる。方丈茶礼は以下の順で行われる。

Ａ　設営

宝永六年（一七〇九）まで開山国師の半身像、以後は全身像

Ｂ　行事（住持・前住・前堂）

1　法堂小参後、大方丈に集まる。住持（南広縁東側花席上）、聴叫（住持の後）・前住（南広縁東側南寄り北向き）・前堂（南広縁西側南北に対面して座る）

2　住持以下前堂まで中央の唐戸より室中に入室する。

3　住持室中の大卓の東に座す。以下東西に分かれて座る

4　供頭、菓茶器を進む

5　次に、菓を進む（前堂以下は菓台に載せる）

6　菓を喫す

7　前堂以下の茶盞を進む（曲盆に盛る）

8　湯瓶を出す

9　菓茶器を撤す（和尚）

10　大衆の菓茶器を撤す

11　上位の人から唐戸より退室

第二莚（後堂以下）

1　西南の間で行う

2　司席（北寄り南向き）・平僧（東西に分かれて座る）の順に著座

3　菓を出す（茶なし）

4　菓を喫す

5　退室

以上により、方丈の使い方がわかる。

行事の場所…室中（第一莚）と西南の間（第二莚）

この行事での特色は、並び方については北面中央より左右に順番に座る点で、北の間鉢斎と同じであるが、第一莚と第二莚とを完全に別室で行う点が異なる。

（5）開山忌の粥著座・斎着座

開山忌とは、妙心寺を開いた関山慧玄の命日に行われる同寺最大の年中行事である。式の次第は、一二月一一日の宿忌から始まり、翌日に掛けて行われる。行事の場所は、法堂や微笑塔（開山堂）が用いられるが、一二日の粥著座（朝食）と斎著座（昼食）は現在の僧侶と開山をはじめとする高僧とが同席して食事をとるかたちをとり、大方丈の南側三室が用いられていた。正式な食事を大方丈の南側三室で食することは他になく、大変興味深い行事である。以下に開山忌の行事と粥著座・斎著座での大方丈の使い方について見ていくこととする。

開山忌の行事の流れ

一二月一一日　午後二時　法堂開山宿忌　献供→九拝（焼香三拝　茶三拝　湯三拝）→諷経（華厳経）→行道

　　　　　　　午後一〇時　鳴点

一二月一二日　午前二時　点華

　　　　　　　午前　六　時　微笑塔献粥

　　　　　　　　　　　方丈粥著座

　　　　　　　午前一〇時　法堂半斎

　　　　　　　　　　　方丈斎着座

一連の行事は、おおむね一二月一一日の午後二時から始まり、翌一二日のお昼頃まで要していたことが確認で来る。この中で大方丈の粥著座は以下のように行われた。

A　設営

1　室中北側の大卓の後壁に向かって左より開山国師墨蹟・大燈国師尊像・虚堂和尚尊像・大応国師尊像・大燈国師墨蹟の五幅と、その両側に一四幅の羅漢像の軸を掛ける

2　室中北側の大卓の上に燭・爐・立華と茶・湯を供える他、三方に汁・粥・酢大根・梅干、摺山椒を、猫足に前餅・胡桃・麩焼をのせる

3　大卓の南に建炭爐、さらに南に折卓上に香炉・大香合を置く(図9)

4　南側三室の東（北寄り寒拾・書画・琴基）・西（北寄り梅・龍・虎）・北面（西寄り牡丹・子陵・四昭・呂望・三笑・三酸の屛風を立掛ける：室中中央間を除く）

5　南側三室の外周よりに五二人分の座牌を置く（「中座」―室中と東西の間との北側半分に座席を設けること―を造ることにより六四人まで入室が可能となる）

6　東西広縁（南より）と南広縁（玄関廊と中央を除く）に塗格子を建てる。

7　建物南半分の落縁外に幔幕を下げる

8　広縁・落縁に紅氈を敷く

B　集合

9　住持方丈正面の唐門より入る（五侍者・沙喝・喝食・聴叫随う）

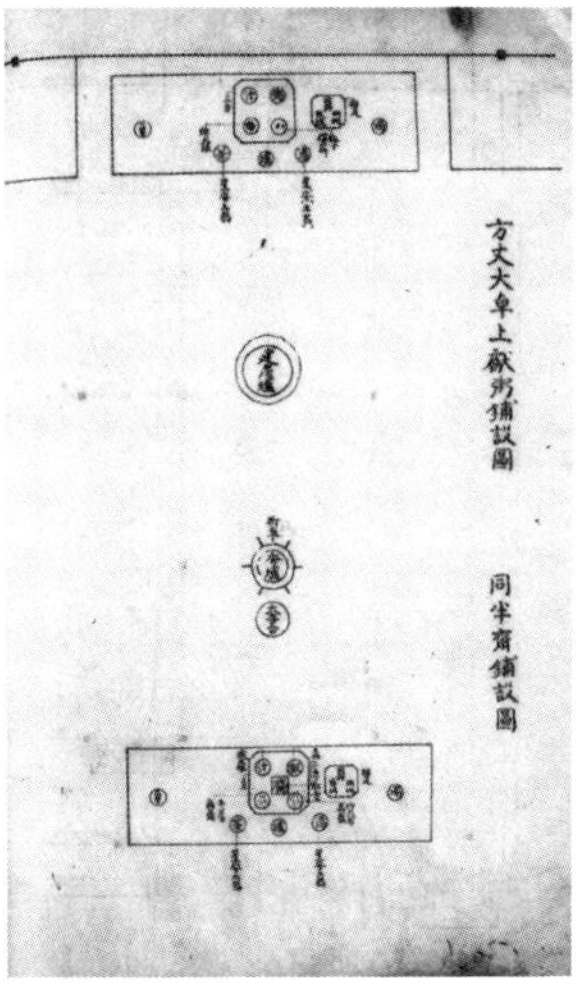

図9　方丈大卓上献粥鋪設図・同半斎鋪設図

10　前の階段より上がり、板縁の東辺りに胡跪する（聴叫外縁に座る）

11　諸和尚は板縁の南に北向きに胡跪する（東を首となす）

12　両序は板縁の北に南向きに胡跪する（西を首となす）

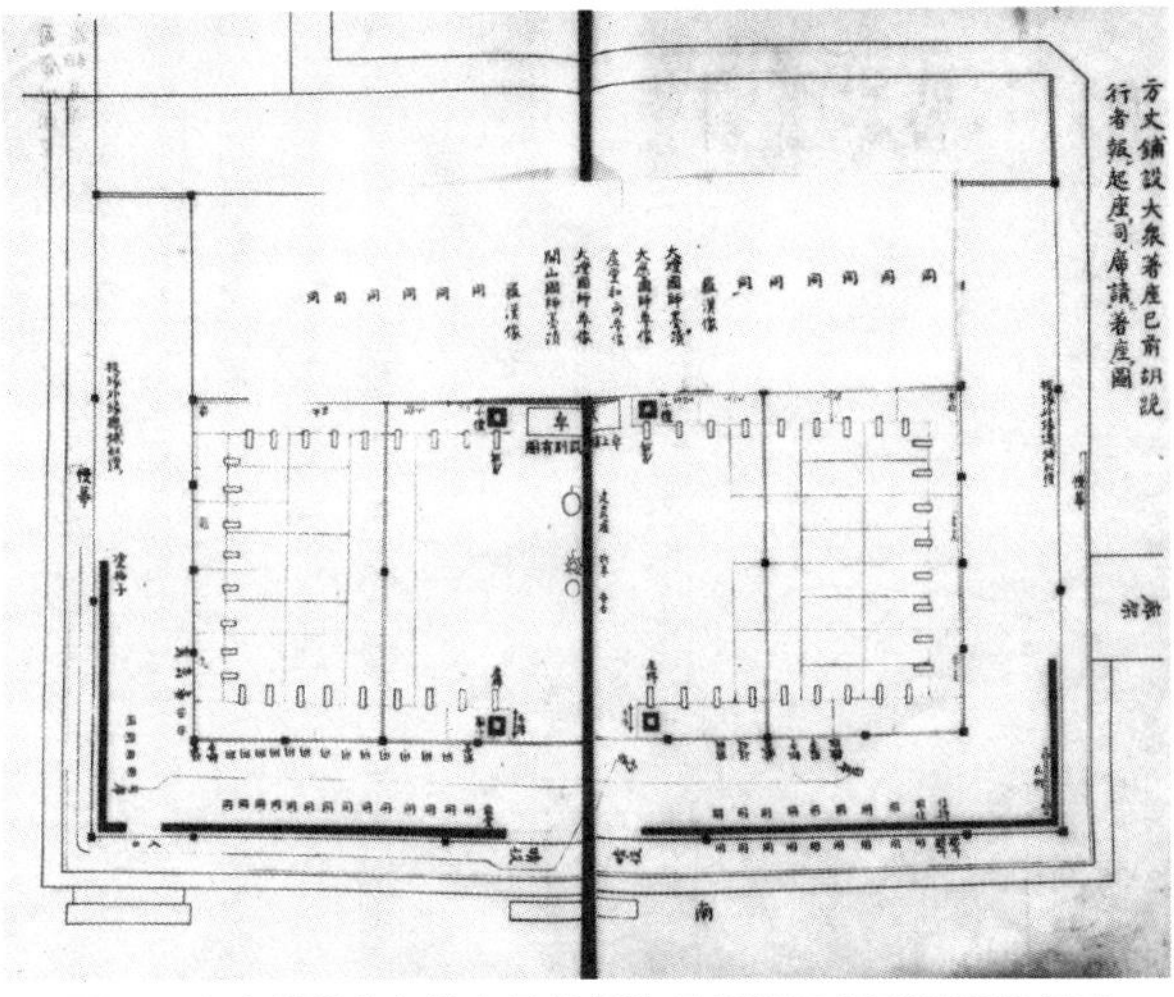

図10　方丈鋪設大衆著座已前胡跪行者報起座司席請著座図

（図10）

C　入室（図11）

13　住持から室中正面の唐戸より入室する

14　侍真入室し、大卓の炉に一回、中央の炉に二回焼香する（図12）

15　侍真深々問訊して退室

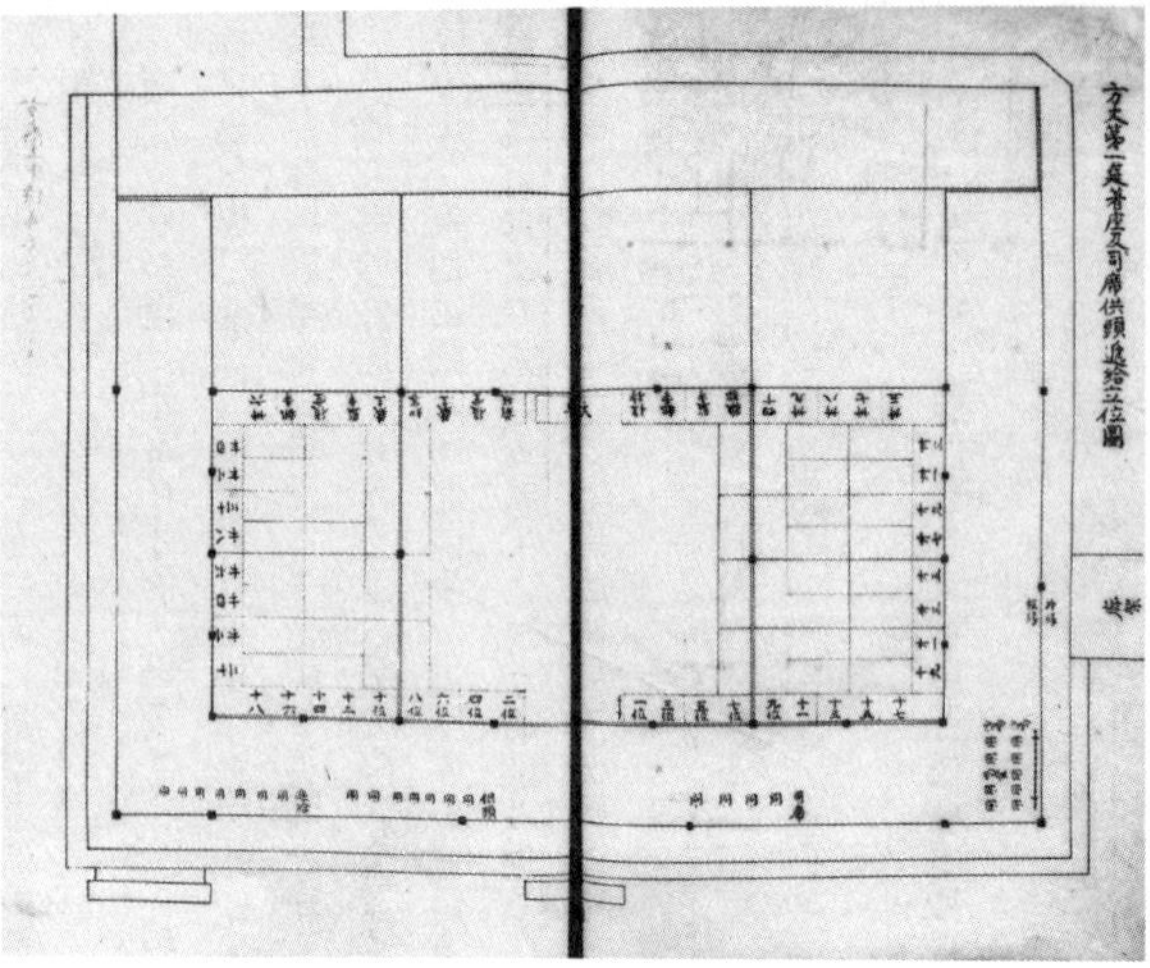

図11　方丈第一莚及び司席供頭通給立位図

D　粥著著座開始

16　供頭膳を配る

17　作法に基づき汁三遍・粥二遍を食する

18　供頭膳を下げる

19　特為（前住のみ）菓茶器を運ぶ（図13）

20　前堂以下の菓器が行き渡れば、一斉に喫す

21　茶器を運ぶ

22　供頭、湯瓶を持ち、筅にて茶をたてる

23　住持、隣の都寺と一緒に喫す

24　特為（前住のみ）菓茶器を下げる

25　大衆の菓器を下げる

26　身支度をして、起立する

27　小氈旧所に置いて部屋を出る

28　第一莚の前堂は、第二莚の供頭を佐助する

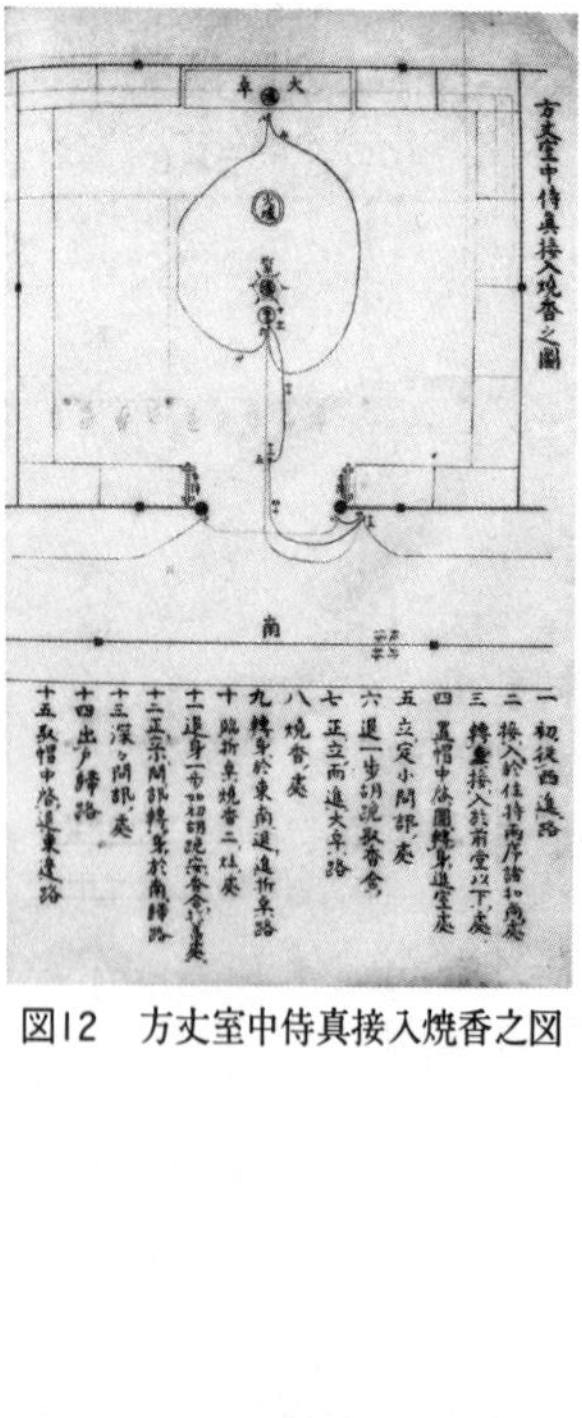

図12　方丈室中侍真接入焼香之図

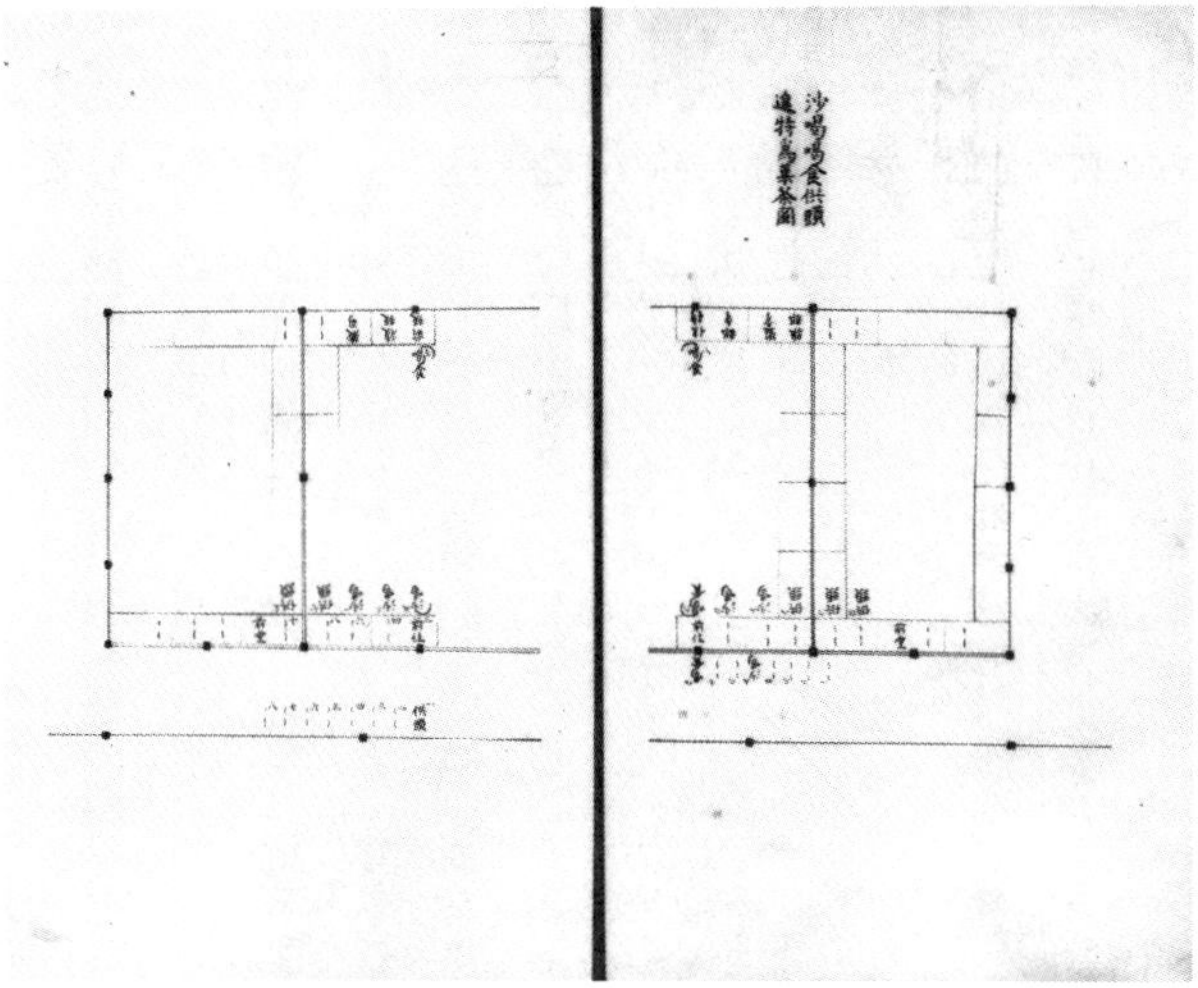

図13　沙喝喝食供頭進特為菓茶図

第二莚（図14）

同様に斎著座は以下のように行う

A　設営

1　設営は粥座と同じであるが、室中北側の大卓上の三方と猫足の内容が異なる。三方には飯・繊大根の汁・小角下酢壺・牛蒡高盛・炒昆・布高盛を、猫足に前餅・胡桃・蜜柑をのせる

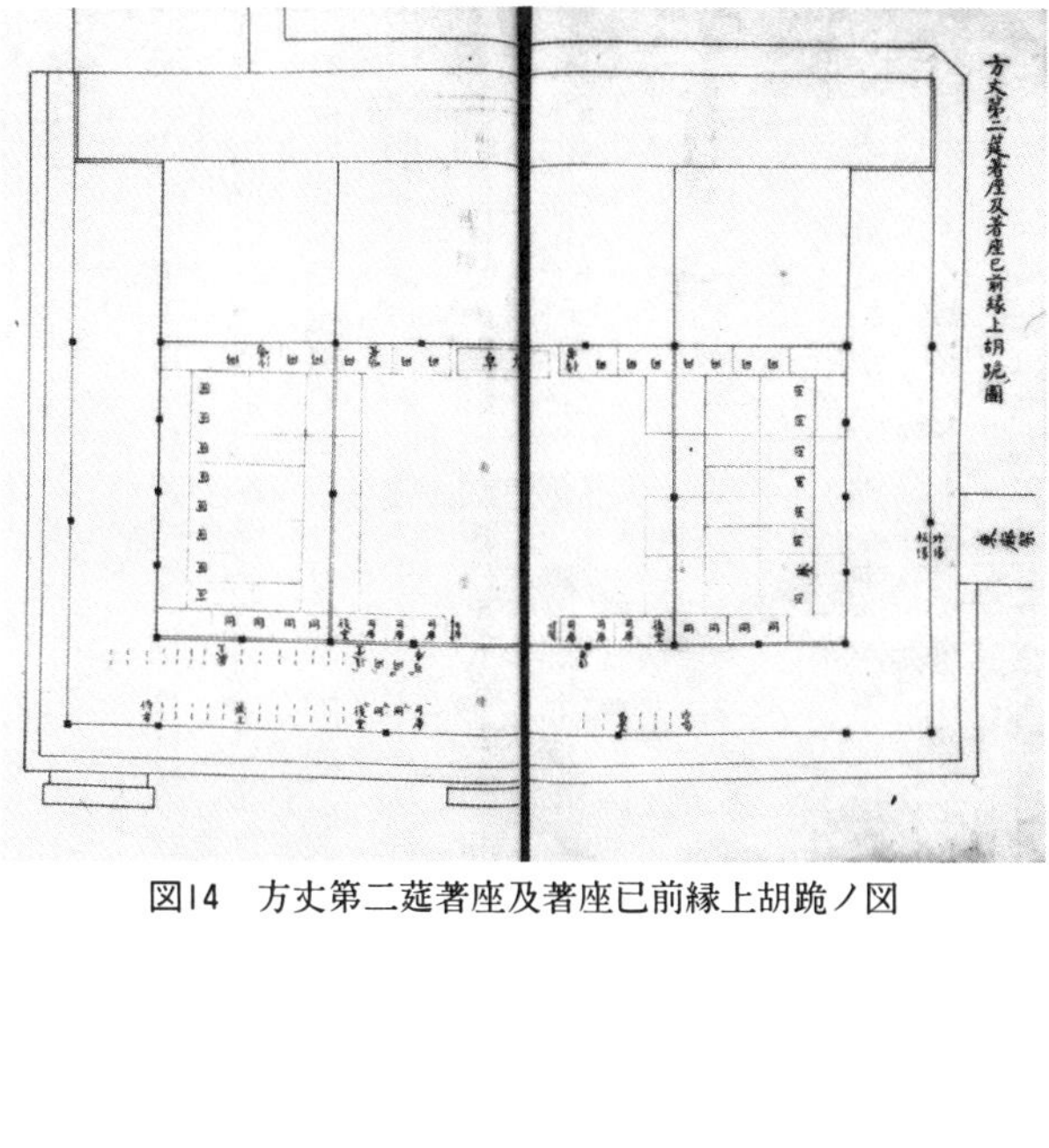

図14　方丈第二莚著座及著座已前縁上胡跪ノ図

B　集合

2　住持西南の階段より上がり、板縁の東辺りに胡跪する

3　衆が集まれば、行者起座を報じる

C　入室

4　全員起立して、司席の勧めにより住持より室に入る

D　斎座開始

5　着座衆室に入り、座が定まれば、供頭膳を進める

6　作法に基づき冷汁を二回だし、二回下げれば、汁を飯にかけ、次に湯を出す

7　その後の式は、粥の時と同じ

以上のことより以下の点が指摘できる。

方丈粥著座・斎著座の儀式の中心…南側の三室［第一莚（住持・行事の役僧・前住・前堂等）］［第二莚（司席・後堂・蔵主・侍者・沙喝・喝食等）］

ただし、諸和尚の侍者は第一莚の間、北の間にて食事を取る。

しかし、これまで見てきた他の利用の仕方と異なる点が、座席の配置である。鉢斎式では、住持の左右に身分の高い順に僧侶が並んでいた。しかし粥著座・斎著座では、身分の高い順に互いに向き合う位置に座り、礼拝の正確な方向性が見られない点にある。さらに設営においても外部に幔幕や塗格子を取り付け、内部にも襖以外に屏風を建て廻すなど、閉鎖的な空間を創り出している。この閉鎖的な空間自体が、他の年中行事とは異なる開山忌の独特の雰囲気を造りだしていると考えられる。これにより開山をはじめ開山の法統に至るまでの高僧たちとの会食の場となりえたと考えられる。さらに二番座も同じ大方丈南三室で行われ、第一莚と同じ場所を共有していることも確認できた。

五　妙心寺の不定期の行事

第四節で取り扱った行事は、毎年同じ日に繰り返されるものであった。しかし、妙心寺ではそれ以外に不定期に行われる行事が存在し、大方丈が利用されていた。そのうち最大規模で行われるものは、世代帳に名を記し、本山の住職となるための儀式である。さらに幕府の役人（京都所司代・京都町奉行等）が来寺した際の接待やその

時求めに応じて寺宝を展示する方法まで大まかに決まっていた。また僧侶の申渡しや寺の事務を行う半僧半俗の行者《あんじゃ》の任官に伴う饗応等にも大方丈が用いられていた。本節ではそれらの事例を『法山再住入寺須知』『記録』やその他の本山関係文書を通して紹介することとする。

(一)再住入寺式

再住入寺式とは、妙心寺の開山関山慧玄が朝廷より二度にわたって入寺を促されたことを受けて、歴代住持入寺の際に取り入れられた儀式である。行事の詳細については『規式須知』と同時に編集された『再住入寺須知』に詳しくまとめられている。大きく分けると僧侶の属する本庵や妙心寺山内塔頭で行われる居成(初めて妙心寺の住持となる綸旨を受ける)と本山の諸建物で行われる入寺式(勅使を招き、再び妙心寺の住持となる)の二つとなる。

行事の全体の流れは表4のようになるが、このうち本山の大方丈が用いられるのは、入寺を最初に決める新命評定と入寺当日の休息・著座および勅使の点心の時である。それぞれの行事の中での大方丈の使い方を見ていくこととする。

〔新命評定〕　新命評定とは、入寺する僧侶を一山の僧侶が集まり、決定する儀式である。行事の流れは以下のとおりである。

A　集合

1　前住は、大方丈の東の間、前堂は西の間に集まる

2　行者、唐戸の外に跪いて起座を報じる

3　大衆、戸外に出る(位頭東にあり)

4　座奉行進んで、住持を請す

5　住持、次位を揖し、順番に室中に入室する

6　全員、左右に分かれて著座する(図15)

7　侍真は籍次に拘らず東の正中に著座する

表4　再住入寺式の行事の流れ

行事の流れ	行事場所	行　事　内　容
全体の準備	大方丈	新命評定
	本庵又は塔頭	新命登山
	山内各塔頭	新命登山巡山（新命登山翌日）
	本山	所司代へ連署（巡山の日或いは翌日）
居成	甘露寺家	禁裏へ奏聞
	本庵又は塔頭	居成（禁裏へ奏聞の同日）
		新命評定
		敕許
	甘露寺家	綸旨項戴
	本庵又は塔頭	請受
		大内評
		小内評
		綸旨受改衣
		改衣展賀
入寺準備	本庵又は塔頭	内々習儀
		法語披露
	山内前住塔頭	法語巡呈（当日7日以前）
	本庵又は塔頭	問禅法語持参
		内習儀（当日5日以前頃）
	入寺儀式場所	場蹈(内習と同日)
	小方丈	新命方常住へ移る（当日3日前）
	評席	評席見舞（前日）
	本山？	前晩賀儀
入寺	勅使門	敕使門
	山門	山門
	仏殿	仏殿
		土地堂
		祖師堂
		室間

入寺	法堂	視篆　勅使点心へ赴く
		草賀礼
	微笑塔	微笑塔諷経
	玉鳳院	御殿諷経
	大方丈	方丈東北の間にて休息
	寝堂	上堂
		寝堂
	法堂	敕黄
		拈衣
		登座
		祝聖
		将軍香
		敕使香
		檀越香
		嗣法香
		登座礼
		請法会
		提綱
		自叙
		謝語
		拈提
		展賀礼
	大方丈	方丈東北の間にて休息
		著座
	本庵又は塔頭	帰寮（休息）
	御所	参内
入寺後(入寺翌日)	所司代・両奉行所	所司代・両奉行所へ出礼
	大徳寺	大徳寺へ炷拝
	山内・龍安寺各塔頭	一山・龍安へ新命廻礼

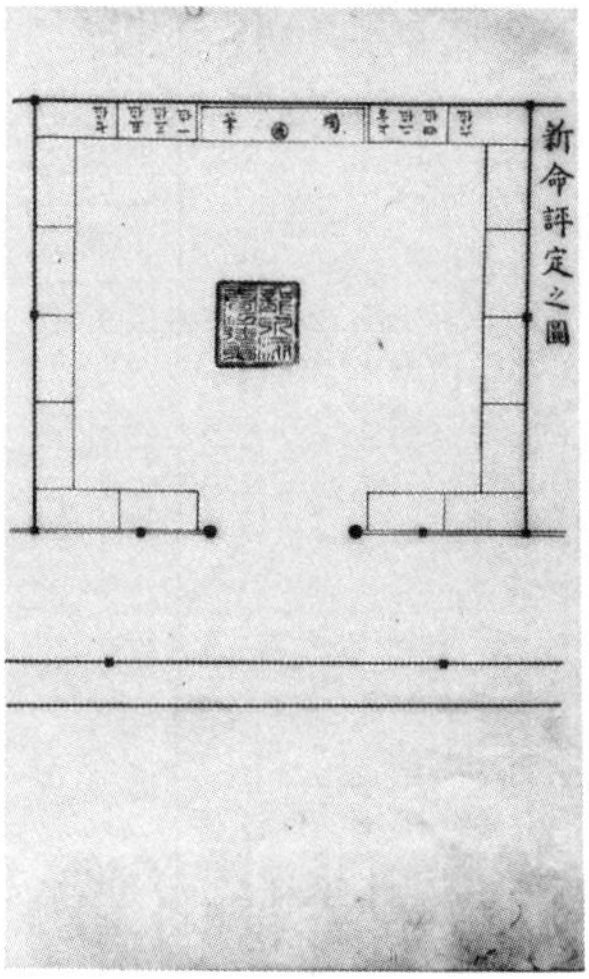

図15　新命評定之図

B　新命評定開始
8　全員座が定まれば、堂司行者室に入り、跪き「新命御評定」という
9　堂司行者、直に戸外に出て、硯紙を持ち、侍真の前に置き、跪く
10　侍真、請状を書き終われば、丸めて行者に渡す
11　行者、これを主位（東の一位）に呈す
12　主位、帽を脱ぎ、請状を見れば、また巻いて行者に渡す
13　行者、これを賓位（西の一位）に呈す
14　賓位帽を脱ぎ、請状を見れば、また巻いて行者に渡す
15　行者、これを東の二位に呈す
16　帽を脱ぎ、次位を揖し、請状を見れば、また巻いて行者に渡す
17　行者、またこれを西の二位に呈す
18　以下は行者の遞送は用いないか前住衆のみ遞送を行う
19　行者、西の末位の下に跪く
20　前堂は各々次位に遞送して、請状を見る
21　西の末位は巻いて行者に渡す
22　行者、今度は東の三位に渡して、東の末位の下に跪く
23　東の三位より各々遞送して、請状を見る
24　侍真の上位に至れば行者がこれを受け、侍真の下位へ渡す
25　東の末位巻いて行者に渡す
26　行者、侍真に返す
27　侍真、胡跪して花押を書き、巻いて行者に渡し、座る
28　行者また主位（東の一位）に呈す
29　請状を見れば、また巻いて行者に渡す
30　行者、これを賓位（西の一位）に呈す
31　請状を見れば、また巻いて行者に渡す
32　行者、これを東の二位に呈す
33　東の三位手を出して次下に送る
34　行者、侍真を越して次位に呈す
35　東の末位に至る
36　東の末位見終われば、行者再び侍真に返す
37　侍真、頼紙を添え、上は包して、自分の前に置く
38　行者、紙硯を持ち、外に出る

39　また、盤袱を捧げて来れば、侍真請状を盛り、開山像前に進む
40　焼香し、盤中の請状を取って三薫し、卓上に置き、低頭問訊し、元の位置に座る
41　菓が配られる（塩打豆、揚枝無）
42　茶が配られる（薄茶）
43　茶礼常の如し
44　終われば、各々揖して退散する

以上により方丈の使い方が判明する。

新命評定の行事の中心…室中
礼拝の方向……………室中北面中央（開山像）
集合場所………………大方丈東南の間（前住）、同西南の間（前堂以下）
行事の開始位置………南広縁

これによると、行事では室中のみを用い、北面中央の開山像を中心として、その左右に高位の僧侶より順番に座ったことがわかる。控の部屋として東南の間・西南の間が用いられている点も注目できる。

〔入寺式の休息〕　入寺式の途中で一時休息を取り、大方丈で菓子と湯をいただく儀式がある。儀式について以下で見ていくこととする。

A　集合
1　関山法皇諷経回向が終われば、方丈の胡乱座に赴く（籍位に拘らず入室することを胡乱座と呼ぶ）
2　新命は、方丈正面の唐門より入り、砂の上を東へ過ぎ、雑職に会釈して東廊下より上がり、方丈北東の間で休息する（図16・17）。
3　前住は唐門より入り、縁の正面より上がる
4　前堂以下は玄関より上がる
5　籍位に拘らず威儀にて中啓を持ち、位次を揖せず、室中に入って座る
6　多衆の時は、縁側にも著座する
7　唐戸の方を首とし、西の方に南向きに座る
B　休息
8　数珠・座具上は威儀を下ろさず、行者菓を配る（前住

は特為）
9　大衆、揖して菓を喫す
10　行者、湯を進む
11　大衆、左右と相揖して喫す
12　行者、菓湯器を撤する
13　大衆、啓を持ち起立し、左右と相揖して部屋を出る

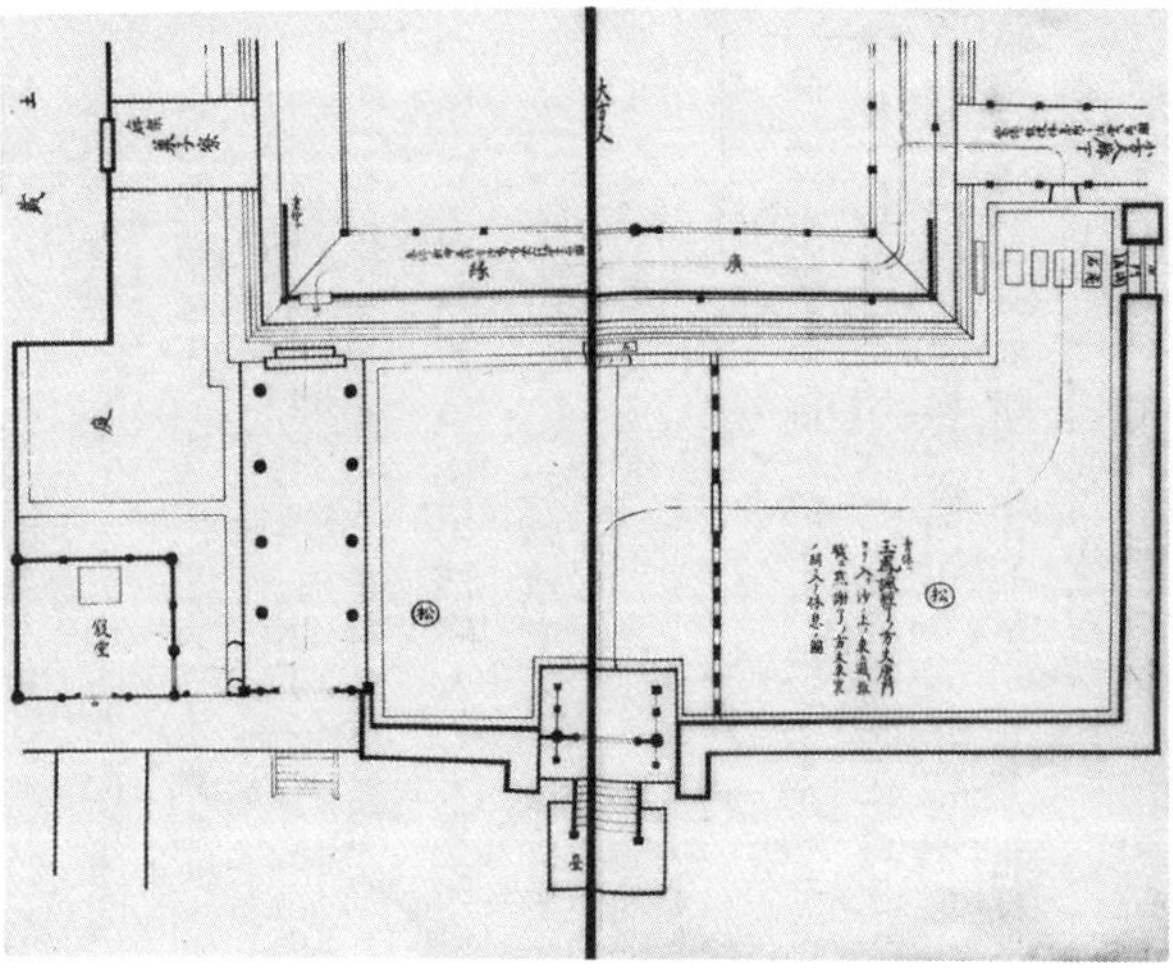

図16　入寺式の休息のための経路

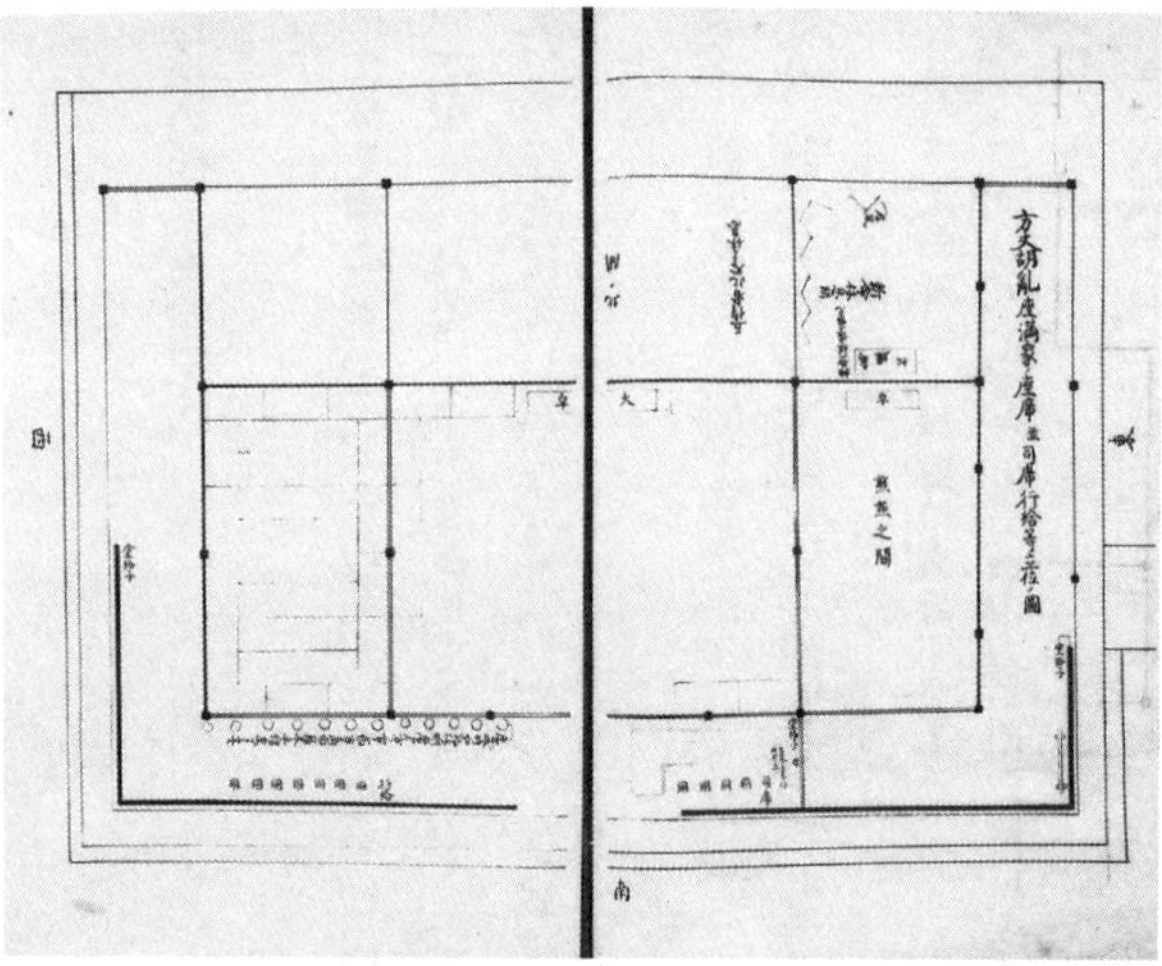

図17　方丈胡乱座満衆ノ座席並司席行給等立位ノ図

『再住入寺須知』では、以上のように簡単に記述されている。休息であるためこのように記述されたと考えられるが、その空間の利用の仕方については大変興味深い点がある。まず第一点は、それぞれ立場の違う人達が同

時に大方丈の中を分割して共用している点である。

新命は、大方丈東北の間の西側に屏風を立てて東向きに休息する。但し南側には六祖像を掛け、その前に炉・燭と松を飾る。さらにのちに詳細を触れるが大方丈東南の間では、勅使が西側中央に東向きに座し、点心をいただいている。北側には花園法皇の像を掛け、卓を置いている。さらに、この行事に参加している僧侶達は、室中と西南の間さらには南広縁西側で上記の菓子と湯をいただいている点である。

もう一点は、開山忌でも用いられる広縁の塗格子を用いること。さらに広縁を室中東側境の延長線で二分する塗格子も使われている点にある。また南側の庭においても格子を設けて二分するなど、新命・勅使が用いる空間と他の僧侶が用いる空間とを完全に分ける装置をしている点にある。

〔入寺式の著座〕　著座とは、入寺式の終わりに参集したすべての僧侶に対して新命側がもてなす斎のことである。行事は以下のように行われる。

A　集合

1　玄関より方丈に至り、直に各自の座牌を見て記憶し、縁側に対列して座す

2　前住は唐戸より東の方南側に北向きに胡跪する、東が首

3　前堂以下は、唐戸より西の方に南北両側に東を首として胡跪する(図18)

4　二番座著座の衆は北の間にて憩座、二番座給仕の衆は一番座の内に北の間にて喫斎

B　著座

5　時間になれば行者、諸前住に向かって跪き、低頭して起座を報じる

6　大衆起立し、侍香唐戸の東南辺りに立つ

7　座奉行出て、諸前住に向かって一揖して著座を報じる

8　都寺、次位へ問訊する、以下、順番に問訊して籍末に至る（1東班、2西班、3白槌・諸前住・前堂・首座・監寺・蔵主・知客、次に主塔侍者・問禅・白槌侍者）

9　唐戸の西南辺りに東向きに立ち、侍香と問訊、合掌して室中に入り、各々自位に就く

10　侍香接入の香をあげ、深々問訊をした時、大衆・和

尚・侍香著座する(図19)
11 新命、室に入り座礼を行い、著座(図20)
12 大衆一斉に右手で座牌を取り、四折りして席上の粘りを拭い、左袖に納める
13 座具と数珠を取り、右側に直す
14 二条を膝上に卸す

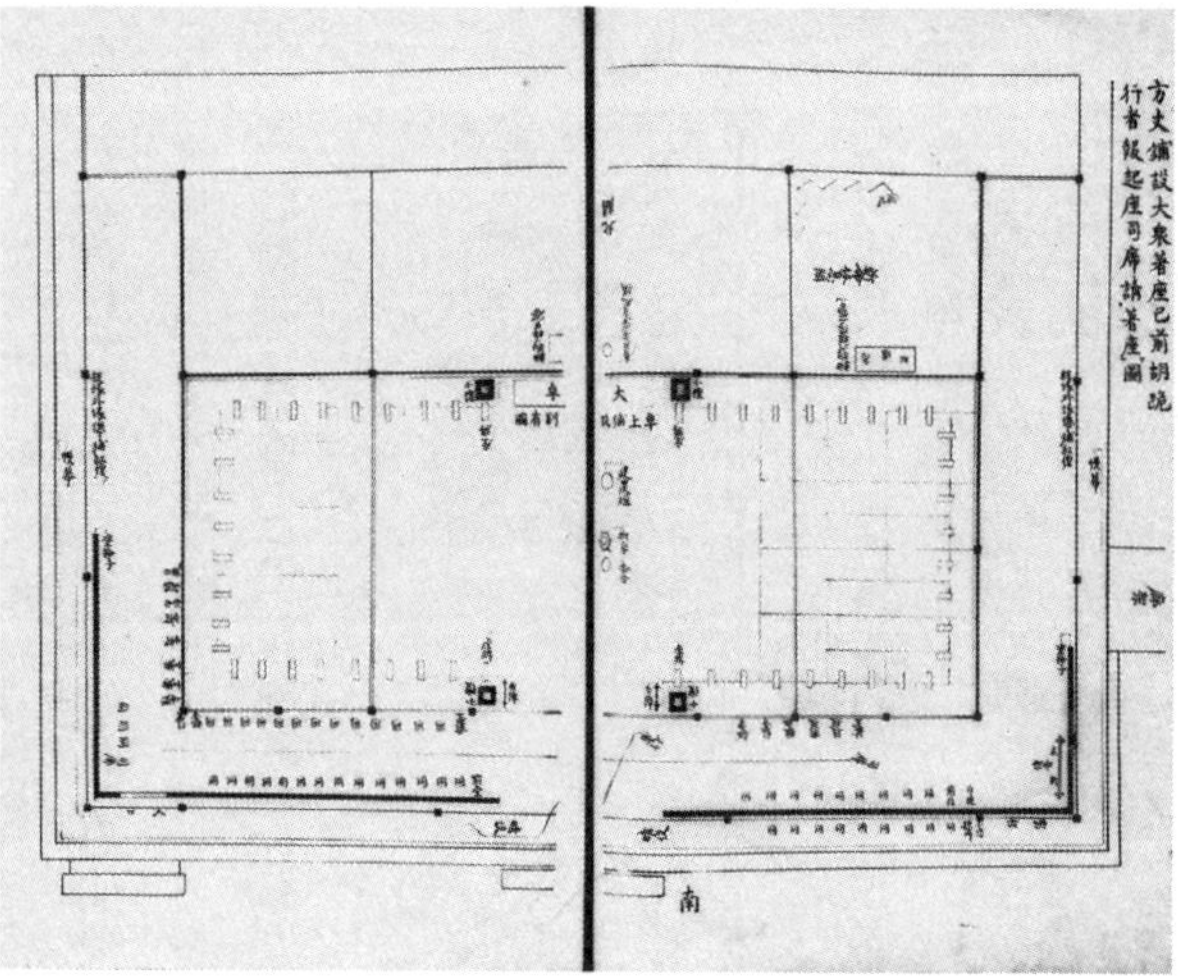

図18　方丈鋪設大衆著座已前胡跪行者報起座司席請著座図

15 膳行き渡れば、一同脱帽、以下尋常の如し(ここに斎が供されると考えられるが、『再住入寺須知』では省略している)
16 前住へ菓茶を進め来る時、問訊せず、進め終わって起立し、一歩退いた時深々問訊する
17 菓茶を撤するときは、先に深々問訊し、跪き撤する時

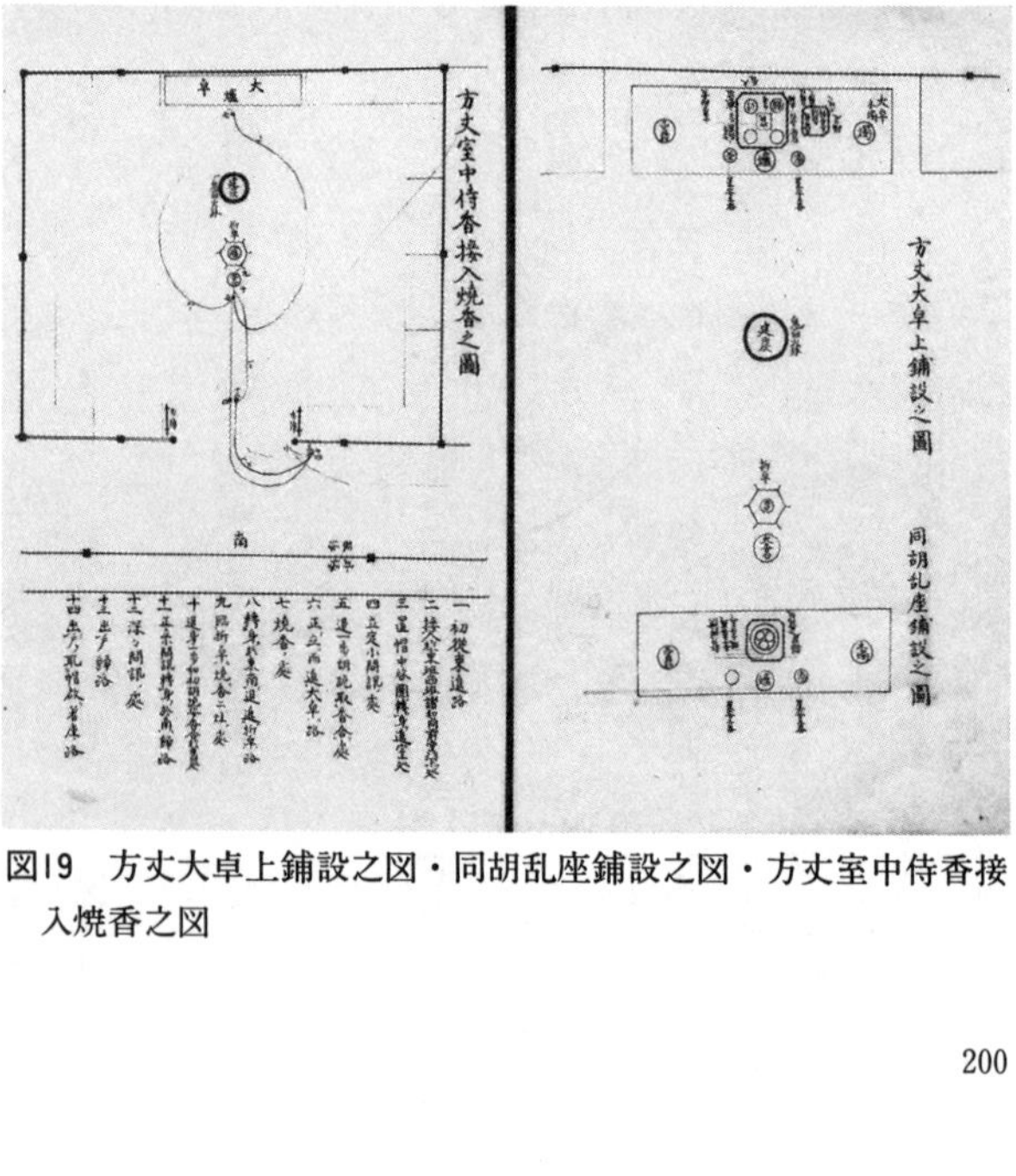

図19　方丈大卓上鋪設之図・同胡乱座鋪設之図・方丈室中侍香接入焼香之図

には問訊しない（西序の前堂にはこの作法はない、通常の特為の如く行う）

18　斎が終われば、起立し、互いに問訊して室を出る

19　諸前住は直に正面の縁より下り、唐門外西側にいる門送の前住と互いに問訊して、石段を下り、帰院する

20　前堂以下は玄関より退出する

21　二番座　著座の式開山忌に同じ(図21)

以上により方丈の使い方が判明する。

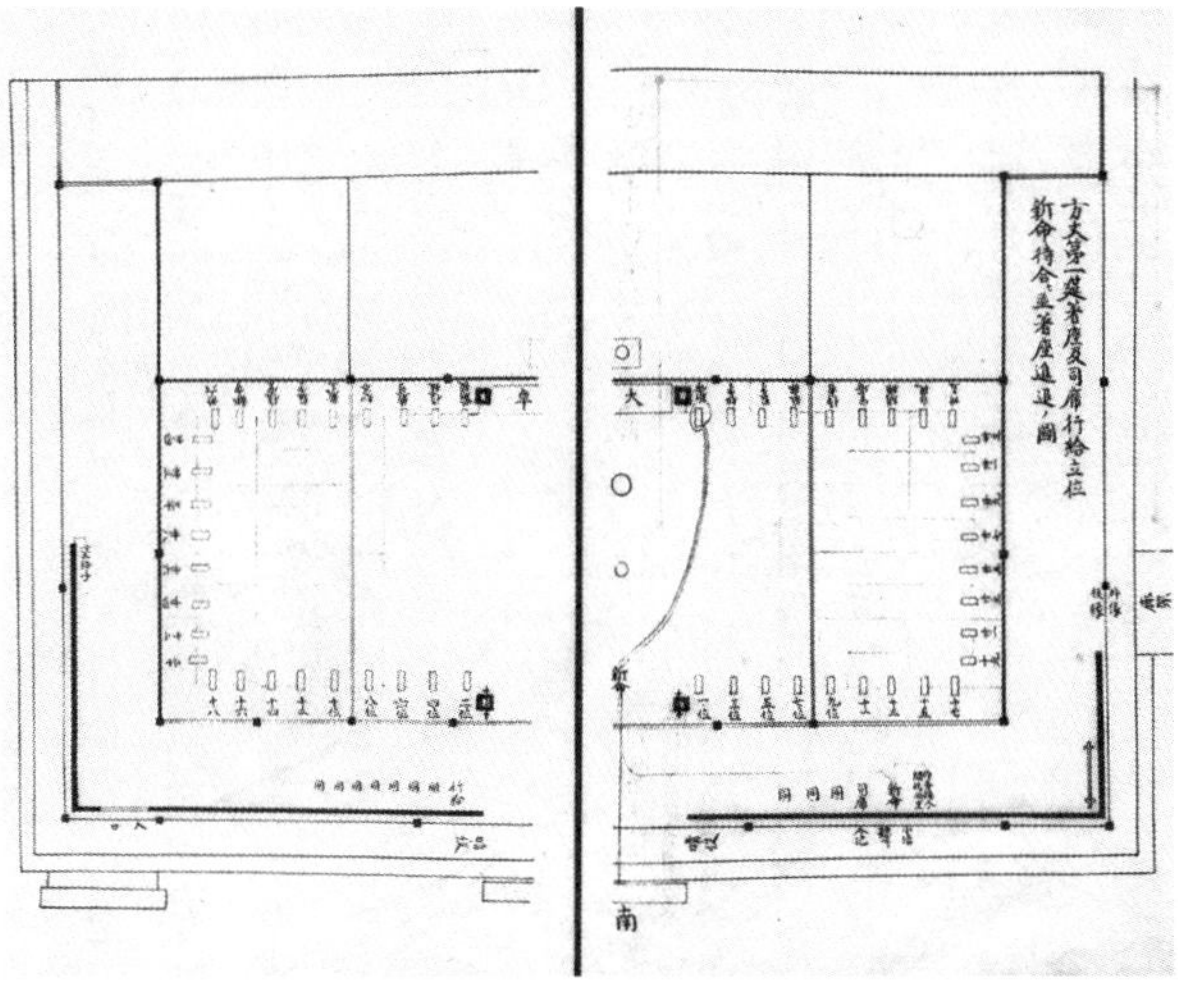

図20　方丈第一莚著座及司席行給立位新命待合セ並著座進退ノ図

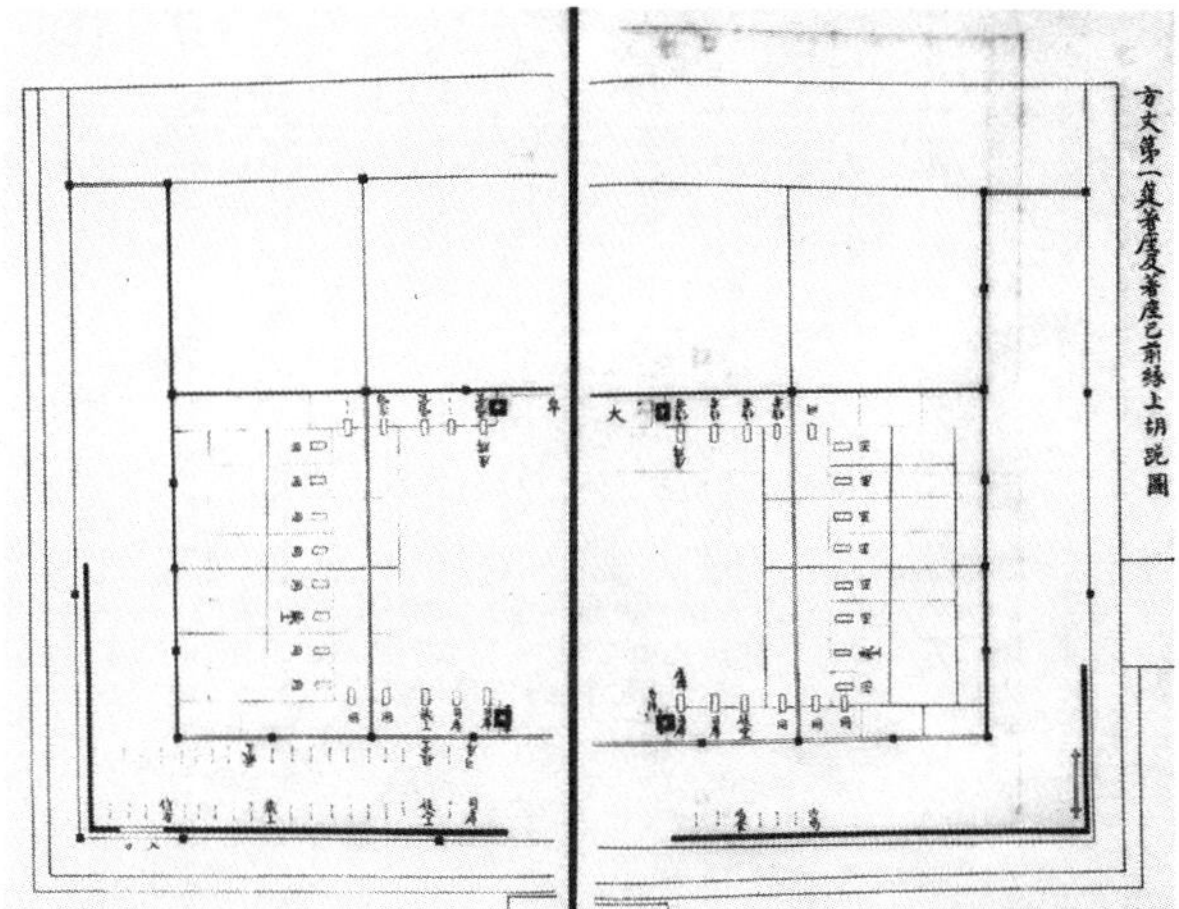

図21　方丈第一莚著座及著座已前縁上胡跪図（第一莚は誤記、第二莚である）

行事の中心……………………南側三室

集合場所及び行事の開始位置…南広縁

注目できる点は、勅使が用いていた東南の間は、すでに片付けられ、南の間三室で行事が行われること。また広縁を室中東側境の延長線で二分する塗格子も撤去されていること。さらに着座の順番は開山忌で見たような身分の高いもの同士が互いに向かい合う位置に座り、礼拝の方向を持たない点にある。

〔入寺式の勅使点心〕　再住入寺式の際、本山に赴く勅使は、はじめに同式に参列した人達が法堂に入り視篆を行う時から、休息をはさんで再度法堂に入るまでの間に大方丈東南の間において、点心をいただくことになっている。ではその際、大方丈東南の間の利用方法について『再住入寺須知』を通して見ていくこととする。その際勅使のお相手をする人を光伴と呼び、一年間本山の儀式を行う住持又は僧階の高い前住がこの役を務めることとなる。この光伴の動きから勅使の点心を検証する。

A　設営

1　北面中央に法皇尊影

B　集合

2　新命仏殿の儀式が終われば光伴は自院に帰る

3　時間が来れば、方丈東南の間（勅使の間）に赴く

4　南縁側に出る（東柱少し離れ西に向いて立つ。聴叫は隔子の外に座す）

5　勅使と対面して揖す、勅使も揖す

C　入室

6　北に向き、南中柱の左右より入り、一畳目に跪き、北面の法皇尊影に深々低頭する

7　起立して、北に進む、この時光伴は勅使より一歩下がる

8　光伴は、東柱の北辺りに西向きに座る（図22）

9　座具・中啓を取り、右側に置く、更に二条を外し、膝の上に置く

D　点心開始

10　勅使・光伴とも作法に随い羹・汁・饅・麪等を食す

11　勅使・光伴とも作法に随い酒を戴く（図23）

12　勅使奉行、勅使より盃を受ける（図24）

13　勅使・光伴、菓子を喫す

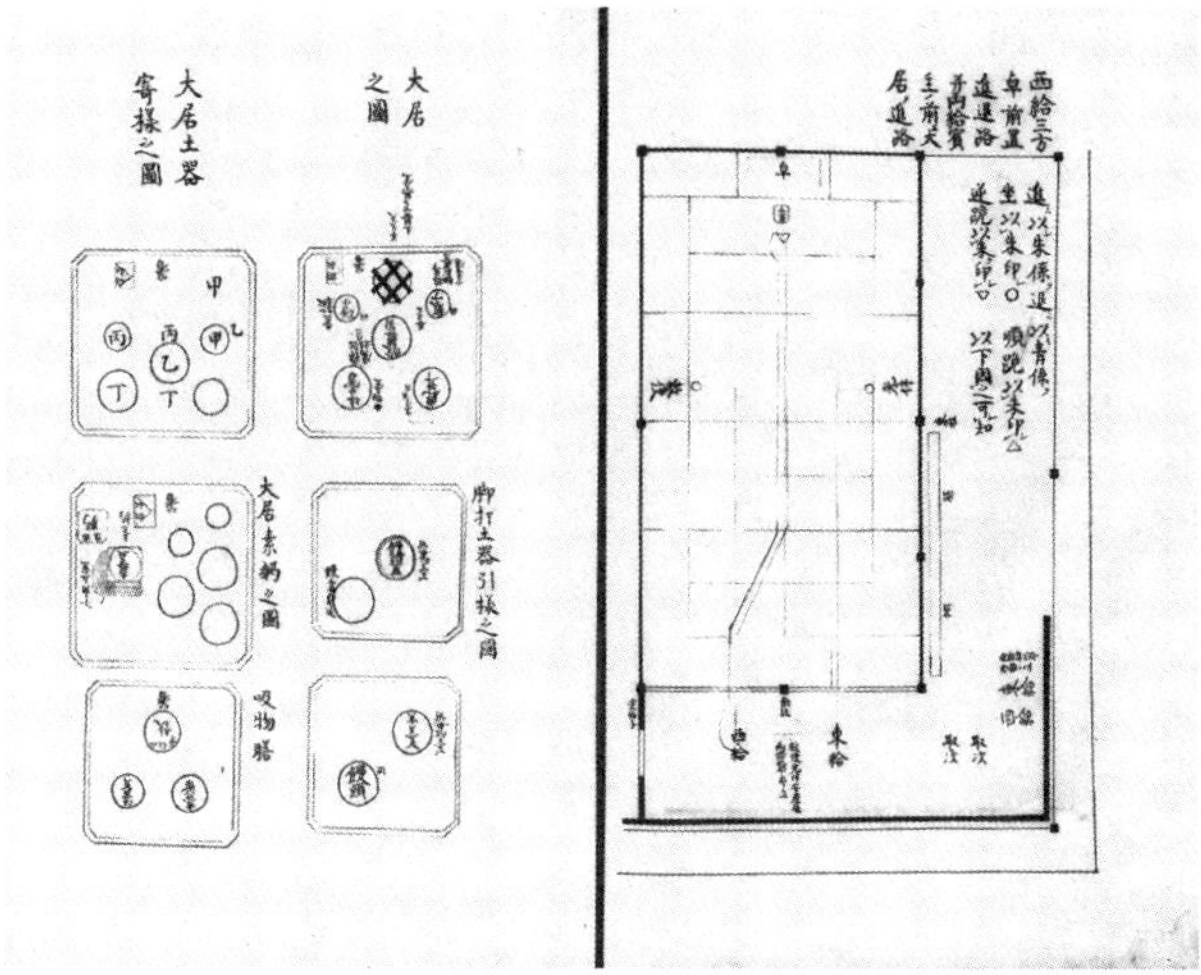

図22　（入寺式の勅使点心の図）・大居之図・大居土器寄様之図

14　すべての案・器を撤する
D　退室
15　光伴、二条を掛け、座具・中啓を持って、勅使と同時
　に起立する
16　部屋を出れば、互いに揖す

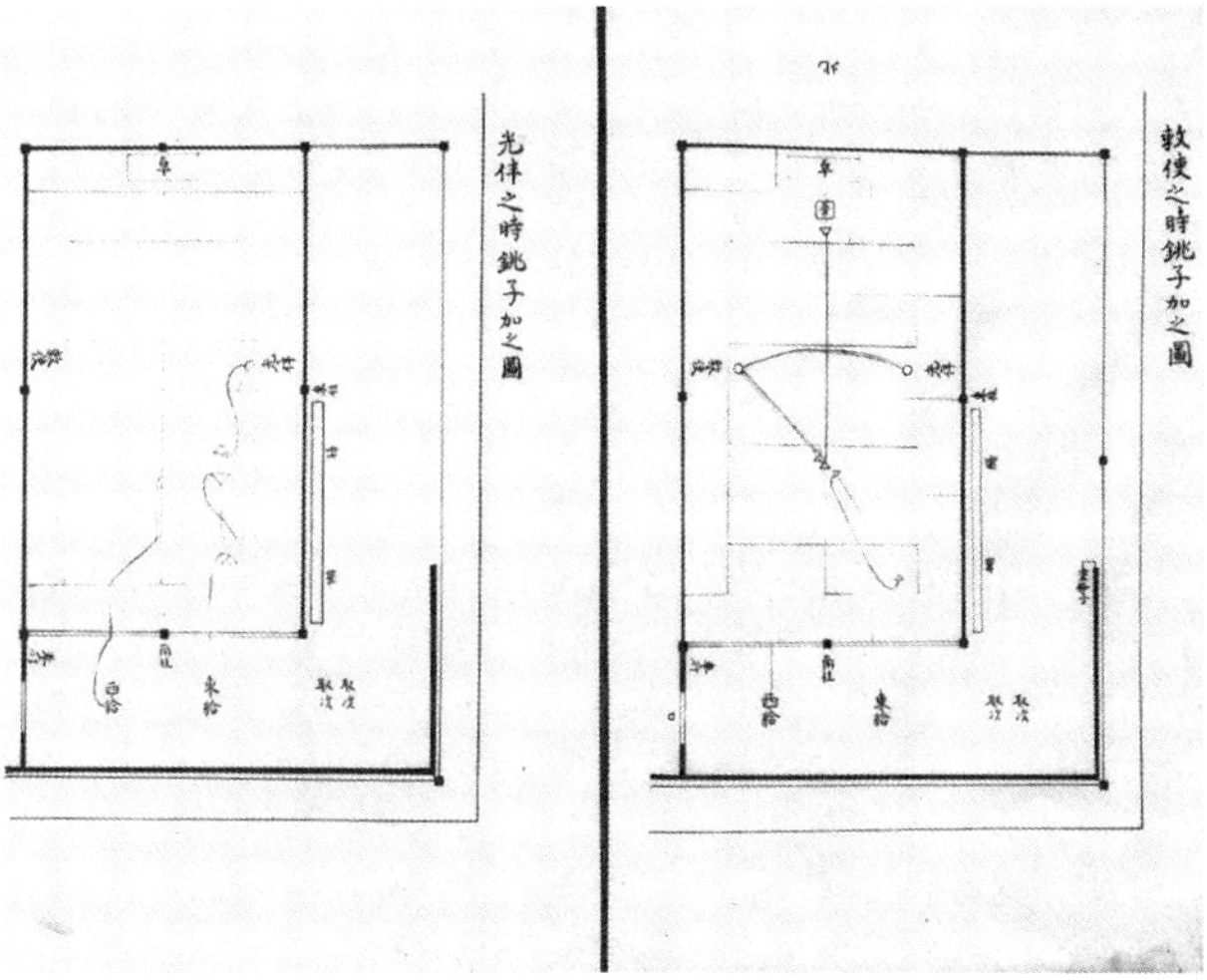

図23　勅使之時銚子加之図・光伴之時銚子加之図

17　光伴は方丈の後に退く（当住持の時は点心寮の北より
　小方丈に帰る）
18　勅使が小方丈に入れば、一回の住持すぐ行き、緩々御
　休息と挨拶すること

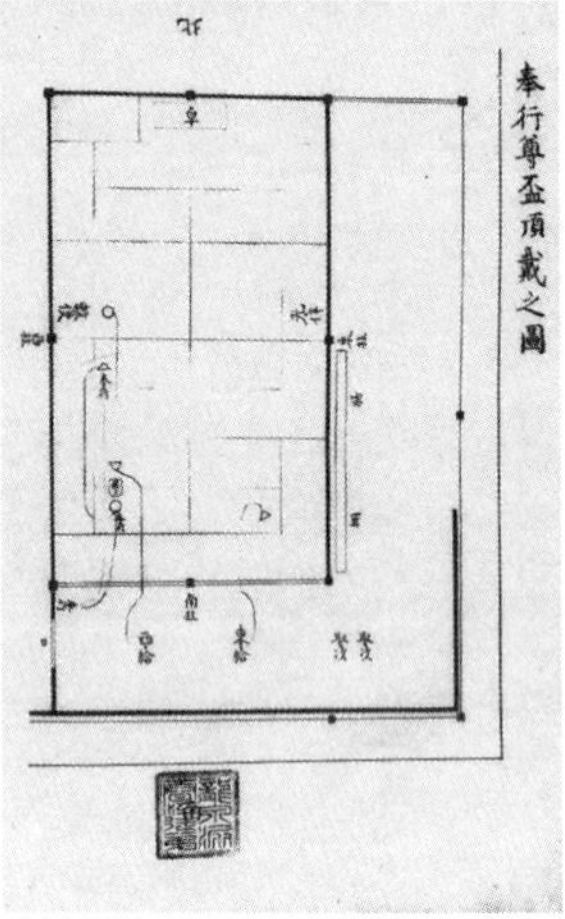

図24　奉行尊盃頂戴之図

以上により東南の間の使い方がわかる。礼拝の方向としては北側の壁に掛けられた花園法皇像の方であるが、勅使と光伴との軸は東西となり西側中央北寄りに勅使、東側中央北寄りに光伴が座る。これは先の〔入寺式の休息〕で見てきた休憩時の新命の位置と同様な考え方があり、東側二室では西側に東向きに座る人を上席としていることがうかがわれる。

(2)訪問者の接待と寺宝の展示

妙心寺は、朝廷との関わりも深く、中世からの歴史がある寺院であった。特に近世に入ると臨済宗の中では最大の末寺を抱える大本山となっていたため、当寺の訪問者は多かったと推定できる。本山の日記である『記録』に内容等が記述されている訪問者を年代順に記述すると表5のようになる。この中では所司代や京都の東・西町奉行等大名クラスの巡見時の訪問が多く記述されているほか、年忌や遊山時の公家の訪問、他の臨済宗寺院僧侶の来寺などが記録されている。これら訪問者があるときの大方丈の使い方についてみていく。

所司代や京都の東・西町奉行等大名クラスの巡見時の訪問では、本山の南門等で出迎え、本山建物を一巡した後、大方丈で休息を取るかたちが多く見られる。その際、妙心寺の墨蹟・絵画等の宝物を大方丈に飾り展示していることがわかる。展示の様子は、『記録』天和二年（一六八二）九月一四日の所司代稲葉丹後守巡見時の記述（図25）や宝永六年（一七〇九）井伊掃部頭巡見時の絵賛等之図（図26）によって理解することができる。所司代と奉行の巡見時の扱いについては、『記録』文政七年（一八二四）九月二三日の記述に、この時まで所司代が巡見の節は、宝物等を展示しておき、大方丈で住持・諸老の出迎え・送りがあったことがわかり、一方、奉行巡見

表5　訪問者一覧表

年月日	訪問者	出迎え	見学場所	本山対応	大方丈の設営	接待
延宝六年 （一六七八）	稲葉美濃守殿					
延宝七年 （一六七九） 一〇月一四日	所司代戸田越前守殿 子息大学殿 両奉行前田安芸守殿 井上丹波守殿	幻堂座元 河北座元	山門・仏殿・法堂・開山塔・玉鳳院→大方丈→霊雲院	上方雪牛和尚 光国和尚	室中→花園法皇鏡ノ御影 北ノ中央・西ノ間→宸翰綸旨絵賛 残らず掛け並べる	大方丈東南の間→諸前住諸役者
天和二年 （一六八二） 九月一四日	所司代　丹後守殿 惣十郎殿 安芸守殿	幻堂座元 湘山座元	麟華院→山門・仏殿・法堂・開山塔・玉鳳院→大方丈→天授院・霊雲院・大通院→龍安寺→御室	香海和尚 洞屋和尚	図25	大方丈東南の間→諸前住諸役者→三方菓子・ロウトウ盆
貞享三年 （一六八六） 閏三月一二日	土屋相模守殿 井上志摩殿 中井主水	白室座元 牧水座元 無著座元	山門・仏殿・輪蔵・開山塔・涅槃堂・信玄家の石塔・祥雲院の霊屋・玉鳳院・法堂→大方丈→霊雲院	住持大宙和尚 雄心桂峯和尚 麟祥繁雲和尚 玉龍銑岫和尚 執事	絵賛等の数→稲葉丹後守殿と同じ	大方丈東南の間→前住衆→三方菓子・煙草盆・茶
元禄九年 （一六九六） 五月一二日	建仁寺常光院	益水座元	還礼のため			大方丈西の間→茶菓を出す
元禄一〇年 （一六九六） 四月四日	東福寺住持棟長老	勝手見廻 龍泉執事 周天座元 聖澤執事 杲山座元		大通和尚		大方丈西南の間→三方菓子・椀麪・吸物・茶菓子・濃茶を出す
元禄一六年 （一七〇三） 三月一二日	稲垣対馬守殿 萩原近江守殿 安藤筑後守殿 石尾織部守殿	檀叟執事 梁谷執事 東岩執事 檀映執事	大方丈→諸堂一覧	上方和尚 大通和尚 麟祥和尚 玉龍和尚	室中→大布の像 宝剣　関山尊号 絵賛　虚堂尊像	不明

	安藤駿河守殿				印状二幅 達磨 豊干 布袋 徽宗の鶴二幅 往年の宸翰 紫衣の綸旨 宗門無双綸旨	
宝永二年 (一七〇五) 四月一四日	酒井雅楽頭殿 安藤駿河守殿	端宗座元 大年座元	大方丈→諸堂案内	住持 総前住 執事	前方→宸翰・絵賛 北の間→宝剣	場所不明→三方菓子・茶・煙草盆
宝永二年 (一七〇五)	甘露寺殿	執事杲山	退蔵院→玉鳳院→大方丈→大通院	物故住持	記述なし	勅使の間
閏四月一五日	正親町三条殿 小川坊城殿	端宗 台岩 大年		執事端宗座元		
宝永六年 (一七〇九) 六月七日	井伊掃部頭殿 安藤駿河守殿	執事東叔座元 松峰座元 綱首座	諸堂→大方丈→霊雲院	大春和尚 瑞堂和尚 渭天和尚 無著和尚	図26	大方丈西南の間→三方菓子・煙草盆・茶→折菓子二重
宝永七年 (一七一〇) 一〇月二日	綏心院殿 陽春院殿 梅春院殿 光照院殿 理心 守節 知心		大方丈待合せ→小方丈→玉鳳院→諸堂巡覧→大方丈→大通院→龍安寺→大珠院	杲山座元 行者恵春	室中→東山院国師加号の宸翰 ↓後に思恭筆の観音	大方丈東南の間 同北の間三室 →杉折菓子二種・銘酒二種・煮占・一重中通→ 夕飯二汁七菜・酒肴三種・吸物五種・菓子中通
正徳三年 (一七一三) 九月二六日	敬法門院様 貞宮様 東二条様		玉鳳院にて休息→大方丈→食堂・大庫裏→大方丈休息→通玄院	性通	図27	大方丈東南の間(勅使の間)・東北の間・北の間→折菓子・井

	松木大納言殿					楼
正徳五年（一七一五）四月	所司代和泉守様					
正徳五年（一七一五）五月一三日	松平安芸守殿	無用	諸堂一見	無用	なし	なし
正徳五年（一七一五）一一月七日 一一月一一日	仙台使者本郷清三郎	蟠桃院丈首座		四派執事	なし	方丈西南の間（西礼の間）使者は西に座す 執事は東に座す
正徳五年（一七一五）一二月一三日	弁慶小左衛門		諸堂（鐘楼・方丈・庫裏・微笑庵・玉鳳院・小方丈）→間数改め	行者恵春 寿硯 大工若狭子九兵衛	なし	大方丈北の間→饗応（餅・煮染）
享保六年（一七二一）六月二二日	綏心院殿 民部少輔殿		龍泉庵→大方丈（→評席→食堂→庫裏）→龍泉庵（カッコ内は民部少輔殿のみ）	南涌和尚→綏心院殿 森厳座玄→民部少輔殿	絵賛曝	接待は龍泉庵にて行う
享和三年（一八〇三）八月二日	一条右府公	門外 行者元調 門内 霊雲執事 聖澤執事	龍泉庵→山門→仏殿→輪蔵→東海庵→玉鳳院→微笑塔→涅槃堂→法堂→大方丈→洪鐘→龍泉庵	仙寿天柱和尚	室中→中 布袋の図 左右 白鶴の図 前卓 香炉 東南の間（御座の間）→北中 百禽随鳳之図 前 青貝の大卓 卓上に青磁の香炉 卓下に堆朱（図28）	煙草盆 御菓子 御濃茶
文化一三年（一八一六）八月六日	一条家御代香		八月三日の利貞尼忌			これまで方丈東南の間にて応接 来年から書院上の間

						にて応接
文政七年（一八二四）九月二六日	西奉行巡見		大方丈→霊雲院→大通院	これまで所司代の巡見の時のみ住持・諸老の出迎え・送りがあったが、奉行も同様にするよう指示される？→先例の通り上方が挨拶を行うように指示を受ける	これまで所司代の巡見の時のみ宝物等を掛け、奉行巡見の際は所望の時だけ出したが、いつも掛けておくよう指示される	
天保一一年（一八四〇）一一月一一日	所司代牧野備前守殿	龍泉執事 霊雲執事	諸堂→大方丈→大通院	上方 天祥和尚 大通和尚	不明	御休息の間？

の際はそれらがなかったことがわかる。当日の記述によると、以後奉行巡見の際も宝物等を先に展示しておくよう指示を受けている。

さらに、展示される宝物の数によって利用される部屋が異なるようで、その後の休憩時の接待を天和二年は東南の間で、宝永六年は西南の間で行っている。基本的には東南の間で接待を行った例が多いと考えられる。所司代・奉行等と妙心寺側の住持・諸老の位置関係についての記述は『評席須知』に「（前略）東間南寄請坐諸和尚出東間北寄南面東頭列座（後略）」と記述されていることより理解できる。[15] 巡見時には、大方丈で休息の後、山内塔頭や龍安寺等の見学を行う例が見られる。

公家の訪問は、関係者の年忌等による訪問が確認できる。そのため大方丈での設営にも年忌者と関係のある宝物が選ばれ用いられている。

拾得(黙庵) 寒山(黙庵) 達磨(古法眼) 観音(牧渓) 大布袋(牧渓) 鶴(徽宗皇帝) 普賢(馬麟) 鶴(徽宗皇帝) 三幅対(牧渓) 山水(君澤) 明仙逸図(文徴) 潤龍虎子(楊月) 昂墨蹟 祥雲院武具 馬具 剣	六祖六幅 開山尊像 大燈尊像 虚堂尊像 大応之尊像 布袋(梁楷) 達磨(門無関) 豊干(梁楷) 大燈関山エ印證 関山号 関山授翁エ印證 朝陽顔輝達磨(梁楷) 対月臨済像(梁楷) 大恵賛開山墨蹟	
崇光院再住綸旨一幅 光明院綸旨三幅 後円融院綸旨四幅 邦雅御書一幅 明暦帝綸旨二幅	同帝宸翰二幅 花園帝鏡尊影 後奈良院宸翰 明暦帝国師再号一幅 後土御門綸旨二幅 柏原院紫衣綸旨一幅 正親町居成綸旨一幅 方丈中央	東ノ間にて休憩・挨拶

図25　天和 2 年(1682)所司代丹後守等来寺の際の設営(復元図)

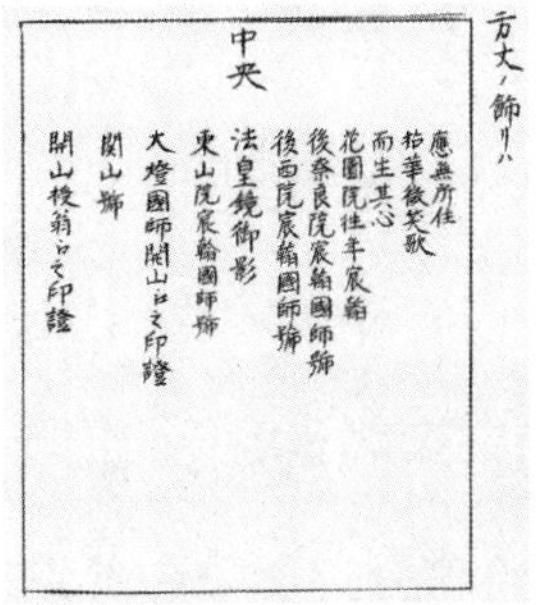

図27　正徳 3 年(1713)　敬法門院等来寺の際の設営図

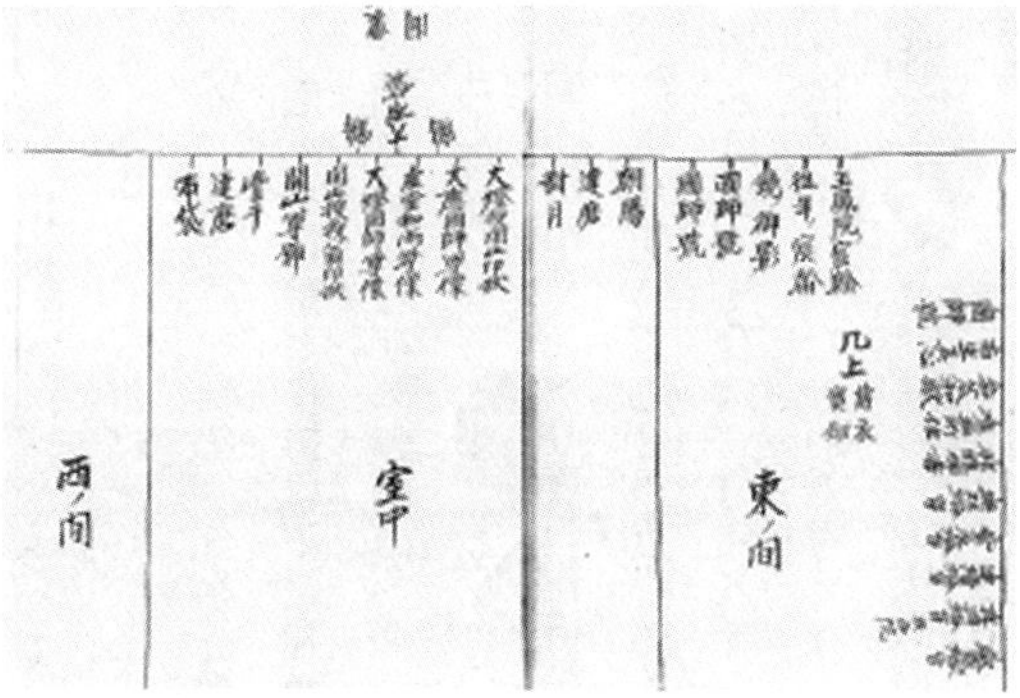

図26　宝永 6 年(1709)　井伊掃部頭等来寺の際の設営図

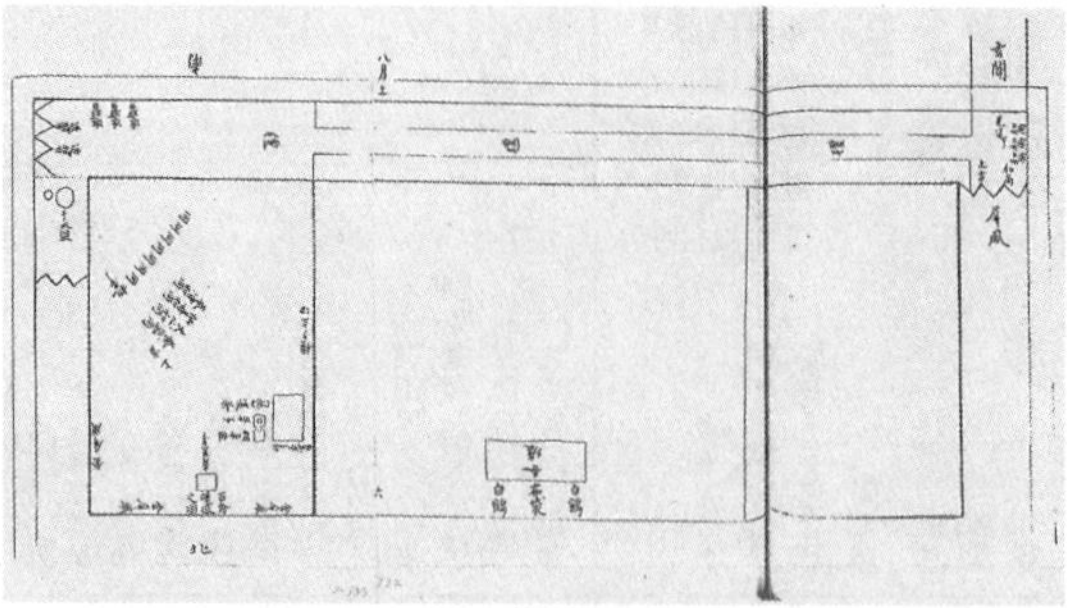

図28　享和３年(1803)一条右府公来寺の際の設営図

宝永七年（一七一〇）一〇月二日と正徳三年（一七一三）九月二六日の訪問（図27）では、東山天皇（一六七五～一七〇九）の関係者であったため、東山院から戴いた国師加号の宸翰等が掛けられていることがわかる。接待は大方丈で行われ、主客は東南の間で、御付きの人達はそれぞれ身分によって、北の間三室で饗応を受けていることが確認できるが、それぞれの部屋の中での位置関係については不明である。

享和六年（一八〇三）八月二日の一条右府公の訪問は、妙心寺に縁の深い利貞尼（一四五五～一五三六）が同家の出身であることより実現したもので、例年は年忌の行われる八月三日に一条家から代香に来られることとなっていた。当日は御休息所として龍泉庵が利用されたため、食事等の接待は同庵で用意している。本山の大方丈は、簡単な休憩と住持以下諸和尚・諸執事等と対面するために用いられている。同日の『日記』には、対面時の略図が添えられていることより、その様子を把握することができる（図28）。それによると東南の間（御座の間）が用いられ、一条右府公は西面北よりに東向きに座り、妙心寺の住持等が部屋の中央より西北向きに挨拶を行ったことがわかる。これは、再住入寺の際、同室を用いる勅使の点心時と同様に東を主とし、西を下座とする東西軸が存在することを示している。但し一条右府公の場合は、再住入寺の勅使より一層身分が高いため、住持以下は真正面に座ることを避け、東南の方より挨拶を行ったものと考えられる。また、例年の一条家の代香については、文化一三年（一八一六）八月六日の記述より、本年まで大方丈東南の間で応接してきたが、翌年からは文化五年（一八〇八）に新築された書院の上の間にて対応することにしている。

以上により、これまで見てきた所司代・奉行・公家等の貴人クラスの接待は、おおむね大方丈の東南の間で行われたことがわかった。

次に他の臨済宗寺院僧侶が来寺した時の面会場所を見ると、元禄九年（一六九五）建仁寺常光院が還礼に来た際も、元禄一〇年（一六九六）東福寺住持棟長老が伽藍再興の助縁のお礼に来られた際も、大方丈の西南の間が用いられている。さらに、正徳五年（一七一五）一一月七日に仙台藩の使者が訪れた時も西南の間が用いられている。この際は座る位置の記述があり、使者は西に座り、執事は東に座っていたことがわかる。これにより東の間の使い方と同様に東西軸が存在し、室中寄りの東面を上席としていることが確認できる。

最後に下級役人である弁慶小左衛門の来寺の際は、大方丈の北の間が用いられたことがわかる。

(3)僧侶の申渡し

『記録』の中ではあまり存在しないが、これまでの大方丈とまったく異なる使い方が見られるものに、僧侶の「申渡し」がある。「申渡し」とは、妙心寺として正式に決定した重要事項を、同門の特定の僧侶に伝達するために行われる。『記録』に指図を伴い記述されているものは、以下の三件である。

安永九年（一七八〇）一二月一八日　龍華院并亀年徒弟、罪状申渡し
天明四年（一七八四）九月一一日　文豹一件叱り置き
天明五年（一七八五）三月一三日　琉球国の僧侶転位について規定書式目等を渡す

それぞれの大方丈の使い方について見ていくこととする。

安永九年（一七八〇）一二月一八日の内容は、本山にとって重要な垂示の件について、亀年徒弟の問題（不明）を龍華院香山和尚（当時玉鳳院塔主を勤めていた）の一存で決定したため、一山に動揺を与えることになったもの

である。本来は常住（本山）の意向を確認するべきであったが、それを怠っていたため龍華院香山和尚と亀年徒弟に対し、軽法科を申付けることとなった。当日は香山和尚不快により代理を愚冲座元、亀年徒弟乾徳院隠居逸山座元も病気不快により代理を衡梅院下範蔵主が勤め、出席している。罪状申渡しは、主に大方丈の西南の間と西北の間を用い、前住・執事が西南の間に座り、申渡しを受ける僧侶が西北の間の北端に座って行われている。西側二室を用いている点、しかも南から北向きに申渡しを行っている点などこれまでに例のない利用法が確認できる（図29）。

やはり同様の部屋の利用方法が見られているのが、天明四年（一七八四）九月一一日である。内容は文豹の件について、止観和尚・宿坊徒弟及び懐州座元が取計いに不埒な点があったとして、叱り置くために申渡しが行われている。申渡しの方向等は安永九年と同じであるが、出席する前住・執事の人数が多いため、西南の間全体が用いられていること、申渡しを受ける僧侶の西北の間北側の建具が外され、直接外部に面している点などが異なっている（図30）。

天明五年（一七八五）三月一三日は西北の間のみを用い、前の二例とは用い方が異なる。この日の申渡しの内

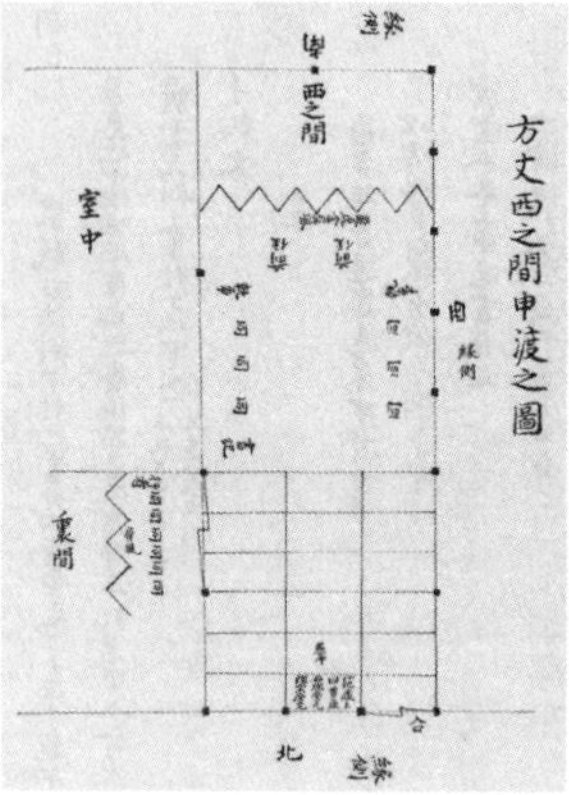

図29　安永９年(1780)12月18日 龍華院并亀年徒弟、罪状申渡しの図

図30　天明４年(1784)９月11日 文豹一件叱り置きの図

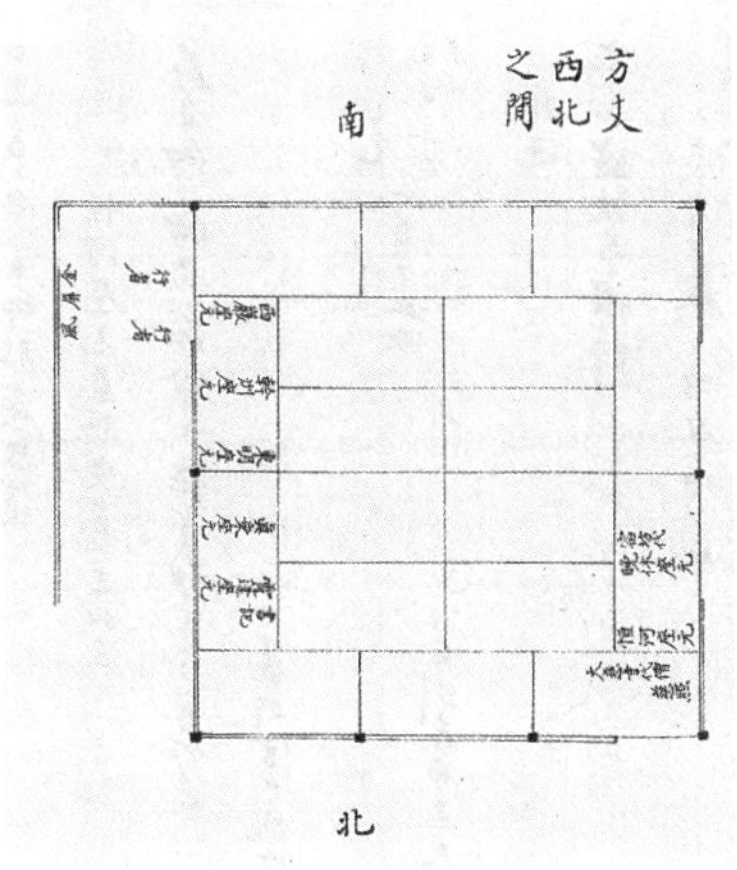

図31　天明５年(1785) ３月13日　琉球国の僧侶転位について規定書式目等を渡す図

容は、琉球国の僧侶転位式について入用減少願いが提出されたことを受け、本山の総評・各派の存知寄りを確認した上で、正式に規定を定め、承認の規定書式目等を渡すものである。この日は執事・書記が東側に、宿坊代理と薩摩・日向の僧侶が西側に座り対面している。そのため申渡しの方向は、東から西向きに行われている（図31)。

では、どうして前の二例と後の一例では部屋の用い方が異なったのであろうか。ただここではじめに確認しておきたいことは、本来身内の僧侶に対する大方丈の利用方では、西北の間のみが用いられたと考えられる点である。その上で前の二例を考えると部屋の利用方法が理解できる。一点目は多人数の本山僧侶が出席するために西北の間では納まらなかったこと。二点目は前二例が処罰を行う申渡しであったため、本山の絶対的権力を表すために、南北軸を用いる必要があったためではないだろうか。そのため西南の間まで用いることとなったが、南端は屛風をたてて広さの調整を行っていると考えられる。他に例のない利用方法となっている。

一方、天明五年の例は本来の西北の間で納まり、軸線は相対的な位置関係を示すための東西軸が用いられたものと考えられる。

(4)行者の任官に伴う饗応

行者とは、本山の寺務を補佐する半僧半俗の人達で、妙心寺の南門前に住み代々世襲で仕えていた。この行者

表6　行者の任官に伴う饗応、『記録』記述内容一覧表

年号	任官の契機	任官者	『記録』の記述内容
元禄一〇年（一六九七）	法皇三五〇年御忌	寿仙→参頭 能澤→副参 恵春→法橋 寿硯→法橋	元禄一〇年（一六九七）六月一二日 行者方任官之祝儀トメ四人一等方丈裏間ニテ大衆エ苔餅ヲ供（両山籍一堂也）菓茶（饅頭麩串）中央ニ設六祖大師之像（行者方ヨリ掛之先規也）
宝永六年（一七〇九）	開山国師大年忌	恵春→副参 良積→法橋	宝永六年（一七〇九）一〇月五日 開山国師大年忌ニ付先月六日恵春ヲ副参同十日良積ヲ法橋ニ任ス依之三十日達磨忌了テ方丈裏ノ間ニ六祖大師ノ尊像ヲ掛ケ（行者方ニ有之）両人一山江海苔餅ヲ薦ム茶果（麩串饅頭）座奉行ハ養源執事肇首座大衆著座了テ恵春良積帽子中啓ヲ入口西ノ縁ニ置進テ敷居ノ内一畳目ニ相並テ（左右ヲ視テ）謹テ座礼ス
享保四年（一七一九）		寿硯→参頭	享保四年（一七一九）一二月八日 去月十一日定ニ寿硯ヲ被任参頭其祝儀トメ成道忌了テ如例方丈就于裏間一山皆請シ薦海苔餅茶菓饅頭麩串中央ニ懸六祖ノ像（但在行者方）司席聖澤塔主（純叔座元）
享保六年（一七二一）		幸順→法橋	享保六年（一七二一）四月八日 誕生会後幸順法橋ノ広メ方丈裏ノ間ニ於テ茶菓進ム中央ニ堂司方所持六祖ノ像ヲ掛前卓三具足松壹本ノ心立之座奉行森巖座元 （諸般省略により　海苔餅→なし　茶菓のみとする　饅頭麩串→小豆等の菓子餅）
安永六年（一七七七）		元琱→法橋	安永六年（一七七七）一〇月五日 達磨忌半斎後元琱法橋任職ノ弘メ方丈裏ノ間ニ六祖尊像ヲ掛三具足ヲ設ケ海苔餅菓子（塩打豆）座奉行天授執事
天明七年（一七八七）	多年実頭に相勤め年齢も相応	良圓→法橋	天明七年（一七八七）三月四日

達が、妙心寺の大きな行事の際や年齢によって朝廷から官位を受けることを本山が許可した。官位には、参頭・副参《ふさん》・法橋《ほうきょう》の三種類があったことがわかる。

その官位を頂戴した行者は、山内の僧侶すべてを招いて[16]お披露目を行う式が、大方丈北の間三室で行われていたことが『記録』に記述されている（表6）。式の内容は以下の通りである。

儀式の中心…大方丈北の間三室

設営…六祖大師の像（行者所持）

　前卓・三具足・松一本

饗応…海苔餅（一時節約の時期に中止したことがある）

茶菓…饅頭・麩串（節約の時期以降塩打豆に代る）

『記録』の中に行事の様子を表す絵図等はなかったが、六祖大師の像が掛けられ、前卓に三具足が置かれていることより、方丈北の間鉢斎のように、南の壁に礼拝し北の間三室の外周に僧侶が着座したものと考えられる。さらに行者は北面中央の入口より入り、敷居より一畳目のところで挨拶をしたことがわかる。

（5）高僧の大年忌

妙心寺の『記録』には、高僧の大年忌の際、例年とは異なる行事が行われていたことが記述されている。『記録』の中で比較的よく記述されているものは表7のとおりである。これらの記述内容について検討を行う。

全部で九例が確認でき、大燈国師（大徳寺開山）と授翁宗弼（妙心寺第二世）が二回ずつ、他の高僧については一回ずつとなっている。さらにこれらの高僧の伝法順序は図32となり、妙心寺の二世から九世までのうち、妙心寺に塔頭が構えられた僧侶の大年忌が本山で行われていたことがわかる。第九世の雪江宗深の後は、その弟子達

経　　営	香　　資	例年の行事
記述なし 東海庵 香儀　銀30枚	一山の香資なし 天授院で行う	3月28日
鉢斎(下行銀100目・米1石(御忌の如く))	香資金　前　住　300文 前　堂　200文 四本庵　前住並　平僧　なし	年4回 巡塔諷経を行う
1番座66人　2番座62人 五岳隣封5、60人東北の間・北の中央の間にて喫粥・喫斎 喫粥・喫斎の献立あり	常住より営弁	12月21日 宿忌(仏殿内祖堂) 12月22日 半斎(仏殿内祖堂)
記述なし	香資　如是・衡梅・四本庵・前住　3銭 前堂　2銭 平僧・行者　1銭 (但し玉鳳・天授・退蔵を除く)	年4回 巡塔諷経を行う
鉢斎	記述なし(常住より営弁か)	12月28日 宿忌(仏殿内祖堂) 12月29日 半斎(仏殿内祖堂)
鉢斎(下行銀100目・米1石(御忌の如く))	一山の香資なし 退蔵院 香儀　不明	6月4日 本山行事記載なし
鉢斎(一汁五菜五種菓子)	如是院 鉢斎料　銀10枚	3月18日 本山行事記載なし
鉢斎(下行銀100目・米1石、毎年の法皇忌の如く)	記述なし(常住より営弁か)	1月9日 宿忌(仏殿内祖堂) 1月10日 半斎(仏殿内祖堂)
方丈掛物之図あり(図34)	東海庵 斎資銀　30枚	上記に同じ
1番座58人　2番座49人 五岳隣封6、70人北の間にて喫粥・喫斎 喫粥・喫斎の献立あり (図33)	記述なし(常住より営弁か)	上記に同じ

第2世 授翁宗弼 → 第3世 無因宗因 …→ 第7世 日峯宗舜 → 第8世 義天玄承 → 第9世 雪江宗深

第4・5・6世略

表7　『記録』にみる高僧の大年忌

年　代	行　事　名	行　事　場　所			行事規模
延宝7年(1679)	第2世授翁300年忌	宿忌・半斎(法堂)	献粥諷経(天授院)	喫粥・斎(大方丈)	開山忌
貞享2年(1685)	第9世雪江200年忌	宿忌・半斎(法堂)	献粥諷経(衡梅院)	斎(大方丈北の間)	法皇忌
貞享3年(1686)	大燈国師350年忌	宿忌・半斎(法堂)	献粥諷経(法堂)	喫粥・斎(大方丈)	開山忌
元禄10年(1697)	中興250年忌(第7世日峯宗舜)	記述なし	記述なし	記述なし	開山忌
宝永4年(1707)	大応国師400年忌	宿忌・半斎(法堂)	記述なし	斎(大方丈北の間)	初祖忌
宝永6年(1709)	第3世無因和尚300年忌	宿忌・半斎(法堂)	献粥諷経(退蔵院)	斎(大方丈北の間)	開山忌
正徳元年(1711)	第8世義天和尚250年忌	宿忌・半斎(法堂)	献粥諷経(如是院)	斎(大方丈北の間)	無因和尚300年忌
正徳6年(1716)	臨済大師850年忌	宿忌・半斎(法堂)	記述なし	斎(大方丈北の間)	達磨忌
享保14年(1729)	第2世授翁350年忌	宿忌・半斎(法堂)	献粥諷経(天授院)	喫粥・斎(大方丈)	開山忌
元文元年(1736)	大燈国師400年忌	宿忌・半斎(法堂)	献粥諷経(法堂)	喫粥・斎(大方丈)	開山忌

図32　高僧の伝法順序

臨済義玄(臨済宗祖) …→ 虚堂智愚(南宋僧) ➔ 大応国師 南浦紹明 ➔ 大燈国師 宗峯妙超 ➔ 開山 関山慧玄 ➔

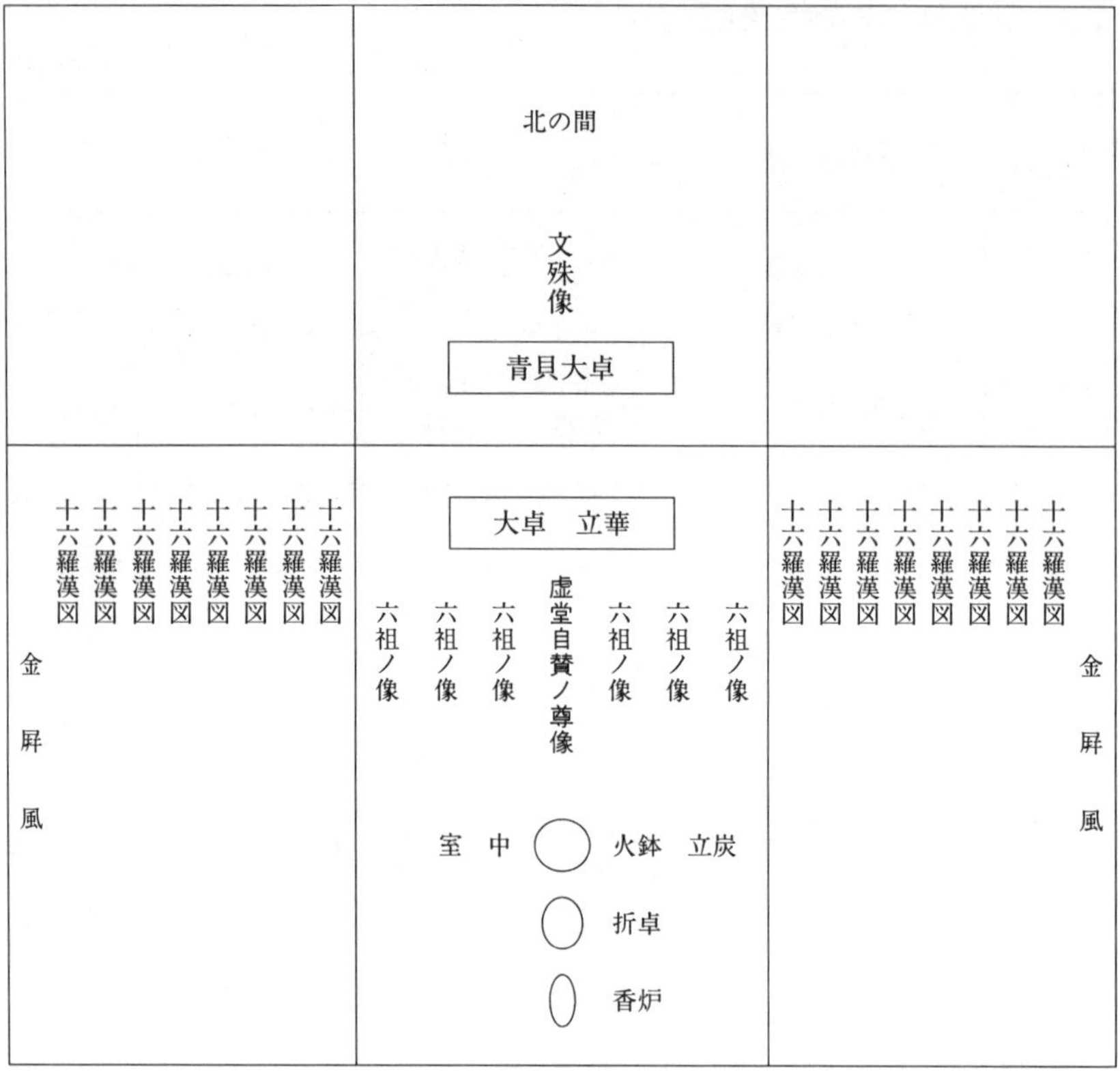

図33　元文元年（1736）　大燈国師400年忌の際の設営（復原図）

により四派に分流したため、本山として行事を行わなかったと考えられる。

行事の場所は、前日の宿忌と当日の半斎が法堂で行われている。さらに半斎の前の献粥諷経は、開山以前の高僧については法堂で、第二世から第九世まではそれぞれの塔頭で行われていたことが確認でき、おおむね例年の開山忌の様子と同じであると記述されている。もっとも違いが現れるのが、大方丈で行われる喫粥・斎の方法である。

大燈国師と授翁宗弼の大年忌については、喫粥と斎の両方が行われ、大方丈の南側の三室が用いられるなど、例年の開山忌における粥著座・斎著座と同様の扱いがみ

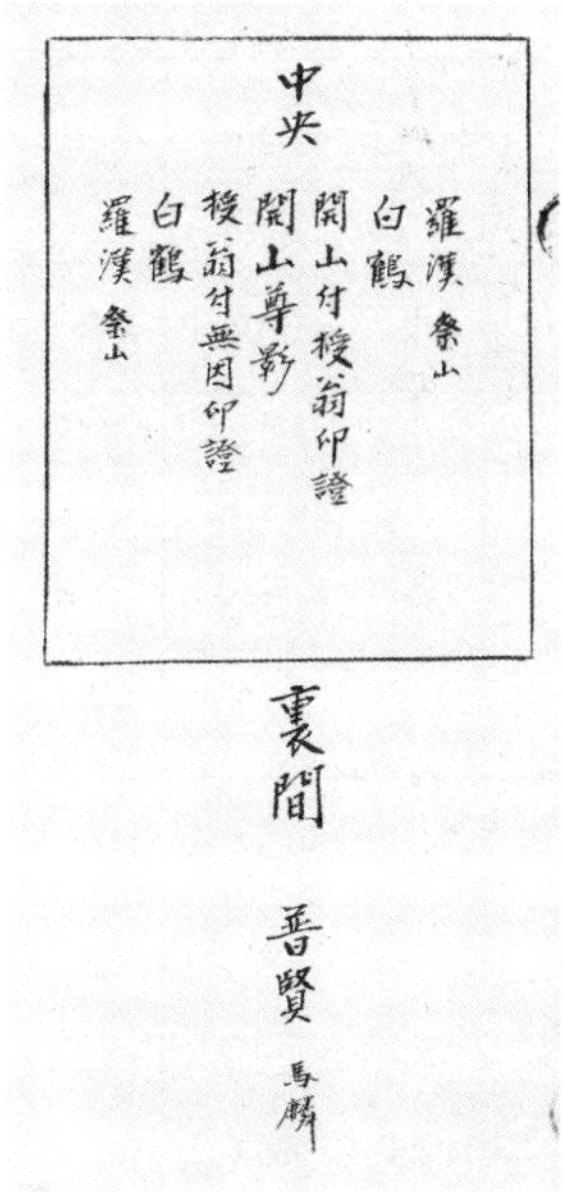

図34　享保14年(1729)　第2世授翁350年忌の際の設営図

られる。特に大燈国師の年忌の際には、五〇～七〇名ほどの他山の僧侶が招かれ、大方丈北の間三室で饗応していることが確認できる。大方丈の飾り付けについては、大燈国師の年忌の際が図33のように設営され、中央には大燈国師の師大応国師のさらに師であった南宗の高僧虚堂の尊像が中央に掛けられていたことがわかる。さらに授翁三五〇年忌の際は絵図により中央に開山尊影、右に開山が授翁に渡した印証が左に授翁が後に第三世となる無因に授けた印証等を飾っていたことがわかる（図34）。いずれも、その年忌者に関係する尊像等が設営されていることが確認できる。大方丈南の間三室での席次については不明であるが、やはり開山忌同様、身分の高い順に互いに向き合う位置に座っていたと推測できる。

その他の高僧の大年忌では喫粥は行われず、法堂での半斎の後、大方丈の北の間で鉢斎が執り行われたことが確認できる。下行は銀一〇〇目と米一石が用いられており、例年の初祖忌や法皇忌等と同様な鉢斎であったことが確認できる。

(6) 檀越の大年忌

檀越の年忌等の記述は、表8のように見られる。いずれも徳川幕府の将軍と天皇であることがわかる。

将軍家のものは、亡くなった年の法要を仏殿で行い、その後、大方丈で鉢斎を行っていることが享保元年（一七一六）の有章院（七代将軍徳川家継）の例から確認できる。その後の年忌については、正徳元年（一七一一）常

行事規模	経営	例年の行事	備考
	鉢斎		
毎月の法皇諷経の如し			公方家御年会の節は右の通り執行
例年の開山忌の如く			
	鉢斎(了心院忌の如く)	この年に亡くなる 今回→仏殿の正面	以前→土地堂前
毎年の花園法皇忌の通	鉢斎		後土御門院・後柏原院・後奈良院の大年忌に適用
			後円融院・後西院・東山院・桃園院・後花園院
例年の開山忌の如く			200年神忌からこのように行う
文化度の通			200年神忌の通り修行

憲院（五代将軍徳川綱吉）三回忌の際の衆議によって宿忌・半斎とも玉鳳院で行うことが決められており、大方丈は用いられていない。

ただし、東照宮（初代将軍徳川家康）の場合のみ、全く異なる法事が行われている。それまでの檀越に対する行事では、法要を法堂・仏殿ないしは玉鳳院で行い、法要後、大方丈北の間三室にて鉢斎を行うことが多く認められた。しかし東照宮に対する行事は、命日の前日に行われる宿忌も当日の半斎もすべて大方丈南側三室が用いられている（図35・36・37）。これは東照宮が神として祀られていることと関係していると考えられる。すなわち当時の僧侶にとって最も仏教色の薄い建物として大方丈が意識され、ここが神忌の場所として設営されたのではないだろうか。

表8　檀超の大年忌

年　代	行　事　名	行　事　場　所		
宝永元年 (1704)	厳有院殿35回忌 (4代将軍徳川家綱)	一山諷経 (仏殿)		斎なし
宝 永7年 (1710)	東山院の法事あり (1周忌)	楞厳経行道回向 (法堂)		斎(大方丈北の間)
正徳元年 (1711)	常憲院3回忌 (5代将軍徳川綱吉)	宿忌・半斎 (玉鳳院)		
正 徳5年 (1715)	東照宮100年忌 (初代将軍徳川家康)	宿忌(大方丈) 半斎(仏殿)		非時(方丈) 喫斎(大方丈)
享保元年 (1716)	有章院殿法事 (7代将軍徳川家継)	楞厳経行道回向 (仏殿正面)		斎(大方丈北の間)
寛政11年 (1799)	後土御門院300年忌	宿忌(法堂) 半斎(法堂)	献粥なし	斎(大方丈北の間)
		法会(玉鳳院)		
文化12年 (1815)	東照宮200年御神忌 (初代将軍徳川家康)	宿忌(大方丈) 半斎(大方丈)	献粥なし	非時(方丈・間の座、二番座は北の間) 喫斎(方丈・無籍の弟子等は北の間)
慶応元年 (1865)	東照宮250年御神忌 (初代将軍徳川家康)	宿忌(大方丈) 半斎(大方丈)	献粥なし	非時(方丈・間の座、二番座は北の間) 喫斎(方丈・無籍の弟子等は北の間)

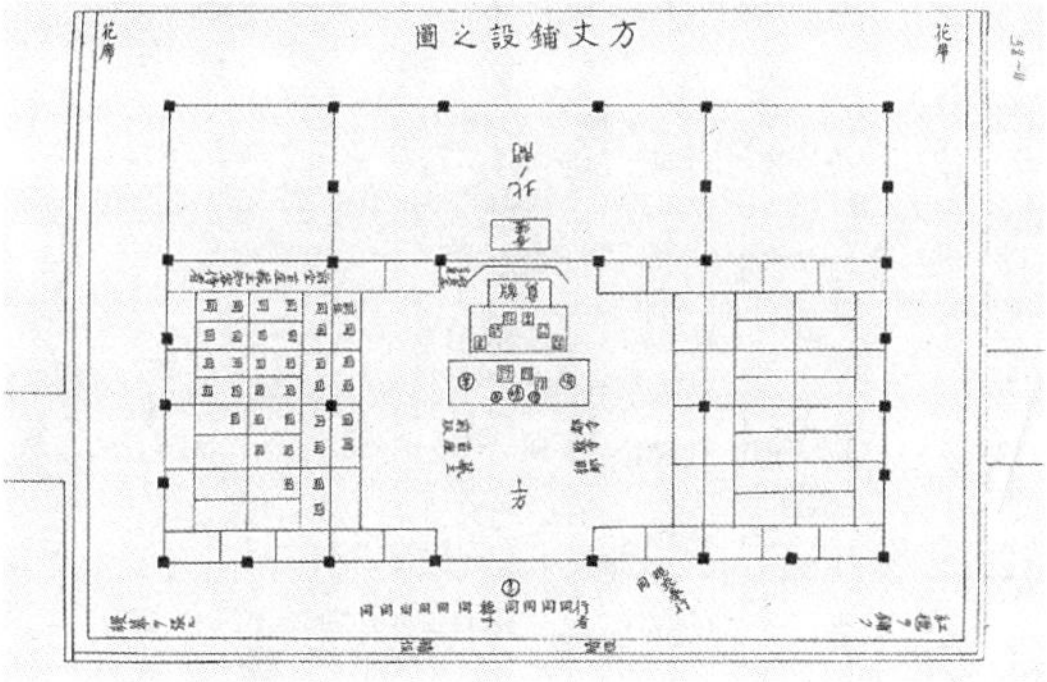

図35　文化12年(1815)　東照宮200年御神忌の図

法事後の非時（前日）・喫斎（当日）とも大方丈南側三室が用いており、開山忌に順じた本山の重要な行事として位置付けられていたことがわかる。神忌として、全く新しく創造されたもので、しかも大方丈のみで法事も斎等も行わ

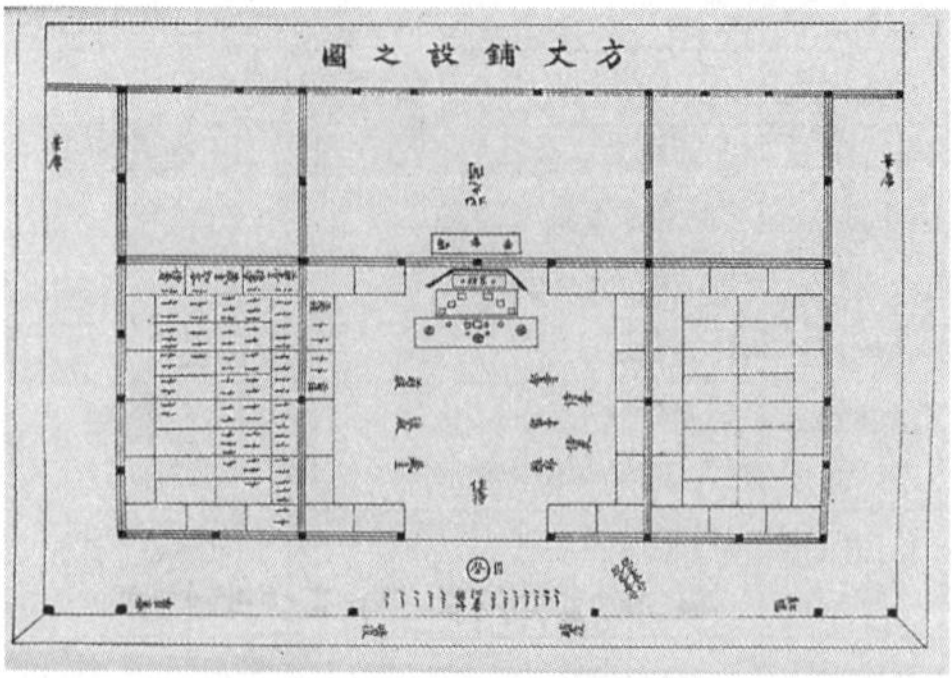

図36　慶応元年（1865）　東照宮250年の御神忌の図

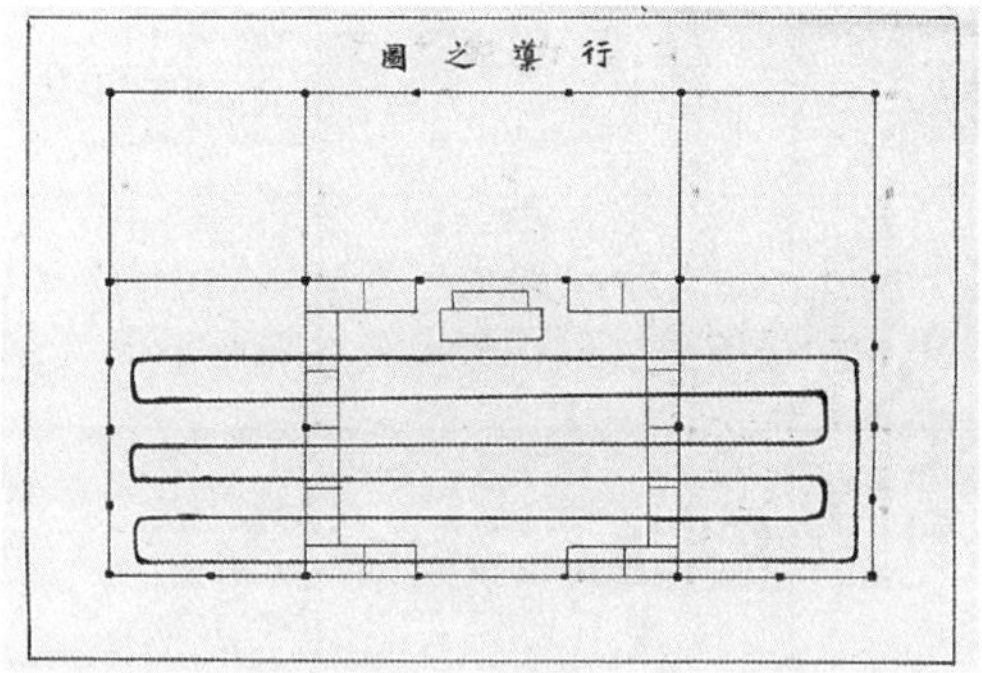

図37　慶応元年（1865）　東照宮250年御神忌行導の図

れる唯一の行事であることが確認できた。

一方、天皇家に対する法要は、亡くなった年の法要は見られない。これは天皇家が京都に住み、幕府と朝廷の公式行事として般舟院や泉涌寺で法要が行われたため、その式に妙心寺の僧侶が出席することにより、本山で独自の行事を行う必要がなかったためと考えられる。その後の法要についてもすべての天皇について行われていたものとは認められない。

妙心寺とゆかりのある東山天皇（在位一六八七～一七〇九）の一周忌には、法堂で法要が営まれ、その後に大方丈北の間で鉢斎が行われている。さらに寛政一一年（一七九九）の後土御門院の三〇〇年忌の際の衆議によって、後土御門院（在位一四六四～一五〇〇）、後柏原院（在位一五〇〇～二六）、後奈良院（在位一五二六～五七）の三帝の大年忌については、宿忌・半斎を法堂で行い、その後、大方丈北の間で鉢斎を行う例年の花園法皇と同様の儀式とすることを決めている。この三帝は、応仁の乱前後の動乱期に妙心寺の発展のために特に本寺に帰依した方たちであった。また同じ衆議では、後円融院（在位一三七一～八二）、後花園（在位一四二八～六四）、後西院（在位一六五四～六三）、東山院、桃園院（在位一七四七～六二）の五帝について大年忌の際の法要を玉鳳院で行うことを決めている。やはりこの五帝についても先の三帝に次いで、妙心寺との関わりがあった人物である。以上のように天皇家に対する法要は、妙心寺と各天皇との生前の関係の度合いによって、法要の有無や行事の規模が判断されていたことが確認できる。

以上により大方丈が用いられるのは、将軍の亡くなった年の法要後の鉢斎と中世妙心寺と特に関係の深い三人の天皇の鉢斎時と、すべての行事を大方丈で行う東照宮の神忌の時であったことが確認できた。

ま と め

これまでの各節で見てきた内容をまとめてみると、以下の点が指摘できる。

行事の内容では、大方丈を中心施設として利用するものは方丈懺法と方丈施餓鬼のみであった。また一番利用回数が多いものは、本山行事の一部として粥座・斎座・鉢斎等の食事を伴うものであることがわかった。その他には、やはり食事を伴う勅使や他の訪問者の接待と山内僧侶の会議関係のものがあった。

利用場所については、南側の三室を用いる表向きの行事と北の間三室を用い、山内僧侶のみで行う内向きな行事との二つが確認できた。また別の視点からは、東側二室を西側二室より格の高い部屋として用いている点も判明した。

さらに礼拝の方向性は、方丈懺法が室中の北側壁であったのに対して、方丈施餓鬼では、正反対の南縁から外部の方向に取られていた。食事を伴う行事では、僧侶の並び方に二つの方向性が確認できた。一方は、開山忌や再住入寺式等で身分の高い順に互いに向き合い、室内に視点が集約するようなものであった。これらの行事では、壁面に歴代の高僧の絵像や墨蹟等が懸けられ、それらの高僧とその場にいる僧侶とが一体感をもって食事を戴くための配置であったと考えられ、礼拝に対する方向性が希薄なものである。他方、鉢斎式等内向きな行事の際は、中央壁面に懸けられた文殊等の絵像が中心となりその両脇に身分の高い僧侶が相互に並んでいくものとなっている。方丈施餓鬼を除くと南側三室を用いる行事も北の間三室を利用するものも室中と北の中央間境の壁が礼拝の中心となっていたことが確認できる。さらに東側二室や西側二室を用いる行事の中には、南北軸ではなく、中央間側を身分の高い人が座る東西軸による方向性も確認でき、行事や利用する部屋により多彩な利用方法があったことが確認できた。

また、これら近世の行事のほとんどは、大方丈が建立された承応三年（一六五五）当時には存在せず、建立から約二〇年を経過した延宝年間に整備されたものが多く存在したことも判明した。このことは、承応年間に始まる開山三〇〇年の遠忌事業における主眼が、法堂の新設にあったことがわかり、その法堂に見合う規模の大方丈が建設され、近世の禅宗本山としての体裁を整えることにあったと考えられる。これにより行事等の必要性があって大方丈を建立したものではなく、のちに建物や本山としての格にあった行事を創造していった点も注目できる事柄であった。

以上見てきたように、室中の北面は、大方丈における礼拝の中心として、近世末まで壁面として存在し続けていたことが確認できた。最後にこの室中北壁の撤去については、明治初期における廃仏毀釈により、本山行事が衰退したことが原因と考えられる。その後、同じく廃仏毀釈により石清水八幡宮内の善法律寺が妙心寺末となっていた時（明治一九年七月より明治二五年七月まで）に、同寺の釈迦三尊を譲り受け大方丈に納めることとなり、室中の北壁を撤去し、その北の中央間に仏壇を取り付けたものと考えられる。これにより北の間三室全体を用いる行事は、完全に消滅することとなり、北の中央間の南壁面を北から南に礼拝する方向性も忘れ去られることとなった。

（1）『重要文化財　竜吟庵方丈修理工事報告書』（京都府教育庁文化財保護課、昭和三七年六月）。
（2）『重要文化財　妙心寺庫裏ほか五棟修理工事報告書』（京都府教育委員会、平成一一年三月）「第一章　第一節　妙心寺の概説」に、享禄年間に庫裏・仏殿・山門が建立された可能性について言及している。
（3）注（2）文書に、前身仏殿の改築、前身浴室・前身方丈の建立が明記されている。
（4）『妙心寺普請屋敷并引料代帳』（承応二年五月、妙心寺蔵）。
（5）庫裏棟札（注1文書に記載）
大方丈棟札（『重要文化財　妙心寺大方丈修理工事報告書』、京都府教育庁文化財保護課、昭和三四年一月）
法堂棟札（『重要文化財　妙心寺法堂・経蔵修理工事報告書』、京都府教育委員会、昭和五一年六月）
（6）仏殿棟札（『重要文化財　妙心寺仏殿修理工事報告書』、京都府教育委員会、昭和六〇年三月）
（7）注（5）参照。
（8）「総評」とは山内の全和尚を集めて行う会議のこと。
（9）「常住」とは本山のこと、「清規」とは規則のこと。
（10）妙心寺は本山の下が法系により四つに分流していた。「四派」とは東海派・霊雲派・龍泉派・聖澤派のことである。
（11）「品麗達」とは本山の塔頭で養育された生え抜きの意。
（12）「前堂」とは「座元」とも呼ばれ、寺の住職になる資格を持つ、三〇歳以上の西班僧侶。
（13）「維那」とは本山の役職の内、規則を作成し、厳格に守らせる職。
（14）「八木」とは米のこと。
（15）妙心寺の北側に附属する部屋を「評席」と呼び、四派執事等がここに詰めて、本山のいろいろなことを決定した。その決定の際の手引書を『評席須知』と呼んでいた（妙心寺蔵）。
（16）『諸院人数改帳』によると、宝暦六年（一七五六）四月には山内僧侶一七七人、嘉永五年（一八五二）六月には一七五八人、元治元年（一八六四）五月には一六四人が確認できる。これより、江戸時代中期から末期にかけて一七〇人前後の僧侶がいたことがわかる。

〔付記〕　本研究を進める中で、宗教法人妙心寺の法務部、塔頭春浦院等に資料閲覧の便宜を図っていただいた。末筆ながら記して感謝の意を表します。

II 茶室

◆中扉写真◆
如庵

茶室における寄合性と結座性

谷　晃

はじめに

茶の湯は一座建立の芸能であるともいわれる。あるいは一味同心の場を提供したともいわれる。一座建立といい、一味同心といい、それらはいずれも複数の人間が集うことによって成立するものである。つまり人が寄り合うことがまずその基礎条件になる。しかし寄り合うだけでは「一座」は建立されない。寄り合う人々に共通する目的、あるいは一味に同心できる対象がなければならない。茶の湯において共通する目的とは何か、同心できる対象とは何であろうか。

茶の湯、ここではその前駆的形態である茶数寄の成立以前と以後とでは、寄り合う共通の目的や、同心できる対象に変化があったのではないかと推定し、茶数寄成立以前の茶を「寄合性」という語句で捉え、茶数寄が成立してからは「結座性」という語句で捉えて、その相異について論じた後、それらと茶室の成立過程とがどのように対応するのかを考究したい。

そのためまず茶の湯の歴史を概観したうえで、茶の会に集う共通の目的あるいは対象について考え、次に茶室の成立過程を主として文献にもとづいて推定しつつ、茶室の要件と機能を考えたうえで、茶室における「寄合性」と「結座性」について見ていきたい。

なお本論では「芸能としての茶」を茶の湯と称し、その発展過程における形態をそれぞれ茶寄合・茶数寄・侘数寄と称する。

一　茶の湯の成立と変遷

葉茶を粉末にして湯と攪拌して飲む「抹茶」法は、中国の宋時代に始まったとされるが、かならずしも当時の中国における一般的な茶の飲用法ではなく、かつ定着はしなかったらしいことが最近の研究で明らかになりつつあるとはいえ、(1)日本、とりわけ茶の湯の世界においては、明庵栄西によって茶樹と抹茶の飲用法が一三世紀初頭に中国より日本へもたらされたと信じられている。その真偽について云々するのは本論の目的ではないのでさておくとしても、栄西自身の筆になる『喫茶養生記』の他、『吾妻鏡』『関東往還記』『沙石集』などによって、一三世紀の日本においては、抹茶がもっぱら「薬用」飲料として認識されていたのを知ることができる。(2)

やがて抹茶は薬用としてだけでなく、嗜好飲料としてもてはやされるようになっていたことが「金沢文庫文書」に収められる東国武士の書状から窺い知られるが、時代がさがるにつれて薬用あるいは嗜好として抹茶を飲むだけでなく、多くの人間が集って飲むようになり、しかも茶を飲むことをゲーム化して遊興の対象とするようになった。そのありさまは『太平記』や『祇園社家記録』『花園天皇宸記』などに詳しく描かれ、(3)また「二条河原落書」では、

京鎌倉ヲコキマゼテ　一座ソロハヌエセ連哥
在々所々ノ歌連歌　点者ニナラヌ人ゾナキ

譜代非成ノ差別ナク　自由狼藉世界也
犬田楽ハ関東ノ　ホロブル物ト云ナガラ
田楽ハナヲハヤルナリ　茶香十炷ノ寄合モ
鎌倉釣ニ有鹿ト　都ハイトヾ倍増ス

と揶揄されているばかりでなく、建武三年（延元元年＝一三三六）に制定された一七条からなる『建武式目』の第一条に「可被行倹約事」として、

近日婆娑羅と号して専ら過差を好み、綾羅錦繡、精好銀剣、風流服飾、眼を驚かさざる無し（後略、原漢文）

と、過差のゆきすぎた婆娑羅を排して倹約を旨とすることが定められ、さらに第二条では「可被制群飲佚遊事」として、

或は茶寄合と号し、或は連歌会と称して、莫大の賭に及ぶ、其費勝げ計へ難き者乎（同）

と、「茶寄合」や「連歌会」を行う「婆娑羅」の「群飲佚遊」を禁じている。これらは一見奢侈禁制令のごとく見受けられるが、事実上は茶寄合や連歌会が謀議の場となることをおそれた、集会禁止令的色彩が濃い条文であるとも考えられている。

つまりこの頃になると、茶を飲むことを契機とした「茶寄合」が盛んになり、そこではいわゆる闘茶(4)が行われて、酒食も供されて賑やかで騒々しい集いとなっていたことが、やや遅れて成立した文献ではあるが『喫茶往来』に詳しい。その書物によりこの時期における茶のあり方は、かつての薬用や嗜好のように個人的に飲むのではなく、大勢が集って楽しむ「茶寄合」になっていたことがわかる。

幕府の禁制と取り締まりによって謀議をこらすことは少なくなったとはいうものの、茶寄合はいぜんとして盛んに行われていたことを日記をはじめとする文献によって知られるが、その内容は大きく変化していた。まず闘

茶の方法が複雑化されいろいろな遊び方が試みられたが、やがて四種十服茶という方法に収斂していった。(5)そして茶寄合の雰囲気も以前のように賑やかで騒々しいものではなく、静かで落ち着いた雰囲気へと変化し、そこで用いられる茶を点てたり飲んだりするための器にも関心が向けられ、その会にふさわしいものが選択されるようになっていた。一五世紀の中ごろに成立した『正徹物語』には、

歌の数寄に付きてあまた有り、茶の数寄にも品〳〵あり、先づ茶の数寄と云ふ者は、茶の具足をきれいにして、建盞、天目、茶釜、水差などの色〳〵の茶の具足を、心の及ぶ程たしなみ持ちたる人は茶数寄也、是を歌にていはゞ、硯、文台、短冊、色紙などうつくしくたしなみて、何時も一続など読み、会所などしかるべき人は茶数寄の類也

とあり、つづけて「茶飲み」・「茶くらひ」の例をひいていることはよく知られている通りである。

この書物の筆者清巌正徹は禅僧ではあるが連歌師としても名の知られた人物で、これが正徹自身の筆であるかについては議論のあるところながら、そのころ茶を飲むこと、あるいは茶の会を「茶数寄」と認識していることは注目に値する。「数寄」についてはいろいろと考えなければならないが、ここでは茶が連歌と同様に数寄として認識されていることを指摘するにとどめたい。(6)

正徹は茶数寄と認められるためには「茶の具足を奇麗にして、建盞、天目、茶釜、水差などいろいろの茶の具を、心の及ぶ程たしなみ持たる」ことが必要で、連歌では「硯、文台、短冊、色紙などうつくしくたしなみて、何時も一続など読み、会所などしかるべき」ことが望ましいという。すなわち茶に用いる具足（道具）が「綺麗」であり、しかも「心の及ぶ程たしなみ持」つことが茶数寄の条件として挙げられている。これに対して歌数寄では連歌を詠む際に用いる文房具などを「うつくしくたしなむ」ことと「会所などしかるべき」ことが挙げられている。したがって当時は「綺麗」「美しい」「たしなむ」「心のおよぶ」などが数寄の条件として考えられて

いたことがわかるものの、それらの具体的な基準や様子については言及されておらず、いわば数寄の理念がいまだ確立していないことを窺わせている。さらに注目すべきは「会所」の語句が見られることで、ここでは連歌の行われる場所を指していると考えられ、茶数寄の部分ではそれを行う場所について言及されていないとはいえ、やはり茶数寄を行う場所も会所と呼ばれていたのであろう。この会所については後に改めて検討する。ともあれこのように闘茶を中心にした「茶寄合」が盛んに行われていた一四世紀中ごろからほぼ百年を経た一五世紀中ごろになると、「茶寄合」が「茶数寄」へと変貌しつつあったことを『正徹物語』から読みとることができる。

茶数寄が確立するためには客の面前で茶を点て供する一連の動作である点前、それを行う専用空間としての茶室、点前をするために使う道具や茶室を飾るための道具いわゆる茶道具、この三要素が整備されることが必要となろうが、現存する茶会記でもっとも古い日付を示すものは天文二年（一五三三）であるが、そこには不十分とはいえ三要素について記録されていること、大永六年（一五二六）の『宗長手記』や、同年と天文元年（一五三二）の『二水記』の記録に茶の会を指して数寄と呼んだ記述があること、『禅鳳雑談』永正一三年（一五一六）の項に「茶の湯の道具」「数寄の方」などの語句が見られること、さらに『古伝書』に収録された点前が遅くとも天文年間以前の「古様」を示すものであることなどから[7]、一六世紀のはじめ頃には点前・茶室・茶道具の三要素が調い茶数寄が成立していたと判断されるのである。

なお珠光筆とされる「心の師の文」については、これを珠光自筆あるいは珠光作とするには疑問が残り、これを以って珠光在世中の一五世紀後半には茶数寄が確立していたとする考え方には与し得ない。むしろ茶数寄の理念をよく表出したものと理解し、『正徹物語』の段階ではまだ不十分であった茶数寄の理念が、珠光没後の一六世紀になってようやく確立された例とすべきであろうと考えている。

ただ一六世紀はじめ頃の茶室の状況についてはそれを具体的にかつ詳しく示す資料はなく、三条西実隆の『実隆公記』文亀二年（一五〇二）八月一六日条に「早朝新築小室鋪設以下全備之間、今日吉曜之間、於此座敷一盞祝著之」、連歌師柴屋軒宗長の『宗長手記』大永六年（一五二六）八月一五日条に「下京茶湯とて、此比数寄などいひて、四畳半敷・六畳敷をのをの興行、宗珠さし入門に大なる松あり、杉あり、垣のうち清く、蔦落葉五葉六葉、色こきを見て」、鷲尾隆康の日記『二水記』天文元年（一五三二）九月六日条に「宗珠茶屋御見物、山居之躰尤有感」など、日記類に断片的に記されているにすぎず、しかもこれらの記述からは茶室の具体的なありさまを知ることは不可能で、茶数寄のための空間がかなり粋をこらして造られていたことを知りうるに留まる。

数寄はほんらい和歌について語られた語句であったのが、次第に連歌において使われ、室町時代には数寄の会といえば連歌会を指すようになっていた。それが茶数寄の成立と隆盛によって一六世紀になると茶の字を冠さなくとも数寄といえば茶数寄のことを指すようにすらなっていた。やがて一六世紀も末に近づくと、「侘数寄」という語句が現れるようになる。この語句の初見は『山上宗二記』に「又侘数寄ト云ハ、一物モ不持者、胸ノ覚悟一ツ・作分一ツ・手柄一ツ、此三ケ条調ル者ヲ云也」とあるもので、その説明に多くの筆をさいている。ただその表現はきわめてわかりにくく難解であるものの、要するにそれまでの茶数寄を再検討し、新たに侘数寄という理念を確立して、それを茶の湯の基本理念とし、点前・茶室・茶道具三要素のすべてにわたってその理念にもとづいて再構築したと理解される。その結果、点前は飾り置きから運び点前に、茶室は広い空間から狭い空間へ、茶道具は唐物一辺倒から侘数寄の美に叶ったものであれば国産品も朝鮮半島産品も積極的に取り上げるようになっていった。『山上宗二記』が述べ、主張した侘数寄の茶への大きな変動は、茶会記に現れる変化ともよく一致しており、天正一四、五年頃に茶数寄が侘数寄へとおおきく変容を遂げたことがわかり、それを指導する立場にあったのが千利休であろうと考えられる。

二　茶における寄合性と結座性

　これまで見てきたように、茶は一四世紀になって闘茶が盛んになり、ついには『建武式目』で連歌とともに禁制されるに至る。その条目に「或は茶寄合と号し」とあるように、闘茶の会は「寄合」と認識されていたことがわかる。この寄合とは、単純には人々がある目的のために集うことに他ならないが、この場合の目的とは闘茶をすること、あるいは賭事に興ずることであった。ただしその前後に謀議がこらされたことはあったとしても、茶寄合そのものは行われたと考えられる。つまり茶寄合と謀議はまったく別のものであり、謀議が露見するのをおそれて茶寄合を隠れ蓑としたのであるし、すべての茶寄合で謀議がこらされていたわけではない。あくまで茶寄合は、闘茶という賭事を行うために集う会との認識が、謀議がなされようとなされまいとあったといえよう。

　そして闘茶という賭事を行うことに対しては、賭に勝つための方法がいろいろと考えられ、工夫されることはあっても、その考えや工夫が寄合としての性格を変えるものではなく、茶寄合はあくまで闘茶を行うために人々が集う会であった。

　やがて闘茶の方法が、おそらくは公家の物合わせの伝統をふまえて次第に複雑化され、同時に洗練されることによって、賭事よりはゲームを楽しむことに関心が移っていったであろうことを、各種の資料に見ることができる。このように闘茶の内容が賭事に熱中することからゲームを楽しむことに変化していったとしても、寄合としての性格はあまり変わることがなかったであろうと考えられる。

　ところが一五世紀も中頃になると、茶の会は茶寄合ではなく茶数寄と呼ばれるようになっていたことをさきに『正徹物語』を引いて説明した。そこでは茶数寄の条件として茶に用いる具足が「綺麗」でありしかも「心の及ぶ程たしなみ持」つことが挙げられていた。すなわちそれまでの賭事やゲームとしての茶にもっぱら関心が向けられていたのが、具足を綺麗にして、それを心の及ぶほど嗜み持つことに関心の対象が移っていた。これはいわば賭事やゲームという即物的なものではなく、きれいにとか、心が及ぶなどといった精神的な要素が茶の会において重視されはじめていたことを物語っている。さらにその精神的な要素は、茶数寄を行う人に対して個人的に求められるのではなく、茶の会に集う人々全員に等しく求められていた、換言すれば茶数寄に参加するためにはそうした精神的な要素を理解することが条件となりつつあったと推定できる。

ではその精神的な要素とは具体的にどのようなものであったのか。まず茶の会に集う人々同士の間に親和性や団欒性といった一種の絆、あるいは連帯感ということができるであろう(8)。こうした親和性や団欒性は、明らかに賭事やゲームといった勝負事とはおもむきを異にすることはいうまでもない。勝負事をすることによってそこに集う人の間に一時的には連帯感のようなものが生ずることはあっても、それが恒久的にお互いの深いところで結び合うような紐帯にはなりえないことを我々は経験からよく知っている。それに対して親和性や団欒性が、繰返し一定のメンバーとの間で意識され続ければ、ただちにとはいかないとしても、やがてそれは強く長くお互いを結び付けることも知っている。

『正徹物語』のいう茶数寄が、どの程度茶寄合から進歩していたのか正確に判断することは困難であっても、少なくとも勝ち負けを競うゲームから、親和性や団欒性を重視するものへと茶の会が変化しつつあり、それにしたがって呼称も茶寄合から茶数寄へと変化したであろうと推定される。

茶数寄の数寄は、先にも述べたごとく室町時代に盛んに行われた連歌の世界で深く考えられた詞である。したがって茶寄合が茶数寄と呼ばれるように変化していった過程では、連歌師が深く関わっていたであろうことが推定される。たとえば茶の湯の開祖とされる村田珠光の筆と伝えられる「心の師の文」においては連歌論的色彩が色濃く反映していること、千利休の師とされる武野紹鷗が三〇歳までは連歌師であったと伝えることなど、茶の湯と連歌が深い関係のあることを示す資料にはことかかない。(9)そして連歌のほうが茶の湯よりは早く確立したと考えられることから、茶の湯が連歌に影響を与えたのではなく、茶の湯が連歌の影響を受けて発達していったと考えるべきであろう。

連歌といえば「二条河原落首」にも「一座ソロハヌエセ連哥」と揶揄されているように、早くから「座」という詞で現される性格を持っていた。では「座」とは何かについて、暫く考えてみたい。

辞書には、

①座る所に敷く畳
②座る場所
③多くの人の居並ぶ場所
④特に信仰や芸能などについての催しで、人の集まる場所、集会
⑤田楽や能楽など、芸能を演ずる人々の団体や劇場などの称
⑥中世以後、朝廷や貴族・社寺・幕府などの保護を受けて、商品の製造や販売などの特権を得ていた同一職業団体、独占発行所、専売所

などの意味があるとし、さらに「語誌」として《古くは室内はすべて板敷で、座る場所だけに「座」を敷いた(座敷という語もここから起こった)。そのため、座る場所・座席(宴会などの)などの意となり、物をすえる台などをもいうようになった。また集会の「座」から、団体や集団の意となり、その集団のいた土地の意から、地名の一部にもなった。「銀座」などはその一例》という。(10)連歌について言われる「座」は④の意味に近いが、たんに場所や集会をいうのみならず、そこに集う人々が心を一つにすることといった意味が含まれる。さらには連歌は「座の文学」と呼ばれることもあり、連歌にとって座の意味はきわめて大きなものがあった。(11)

その連歌の影響を受けて発達した茶数寄も当然「座」ということを意識したであろうと推察でき、そのため茶寄合から茶数寄への転換は、茶の会の性格が寄合から座への変化を伴った、あるいは逆にその性格が寄合から座へと変化した結果、茶寄合が茶数寄へと転換したといえそうである。

では茶における結座性とは具体的にはどのようなことをいうのであろうか。それまでの寄合性が主であった茶寄合では、これまで何度もいってきたように、懸物のあるなし、内容の簡単・複雑の差はあっても、闘茶というゲームを行うことを目的として人々が集まり、それに興じていたのに対して、茶数寄では、ゲーム性がしだいに薄められ、それに代わり茶を飲むことを契機として精神的な満足感や充足感を求めることを主たる目的とするようになったのである。そのためにまず茶を点て、飲むことに用いる具足(後には道具というようになる)に関心が向けられ、それらが「綺麗」であり、かつ「心の及ぶ程たしなみ持」つことを心懸けるようになった。しかししだいに綺麗だけではなく、「備前物の割れたる」ものであるとか、欠けたり、古びたる物の「其あぢわひをよくしりて」、「冷え」や「枯れ」などといった連歌の世界で培われた美意識を感じさせる物を取り上げていったのである。(12) つまり茶数寄をする人々は、そこで用いる道具に対して共通の美意識をもち、その美意識によって道具を鑑賞するようになったといえる。ただ一六世紀になるとこうした美意識とは別に、かつての将軍家の会所を飾った「唐物」も積極的に茶数寄は取り入れていったため、茶数寄の美意識に混乱が生ずるのであるが、その混乱は一六世紀末に確立したと考えられる「侘数寄」が成立するまで続く。

次に茶寄合の時期には、茶を点てる方法が『喫茶往来』に描かれたような参会者に抹茶の入った碗を持たせて点てる禅院の茶礼方式から、参会者のいる場所とは別の「茶点所」で点てた茶を運ぶようになり、さらには参会者が居る部屋で茶を点てる「点前」へと変化していったと考えられる。その点前はただ動きを円滑に手際よくするだけでなく、能の所作なども参考にしながら動きのなかに深い意味が求められるようになった結果、点前は一種のパフォーマンスアートになっていく。また同時に茶数寄は能とは異なり、それに参加する人々にも点前を習得することが求められ、亭主が演ずる点前を客が鑑賞するにとどまらず、亭主＝演者と参加者＝観客が一体となって茶数寄の会を構成することが求められた。この演者と観客が判然と区別されることなく一体化することにこそ茶数寄の座としての特徴が認められるのであり、その手段となったのが、主客ともに点前ができることを前提とした点前の鑑賞と共演、共通の美意識にもとづいた茶道具の鑑賞、そして茶室という非日常的でかつ外部から隔離された閉鎖空間でなされる非日常的会話、すなわち「数寄雑談」であるといえよう。

かつて林屋辰三郎は「日本芸能は遙かに発声を遂げたその時から、深い反省を課せられている現在に至るまでの、永い歴史の過程において、常に〔座〕の問題が付随し関連している」と述べ、座を形成する本質を「結座性」と名付けた。そして世阿弥の「この芸とは、衆人愛敬をもて、一座建立の寿福とせり」との言葉をひいて、舞台の演者と見物席の全観客の精神的融合、換言すれば一座を結ぶことによる芸術的法悦境の完成を意味するものであると説く。さらに一座の会衆は衆愚をも対象としたものであり、当寺の茶会・連歌会のごとく封鎖性を認め得ぬところに新鮮さが存するのである、とも主張した。(13)

能における舞台の演者と見物席の全観客の精神的融合が一座を結ぶことは、茶数寄における主客の一体化と共通するものであるとはいえ、茶会における封鎖性が、衆愚をも対象とするか否かについてはさらに考えなければならないが、栗田勇がいうように「座は坐る寄合」であると考えるならば、(14)たしかに衆愚を連衆の中に含むことは可能であろう。しかし能のように演目に対する一定の知識と理解が求められるとしても、基本的には鑑賞することがもっぱらである観客ではなく、連歌や茶の湯は「共通した素養が座の成立する条件」(15)であり、連衆全員がある一定のルールにもとづき会を進行させることを前提とするため、衆愚の参加はむずかしいといわざるをえない。

茶の湯に限っていえば、茶寄合であれば衆愚の参加も可能であったといえようが、茶数寄の段階になると、共通した素養と美意識をもち、一定のルールにしたがい、そして同じ言葉を共有することは衆愚には無理であり、それらの要件をあらかじめ身につけた人々のみによって一体感が生じ、一座建立が成り立ちうると考えられるのである。つまり茶数寄は林屋がいうような広い意味での「結座性」ではなく、狭い意味での結座性がそこに認められるものということができよう。

したがって茶数寄においては茶の会が好きというだけ、茶道具をたくさんもっているだけ、点前がそれなりに上手であるだけでは不十分で、茶数寄の美意識にかなった道具をもち、点前で茶数寄を具現する風体が伴い、かつ茶室内で数寄雑談ができなければ連衆としては認められず、そのために修行が必要とされるように至った。しかし『正徹物語』が例にひいた茶数寄では、ここに述べたような結座性という意味では未発達であり、多分に寄合性の残滓をその内部に留めており、それをほぼ完全に払拭するためには一六世紀になるのを待たなければならなかった。つまり寄合性の残滓が払拭できた時点で茶数寄がようやく確立したということができよう。

三　茶室の成立と結座性

ここまで茶の湯が成立する過程を概観し、茶寄合が茶数寄へと転換するのは一五世紀の中ごろからはじまり、一六世紀の初頭にほぼ転換が完了して、それにともなって茶の会の性格が寄合性から結座性へと変化したことを道具と点前において見てきた。本節では茶数寄にとって不可欠な、いま一つの要素である茶室に関して、寄合性から結座性への転換という視点から考える。

一六世紀中葉以前とみなされる茶室の古い遺構は現在まったく残っておらず、文献にも茶室に言及したものはさほど多くない。しかも茶室という語句は比較的新しく、管見の限りでは一七世紀に入らなければ見ることができないので、とりあえずは会所・座敷・茶屋・囲の四つの語句についてその実態と変遷について見たうえで、茶の会を行う場所としての茶室の成立について考えてみたい。

まず会所であるが、会所ほんらいの意味は「よりあつまる場所、集会所」(諸橋轍次『大漢和辞典』)であり、「鎌倉時代から室町時代にかけて、貴人の邸内の客殿」あるいは「江戸時代、商業・行政などの事務をとるための集会所」(『広辞苑』)など、時代によって異なる意味で使われており、現在では碁会所などにその名残りを見ることができる。本論で扱う時代は主として室町時代であるが、『広辞苑』のいう「貴人の邸内の客殿」に近い意味で多く使われたと思われる。(16)

会所といえばすぐ思いおこされるのが『君台観左右帳記』や『御飾書』に描かれた足利将軍家の会所であり、これについては多くの研究の蓄積があり、会所の建物の復元も試みられている。そこにはおおむね茶湯棚が置かれた「茶湯所」があり、そこで茶が点てられたと考えられている。しかしたとえば室町殿新造会所の茶湯所は他のいくつかの部屋よりはかなり狭く、宮上茂隆の復元図では二畳敷ほどである。ということは茶湯所に客が入って茶が点つのを待ったのではなく、そこで点てた茶を、別室に居た客に運んだと推定される。

つぎに将軍家会所以外の会所ではどのようなことが行われていたのかを見てみよう。

一四世紀後半から一五世紀前半に成立したと考えられている『喫茶往来』では、客殿に会衆が集まりそこで飲食をしたのち、邸内に建てられた二階建ての茶亭に唐物荘厳の飾りがなされそこで闘茶が行われた。『喫茶往来』の筆者は客殿や茶亭を含めた邸全体を会所と表現しており、『茶道古典全集』の校訂者は会所に「おやしき」とルビをふっている。

『看聞御記』応永二三年(一四一六)三月一日条では、たぶん宮中であろうが持ち回りで行う順次茶会が行われ、風流の作り物が飾られ、会所にも絵や花瓶が飾られていた。残念ながらこの会所の間取りや構造は不明だが、この順次茶会は「回茶七所一矢数弾啓也。即取恩賞」とあるように、闘茶を行っていて、まだ茶数寄とはいえない内容のものであったことがわかる。

こうした会所の飾りは茶寄合の時だけでなく七夕に際しても行われていた。同じく『看聞御記』の応永二五年（一四一八）七月七日条には、会所に屏風を一双立て廻してそこに唐筆の絵五幅を懸け、その前に花瓶一五口を並べてあった。風呂が催され、和歌会が行われ、花合わせ、舞楽とにぎにぎしく節供の行事がとり行われたことが記されている。七夕に立花を行うことはこれ以前からあり、節供の行事とあわせて種々の催し物がなされており、その会場の多くに会所が利用されていた。

このほか『看聞御記』には室町殿会所で連歌を行った（永享四年四月二九日）、会所で申楽を行った（同五年正月一四日）、会所で斎を催した（嘉吉三年二月二〇日）などいろいろな催しに会所が使われていたことが記録されており、仙洞の会所が鷹司家へ下賜されたとか、三条家や中御門家の会所に言及した個所も見られる。さらに永享八年（一四三六）五月二一日条には、「昼鳥又内へ入。会所畳汚糞。及両度不思儀事也」との記事があり、一五世紀前半には会所に部屋全体ではないにしろ畳が敷かれていたことがわかり注目される。

永享四年一〇月二〇日条では、月次連歌が禅啓の小庵を臨時の会所として行われたことも記されている。このことから会所は必ずしも大身の大邸宅内に特別に建てられた建物でなくとも、普通の建物の一室で連歌や立花を行えば、そこが会所として認識されたことを窺わせている。

また『実隆公記』文明七年（一四七五）七月一五日条では宮中にあった会所で酒盛りをしていた記事があり、そこで引き続いて雅楽が奏されたらしい。会所で酒盛りをしたことはここ以外にも度々記録されている。

右に例として引いた以外にも日記類などに会所の語句が現れるものの、回数、内容ともに『看聞御記』が群を抜いているとはいえ、とくに茶との関わりにおいて注目される記録はなく、会所で茶が行われた記録は管見の限りでは『看聞御記』の順次茶会に関するいくつかの記録だけである。

次に座敷の語句に注目してみたい。座敷の語句はすでに『中右記』嘉保元年（一〇九四）六月晦日条に「依勅定改直御座敷東面」とあり、また『吾妻鏡』寛元五年（一二四七）二月二三日条に「今日将軍家御浜出始也、左親衛令参給、被構御座敷等」とあることを重森三玲が指摘し、「敷物がなくとも座敷というようである」と述べている。(17) その後の文献に座敷がどのように出現するかは不詳だが、『看聞御記』の応永二三年（一四一六）二月二六日条に「座敷聊飾之」とあるのが座敷のことに詳しく触れた比較的早い例であろうか。ここでは順次回茶が行われ、座敷に風流の飾りがなされている。以後「座敷餝」「座敷室礼」などの語句がしばしば見られ、会所と同様に七夕に立花が行われたり、連歌や申楽がおこなわれていて会所と同じような使われ方であったことがわかる。『看聞御記』の永享八年（一四三六）六月二五日条には「会座敷」の語句があり、また『満済准后日記』の永享五年七月二九日条には「御座敷御会所南向南広縁」の語句もあるところから、会所に畳など何か敷物が敷かれている会所を座敷会所といい、それを略して座敷と称していた可能性がある。ただし当初は会所の語句とは意識して使い分けられていたようにも見受けられる。すなわち座敷は文字通り敷物が敷かれていた部屋であり、また天皇などの座を示す意味もあったらしい。そのため「座敷がないので対面せず」（『看聞御記』嘉吉三年九月二七日）とか、「座敷がないので見参せず」（同嘉吉三年一二月二九日）のような例も見られる。また同じく『看聞御記』の永享一〇年九月八日条には、宮中常御所の庇間に茶湯座敷が新造されたことが記録され、男どもがそこに祗候する時、これまでの茶湯間では狭かったからだとその理由が記されている。ということはこの茶湯間で茶の会がもたれていたと考えられ、そこには畳を新しく差したとあるから、少なくとも人々が座る所は畳敷であったのだろう。この茶湯座敷は一般の座敷とはやや意味合いを異にした座敷、つまり茶湯棚が置かれ、ここで茶が点てられ、時には茶の会が行われる特別の座敷であったらしいから、ある意味では茶室のはしりと考えられなくもない。しかし後の茶室がここに記されているような座敷から発展していったとは考えにくく、一時的、局所的に出現した特殊な例としたほうがよいであろう。また座敷の広さについては「座敷丑寅角四間」（『満済准后日記』応永二六年正月八日）、「其御座敷南北三間。東西二間也。西頬三間押板在之」（同正長二年三月二九日）「以十二間今日御座敷トセラル、也。中央繧繝二枚被敷之。上皇御座南畳ニ室町殿御座。以下摂政如前着座」（同永享二年四月二八日）などとかなり広く、おおむね将軍家会所の一室分ほどあったことがわかる。したがってこうした広い座敷には畳が敷かれても部屋全体ではなく、人が坐るべき場所に必要な枚数だけ畳が敷かれたと推定される。

座敷が茶に関することで使われた例が別にもある。すなわち『看聞御記』応永三〇年（一四二三）七月一四日条に「盂蘭盆之儀如例。光台寺門前飾座敷有茶接待事。諸人群集云々。石井船津山村念仏拍物如例」とあり、その翌日にも、光明寺で盂蘭盆の施餓鬼が行われた際、茶が近辺の住民に振る舞われ、人々が群衆したという。しかし座敷での茶といっても、後の茶数寄のように畳を敷き詰めた狭い部屋の中で茶が点てられたのではなく、座敷などに風流が作られ、異形の姿をした人々が練り歩いたというものである。この有様は後に奈良で行われる淋汗茶湯を彷彿させるものがあるが、ここでの茶は闘茶でも、もちろん茶寄合でもない、単なる施茶であったのだろう。

以上会所と座敷について見てきたのであるが、座敷は、基本的には会所と同様な使われ方をしながらも、いくつかの点で会所とは異なる意味と機能をもつ建物あるいは部屋であったと考えられるものの、茶とはあまり関係がなかったようであり、会所や座敷では一五世紀のはじめころにこそ闘茶による茶寄合が行われていたことを知り得たとはいえ、茶数寄が行われていた形跡は少なくともこれまで目を通し得た資料には見つけることができなかった。しかし一六世紀になって突如として『二水記』などに見られる茶数寄が出現したのではなく、『正徹物語』などにより一五世紀の後半にはその先行形態としての茶数寄が行われていたらしいことを窺い知ることができる。しかし会所や座敷では茶数寄らしきものが行われていた資料に乏しいところから、そこに集う上層階級の人々の間では、茶数寄はそれほど行われていなかったと考えざるをえない。つまり茶数寄はもっと庶民的なレベルで楽しまれ、発展していったと考えるべきであろう。そのためそれが行われた場所も将軍家や公家の邸宅に建てられたような立派な建物ではなく、粗末な建物の一室であったり、時には寺院などの一部屋を借りて行っていたのであろうと推定される。

茶屋の語句の初見例は定かではないが、[18] 一五世紀になると多くの日記類に茶屋が現れる。しかしそれらは、無縁堂郷の茶屋で喧嘩があった(『大乗院寺社雑事記』長禄三年二月二八日)、茶屋の亭主に味噌の公事銭を申し付ける(『山科家礼記』文明三年一〇月一四日)、茶屋の者どもに桟敷を守るよう言いつけた(『北野社家記録』延徳四年四月二四日)などと、いずれも寺社の門前や道端に粗末な建物を設けて一服の茶を安い値段で提供していた、いわば一服一銭の茶売りが一定の場所に固定化したようなもので、本論で取り上げる茶寄合や茶数寄とは関係がないとしてよいだろう。ただ『看聞御記』の応永二八年七月一五日条に施餓鬼に際して風流の作り物に「茶屋を立」てたことが、また同三〇年の同じ日にやはり施餓鬼で「座敷飾」をしたともあるのだが、いずれも「風流」の飾りとしてなされたものであり、応永三〇年には「茶接待」とあっても、先にも述べたようにこの茶は茶寄合でも茶数寄でもなく、いわば施茶というべきであり、ここにある茶屋をもって茶室の原初形態と考えるには無理があろう。

やがて一六世紀になると公家などの邸内に茶屋が設けられ、そこで食事をしたり酒を飲んだり遊興をし、時には和漢の会などを行っていたが、『二水記』の享禄三年(一五三〇)五月二八日条では二〇余名とあることから、その茶屋は四畳半や六畳などの狭い部屋ではなさそうである。しかし『実隆公記』の文亀二年(一五〇二)六月二日条に「沽却之小座敷遣人令見之、可然物也云々、頗所望事也」とか、また同年七月一八日条に「今日小座敷立柱、上棟、依吉日也」などとある小座敷はたぶん茶数寄を行った茶屋であろうと思われ、さらに天文年間に入ると裏庭に茶屋を調えたとの記事も『證如上人日記』にあり、[19]すでにこの時期になると茶会記が現存しているし、先にも引用した『宗長手記』や『二水記』には「此比数寄などといひて四畳半六畳鋪をの〳〵興行」「当時数寄宗珠祗候」などとあるから、これら公家の邸内に設けられた茶屋は現在の茶室に近いものと考えてよいだろう。

つまり茶屋の語句は一五世紀には茶を飲ませる店としての使用例がほとんどで、一部に風流の作り物として臨時に建てられ、そこに敷物や畳が敷かれて座敷と呼ばれたことはあっても、それが発展変化して茶室になったとは考えにくい。それが一六世紀に入ると、茶数寄を行う場所を茶屋と呼んだことが『宗長手記』などの記事から知ることができるが、これらの茶屋にはまだ定まった広さや大きさはなかったらしく、四畳半や六畳もあれば、二〇余名も入れるような広いものもあったようで、茶数寄に利用した茶屋の実態は広狭さまざまであったと思われる。

江戸時代になると茶室のことを囲いと称する例を見かけることがあり、これは大きな部屋の一部を屏風などで囲って茶数寄を行った名残であるとの説明がなされるが、[20]茶会記では『松屋会記』の永禄六年（一五六三）正月一一日の松永弾正の会で「屏風ノ中、台子四組ノ御餝也」とある。しかしこれは最初にはっきりと六畳敷とあることから、現在の風炉先屏風のように六畳間の一部を小屏風で囲い、そこに台子を置いたものであろう。また『天王寺屋会記』元亀二年（一五七二）三月四日の「宗及他会記」には京都の針屋彦六が「座敷ナクテ、俄ニカリやヲ立テ、六畳敷、屏風ニ而カコイテ」とあるのは、屏風で囲った場所で茶数寄を行ったと考えられるものの、この場合はもともとある広い部屋の一部を使ったのではなく、茶室を持っていなかったから臨時の小屋を造り、六畳敷ほどの広さに屏風で囲って茶室とした、と理解できる。

さらに『宗湛日記』天正一四年（一五八六）一二月九日にこれも京都の新屋了心が夜会を「書院ニ古金屏風立テ」て行ったとある。この場合はまさしく広い書院の一部を屏風で囲ったと思われるのであるが、このような例は茶会記にもほとんど見ることはできず、一六世紀後半になると広い部屋の一部を囲って茶数寄を行うことは例外的なケースになっていたと考えてよいだろう。

では茶会記以外の記録ではどうかといえば、残念ながらそうした例は見あたらず、『蔭涼軒日録』に数回「囲屛」の語句が現れ、「乃往方丈。与住持茶話。修懺衆相集。則往書院囲屛聴懺法」などとあるように、いずれも茶とは関係がない。(21) しかし書院の広い部屋を屛風で囲って懺法を聴く場所としたという意味では、屛風で囲って茶を行ったのと通ずるところがあるとはいえ、現在のところは大きな部屋を囲って茶を行った記録は茶会記の一部にその例があるだけで、それ以外には茶室の成立過程の例証とできるような記録は見出しえない。

以上、会所・座敷・茶屋・囲についてそれぞれ文献に使用例を見てきたが、それらのいずれかが直接茶室へと変化発展していったとの具体的例証はえられなかった。従来は「一六世紀になると将軍家では独立した会所はなくなり、床・押板・棚を集中的に配し、全面的に畳を敷き詰めた〈座敷〉が設けられるようになり、これが後の数寄の座敷に連なると考えられる」と理解されてきた。(22) しかし将軍家の会所ではその構造や、関連する記録などから見ても、そこで茶を来客に供することはあっても、茶寄合あるいは茶数寄がそこで行われた例は少なかったようで、むしろそれらが多く行われたのは寺社や富裕層の建物の一部の部屋を使ってではないかと推定される。それらの部屋も会所とか座敷とか呼ばれていたことはこれまでに述べた通りであるが、茶寄合が茶数寄に変化するにしたがって、それらに畳が部屋全体に敷かれること、飾りの場としての床の間が付けられること、そして点前の場を示すと同時に主客を一体化する装置としての炉が切られることの三要件が整えられていったのであろう。

広い会所に畳が敷かれていたことは『看聞御記』によって知られるものの、それは部屋全体ではなく客が坐る場所に限られていたであろうことを「慕帰絵詞」などの絵画資料からも知ることができる。(23) 茶数寄が行われるようになると必ずしも広い場所を必要としなくなり、その一部を屛風で囲った部分だけに畳を敷きつめたり、最初からそれまでの会所よりは大幅に狭い六畳敷とか四畳半敷の部屋が設けられたりして、そこには全面的に畳を敷くことがならいとなったのであろう。それ故にこそ連歌師宗長はわざわざ「四畳半敷六畳鋪」と書き留めたとも考えられる。このように部屋を狭くしたのは、茶数寄にふさわしい落ち着いた雰囲気を保つことにあったと思われ、これはさきに引いた『蔭涼軒日録』に、懺法を聴くに際して屏風で広い書院を囲ったのと同様な発想と考えられる。

いっぽう飾りの場所としての床の間は、将軍家会所の厖大な飾りや、寺院などにおける七夕などの「荘厳驚目」の飾りをもととしながらも、茶数寄の雰囲気に叶うべく簡素化され、部屋が狭くなったのにともない、その場所も畳一枚程度の床の間を考案してそこに飾れるだけのものを、ときには前後に分けて飾るようになったと思われる。そのため飾るものは軸・花入・香合などに限定し、しかも各一点ずつとしたと考えられる。これはそれまでの会所のように豪華なもの、多くのものを一堂に飾り立てて参会者の目を驚かすことを目的にしたのとは異なり、『正徹物語』がいうように茶具足を「心の及ぶ程たしなみ持」ち、じっくり鑑賞することに主眼が移っていったことを示すことにほかなるまい。

また部屋の中に炉を切るのは、茶を点てる場所が別の場所から客の面前へと変化したことにともなう必然的な工夫とも考えられなくはないが、それならば移動可能な風炉で行ってもできないことではない。それが何故炉をあえて室内に切ったのかといえば、それは囲炉裏のもつ団欒性が求められたのではないかと推定される。たとえば『満済准后日記』には「炉を囲んで茶話をした」との記事をたびたび見かけるのは、まさにそうした炉がもたらす団欒性を示す例としてよいだろう。したがって炉はたんにそこに火を入れ湯をわかす装置というだけではなく、亭主の場を示す機能とともに、炉を囲むことで醸し出される和やかな雰囲気が茶数寄にふさわしいものとみなされ導入されたのであろう。(24)

こうした変化は一見会所の衰微と連動しているかのように見受けられる。しかし先にも述べたごとく、少なくとも将軍家会所が直接茶数寄の場である茶室へと変化していったとは考えにくい。また会所の変化にともなって茶寄合が茶数寄へと転換していったともいえなさそうで、むしろ茶が茶寄合から茶数寄へと変化していく過程において、市中にあった会所が、より茶数寄の要求に応えるかたちで変化し、茶室へと変貌をとげたのではなかろうか。すなわち畳を室内全面に敷くことによって、その室内での行動すべてが坐ることを基本とし、かつ茶道具を直接床《ゆか》=畳の上において点前の連続性を確保することができるようになり点前が茶数寄の要素の一つになったこと、豪華かつ大量の道具を並べたてて見る者を圧倒することを排し、床の間という小空間を設けて選ばれた数点の道具を「心をおよばせて」じっくり鑑賞するようにしたこと、炉を室内に切ることにより、炉がもつ団欒性や親和性により主客の一体化をはかる助けとしたこと、などである。これら畳・床の間・炉の効果があいまって茶数寄の結座性をより高める働きをし、加えて茶室が狭い閉鎖された空間となることで外部と遮断された封鎖性を帯び、連歌よりさらに結座性が緊密化し、強められていったと考えられる。

その後、侘数寄の成立によってさらに茶室の屋根や天井、窓や入口にさまざまな工夫がこらされ、平面構成にも工夫が加えられてより結座性を強めるための装置としての茶室へと進化していったのであろう。

おわりに

以上、茶寄合から茶数寄への転換が茶室の成立に関わっているか否かについて考えてみた。その結果茶数寄の確立と茶室の成立には密接な関係があることがわかったのであるが、それだけであれば従来からいわれてきたことであり、決して目新しいことではない。ただ茶数寄が確立していく具体的な過程や、茶室がどのように成立していったかを示す文献資料や建築遺構がないため、年代を追って具体的に両者の変遷を示すことができないでいる現状に対して、結座性という視野で茶室の成立過程を説明できないかと試みてみた。しかしその試みはいささか荷が重すぎて十分に説明できなかったきらいがあるとはいえ、茶の湯にとって「座」のもつ意味は予想以上に大きかったことを実感するとともに、この認識を欠いては茶室を十全に語ることができないと確信するに至った。またそれは茶室の成立過程という歴史上のことを語る時だけでなく、これからの茶室について考えるときにもけっして無視できないような気がしている。

（1）廖寶秀『宋代喫茶法與茶器之研究』（台湾国立故宮博物院、一九九六年）

（2）日本で初めて茶について書かれた『喫茶養生記』は、その序に「茶也、末代養生之仙薬、人倫延齢之妙術也」と述べているように、もっぱら茶が薬としていかに有用であるかをその前半で説いている。
『吾妻鑑』建保二年二月四日条で、将軍実朝が二日酔いで苦しんでいた時、栄西が「称良薬、自本寺召進茶一盞」しその際『喫茶養生記』を添えて献じたとある。

『関東往還記』には西大寺の叡尊が関東に下向した際、叡尊の体調を整えるための薬として諸所の宿場で茶を準備していたことが記される。

『沙石集』には、僧侶が農民に茶の薬としての効用を説明したものの、あっさりと拒否されてしまう話が載せられている。

（3）『太平記』巻三三、三九などに佐々木道誉が行った闘茶会の有様がくわしく描かれている。
『祇園社家記録』康永二年七月七日条他。この年に「茶十種」「本非茶百種」「巡立茶」などの記事が多い。

『花園天皇宸記』元亨四年一一月一日、正慶元年六月五日条等に飲茶勝負の記事がある。特に前者には「乱遊或不着衣冠、殆裸形」とある。

（4）闘茶という語句は少なくとも一四、五世紀の資料には見あたらず、本非判断とか茶較べなどと呼ばれていた。闘茶の語句の初見は管見によれば元禄頃に成立したとされる『源流茶話』であり、それ以外の江戸時代の茶書にはほとんど見あたらない。

（5）初期の闘茶は栂尾茶とそれ以外の産地の茶の二種類を飲み分ける単純なものであったが、やがて茶の種類や試飲する回数も増え、時には百回、二百回におよぶこともあり、最終的には四種の茶を十服のんで行う四種十服茶に落ち着いた。闘茶の具体的な方法や、変遷については筒井紘一「闘茶の研究」（『茶湯』一号、木芽文庫、一九六九年）に詳しい。

（6）数寄について、とくに茶の湯との関連については谷晃「茶の湯における数寄」（『茶会記の研究』、淡交社、二〇〇一年）参照。

（7）『宗長手記』大永六年（一五二六）八月一五日条
下京茶湯とて、此比数寄などいひて、四畳半敷・六畳鋪をの〳〵興行、宗珠さし入、門に大なる松あり、杉あり、垣のうち清く、蔦落葉五葉六葉、色こきを見て、今朝や夜のあらしを拾ふはつ紅葉、此発句、かならず興行などあらましせしなり

『二水記』天文元年（一五三二）九月六日条
宗珠茶屋御見物、山居之躰尤有感、誠可謂市中隠、当時数寄之張本也、

『禅鳳雑談』永正一三年一七日条
金にて茶の湯の道具の物語、細々被申候、数寄の方は、備前物の割れたるには劣り候べく候、たゞ能の方は、凍み氷れたるが面白く候

『古伝書』と名付けられて『茶道古典全集』第三巻に収められた『習見聴諺集』巻一一には、点前の方法を詳しく解説した後で「但、是者、古様之趣也、当時者不依用之歟」とする永禄九年一一月二八日付の筆写者光明院実暁の奥書がある。

（8）中村昌生は『茶の建築』（河原書店、一九六八年）において「茶室における座の構成は、そうした殿中の茶の貴族的構造の延長縮図ではなく、一に親和的団欒性を基調にしているのである」と述べている。

（9）連歌と茶の湯の関係は、村田珠光筆とされる「心の師の文」に「ひゑかるゝ」とか「ひゑやせる」などの連歌論からの語句があるのをはじめ、『山上宗二記』には「紹鷗ハ三十ノ年迄連歌師ニ候。三条逍遙院殿、詠歌大概之序ヲ聞、即茶湯ヲ為分別、名人ニ被成候也。扨後ニ是ヲ密伝ニス。弟子ノ印可仕程ノ仁へ被仰伝候也」「心敬法師連歌之語ニ曰、連歌之仕様ハ、枯かしけ寒かれと云、此語ヲ紹鷗、茶ノ湯ノ果ハ如此有度物をなと、常ニ被申之よし、

辻玄哉語伝へ候」などともあり、両者の関係の強いことが知られる。

(10) 『古語大辞典』(小学館、一九八三年)による。

『日葡辞書』(岩波書店、一九八〇年)には「場所または座席、宴会の意にも用いられる、ある品物を自分らだけで(独占的に)売るために、ある人々が仲間をつくって結ぶ貸借協定、あるいは売買協定」とある。

(11) 「座の文学」として連歌を最初に取り上げた論文は、山本健吉「座の文学」(『古典と現代文学』、大日本雄弁会講談社、一九五五年)であり、その後、島津忠夫「連歌の性格」(『文学』、岩波書店、一九六七年九月)、両角倉一「座の文芸としての連歌」(『解釈と鑑賞』、至文堂、二〇〇一年一一月)などがあり、なかでも尾形仂『座の文学』(講談社、一九七三年)は、連歌だけでなく芭蕉や蕪村の俳句も取り上げて総合的・体系的に「座の文学」を論じた。

(12) 能楽師の金春禅鳳の言葉をまとめた『禅鳳雑談』には次のようにある。

一、同十七日夜、坂東屋にて雑談有、能は結構なるはある物也、金にて茶の湯の道具の物語、細々被申候、数寄の方は、備前物の割れたるには劣り候べく候、たゞ能の方は、凍み氷れたるが面白く候、舞に、手が舞ひ候程に悪く候、心が舞い候てよく候、胴に心を持ち候へば、足も軽々と行候物にて候、顔に心が候程に、腰が弱く、足に続飯を付け候やうに見へ候

また村田珠光が書いたとされる「心の師」には以下の通りである。

此道の一大事ハ、和漢のさかいをまぎらかす事、肝要〳〵、ようじんあるべき事也。又、当時、ひゑかる、と申て、初心の人躰がびぜん物・しがらき物などをもちて、人もゆるさぬたけくらむ事、言語道断也。かる、と云事ハ、よき道具をもち、其あぢわひをよくしりて、心の下地によりてたけくらミて、後までひへやせてこそ面白くあるべき也

(13) 林屋辰三郎『座の環境』(淡交社、一九八六年)

(14) 栗田勇「茶道における諸法実相——座と寄合いの思想」(『茶道学大系三　茶事・茶会』、淡交社、一九九九年)

(15) 鈴木健一・熊倉功夫「座——座はどのように成り立つか」(『日本文化のゆくえ　茶の湯から』、淡交社、一九九八年)

(16) 会所の語句の初見は宮上茂隆によると『本朝文粋』にある勧学会に関する記述であるという(「会所から茶湯座

敷へ」」、『茶道聚錦　座敷と露地（一）』、小学館、一九八四年）。

(17)『重森三玲　茶室茶庭事典』（誠文堂新光社、一九七三年）「座敷」の項

(18)東寺百合文書に収められる応永一〇年（一四一〇）年四月付の文書に、京都の東寺へ提出された一通の誓約書があり、それには、茶を売る店を石段の場所には開かず南大門の掘り割りの端だけにする云々とあることから、茶屋店を誓約者の道覚・八郎次郎・道香後家の三人が東寺南大門に構えていたことがわかり、これ以前つまり一四世紀末には寺社の門前などにこうした茶屋が存在していたことが推定できる。

(19)『證如上人日記』天文八年一二月三日

於裏庭左衛門太夫調茶屋、其後温麵、同肴出之

(20)宮上茂隆によれば、茶室を「囲い」というのは、利休が堺の福阿弥の寺の客殿の縁先を囲って二畳台目の茶室にしたのに始まるという（「信長・秀吉時代の数寄と茶湯座敷」、『茶道聚錦　座敷と露地（一）』、小学館、一九八四年）。

江戸時代の茶書には、茶室の事を「囲い」と記した例を時折見ることができる。また『隔蓂記』や『槐記』では茶室のことを「囲」と称していることが多い。

(21)長享二年五月七日条ほか。

(22)村井康彦『武家文化と同朋衆』（三一書房、一九九一年）

(23)「慕帰絵詞」は正平六年（一三五一）に完成したとされる。その一場面に和歌会を描いた部分があり、そこには参会者が部屋の周囲に敷かれた畳の上に座っている。

(24)日向進は「炉は〈一味同心〉する茶湯の場に不可欠な装置であった。またオモテ（客座）とウラ（点前座）という対立を統合する装置でもある。竈（クド、ヘッツイ）も炉と共通する機能をもつが、団欒や接客とは無縁であり、実用に徹した装置であった」という（「家屋と日本の生活」＝林屋辰三郎編『民衆生活の日本史・木』、思文閣出版、一九九四年）。

同朋能阿弥——室礼の規矩をめぐって

中村利則

一　唐物荘厳

どこか先進的な、船載文化の香りを漂わせて、躍進する鎌倉武士の間にもひろまった茶湯は、当時流行し始めた寄合の芸能として定着をみる。それは「武家ノ族ハ富貴日来ニ百倍シテ、身ニハ錦繡ヲ纏ヒ、食ニハ八珍ヲ尽セリ（中略）都ニハ佐々木佐渡判官入道々誉ヲ始トシテ、在京ノ大名、衆ヲ結デ茶ノ会ヲ始メ、日々寄合活計ヲ尽スニ、異国本朝ノ重宝ヲ集メ、百座ノ粧ヲシテ、皆曲彔ノ上ニ豹・虎ノ皮ヲ布キ、思《ヒ》々《ヒ》ノ段子金襴ヲ裁キテ、四主頭ノ座ニ列ヲナシテ並居タレバ」（『太平記』巻三三）などと語られるように、前代に養われた身分秩序も、美意識も、また宴遊の方法をも根底から覆し、過差とも思える「婆佐羅」に象徴される茶会であった。元徳二年（一三三〇）鎌倉にいた金沢貞顕は、在京中の息子貞将に書状を送り、「から物茶のはやり候事、なをいよいよまさり候へく候。さやうのくそくも御ようひ候へく候」（金沢文庫古文書二一七九号）と伝えているように、そのころから上層の武士たちは、中国から請来された、いわゆる唐物の茶道具を競って購入していた。

それは、貞治二年（一三六三）に改訂筆録された鎌倉円覚寺塔頭の仏日庵「公物目録」（円覚寺文書一六七）によっても、禅院に中国の禅林祖師の頂相や墨蹟をはじめ、南宋から元にかけての絵画や飾り具足などが数多く収蔵されていたことが知られ、唐物に荘厳された座敷での寄合が、いよいよ活況を呈していたことをうかがわせよう。

ところで鎌倉期初頭ごろまで詩歌管絃の会場にあてられたのは、苑池に臨み建つ泉殿・釣殿や中門廊、あるいは寝殿と対屋を結ぶ渡殿の二棟廊に設けられた出居など、おおむね庭園に面して構えられた場を室礼してのことであった。なかでも出居は主人の居間でもあり、また接客の場ともなる空間で、それは次第に規模を整えて、山水向きの常御所として独立して構えられるようになる。そしてそこにはたびたび開かれるようになった詩歌管絃の数寄御会に対応して、会所と称する一室が付設されるようになった。後鳥羽院が鳥羽離宮に構えた常御所に初見される会所は、建仁元年（一二〇一）藤原定家などを集めて和歌所が開設されるのにともなって設けられたもので、やがては中世に展開する芸能のうち、寄合性と当座性をもって時代相を特色する連歌会や茶寄合の会場として、さらには接客・対面の場として、会所は中世貴紳の住宅における位置付けを確かなものとしてくる。

中世邸第の殿舎構成は、およそ民俗学的な生活指標の分類に倣い、一つは、古代以来の正殿としての、寝殿を中核とする儀礼的空間＝ハレ（晴）の場と、一つは常御所や対屋を中心とした、日常的な生活空間＝ケ（褻）の場の、二つの領域に大別されよう。このなかで会所は、常御所の一室として設けられていたものであるから、むろんケの領域に属してはいたものの、そこは宴遊・接客にも使われることからハレ性も備えて、いわばハレとケの中間的な領域性を有しており、苑池に臨んだ閑雅な環境を形成して、あるいはスキ（数寄）の場とでもいうべき、第三の領域に位置するものであった。

こうした会所の様相は、先の婆娑羅大名佐々木道誉邸に、その一端をうかがうことができる。康安元年（一三六一）一二月、南朝側の細川清氏や楠木正儀らの軍勢の攻撃に遭い、道誉が都落ちする時、きっと一廉《ひとかど》の大将が入れ替わって入ってくるだろうことを考え、立ち去る屋敷の六間《むつま》の会所や眠蔵《みんぞう》には「定テサモトアル大将ヲ入替ンズラン。トテ、尋常ニ取シタ、メテ、六間ノ会所ニハ大紋ノ畳ヲ敷双べ、本尊・脇絵・花瓶・香炉・鑵子・盆ニ至マテ、一様ニ皆置調ヘテ、書院ニハ羲之ガ草書ノ偈、韓愈ガ文集、眠蔵ニハ、沈ノ枕ニ鈍子ノ宿直物ヲ取副テ置ク」（『太平記』巻三七）と唐物を荘厳し、また一二間の遠侍には鳥や兎、雉、白鳥を三本の棹に掛け並べ、三石入りほどの大筒には酒をなみなみと湛えて、遁世者二人を居残らせ、誰かこの屋敷に来た方には酒肴を勧めてもてなすようにと言い残しての鮮やかな引き際であったという。

折々の儀礼などにおいて、舗設具を置き合わせての場作りをいった古代の室礼とは異なり、中世の室礼は各室における掛物や具足類の飾りをいい、それが細かく記録されるようになった。道誉邸でも、表のハレ向きに構えられた、間口二間に奥行三間の会所では、畳はまだ部屋全体の敷き詰めではなく、大紋の畳が部屋の周囲に追い回しに敷き廻されていた。そして正面の壁面には三幅対の掛物が掛けられ、その前には卓を置いて、花瓶と香炉が飾り付けられている。すべてが舶載の唐物であったのだろう。また鑵子には湯が沸かされており、盆をはじめとする茶具足も取り揃えられていたと考えられよう。さらに会所の裏手のケ向きに構えられた、今日の書斎か居間にあたる書院では、この部屋に構えられていたであろう付書院に王羲之や韓愈といった中国の書家、文筆家の書や文集が飾ってあり、書院に隣接した眠蔵には布団が敷かれ、沈木の枕が置かれていた。道誉邸に入った楠木正儀はこうした様子に感服し、その後形勢が逆転して屋敷を引き揚げるとき、樹木一本損わずに立ち去ったと伝えられる。

二　「喫茶之亭」の室礼

会所は唐物に荘厳されて、妖々たる世界を現出していた。一五世紀初頭までに成立したと考えられる『喫茶往来』に記された「喫茶之亭」は、庭間に建つ二階建ての「奇殿」と呼ぶ、二階に月見のための望楼を頂いた奇妙な楼閣建築で、二階からは四方が見渡せたという。そして茶礼の会場となった一階主室の正面の壁面には、六幅の絵が掛けられていた。文章通りの順序で並べると、釈迦・観音・普賢・文殊・寒山・拾得の六幅で、仏画を荘厳したその雰囲気に、あるいは宗教儀礼の場を想像されるかもしれない。しかし釈迦にしても観音にしても、いずれも礼拝の対象とされるような尊像の図像ではなかった。釈迦は霊鷲山で説法する姿であり、また観音は補陀落山に佇む、ゆったりとした姿であって人間味に溢れており、俗なる世界を乖離した数寄なる場を演出するかのように、シンボリックに掛けられたのが、中世のこうした仏画・道釈画なのであろう。出山釈迦図や白衣観音図なども同様であった。

その面飾りとする、六幅が並べられていた順序を考えると、先の掛物の羅列だけでは分かりにくいが、その次に続いて二つ分の面前飾りが記されている。一つは金襴を掛けて胡銅の花瓶を飾った卓であり、もう一つが錦繡を敷き、鍮石《ちゅうじゃく》製の香道具を置き合わせた机である。まだ三具足・五具足の荘厳の規矩が成立する以前で、道誉邸と同様に整ったものではなかったが、この二組の面前飾りに対して、それぞれの掛物があったのであろう。すなわち、六幅とは三幅対が二組あったのであり、その組み合わせは、思恭の釈迦を中絵として、霊鷲山で説法する釈迦の右に侍した普賢と左に侍した文殊が脇絵となる一組と、牧谿の観音を中絵に寒山と拾得が脇絵となる一組である。そして釈迦の一組が彩色画であって、その前には金襴を掛けた卓が立ち、また観音の一組は水墨画で、その前には錦繡を敷いた机が据えられていたのでもあろう。

正面の壁を背にして、向かって右手の主位座には竹倚、左の客位座には豹の皮を敷いた胡床を据えた、椅子式の唐風仕立の部屋である。また絵が掛けられていたのは、その正面ばかりではなかった。隠者を代表する商山の四皓と竹林の七賢、四神相応の制を象徴する龍と虎、白鷺と鴛鴦の花鳥図といった三組の対幅が、側面の部屋境に建て込まれた襖障子などの建具を背に掛けられている。対幅がそれぞれ向き合って、左右に一幅ずつ掛けられていたのであろう。それらもすべて日本の絵ではなく、唐絵であった。鎌倉時代初頭から、宋や元の文物が大量に日本にもたらされており、それらが所狭しと並べ立てられている。そうした唐物荘厳の世界が、中世に成長する武家や、禅宗・法華宗などの新興宗教の環境で育まれた、新しい文化であった。

観応二年（一三五一）に描かれた『慕帰絵詞』の五巻三段には、和歌会の場面が描出されている。既に組み込まれた遠侍の座敷で、馬の繋がれた「立場」とは「草間」（『匠明』殿屋集）と呼ぶ廊下に隔てられた会所であった。あるいは本願寺三代の覚如が中心となって撰集した「閑窓集」を編んでいる情景かもしれない。正面の壁面には三幅対の絵が掛けられているが、中絵は『古今和歌集』真名序において、山部赤人と並んで「和歌仙」とされた、歌膝を立てた柿本人麿像である。これも和歌会を象徴しており、こればかりは大和絵であったのだろうが、脇絵の梅・竹図は水墨の唐絵なのでもあろう。「仏日庵公物目録」にも、墨梅や墨竹の唐絵が載せられていた。その面前には、中央に香炉を置き、左右に対の花瓶を飾っており、のちに『君台観左右帳記』に規範化されている式法にはまだ則ってはいなかった。

三　会所の構成

こうして当初は常御所の一室として設けられた会所ではあったが、室町期に入り、将軍を中心とした歌壇の隆盛、歌会や連歌会が月例（月次）化するにともなって、この会所を中心とした、新たな一棟が必要とされるようになってきた。それが独立会所で、室町幕府三代足利義満の将軍第に初めて建てられた独立会所が、最も隆盛を極めたのは、五代義量が幼くして逝去し、義持も薨じたのち、しばらくの空位をおいて六代将軍に任じられた義教の時である。永享三年（一四三一）から始まる室町将軍第の造営で、その敷地の東側の一画に、苑池を中心として観音殿・持仏堂などを点在させたスキの境域が形成され、ここには同四年に、まず南向会所が造られた。それがその翌年にはまた新たに泉殿会所が営まれ、さらにその翌年には新造会所と、苑池の周りには連年建て増された会所が三棟も建ち並び、まさに会所文化の全盛を思わせる風景が浮かび上がっていた。それは義教が義満に先例をもつ幕府の各種行事、なかでも文芸関係の猿楽や田楽・松拍子、あるいは和歌・連歌・茶湯・立華などを次々と月次化したことにもよろう。

池畔に建つ独立会所は、すでに常御所としての性格にもまして、寄合の場としての、遊興施設の趣きを強くするものとなっていた。そうした会所を建築的にみると、およそ禅院塔頭の方丈や法華宗の客殿に類型的な様態をもっており、南面する表側に、主室としての会所を中心に三室、その裏手の北向きに、主人の居間である書院、寝室である眠床など三室が並ぶ、六間取りの構成を基本としている。そしてその用法も塔頭方丈や客殿と同様にして、表の三室は公的な寄合の場として使われていたのに対し、裏の三室は主人の常御所として、私的な生活空間として用いられていた。このように、ハレとケの中間的な領域性をもった、スキの場ともいうべき環境に構えられた会所であるが、それ自体も表と裏に、ハレとケの両性を兼備するものであった。

あるいは雑然とも思われるかつての室礼が、規範をもって調えられたのは、この義教の時でもあろう。永享九年（一四三七）一〇月二一日から二六日にわたる、後花園天皇の室町将軍第への行幸のおりの『室町殿行幸御餝記』（徳川美術館蔵）には、三棟の会所のすべての部屋の室礼が記されている。その三棟の会所のなかでも、最も中心となる南向会所の、主室九間《ここのま》の正面の壁には、恐らくは牧谿筆と思われる道釈画の仙人呂洞賓を中絵として、左右に龍虎の三幅が掛けられた。その前に置かれた沈木の卓には、剔紅《てきこう》雲鷺の香炉を中央にして、左右に花瓶と燭台をそれぞれ対にして飾る、いわゆる五具足が荘厳され、その卓の両脇にはさらに対になる花瓶が飾り付けられていた。『君台観左右帳記』に記された「押板」における式法通りの室礼で、ここに座敷における室礼の基本的構成は完成されている。しかし掛軸は「押板」に掛けられたものではなく、壁に掛け下ろされたものであり、五具足も卓を据えてのことであった。

またさらにそれらの左右にでもあろう、新渡物の金襴の敷物を敷いた一対の曲彔が据えられている。主位（向かって右）・客位＝賓位（向かって左）の座であり、脇絵の龍虎は四神相応の制の東西にして、その前に据えた曲彔に座れば、部屋の向きにかかわらず、おのずから南面することとされる。龍虎図は、古代以来の帝王南面の制を確かにする掛絵として、このころから主室の脇絵として定着しており、泉殿会所の主室御四間では観音四睡の画幅が掛けられていたが、わざわざ「龍虎二幅ハかゝらす」と注記されてもいた。

このほか九間の東西の天井小壁には、これも牧谿と思われる万里高山の対幅が掛かっていたが、この九間に隣接した「東之御六間」の小壁にも芳汝筆の小振りの瀟湘八景が掛けられており、舶載の唐物に荘厳された麗々しい雰囲気である。しかし一〇月二五日、苑池に龍頭鷁首の舟を浮かべておこなわれた詩歌の会の披講が、その日の夜「東之御六間」でおこなわれた時は、その八景の絵は巻き下ろされていた。詩歌に詠まれた情景との違和を避けるためでもあったのだろう、和歌会の披講の場からは掛物は排除されている。

そしてこの南向会所の裏手にある、義教の書斎「雑花室」には墨蹟が掛けられていた。物初、すなわち南宋の禅僧大観（一二〇一～六八）の「御文字」一幅である。もちろん軸装された墨蹟自体は、元応二年（一三二〇）に作られた「仏日庵公物目録」にもすでに載せられている。舶載の唐の分として密庵咸傑の法語や石帆惟衍、北磵こと敬叟居簡、虚堂智愚、無準師範などの墨蹟があり、また来日した禅僧の一寧一山や西澗子曇などが「日本分」として含まれてもいたものの、「雑花室」に掛けられた墨蹟は、あるいは義教の「座右の銘」とするものであったのかもしれないが、墨蹟が掛けられていたことを知る初見である。その前には赤漆の五重の棚が置かれ、いろいろな本が並べられており、また香道具や念珠、食籠も飾られていた。

四　能阿弥の登用――表具師から同朋へ

後花園天皇は還御になる一〇月二六日に南向会所へ臨まれた。舶載の唐物に荘厳された麗々しい雰囲気のなか、「出御之時侍香、焼き申す両人　徳阿・能阿」（『室町殿行幸御餝記』）と、天皇が会所九間へ出御された時、部屋の中央に置かれた卓上の香炉や五具足の香炉に清めの香が薫かれたが、それを司ったのが徳阿・能阿という二人の同朋衆であった。その能阿がすなわち能阿弥で、四一歳の時のことである。

能阿弥が生まれたのは、「白衣観音図」や「花鳥図屛風」の落款に記された年齢から、応永四年（一三九七）と知られ、三代義満が隠居の別業として営んだ北山第に、舎利殿金閣が立柱上棟した年にあたる。もちろん偶然のこととはいえ、後の能阿弥の生涯を予兆するような偶然であった。しかしその出自については不明で、「扶桑名公画譜」に「真能、能阿弥と称す、号鷗斎或春鷗斎、姓中尾氏、公方家に仕え童朋を為す」とあることから、能阿弥の俗姓は中尾氏で、もとは越前朝倉家に仕えていたとされるものの、その根拠は明らかではない。その能阿弥が初見されるのは、聖衆来迎寺に所蔵される「六道絵」の軸木の墨書銘で、

六道之絵像拾五幅叡山横川霊山院の霊宝也
永享三年九月九日於三條富小路修覆之
願主欣求浄土沙門忍阿弥敬白
世の中をうき身におくることはりの

さてもむくはぬはてぞかなしき

能阿弥生年三十五歳

と記されており、江戸期に書写されたものとはいえ、確かな記録とされている。それによると、永享三年に能阿弥は三条富小路の忍阿弥のもとでこの絵の修理に携わっており、当時は表具師であったことが認められよう。その手腕が買われてでもあろうか、同八年義教の命により五山の長老が賛を寄せた一二幅の会所の障子絵について「御障子諸老賛之を御目に懸ける。能阿父散忌之後。能阿糊せしむ可き也」(『蔭凉軒日録』永享八・一一・二条)と、父が死んで喪のあけた能阿弥に表具が依頼されている。あるいは忍阿弥が父であったとも考えられるが、いずれにしてもその翌年には後花園天皇の室町殿行幸において侍香を勤めていた。

能阿弥が義教の同朋となったのは、室町殿に南向会所が構えられた永享四年頃のことでもあろうか。同五年二月一一日に義教が北野社に催した法楽の一日万句連歌に、三条宰相実雅の座の一員として能阿弥が加わっており(「北野社一万句御発句第三次第并序」宮内庁書陵部蔵)、それもすでに同朋としての立場においてであったと考えられる。

ところでこの同朋とか同朋衆というのは、その発生は鎌倉末期から室町初期の戦乱において、有力武将に扈従した時宗の遁世者に求められるであろう。「正慶乱雑志」によると、元弘三年(一三三三)一月に鎌倉幕府軍が楠木正成を河内千早城に攻めたとき、この軍には二〇〇余人に及ぶ時衆が同道したという。それは戦死者を弔い、戦傷者の救護にあたるを任としたようで、遺品を遺族に届ける時衆も少なくなかった。そして戦陣にあって武将の慰めとするために、文芸や芸能に巧みな時衆もいたことであろう。こうした従軍時衆が、室町幕府の職制の一端に位置付けられたのは四代義持から義教の頃にかけてで、すでに時宗との関わりはなくとも、剃髪した法体で、阿弥号を称することにより、貴紳にまみえる身分が確保されたと考えられている。

同朋の職掌としては、下人として取次や社寺代参など殿中雑事に仕えることはもちろんであるが、客を接遇する折には主人の侍者を勤めて進行も差配し、また別には「から物奉行」などとして、蒐集された唐物（絵画・墨蹟・文房具・茶具足・法具など）の管理や鑑定（目利）にあたり、その運用をして座敷の飾り付けにも携わるなど、多面性をもつものであった。若くに重宝の表具をしていた経験から、将軍家において特に目利として、絵画の外題を付けるなどにも力量を発揮したのが能阿弥であったのだろう。「妙増都聞御暇を賜う。渡唐の為、先ず兵庫に赴く也。大唐に之の諸器を求められし、其模様図き、而して両居座妙増都聞并て紹本都寺、及び能副寺に渡されし也。但し千阿・能阿之を奉る」（『蔭凉軒日録』寛正五・七・一九条）と、能阿弥は千阿弥とともに、遣明船で出る僧に彼の地で求めるべき唐物の模様図を描いて渡しているなど、唐物の購入にも関わっており、以後嗣子の芸阿弥（一四三一～八五）、孫の相阿弥（?～一五二五）と、三代にわたって室町幕府の同朋としての重要な地位を占め、毎年一月四日には将軍に扇を献ずるという式例まで生み出している（『条々聞書貞丈抄』）。『山上宗二記』に記された「古今茶湯ノ名人ノ名」には、毎阿弥と能・芸・相の四人の「公方様之御同朋」を挙げるなかで、「但し能阿弥名人也」が特記されていたし、また『等伯画説』にも「能阿弥事。慈勝院殿東山殿也、公方ゾ、同朋也。名仁也。画ノ事ハ自元也、香ノ上手、連歌士、」と、能阿弥は名人と評価されていた。ただし三阿弥の中で最も長く活躍したのは相阿弥であり、父の芸阿弥が没した文明一七年（一四八五）の、一一月には相阿弥が相国寺の僧や画家の狩野元信などとともに、八代義政の東山山荘の持仏堂に飾るべき十僧図を李龍眠様とすることに決めていて、同朋相阿弥が早くも登場している。

五　調度具の装置化

ところで古代の寝殿造以来、日本の住宅の室内空間は空疎であることが基本であった。それは多彩な行事に順応し得るためでもあり、そうした無性格な空間が行事の場として、また人間が居住する場として、時に応じた調度（障屛具・座臥具・収納具・諸道具）の置き合わせをもって整えられていた。中世の書院造は、そうした調度が建築的に造り付けられ、装置化したもので、たとえば障屛具の屛風が建て付けになった襖障子でそれぞれ部屋が間仕切られ、また座臥具の畳が部屋に敷き詰められてすでにユカ材料と化してくるなどがその特色として挙げられる。ほかにも収納具である二階棚や厨子棚が建築化した、違棚の原型としての「作付棚」は、建仁三年（一二〇三）慈円に命じて新造された後鳥羽院の宇治離宮、西北ノ対屋の台盤所に初見され（『明月記』建仁三・一二・一〇条）、そこには「絵菓子十合、例菓子十合、唐瓶子一」が置かれていたし、また鎌倉末期に成立した『春日権現験記絵』の第八巻二段、大舎人入道邸の一室には、付廂をして縁に張り出し、部屋の一面全体に造り込んだ袋棚が描出され、中に唯識論の巻物を収めて「まら人ゐ（客人居）の棚」と呼ばれていた。そして文机を造り付けた付書院も「出文机」と称されて、『春日権現験記絵』や『天狗草紙』・『法然上人絵伝』などにも多く描かれているし、卓が建築化した懸軸の場としての押板は『八坂神社記録』嘉慶二年（一三八八）の書状に見える。あるいは床子が造り付けになった居座の場としての床は、応永一三年（一四〇六）の山科教言邸に「床ノ上ハ細畳也」（『山科教言卿記』応永一三・四・七条）とあったり、醍醐寺文書「三箇吉事雑記」に掲出された、同一七年の法身院本坊の会所には「オシ棚」とともに一間四方の床や長床が装置化されていて、およそ一五世紀の初め頃には飾りの場としての押板や居座の場としての床も造り付いていたのであろう。

とはいえ初期書院造の成立過程において、こうした装置が造り付けになったのは、住宅の屋内が細分化され、小室化していくなかでの、主として実用的な側面からでもあったのだろう。襖障子の建て込みや天井の張り込みを除いて、その装置化が先行しておこなわれていたのは書院（居間）など、日常的な、ケの生活領域においてであり、ハレの領域ではまだ多彩な用途に対応できるよう、空なる構成が求められていた。それは応永一七年三月二〇日に法身院本坊の会所を使って行なわれた「吉書儀」において、すでに部屋の一面に造り付けられていた床や「オシ棚」は、その前に屛風を建てて隠されており、置畳して整えるハレの場にはそうした装置は不要とされていたことを示している。

永享二年（一四三〇）三月一七日、義教が醍醐で花見を催した折、竣工したばかりの醍醐寺金剛輪院の常御所兼用会所には、その前日に将軍家より拝領した唐物具足が将軍家同朋の立阿弥によって飾り付けられていた。「御会所御飾注文」（醍醐寺文書一四一）によると、「御とこの間」と呼ぶ部屋の西に構えた押板には、出山釈迦を中絵としてその左右に寒山・拾得の三幅を掛け、懸幅した前の卓には帰花の香炉・無紋の花瓶・燭台の三具足と香匙台・香箱が置き合わせられている。また「御とこの間」の棚には食籠のほか、壺を盆に載せ、草花瓶が卓に載せて飾られている。そして「とこ」の内の付書院には、盆に胡銅の水瓶・印籠・唐三彩と思われる馬の置物や、硯・墨・筆・刀子などの文房具、それに軸物が盆に載せて置き合わせられ、さらにその「とこ」にある南向きの押板には「人形・らそう」の絵を四幅掛け、盆に載せた「そんれう」の花瓶と石鉢が二つ飾られていた。ただこの会所にこうした装置が備わっているのは、ここが常御所に隣接した、いわばケに近い領域性をもった部屋であったからにほかならず、義教の室町将軍第に構えられた三棟の独立会所でも、裏向きの部屋にこそそうした装置が造り付けられてはいるものの、三棟の主室には固定的な装置は造り付けられてはいなかった。

ともあれ金剛輪院では、実用をもって造り付けられた装置に置き合わせられた物が、その実用を離れて、当時に流行した唐物に執心する飾りとなっていることが知られ、それを飾り付けるのが同朋で、もちろんそれは展観に供するためのことであった。それであればこそ、その飾り付けには自ずから規矩が生じて、「室礼」として大成されていくのであろう。その規範化を促したのが同朋能阿弥であったことは想像に難くなく、「右、此一冊、能阿直記也。借二相阿家蔵之本一写レ之。三四校了矣」と、先の『室町殿行幸御餝記』を著したのも能阿弥であった。

六　荘厳の規範

能阿弥によって編まれたと伝えられる、いわゆる『君台観左右帳記』は「将軍第の左右（そこここ）の飾りを観る書」といった意味でもあろうか。能阿弥没後となる文明八年（一四七六）三月一二日付で大内左京大夫宛のもの（群書類従本）や、能阿弥から村田珠光、そして後嗣の宗珠へと相伝されたもの（大永三年＝一五二三―二月吉日付　東京国立博物館蔵徳川宗敬本）が古い写本として知られ、またその後に孫の相阿弥がさらに洗練を加えて再編したものが別系統としてあり、その代表的な古写本として相阿弥が源次吉継に宛てて書いたものを、大永六年円深が書写し、それを永禄二年（一五五九）一月吉日転写したもの（東北大学蔵本）などが知られている。いずれも三部からなる構成は同じであり、まず第一には当時伝えられた『宣和画譜』や『図絵宝鑑』などを参考にして選んだと考えられる唐・宋・元の画家を、時代別に品等分けした画人録があり、そして第二に押板や付書院・違棚の飾り次第、第三に彫物・胡銅物・茶碗物（磁器）・土の物（天目）・葉茶壺・抹茶壺（茶入）から文台・将棋盤・双六盤・火鉢などにいたるまでの器物の種類や様態・扱いが図入りで説かれ、座敷における荘厳と、そこに置く唐物の吟味を含めた「室礼」の規範書である。ただ画人録において、能阿弥本が上・中・下の三等級に分けて一一三人から一五六人掲出しているのに対し、相阿弥本では上をさらに上々・上々・上中・上の四級に細分し、中と下は中上・中、あるいは下上・下とそれぞれを二級に分け、八等級のなかに一七六人挙げており、時代とともにその評価はさらに厳密になり、鑑賞眼も進んでいたのであろう。

牧谿を上（相阿弥本は上々）に位置付けるそうした画家の評価はさておき、「餝次第」に記された押板の飾りをみると、およそシンメトリックな構成が良しとされている。三幅・五幅を懸軸するときは、折卓を置いて三具足、あるいは「諸飾」とする五具足と、香匙台・香合を必ず飾り、両脇に置く花瓶も対のものが使われるのに対し、四幅を懸軸するときは、三具足は飾らずに花瓶か香炉を一つ置きにして、脇花瓶を対に置くことになり、懸軸が奇数か偶数かにより芯での取り合わせが異なっている。そして二幅懸軸するのは間口一間の押板に限られて、中央に花瓶を一つ置きにするか、あるいは対花瓶にし、ましてや一幅の懸軸は丈長の本尊などの仏画に限られていた。そして横絵などは押板には掛けず、座敷に置棚して壁に掛けたり、内法より上の天井小壁に掛ける。特に四季の四幅や八景の小絵の八幅は天井小壁に掛けるものとされ、ただ大きな八景のときには押板か、置押板をして懸軸するなど、その式法は詳細を極めている。

「書院飾次第」には、付書院における硯や筆・墨・刀・水入れ・文鎮などから卦算や印籠・軸物にいたるまでの文房具と小花瓶の飾りが記され、その天井には喚鐘を釣るか、釣香炉をするという。そして喚鐘を釣るときは右手の柱の見込の折釘には執木が掛けられ、左の柱の折釘には「何にてもかゝるべし」と、柱飾りをする。それらは付書院の前に座して読み書きするという実用に即したものであり、折釘には身の回りの小物である鏡や火打ち袋・払子・団扇などが掛けられ、時に花瓶も掛けられることがあった。そうした柱飾りをするのは「書院のほかに、しぜん床などのはしらにはかゝるべく候。押板・違棚にはかゝるべからず候」と、床にもすることとされており、それによっても床は押板とは違って荘厳の場として造り付いたものではなく、床子を原型とする居座の場であったことが認められよう。そして付書院に文房具の飾りをしないときは、花を三瓶か、石鉢を二、三鉢置くという。また「違棚のかざり如此又」には二種の違棚図と一種の置棚図を描いて、それぞれの段に置く食籠や花瓶・石鉢・香道具・薬器などが記され、別に茶の湯棚図を描いて、風炉・釜・水指や大海の盆に載せた建盞や茶入など、茶具足の置き合わせが記されている。

こうみてくると先の金剛輪院の飾り付けは、この『君台観左右帳記』の内容に重なり、義教の頃にはすでにこうした荘厳の規範は整ったものと考えられよう。しかし独立会所の主室に初めて押板が造り付けられたのはそれより遅れて、八代義政が文明一四年（一四八二）から隠居所として営んだ東山山荘の、長享元年（一四八七）に竣工した会所九間（嵯峨の間）においてである。ましてやこの押板とともに違棚・付書院、そして帳台構えの四要素が揃って主座敷の飾りとなっていくのは、およそ一六世紀も末の頃で、後期書院造の定形が形成されていく。とはいえその時代になっても座敷飾りの規範とされたのは『君台観左右帳記』であり、能阿弥は時代を超えるインテリアの規式を確立し、日本における生活美学の母胎を形成したといっても過言ではない。能阿弥本『君台観左右帳記』にのみ、器物の項の終りに「唐物色々みること、能心に入れて見おぼゆること肝要にて候（中略）只物数をよく見候て、目功入候こと肝要にて候。絵はなににても正筆を能見候」と、唐物を見る心得が記されているのも、表具師時代からの経験を踏まえてのことであったのだろう。

七　唐絵の日本化

室町時代の水墨画の展開において主流であったのは、将軍家とも密接な関係にあった相国寺の、如拙から周文、そして雪舟と続く画僧たちである。それは幕府において宋朝画院に倣うアカデミーを形成し、同朋能阿弥もそうした人々にまみえたのであろう。「名仁也、画ノ事ハ自元也、」と記す『等伯画説』では、能阿弥は雪舟や小栗宗湛・曽我宗丈などと並んで、周文の弟子に位置付けられ、芸阿弥、相阿弥と続く阿弥派の祖になっている。そして「能が鳴鶴事、七条ノ道場ニ之れ有キ。慈照院ヲ御申ノ時、此鶴ヲ事外御称歎成らせられテ、今よりハ鶴を書く可からずト云々。此鶴ヲ等伯祖父ハ見られタリト。今ハ之れ無き」と、金光寺にあった鳴鶴の絵を義政が絶賛し、再び鶴を描くことが許されなかったという。すでに等伯の時代にはなくなっていたため、それがどういったものかは不明であるが、それにしても、今に遺されている能阿弥の作品は多くはない。

永享一三年（一四四一）頃までに三条堀川北の東益之邸で建てられた竹亭の障壁画を描いたのが能阿弥であった（『先人故宅花石記』）ことが知られるほかは、その代表作ともいえる「白衣観音図」（溝口家旧蔵）は「応仁弐季六月日為周健毛髪　於泉涌寺妙厳院図之真能七十有二歳」と款記があって、応仁二年（一四六八）七二歳の時、禅林に入っていた子息周健（芸阿弥の弟）のためをもって泉涌寺妙厳院に描いたものである。また「花鳥図屛風」も各隻に「為花恩院常住染老筆」「久莫離坐右　応仁暮春初一日　七十有三歳」と款記されていて、翌三年仏光寺の経豪が法統を継承した祝いに贈ったものであるなど、遺された能阿弥の作品は七〇歳代の、最晩年のもので、また幕下に連なる同朋としてよりも、個人的な関係で描いたものばかりである。そしてすでに山下裕二氏が指摘するように、それらは牧谿からの引用に溢れ、そのモチーフも『花卉雑画巻』などの伝牧谿画に由来するなど、牧谿尽しの感があるものの、その引用には能阿弥の卓抜な趣向が凝らされており、衒学的な意識も色濃い。これも内容は不明ながら、あるいは応仁二年に入明した使節が携えていったという能阿弥の「瀟湘八景図巻」（「隣交徵書」）も、牧谿を写すものであったのだろうか。ともあれ牧谿に傾倒し、それを「祖述」しながらも、その趣向のなかに唐絵が日本化していく基盤が醸成されていったのだろう。「老能七十五歳」と年記して、文明三年（一四七一）に描いたことが知られる「蓮図」（正木美術館蔵）には「あけぬ暮れぬ　ねかふはちすの　花のみをまつあらはせる　一筆そこれ」と詠む和歌さえ添えられていた。

その年の文明三年八月に、能阿弥は大和長谷寺に客死した。「公方奉公能阿弥於長谷寺去月入滅了、天下明人也」（『大乗院寺社雑事記』文明三・閏八・五条）と、秀抜たる名人の尊称ばかりは世に響きわたっていたのであろう。

参考文献

川上　貢『日本中世住宅の研究』（墨水書房、昭和四二年）

田中一松・米沢嘉圃『原色日本の美術一一　水墨画』（小学館、昭和四五年）
林屋辰三郎『日本思想大系二三　古代中世芸術論』（岩波書店、昭和四八年）
根津美術館・徳川美術館編『東山御物』（根津美術館・徳川美術館、昭和五一年）
内藤　昌『桂離宮』（講談社、昭和五二年）
中村利則『町家の茶室』（淡交社、昭和五六年）
田中一松「新出の能阿弥筆水墨花鳥図屛風の掲載に際して」（『國華』一〇六〇号　特輯能阿弥筆花鳥図屛風、昭和五八年）
米沢嘉圃「能阿弥画をめぐって」（同右）
村井康彦『茶の湯の古典1　君台観左右帳記と御飾書』（世界文化社、昭和五八年）
『武家文化と同朋衆』（三一書房、平成三年）
『中世文化と同朋衆』（『日文研叢書七　足利将軍若宮八幡宮参詣絵巻』、国際日本文化研究センター、平成七年）
山下裕二「能阿弥序説」（『國華』一一四六号、平成三年）
「能阿弥伝の再検証一～四」（『明治学院大学文学部芸術学科研究紀要　芸術学研究』一～四、平成三～六年）
中村利則他『茶室空間入門』（彰国社、平成四年）
川上　貢「会所と座敷飾りの成立過程」（『日本美術全集一一　禅宗寺院と庭園』、講談社、平成五年）
リチャード・スタンリーベイカー「室町時代の座敷飾りと文化的主導権」（同右）

『兼見卿記』を通してみた天正年間における社家・公家の数寄空間

日向　進

はじめに

本稿は、京都吉田神社の祠官吉田兼見（一五三五〜一六一〇）の日記『兼見卿記』[1]を主な素材として、天正年間を中心とする時期における兼見自身、また兼見と交流のあった公家社会の茶の湯の空間について考察することを目的としている。

天正一三年（一五八五）一〇月及び翌年正月の禁中茶会や、同一五年の北野大茶湯などに関する根本史料としての『兼見卿記』の信頼性は高い。これらは社会の耳目を集める大きな出来事であり、兼見自らもその場に居合わせている。一方、兼見にとって茶の湯はふだんの暮らしのなかに溶け込んでいた。『兼見卿記』は、社家や公家の社会に茶の湯が浸透しつつあった様相を伝えてくれる史料としても有効である。

兼見と同時代の公家山科言経（一五四三〜一六一一）の日記をみる限りでは、茶の湯についての記述は天正年間を通じて数度に満たない。[2]公刊されている公家日記は限られているので十分な例証はできないが、言経と兼見との茶の湯に対する関心の懸隔は際だっている。言経に比したとき、兼見の周辺には家族、祠官、社僧、公家、武家らによる多彩で濃密な、茶の湯を介した交流空間が形成されていた。天正期の吉田郷は、まさに茶数寄のサロンの観を呈していたといえる。

これまでの茶の湯研究は、茶の湯がもっとも隆盛した、中世末から近世初期にかけての時期に集中してきた。しかし、この時期における社家や公家の世界の茶の湯については、これまであまり語られてこなかった。『兼見卿記』という限られた手がかりを通してではあるが、吉田社主として、また禁中に祗候する公家としての兼見や、兼見と交流のあった公家の茶の湯について一瞥してみたい。

一　吉田家の屋敷

(一)兼見邸

兼見の数寄空間に言及するに先立って、屋敷の構成について概観しておく。

兼見邸は、吉田山（神楽岡）西方の吉田郷の一画にあった。兼見が若年であった頃の、一六世紀半ばの吉田郷の景観はいくつかの風俗画を通してうかがうことができる。旧町田本『洛中洛外図屏風』（国立歴史民俗博物館蔵）の描くところによれば、周囲に堀を巡らし、物見窓をあけた土塀で囲まれ、出入り口には木戸門や櫓が設けられており、「吉田構（かまえ）」[3]とも呼ばれていた。それぞれの屋敷には竹が植えられた[4]。

兼見とその一族もこのような吉田郷の一画に屋敷を構えていた。近江から京への入り口を占め、一時は信長によって城を構える地として想定されたこともあったように、戦国の世にあっては相当に緊張をはらんだ環境におかれていた。兼見たち社家の生活空間は、『洛中洛外図』が描くように、集落と屋敷という二重に構築された防御施設のなかに営まれていたのであり、兼見屋敷の門は「忍返」が設けられるほどの厳めしさであった[5]。

兼見は、天正六年（一五七八）四四歳のとき、邸宅を普請する。事情は不明である。二月二〇日に「主殿」、二月二八日に「台所」がそれぞれ立柱という具合に工事は進み、三月四日には移徙している。「本宅」が完成し、諸道具が運び込まれたのは三月二五日であった。この間にも各種施設の工事が進められた。「主殿」が「本宅」なのであろうか。この年の工事は屋敷全体に及ぶ大がかりなものであったと推測されるが、元亀三年（一五七二）に初出する「小座敷」がつくりかえられたかどうかは分からない。

天正六年に新たに建てられたのは、「主殿」「客殿」「台所」「湯殿」「別屋」「厩」「新造之土蔵」「門」などであり、在来のものに「二階土蔵」がある。また、部屋の名称として、「面之座敷」「座敷」「小座敷」「茶湯座敷」「次之座敷」「カツ手」「二階座敷」「二階小座敷」「二階下之間」「御上座敷」「青女不断之座敷」「墨部屋」「下女之部屋」「中間部屋」などがみられる。

「小座敷」「茶湯座敷」については次節で検討することとして、他の建物や部屋の建築構成について詳細は分からないが、用法が幾分か知られるものについて略述する。

・「座敷」―「面之座敷」との区別は分からない。兼見は茶の湯だけに熱心であったのではない。天正年間には公家社会にも茶の湯が浸透しつつあったが、依然として和歌会、連歌会の伝統も根深かった。兼見も近衛前久の「月次連歌」に参加する（天正一二年一月二四日条）など、和歌や連歌を通じても公家や武家と交流を重ねている。連歌師里村紹巴と茶の湯を通じた接点もあった。兼見邸での連歌会については確認することができないが、息男兼治邸では「爰許之衆」による会が催されている（天正一九年閏一月一五日条）。張付が行われた（元亀三年一〇月二五日条）「座敷」は、連歌会の会場にあてられたのであろうか。

・「二階座敷」―天正九年元旦に「八方拝」の儀式が行われている。二階には神壇が設けられた部屋があったが、それはこの「二階座敷」であったかと思われる。社家に固有の儀式などが行われたのであろう。「二階下之間」は二階にある部屋の次の間（下間・げかん）と解される。

・「面之座敷」―兼見邸における公的な接客空間であったと思われる。三五畳大であったから、五間に三間半の規模になる。翌年になって紅梅や桜が植えられた（天正七年一〇月一六日条）。「面之庭」に面していたのであろうか。一二畳敷の「面（おもて）」もあった。この室は祈念、修行の場として使われている。

・「青女不断之座敷」―兼見夫人の私的（不断＝普段）な座敷であろう。北側に押入があり、囲炉裏（後述）を備えていた。

・「別屋」―風呂を壊した跡に建てられている（天正七年八月一一日条）。後に「水屋」がつくられた（同一二年一一月一一日条）。兼見が新屋敷に移ってからのこととして、兼治邸にあった「書院・小座（敷脱カ）」が兼見邸に移されて「別屋」とされた（文禄二年二月一一日条）。「別屋」の意味するところは判然としないが、数寄空間としての書院、小座敷が、公務の空間や日常的な空間から切り離された、別の建物として独立していたのではないかと推測される。仮にそうであれば、「水棚」は「茶湯之水棚」（天正一二年九月二五日条）、すなわち水屋棚とも推測される。三間に二間の大きさ（一二畳大）には四畳半（床の間付き）と水屋が収まる。

屋根の材料については次のようなことが分かる。

洛中洛外図屛風（旧町田家本など）を見ると、土塀内にある吉田郷の建築は草屋根として描出されている。社家の屋敷は、「構」の内にあってさらに塀や堀で囲まれていたから、描出された建物は在所の人々の住居であろうか。社殿や社家の建築には瓦や柿《こけら》で葺かれたものがあるとともに、社家の建築のなかにも草葺きのものが混在している。

兼見の記すところによれば、「面」の屋根には藁が「三百丸」使われ（天正七年一一月三日条）、「台所」も藁で葺かれている（同一一年一一月四日条）。「面」がどの建物を指すのかは判然としない。天正一五年の暮れに焼失した後に営まれた「新屋敷」でも、東西六間・南北二間の「小屋」は「草屋」であった（同一九年九月二八日条）。同じ頃、息兼治（侍従）の屋敷でも藁屋根の工事が行われている（同年一一月四日条）。他の祠官の例では、吉田兼有邸の「草屋」が「崩落」したことがあった（同一五年二月一三日条）。

以上の兼見の屋敷は、天正一五年（一五八七）の暮れもおしつまった一二月二六日午刻、台所より出た火により悉く焼失した。わずかに、神壇、文庫、土蔵だけが焼け残った。兼治の屋敷は兼見邸と「軒ヲナラフ」位置関係にあったが、幸いにも類焼を免れた。前日、兼治邸では茶室の席披きが行われたばかりであった。天正一九年（一五九一）に至り、兼治に本宅を譲り、兼見は千秋月斎旧宅に移る。そして翌天正二〇年（文禄元年）一二月、家督を兼治に譲り、退隠する。

(2)兼治邸

天正一〇年（一五八二）の暮れに、兼見屋敷の南方が兼治邸とすべく造成された（一二月八日条）。これは、少し前から動き始めていた兼治と細川藤孝息女との結婚生活の準備であった。これより先、一一月二四日には兼治のところで囲炉裏（「倚炉」）が切られているから、屋敷の拡張が行われたのであろう。また八月二一日には「御上之座敷」を兼治方と「一トツニ成」す工事が行われた。翌日の記事によって「御上座敷」は一二畳敷で四畳半の「次」がついていた。文意が定かでないが、「御上座敷」が次の間を介して兼治邸からも行き来ができるようになったのであろうか。年が改まると住居の工事が始まり、一月三〇日には「室内造作悉出来」、婚儀を二日後に控えた三月二六日には、台所が「角屋」で北に建てられた。婚儀の行われた天正一一年の歳末、兼治邸で茶会が催され、兼見は縁者二人（月斎、還竹）とともに招かれている。「茶湯初相催」とあるように、三畳敷の席披きの会であった。

表1　兼見、兼治邸　　　　　(天正16・17年は欠)

年月日(西暦)	兼見邸	兼治(侍従)邸
元亀1.7.5(1570)	面之門破損	
3.10.25(1572)	座敷之張付・屛風等申付	
4.4.22(1573)	二階之作事	
天正4.8.7(1576)	二階土蔵之屋根、申付板葺	
10.8	巽方立厠	
6.2.20(1578)	(主脱ヵ)殿立柱普請	
2.23	主殿板敷出来	
2.28	台所立柱悉出来	
3.4	徙移(ママ)	
3.12	築地之普請	
3.23	厩立柱	
3.25	本宅悉首尾、道具以下悉運	
6.4	堀・厩・中間部屋以下申付普請	
6.5	立門	
7.2	面之座敷畳三五帖、申付粟田口之大工	
7.9	門之扉・数戸之下地申付	
10.13	召寄塗師弥四郎、塗衾障子之縁	
7.6.11(1579)	新造之土蔵・壇庇也、北之門葺屋祢	
8.11	壊風呂、其跡ニ立別屋	
8.13	別屋多分出来、三間二間也	
11.3	面之屋祢南北葺之、藁三百丸	
8.6.27(1580)	青女不断之座敷、北方押入申付	
9.3.6(1581)	西面之土居墻已下普請出来	
10.8.21(1582)	御上之座敷、侍従御方ト一ツニ成	
11.24		切倚炉
12.8		屋敷之南開之、侍従私宅之用
11.1.28(1583)		侍従居住之宅作事
1.30		宅内造作悉出来
3.26		侍従居所普請申付了、明後日祝言
11.2	客殿之屋祢北南ヲ葺	
12.1.23(1584)	大工源七郎墨部屋之儀申付	
9.25	茶湯之水棚之辺直之	
11.11	大工別屋之水棚申付	
12.25		侍従方之作事、今日悉首尾
12.27	新屋敷之口北方ニ立門立柱	移徙

13. 4 . 4 (1585)	帰宅、於二階上段八方拝	
15. 2 .14(1587)	葺厩之屋祢、湯殿立之	
12.25	午刻自台所火事、私宅悉焼失	今度侍従作小座敷、三百人手間
18. 3 .16(1590)		去月廿四五日比ヨリ至今日作事
19. 8 .13(1591)	新屋敷之門、自今日大工三人申付	
9 .27	新屋敷立柱普請	
10.22	新屋敷へ路次普請、悉出来	
11. 7	新屋敷二階座敷三間々中、二間、明日立柱	
20. 9 .23(1592)		侍従私宅新屋敷引寄
11.24	新屋敷内造作、悉首尾	
文禄 1 .12.22(1592)	新屋敷へ移徙	本家へ移徙
2 . 2 .11(1593)	侍従前之屋敷之書院・小座、予新屋敷為別屋、今朝壊取之	

このような兼治邸では十分ではなかったのか、翌天正一二年一一月からまた工事が始められ、五〇余日を要して一二月二五日に工事を了えた。作庭や築地などの工事も同時に進められた。そして、兼治は二七日に引き移っている。この度の工事に先立つ四月二九日に兼治邸で茶会があり、このときにも兼見は縁者（妙心院、周超）とともに参会している。この会は『舜旧記』に「座敷開之会」と記されている。兼見を除くと前年末の会と客組が違うので、同じ三畳の座敷であったのかも知れないが、あるいは別の座敷を造立したのかも知れない。

天正二〇年（文禄元年）一二月、家督を譲られた兼治は、兼見のいた「本家」に移る。

二　兼見の数寄空間

(一)「茶湯座敷」と「小座敷」という語について

兼見はその日記のなかで、茶の湯、会食、遊技（囲碁など）などの行われた場をあらわすのに、「茶湯座敷」「小座敷」という語を使っている。用例として、「於茶湯座敷羞朝食」（天正四年一一月三日条）、「於小座敷将碁《ママ》」（同七年九月八日条）、「於小座敷忝御膳、御供二人」（同一四年四月九日条）などをあげることができる。「於茶湯座敷在晩炊之義、次茶」（同一三年一月一八日条）とあるのによれば、茶の湯を伴う会食であったとみられるが、例えば右にあげた例において茶の湯を伴ったのか、あるいは茶の湯に伴うものであったのかは分からない。

二つの語が茶の湯の場を示すことは、次の用例からみて明らかである。「茶湯座敷三帖敷、有茶湯興、一服、次茶」（天正九年五月二〇日、神祇伯白川雅朝邸）、「入小座敷、（中略）此以前ハ四帖半也、今度三帖座ニ仕直之由」（天正一三年三月一七日、日野輝資邸）とあるのによれば、とくに広さの違いによる使い分けが意識されていることはない、とみることも許されるであろう。

小稿は、吉田兼見、及び兼見と交流のあった公家の茶の湯の場について述べることを主題としている。そこで、まず『兼見卿記』にあらわれる数寄空間の分析にあたって、この二つの語がどのように使い分けられているのかということの検討をしておかなければならない。

天正四年（一五七六）一二月一三日に始まる一連の建築工事が行われた。それは次のように続く。

一二月一三日　大工三人茶湯座敷之床直之
一二月一四日　大工同前
一二月一五日　大工同前
一二月一六日　大工同前
一二月一八日　小座敷之作事首尾、（後略）

「茶湯座敷」の床を直す工事が「小座敷」の建築工事として一八日に完了したと読み取れる。一三日から一六日までの記述は掲出した内容がすべてであって、記事からは「座敷」以外の工事は行われていなかったみてよい。その過程で、一二月一三日からは大工三人による「茶湯座敷之床」を直す仕事が行われている。

天正一二年（一五八四）一月一八日から同二二日まで続く「茶湯座敷之次之縁」回りの工事については次のよ

うに記述される。

一月一八日　大工源七郎一人、茶湯座敷之次之縁之上、障子之義申付之、中々今日不出来、五日計手間カ

一月二〇日　茶湯座敷次之縁上、シキイカウシ出来

一月二二日　小座敷之次縁之作事出来

五日間ほどを要すると見込まれた「茶湯座敷之次之縁」の工事が、予定通り五日後に「小座敷之次縁」の工事として完了している。この場合についても、「茶湯座敷」と「小座敷」は同じ座敷を示しているとみざるを得ない。

また、天正一〇年（一五八二）六月の本能寺の変を境に、明智光秀との関係を追求されることをおそれて書きかえられた別本がある。二本の異同を「茶湯座敷」「小座敷」に関わるいくつかの記事について並べてみる。

天正一〇年二月二一日　大工太郎左衛門、茶湯座敷路地之縁申付了

（別本）　大工太郎左衛門、茶湯座敷路地ニ縁ヲ張之

同　三月五日　大工二人、二郎五郎・太（郎）左衛門、小座敷之次障子申付

（別本）　大工二人、二郎五郎太郎左衛門、小座敷之次障子申付

二本とも二つの語について同じ表現を使っている例がある一方、次のような場合がある。

天正一〇年二月二七日　招請佐竹羽州、斎了来、小野右京進同前、於小座敷興了

（別本）　招請佐竹出羽守、右京進ヲ召具、於茶湯座敷会了

同　二月二九日　召寄中村入道宗玖、小座敷之張付々色

（別本）　狩野宗玖ヲ召寄、茶湯座敷へ張付色ヲ付之

この例では、同じ内容の記述に際して二つの語が混用されている。

一方、次のような用例もある。

天正八年（一五八〇）一月二六日、安土に下向した兼見は、信長に茶の接待を受けたときの模様を詳しく書き留めている。それによると、松井友閑の案内で登場した兼見は「面之座敷」で相客の細川昭元を待ち、そろったところで「茶湯座敷」に移って三人で朝食をとった。次に「小座敷」に向かい、昭元が正客、兼見は次客として席入りし、松井友閑の点前による茶の後、再び「面之座敷」に戻って酒食のもてなしを受けている。「小座敷」の床には「俊居」（銭舜挙）の絵が飾られ、炉には「宗慶」の釜が釣られていた。

この用例では、「茶湯座敷」と「小座敷」とは別座敷とみられる。床と炉を備えた「小座敷」が茶会の場であることは間違いがない。「茶湯座敷」「小座敷」を茶の湯以外にも使うことがあった兼見にとっては、朝食の接待を受けた安土城の「茶湯座敷」は茶の湯の行われた「小座敷」とも共通する構成をもつ座敷として受け止められたのであろう。安土城にいくつかつくられていた座敷を区別する表記としてとらえることができる。

『兼見卿記』で使われている「茶湯座敷」と「小座敷」という語は、ともに茶の湯や会食、遊芸などが行われた施設を意味している。厳密な使い分けが行われていたようでもない。なお、いわゆる広間・小間という対概念については、「書院・小座（敷脱カ）」（文禄二年二月一一日条）という用例が対応している。

兼見の弟で豊国神社の別当梵舜の日記『舜旧記』では、兼見が用いる「小座敷」「茶湯座敷」と同じ施設をあらわす語として、天正年間は「茶湯座敷」「小座敷」が用いられていたが、慶長年間以降になると「数寄屋」「数寄座敷」を使う頻度が増すことを付記しておく。

(2) 兼見屋敷の数寄空間

日記が書き始められた元亀年間には兼見の父兼右が存命であった。兼右、兼見が参加した芸能関係の記事はもっぱら和歌会、連歌会であったが、元亀三年（一五七二）に入ると茶の湯に関する記事が見られるようになる。

兼見の他会の記録としては、同年二月二七日条に、

寺本橘太夫茶湯会興行、罷向了

とあるのが初出で、丹波の土豪寺本橘太夫の茶会に赴いている。

一方、自会は同年五月九日条に、

織田三郎五郎来、(中略)於小座敷、客・盛方院・予三人也

と、織田信長、有楽の兄三郎五郎(信広)を招いたのが初見である。相客は盛方院、すなわち医師の吉田浄勝であった。

天正四年(一五七六)に入ると、茶道具をもとめたことや、自らの茶室(6)に関する記事がしばしばあらわれるようになる。

天正六年四月一一日条には、茶会の亭主を回り持ちでつとめる「廻会」を行っていたことがみえ(「招請三郎左之間罷向、各廻会」)、天正九年頃から茶会に関する記事がいっそう増えていく。そして天正一一年(一五八三)五月二六日条には、「周超所へ向斎、舜・月・予茶湯順会也」とあって、「順会」の記事がみえる。弟梵舜、千秋月斎、周超、そして兼見が定期的に亭主を担当する茶会を行っていたようで、兼見の周辺に茶の湯が浸透してきている状況をうかがうことができる。武家や町人層を主体とした新興の文化としての茶の湯を、信長や明智光秀らとの接触をもつなかで、兼見やその周辺にいた人々が早くに受容し始めていたことを示している。

兼見がしばしば茶会を催したのは、兼治(子息)、梵舜(弟、神龍院)、周超(叔父、南豊軒)、吉田浄勝(盛方院)たち一族、大角、鈴鹿、安田など神人たち、妙心院、福智院、松楽庵など社僧たちであった。兼見が「爰元之衆」「寺庵衆」などと呼ぶ人々である。

兼見が彼らを招いて開いた茶会については、とりわけ親しく往来を重ねていた弟梵舜も書き留めている(表

表2　兼見周辺の茶の湯──『舜旧記』による──

天正11.2.9	加茂之三入斎へ茶湯会ニ罷越
2.10	何羨庵江茶湯会、同周超同道罷越
2.21	東陽坊・六位、両人茶湯会ニ来越
2.23	本所・月斎・侍従殿三人茶湯会罷[来]越
3.8	本所ニ俄茶湯会アリ、月斎・周超・舜・還竹此衆ニ興行也
3.15	本所寺衆へ振舞、八条殿[畳敷]ニテ茶湯会在之、無上惣へ手前ニテ在之、妙心院・周超・智福院・松楽庵・月斎・兵部小輔・少督・右馬允・還竹・観音堂坊主、以上此衆也
12.1.4	於左馬允夜会興行、月斎・周超・松楽庵・拙子為同道罷也
1.5	於当院夜会興行
1.6	於松楽庵夜会興行、振舞餅同飯
1.7	於月斎興行、振舞在之
1.9	於妙心院夜会興行
2.4	真如堂之内二位、於所、朝会之茶湯興行、御方・拙子・民部丞・松楽庵、同道罷也
2.12	御方ニ夜会興行、粥
3.26	朝御方茶湯会在之、拙子・松楽庵、両人也
3.29	宇治茶見物トテ、本所就同道罷越、見物、山田宗好所ニテ、真壷四ッ見ル也
4.23	本所茶会ニ当院へ請待也、同道妙心院・周超、同晩、侍従・兵部卿・民部丞、後会也
4.24	妙心院へ本所茶会ニ請待、拙子・周超、同道也
4.29	晩侍従座敷開之会アリ
13.1.22	何羨庵へ茶湯会ニ、周超同道ニテ罷也、於真如堂之内、六位ウス茶在之、不事也、音信也、於侍従殿、茶湯会アリ、民部丞、令同道也
1.28	祇園之梅坊・山本大蔵大輔、両人為茶湯請待也、梅坊土産ニ弐十疋・杉原十帖、当[到]来、振舞、初一汁一菜、後段ニウトン在之也
2.4	本所為茶会御出也、同道周超・彦竹也
2.10	長得院へ茶湯会罷、同道周超也
2.15	盛方院浄慶へ、為茶湯会ニ罷、兵部少輔令同道也
2.17	何羨庵へ晩振舞罷也、同道周超也
2.20	真如堂之内東陽坊所へ、夜茶湯会在之、侍従殿御出、予令同道也
2.23	侍従殿茶湯会ニ請待申也、同道松楽庵也
11.3	本所江拙子所ノ壷ヲ切、振舞令[会]也、座敷衆本所・侍従殿・周超此衆也

2）。例えば、天正一一年（一五八三）三月一五日の茶会は次のように描出されている。

本所（注・兼見）寺衆へ振舞、八条殿［畳敷］ニテ茶湯会在之、無上惣へ手前ニテ在之、妙心院・周超・福智院・松楽庵・月斎・兵部少輔・小督・右馬允・還竹・観音堂坊主、以上此衆也（『舜旧記』）

この日は「本所」すなわち兼見が、常連といってよい一〇人の「寺衆」（社僧）たちを招いての会であった。多人数であったからであろう、八畳敷の座敷が使われている。

彼ら寺衆もまた茶室を構えていた。例えば盛方院は、天正一一年一〇月頃から、茶室の柱に用いる松や茶庭を整備するために赤土を兼見から届けてもらっている。翌年一月二九日に兼見が招かれた盛方院の茶会は、席抜きであろうか。

茶会に参加したのは男たちだけではなかった。天正五年（一五七七）九月七日、妻の親元佐竹出羽守の茶会に招かれた兼見は妻子を伴った。女性と茶の湯の関わりについて、天正年間前後のあり方はよく知られていない。同日条に「佐竹羽州茶湯興行、招請之間罷向、青女・満千代同前」とある「同前」の内容は「招請」を受けるものと解され、単に里帰りをしたというのではなく、妻子ともに茶会に招かれたと思われる。

『天王寺屋会記』（宗及他会記）に、この年一〇月六日昼のこととして、

京、吉田江紅葉見物ニ道是と行申候処、吉田之かんぬし之御子息侍者御出候て、おしととめられ、俄茶を給候

とみえる。炉に手取釜をかけ、洗い手桶の水差しを使った、いくぶん野点風の趣がただよう茶会を取り仕切ったのは、「吉田之かんぬし之御子息」、すなわち満千代であった。両親とともに佐竹家を訪ねたのは、やはり自身も参会するためであったと推測される。のち天正一二年（一五八四）四月二九日に「座敷開」をする（『舜旧記』）兼治（満千代）はこのとき一三歳であった。

兼見の妻女が茶の湯を行っていたであろうことは、天正一八年（一五九〇）五月八日条に、「青女方塞倚炉囲」とあることによって、[7]炉を切った座敷をもっていたことから推測できる。それは押入のついた「青女不断之座敷」（天正八年六月二七日条）とは別の座敷であろう。妻女が兼見に同道して佐竹氏の茶会に出かけたことは、天正七年九月三日の条にも描出されている。当時、女性が茶会に参加し、自身が茶室を備えていたことをうかがわせる記事として注目される。

前節で検証したように、『兼見卿記』のなかでは「小座敷」と「茶湯座敷」は等質なものとして使われている。本稿では二つの語を統一的に扱うために、適宜「数寄空間」「茶室」という語に置き換えている。数寄空間という語を使うのは、「茶湯座敷」「小座敷」はもっぱら茶事に用いられるのではあるが、専用されているわけではないからである。

表3は、天正一五年（一五八七）一二月二六日の火災にあうまでを中心とする時期の、兼見屋敷の数寄空間に関する記事の抜粋である。天正一〇年（一五八二）二月末から四月にかけて、縁、張付、障子、畳の面替え、襖の縁塗りなどが連続して行われている。修理工事であろうか。基本的な構成は、天正一五年に焼失するまで保たれていたのであろう。

兼見屋敷において「小座敷」が初見するのは、先述したように、元亀三年（一五七二）五月九日のことである。信長の兄信広（三郎五郎）を招き、吉田浄勝と三人で朝食をともにしている。茶の湯が行われたかどうかは分からない。

さて、『兼見卿記』の記事によれば、兼見の茶室は次のような構成であったと推測される。

・床があった（天正四年一二月一三日条）。

天正四年（一五七六）一二月に茶室の「床」を直したことがあった。「床」が「ユカ」なのか、あるいは座敷

表3　兼見の茶室（『兼見卿記』による、但し※は『舜旧記』）

年月日（西暦）	事　項
元亀3.5.9(1572)	織田三郎五郎来、雁一・壱荷持来了、於小座敷、客・盛方院・予三人也
10.25	去廿二日屛風張松自、来、座敷之張付屛風等申付了
天正4.2.8(1576)	令作事、今度小座之縁
12.13	大工三人茶湯座敷之床直之
6.7.2(1578)	面之座敷畳卅五帖、申付粟田口之大工
7.9	大工三人門之扉・数戸之下地申付也
10.14	小座之庭土居付屛、大工四人普請
7.9.8(1579)	於小座敷将碁
10.16	面之庭、紅梅・桜二本植之、小座敷之梅木、渡面之庭
10.18	小座敷ニ植榁柑其外樹木
10.23	小座敷之上塗申付之
8.9.3(1580)	去月廿九日大工次郎五郎申付御茶湯棚指、出来了
9.4.13(1581)	於小座敷而春長軒面会、即将碁在之、次相伴晩炊
7.5	小座敷之西高屛出来了
10.2.21(1582)	大工太郎左衛門、茶湯座敷路地之縁申付了
2.29	召寄中村入道宗玖、小座敷之張付々色
3.5	大工二人、二郎五郎・太左衛門小座敷之次之障子申付
4.2	召寄屛風張守泉、小座之次一間々中四枚之衾障子、以相古絵張之
4.4	茶湯座敷面替申付、粟田口畳指也
4.9	畳悉出来、此間召寄両人申付也、小座敷之次之間六帖敷・裏之座敷六帖・面之次三帖・薄縁三枚、卅帖面替申付了、屛風張守泉来、小座・カツ手衾障子二本張之
12.21	南之畠ニ植茶園四通
11.3.15(1583)	本所寺衆へ振舞、八条殿[畳敷]ニテ茶湯会在之、無上惣へ手前ニテ在之、妙心院・周超・智福院・松楽庵・月斎・兵部小輔・小督・右馬允・還竹・観音堂坊主、以上此衆也（※）
12.1.18(1584)	桶ユイ召寄、茶湯手桶結之、大工源七郎一人、茶湯座敷之次縁之上障子之義申付之
1.20	茶湯座敷之次之縁上、シキイ・カウシ出来、大工源七郎申付之、立障子之義、未出来、召寄畳指、帖之義申付之、一帖也
3.25	二階小座敷屋祢之木葉払除申付之
9.25	大工一人太郎左衛門、茶湯之水棚之辺直之
13.3.29(1585)	小座敷之北方ニ道ヲ開橋ヲ懸ル、右馬助・休斎明屋敷へ通路之儀也
15.12.26(1587)	午刻自台所火事、私宅悉焼失、不慮之仕合也、家財多分取出也、(中略)神壇・文庫・土蔵無別義、侍従方軒ヲナラフ、無別儀
19.6.18(1593)	座敷相伴五人、於茶座敷進茶、次切麦・スイ物・御酒数反

飾りのための「トコ」なのか、ということについては次の用例を手がかりとすることができるのではないか。それは、先にもとりあげた、安土城に招かれた天正八年（一五八〇）一月二六日の記述である。この日の茶室の舗設は「床ニ懸俊居之絵」と描出されている。トコ（床の間）に舜挙の絵が飾られていた。「ユカ」をあらわす「板敷」（天正六年二月二三日条）という例があることからも、兼見屋敷の茶室で直されたという「床」は、「ユカ」ではなく「トコ」とみてよいであろう。

・壁は張付で、絵が描かれていた（天正一〇年二月二九日条）。

壁の張付に「付色」した中村宗玖は、狩野姓を名乗る扇絵師として天正八年以降頻出する。「付色」と記述されるが、張付壁に絵が描かれたのではなかろうか。荒壁ではなく、書院の風情を色濃く残していた。

・路地（茶庭）に面して縁が付いていた（天正四年二月八日、同一〇年二月二一日条）。

・「次之間」との室境は一間半で、襖四本建てであった。襖には屏風張り（表具師であろうか）によって「古絵」が張られた（天正一〇年四月二日条）。

室境が一間半であるということは、茶室は六畳以下（三畳＝一間半×一間、四畳半＝一間半四方、六畳＝一間半×二間）ということになる。珠光の弟子興福寺尊教の右勝手六畳敷は「小座敷」と呼ばれている（『茶湯秘抄』）から、「小座敷」という表現から大きさを決することはできない。

・「次之間」は六畳で、さらに六畳の「裏之座敷」、三畳の「面之次」があった（天正一〇年四月九日条）。

・「次之間」にも縁があり、縁は畳敷きの入側《いりかわ》であった。入側には障子が建てられ、「カウシ」（格子）がつくられているから、入側の部分は連子窓になっていたのかも知れない（天正一〇年三月五日、同一一年一月二日条）。

・水屋があった（天正一〇年四月九日条）。

「小座・カツ手衾障子二本」と小座敷（茶室）と併記される「カツ手」は勝手、すなわちいまいうところの水屋であろう。茶室とは「衾障子」すなわち襖二本（おそらく引違い建て）で隔てられていた。

「茶湯之水棚」（天正一三年七月二三日条）は「茶湯所之水棚」（同年七月二二日条）とも記載される。「茶湯所」は、客座敷と分離して設けられていた、殿中における茶立所（茶湯間）の呼称に系譜するのではなかろうか。「水棚」は『日葡辞書』（一六〇三年刊）に「台所で、陶器その他の物をのせて洗う板」と説明されているように、流し（走り、ハシリ）回りの附属設備であろう。具体的な構成は不明であるが、「茶湯（所）之水棚」は水屋の附属設備ではないかと推測される。

・襖は塗縁であった（天正六年一〇月一三日条）。

・兼見屋敷には八畳敷の座敷もあった（『舜旧記』天正一一年三月一五日条）。

これは二間×二間の大きさになるから、少なくとも間口、奥行のどちらかが一間半であった「茶湯座敷」とは別の座敷である。「屏風張」松自が壁に張付をした（元亀三年一〇月二五日条）「座敷」がこれにあたるのであろうか。

天正一一年（一五八三）一二月二二日、兼見は勧修寺尹豊、徳大寺公維、白川雅朝を茶会に招いている。「平折敷、アサヲノ器、（略）」という侘びた道具立ての「小座敷」で茶の湯があり、その後「次之座敷」で酒が振舞われた。茶事が茶室だけで完結するのでなく、別の座敷と組み合わせて進められていた。「次之座敷」がこの八畳敷であったかどうかは分からないが、広間と小間というような組合せによる茶会が行われていたといえよう(8)。これより後のことになるが、兼見から兼治に家督が相続されるにともない、兼治邸の「書院・小座（敷）」が移されていることも、兼見周辺の茶の湯のあり方を投影しているのであろう。ただし、前節でも取り上げた「於茶湯座敷在晩炊之義、次茶」とあるのによれば、食事と茶の湯が同じ座敷で行われたと解することもできるが、確かなことは分からない。

・二階にも小座敷があった（天正一二年三月二五日条）。

上層の公家や武家の邸宅には、二階に和歌会、連歌会の場が設けられることがあった。兼見邸のなかにも、そのような伝統に従う場が営まれていたのであろう。

兼見邸における茶の湯の施設には、「小座敷」あるいは「茶湯座敷」と呼ばれる茶室があり、広さは六畳以下であった。それは縁を備え、床があり、壁は張付で絵が描かれ、襖は塗り縁というように、珠光・紹鷗時代の構えを継承した古風なたたずまいであった。また広間（書院）もあり、眺望のひらけた二階の茶室があるなど、変化に富んだ数寄空間を形成していた。

唐絵や墨跡が重用されるようになっていた時期に、ほとんど評価されていなかった雪舟の絵を入手（天正一〇年九月二一日条）したことが示すように、兼見の茶の湯は、どちらかといえば古風な性格をもっていたように思われる。そのような傾向が、数寄空間にも投影されていることを読みとることができるのではなかろうか。

（3）路地（茶庭）

次に、茶の湯のための庭（路地）についてみておきたい。

兼見が日記のなかで用いている用語であるが、「左大将殿（信長）茶湯座敷庭之小石申付」（天正四年一〇月一八日条）、「小座敷之庭」（天正一二年四月二四日条）という表現がみられる一方、「路地」という表現もみられる。「万里小路茶湯之路地ニ置赤土所望之間、牛五駄持遣畢」（天正一三年二月二六日条）、「近日立小座敷、植路地松竹所望之由申来了」（天正一五年一一月一六日条）という記事にあらわれる「路地」は、その文脈から茶庭を意味するものと解される。

茶庭としての「ろじ」という語の文献上の初出については、「路次」が天正九年（一五八一）、「路地」が慶長五年（一六〇〇）とされる。(9)『兼見卿記』では、天正一〇年二月二一日条に「大工太郎左衛門、茶湯座敷路地之縁申付了」とか、天正一一年一一月一七日条に「今朝赤土盛方院へ持遣之、小座敷路次ニ置之云々」とあって、用語として早い段階で定着していたといえよう。

さて、兼見邸の茶庭の構成は次のようであった。

・簀戸（「数戸」、枝折戸）があった（天正六年七月九日条）。
・西側には高塀が設けられていた（天正九年七月九日条）。
・「土居付之塀」があった（天正六年一〇月一四日条）。

土居、すなわち土手状の基部の上に塀がつくられ、茶室と茶庭のある一画が他の領域から結界されていたのであろうか。

・小篠、蜜柑、梅などが植えられていた（天正七年一〇月一六日、同年一〇月一八日、一一年四月二四日条）。
・また、「北之庭」と「面之庭」があった（天正七年四月二日条）。
・「面」の庭には紅梅、桜が植えられた。茶庭から梅が移された（天正七年一〇月一六日条）。

このような茶の湯の空間が展開する一画の北に、天正一三年（一五八五）、道を開設し橋を架けて、鈴鹿右馬助と休斎の屋敷への通路を開き、門が設けられた（「普請、小座敷之北方ニ道ヲ開、橋ヲ懸ル、右馬助・休斎屋敷へ通路之儀也」三月二九日、「新屋敷之口北方ニ立門」同四月四日）。この記事から、兼見屋敷の北に堀がつくられていたこととともに、小座敷の北方には道をつける障害になるような構造物がなかったことになる。茶の湯の空間は屋敷のなかの北方にあり、「褻」の領域として位置づけられていたと考えられる。対して、三五畳の「面之座敷」

があり、紅梅や桜が植えられた「面之庭」が「晴」の領域を形成していたのであろう。

(4)敷松葉について

茶庭の手法に「敷松葉」がある。冬期に飛石や延段などを残して庭一面に落ち松葉を敷いて、苔が霜で傷むのを防ぐとともに、侘びた景色を演出する。敷松葉の創始者について、『槐記』は織部であると伝えている(享保一三年一〇月二六日条)。『舜旧記』の慶長二〇年(一六一五)七月三日条には、二条城内数寄屋の庭に敷く落ち松葉をもとめられた梵舜が、三〇俵分を届けたことが記されている(「金子八郎兵衛ヨリ申来、二条御城数寄屋路地ニ敷松落葉三十俵持遣也」)。織部が自刃したのはこの年六月一一日のことである。織部が敷松葉を創案したとして、いつ頃から始められたのかは定かではないが、『兼見卿記』には敷松葉に先行する手法を思わせる記述が見られる。

すなわち、天正一三年(一五八五)四月二一日条に、

万里小路松之落葉所望、持遣之

とある。この後に「明後日廿三日茶湯可興行」と続くので、「松之落葉」がその茶会に備えてのことではなかったかと推測される。万里小路(充房)からはこの二ヶ月ほど以前にも茶庭用の赤土をもとめられていて、茶庭の整備が進められていた模様である。後の敷松葉とは異なる用法があったのであろうか。

また同年五月一八日条にも次のように見える。

伯三位、青松葉所望之、壱荷持遣之

伯三位(白川雅朝)の場合は「青松葉」をもとめられている。敷松葉が行われるのは、普通には炉開きの頃(旧暦一一月)である。葉が枯れるまで置いて、敷松葉にするための準備なのであろうか。兼見自身も庭の松の古葉

を片づけさせたりしている（天正一一年五月二二日条）が、それは敷松葉の片づけであったのかも知れない。

いずれにせよ、兼見の周辺で敷松葉につながる手法が行われていたと推測される。江戸時代の吉田山は、『都名所図会』に松茸狩りの光景が描かれているように、松山であった。そのような環境が、吉田郷を松葉の供給地としたのであろう。松葉の採取地として、『茶譜』には「松葉ハ山科ヨリ出ヲ吉云、葉色モ吉、葉モ長シ」と記されている。

(5)造園家（竹木供給業）兼見

『兼見卿記』の記事で頻出するのが石、真砂、赤土、あるいは松、竹などの作庭素材や建築用材の供給に関わる内容である。盛方院（吉田浄勝）に茶室の用材として松（天正一一年一一月）、細川藤孝（幽斎）に礎石用の白川石（同一四年八月二三日条）や茶室の垂木に使う竹、勧修寺に屋根葺き用の竹釘（同一五年一月）、等々、あたかも建材業者のようである。白川は古く平安時代から砂、石の産地として知られているが、「白川へとひ石を見立ニゆク」（『慈性日記』寛永三年〈一六二六〉三月七日条）とあるように、白川は茶庭用の石の産地としても知られるようになっていた。吉田家は白川の領主であった関係から、兼見は石や砂を供給し得たのであろう。[10]

天正四年（一五七六）一〇月一八日、村井貞勝を通じて、信長の「茶湯座敷」の庭に使う「小石」をもとめられた兼見は、翌一九日、貞勝に二〇荷を届けている。この年正月から信長は安土城の造営を始めており、『信長公記』は「所々の大石を運」んで築城が行われたと伝えている。一方、同年、信長は二条晴良を報恩寺跡に移し、晴良旧邸に自らの京都屋敷＝二条屋敷の造営を始めている。「小石」をもとめてきた村井貞勝が京都所司代であることから、それは二条屋敷用の「小石」であったとみるべきであろう。本能寺の変で焼失する二条屋敷について詳しくは知られていないが、茶室が作られていたことは注目される。

「赤土」も方々からもとめられている。庭の地形《ちぎょう》、叩きなどに用いられたのであろう。植木用などとして松もしばしば供給している。先述したように、吉田は豊かな松の樹叢で知られていた。松が豊かな土地には赤土がある。吉田郷一帯は良質な砂混じりの赤土が採れるところとして知られていた。そのことは真砂をもとめられた次の記事などにもあらわれている。

天正一一年（一五八三）一一月一七日には、

今朝赤土十荷盛方院へ持遣之、小座敷路次ニ置之云々

と、盛方院の茶庭用に、また、天正一三年（一五八五）二月二六日には、

万里小路茶湯之路地ニ置赤土所望之間、牛五駄持遣畢

と、万里小路充房の茶庭用に、それぞれ「赤土」を届けている。

近衛殿侍方ヨリ書状到来云、真砂廿荷斗申付可参之由仰也（天正一四年一二月一三日条）

勧修寺使者云、明日殿下御参内也、真砂廿駄斗所望之由云（天正一九年一月四日条）

西洞院砂十荷所望之書状到来、為意得之答、今日成次第持遣了（天正二〇年九月一五日条）

吉田郷が良質な赤土の産地としてきこえていたことは、兼見の没後も変わらなかったようである。兼見の弟梵舜も次のように記している（右衛門佐は兼見の孫兼英）。

九条殿・大将殿ヨリ御使者ニテ、当山之赤土御所望之由、使者也、右衛門佐申聞了、同心之御返事也（『舜旧記』寛永八年一〇月一八日条）

庭の植栽、植木についてはどのようであったか、いくつか例をあげてみよう。

自曇華院殿御局書状到来、松木廿本、植木之用也、御所望、申付堀《ママ》進了（天正四年二月二一日条）

参近衛殿被下夕飡（略）松木三本被御庭之旨御所望也、即堀《ママ》進上了（天正七年九月八日条）

勧修寺松之木植之用也、所望之間七本堀《ママ》之（天正七年一〇月四日条）

青山甚左衛門方ヨリ書状、近日立小座敷、植路地松竹所望之由申来了（天正一五年一一月一六日条）

など、庭に植える松をしばしばもとめられている。参道の馬場の松を掘って応じた（天正八年閏三月六日条、他）こともあった。

近世初期風俗図（『築城図』）に大石を引く「しゅら」（修羅）が描かれているが、吉田はこのような修羅用の木を供給したこともある。

天正一四年（一五八六）二月、大石を引く修羅をさがしていた娘婿細川忠興から、吉田社（斎場所カ）「御橋」のたもとにある木を所望された。「神前之近所」ということで断りたい兼見であったが、他に見つからないというので、仕方なく応じている。このことを記した翌日、兼見は京に出て、普請最中の聚楽第について見聞している。天正一三年関白に就任した秀吉は、翌一四年に入ると聚楽第の造営に着手する（大坂城から聚楽第へ移徙するのは一五年九月）。翌月七日、兼見は聚楽第の普請現場にいる藤孝を見舞っている。この木は、聚楽第普請用の修羅として使われたのであろう。

天正一五年三月にもまた修羅用の木をもとめられている。このときは秀吉の家臣中村式部少輔（一氏）からであった。「カタ木」とあるが、材種は分からない。中村一氏の役割は不明だが、これも聚楽第造営のためにもとめられたのではなかろうか。

聚楽第へは石のほかに、吉田山の松も庭木として届けられている。[11] これも幽斎の仲介になるところであった。木は松に限られたのではない。

例えば、多武峯如々院の茶湯坊主松楽庵からは「橘柑」が（天正一一年一〇月四日条）、禁裏からは泉水に植える杜若と葦がもとめられたり（天正一五年四月四日条）している。後者のときは近くの黒谷で調達された。兼見自身も庭に植えた「榁柑」（柚子であろうか）が五、六〇〇とれたことを喜んでいる（天正一三年一一月四日条）。聚楽第の庭の植木として吉田の松がもとめられたときには、その要請に苦慮している様子を書き留めている（天正一八年一一月一四日条）。

周超庭之木コミヲツム（天正一一年六月四日条）

「木コミヲツム」は剪定であろうか。永観堂近くの上乗院から庭の「石ヲ立」てることについて相談を受けたりもする。[12]

兼見や吉田郷は、造園用の材料を供給するとともに、造園や作庭に関わる職能をもって知られていたのであろうか。兼治も「石舟」（手水鉢であろうか）の用材を山科までとりに出かけるような執心ぶりを示している。[13]父親譲りの性向を備えていたのであろう。

時代は少し下がるが、鹿苑寺住職鳳林承章が、後水尾院の修学院山荘に植栽する「茂葉之木」や「寒竹」の選定を院から依頼されたように、兼見も作庭に格別の関心と実績を有していたのであろう。

三　社家・公家の茶室

公家との茶の湯を通じた交流は、武家より遅れて天正九年（一五八一）頃から始まるようである。[14]誠仁親王二条御所の番衆であった兼見は、近衛前久（龍山）、勧修寺尹豊・晴豊、徳大寺公維、万里小路充房、富小路秀直、柳原淳光、白川雅朝といった公家と、茶の湯を通じても親しい交流を重ねるようになっており、公家社会に浸透しつつあった茶の湯の世界が展開する。天正年間を中心とする、この時期の公家社会における茶の湯についてはこれまでほとんど知られていない。『兼見卿記』を通して、かすかではあるが、茶の湯を受け入れ始めた公家の茶室についてうかがうことができる。

以下において、『兼見卿記』を通じて知りうる公家の茶室について検討するが、広さが分かるものは限られている。文禄三年（一五九四）以降は未読であるが、次の六例である。

吉田兼治

前述したように、吉田に紅葉狩りに出かけた津田宗及は、「かんぬし之御子息」の茶会に招かれた。兼見の父兼右は天正元年（一五七三）に没しているので、「吉田之かんぬし」は兼見であろう。この日、兼見は京都所司代村井貞勝を訪ね、さらに庭田、甘露寺、勧修寺にも面会していて、京都を離れている。この茶会は兼見の息兼治によるものと思われる。兼治は、父母とともにすでに茶の湯の世界に足を踏み入れていたが、自身で不時の茶会を催すことができる環境が整っていたことを推測させる。

天正一一年一二月一一日、兼見は息兼治宅茶室の席披きに招かれた。

晩ニ侍従方ニ茶湯、月斎・還竹相伴、此構茶湯座敷三帖敷、茶湯初相催之

とあり、三畳の座敷であった。父兼見が古風な茶室を構えていたのに対し、兼治は侘び茶の世界の新しい動向をいち早く受容していた。

兼治が茶の湯に熱心であったことは、叔父梵舜も次のように伝えている。

天正一三年一月一二日　於侍従殿へ茶湯会アリ

天正一三年一月二六日　侍従殿茶湯会請待申也

天正一三年二月二三日　侍従殿茶湯会ニ請待申也

兼治邸には天正一五年一二月にも「小座敷」が新造されている。大きさは分からないが、「三百人手間」であった。小座敷が三畳から四畳半、ほかに水屋がつくくらいであったとすると、建坪はせいぜい五、六坪であるから、坪当たり大工工数は五、六〇人となる。兼見邸が焼失する（天正一五年一二月二六日）のはこの記事の書かれ

た翌日のことであった。

斎了伯所へ音信、面会、茶湯座敷三帖敷、有茶湯興、一服、次酒

白川雅朝

禁裏御番明けの天正九年（一五八一）五月二〇日、四条橋が流失するほどの洪水により鴨川を渡れず吉田に帰れなかった兼見は、盛方院（医師吉田浄勝）宅に向かい朝食をとった。次いで神祇伯白川雅朝を訪ね、茶を振る舞われている。茶湯座敷は三畳であったことが知られる。盛方院も天正一一年一〇月に茶室（茶湯座敷）をつくり、兼見から「路次」（茶庭）に用いる松二本（「自盛方松木柱二本、所望之間持遣之、近日茶湯座敷立之云々」一〇月一二日条）と赤土を得ている（「今朝赤土十荷盛方院へ持遣、小座敷路次ニ置之云々」一一月一七日条）が、座敷の大きさは分からない。

日野黄門開壁中門請茶湯座、亜相令同道入小座敷、旧冬月追々作事之由黄門被申畢、此以前ハ四帖半也、今度三帖座ニ仕直之由被申畢、倚炉ニ自在釜、今度自内府被進云々

日野輝資

天正一三年（一五八五）三月一七日、日野輝資の茶会に亜相（柳原淳光）とともに招かれた兼見は、「壁中門」（塀にあけられた中門が茶庭への門―露地門として働いたのであろうか）で亭主の迎えを受け「茶湯座（敷）」（「小座敷」）に招じ入れられた。その座敷はもとは四畳半であったが、一年前の冬に三畳に狭められたものであったという。自在で釜を釣るという田舎屋風の風情であったが、釜は内府近衛信輔（信尹、三藐院）から贈られたものであった。改造の祝儀として贈られたのであろうか。

烏丸黄門招請之間罷向、於小座敷相談了、柳原亜相・正親町・極臈・亭主・予、暖参会、有夕飡之義、俄ニ興行之処丁寧也

烏丸光宣

天正一〇年（一五八二）八月二五日、禁裏に祗候した後、兼見が赴いたのは相番の烏丸光宣宅であった。他に柳原淳光、正親町季秀、富小路秀直（極臈）が同行した。烏丸光宣が亭主をつとめた「小座敷」での「会」は茶

会であろう。座敷の大きさは不明であるが、宗及が吉田で招かれた例のように、不時の茶会がきちんとできるような環境が、烏丸光宣の周辺にも整っていたのであろう。

幽斎へ罷向、令同道烏丸へ罷向、茶湯座敷北向四帖半也、次夕食、黄門配膳、於小座敷当時之体也、予上座、次幽斎、黄門亭主座敷也、丁寧也、湌已後懸一軸武春、予先見之、次幽斎、別而感之、次茶、幽斎へ遣而礼之、先呑之、次予、次亭主、次修、次罷立了

天正一四年（一五八六）二月七日、相国寺の石橋辺で幽斎（細川藤孝）と出会った兼見は、連れだって烏丸光宣宅を訪ね、食事に続いて茶の湯にひとときを過ごした。このときの座敷は「北向四畳半」であった。先の小座敷がこれにあたるのであろうか。同じ茶室で懐石の後、床に懸けられていた「武春」（無準師範）の墨蹟を拝見、茶を服した。この茶会では、兼見が上座で幽斎が下座、掛け軸の拝見は兼見が先で幽斎が後、茶は幽斎が先で兼見が後、という興味深い有様がうかがえる。

烏丸家は、山上宗二が「名物」としてあげた無準師範の三幅の墨蹟のうちの一点の所蔵先として知られており、天王寺屋宗及もその一軸の拝見に出かけたことがあった。

（天正一〇年）九月廿四日昼　からすまる殿会　　宗及　宗二　荒尾善左　信野兵部
一、飯ヲ面ニ而被振舞候
一、浦ニ而フシュンノ墨跡《ママ》カケテ
一、茶湯、茶屋之くとにて
（下略）

（『天王寺屋会記』）

すなわち、「面」（表）の座敷で懐石、竈土構えのある「茶屋」で茶を喫し、無準の墨蹟は「浦」（裏）の座敷で拝見している。この「浦」が北向四畳半ではないかと思われる。四畳半であれば、一間床を構えることができ

る。二畳半や三畳の茶室が作られていた時期に依然として構えていた四畳半は、モノ（名物）にひきずられた茶室として位置づけることができるのではないか。

広橋黄門来云、此辺へ罷出幸之義也、一服可興行之由頻ニ申来了、度々令斟酌、然者重而以式目可相催之由申来之間、可参之由申遣了、後刻罷向、今度新屋敷初而罷向、乍去俄之間不及持参、茶湯座敷二帖半、黄門・予二人斗也、丁寧之興行、茶已後罷帰了

広橋兼勝

天正一四年（一五八六）四月一日、自邸近くに来ていた兼見に、広橋兼勝から茶の湯への招きが届けられた。兼見が兼勝邸の新屋敷を訪ねるのは初めてのことであったが、不時のことでもあり、手ぶらでの訪問となった。「茶湯座敷」は二畳半で、亭主と兼見二人だけの茶事であった。

於此門外正親町黄門面会也、先可立寄之由頻ニ拘留之間罷向了、主殿作事等首尾驚目由申訖、於茶湯座三帖敷、賜茶、息少将茶ヲタツル、床ニ壺置之、近年見之、今度見替之由申訖、真壺也。四什八袋入之由被申訖

正親町季秀

文禄二年（一五九三）二月二八日、竣工したばかりの主殿を見た後、三畳の茶室で息季康の点前による茶事にのぞんでいる。「主殿」というのは正親町邸での中心的な役割をもつ建物であろう。

三畳の茶室が初見するのは天正七年（一五七九）一月七日、近江坂本における明智光秀の会（『天王寺屋会記』）とされている。『二水記』の天文元年（一五三二）一〇月一〇日条に「於三帖敷有一盞」とみえる。これは平野社における法楽和漢聯句の会であるが、「一盞」とあるのみで、茶の湯の座敷＝茶室としてはたらいたのか否かは決し難い。

天正一四、五年になると、規模を明示した茶室の約半数が三畳敷、ことに平三畳となっていて、その流行ぶりが知られる。天正一四、五年頃の堺の茶室で大きさが分かる三六例のうち、四畳半が九例、三畳台目が二例、三

畳一八例、二畳半（二畳台目）六例であった。[15]

『兼見卿記』を通して規模が分かる茶室は、兼治のものを含めて右の六例に過ぎないが、うち三例が三畳敷である。平三畳か深三畳かは分からない。このような時流のなかにあって、なお北向き四畳半という古風な茶室を構えるもの（烏丸光宣）がある一方、天正九年（白川雅朝）、天正一一年（兼治）という段階で三畳敷が採用されている。日野輝資が四畳半を三畳に改めた（天正一二年）のは、前年頃から始まりつつあった新たな流行を受容してのことであったと推測される。また、この場合、四畳半の構成を基盤にしての改造であったとすれば、平三畳の形式であった可能性がある。

二畳半の茶室が初見されるのは、三畳敷よりおくれて天正一三年（一五八五）六月二〇日、奈良の林少路町二位の会（『松屋会記』）とされるが、天正一四、五年頃には、この方も三畳とともに大流行していた。広橋兼勝が二畳半を建てた時期は分からないが、これも流行を受容してのことであろう。

茶の湯を通して兼見と交流のあった公家の一人、勧修寺晴豊は天正一〇年頃から、通仙（医師半井驢庵カ）らとの茶の湯の交流を記している。その日記『晴豊記』は天正一一年から一七年が欠失しているが、その間の様子を補ってくれる『兼見卿記』によれば、双方での茶会を重ねるほか、天正一三年七月には茶庭用の赤土が、一五年正月には勧修寺邸の「作事引物」として松一本（茶室の床柱であろうか）が、兼見から届けられている。具体的な様子はこれ以上には分からないが、兼見の周辺に茶の湯の空間が次々とあらわれている。天正一八年（利休自刃の前年）という限られた期間ではあるが、晴豊の交流相手として少庵の名がしばしばあらわれることも注目される。少庵とともに日野輝資の茶会に出かけたり、少庵の茶会に烏丸光宣、広橋兼勝とともに出かけたりしている。彼らが侘び茶を受け入れていく道が、その都度切り開かれていったのであろう。天正年間後半頃の公家の世界において、侘び茶が浸透しつつある傾向をよみとることができる。

四　吉田郷の大工

吉田郷の構成員は、神人、社僧、そして「在家」の衆たちである。吉田郷には吉田神社を中心とする堂宮、神人や社僧の屋敷、「構」と呼ばれる郷の防御施設などの建造物群があり、それらは「在所大工」（天正一八年二月一二日条）によって維持されていた。ここでは、兼見とその周辺の数寄空間に関与したのは、どのような技能的特性をそなえた大工であったのか、検討してみたい。

吉田郷には、建築に関わる職業として、大工のほかに大鋸や鍛冶などがいた。畳については吉田に近い「粟田口之（畳）大工」に任されることが多いので、吉田にはいなかったのかも知れない。

就業している大工の人数として明記される最多の例は、天正一八年（一五九〇）二月七日条に、「当社両宮端之御殿造替、木作初大工廿人斗」とある約二〇人である。この中には、高野山の木食上人の弟子が派遣した二人の大工が含まれている（同年二月五日条）。彼ら以外にも他所からの手伝いの大工が含まれているかも知れない。

天正一二年（一五八四）三月に長岡藤孝（幽斎）息女との婚儀が成った兼見の息兼治（侍従）邸では、幽斎の援助も受け、一一月になって本格的な屋敷の作事が始められた。作事に当たったのは九人であった（同年一二月一五日条）が、幽斎から贈られた米などの作料が渡された大工として名前が書き留められているのは、太郎左衛門、吉左衛門、源七郎、平次郎、二郎四郎の五人である（同日条）。

表4には、元亀三年（一五七二）から文禄二年（一五九三）にかけて、仕事の内容と大工の名前が分かる事例を列挙している。約三〇年間にわたって同じ名前の大工が継起的にあらわれている。天正四年には大工源左衛門死去の記事がある（一〇月五日条）。元亀三年三月五日から四月二五日にかけて行われた壇所作事の工数は延べ一

表4　吉田郷の大工

仕　事	大　工	年月日
祈念之道具	太郎左衛門	元亀3.12.11
唯神院殿社壇	太郎左衛門、新左衛門	4.3.23
巽方立厠	新左衛門	天正4.10.8
壇所之前鳥居	太郎左衛門、新左衛門	4.10.2
御茶湯棚	次郎五郎	8.9.3
茶湯座敷路地之縁	太郎左衛門	10.2.21
小座敷之次障子	二郎五郎、太郎左衛門	10.3.5
台所廊下屋祢葺	太郎左衛門	10.7.28
御上之座敷	太郎左衛門、新左衛門	10.8.21
二階瓦之下地	新左衛門、太郎左衛門、二郎五郎	10.9.5
重箱	二郎四郎	10.11.1
祈念之御幣	太郎左衛門、新左衛門、源七郎	11.2.10
戸、障子	太郎左衛門、二郎四郎	11.10.1
台所水棚	二郎四郎	11.11.1
(侍従方)戸	太郎左衛門、二郎四郎	12.12.2
茶湯座敷次縁之上障子	源七郎	12.1.18
(同)シキイ、カウシ	源七郎	12.1.20
墨部屋	源七郎	12.1.23
鎮札之箱	新左衛門	12.2.18
茶湯之水棚之辺直	太郎左衛門	12.9.25
侍従方造立作事	太郎左衛門、新左衛門、橘左衛門	12.11.5
侍従方之戸	橘左衛門親子	12.12.2
(新屋敷)門	太郎左衛門、二郎四郎、平次郎	13.4.4
茶湯所之水棚	源七郎	13.7.22
廊加ノ屋祢之コケラフキ	次郎四郎	13.9.4
風呂之内	新左衛門	13.9.6
札之箱、御幣箱	太郎左衛門	14.2.8
壇所之屋祢葺	新左衛門、太左衛門、橘左衛門、二郎四郎	14.2.10
(魚類入れ)雑箱	太郎左衛門、二郎四郎	14.12.1
台所釜	幸左衛門	15.3.4
(巽方)厠	新左衛門	15.3.6
社頭之破風	二郎左衛門、新左衛門、二郎四郎	15.7.30
北野御茶湯小屋	吉左衛門、平次郎	15.9.19
風呂之敷板	新左衛門、二郎四郎	15.11.1
小社	太郎左衛門	15.11.2
胸足(脇息)之足仕直	平二郎	18.1.9
水サシフタ	平二郎	19.2.2

双六盤	二郎四郎	19. 3 . 6
壷之口	二郎四郎	19. 3 .23
小箱	太郎左衛門	19. 3 .29
ス丶ミ所	吉左衛門	19. 5 .22
重硯	平二郎	19. 5 .22
文庫之東栗柱二本立	太郎左衛門、二郎四郎	19. 9 .29
二階座敷	太郎左衛門、二郎四郎	19.10. 1
荷輿直	平二郎	19.10. 1
座敷庭之前立壁柱	平二郎	19.11. 1
囲炉、高コタツ、戸、他	平二郎	19.12. 2
イカウ(衣桁)、ツルヘ、箱	吉左衛門	19.12. 2
井筒屋根下地	太郎左衛門	文禄 1 .12.14
新屋敷厠	太郎左衛門、吉左衛門、平二郎	1 .12.15
脇障子	平二郎	1 .12.28
侍従方小座敷	太郎左衛門、吉左衛門、二郎四郎、平二郎	2 . 2 .13
別屋之端々	平二郎	2 . 2 .23
在所南ノ構	吉左衛門	2 . 4 . 1

五〇人であった。一日あたり三人になる。また、天正一五年に手がけられた兼治の小座敷作事の工数は延べ三〇〇人であったが、関わった大工は四人であった（一二月二五日条）。数多くの建造物を抱える吉田郷にあっては、同時進行していた各種の工事があったはずである。

以上のわずかな手掛かりを得るに過ぎないが、吉田郷の大工人数としては、一〇人ほど、二〇人を下回る値を想定することができるのではなかろうか。

各大工の関係であるが、天正一二年一二月一五日条によって、平次（二）郎は源七郎の弟、天正一四年二月一〇日条によって、新左衛門と太左衛門(郎脱カ)、橘左衛門と二郎四郎がそれぞれ親子であること、天正一二年一一月九日条によって、橘左衛門には大工の男子が二人（うち一人は二郎四郎か）いたこと、文禄元年（天正二〇）一二月一四日条によって、二郎三郎は吉左衛門の甥であること、が知られる。同族による家職の継承が行われていたことを推測させる。

天文一五年（一五四六）の裁判記録（「賦引付」[16]）に、「大工次郎四郎」「大工二郎四郎」という吉田郷地下人の名前がみられる。「次郎四郎」「二郎四郎」は異なる借銭項目に記載されているので同一人物かも知れない。天正年間に活動する「二郎四郎」との関係（ある期間「二郎四郎」を代々の名乗りとするというような）がうかがわれる。

茶の湯が盛んになるとともに、「その建築のためにだけ仕事をしている特殊な大工」、すなわち茶室を専門とする大工―数寄屋大工―があらわれたことを、天正五年（一五七七）に来日した宣教師ロドリーゲスが伝えている。また、寺社建築が装飾性の強い彫物で充填される傾向が主流となるとともに、建築彫刻を専門とする彫物大工も分化するようになる。棟梁の資質として、『匠明』に「五意達者」と記すように、本来は堂宮、数寄屋、また彫物と、すべての分野に腕を振るうことが大工棟梁にもとめられたのだが、近世初期の大工の世界では、得意分野に特化するようになる。

吉田郷の大工の仕事をみると、堂宮（吉田神社関係の社殿、神宮寺）、住宅（兼見一族、神人、社僧）、などの建造物、屋根、建具、指物、橋というように、本格的な建造物から祈禱に使う道具にいたるまで、実に多彩である。この間、彼らは兼見や兼治らの数寄空間も手がけている。

天正一五年（一五八七）一〇月一日の北野大茶会では、兼見も「茶屋」を構えることになった。建築的な実態は不詳であるが、「小屋」とも書き記されているところから、茶会の期間だけの仮設的な様相を帯びたものであったのかも知れない。とはいえ、大茶会終了後、息兼治がその施設を「所望」しているからには、茶の湯の施設として活用し得る構えを備えていたのであろう。この茶屋を担当することになったのは吉左衛門と平二郎であった。この件は次のように進展する。

九月一九日　来一日、於北野御茶屋小屋構之事、大工吉左衛門・平二郎申付之、材木於京都召寄

九月二五日　北野之馬場御茶湯屋敷被相渡之由、告来之間、急罷出請取之

九月二八日　未明北野へ材木持遣、大工各召連今日造立之

九月二九日　在所各召連北野へ罷出、普請申付之、多分出来
九月三〇日　大工普請之者自早々、予茶湯道具見合、入長櫃

九月一九日に京都市中で材木を調達し、二五日に茶屋を構える場所が割り当てられた。そして現地では三日間で組み立て作業が行われた。一九日からは吉田郷で墨付けや刻みなどの準備作業を行い、現地では組み立てを行うばかりになっていたのであろう。「大工各召連」とあるから、吉左衛門と平二郎は責任者であり、他の吉田大工の合力があったのであろう。

北野の茶屋の担当（責任者）とされた吉左衛門、平二郎であるが、彼らも特化した数寄屋大工ではない。兼治邸の「小座敷」をつくる一方、社殿の「脇障子」の仕事もしている。兼見の周辺で茶湯が盛向してきたことを受けて、茶湯に関わる仕事が増えてはきていたのであろうが、専業化した数寄屋大工という職能は成立していなかったのが、吉田郷における大工の世界であった。

兼見と親交のある東陽房長盛が茶室をつくるにあたって、「和泉塚」の大工が招かれた。(17)「和泉塚」がどこなのか判然としない。「貝塚」であろうか。貝塚には天正一一年から一三年にかけて本願寺が寺基を移していた。本願寺では茶の湯が盛行していたから、茶室に堪能な大工が育っていたのであろう。(18)東陽房が彼らを招いたのは、数寄屋大工としての技量を評価してのことであったのではなかろうか。

おわりに

吉田神社当主吉田兼見の日記を主な素材として、天正年間を中心とする時期における公家社会の茶の湯の空間について考察した。

これまでのところ、公家社会に侘び茶が公認されるのは、天正一三年一〇月と翌年正月に豊臣秀吉が企画した

禁中茶会を契機とするとされている。一方、これより早い段階で公家社会に侘び茶が浸透していたことは、以上で見た通りである。古風な面も見られるものの、むしろ流行をいち早く受容していたことも明らかになった。具体的な建築構成については、資料の制約からほとんど言及することができなかった。今後の課題としたい。

（1）東京大学史料編纂所所蔵本によって元亀元年（一五七〇）から天正一二年（一五八四）までが翻刻されて、史料纂集に二冊に収められている。未刊の天正一三年以降について、小稿では宮内庁書陵部蔵の写本に依拠した。天理大学附属図書館には、史料編纂所本で確認できる文禄元年（一五九二）までの記事に続く、文禄二年以降の兼見自筆本が所蔵されている。文禄二年～慶長二年、慶長七、八年、慶長一三、一四年の分である。最近、『ビブリア』（天理図書館編）において、同図書館岸本眞実氏による翻刻、紹介が始められた。初回は文禄二年（一五九三）正月から六月の記事で、同誌一一八号（二〇〇二年一〇月）に所載されている。

（2）天正四年三月一三日の飛鳥井雅敦邸、同四年四月一六日の竹内長治邸での会など。

（3）中世末～近世初期の吉田郷に関する論考として、次のものがある。浜崎一志「吉田構の復原に関する考察」（『日本建築学会大会学術講演梗概集』二五二三～二四頁、一九八三年九月）。

吉田山（神楽岡）の東面に主要な社殿や神宮寺、社家屋敷が配され、北と南に「在所」が形成されていた。天正一二年（一五八四）五月に行われた斎場所屋根葺き替えに際して、各在所に割り当てられた藁束の数量から、北が約四〇戸、南が約三〇戸であったと、浜崎氏は推測されている。

天正一三年一〇月二九日、吉田郷の構成員に対して「家次銭」が集められた。一戸当たり青銅一〇疋で、集計すると八貫余になったというから、約八〇戸になる（百疋＝一貫として）。天正一五年七月二八日に社殿の屋根葺きがあり、このときも在所別に分担が割り振られている。「社頭御屋祢葺之、東ハ北在所衆、西ハ南之在所衆、向ハ西新在所分ヲ申付也」と見える。「西新在所」とあることから、北と南より遅れて集落域が拡張したのであろう。

（4）『鈴鹿家記』天正八年四月二日条。

（5）『兼見卿記』天正八年一一月二九日条。

（6）天正年間に「茶室」という言葉はない。前節で検証した通り、茶の湯の場をあらわす言葉は「小座敷」「茶湯座敷」であったが、小稿では、二つの語を使い分ける煩瑣を避けるために「茶室」に置き換える。また、茶の湯以外にも使われているので、「数寄空間」という言葉を適宜使っている。

(7)『兼見卿記』に「炉」「囲炉裏」という言葉は出てこない。「今夜入囲炉、敷帖畢」(天正一九年一二月二八日条)という用例もみられるが、「侍従方切倚炉」(同一〇年一一月二四日条)、「東陽防(坊)方へ倚炉□縁之代、銀子一四文目」(同一〇年一二月一五日条)など「倚炉」が多用されている。「上林所見物、火倚炉四十八在之」(同一二年三月二九日条)とある。「火倚炉」は「焙炉(ホイロ)」であるから、「倚炉」は「イロ」とよめる。

(8)この茶会では、正客勧修寺に兼治、次客徳大寺に兼見、三客白川に兼治、というふうに、参客に対して亭主側が分散して給仕を行う方式がとられている。

(9)飯島照仁、他「茶室・露地用語初出一覧」(『茶道学大系六　茶室・露地』淡交社、二〇〇〇年)。

(10)「御館畠之地子自白川持来、弐石五斗、惣別参石也」(天正六年七月一四日条)。

(11)「聚楽御庭植木、今明日中自浅野左京太夫可掘当、当山之松之由、案内也」(天正一八年一一月二二日条)。

(12)「上乗院庭之石ヲ立、被相談也、予暫相談」(天正一八年二月二〇日条)。

(13)「侍従山科藤尾ヨリ石舟之石、在所人数次第召連、石一載車持来了」(天正一九年一一月一七日条)。

(14)『兼見卿記』での初見は、天正九年五月二〇日の白川雅朝茶室での他会。

(15)谷直樹「初期茶人の住環境　堺を中心に」(『茶道聚錦　七　座敷と露地(一)』小学館、一九八四年)。

(16)『史料京都の歴史8　左京区』(平凡社、一九八五年)二二三〜二二五頁。

(17)「(略)真如堂也、面会、今度立茶湯座敷作事所見之、和泉塚大工三人数日作之、大方出来之由」天正一四年四月二一日条。

(18)櫻井敏雄「浄土真宗寺院本堂遺構の研究」「本願寺の御亭に関する研究」(『浄土真宗寺院の建築史的研究』法政大学出版局、一九九七年)。

[付記]　小稿は、課題「中世社家の数寄空間——茶の湯資料としての『兼見卿記』の研究」に対して、平成六、七年度に財団法人三徳庵より、また平成一五年度に財団法人サントリー文化財団より、それぞれ受けた研究助成による成果の一部である。両財団に対して謝意を表したい。この助成は、平成三年から毎月一回の割合で開いてきた『兼見卿

記』輪読会のメンバーによる共同研究に対して与えられたものである。メンバーに多少の入れ替わりはあるが、輪読会は現在も続いている。茶道史や美術史などの分野に所属する研究者との輪読会は、ともすれば建築史という狭い視座からの独善におちいりがちな著者にとって、常に新鮮な啓発を受けることのできる得難い場となっている。輪読会のメンバーに対しても、併せて謝意を表する次第である。

七事式制定期における数寄屋観――数寄屋建築論としての一考察

池田俊彦

はじめに

これから小稿で扱おうとするのは、江戸時代中期、一八世紀の半ばから後半にかけて、七事式が制定された頃の千家の数寄屋についてである。周知のように、七事式の制定に際しては、参画した人物として表千家七代如心斎宗左とその高弟川上不白、如心斎の実弟でもある裏千家八代一灯宗室、これら三人の参禅の師であった大徳寺玉林院の大竜宗丈、その法嗣無学宗衍、表千家門人三井八郎衛門・多田宗菊、千家職方の塗師中村宗哲（三代）、堀内仙鶴（如心斎・不白・宗哲の俳諧の師）の子堀内宗心などが知られているが、ここでは彼らの内、関わった数寄屋の例が、数としてある程度知られている如心斎と不白に注目し、記録に遺された彼らの言説を取り上げながら、その根底にある数寄屋観を明らかにしてみたいと思う。

なお、「数寄屋観」という用語は一般的なものではないが、これは造形論や意匠論といった範疇の建築論を意味する語ではなく、数寄屋を仮に一つの「器」と考えた場合、七事式を考案した如心斎や不白がその「器」に何を託していたのか、その思いを考察したいと考えての用語である。換言すれば、数寄屋の中で茶の湯や稽古を行なう主客、師弟、あるいは個人にとって、その器はいったいどういう存在であったのか、どのような役割を担うべきものと見ていたのか、それを彼らの言説から明らかにしたいと考えるものである。したがって小稿は、建築の造形として現われる前の、数寄屋に対する観念的な問題を扱うことになる。

なぜそのような課題を設定したかは後述するとして、その前に、如心斎や不白が関わったとされる数寄屋について、先学の成果をもとに列挙しておきたい。

一　如心斎と不白の数寄屋

まず如心斎の小間を見ておこう。一つめとして、如心斎が表千家七代を継いで一〇年後の元文五年（一七四〇）、利休一五〇回忌に際し大徳寺聚光院に造った閑隠席（三畳上げ台目切）が知られる。如心斎三五歳の時のもので、一灯が関わっていたとする伝えもある。(1) 次に、寛保二年（一七四二）四月に落成した大徳寺玉林院位牌堂（南明庵）内の蓑庵（三畳中板上げ台目切）がある。南明庵は大坂の豪商鴻池了瑛が寄進したものであるが、蓑庵だけでなく、併設された霞床席（四畳半）や全体計画においても、如心斎の好みが表われているとされる。(2) このほか、表千家の屋敷内では、如心斎ころの屋敷図がいくつか知られており、(3) 利休一五〇年忌以降、天明年間（一七八一～八九）以前にかけての状態が分かる。そこには、如心斎が建てた利休堂の近くに、縁座敷のごとき二畳台目向板の席も見られるものの、これは不審庵三畳台目とともに四代江岑が手がけたものであり、(4) 屋敷内での如心斎による小間の資料は知られていない。ただ、如心斎は、江岑が三畳台目に変える前の宗旦時代の不審庵、すなわち床無し一畳半の不審庵に戻したいとの意向をもっていた。(5) 実現はしなかったが、利休から宗旦に受け継がれた極侘びの一畳半こそ、千家の小間に相応しいと考えていたようである。また、意図は明らかでないが、先代覚々斎が設けた露地内の中潜りを、自分の代だけ取り払うことも行なっていた。(6) このほか、如心斎好みの小間として知られるものは、二畳中板、[7]小西彦右衛門に好んだ茶席（丸畳二畳に台目二畳を加えた上げ台目切席――蓑庵の中板が畳になった席）、[8]後藤勘兵衛の表囲いとして好んだ床無し四畳半（三畳の広さをもつ板間の待合を併設）、[9]間取りは不明ながら横井淡所に好んだ「小室」がある。[10]

次に不白の小間であるが、まず寛延三年（一七五〇）、三二歳の不白が如心斎から真台子と奥義を伝授され、江戸に下向して千家の茶を広めはじめた時の最初の小間が黙雷庵である。神田駿河台に建てられたもので、二畳台目下座床の席、いわゆる利休流二畳台目を基調とした茶室であった。[11]翌年八月に師如心斎が没し帰京するが、宝暦五年（一七五五）再び江戸に戻り、その後神田明神台に蓮華庵を建てている。この蓮華庵は道安囲の形式をもった三畳上げ台目切の席で、床前に板畳を入れていた。道安囲の、中柱に付く仕切壁に火灯口をあけ障子を建てる構成は、利休や宗旦も試みていたものである。特徴的なのは、床柱に鎌倉建長寺山門の太い古柱が使われていたこと、またその柱の背後に、利休像を祀る利休堂が設けられていたことであった。[12]また、蓮華庵と同じ場所に広間花月楼も建てているが、これに接して三畳中板、その奥に板間を介して一畳半が建て連ねられていた。三畳中板の方は、二畳中板の席の両脇に別畳（一畳）と付書院を添えた間取りで、別畳の端には三角形の踏込床もある。花月楼と一畳半をつなぐ鎖の間のような座敷と考えられている。また一畳半の方は、如心斎が復興したかった宗旦の床無し一畳半ではなく、これに床を付けた利休一畳半の間取りの方であるが、いずれにせよ極侘びの小間であることに変わりはない。[13]不白の利休への敬慕の念は、明和五年（一七六八）落慶の品川東海寺琳光院の再興にも表われており、ここに不白は利休堂と利休供養塔を献じたらしい。利休堂は三畳の広さをもつが、二畳分を台目畳二枚と板畳に置き換え、板畳の所の壁に利休堂を、利休堂と対角の位置に床を設けた席で、利休堂の方を向いて隅炉となるよう、板畳に接して炉が切られてた。[14]また自身の菩提寺である谷中の安立寺には、不白堂を造立したとも伝えられ、三畳下座床上げ台目切の小間で、床と矩折りに壁龕を設け、そこに不白の肖像を掛けるというものが伝わっている。ただ、不白生前からのものか没後のものかは分からない。[15] このほか小石川諏訪町の、俗に「椎の木」と呼ばれた小間の席も不白の囲とされる。これは深三畳台目上座床の席で、床前一畳を高麗縁とし、床との間には前板を置き、さらに床と矩折れに書院床を設けるというものである。[16] 床前一畳を上段に見立てたような構成である。

不白好みとして伝えられる一般図（起し絵図）も伝わっている。一畳半中板、[17] 上段附囲、三畳敷中板入[18]などがそれである。一畳半中板は一畳台目下座床の席で、中板に炉は切らず向切とし、中柱と袖壁を設けたものである。久田宗全の好みとも共通する。[19] 上段附囲は、中柱を立てた三畳上げ台目切下座床の席で、床と三畳との間に台目畳二枚の上段を挟み、両脇の壁面に付書院と円窓をそれぞれ設けた構成である。また三畳敷中板入は、さきの一畳半中板の席の、床を上座床にし、風炉先に向板を入れ、もとの床の所には台目畳を敷いて、これに半畳の板間を続けたものである。この板間に躙口《にじりぐち》があく。また本席と襖を境に待合一畳も付されている。ほかに遺構として不白の関与が示唆されているものもあり、盛岡市の老梅園、足利市の物外軒などがある。[20] 老梅園の小間は三畳敷道安囲下座床の形式で、炉は逆勝手向切、点前座と客座の境に鴨居を通し、それより上は壁、下は中柱と太鼓襖の引違いである。また物外軒の方は三畳台目の席で、床と点前座を並べた間取りである。

次に広間を見てみたい。如心斎や不白の好みと伝える広間の茶室は、八畳、一〇畳、あるいはそれらに上段の付くものが知られている。基本となるのは八畳で、彼らが制定した七事式が行なえるよう工夫されたのが八畳の花月座敷であった。流布する起し絵図などで一般に伝えられてきた形式は、八畳敷の正面中央壁面に一間床を設け、その両脇残りを床脇棚としたもので、畳の敷き方は、床前にちょうど一畳がくるようにし、左の床脇棚の前一畳が点前座となるよう炉を四畳半切に切る。周囲の壁面には腰障子や襖が建ち並び、その上の小壁にはしばしば櫛形の欄間があけられる。また、両床脇棚の構成は図によって種々あり、やや小振りの一枚棚を左右高さを変えて付けたもの（右棚が高い）[21]、その下にそれぞれ地袋も置いたもの[22]、地袋（右）と天袋（左）とを備えたもの[23]、右は台面の上に炮烙棚（養庵廊下の仮置棚と同形式）、左は現在の江戸千家花月楼のような仏龕の構成をとったもの[24]などの拡がりが見られる。同じ八畳敷でも「在安立寺」とある八畳敷では、中央に一間床を構えず、右に寄せて七尺床を設け、残りの床脇を台形の地袋にしていた[25]。また同じく安立寺の一〇畳では、前述した炮烙棚と仏龕をもつ八畳の炮烙棚側を半間増やして一〇畳にし、床の右側一間を二枚襖と壁とにしていた[26]。

上段を備えるものとしては、前述した不白の神田明神台の花月楼がある[13]。八畳と床や棚との間に四畳の上段を入れ、これらの周囲に幅一間の入側や「溜之間」を巡らしたもので、上段はあるものの、基本的には七事式にかなう座敷である。上段には付書院もあり、まさしく書院座敷なのであるが、上段のゆかは八畳部分と同じ高さで、両者の境に無目敷居が入るのみであり、その上部は無目鴨居に竹の付長押、その上の小壁には左右に櫛形の下地窓、また上段の天井は紙の張付天井とするなど、上段の造りをかなり茶座敷のものとして消化した手法をとっていた。床は右に片寄せるタイプのもので間口七尺四寸、床脇は下に台形の地袋、上に一枚棚を入れた構成である。起し絵図で、この花月楼とほぼ同様の構成をもつ如心斎好みの花月楼も伝わる[27]。遺構としてこれらに近いものでは萩市松陰神社の花月楼がある[28]。もとは萩藩七代毛利重就が防府三田尻の別邸に建てたものとされ、不白献上の指図によったともされる[29]。先の不白の花月楼と異なる主な点として、ここでは正規の上段を形成していること、床は壁面中央に一間床を設け、床脇を地袋や一枚棚としていること、上下段の境の櫛形欄間は下地窓でなく吹き抜いていること等が挙げられるが、全体としてはよく不白の花月楼の構成を伝えていると考えられている。このほか上段をもつものとして、表千家残月亭の構成をもつ座敷も、不白が指図した例として知られている。前述した盛岡市の老梅園の書院はそうした残月写しの例と考えられており[30]、また起し絵図にも同様の例が見られる[31]。

以上、小間と広間に大別して、如心斎や不白の好みとされているものを概観してみた。これらの特徴をまとめてみると、小間の方は、一畳台目、二畳、二畳台目、三畳、深三畳台目、道安囲などが間取りの骨組となっており、利休や宗旦が試みたものを基本に据えて千家の数寄屋というものを展開していたことが分かる。利休形を見きわめ、あるいは宗旦を名人と言っていた如心斎にしてみれば、至極当然のことであったと言えようが、こうした古典の構成のみに拘泥していた訳ではなく、中板や前板、向板などの板畳、あるいは台目畳も活用して、久田宗全や覚々斎が工夫してきた新たな試みに対しても、拒絶の姿勢はとっていない。それを時代の要請への迎合と見るべきか、それとも新たな認識を意味したものと見るべきか、まだその評価が定まっていないように思われる。

また広間の方は、花月楼のごとき八畳を主にしつつ、座敷の広さ、床構え、上段の有無等に拡がりが見られるが、これらは当然、七事式のために考案された座敷という視点で理解・評価されてきた。したがって「小座敷ならてハ、茶之湯之本心ハ難至事ニ候[32]」という『南方録』の言説や、七事は「是皆稽古と桟[33]」であるとした如心斎の言葉を勘案するなら、これら広間の茶室はあくまでも稽古のための便宜的な座敷ということになり、これをその位置付けのままにして、他所に次々とそれを好み建てることが今一つ腑に落ちない。確かに、最初に着想した時点ではそうだったにしても、広間自体への認識は本当にずっとそのまま変わらなかったのか、あるいは数寄屋観から見て、何か小間の位置付けとの乖離を埋めるような観の転回を図ろうとしたのか。そうした点がまだ判然としない部分である。

このほか、小間、広間の区別を離れ、部分として注目されるのは仏龕と上段である。仏龕は、不白の方に関わる点とも言えようが、小間に仏龕の利休堂を備えたり、広間に仏龕形式の床脇棚を設けたりしていた。仙叟宗室による利休堂や、師如心斎の、利休堂や南明庵に対する姿勢に影響を受けたのかもしれないし、不白ゆかりの寺の仏堂内部構成などから着想したのかもしれないが、これに繋がる数寄屋観を彼らがもっていたかどうかが明らかではない。また上段の方は、如心斎や不白が利休・宗旦の茶への傾倒を強めたのであれば、上段の導入はその侘びの性格と矛盾する動きのようにも思えるが、これに対しても、何か裏付けとなるような彼らの考えが示されていたのかどうか、気になるところである。

以上、小稿は、いま述べたような問題意識から、それらに対する彼らの数寄屋観という概念を設定し、関係文書からそれらについての言説を抽出し明らかにしようとするものである。なお、言説の抽出作業を行った結果、その考えの支柱として禅、儒教、法華経などの思想が重要な部分をなしていると思われたので、以下、これらとの関わりに留意しながら論を進めて行きたいと思う。

二　如心斎以前の茶道界

如心斎や不白がいかなる数寄屋観をもっていたかを考えるには、まず、彼らが活躍し始める以前の茶道界がどのような状況であったのか見ておく必要がある。如心斎が表千家を継いだのは享保一五年（一七三〇）二六歳の時であるが、同じころ、『源流茶話』を著わした藪内竹心は「茶友絶交論」なる一文に以下のごとく書いていた。

> 数奇の交者《は》道の交なり。心の友なり。尊卑をわすれ、名利を忘る。（中略）近世の数奇者ハ只風俗を異にし、露地茶席に雅作をかまへ、珍器を翫び、料味を鮮美にし雅興を専として慰翫遊興を助け、交を広くして風流の名を挑む。其仕かた洒落にして利をにくむに似せたれども、実は貴人権家に交り、名を釣り、利を釣りて身を立て世を渡るはしとす。（中略）余家業なれば曾て茶湯して客を招く、其約正昼と期するに、昼半八ツに及へとも露地入なし。料理や遊居に慰ム心にや更に作法なし。如是きはなはだしきは稀なれとも、又如法なるも更になし。[34]

前段では、茶会の要素一々について、他の人よりどれだけ「異、雅、珍、鮮美」なものを揃えているかで風流を競い、一見洒落で実利など無関心のように装いつつも、その実、貴紳との交わりを望み世渡りの道具としていることへの批判である。また後段は、茶会の刻限も守らぬ節操のなさ、作法のなさに呆れている状態である。
こうした状況については、千家でも話題になっていたらしく、『茶話抄』の「茶の衆儀之事」には以下のように記されている。(35)

室常清物語に（常清ハ随流に学ヒ、後ニ覚斎門人ニナリ、古風茶人也）申されしハ、（中略）利休老人より世々の茶人好ミ来る茶具ありて、家々に秘蔵し用る事なり、しかるに、当代之数寄者の中に、或ハ異物を愛して美麗に誇り、道具くらべの様ニなり行、その物の価を論し、茶事の古風も売買の道具屋心に成行事、返す〳〵も心得有へき事なり、又、花入・香合などに茶家の銘を求め、その価を定て世に翫弄事、殊に心得へき事とそ

室常清は、本文注にもあるように、如心斎の二代前の随流斎（元禄四年没）以来の門人のようだが、やはり「異物を愛して美麗に誇り、道具くらべの様ニなり」、その道具の値段に関心が集まることを憂いていた。ほぼ同じ内容を記す『茶道秘要録』(36)は、冒頭「室常清物語に」の直後に「随流常々なけかれしは」と続けていたから、すでに随流斎の頃から、このような状況が蔓延していたかもしれない。(37)こうしたなか、元禄三年（一六九〇）の利休百年忌を契機に、『茶道便蒙抄』(38)『茶道要録』(39)『茶話指月集』(40)などの板行が相次いで、利休や千家の茶の啓蒙が促される一方、これと相前後して『茶之湯三伝集』『茶湯評林』など遠州流茶道の概説書も次々に出版されており、(41)不立文字の教えを破ってでも、茶の湯のあるべき姿を広く知らしめようという動きが元禄年間（一六八八〜一七〇四）からあったのである。また、流派という視点を超えて、これら以上に、より普遍的に説いたという点では『南方録』が特筆されよう。(42)『南方録』は、利休自身の語った秘事の教えが幸いにも記録として発見されたといういきさつをも記すもので、書院台子は世間法、草の小座敷は出世間法であるとし、台子を根本とはするが、心の行き着くべき境地は草の小座敷にあって、それには仏法をもって修業得道することであるとしていた。

板行されたものではないので、どの程度の速さで広まったのか分からないが、利休によって仏法に沿った修行の必要性が明言されたという点、利休の宗教的カリスマ性を強く印象付けるものであった。

三　修行論と数寄屋観

（一）修行の根拠

以上述べたような状況のもと、如心斎や不白がまずこだわったのは稽古・修行である。これはおそらく、禅にもとづく不立文字、教外別伝の教えが安易に捉えられることによって、手前勝手な解釈が氾濫してしまったことへの反省でもあろう。それ故、仏教、儒教で理論を構築している言説の中でも、稽古や修行論に関わるものが最も多い。そこで、まずは修行を重視する根拠についての言説を三例見てみたい。

（茶の）家也とて上手ニ成物ニあらす　予能思ふニ先祖の御影也なと、て今日楽ヲスルか故ニ下手也　先祖への不孝也　何ヲ以テ其恩ヲ報い可申哉　其先祖の苦労骨ヲ折タル事ハいか計と可存哉　先祖一倍の事あらハ末葉ハ万倍も仕候ハねハつり合不申候　夫を忘レ或ハ家也或ハ先祖の自漫《（慢）》評《（判）》板計りして今日我レヲ忘安楽ヲスル事甚不届至極也　昔ノ人ハ道と徳厚し　今ノ人ハうすし　左候へハ昔の人の万倍も辛苦ヲ越ずんハ難成（中略）万事マコト《（誠）》ヲ以せい《（精）》さへ出せは行へき事也　道ハ天下の道也（中略）家ハ法の家身ハ只の茶道坊也　其只の茶道坊悪けれハ家ニきず付ク　家にきず付時ハ法ニきづ付ク　此法の家只の茶道坊と気付時ハあやうかす（『不白筆記』一六六頁）[43]

ここでは、「苦労」や「辛苦」が指す内容の大部分が稽古や修行に当たると考えられるが、それを怠れば先祖への不孝となり、また今の人は道も徳も薄いから、先祖の万倍努力すべきだとする。これから表千家を担っていく啐啄斎を強く意識した言説だが、儒教の「孝」と修行との関係を説いている点、また茶の湯者の身は、天下の道、法の家という、あくまでも普遍的真理に帰依する修行僧のごときものであるとする点、注目に値しよう。『源流茶話』でも「儒釈の道」は説いているが、ここまで具体的に踏み込んではおらず、こういった思想が、数寄屋に仏龕を設けて日々先人への「孝」を確かめながら修行に励む、という数寄屋観にも繋がり得るであろう。

次に二つめの根拠を示す言説を掲げてみよう。

予カ去ル茶之湯者ニ説タル云（中略）不習を伝へさらんや　師ヲスル者の一大事也　手前一人して多の人を地獄へ落ス　手前ハともかくもとがなき人をいか丶せん　能々せイ出し修行ヲスル事先可然　人がラヲ見セ掛衣体ヲ飾リ人ニ思付セテロ先キヲ以茶の宗匠ヲ立ル　其様ニ衣体人体ノ貴キ物カ　満朝ノ朱紫(44)ノ貴ニ報シ奉ル　閻王ハ金魚(45)ヲ佩《おび》ルコト怕《おそ》レス　又曰先ン〱ノ宗匠ノ辛苦ヲシテケ様ニひらきタル事いか計リノ事可思哉　夫も不知ニ只茶之湯サヘスレハ茶ノ師ヲ致ス事不届至極也（中略）身を修行ニクダキ夫功アラハ人ニ教へしト申ス　宗雪此事を示ニ付テ師ノ恩ヲシミ〱ト思フ

分骨砕身未タ酬ルニ足ラス（『不白筆記』九五頁）

ここで示されている根拠は、弟子や初心者に対する悪影響である。不習のまま教えて道連れにすることの罪深さを仏教的に戒めている。ここでの「地獄」や「閻王」という表現も、『不白筆記』を貫く言説基調からすれば、冗談や安易な比喩などでなく、不白の真剣な思いであったと察せられる。現状を招いた要因として、いかに指導者の不誠実があったかを示して修行の根拠を説くとともに、師としての如心斎の姿勢に不白が恩を感じ、前項のような「孝」に不十分な自己を反省している言説である。

三つめは修行論の修正にもとづく根拠である。

（以下、逢源斎(46)が常に帛紗と羽箒を飾っていたことに関する不白の言説）如心斎物語に、払とフクと致しにくきもの也。夫故常に被致ぬる由。（中略）尤かく有へき事なり。事□にてなく、心の事に候得は、五祖頌に曰、時々勤払拭〳〵、未修行の場也、上手の場也、次の六祖頌に曰、本来無一物何処々々、是は名人の場也。依て事□為稽古、此払と拭とのこと可然哉（『茶道秘要録』五五頁）

帛紗で「拭」き、羽箒で「払」うことに言寄せて、単に拭・払という技のことではなく、「心の事」として修行論を述べている。文中の二つの頌（偈）は、中国禅宗の五祖弘忍が、慧能を六祖に決めた際の有名な偈である。後継者を決めるために、弘忍が弟子に各自の悟りを示せと募ったところ、上座であった神秀は「身は是れ菩提樹、心は明鏡の台の如し、時々に勤めて払拭し、塵埃を惹か使むること莫れ」[47]（「五祖頌」は誤り）と披露したのに対し、慧能は「菩提本樹無し、明鏡も亦台に非ず、本来無一物、何れの処にか塵埃を惹かん」[48]という偈を出し、結局弘忍は慧能に衣鉢を渡した、というものである。精進して心の塵をいつも拭かなければならないとする神秀に対し、拭く鏡など無いし、したがって着く塵もないと慧能は返したのである。ここから神秀の北宗禅（漸悟禅）と慧能の南宗禅（頓悟禅）に別れ、日本には南宗禅の系統が伝わってきた。

慧能のこうした頓悟禅的な流れは、例えば「宗旦道歌ニ云　茶之湯トハ耳ニ伝へて目ニつたへ心ニ伝へ一筆もなし」[49]とか、「宗旦云　心たにまことの数寄ニ入ナラハ習ハすとても茶の湯なるらん」[50]などの宗旦伝にも見られるが、解釈によっては、各自で勝手に考えてよいということにもなり、それが現状を招いた遠因とも考えたのであろう、引用した言説のように、未修行や上手という域にある人に対しては「時々勤払拭」、名人の域にある人に対しては「本来無一物」と、段階に応じた悟りというものを提示して、修行論に階梯のあることを明示したのである。また、名人の域に至るについても、「千家は稽古数して名人に成らんと志す。そしる者は稽古がいやて下手にならんと志す」（『茶道秘要録』五五頁）として、やはり稽古が名人への確実な道だと捉えていた。したがって、如心斎がいかに稽古・修行を重要と考え、若い啐啄斎に「時々勤払拭」の軸（表千家蔵）を書き遺したかも理解できよう。また、「我カ師天然曰払拭ヲ本トス、是故七事ヲ立ツ」（『不白筆記』九一頁）とあるように、七事式やそのための座敷につながる考え方でもあった。

(2)修行目標と数寄屋観

修行の最終的な目標は名人になることながら、では具体的な実践目標として何を説いていたかというと、まず第一点は、修練したわざが「人目に掛からない」ことである。

（点前について）誠ハよいとも悪敷トモ人ノ目ニか、らぬかよき也　依テくせ在り拍子有り見事成ルハ悪しいつれも人の目ニ掛ル所也　目ヲクラマス程ノめい人ハ別ノ事ナシ　我か体生レナカラニシテひずまずくせなく拍子なく只有体ノ真ヲ以テ点也（『不白筆記』九九頁）

名人の点前には、目に掛かるような特別な事は何もなく、しかも自分の体は、本来歪みも癖も拍子もないのだから、そのありのままの真実でもって点てよと説いている。そのためには、以下のごとく「人に似せるな」と戒めていた。

法は師伝也。手前は人々の手前也。似たるを不似、不似為似。似タルハ預リ物也（『茶道秘要録』五四頁、『茶話抄』二六八頁）

似ルハ其人のくせヲ見取ルカ故也　くせより外ニ似セル物なし　師ノ悪イ所か似ル也　よき事ハ目にも不見也　見へぬヲ吉トス　依テ似タルハ悪し　似ルト云ハ珠光ノ初　利休以来の法也　此法ハ一乗法ニして違る事ナラス　不似有へからす弟子ノソロウヲ好悪し　弟子悪キカ故能ソロウ預リ物故也　我カ物ニ成吉キハ不揃（『不白筆記』九八頁）

このように、「似る」とは、癖など悪い処が似てしまうのだという。法は師が伝えるものの、点前は個々の点前であるべきだといい、稽古を尽くして自分のものにすれば、弟子たちの点前が皆揃うことはない、とする。ここから考えられることは、所作によって生ずる身体の行動範囲も人によって異なることになり、それに関わる寸法も絶対的なものではないことになる。もともと、数寄屋の各部寸法と人の動作範囲とが、隅々にまで臨界的な緊密関係をもっている訳ではないが、こうした各人の動作の違いを、教えとして理論上認めるということは、利休や宗旦の小間の中に、板畳や台目畳をそれほど躊躇なく加えて、ゆとりを得ることに繋がっていくのではないかと考えられよう。これは、

直指人心見性成仏[51]と申語ハ師タル物ノ弟子ニ教ルニ第一宜候　前ニ申候師ニ似タルハ不似と申候所ニ能合申候（『不白筆記』一六六頁）

とあるように、「直指人心　見性成仏」のような、個々人みなに仏性があるという見方に立ったものであり、この見方はとくに不白に強かった。結局、各自が各自の修行を重ねることによって、自分の本性あるいは自性が仏性であることを悟り、それを尊重する修行姿勢の上に立って数寄屋観というものもある、と解釈することもできよう。

先程の言説でもう一つ注目したいのは、似るべきは「利休以来の法」のみとしている点である。「一乗法」とは、声聞乗や独覚乗が方便で、唯一菩薩乗だけが仏に至れる最高の乗り物である、と法華経などが説くその一乗の意を使ったのであろうが、如心斎や不白はそれほどに、利休の法への確信・自信をもっていた。

利休左様の不自由成ル茶に無之候。故は、今の用る所の茶の湯致し候初の祖也。又我等是を知たる故は利休は円悟墨跡投頭巾の茶入を見て、道を珠光に習ひ、茶の湯は紹鷗に習と言。我等は如心より奥儀を伝へ、珠光より以来の物好、又古今を考合、其奥儀こと〳〵く得たり。依て利休の茶道も如斯知たる故申也（『茶道秘要録』五四頁）

利休以前の、珠光の時代からのことも検証し（あるいはさらに実践し）た結果、その奥儀を悉く得たので、利休の茶道も分かるし、利休が今の茶の湯を始めた祖であることも分かるというのである。したがって、数寄屋観

としては、利休の作例を基調とするべきだということになるし、また利休の奥儀を体得しておれば、利休の「写し」だけに縛られることもない、ということになろう。実際、如心斎を門人がどのように見ていたかというと、「されハ覚斎・如心両代ニおゐて、茶事の修練を尽し、一入委細(三)りなりしゆへ、機に臨、変ニ応して、古今の窠窟を出しものなり」（『茶話抄』二五九頁）とあって、臨機応変に古と今の区別を超えたような茶であったらしい。

　さて、名人となるための二つめの実践目標となるのは「心の修行」である。

　稽古ハたゝ心静まる様に工夫すへし、業ハなる物なれとも、茶事ハ心地の修行にして、その場に游ふ事安からす、たゝ年を重て心を用れハ、氷の解る様に相わかる物也と、覚斎も申されしとそ、誠に茶人と数寄者との差別ありて、手前よく茶をたて、料理等いかにも取合せよろつよくするを茶の湯者といへ、又、淡飯疎茶なりとも、心の寄麗なるを、数寄者（と）いへり、数寄ハ元禅僧より出タリ、諸宗ハ仏語を学ひ、禅宗ハ仏心を伝へて心地の修行を肝要にする人の茶なりと、むかし紹鷗申されたる事、甲陽軍鑑にも見へタれハ、茶事ハ心地の修行を心得へき事（『茶話抄』二六五頁）

　ここには如心斎、覚々斎、紹鷗の三者の言説が含まれているのであるが、三人の言説に共通してあるのは「心地の修行」である。そして如心斎は、長年心を用いておれば氷解するようにそれが分かるといい、覚々斎は、淡飯粗茶でも心が綺麗で、仏心をもとに心地の修行をすることを説いている。不白はこの言説を「諸宗は仏語を学て仏心に走る。禅宗は直指人心見性成仏示ス也。是も狭く申か故に如斯書添候」（『茶道秘要録』五五頁）と改め、「諸宗」の記述の方は「仏心に走る」を加えて教学と帰依の姿勢を示し、「禅宗」の方は「見性」すなわち自らの本性として内なる仏性を見つけ出す姿勢を強調している。このほか、禅学の勧めを説く以下のようなものもあった。

（利休は古渓和尚のもとで悟道し、師天然と私不白は大龍和尚の弟子となり、師は悟道し、私もそのお陰で今これ程

の事が言える。）返々モ茶道　禅学　手跡学文《問》　御セイ《精》出し可被成也（『不白筆記』一六八頁）[52]

そして、おもにこうした仏法に基づく修行の結果、到達すべき境地と思われるのが、次の「応無所住而生其心」の言説である。

応無所住而生其心[53]ト云所ニ至リ万事手前之工夫付申候　雪ガ家の奥儀ニせよと師ノ被仰候　是ハ金剛経ニ在リ（中略）此心ならて茶手前ハ参リ不申候（『不白筆記』一六六頁）

金剛経、応無所住而生其心、事ヲ終ル者是工夫行要也、夫茶道在心不在術、在術不在心、心術双忘、一味常顕、是茶道之妙道也（『茶話抄』二六九頁、『茶道秘要録』五四頁）[54]

「応無所住而生其心」は、空の思想を説く『金剛般若経』の菩薩荘厳仏土の言説における有名な一句で、仏陀が須菩提に対し、菩薩は「何ものにも執らわれない心を起こさなければならない」と言った言葉である。これが不白家の奥儀となり、この心なければ茶の点前はならず、と言っている。あるいは、わざを終わる者の「工夫」の境地として、心と術を究めその両方を忘れる時に顕れる一味こそ茶道の妙道だとも言う。おそらく、前述した六祖「本来無一物」の句と相通ずる境地を示したいのであろう。またこの境地は、如心斎が真台子の点前でどうしても指が凝り、それに悩んで大徳寺常楽庵に引き篭もり禅法得道した時の語「八角磨盤空裏走」[55]と通ずるものでもあろう。この語によって如心斎は、「物外[56]の境風涼し大あぐら」という、解き放たれたような句を作っている。結局、名人に迫るための心の修行として、「何ものにも執らわれない心」の境地が求められていると言える。

以上見てきたように、名人になるための修行の具体的な目標として、まず稽古を尽くし、人を真似ることなく自らのものとせよということ、その際尊重すべき法は利休以来の法以外に無いということ、また、心の修行にも励み、何ものにも執らわれない心を起こす努力をせよ、の三点に集約され、こうした修行の果報は、心術ともに自由自在となれることにあろう。その際の数寄屋との関わりがどのように捉えられていたかというと、次のような不白の言説で推し量ることができる。

薄茶　濃茶　炭　花　昼ノ茶ノ湯（中略、以下、各種茶会の種別名、棚類の名称、七事の各式の名称等の語の列挙）路次　数寄屋　向切左右　台目左右　四畳半切左右　角炉　流し飾（中略、以下、飾りの種類、茶道具、点前の種類等の語が列挙されている）右ノ名目ヲ一々用イ遣ふヲ事サ《わ》ト云也　事サト申て当世ノ事ハ働キなくシヤチハリタル物也　左ニハ無之候能用イ働クヲ事ト云　昔ハ心より入テ事ヲ修し今ノ人たま〳〵心ヲ修してモ事ヲ勝ル事のふして却テナクリタル物也　其上心術共ニなくして口先ニテの上手多し　是ハ上手ノ似セ物下道也　又前ニ書タルハ根気のふして心ヲ修して吉ト思ひ事ヲ修ヌ故なり　依之申サハ心モ修セぬかヒトシキカ　めい人の似セ物か末法ノ人ハ事サヲ能修し尽し申か肝要也　此事トテ前ニ云シヤチバリタルニテナシ　如何ト云ハ、法ハ法ノ如ク違ル事なくして能うごキハタラクヲ申へし（『不白筆記』九六頁）

冒頭、茶の湯関係の用語を列挙するなかに、「路次　数寄屋　向切左右　台目左右　四畳半切左右　角炉」といった露地や数寄屋に関するものが含まれており、これらを用い使うのが「事サ《わ》」で、働きなくシヤチハリタルものではなく、よく用い働くのを指す。シヤチハリタルの意味を知らないが、「しゃちほこばる」と同義とすれば、いかめしく体をかたくする、といった意味になろうか。利休の法は法として違えてはならないが、数寄屋や炉のあり方に関わらず自由自在に使いこなし活かすのがわざであり、そのためには心もわざも修めて心術から自由にならなければならないということであろう。

これを数寄屋観の問題として解釈すると、数寄屋にも利休の法はあり、それを外すのはいけないが、数寄屋の法に固く執らわれるよりも、その心とわざをよく修めて自由を得、数寄屋がよく働くよう構成を工夫すればそれでよい、ということにならないであろうか。また、不白の立場からすれば、むしろ数寄屋を自在に使いこなせるよう稽古・修行に専念せよ、と説いているようにも思われる。

四　茶の湯の理想と数寄屋観

(一)「常の事」と「自他一体」の理想

さて、こうした修行の結果、自由自在の境地に近づいたとして、ではそれによって彼らは一体どのような茶の湯の理想郷を打ち立てようとしていたのであろうか。それを知りうるものとして、不白が一生一度の茶だったと回顧する件りが次の言説にある。

或時師殊之外ヲソク風炉ノ名残有り　予御呼被成候　此時の茶之湯何之事なく茶之湯一通り也　何と致候事ニ候哉　面白キともなく只心能して主客トモ平常のことし　後の薄茶済ても咄居《はなしおり》　茶之湯と申事も不知師云雪又茶ヲ点候へ又一ふく可呑　予又薄茶ヲ立候　御咄申てすでニ暮々ニ至ル　依之御礼ヲ申路次へ出ル師モ又やかてつゝいて御出被成候　畳石半過て予立帰り折節紅葉の一本能染て見事也　師ト共ニ是ヲ見て又少し御咄申候て御暇乞ヲ致罷出申候　其夜師ト此茶之湯論ルニ只能出来たと計申御笑ひ被成候　久しくシテ予茶道ヲ論ルニ上手ト云モ辱　下手と云ハ猶辱　只何ともなきがよしと云論ヲ出してよりつく〳〵此茶之湯の事ヲ思ひ出ス　誠能本意ニ叶タル事ハ一生是一ツのみ　不覚（『不白筆記』一一七頁）

このときの茶の湯の「只何ともなきがよし」こそ大切だとした言説である。当時、巷で行われていた茶は、本論の最初にも触れた通り、趣向に走り、道具を競い、世渡りの具に堕したものであったから、この時の茶のように何かとくに面白い趣向を凝らした訳でもなく、ただ「心能して」主客とも平常のごとくであったという点に理想を見たことは注目に値しよう。「何ともない」という言葉の意味とは裏腹に、かなり積極的な自覚を込めたものであると考えられる。そしてこの「只何ともなきがよし」とは、文面から察するところ、形式にこだわらず時が過ぎるのも忘れて主客一体の心に浸る満足感のようなものを指しているように思われる。こうした理想郷は、次のような言説でも表されている。

（わざも心も修めず、過去の名人の言葉や故実、わざだけを、吟味もせず伝えている他流の茶を批判したうえで）つまる所ハ右ノ心ニ可成事也（『不白筆記』一七〇頁）

この「右ノ心」とは、この一つ前の言説にある文意を指しており、それを掲げると、

茶之湯ハ今日知ツた者モ知らぬ者も有り　其上何ン事ニ而候哉　人ヲきやうおう《饗応》スル礼也　知らぬハ知らぬに任せて致候　知たるハ知たるに任せて致スへし　兎角稽古の角なくして客ト主ト別心のなき様ニ心能相楽ムへし　是道也　礼也　其時々の変ニ応ズへし　是ヲ能致んが為の稽古也　客ヲ苦シめて何之礼ニ可有哉　心《真》実の茶之湯肝要なり（『不白筆記』一六九頁）

とある。真実の茶の湯とは「人を饗応する礼」であり、稽古の四角四面なところをなくして、主客が別心なく「心能相楽しむ」ことだという。さきの不白一生一度の茶の様子と符合するのがよくわかるが、今までの厳しい修行論は結局これらを実現するためである、ともはっきり述べている。またここでは、儒教の「礼」を明示するほか、客の茶の湯への理解度に関わらず、その客に応じて別心なく行なうという点で「仁」の重要性も同時に含んでいると考えられよう。

以上のように、これら二例が示す茶の湯の理想は、「只何ともなきがよし」とか「平常のことし」という点と、「只心能して」「主客別心なく」「相楽ム」という点の二点にあると考えられ、これらを補う言説も見ることができる。前者に当たるものを列挙すると、

或時、如心斎師と茶の湯咄之席に、常と申一字と申候へは、其言葉引も切らぬに、江岑宗佐けかき《夏書》の書初に、茶の湯は常の事也と有之とて、其書を見せ被成候（『茶話抄』二六六頁）

利休流ノ本意ハ茶之湯是常ト見ルカヨシ（中略）ヒツキヤウ《畢竟》音モナク香モナキ所也　此心ヲ本トシテ茶之湯

ヲ勤メ茶ヲタテ道具以下モ用候ヘハ則五常也　五常モ時ニヨリ理ニ背事アリ　其背ヲ理ト見ル事也　ヨク々々工夫可在事也　上ヨリ下万民至マテ不用ト云事ナシ（中略）元禄七年戌六月二十日　宗室在判　仙叟也（『不白筆記』一六一頁）

茶之湯ハ常ノ事也　道心礼義第一也　火ハ能湯のわくか第一　掛物ハ古則話頭ヲ見テ己か道ニ進む事ヲ楽ミ花ハ新ク生シタル儘ヲ生て天性自然花ノ清キヲ心ニ写て己ヲ楽ム　手前ハ事サヲ能用イ働キ拍子モなくくせもなく只生レなからの体ニして己ヲ楽む　客も又其真成ルを見て己か真ヲ楽ム　仮ニモ我ト人トヲ出来ス事なかれ　我ト人との二身在ハ茶道ニあらす　茶は人の呑掛ケを呑て茶ノ礼トスル也　賓ト成主と成主客一致ニ真ナルヲ以て道ニ進ヲ願　衆生一所六根清浄ニして本分田地ニ住して楽之　誠茶之湯の本意也（『不白筆記』二頁）

ここでは「常の事」「常」という表記になっているが、「只何ともなきがよし」「平常のことし」と同様の意味を表わしていると考えてよかろう。そしてこれらの言説が示すように、「常の事」という捉え方自体は、三千家が始まった江岑や仙叟の代から言われていたらしい。二番目の言説では、さらに「常」を儒教の「五常」へと繋げ、普遍的価値と繋がっていることを強調している。つづく後半は文の真意が分かりにくいが、貴人から万民まで対象を広げて礼を通せば、侘び茶の理に背くこともあるがそれも理とせよ、との意味であろうか。また三番目の言説では、「常の事」が指す具体的な内容を、儒教ではなく仏教の視点から説いており、掛物、花、点前を介してどのような捉え方をするのが「常の事」であるかが明らかにされている。すなわち、法語、花、我と人、いずれも仏の性質との繋がりという点で区別がないことを悟り、それを楽しむのだという意に理解される。「礼」と「一切衆生悉有仏性」とが同じ根であることに立った言説であり、賓となり主となって真に主客一致となるのを理想とせよ、という見方はその実践面と言えよう。同時にこれは、前述した茶の湯の理想の二点目、すなわち

「只心能して」「主客別心なく」「相楽ム」という点にもすでに踏み込んでいるのである。この二点目を示す言説もいくつか見てみると、

主ト成賓ト成リ主落ナラ客より引取リ客落ナラ主よりタスケ程能くいつとなく済也　此時我ト人トナシ当世ハ客ハ主ノ仕落ヲ見付出して楽ミ主ハ客へ一フシ以テ参リ或ハ上手ヲ見せ付或ハよき所ヲ一ふく点て見せんなと、主賓敵同士の如し（中略）誠のめい人と申ハ能キ所ヲ見ニ行クカメイ人也（中略）誠ニすんなり其隙ニテ能キ事ヲ見出スか徳也　又礼也　又真也（『不白筆記』一〇〇頁）

主は客に随ふ。主は客を助け、客は主をすける。是を主と也、賓となるといふ也。如此なる時は、其日の茶の湯合体して、能く出来、面白く日暮、夜明るも名残り惜かるへし（『茶道秘要録』五五頁）

（寒い日の手水鉢の使用、老人貴人の法、喰い物の論について、他流と見解が異なる点につき）何ニ不寄論スル時ハ如此候得共しよせん（所詮）自他之論不可有ル　於茶ハ左様之セまきあらそひ無キ事也　一円法界ノ中ニハ嫌ふ物なく様々ノ事ヲ包ム　道無キか故ニ少事ニ掛ル（『不白筆記』一七二頁）

などとある。いずれも不白の言説であろうが、主客あるいは自他ともに一体とみる思想であり、よきところを見、互いに自性の真なる部分を認めながら、非や差異を超えるという、寛容・許しの精神を説いていると言えよう。またそれが、徳、礼、真であるともいう。こうして、修行論、茶の湯の理想、と見てきた上で、次の『不白筆記』の巻頭の言説を見てみると、その両者がしっかりと整合されていることが明らかとなる。

内にハ語道（悟）ヲ定メ外ニハ茶之湯ノ事《わ》サヲ露《あらわ》ス　内ニハ智仁ノ慎（真）ヲ定メ外ニハ礼義ヲアラハス　内ニハ神ノ真ヲ納メ外ニハ衆生ノ真ヲ露ス　一句了然トシテ百億ヲ超フ　一所透レハ千所万所一時ニ透ル　機輪転変得タリ二大自在ヲ一其広キ事不可計ル　且ク道へ心気ト事サト合体して行ル、所中道ノ真也　心ニ思イロニ違ウ時ハ中道ニアラス事サハ尽ル　心気ハ不可尽也（中略）三才ノ骸子モ説コトハ可レ説ク八十ノ翁モ行コトハ難シ

(『不白筆記』一頁)

内と外、すなわち自と他に対する態度を、対句的に並べて説いているが、自分には限りなく真実義を求めつつ、他者に対してはそれを臨機応変に実践する、ということであろうか。実相界の真理を求める心と、それを表現する現象界での実践面とを両極においた、仏教にいう「中道ノ真」を王道としている。したがって、そうした心気が尽きてはいけないし、実践面では年令に関わらず難しい、として、両面ともの難しさと重要性を強調したものと思われる。

ここには、自力修行による悟りの高さを求めることだけでなく、衆生を慮る利他の思想も直接的な表現で記されている。こうした両面が体系的に明文化されることにより、当然当事者はみな、自他のあいだの心の関係づくりという点へ意識が集中していくことになろう。次の言説も、そうした自他一体化への導きとして、自他共に仏性に心を合わせ、あるいは皆の内に仏性を見てそれを楽しむことをよしとせよ、ということを表わすものであった。

茶ノ湯ハ掛物ハ古則示掛テ主客共ニ道ニ進ヲ楽ミ花ハ至然(自)と時ヲたかへズ清浄ニ咲タルヲ見テ心ニ写して楽ム(『不白筆記』一一六頁)

(2)「目に立たぬがよし」の数寄屋観

このような、自他一体の理想を打ち立てようとする場合、それを支える場としての数寄屋には、どのような点が求められていたであろうか。

右普請ノ事ハ別ニ寸法ノ書有リ　聞伝リタル事計爰ニ印ス　数奇屋ハ惣体物好過タルハ悪し　惣体常書院ニ而も如此ナリ　古風ニシツカリトスルか肝要ナリ　珍過クル事不好候　珍敷過ル事ヲかんがへ候ヘハカラク

リ事多して芸薄し（『不白筆記』四四頁）

この言説は、普請の内容に関する記述部分の最後に書かれていたものである。それゆえ「右普請ノ事ハ」という書き出しになるのであるが、その続きに、伝来事項のみ記した旨書いてあるから、普請内容については、不白が積極的に自説を展開したものではなさそうである。その内容についてここでは一々触れないが、珠光の八畳敷から始まって、紹鷗、利休、宗旦、江岑らの作例、板畳、床の釘、各種の床、室内各部の仕様などの解説が列挙されており、各項目の記述自体は、ものにより多少詳述されているものの、おおむね、その創始者、原義、原則などが淡々と述べられている。これまで見たような重厚な論述ではなく、簡潔に要点のみ記すことで、結果的にのちの人が小事に迷うのを避けさせているようにも思われる。

しかし、この引用文中の「数奇屋ハ」以降の部分は、不白の信ずるところを表現しているものとして注目したい。物好きが過ぎたり、珍しすぎるような造りについては、「悪し」とか「不好」とか言っている。物好きが過ぎるというのも珍しすぎるというのも、数寄屋の構成に趣向を凝らしすぎるという意味であろう。そしてそれがだめだという理由を「カラクリ事多して芸薄し」とする。数寄屋の変則的な構成に執らわれた計らいごとが多くなり、わざが疎かになってしまう、という意味であろうか。

また次のような言説もある。

如心斎物語に、むかしより能キ物数寄といふハ、よろつ目立ぬをいへりとそ、予如心の好ミにて小室を構へしに、掃込の空地に馬らん一トもと植たり、ある時、如心を茶ニ請しけるに、其所の戸を明て見られしか、馬蘭の青味立て一ト気色ありけるを、（中略）あれハこひで捨て何もなきかよけれと申されし、扨、目立ぬ事を思合されたり（『茶話抄』二六四頁）

観世左近太夫来リテ問テ曰　手前の丸キト申事ハ如何（中略）円キハ心ノ丸キか能候　心ニテ申せハ如此

形チニテ申せは目ニモ不立見　手前ハ何となく行ヲ円キト申也　只何ンデモないが円キ物也ト心得へし　茶之湯ノ形振計りニテモなく諸事此円キ物か能候（中略）直指人心見性成仏　早く自性ヲ見付ル事第一也　自性ヲ不知故ニ円キ物難知　丸キ物ヲトラヘ丸キト計知ル故役ニ不立　なんデモナイか円キ物ナリ　なんデモ有ハ角ナリ（中略）続テ曰宗雪が自コヲ以テ如此申と可被思召候得共其証拠ニハ此自性天地万物四時日月のおこなわるゝ処暦代ノ宗祖茶祖皆出合て大声ヲはなつて証拠ニ立申へク也ト申ス（『不白筆記』一七八頁）

前者は、よき物数寄が、何につけ目立たないものを意味することの例として取り上げている。数寄屋に関してではなく露地掃込みのバランについての言説ではあるが、如心斎は、そのバランが青々と濃いので取り払った方がよいと述べたとする。また後者の方では、点前における「円いのがよい」とは「何でもない」ということであり、これも諸事について言えるとしている。「円い」というのは、あくまでも心が円いということで、それをあえて形で言えば「目に立たず」ということだとも言っている。

これらから考えられることは、目立ったものや角を求めるような心はそれ自体に執らわれてしまい、さきの茶の湯の理想を遂行するのに妨げとなるので、目に立たず、また、何でもないということをよしとすることが大切である、との説のように思われる。そしてその裏返しとして求められているのが、後者の言説にあるように、見性して自性を知ることであると考えられよう。

こうした思想は、一つめの普請に関する言説内容とよく連なっており、数寄屋観にそのまま敷衍することも許されるであろう。すなわち、利休の数寄屋の法を範とし、構成意匠等、目に立たぬことを旨としつつ、木の自性を知ることによって「シツカリト」した造りとする、との考えである。また、最後の言説の後段に「此自性天地万物四時日月のおこなわるゝ処」とあり、万象万物にある性質と見ているから、流派意識とは異なった、普遍性を求める立場に立とうとしていることも、同時に表明していると考えられよう。

「シッカリト」した造りのことは、同じ『不白筆記』普請関係の章の冒頭にも以下のようにある。

昔ノ数奇屋ヲ見ルニ今時トハ大キニ替り手強く堅く見ゆる　今スルハ兎角ひなやかニよハし　切こ細工の如シ　故ハ昔ハ木の生レの通りノ木也　其木太ト成ルをめんもつら付多して全体かつしりと見ゆる今の普請ハ歩も違い申間敷候得共木ハ山ニテ初より柱ニ成ル様ニ美しく菜なとを作る様ニ作り申候　依テ木も美しく和らか成ル也　甘して不宜候　只数奇屋事ト申せはケ様ニ今ハ致し　昔ノ苦ミ有ル道ぎりたる普請宜候　不審庵ノ木柱或ハ書院上ノ間等を見へし　又利休時代又織部等之座敷を見るへし（『不白筆記』三一頁）

数寄屋の章の最初と最後を、このような木太さへの言及で纏めているのは、それほど強調したい点だったのであろう。これら両方合わせてみれば、「手強く堅く」「かつしりと」「苦ミ有ル道ぎりたる」という表現が、不白個人の好みや利休・織部時代への懐古からのみ出ているのではなく、今まで見てきたような思想の上に立ったものであることが理解される。そして「書院上ノ間」の例が示されたように、これは小間だけについて言っているのではなく、広間も視野に入れた言説となっている。そもそも、さきの茶の湯の理想のありようからすれば、それは多分に心の問題であり、小間か広間かという点はあまり決定的な前提条件ではないから、木割の問題だけでなく、「目に立たぬ」ということも、いずれ広間に当てはめられるべきこととなるのは自然な流れであったろうと考えられる。

五　七事式と広間の数寄屋観

如心斎や不白といえば、無論、七事式の考案・制定者として認知されているが、彼らがそのために、広間に炉を切って広く使い始めたことも周知の通りである。花月楼を代表とするそれら広間の座敷が、彼らにとってどのような位置付けであったのか、以下に見てみたいと思う。

七事式を考案し始めた理由については、次の言説にはっきりと書かれている。

茶稽古之事（中略）ある時、如心稽古のために花鳥といふを思ひ付 今ノ花月コレナリ、コレワ香ノ式ニヨレリ、 其故ハ、大勢稽古に会する時、たゝ一筋に茶をたてる斗にてハ、其座しめり過て、あるいはしまらす、世上の雑談なとにまきれて果す事もあれハとて、（中略）是を始められしニ、（中略）その後又、且座《（坐）》といふ始む 是ハ禅家ノ祖師ノ垂示ニ、且坐喫茶トイフ名目出タリ、 これらの事ハ、元より茶にはのらぬ事なれとも、是皆稽古と栈也、（『茶話抄』二六〇頁）

大勢の人が稽古するためのことを考えて、まず花鳥（花月）が考案され、その後且座も始められたとする。そしてこれらは「茶にはのらぬ事」ゆえ、それ自体が目的というものではなく、あくまでも「稽古と栈」となるような、方便としての工夫であるというのである。ただしこれに続けて、「未練の数寄者、右の稽古事を茶の本体なと心得たらん、甚相違にて、如心の茶にハ遠き沙汰也」と記されるような誤解もあったようだし、また逆に「昔からこのような事はなくても稽古は済ませることができた」とか「これは新法だ」（『不白筆記』八二頁）などと批判されることもあったらしい。いずれにせよ、「稽古と栈」となるものとすれば、七事式は本来、修行過程での話に属するものであり、今まで述べてきた中では修行論の範疇に入ることになろう。

七事に対するさきの批判に対し、不白が用意した答は、

仏法如何　上根上智の時ハ仏念花かセう《（迦葉）》はがん《（破顔）》ミセう《（微笑）》或ハ捧下ニして語《（悟）》り或ハ言下ニして大語《（悟）》ス　経ヲ聞て了し　達磨大師ノ不立文字其キク《（規矩）》なし　段々其後ニ至リ増之《（々カ）》キク法度ヲ以テ修行ス　或ハ坐禅観法参学問答誦経念仏等也　是皆登ルノ足代ロ也　語《（悟）》ル上ニハ此道具不入也　茶之湯モ又々如此　珠光紹鷗利休ノ比者始より了語《（悟）》有り　夫より段々又是仏法のことく末法下根ノ人何ヲ以のほるへきや　一心慎ニ此足代ロをのほらすんハ有へからす　茶之湯得道せは此七事等のきく何ニ可成哉不入事也　如此の道びきと思ふへし　依而花月ハ殊ニ堅キかよし 仏法ハ心法也　其心法サヘ如此いわんや茶之湯ハ事サト心トナリ心へへし （『不白筆記』八二頁）

というものであった。迦葉のような上根上智の場合ならば、釈尊の真意もすぐに伝わるが、仏法でさえその後は規矩法度が増え、座禅から念仏に至るまで様々な踏み台が必要になってきた。まして茶の湯においては、珠光紹鷗利休ならいざ知らず、末法下根の人が七事の踏み台を登らずして、他に何の得道する方法があろうか、というものである。また、

吉ト云モ是悪キト云モ是七事前ニ云如ク新法等ト云ハ　仏法諸法ノ初より以来ノ其時刻ヲ見ルへし　法花ニ云正蔵末ノ時有リ（中略）末法ノ人此七事ノキクノ足代　ヨリ古法ノ誠ニ入すんハ在へからす（『不白筆記』九三頁）

とあって、法華経にも正法・像法・末法とあるように、末法の人は七事の規矩からでないと「古法ノ誠」に入れないとも言っている。法華経を信仰する不白らしい言説であるが、七事は「稽古と桟」であると同時に「古法ノ誠」に入るための導きでもあるという点、もはや避けて通れない修行の道だと定義されていることが分かろう。

さらに不白の場合は、そうした末法下根の時代ゆえの弟子の取り方についても、如心斎の方針を改めて広き門とし、七事のそもそもの意義との一貫性を図っている。

御弟子あつかいの事ハ師ノ思召ハ悪ルイをのけテ善キ計リ可被成思召ニ候　予モ其時ハ左様ニ御同心申上候後師ノ御死去後六七年相考へ候ニ　是ハ大キニ違申候　成程師の思召至極御尤也　乍去夫ハ小サキ事也（中略）いろ〻と門下の多か利休の流のひろき事也と能々御考へ可然候　のけると申ハ我儘也下手の沙汰也（『不白筆記』一一八頁）

普遍的なる茶道理念の確立期にあるという自信からであろう、弟子の選別というものをやめ、衆生済度というか、公共的茶道というか、七事を介して新たな茶道への観の転回がなされつつあったと思われる。花月楼など広間で七事式を行い、その周囲に入側や鞘の間などを巡らして大勢の人が参加し得る可能性を図るのも、こうした

考えと一致するものであろう。それまでの、弟子の自力修行に軸足をおいた啐啄同時の思想とは一線を画したものになっていたと考えられる。

一方、七事式自体には、広間の茶室の一般化に繋がり得るような側面はまったく無かったのであろうか。結論から言うと、彼らの言説で、この点についてはっきり述べられたものは見出せなかったのであるが、しかし暗示するものがまったく無いわけではない。そこでまず、七事式に関する言説のなかから、七式それぞれがどのような位置付けで捉えられていたかを見てみたい。

花月、員茶（数茶）、且座（且坐）の場合は、

花月の裏ハ数茶也　且坐ハ中道也　依而花月ハ稽古の意事　数茶ハ茶之湯之心を顕したる物也　然共花月も数茶も未片寄タルゆへニ両種合して且坐中道之茶之湯也　事サニしてハ花月可然候　茶之湯の心ハ数茶のとし（『不白筆記』八二頁）

とある。花月は稽古・わざ、員茶は茶の湯の心、且座は両者の中道、それぞれを修める式だとする。別の言説では、花月が堅く、数茶は和らかに、且座は堅からず和らかならずで、「高上の上からハ且坐誠ニ致かたし」とされていた（『不白筆記』八七頁）。また且座は、

（且坐について）廻り炭　廻り花　茶カフキハ濃茶ノ事　花月ハ薄茶ノ事なれハ皆一ツ二ツカねテ且坐ト成ル茶之湯一会也（『不白筆記』八六頁）

とあり、中道の位置付けらしく、それぞれの式、濃茶薄茶を組み合わせた「茶之湯一会」の稽古であった。つづいて廻り花・廻り炭は、

花ハ花の形ヲ用イ花の心と我か心と同体して入ル也　前よりいろ〳〵と工夫を嫌ふ（中略）天地一まいに生ル物此方ノ我を入テいかゝせん　廻リ花猶以如此　是ハ問答の如し（『不白筆記』七六頁）

炭モ炭ニ寄りて心の儘ニ置也　是以前度の工夫悪し　右廻リ花ト心同し（中略）廻リ花廻リ炭なとニめつたな事を致もいかゝに候へとも是か茶之湯時の古体成事を自由に致申さんか為の稽古也（『不白筆記』七六頁）

とあるように、ともに稽古である。花や炭との瞬間の対話力とでも言うべき力を養い、また、法度に近いことまでも実践して「古体」を自由に行えるよう稽古するという。そして茶カブキの捉え方は、

茶カフキ之事　呑当ル事ニ而なし　又呑当ル事也　稽古事ニ取てハ式法ハ事サ第一也　此時ハ呑当ルヲ思へハ事サ悪し　楽ム時ハ呑当ル事なり　事サモよく当ルもよし（『不白筆記』七八頁）

である。すなわち、呑み当てる（楽しむ）もよし、呑み当てぬ（稽古・わざ）もよし、であり、稽古と楽しみ両方がありうる式である。そして最後に一二三は、

一二三是ハ第一稽古上リ目ヲ見ル為也　其上殊之外はれかましきゆへ点かたく客も札ヲ打ニはれ成ルゆへ主客一入稽古也　はげミ也（『不白筆記』九〇頁）

とある。稽古の上達度を互いに評価する式なので、評価する側もされる側もその仕方が問われ、結局「主客一入稽古」ということになる。

以上のように、七事式の一つ一つは、茶の湯を心か稽古（わざ）に分解して専一に修練するものという捉え方のようである。まさに「稽古と桟」としての位置付けであった。ただ、回数を幾度も重ね修練する中で、茶の湯の心なら心、わざならわざのいずれかのみにしろ、満足しうる瞬間を、小間でないにもかかわらず体験した、という可能性が無かったとは言えないであろう。また、且座や茶カブキのように、硬軟両面の性格を兼ね備えた式があったり、あるいは「師ヲ見ルならハ（中略）七事合体して見ルへし」（『不白筆記』八九頁）とも説かれたりして、そもそも、分解したものを再統合して捉えようという方向性が七事式の中に潜在していたことにもなる。それは広間での七事式が、やがて広間での茶の湯への移行を導く要素を含んでいたとも言えよう。

けれども、のちに七事式の枠組がはずれ、広間での茶に抵抗感がなくなったのは、とくに考案当事者によって七事式の修行が深く進み、自己の本性と、何ものにも執らわれない心とを得るに至ったからではなかったろうか。

或曰《ハク》我《レ》能《ク》超二一出《スト云ハ》　七事《ノ》圏績(属)《ヲ》一（中略）於二七事中《ノニ》一終日用《イ》而不《ス》レ知レ用《コトヲ》　終日修《テ》而不《ス》レ知レ修《コトヲ》　転轆々地瓦礫生《ジ》レ光《ヲ》仕《テ》レ手《ニ》枯《シ》来《ルニ》　無《シ》レ二在《コト》　不是一　這《ケ》時節能殺能活全身《ス》堕二在《ンハ》　火坑《ニ》一不レ知二其熱《コト》一没二在《ンハ》　海底《ニ》一不知二其寒《ヲ》一虚空笑点[57]頭而愈入《テ》二七事中《ノニ》一深慎《クミ》愈出《ン》二七事圏績《ノヲ》一（『不白筆記』九二頁）

七事を終日用いまた修めつつも、それにまったく気付かなくなったとき、虚空がそうだとうなずいて笑い、七事というものにまったく執らわれることなく、そこに入りそこから出る境地を得られる、と解することができよう。つまり、広間での七事からいつの間にか出ている状態とでも言えようか。

また、次のような言説もある。

或時、又茶の湯の事《わざ》サ七事等をこと〳〵く打破て、役に立ぬ事也と中候へハ、宗匠

出るとも入とも月を思ハねば　心にかゝる山の端もなし

と御認下され候（『茶話抄』二六七頁、『茶道秘要録』五三頁）

若き不白の意見に対し如心斎が歌で答えたもので、修行の進んだ不白が、七事は役に立たぬと言って、七事を出る入るの域にいたときに、如心斎もその意見に同意し、さらに一歩先の「月」を指し示したものとも受け取れる。ここでの「月」の語の真意を断ずるのは難しいが、茶の湯の理想、すなわち、何ということのない、主客別心なく相楽しむ心境、自他一体の心境、といったものを指しているのではなかろうか。その「月」さえ思えば、七事の式に執らわれることなく、自在に七事を出、七事に入ることができ、また広間での茶の湯へも自然に導かれていくことになるのではなかろうか。

以上、七事式について彼らの言説を見てきたが、大勢の門人への利他の思いから考案された七事式は、新法な

ども言う批判者の存在ゆえに「稽古と栈」の立場を鮮明にしていたように思われ、七事の実践過程の中で茶の湯の理想に重なるものを感じつつも、当初はその「稽古と栈」の言葉に縛られて「役に立ぬ」と言っていたのかもしれない。しかし、やがて「何ものにも執らわれぬ」境地のもと、「常の事」と「自他一体」の理想が彼ら自身の中で確固たるものとなり、もはや広間も七事式のためだけの座敷でなく、茶の湯の理想実現の場へとなっていったのではなかろうか。本来書院座敷である表千家の残月亭が、当時の図ではすでに炉をもっていたり、また不白が、同様の写しを他で試みたりしていたことも、そうした変化を物語っているのではないかと思われるのである。

六　貴人のための数寄屋観

最後に上段の問題を取り上げてみたい。最初に掲げた如心斎と不白の作例の中で、上段あるいは上段に見立てた部分を導入していたのは不白のものだけであったが、千家流の定石から見るとやはり特異であり、そこにどのような考えがあったのかは一応見ておきたい。ただしここで扱う上段は、残月亭の上段床のような床の一形式としてのものではなく、着座の場として設けた上段である。したがって、おのずと貴人に対する彼らの言説を検証することとなる。

貴人への配慮に関する言説は、件数としてそれほど多くはないが、そのなかには、先代の流芳覚々斎の言葉を如心斎が伝える形のものがいくつかある。たとえば、

貴人に茶を上る時亭主草履をクヾリに不置　流芳貴人を招き候時クヾリ脇竹の下へ入置（『茶道筌蹄　後編聞書』甲一六七）

或貴人の前へ茶に参候時ニジリ上りを上り候時ツクハイ候て座敷の内を窺ひ候て上れと流芳云（『茶道筌蹄

後編聞書』甲一五四）

流芳貴人に茶を上る時桑原の茶碗仮に挨拶其茶碗にて茶上る（『茶道筌蹄　後編聞書』甲一六九）

といった具合である。これらは如心斎の口授を不白が記録したものであるから、当然如心斎もその重要性を認めた上で伝えていよう。最後の桑原茶碗は、覚々斎が紀州家から拝領したもので、それへの特別な扱いが見られる。拝領品については以下のような言説もある。

茶之湯ノ時ク、リ口ノ踏石一つヌラサヌ事在リ（中略）何とぞ拝領ノ道具遣ウ時なと能のりタル事也　ケ様ニ踏石一つぬらさぬ時ハ次ノ石へ草履ヌギ捨ニシテ座敷へ入ル物也（『不白筆記』五三頁）

さきの二つめの言説のような、貴人の茶に参ずる時の貴人への表現と同じ気持ちで拝領品にも処せよという。そのために沓脱石を濡らすなというのである。また席入りして後の着座位置も、

重キ染筆ノ掛リタル時禁裏御染筆等ノ掛リタル時は床前ヲよけて居リタルかよし　併兼而聞及テ行タル時ハ左様ニも成へけれとも知らぬ時ハ先其通り也（『不白筆記』五六頁）

とあって、禁裏等よりの拝領と思われるものが床に掛かる時は、とにかく床前をよけて座るべきことも説く。また、

不審庵ノ床折釘ハ覚々　桑原の茶碗拝領ノ時下ニ茶碗飾ル故打タル也（『不白筆記』一二四頁）

とあるように、桑原茶碗に合わせた覚々斎による床の改変の事実を不白が述べ、そうした対応もあり得ることを示唆している。これに続けて不白は、

昔ハ名物持タル人或ハ棚ヲ釣床を高クし釘ヲ打タル也　是等モ其風在リて面白し　高麗筒ノ釘モ此花入ノ為ニ打タル也（『不白筆記』一二五頁）

とも述べ、昔からのこととしてその風を「面白し」と言っている。

貴人の所作についても以下のような言説がある。

水野和泉守殿御方にて茶進候時　炭置候時より通口の前に居被申候　此時流芳茶点口より料理出し　後直り被申候により通口より出る也（『茶道筌蹄　後編聞書』乙三三二）[58]

柄杓引貴人へおろくに御坐候得と云結句ぶしつけ也（『茶道筌蹄　後編聞書』乙一五八）

前者は、貴人（水野和泉守）が通口の前に座していたので、覚々斎は茶点口から料理を出し、のちに貴人が座を変えたので通口から出たという。この言説に続く稲垣休叟の注（後世の補注）には、「貴人へ茶献候時何によらず貴人の御随意たるべし　此条克々心得べし」とあって、貴人の意向を最優先にし、それを厳重に心得るよう説いている。また後者は、貴人に対して「お楽に」というのは結局不作法であると言っており、ここでも休叟は「貴人の前点茶の時ハこなたより挨拶等無礼なるよし」と補っていた。貴人に対するこのような別格扱いは、原則も明確に示されている。

此方（千家）ニハ老人貴人の時ハ又いか様ニも致ス　爰ニ法なし（『不白筆記』一七二頁）

貴人と極佗人は法外と云（『茶道筌蹄　後編聞書』乙二四七）

貴人あしらいの事ハ大様形ハ有之候得共是計ハ法のなきか貴人アシライノ法也　法計ニ而貴人ハゆくへからす　法ヲ以テ貴人を押付ル時ハ礼義不可有　左候へハ茶道ハせまき用ニ立ぬ物也　茶道ハ左様之せまき物ニ而なし　広キが此道之肝要也　時ニ寄破ルも法やふらぬも法也　高人の時ニ随而道を行事めい人の第一也殊ニ紀州ト申在り　此被成方きつう心得可有事也　惣体貴人の事ハ皆時ニ当リテ作略肝要也　予モ主持故此事第一ニ時々被仰候　返々も時ニ寄法ニからまさるゝ事有へからす（『不白筆記』一〇九頁）

このように、貴人への対処は「法なし」とか「法外」だとする。すなわち、貴人に法を押し付けるのは礼儀に反しており、茶の道はそのように法で縛られる狭い道ではなく、また、貴人の意向に従って臨機応変に行うのが名人であるという。江岑以来、紀州徳川家に出仕してきた表千家歴代宗匠や、同様の立場にある不白らにとっては、貴人に対する処し方を疎かにすることが許されないのは言うまでもなく、こうした別格扱いが説かれるのも当然である。ただ、貴人の世界を包み込むような裏付けを得たいとも考えられていたことであろう。ここで、「茶の湯の理想と数寄屋観」の節で掲げた言説の一部をもう一度見てみたい。

利休流ノ本意ハ茶之湯是常ト見ルカヨシ（中略）ヒツキヤウ音モナク香モナキ所也　此心ヲ本トシテ茶之湯ヲ勤メ茶ヲタテ道具以下モ用候ヘハ則五常也　五常モ時ニヨリ理ニ背事アリ　其背ヲ理ト見ル事也　ヨク〻〻工夫可在事也　上ヨリ下万民至マテ不用ト云事ナシ　茶之湯之末アケテ不可増ノミ至レルカナ　茶之湯御志応シテ如此候（『不白筆記』一六一頁）

この言説は、五常を通せば茶の湯の法に背かざるを得ないこともあるのだから、上は貴人から下は万民に至るまですべての人のことを考えるなら、背く方を理と見るべきだ、という意に解される。上段を設けた不白の場合、修行の大切さを唱えつつも、弟子を選ばず、客の茶を知る知らぬも問わず、しかしその衆生の仏性に重きを見て、客に応じて処しながら、自他一体の心となるのを茶の湯の理想とする、そうした考えを前面に出しているから、この思想のもとにおいては貴人もいわば衆生の内であり、貴人の社会性に応じて処した上段構えも是となろう。上段という、従来の侘び茶の思想には納まりきらない設いも、こうした、より普遍的な茶の湯思想の中で定義され、組み入れられることになったと言えるのではなかろうか。

おわりに

以上、如心斎、不白の言説をもとに、彼らの数寄屋観を探ってきた。小稿の終わりにあたり、今までの考察の概要を総括してみたいと思う。

言説のなかで、彼らが関わった数寄屋に繋がると思われたのは、修行論、茶の湯の理想、七事式、貴人、のそれぞれに関する一群のものであった。また、その理論の構築には、禅宗、儒教、法華経の思想がおもな骨組となっているものが多く、それが数寄屋観にも反映しているのが察せられる。

彼らの数寄屋観を考えるとき、その元となっていたものの中心は「修行論」と「茶の湯の理想」で、その「修行論」をもとに修行すれば「茶の湯の理想」を打ち立てることができるというのが全体の道筋だと考えられる。

小稿の「修行論」では、どのような根拠のもと、どのような実践目標を立て、最終的にどのような境地に至るのか、という構成で言説を編成したが、結局そのなかで重要なことは、まず「時々勤払拭」を修行論の大前提に据えたこと、名人になるための修行目標として「人を真似るな」「似るべき法は利休の法のみ」「心の修行をせよ」の三つを立て、その果ての境地として「自性の真」「利休の法の奥儀」「何ものにも執らわれない心」をつかむことを示していたことである。これらから得られる数寄屋観として、「時々勤払拭」からは修行の式と場の重視につながり、その具体的な表現として七事式や花月楼がある。また「自性の真」をつかみ尊重することからは、各人の動作寸法の違いの尊重や、数寄屋の構成・寸法に対する寛容な対処につながり、具体的には板畳や台目畳の導入となる。「利休の法の奥儀」をつかむことからは、利休の数寄屋の法を基調として尊重し、しかし利休の写しのみに縛られない構成にも繋がる。「何ものにも執らわれない心」からは、数寄屋に自在に対処し働きあるものにするわざの姿勢が導かれ、数寄屋のありように対しては、文字通り執らわれないことが主意であり、それ以上の具体的な言及はない。これはさらに、小間、広間の区別にさえ執らわれない方向へもつながっていく可能性を含んでいる。以上、修行論の中に見られる数寄屋観のもとになる思想は、主に禅からのものであった。

つぎに「茶の湯の理想」についてであるが、修行の果ての境地により自在に実現しうる「理想」の内容として「常の事」「自他一体」の二点を取り出した。「常の事」には、「何ともなきがよし」と「五常」が含まれており、趣向に走るのではなく、儒教思想を主とした饗応の礼と捉えている。客の理解度を問わず、客に応じて処するともした。また「自他一体」の方は、「主客別心なく心よく相楽しむ」ことを指し、主が客となり客が主となって助け合うことも説く。二点とも礼を重んじ、自他ともに仏性相等しき思想を前提としている。要するにこの二点を通した理想とは、特別な趣向は要らず、主客とも仏性に心を合わせ、礼を尽くしながら相楽しむ、ということになる。ここから連なる数寄屋観は、そうした心の理想実現の妨げにならぬことであり、「目に立たぬがよし」というものであった。またその実現のためには、自性の真を早く見つけることも必要だとする。それが具体的に表われるのは、木の自性の真を見て、しっかりと造れという言説であった。

これらの数寄屋観は、小間、広間に関わりなく通じるものであるが、しかし広間が七事式のための「稽古と桟」の座敷から、一般的な広間茶室へ移行する過程は確認する必要があり、「七事式と広間の数寄屋観」ではその可能性を見ている。それを表わす直接的な言説はなかったが、七事式自体の拡張性と、とくに修行論との関係で、七事の式に執らわれず自在に出入りしうることとの言説を得た。それによって、広間での七事式の枠が自然にはずれ、広間でのまま七事を出ることになる。

また「貴人のための数寄屋観」では、貴人の扱いについての言説を見て上段の問題を考えたが、貴人の扱いを、「茶の湯の理想と数寄屋観」の節でみた、客の修行度合いに合わせて遇するという思想のなかに包含し、「法外」たる貴人の社会性に合わせて対処をしたのが上段だと捉えることが可能であることを示した。

最後に仏龕の設置に関してであるが、「修行論」では、先祖への「孝」として当然なすべきなのが修行だと捉えており、感謝と修行を一体とするべく、数寄屋に利休堂などの仏龕を設置することに繋がると考えられた。

以上、数寄屋観の要点を見てみたが、「如心斎と不白の数寄屋」での小間や広間のありようと、小稿で立てた見出しで分類した言説とが、およそ対応した関係をもっていると考えてもよいのではなかろうか。また、いずれの場合も、禅の思想、儒教思想が、その理論の構築に深く反映していることは前述した通りである。とりわけ従来と異なるのは、法華経に見られる思想、たとえば末法の世での修行論、衆生済度的な思想等が不白によって組み入れられていることである。そうした思想が如心斎に無かったかと言えばそうではなく、花月の式と座敷を考案したこと自体、まさに大衆のための利他行を強く押し出した表れである。ただ、それを禅や儒教の思想と整合化し、万人を対象とするべく普遍化した点は、不白に依る処が大きいと思われる。しかも、それは、不白も言説の中でしばしば触れているように、流派意識を離れた目で語っているものが少なからずある。この両面の意味で、それまでの茶道論と一線を画するものと思われるが、理論におけるこのような普遍性・画期性も、数寄屋世界での造形全体にまで消化が及ぶには、公共の茶室という概念が出現するまで待たなければならないのではなかろうか。

(1) 中村昌生「聚光院閑隠席　付桝床席」(『日本建築史基礎資料集成二〇　茶室』、九五頁、昭和四九年)
(2) 中村昌生「玉林院蓑庵・霞床席」(同前書、一〇〇頁)
(3) 堀口捨己『利休の茶室』復刻版、二三〇頁(鹿島研究所出版会、昭和五二年)
中村昌生「不審庵の建物と庭」(『茶と美』第九号・茶室と露地、一六一～一六三頁、昭和五四年)
中村昌生「不審庵と屋敷の変遷について」(『和比』第一号、三五～三九頁、平成一五年)
(4) 中村利則「茶室に見る千家の流れ」(『千家の茶の展がり』、二一一頁、婦人画報社、平成七年)
(5) 江戸千家茶の湯研究会編集『不白筆記』、一一三頁(昭和五四年)
(6) 注(5)前掲書、一一三頁
(7) 『茶道筌蹄　第一巻』「小座鋪之部　二畳中板」の項に「如心斎好　一尺四寸中板入炉切也　尤上ケ台目」とある。
(8・9) 注(4)前掲書、二一八頁
(10) 「茶の物好之事」(『茶道古典全集　第一〇巻　茶話抄ほか』、二六四頁、淡交社、昭和三一年)
(11) 中村昌生「川上不白の茶室」(『川上不白の茶』、八四頁、講談社、平成三年)

(12) 注(11)前掲書、八二頁
(13) 注(11)前掲書、八五頁
(14) 注(4)前掲書、二二〇頁
(15) 注(11)前掲書、八一頁
(16) 寺本界雄編著『川上不白　茶中茶外』、一三八頁（昭和五〇年）
(17) 『数寄屋起絵図』（石水博物館蔵）
(18) 「上段附囲」「三畳敷中板入」ともに『茶席起図』（石水博物館蔵）。後者は注(16)前掲書の付録起し絵図としても紹介されている。
(19) 「宗全指図帳」（中村昌生編著『数寄屋古典集成二　千家流の茶室』、二六二頁、小学館、一九八九年）。
(20) いずれの遺構も注(11)前掲書、九〇頁に詳しく取り上げられている。また、井上如雪編『川上不白』（八六頁、昭和四四年）にもある。
(21) 注(18)前掲資料「如心花月楼」
(22) 注(4)前掲書、二一九頁
(23) 注(18)前掲資料「如心八畳鋪」
(24) 注(23)とは別の「如心八畳鋪」（ただし仏龕の下部は地袋ではなく壁である）
(25) 注(17)前掲資料「不白八畳鋪　在安立寺」
(26) 注(18)前掲資料「不白十畳敷　在谷中安立寺」
(27) 注(17)前掲資料「不白好　花月楼」
(28) 注(11)前掲書、九二頁
(29) 井上如雪編『川上不白』、八三頁（昭和四四年）
(30) 注(11)前掲書、九一頁
(31) 注(18)前掲資料「川上不白　書院上段附」
(32) 「台子」（『茶道古典全集　第四巻　南方録』、一〇六頁、淡交社、昭和三一年）
(33) 『茶道古典全集　第一〇巻　茶話抄』、二六〇頁

(34) 藪内家蔵。執筆時期は不明(『西山松之助著作集　第一巻　家元の研究』所収、三九一頁、吉川弘文館、昭和五七年)

(35) 注(33)前掲書、二五八頁

(36) 天明三年六月八日、宗貫編。『茶道古典集成　茶道大鑑　上巻』、五五頁、昭和四八年再版。以下、『茶道秘要録』を本文に記す場合、底本はこの注のものによることとする。

(37) 『茶道秘要録』では、『茶話抄』の文のあとに「予いはく」と続けて、値を論ずること自体は悪くなく、道具を主に置くか、値を主に置くかの問題だとしている。おそらく「予」とは、不白のことを指すと考えられる。

(38) 宗旦の高弟山田宗徧による千家茶道初の入門書。元禄三年(一六九〇)板行。

(39) 注(38)と同じく山田宗徧の著。元禄四年(一六九一)板行。

(40) 久須美疎庵(宗旦の弟子藤村庸軒の女婿)著。元禄一四年(一七〇一)板行。

(41) 尾張の医家であり遠州流茶人であった遠藤元閑による書。

(42) 元禄三年(一六九〇)、黒田藩士立花実山によって発見されたとされる。

(43) 漢数字は底本の頁数を表わす。底本は江戸千家茶の湯研究会編『不白筆記』。以下、本文中の他の『不白筆記』引用時も、この表記法と注に準ずる。また、引用文の表記は、差し支えないかぎり、新字体に改めたり、漢文体を訓み下し文に変えたりしている。

(44) 『大漢和辞典』(修訂版、諸橋轍次著、昭和六三年)によれば、朱紫は「衣服や輿台等の朱や紫の物。唐代、五品以上、始めて朱紫を服す。転じて、高位高官」とある。

(45) 注(44)前掲書によれば、「こがねで魚形に作った袋。唐代、三品以上の官の佩用した黄金の佩魚。佩用資格は時代によって多少異なる」とある。

(46) 表千家四代江岑宗左(一六一三〜七二)のこと。

(47) 意味は、例えば『茶席の禅語大辞典』によれば「この身は悟り(菩提)の実をむすぶ尊い樹であり、こころは全てを映し出す清浄な鏡台である。その自己の仏性に目覚めて、鏡の曇らぬように精進しなくてはならない」とある(有馬頼底監修、三八八頁、淡交社、平成一四年)。

(48) 注(47)前掲書によれば、文の意味は「悟りという樹も鏡のような心もありはしない。もともと何もないのだから、どこに塵埃がたまり、何を払拭しようというのか」とある（六二〇頁）。

(49)『不白筆記』、一五九頁。『茶話抄』では「茶の湯とは耳に伝へて目に伝へ心に伝ふ一筆もなし」とある（注33前掲書、二五七頁）。

(50)『不白筆記』、一五九頁。『茶話抄』、二五七頁、および『如心斎聞書』と『茶道筌蹄　後編聞書』の乙一五五、では仙叟宗室の歌になっている。

(51)注(47)前掲書に、「直接自己の心をつかみ、すべての人に具わっている仏性を徹見して、この身のまま仏と成ることをいう。外界や煩瑣な教理にとらわれず、自分が仏そのものであることを体得すること。禅宗、特に臨済宗で重要視されるが、誰が最初にいったかは明確でない」（五〇二頁）とある。

(52)引用文中の側注（　）内は、底本による。

(53)「応無所住而生其心」については注(47)前掲書に、「古来有名な一句で、読み下すと『応《まさ》に住《じゅう》する処無《ところな》くして、而《しか》も其《そ》の心《しん》を生《しょう》ずべし』となる。存在や現象など知覚や認識の対象にとらわれてはならないということ。空を体得した人は、いかなるものにも執われることなく、あるがままに自由自在で、しかも跡に何も残さないことをいう。禅宗第六祖の慧能禅師は、出家前に市中で柴を売り歩いていた際に、ある人が『金剛経』を誦しているのを聞き、この一文に至って大悟したという」（一四五頁）とある。

(54)引用文は『茶話抄』のもので、『茶道秘要録』文が異なる主な部分は、事ヲ終ル者是工夫行要也、が事を終る者第一の工夫也に、「在術不在心、心術双忘、」が「不在心術双忘」に変わる。

(55)このことについては『不白筆記』一一〇頁に触れられている。またこの禅語については注(47)前掲書に、「八角の磨盤とは牛や驢馬を使って回す大きな八角形の磨すり臼のこと。これが空中を縦横無尽に飛び回るということ。妄執も我見も煩悩はおろか、有り難ぶった教えや澄まし返した学識さえ、こっぱ微塵に打ち砕く闊達自在な機用はたらきのたとえ。もとは『碧巌録』の著語《じゃくご》などに見える句であるが、日本では鎌倉末期に宮中で大燈国師宗峰妙超が、教理学を重んじる旧仏教勢力の碩学たちを相手に当代の禅宗を代表して問答を闘わせた際（正中の宗論）、延暦寺の玄恵が『教外別伝の禅とは何か』と詰問したのに対し、言下《ごんか》にこの句を以て喝破したことでよく知られ、禅宗の面目躍如とした句として珍重されている」（五六三頁）とある。『碧巌録』では第四七則の「本則」に見られ、岩波文庫本の注や『禅語辞典』（思文閣出版）では「磨盤」を、八つの尖りをもつ武器としている。

(56) 物外は注(47)前掲書によれば、「物外《もつげ》とも。世間の事物を超越した絶対の境界」とある（六〇〇頁）。如心斎のこの句は、『不白筆記』における注(55)の禅語と同じ箇所の一節に見られる。

(57) 「虚空笑点頭」。注(47)前掲書の「虚空咲点頭」の項（二一四頁）には、「虚空が笑ってうなずいた。咲は笑に同じ。情識《じょうしき》を離れた自由闊達な無作《むさ》の妙用《みょうゆう》と解される。あらゆる思慮分別を絶し、すべてを空じて『無一物《むいちもつ》』に帰したとき、自らこれだと肯《がえん》じて疑う余地もない瞬間を認得する。そのとき、天地宇宙の森羅万象がすべて『そのとおり』と肯いているように感じるものである。言説や思量を超えた世界」とある。

(58) 『如心斎聞書（口授）』（文政八年写、堀内家蔵）では、「御方にて」が「へ」となっている。

〔付記〕この論文の研究費の一部は、福井工業大学特別研究費助成によるものである。

刊行物にみる茶室近代化の黎明——本多錦吉郎・武田五一を通して

桐浴邦夫

序

明治維新は、茶の湯に大きな試練を与えることになった。人々の志向が、伝統的なものより、新たな西洋的なものへと変化し、またこれまで支えてきた武士や寺院の多くが、社会制度の変化に伴い、力を失っていったことが大きな要因であった。しかし明治という時代は、茶の湯に新しい価値観をもたらした時代でもあった。その半ば頃より数寄者たちの活躍がみられ、やがて自由で斬新な茶の湯が展開されるようになる。それは大正・昭和の時代へ引き継がれ、大きく拡がりをみせるのであった。

ここで注目したいのは、明治時代における茶の湯の担い手の変化である。数寄者の多くは維新以後、新たに勃興した政界財界の重鎮たちであった。つまり一部には江戸期から連続する人や家系があるが、維新を超えて連続する人々の数が多くはなかったということである。茶の湯はその形態を変化させながらも、伝承としての性格を強く持つ文化である。その結果、近世において連綿と継続されてきた茶の湯は、桃山期に大成された後では、ここに最大級の断絶をみるのであった。しかしこのような断絶による担い手の変化は、明治半ば以降の大きな変革へのステップの一つともなる。

さて、茶室についてみるならば、近代における重要な要素として、これまで外国人への対応として、あるいは新しい生活様式への対応として、立礼席について先学から多くの指摘を受けてきた(1)。それに加え、これまでの拙稿では、担い手の変化という着眼点の元、大きな空白を超えていかなる手法によって伝達されたか、という観点で近代の茶室を考察してきた。外来の新しいシステムとして、情報発信源としての博覧会や博物館などが茶の湯を伝承し、あらたな価値を発信するメディアとしてあったと考え、そこに新築あるいは移築された茶室について考察してきた(2)。また都市の近代化施策に伴う公園における茶室は、公の場所に位置することによって、常に情報を多くの市民に発信し続けたことをみてきた(3)。そしてここでは、明治期における刊行物という観点より、この時代の茶室を捉えてみたいと考えるのである。この時代、茶室というものがどのような観点で捉えられていたのか、あるいはそれが後の時代にどのように敷衍されていくのか、そのようなことを明らかにするため、この時代の茶室に関する文献、とりわけ特色のある二つ、本多錦吉郎の『茶室構造法(4)』と武田五一の「茶室建築(5)」を取り上げるのである。前者は単行本として刊行され、後者は学術誌に掲載されたものであり、刊行の形態は違うのであるが、またこの違いが影響するところについても着目したい。なお、ここでの文献の扱いは、これまで述べてきたように、その時代の記録ということだけではなく、メディア、すなわち情報を伝えるものとしても扱う、ということを特に記しておきたい。これはさらなる文献の考察、そして前述の諸研究などと併せ、近代の茶室を捉える一環として位置づけられるものと考えている。

まずこの時代について略記しておこう。この頃の茶の湯における主な出来事を次に示す。

一八八〇年(明治一三) 北野神社献茶祭が恒例化し、この頃より神仏への献茶が盛んとなる

一八八四年(明治一七) 茶の湯を中心とした社交施設として、麹町公園に星岡茶寮が創設される

一八八七年（明治二〇）　井上世外邸において茶室八窓庵の席開きが行われ、明治天皇が行幸
一八八九～九〇年（明治二二～二三）　利休三百年忌が各所で行われる
一八九三年（明治二六）　シカゴ博覧会に喫茶店を出陳
一八九六年（明治二九）　益田鈍翁、品川御殿山の自邸で茶会を開き、「大師会」を発足
一八九八年（明治三一）　田中仙樵、大日本茶道学会を設立
一九〇〇年（明治三三）　松浦心月、石黒況翁等が「和敬会」発足
一九〇二年（明治三五）　山口吉郎兵衛を世話人とし、「十八会」が関西の数寄者を中心に発足
また茶室についての主な出版は次のものが挙げられる。
一八九二年（明治二五）　『名物数寄屋図』
一八九三年（明治二六）　本多錦吉郎『茶道要訣　茶室構造法』
一八九八～〇一年（明治三一～三四）　武田五一「茶室建築」（『建築雑誌』に断続的に連載）
一九〇二年（明治三五）　久宝庵主人『数寄屋構造法』
一九〇二年（明治三五）　泉幸次郎『新撰　茶席雛形』
一九〇四～〇八年（明治三七～四一）　山本麻渓「茶室庭園」（『好古類纂』に断続的に連載）
一九〇五年（明治三八）　斎藤兵次郎『茶室構造』
一九〇六年（明治三九）　岡倉天心『The Book of Tea』

この時期の茶の湯を概観するなら、維新以後の凋落の時期が過ぎ、徐々に復興されつつある時代へと進む過渡期、として認識することができよう。益田鈍翁による「大師会」の発足や田中仙樵の大日本茶道学会の設立などがそれを示している。

一　本多錦吉郎の『茶室構造法』

(一)概要と本多錦吉郎の略歴

本多錦吉郎は一八九三年（明治二六）、『茶道要訣茶室構造法』(6)を上梓する。本文篇と図版篇からなるもので、図版には等角投影図や二点透視図など透視図法を駆使しており、これまでに無かった新しい構成となっている。一般に明治半ば頃までの建築の出版物は、雛形を中心とした江戸後期よりの文献を追従したものとみられる。(7)そのような状況の下、本多のこの文献は、当時西洋から新しく学んだ図法を駆使しており、また明治になって新築された茶の湯を中心とした社交施設である星岡茶寮を記載するなど、当時の他の文献とは一線を画すものである。また茶室のみの扱いというのではなく、庭園も含めたものとして、いわば茶の湯空間として扱っている点に特色がある。

まず本多錦吉郎について、その伝記である『洋画先覚本多錦吉郎』(8)を座右に置き、一瞥しておきたい。本多は洋画家、あるいは西洋の画法の研究者として知られており、反面、日本伝統の能楽や茶の湯、および造園を趣味としていた人物であった。茶の湯は同郷の友人で、表千家の流れをくむ三谷流の三谷義一に学んでいる。(9)そして造園に関しては「明治期の造園界の泰斗」ともいわれており、設計または改修した庭園として、麻布内田山の井上馨邸や本所横網の安田善次郎邸などが伝記に挙げられている。

一八五〇年（嘉永三）、広島藩士の本多房太郎の長子として、江戸青山の藩邸に生まれた。一八六三年（文久三）、広島に帰藩し、そこで英国人より兵学や英語を学ぶことになった。幼いときより絵を描くことを好んだ本多は、そのとき洋画の手ほどきも受けたという。一八七一年（明治四）、再び東京に出て、慶応義塾で学び、翌年、工部省の測量司の見習生徒となり、測量学の基礎を学ぶことになる。一八七四年（明治七）には、明治最初の渡欧画家として知られる国沢新九郎の画塾、彰技堂塾において洋画を学んだ。そして一八七七年（明治一〇）、国沢が没すると、その遺言によってこの画塾を継承することになる。やがて、九鬼隆一、フェノロサ等を筆頭に日本画壇に属する者たちが、洋画排斥の運動を起こすのであった。それは本多たちに対する迫害を意味するものである。奇しくものちに『The Book of Tea』を著す岡倉覚三も日本画壇を代表する一人であり、この排斥運動の中心にいたのである。これに対し洋画壇の中心にいた本多は、一八八九年（明治二二）に、同じく国沢の門下生である浅井忠ら、国粋主義的風潮により不遇された洋画家六名とともに明治美術会[10]を主宰し、日本画壇に対抗するのであった。また彰技堂塾での教育の傍ら、一八八三年（明治一六）から一九〇一年（明治三四）、陸軍士官学校および幼年学校の図画の教官、一九〇四年（明治三七）から一九〇八年（明治四一）には高等師範付属中学に職を奉じるなど、日本の洋画教育に尽力した。没年は一九二一年（大正一〇）、七二歳であった。

(2)本多錦吉郎の著作

本多は生涯に幾つもの著作を遺している。[11]そのほとんどが絵画技術に関わるものであるが、中にはここで扱う茶室のほか、茶庭に関するものもある。本論と関わりのある部分に触れておこう。

絵画技術に関するものでは、一八七九年（明治一二）出版のトーマス・テート著になる『画学教授法（梯氏）』[12]の和訳がある。概観すると、遠近法についての内容が多いことに気づかされる。一点透視図あるいは二点透視図で、建築についての例が多数掲載されている。他に「三面遠近図」、いわゆるアイソメ（Isometric）図があり、尺度を以て計ることができるので、「建築図」や「機械図」に適していることを示している。なお、ここで記された「建築」の語の使用は、比較的早い時期のものであることに注目したい。「建築」の語の早い例は一八六二年（文久二）『英和対訳袖珍辞書』[13]に「Architecture」の訳語として「建築学」と記されているものがある。しかし幕末から明治初めにかけては造営、構造、造家など、他の用語も使用され、建築学会も、一八八六年（明治一九）の発足当時は造家学会と呼ばれ、改名は一八九七年（明治三〇）であって、この頃から建築の語が定着したものとみられる。[14]

造園に関しては、一八九〇年（明治二三）出版の『図解庭造法』[15]がある。岡倉天心らの日本画壇の者たちと対立していた時期に、日本庭園についての出版を行ったものであった。また本書は本多の造園家への契機となった書である。[16]解説と図版からなる本書は、庭園を築山と平庭に分類し、それぞれを真・行・草に細分し、さらに別項目として茶庭について解説している。特徴は図版を遠近法によって描いたことであろう。本多自身が「附言」で述べるように、それまでの庭園に関する図書では画法が未熟であったために、実物との隔たりが大きいものであった。それを本書において、遠近法を使用することにより実際的に理解できる、と述べるのである。また茶庭についての説明のなかで「茶室」の語を使用していることも注目される。「茶室」の語は古くは南浦（一六二〇＝元和六年没）の『茶室記』にみられるが、江戸時代にはほとんど使用されず、普及したのは近代に入ってからとされている。[17]近代において書名としては本論で扱う一八九三年（明治二六）の本多錦吉郎の『茶室構造法』、文中にみられるものとしてはこの『図解庭造法』が比較的早い時期だと思われる。ちなみにこの時期の茶室の呼称は、大槻文彦の『言海』[18]によると、項目としては「茶寮」「数寄屋」「囲」とともに「茶室」が挙げられるが、それらの語義としては、「カコヒ」「数寄屋」「茶寮」などと示されており、「茶室」という語は記されていない。つまりこの時期「茶室」の語は一般的ではなかった、ということをここからも読み取れるのである。

(3)内容とその特色

それでは『茶室構造法』を具体的にみていこう。前述のように、本書は一八九三年（明治二六）に刊行されたもので、本文篇と図版篇より成っている。本文篇では茶室を概説し、その後、図版篇の解説に移る。

［本文篇］(19)

緒言　茶会の次第
茶室の沿換　茶室に係する古人の説話
茶庭の規模　茶庭に係る古人の説話
待合の図　中潜りの図
中立の腰掛の図　雪隠の図
数奇屋の図(20)　躙り上り
躙り上り下地窓　躙り上り脇床向ひ下地窓
中柱の表の下地窓　中柱
炉　二重棚
風炉先き窓　大目脇二重窓
床の間　床前天井
床の内下地窓　通ひ口二枚障子
通ひ先き下地窓　通ひの連子窓
通ひ口　勝手並に水屋
数奇屋外廻り　屋根及び庇し構造の大概
四畳半の図　二畳大目の図
一畳大目の図　妙喜庵の図

今日庵
六窓庵の図
星ケ岡茶寮[21]二室
利休[22]堂の図
茅門の図
芝折戸の図

［図版篇］

第一図　茶庭ノ図 本式
第二図　茶庭ノ図 本式 二畳大目席
第三図　茶庭ノ図
第四図　茶庭ノ図
第五図　茶庭ノ図
第六図　茶庭ノ図
第七図　茶庭ノ図
第八図　茶庭ノ図
第九図　茶庭ノ図
第十図　泉州堺利久住宅ノ古図
第十一図　茶席ノ実景
第十二図　外待合ノ図
第十三図　中潜リノ図
第十四図　内待合ノ図 中立腰掛
第十五図　飾リ雪隠ノ図 砂雪隠
第十六図　方行作リ[23]砂雪隠　茅葺屋根裏二種　外雪隠ノ図 一ツニ下腹雪隠
第十七図　数奇屋全図外部正面ノ図
第十八図　数奇屋全図外部側面ノ図
第十九図　数奇屋全図外部後面ノ図
第二十図　数奇屋外部全景
第二十一図　数奇屋内部照影図
第二十二図　妙喜庵外部ノ図
第二十三図　妙喜庵内部ノ図
第二十四図　妙喜庵ノ図 利久作
第二十五図　今日庵ノ図
第二十六図　今日庵外部ノ図
第二十七図　六窓庵ノ図
第二十八図　六窓庵ノ図

第二十九図　星ケ岡茶寮内部ノ図　　第三十図　星ケ岡茶寮二畳大目数寄屋ノ図
第三十一図　星ケ岡茶寮中板入リ席ノ図　第三十二図　星ケ岡茶寮中板入席外部
第三十三図　利久堂ノ図　　第三十四図　利久堂内外ノ図
第三十五図　数奇屋平図[24]　一畳　一畳大目　二畳　二畳大目
第三十六図　数奇屋平図　二畳大目及ヒ三畳　三畳大目
第三十七図　数奇屋平図　三畳大目　四畳敷及ヒ四畳大目
第三十八図　数奇屋平図　四畳半敷及ヒ四畳大目

全体の構成は、緒言に始まり、次に茶会について、続いて茶庭についての説明が行われ、その後茶室についての解説となる。

緒言において、衝撃的な文章から始まっている。

一　茶室は本邦の建築中一種の趣致を備ふる者にして（中略）後世家屋の修飾に係り苟も風雅の趣致を備ふる者多くは是より摸範を取らさる者殆んと稀なり

まず、「建築」という用語を使用していることが注目される。前述のように、「Architecture」の訳語としての「建築」の語の使用は、当時はまだ定着したものとはいえない用語であった。さらにその一種として「茶室」がある、といっている。本書のタイトルの一部でもある「茶室」の語も、当時においては十分に広まった用語であったとはいえない。この書き出しによって、読者は実に新鮮なものを感じたことであろう。そして「家屋の修飾」に「茶室」より模範を取る、というのである。つまりこれはのちに堀口捨己が定義する「数寄屋造り」の説明の一部である。[25]茶室が住宅建築に大きな影響を与えている、ということをここに明確に記したのであった。

庭園については、前述のように本多は、『図解庭造法』を著しているのであるが、『茶室構造法』ではそれと違った内容で臨んでいる。ここで本多は、茶室はただ建物のみが存在するだけでは駄目で、庭園とともに組み立てられなければならないことを説き、茶庭の解説およびその図版に多くの頁を充てている。しかし前書で発揮した遠近法による図版は一枚のみである。とくに参考文献として挙げられている『茶道全書』[26]から図版を引用している点が注目される。『茶道全書』は元禄に刊行された茶書で、中世的秘伝の世界から、新しい家元制度成立への転換の役割を果たした書物である。[27]一一枚の茶庭の図の内、八枚が『茶道全書』巻五の「信」巻に収められているものである。今日『茶道全書』掲載のそれぞれについては、必ずしも実証的なものとして理解されていないが、当時の認識はもちろん現在とは違っていたと考えられる。本多はいずれも『茶道全書』をほぼそのまま写している。しかし本多自身も気づいていたのであろう、『茶道全書』の元図では「利休作」とあるのを、第七図の解説では、「利休の作なりと伝ふ」と多少ぼかした表現となっている。

さて、ここで注目されることは、遺水と茶室が同時に描かれている図が多いことである。『茶道全書』からの図版の内、六枚は遺水あるいは池を取り入れた大名庭園あるいは大名庭園風の作例である。第三図の今川義元の庭に始まり、第四図の駿府の徳川家の庭、第五図の紹鷗作の庭、第六図の京極安知《ママ》の庭、第七図の伝利休作の庭、第八図の織部作の庭、である。茶室あるいは庭園に関して、出版状況が十分ではなかったという時期において、茶室と遺水を持つ庭園が緊密なものと表現されたことは、その後の数寄屋の展開において、大きく注目すべきことと考えられる。一般的には、茶庭において遺水は頻繁にみられるものとはいえない。おりしもこの出版の頃は、金沢の兼六園、水戸の偕楽園、岡山の後楽園が、日本三名園として世に知られることとなった時期であった。[28]またそれらの他、江戸期において閉鎖的であった大名庭園が、明治政府によって新しい都市基盤として整備を進めようとした公園へと転換され、多くの市民たちにその認識が至るようになった時期でもあった。

茶室についての図面は第一七図より始まる。特に第二〇図以降、透視図などの新しい図法によって描かれているものが多くみられる。さらに縮尺が設定されている点に注目したい。茶室の図の多くは三〇分の一で描かれており、またそれを緒言で解説しているのである。おそらく現在ほど縮尺の概念が一般に普及していなかったのであろう、「図を計り其寸法に三十を乗すれは現尺を得へし」[29]、とわざわざ記されている。

第二〇図の数寄屋の外観は二点透視図、そして第二一図の数寄屋内部は一点透視図で描かれている。平面は三畳大目大目切り本勝手下座床、いわゆる燕庵形式の茶室である。相伴席は描かれていないが、その部分に襖が立てられている。これに続く妙喜庵待庵、裏千家今日庵、そして上野公園の博物館に、一八七七年(明治一〇)移築された六窓庵が、アイソメ図や斜投影図などで描かれている。東京麴町公園に一八八四年(明治一七)に竣工した星岡茶寮は、二畳大目内部のアイソメ図と一点透視図、また外部立面図、一畳大目中板入り逆勝手席内部のアイソメ図と外部の図で表現されるなど、一番のヴォリュームである。星岡茶寮は直接現場で実測調査したことが記されている。第三三・三四図の利休堂は裏千家のものと思われる。三畳中板で板敷きの床の間と利休像を安置する上段から成っており、アイソメ図と一点透視図の内観と二点透視図の外観スケッチがある。また第三五から三八図においては茶室の平面が網羅的に掲載されている。この中で特殊なものとして八二番の四畳半の図で、床脇に「利久《ママ》堂」と記された平面である。これは星岡茶寮の利休堂の平面図だと思われる。

(4)『茶室構造法』以後

本多錦吉郎の『茶室構造法』以後、茶室関連の出版において、その影響とみられるものがある。一九〇五年(明治三八)発行、斎藤兵次郎の『茶室構造』[30]である。斎藤の人物像については管見において詳細は不明であるが、『日本建築規矩術』[31]や『大工さしがねづかひ』[32]などの著作があるところから、大工の職にあった可能性が高いと思われる。[33]『茶室構造』には茶室の図版が多数掲載されており、その中には、腰掛や中門や雪隠、といった茶庭中の建物も描かれている。また多くの図がアイソメ図風となっているのも注目される。ただし角度などの点で、本多の『茶室構造法』のような厳密なものとはなっていない。

杉本文太郎[34]は多岐にわたる著書があるが[35]、茶室に関しては一九一一年（明治四四）の『茶室と茶庭図解』[36]、一九一六年（大正五）の『茶室構造法図解』[37]などがある。杉本に関しても、著書において茶室と茶庭を両方扱っていること、実際に庭園の設計も行っていることなど、本多と同じような活躍がみられる。『茶室と茶庭図解』の内容としては、当時の新しい茶室を掲載しているところに特色がある。また『茶室構造法図解』においては、アイソメ図の使用がみられる。

そのような状況の下、本多錦吉郎は先の『茶室構造法』の増補改訂版ともいうべき、『閑情席珍茶室図録』[38]を一九一八年（大正七）に出版する。全体の組み立ては前著と似ているが、多くの茶室を加え、図版は平面図とそれを囲む展開図の形式をとるものが多く記載され、アイソメ図はなくなっている。全体的な印象は、一部のスケッチを除き、前作に比べ描き方に粗雑さを感じさせるものが多く、気になるところである。

以上のように、明治後半から大正期にかけての茶室の出版において、新しい図法を使用し、本多を意識したと思われるものが幾つかあった、ということは注目すべきことである。同時期の文献では従来型、つまり合理的ではない江戸期からの描き方によるものも併存していたのである[39]。本多の『茶室構造法』の先見性が伺い知られるところである。そして大正期になって『茶室図録』が本多によって出版されたことは、前著に対する期待の高さを示すものでもある。さらに注目されるのは、これら茶室についての刊行は主に建築家以外の人物によって行われたことである。次に示す武田五一の「茶室建築」が、この時期において唯一例外的な存在である。

二　武田五一の茶室研究

(一)概要と茶室研究に至るまで

一八九七年（明治三〇）、武田五一は帝国大学の卒業論文として「茶室建築」（以下「武田原本」とも記す）を著した。東京大学建築学科図書室所蔵のこの論文は、日本語で記述したものであり、のちの一八九八年（明治三一）一月から一九〇一年（明治三四）八月にかけて『建築雑誌』に断続的に掲載され、さらに一九四六年（昭和二一）には武田博士論文選集の一篇として、藤原義一・棚橋諒の編輯で高桐書院より出版されたものである。なお、武田五一の「茶室建築」については、これまでも武田の作風に対する影響という視点において「武田五一『茶室建築』をめぐって——その意味と作風への影響——」[40]で考察している。ここではそれを元に、刊行物を通してみた茶室近代化、との観点より考察を行うものである。

それでは武田がこの論文を著すに至った状況をみてみよう。前述の本多錦吉郎は直接、建築に関わった人物ではない。建築関係者の茶室に関する著述としては、『建築雑誌』にわずかであるが掲載が認められる。一八九一年（明治二四）には建築雑誌に準員の小川清次郎より「茶席建築の発展を望む」[41]と題した投稿があり、それを受ける形で、同年に準員の堀口諑静が「茶席建築」[42]と題して、一畳半の席の詳細な寸法書きの抜粋を掲載している。しかしながら、これらはその後大きな広がりはみられないままであった。

一八八九年（明治二二）に、木子清敬が帝国大学工科大学造家学科の講師を委嘱された。木子は茶の湯にも興味を持っており、東京都立中央図書館木子文庫には茶の湯関連の資料が多数所蔵されている。[43]また木子が担当した日本建築学の授業においては、茶室も取り上げられ、見学会では星岡茶寮や茶室を含む関西方面見学旅行もあった。[44]この木子の講義は一九〇一年（明治三四）の講師解任まで続いており、したがって武田はこの講義を受けていることになる。つまり当時の帝大造家学科の学生にとっては、寺社建築などと共に茶室建築が日本建築の一部として認識されており、両者は同列に扱われていたことと考えられる。このような木子と茶の湯の関わりが、武田に対して大きく影響したものと考えられる。またこの時期、前述したように茶の湯が復興の兆しをみせ始めた時期であったことも影響の一つであろう。

(2)内容とその特色

この茶室研究の内容について、武田原本に従って記そう。以下に目次を示す。

第一章　茶道沿革及其概論

第二章　茶室総論及其沿革

第一期　小書院時代　第二期　渡過時代[45]　第三期　利久時代[46]　第四期　利久以後之時代

第三章　茶室各論

第一期　小書院時代　第二期　渡過時代　第三期　利久時代　第四期　利久以後之時代

このうち第一章は茶の湯について、第二章は茶室について、それぞれ概要と沿革をまとめている。第三章は茶室のディテールについての寸法書きである。ここで注目する点が幾つかある。順を追って詳しくみてみよう。

第一章に入る前に武田原本では参考書目が記載されている。これはのちの『建築雑誌』での連載や論文選集においては掲載されていない。以下に記すのはその文献である。

茶道全書、宗久日記、久重日記、南方本録、日吉神道秘密記、茶道極秘伝書、茶式花月集、古今茶人系譜、炉辺ノツレヽヽ、俗茶日記、宗偏門人覚書、数奇屋工集、諸方茶室扣、数奇無尽書、逢仙茶話、大匠雛形、千家初心集、茶室起絵図桑名松平家蔵、茶話指月集、茶道筌蹄、南坊喫茶続録、北野大茶湯記、太平記、田

このうち『南方本録』『南坊喫茶続録』の名がみえるが、これは『南方録』の流布本あるいは異本の一つとみられるものである。(47) この『南方録』は利休鑽仰の書であることに注目する必要がある。

第一章では、茶道の沿革として、茶が日本に将来されてからの歴史についての言及である。足利義政により東求堂の同仁斎が設けられ、これが茶室のはじまりと記す。珠光、紹鷗から利休に至り、今井宗久、古田織部、金森宗和、片桐石州、小堀遠州らがそれに続き、また千家および藪内家への系譜を略記、次に北野大茶会に言及する。そして利休の時代に茶道の全盛時代をみるのである。その後の徳川時代においては形骸化したものだけが伝わり、その精神はみられず、豊臣時代の利休を追想するのみ、と茶道の沿革を結ぶ。次に茶道の概論として、茶事の概要、茶の点前の伝授の項目について列挙している。

ここで注目したい点は、千利休あるいは利休の時代を賞賛し、その後は単なるその亜流に過ぎない、という捉え方である。これは近代の茶の湯研究において多く観察されるもので、利休を頂点とし、その後を退歩的にみる下降的歴史観、と把握されよう。

第二章については、目次の表現とは別に、次のように各期を記している。

第一期　小書院時代即創発時代　　第二期　渡過時代

第三期　利久時代即成就時代　　第四期　利久以後ノ時代即衰弊時代

第一期が室町期の書院の茶の湯から四畳半の発生に至るまでである。第二期が珠光・紹鷗の時代において、四畳半が次第にわびの様相を呈する段階について記される。そして第三期の利休の時代に至って、茶室建築が次々に新たな姿を示すことに注目している。それは、「プラン及び其畳の排列法」と「表顕的なる装飾」においてである。平面においては、一八畳を四分して発生した四畳半から始まり、四畳、三畳、二畳大目、一畳大目と展開する。そして突上窓や花入釘について文献を参照して記している。そして注目したいのは、『南坊喫茶続録』からの引用の分量が多いことである。この第三期に引用されている部分は『南方録』全七巻の最終巻「滅後」の第二条目の文にみられるものである。『南方録』は一六九〇年（元禄三）に立花実山の編集によるものと考えられ、そしてこの「滅後」の巻は、現実の茶の湯に対する強烈な批判と利休への回帰を説いたものである。第四期においてはそのタイトルからも理解されるように、利休以後を衰弊の時代と称している。これは足利から豊臣にかけての時代と、その後の徳川の時代という対比で捉えているところが注目される。この時期の内容としては、全く自由がなく、利休が創造し、形骸化したものを受け継ぐのみであって、その利休の創造の精神は潰えてしまうことを示す。そしてこの時代を通して伝わった利休創造の茶室各部、すなわち床の間の構成、炉、色紙窓、下地窓、屋根の構成について略記する。

この第二章においても第一章に続いて、利休時代の賞賛とその後の時代の軽視がみられるのであるが、さらに注目するとその考え方の元になっているものがみえてくる。まず一つは、明治時代における江戸時代への裏返しとして豊臣秀吉への賛美、という世相を反映している点である。次にこの論文の展開は進化論的な思考でまとめられていることに気づかされる。特にその茶室平面の変遷についての考察をみると、徐々にその面積が縮められるという一つの方向性が示されている。もちろんこの考え方は現在に至るまで茶室平面の一つの見方として存在しているが、近年の研究ではその捉え方はあまり重要視されていない。そこで武田はその極限としての一畳大目を示す。つまりここにおいて進化の一つの展開が頂点に達するのである。のちの時代については、形だけを追い求め、利休の侘びの精神が廃れていったことを記すのみである。

第三章においては、それぞれの時代における主な茶室について言及する。ここで取り上げられている茶室は、東求堂、紹鷗四畳半、妙喜庵、不審庵、利休四畳半、利休一畳半、利休書院、古織一畳半、宗和好、利休堂、遠州好三畳大目、石州二畳中板入、如心花月楼、宗和六窓庵、である。この中には、現在からみれば誤った認識で記載されている茶室もある。ここではそれらを吟味することを目的としないため、武田の記載通りに示した。また武田は利休以後については批判的であったのだが、実際それを扱うこの部分においては、これまでのような強い主張はみられない。その上で、特筆されるものは宗和六窓庵である。そこには着彩された実測図が備わっており、武田自身が実測したとみられるものである。この建物は一八七七年（明治一〇）に東京国立博物館内に移築され、公の場に設置された茶室建築として、この頃には注目されていたものである。

（3）建築雑誌に掲載された「茶室建築」

前述のようにこの武田の卒業論文は、一八九八年（明治三一）一月から一九〇一年（明治三四）八月にかけて断続的に『建築雑誌』に掲載される。またこれは、ほぼそのままの形でのちの論文選集の一巻とされたものでもある。まずこの時期の武田について触れておきたい。一八九七年（明治三〇）七月に東京帝国大学造家学科を卒業後、同大学大学院に入学する。その後、一八九九年（明治三二）七月に大学院を退学、東京帝国大学工科大学助教授に就任する。一九〇〇年（明治三三）六月には図案学研究のため英仏独に留学を命じられ、翌一九〇一年（明治三四）二月、日本を出発する。また注目したいのは、一八九九年（明治三二）一月より一九〇〇年（明治三三）一二月まで、日本建築学会の評議員の編輯員を務めることである。つまり「茶室建築」が『建築雑誌』に掲載されたとき、その編輯に関わっていたのであった。

さてこの『建築雑誌』掲載のものは、卒業論文と比べ基本的には同じ内容とみて良い。しかし誤字や脱字あるいは原本のそれを修正した箇所などがみられるが、それ以外に若干の相違点がある。まずそのタイトルである。東京大学蔵の論文には「茶室建築」と表されているのであるが、『建築雑誌』のタイトルでは「茶室建築」あるいは「茶室建築に居て」、「茶室建築に就て」などとなっている。また図版が省略あるいは略したものが掲載され、「参考書目」や引用文の一部も省略されている。そして最も注目されるところは、武田原本にはなかった傍点が文章の一部に付されているところである。これは一八九九年（明治三二）六月掲載のところである。この時期はちょうど武田が編輯員となって数カ月が過ぎたところであり、また大学院退学そして助教授就任の前月である。そのような状況から、この傍点は『建築雑誌』編輯員の武田が自らの文章に手を加えたものとみることが許されよう。内容においても、非常に重要だと思われる部分である。つまりここに武田が何らかの主張を込めたものとみることができるのである。

この傍点については、拙稿の「武田五一『茶室建築』をめぐって――その意味と作風への影響――」(48)に詳細を記しているが、まとめると次のようになろう。

傍点は全部で二〇カ所。「、」と「。」の二種類があり、「、」が大多数を占める。このうち七箇所が『南坊喫茶続録』を引用したものであり、四箇所が『炉辺ノツレヽヽ』を引用したものである。これらをよく観察すると、その内容により便宜的に次の五つに分類することができる。

Ⅰ　語句の強意　三箇所
Ⅱ　茶の湯の精神性　三箇所
Ⅲ　茶の湯における造形　一〇箇所
Ⅳ　茶の湯に対する批判　三箇所
Ⅴ　茶の湯の救い　二箇所

このうち注目されるものとして、まずⅢが挙げられる。それをさらに分析すると、次の内容にまとめられる。

ⅰ　自由な造形　四箇所

ii　意図的な巧みではなく簡素な表現　二箇所
iii　左右非相称　一箇所
iv　新しい造形　一箇所
v　装飾の方法　一箇所

これをみていくと、既存のルールに従った建築を脱却して新しい方向へ向かおうとしている武田の意欲が感じられる。そしてここで気付かされるのは、これらの要素はのちの近代合理主義の視点と多くが一致することである。

次にⅣは、『南坊喫茶続録』すなわち『南方録』における利休以後の茶の湯に対する批判である。これはこれまでも述べてきたように現実の茶の湯を堕落したものと捉え、利休回帰の意味を強く持つもので、武田もこの考えに深く共鳴するものであったとみられる。

さらに、Ⅴについてである。『南方録』は、その発見者とされる立花実山が自ら編集したものと考えられるが、この部分は特に立花自身が利休の後継者であることを位置づけたとみられる部分である(49)。それは、Ⅳに記され堕落した、とみる現実の茶の湯に対して批判を加え、救いの道筋を示したものであった。

これらを読み解くうちに、武田のこの文章に込められたメッセージが明らかになってきた。つまりそれは、その当時全盛であった歴史主義建築への批判であり、新たな造形への展開を主張するもの、と捉えることができよう。そしてメディアとしての『建築雑誌』に載せ、その意志を発信したものとみられるのである。

結び

一八九三年（明治二六）の本多錦吉郎の『茶室構造法』と一八九八年（明治三一）からの武田五一の「茶室建

築」、これらは明治維新からしばらく続く茶の湯の冬の時代から、少し復興の兆しがみえ始めたかに思える時代に刊行されたものである。いずれもその後の進んだ研究からみれば拙いものといわざるを得ないのであるが、この時代を象徴するものであり、あるいはその後の茶室の展開において、少なからぬ影響があったことを認めなければならない。

これまで述べてきたことより、以下の事柄をまとめることができよう。

この二篇を象徴することがある。それは、参考文献として、本多は『茶道全書』、武田は『南方録』を挙げて重視している点である。それぞれの文献が、元禄の頃に世に出た、ということは重要である。武田においては『南方録』によって、茶の湯における利休的な精神を強く打ち出すのであるが、それは明治という時代に適合した意識であった。しかし逆に、元禄という時代の茶の湯の遊芸的性格に対する否定的な見方もそこには含まれていた。元禄以降、明治に至るまで、武田は茶の湯あるいは茶室を形骸化したものと捉えることになった。また元禄の頃は、まさに家元制度が形作られようとした時期であり、それまで秘奥にされていたものが解放され、民衆に対して大きく広がりをみせた時期でもあった。本多の場合、近代の新しい視点によって著した『茶室構造法』は、まさに市民に対する啓蒙という意味で、元禄の頃の『茶道全書』の版行と同じく、秘奥の解放、という役割を演じたものと考えることができるのである。その後茶の湯は復興をみせ、茶室においても明治後半から大正・昭和と華やかな展開をみせるのであった。

茶の湯そして茶室が近代に受け入れられるという事実、従来その要因として、日清戦争前後の社会情勢、つまり明治維新直後の洋風化傾向への反動としての国粋的な立場から説明される場合が多かった。そしてその象徴として、岡倉天心が挙げられる場合があった。しかし洋画家としての本多錦吉郎が、それに先駆けて茶室建築についての刊行を行った、ということは十分に注目しなければならない。その本多の著書には西洋に始まる近代的な手法で茶室が記載されていた。ここに茶室が連綿とした伝統という枠からではなく、客観的に把握される対象としてみられるようになったのである。近代の数寄者たちは必ずしも国粋的立場からのみ茶の湯を楽しんでいたのではない。もちろんそのような傾向も無視できないが、もっと多岐にわたるものであったと考えた方が適切である。おそらく本多の手法は、彼らに対して大きな刺激を与えたに違いない。影響を受けた書籍の刊行や、『茶室構造法』のいわば増補改訂版ともいえる『茶室図録』がのちに出版された、ということがそれを傍証している。また以前に考察をおこなった公園、博物館や博覧会などの新しいシステムにおける茶室の存在などと併せ、日本の伝統であった茶室が、明治になって近代的な性格を付与されていく過程として把握されよう。それはのちの茶室の発展に少なからず影響したと考えられるものである。

本多の『茶室構造法』によって、茶室と庭との関連が非常に緊密に示された。一般の建築物が庭園と共に掲載されることは必ずしも多くない。さらにそこに遣水が記載されていたことに着目しなければならない。遣水との関わりは、近代の茶室、ひいては近代の数寄屋にみられる特徴であり、ちょうど同じ頃、公園化された旧大名庭園が市民に注目を浴びるようになったことと相俟って、本書がその起因の一つとなったと考えられるのである。

武田は「茶室建築」において、茶室の持つ重要な視点を提示していた。つまり、自由な造形、簡素な表現、左右非相称、などの主張である。これらはのちの時代の近代合理主義に通じるもので、この時すでにその萌芽が認められたことになる。しかし武田は、茶室の研究を行いながら、積極的には茶室を設計したとはいえない。その理由は、伊東忠太に代表される進化論的観点を武田も持っており、利休によって茶室の完成をそこにみたこと。『南方録』的観点、すなわち利休の賛美とその後の時代の衰弊、という意識が強く働いていたこと。これらを越えるものを武田が創造しえなかったことが、積極的な茶室設計の行為に向かわせなかった理由と考えられるのである。(50) 武田はその後、茶室以外の建築において新たな造形を試みることになる。つまり武田によって茶室の近代合理主義的性格が明らかにされた。しかしそれは早すぎた発表であったのかもしれない。

最後に、近代、特に明治・大正期における茶室の設計における「ねじれ」ともみえる現象について述べておこう。すなわち、数寄者たちにより茶室建築が大きく飛躍するのであるが、それは決して建築家たちが支えていたのではなかった、という事実である。それを理解するにはこの両文献が非常に象徴的な意味を持ってくると思われる。つまり、数寄者を含む多くの一般市民が茶室について理解を深めていくという状況、またこの時期の建築家が茶室建築に対して距離をおいていたという状況、これは本多の著作に象徴され、あるいは武田の著作に象徴されるとみることができる。本多の著作は一般に対して刊行され、武田の著作は建築学会員という限られた読者に向けたものであった。実際、数寄者の茶室を支えていたのは、木村清兵衛や仰木魯堂・柏木貨一郎らに代表される、それを専門とする工匠や技術者たち[51]であった。いわゆる建築家が茶室に積極的に関わるようになるのは、大正末から昭和初め、藤井厚二や堀口捨己らの登場まで待たねばならなかった。

以上の事柄が考察された。しかしここで示してきたことは、あくまでも刊行物からの視点である。これはさらに他の近代の茶室に関しての諸課題についての視点と併せて考えるとき、より確かなものとして、近代の茶室の全貌の理解へと繋がることになるであろう。

（1）　立礼についての主な参考文献として、次のものが挙げられる。
堀内宗完「椅子点前」（『茶道2』創元社、一九三六年）
井口海仙「立礼考」（『茶道月報』五〇一号、茶道月報社、一九五四年四月）
伊藤宗典「立礼式」（『新修茶道全集1』、春秋社、一九五四年）
熊倉功夫『近代茶道史の研究』（日本放送出版協会、一九八〇年）
中村昌生「立礼の空間」（『茶道聚錦8座敷と露地（二）』、小学館、一九八六年）

（2）拙稿『近代数寄屋建築の黎明――公に設置された明治期の数寄屋建築――』（東京大学提出学位請求論文、二〇〇〇年）

（3）公園に位置した茶室に関して、注(2)の他、拙稿によるものとして次のものがある。
「東京府の公園経営と星岡茶寮の建設経緯――星岡茶寮の建築の研究 その1――」（『日本建築学会計画系論文集』四九一号、二一三～二一八頁、一九九七年一月）
「東京芝公園の紅葉館について――明治期における和風社交施設の研究――」（『日本建築学会計画系論文集』五〇七号、一九九～二〇四頁、一九九八年五月）
「創設期における星岡茶寮について――星岡茶寮の建築の研究 その2――」（『日本建築学会計画系論文集』五一二号、二五三～二五八頁、一九九八年一〇月）

（4）本多錦吉郎『茶道要訣茶室構造法』（団々社、一八九三年）（以下『茶室構造法』とも記す）

（5）武田五一の茶室研究については、後述のように、卒業論文として一八九七年（明治三〇）に著され、一八九八年（明治三一）～一九〇一年（明治三四）にかけて、断続的に『建築雑誌』に掲載された。
なお、武田の茶室研究について触れたものとして、足立祐司「武田五一の建築観とその形成期について 武田五一研究Ⅰ」（『日本建築学会計画系論文報告集』三五四号、一〇五～一一六頁、一九八五年八月）がある。

（6）本多の『茶室構造法』については、これまでも注(2)や(40)で若干の考察をしているが、本稿においては、その後の知見を加えこれらを大幅に書き改めている。

（7）建築全般については、中谷礼仁「近代 ひながた主義との格闘」（『日本建築史』、美術出版社、一九九九年）参照。
茶室について江戸期からの連続で捉えられる文献は、泉幸次郎『新撰茶席雛形』（一九〇二年）、山本麻渓「茶室庭園」（一九〇四～〇八年、『好古類纂』に断続的に連載）などがある。

（8）村居銕次郎編『洋画先覚本多錦吉郎』（本多錦吉郎翁建碑会、一九三四年）
他に、針ケ谷鐘吉『庭園襍記』（西ケ原刊行会、一九三八年）、佐藤昌『日本公園緑地発達史（下）』（都市計画研究所、一九七七年）を参照。

（9）『茶室構造法』一頁

(10) 本多錦吉郎の他、浅井忠、小山正太郎、松岡寿、松井昇、高橋源吉、長沼守敬が創立会員として名を連ねる。上野不忍池畔で第一回展開催。一九〇一年（明治三四）解散。
(11) 国立国会図書館OPAC（On-line Public Access Catalog）での検索（検索条件著者・編者＝本多錦吉郎）によると、本多存命中（一九二一年）までの著作（翻訳を含む）は一四件ある。
(12) トーマス・テート著、本多錦吉郎訳『画学教授法（梯氏）』（文部省、一八七九年）なおこれは訳本であるが、直訳ではないことを「例言」で断っており、そして文中、国沢新九郎の校正と記されている。
　また、これはのちに『梯氏画学教授法』（木村巳之吉、一八八七年）として再版されている。
(13) 『英和対訳袖珍辞書』（徳川幕府洋書調所、一八六二年）
(14) 「建築」の呼称に関しては、中谷礼仁他「「造家」から「建築」へ　学会命名・改名の顛末から」（『建築雑誌』一四一〇号、一三～二一頁、一九九七年八月）参照。
(15) 本多錦吉郎『図解庭造法』（団々社、一八九〇年）
(16) 針ケ谷『庭園襍記』（注8参照）によると、本多は、一八九七年（明治三〇）、津和野の吉田三介氏庭園を皮切りに多数の庭園を設計している。
(17) 林屋辰三郎他編『角川茶道大事典』（角川書店、一九九〇年）「茶室」の項（中村昌生）による。
(18) 大槻文彦『日本辞書言海』（一八八九～九一年）
(19) ここで旧字体を新字体に改めている。また略字等も改めている。以下の引用文においても、固有名詞に関わるものを除き、同様に扱っている。
(20) ここでは、「数奇屋」と「数寄屋」が混用されているが、そのまま記した。
(21) 一般には「星岡茶寮」であるがここでは「星ケ岡茶寮」と記されている。
(22) 本書では「利休」と「利久」の混用がみられる。引用文中では「利久」あるいは「利休」と表記のまま記すが、本文では「利休」と記す。
(23) 「宝形」のこと。
(24) 「平面図」のこと。

(25) 堀口捨己「書院造りについて――様式的特徴とその発達」（『清閑』一五冊、一九四三年）
これは学位請求論文『書院造りと数寄屋造りの研究――主として室町時代に於けるその発生と展開について』（一九四四年）としてまとめられ、のちに『書院造りと数寄屋造りの研究』（鹿島出版会、一九七八年）として出版された。

(26) 洛南紅染山鹿庵子『古今茶道全書』（一六九四年）（以下『茶道全書』と記す）

(27) 『茶道全書』に関する研究としては、林屋辰三郎「『茶道全書』の成立――家元制度への道づくり――」（『藝能史研究』一号、藝能史研究會、一九六三年）がある。また、『茶の湯文化学』二号（茶の湯文化学会、一九九五年）に翻刻されている（解題・熊倉功夫）。

(28) 田中正大『日本の公園』（鹿島出版会、一九七四年）によると、日本で公園と呼ばれるのは、一八八五年（明治一八）から一八九一年（明治二四）ころまでの間ではないかと、記されている。

(29) 『茶室構造法』二頁

(30) 斎藤兵次郎『茶室構造』（信友堂・須原屋、一九〇五年）。なお、本書は国立国会図書館の検索などでは『茶室構造篇』となっている。

(31) 斎藤兵次郎『日本建築規矩術』（信友堂、一九〇四年）

(32) 斎藤兵次郎『大工さしがねづかひ』（信友堂、一九〇八年）

(33) 斎藤兵次郎に関して国立国会図書館OPACでの検索（検索条件著者・編者＝斎藤兵次郎）によると、一二件あるが、うち九件が建築関連、残りの三件は養蚕関連のもので、これは同姓同名の別人ではないかと思われる。したがって、ここで取り上げる斎藤の著作は九件であるとみられる。

(34) 杉本文太郎については、矢野環氏に多くのことをご教示いただいた。

(35) 国立国会図書館OPACでの検索（検索条件著者・編者＝杉本文太郎）によると、杉本存命中（一九三〇＝昭和五年）までの著作は三六件ある。うち庭園関連、建築関連、華道香道関連が二三件、軍事関連が一一件、その他が二件である。全てが同一人物であるかどうかは明らかではないが、庭園建築華道香道関連の二三件は同一とみられ、軍事関連も陸軍士官学校で教鞭を執っていた本多錦吉郎との関わりあるいは影響を考えると、同一人物のものであるかもしれない。

なお、国立国会図書館OPACの検索では本文中で扱った『茶室構造法図解』はみられない。
(36) 杉本文太郎『茶室と茶庭図解』(建築書院、一九一一年)
(37) 杉本文太郎『茶室構造法図解』(建築書院、一九一六年)
(38) 本多契山(錦吉郎)『閑情席珍茶室図録』(一九一八年、六合館)(以下『茶室図録』と記す)
(39) 注(7)
(40) 拙稿「武田五一『茶室建築』をめぐって――その意味と作風への影響――」(『日本建築学会計画系論文集』、五三七号、二五七~二六三頁、二〇〇〇年一一月)
(41) 小川清次郎「茶席建築の発展を望む」(『建築雑誌』五二号、七五~七八頁、一八九一年四月)
(42) 堀口諊静「茶席建築」(『建築雑誌』五四号、一六八~一七一頁、一八九一年六月)
(43) 木子文庫には、年代の分かるものとしては、一八八五年(明治一八)の星岡茶寮の会友証、直接茶の湯に関わったものとして、一八八八年(明治二一)の三篇の茶会記がある。
(44) 木子清敬については、稲葉信子「木子清敬の帝国大学(東京帝国大学)における日本建築学授業について」(『日本建築学会計画系論文報告集』三七四号、一一一~一二一頁、一九八七年四月)参照。
星岡茶寮は料金を支払えば見学できる施設であった。また伊東忠太の日記によれば、一八九一年(明治二四)五月一一日に星岡茶寮の見学が計画されたが、木子清敬が来られなくなったために見学できなかったとのことが記されている(稲葉信子の前掲論文による)。

その後、伊東忠太等により日本建築においてはとりわけ寺院建築にその重心がおかれるようになる。藤岡洋保「昭和初期の日本の建築界における「日本的なもの」――合理主義の建築家による新しい伝統理解――」(『日本建築学会計画系論文集』四一二号、一七三~一八〇頁、一九九〇年六月)参照。
(45) 武田原本では「渡過時代」とあるのだが、『建築雑誌』掲載時になぜか「渡邊時代」と誤植され、その後の論文選集にも「渡邊時代」と記されている。
(46) 武田は「利久」と記している。引用文中では「利久」とするが、本文では「利休」と記す。
(47) 『南方録』は本録九巻の編成が普通であるが、その外に『南方続録』を加えて一一~一三巻に編成されていることもある(『茶道古典全集　第四巻』の解題による、淡交社、一九五六年)。

武田のいう『南方本録』と『南坊喫茶続録』が、それぞれ本録と『南方続録』に相当するものかどうかは明らかではないが、引用文からは本録第七巻「滅後」の文が『南坊喫茶続録』の引用とされており、混乱がみられる。いずれにせよ、ここでは『南方録』の流布本あるいは異本の一つとして扱っている。

(48) 注(40)

(49) 熊倉功夫『南方録を読む』(淡交社、一九八三年)参照。

(50) 当時の建築家の対象とするものは、国家的なものあるいは社会性を有するものが中心であったというみかたもあろう。しかし武田は個人の住宅も数多く設計しており、少数ではあるが数寄屋風のデザインを取り入れた接客空間も手がけている。そこまで行うならば、当時流行となっていた茶室に積極的に関わっていても不思議ではないと考える。

(51) ここでは欧米の建築家の職能意識を日本的なかたちで反映した建築家とは便宜的に区分して、数寄屋師あるいは数寄屋建築家といった専門的な職能を持つ人達を技術者とした。

建築家・藤井厚二の茶室と茶の湯

矢ヶ崎善太郎

はじめに

藤井厚二（一八八八〜一九三八）は大正から昭和初期の時代にかけて、環境工学の研究成果をふまえつつ、住宅を中心とした多くの建築作品を残した建築家である。特に昭和三年（一九二八）に京都乙訓の大山崎の地に竣工した第五回目の実験住宅である自邸は「聴竹居」の名でひろく知られている。

自らの研究成果と実験結果に裏づけられた科学的な目で建築や室内環境をとらえ、さらに最先端のモダンデザインにも精通していた藤井は、茶の湯にかかわる人物との交友もひろく、自ら窯を開いて焼き物を手がけ茶会を催すなど、いわゆる数寄者[1]としての一面も兼ねそなえていた。

最近では「堀口捨己、吉田五十八、吉村順三、そうした茶室・数寄屋のデザインに新しい血を注いだ建築家の先陣を切った[2]」とまで評され、茶室や数寄屋といった日本の伝統的な建築に対しても独自の理解をもとにいくつかの実作も手がけていたと伝えられる藤井であるが、これまで藤井の設計になる茶室といえば、遺構としては聴竹居に隣接する一畳台目中板の茶室以外に知られてなく、記録ではほかにいくつか設計例が確認されているとはいえ、いずれもそれらの実体を知りうる具体的な資料も乏しいのが現状である。

筆者はこのたび藤井厚二の設計になると伝えられる茶室を調査する機会を得ることができた。(3) 本稿はその調査の結果を詳細に報告し、これまで知られていなかった茶室の存在を明らかにすることを第一の目的とするものであり、あわせて行った関連調査で得られた資料から、近代の建築家として知られる藤井厚二の茶室観や茶室への取り組み、あるいは茶の湯とのかかわりについて考察を試みようと思う。

一　野村家茶室

京都府乙訓郡大山崎町で医院を営む野村家の敷地に一棟の茶室が建つ。野村家では、この茶室は建築家・藤井厚二の設計になるもので、藤井の第五回目の実験住宅として知られている自邸「聴竹居」の近くから移築されたものと伝えられている。現在でも聴竹居の所有者であり、藤井厚二のご令嬢である小西文子氏のご記憶によると、この茶室は聴竹居と道路を挟んで東隣に建っていた、藤井厚二がお母さんのために設計した建物に付属した茶室で、昭和五年（一九三〇）ころ建設されたものであったとのことである。

(一)規模および構造形式

外　観　切妻造桟瓦葺で、軒まわりのみ銅板で葺く。茶室への客の入口である躙口《にじりぐち》を東に向け、平入りとする。茶室の東側は露地がひろがり、延段と飛石が躙口に向かって軒下にも打たれ、土間庇が形成されている。南の妻面に庇を差し掛け、沓脱石を据えて水屋への入口とする。北の妻壁の屋根下に換気口をあけている。これは、後述するように、茶室の天井は網代や自然木（萩の小枝）を打ち並べることによって、室内と屋根裏との間に空気が流通するようになっており、この換気孔から室内の空気が外に排気されるようになっている。

軒高は隅柱石口上端から八・一七尺（二・四八メートル）である。

平　面

桁行二間半（一六尺三寸　約四・九四メートル）、梁行一間半（九尺七寸　二・九四メートル）の規模で、四畳半の広さの茶室部分と三畳の広さの水屋からなる。

平面積は一五七・一平方尺（一四・五二平方メートル）である。

茶室部分は全体四畳半の広さで、そのうち三畳半の部分に畳を敷き、残り一畳分を床の間としているが、床柱

図１　野村家茶室外観

図２　換気口

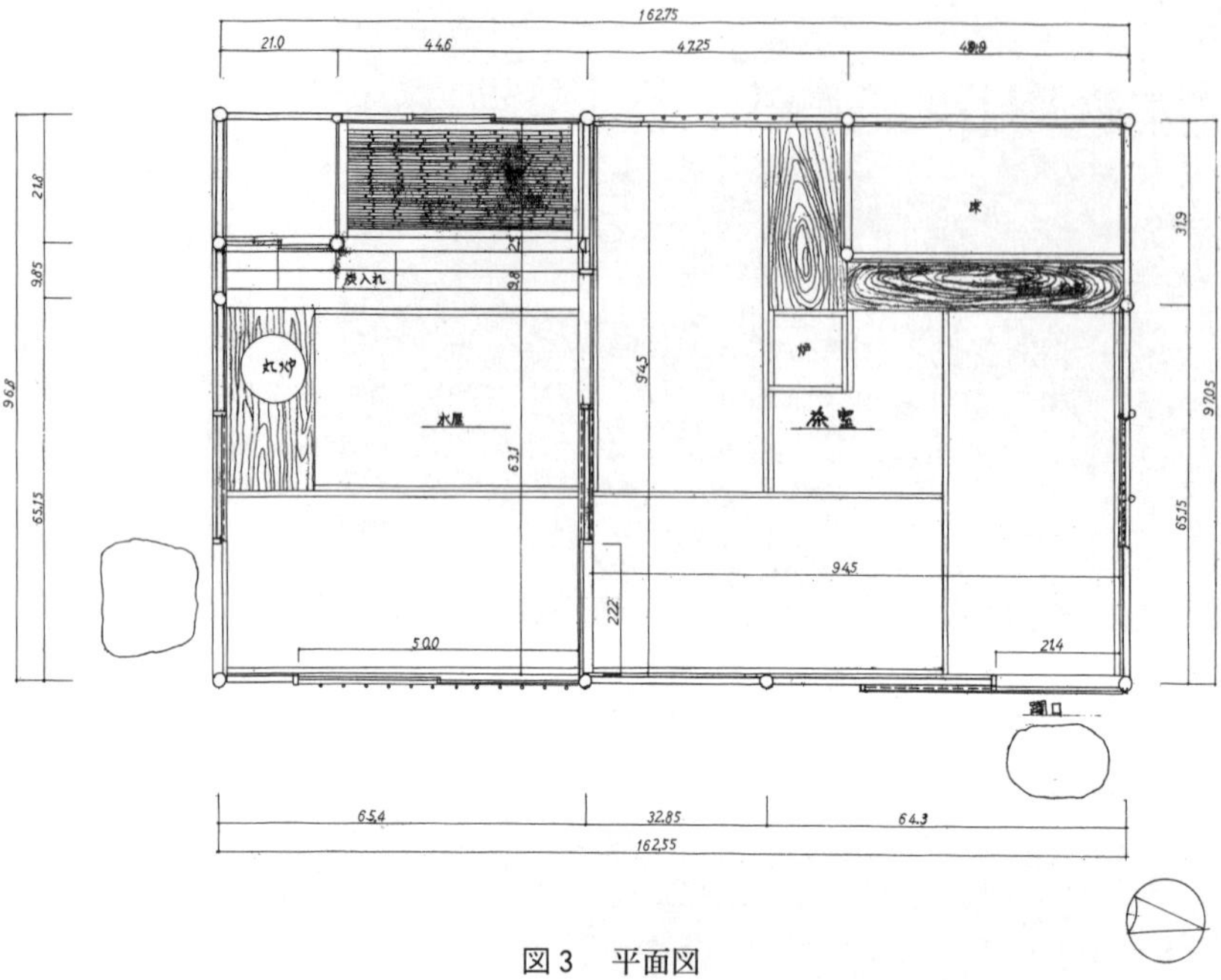

図3　平面図

は畳の角より少し奥まったところに立ち、床の奥行は二尺二寸（六七センチ）ほど、間口は五尺（一・五メートル）ほどに縮められ、幅八寸六分（二六センチ）の床前板と、幅一尺四寸（四二センチ）の脇板を入れている。床の間前板および脇板はいずれも松の杢板である。前板と脇板を除いた部分は框を入れた框床の形式とし、床の間内部には薄縁を敷く。炉は四畳半切。部屋の北東隅で床の間正面にあたる位置に躙口をあけて客の出入口とする。南面の東隅に茶道口をあけ、南に隣接する水屋に連絡している。

水屋は全体で三畳の広さで、そのうち西寄りに竹簀子の流しおよび棚を構え、流しの前板には炭入れを設ける。南寄りの中央に幅一尺五寸五分（四七センチ）の板を敷きこみ、丸炉を切る。

畳は六尺三寸（一・九一メートル）×三尺一寸五分（〇・九五メートル）の京間畳が敷かれており、柱間の内法に納まる。

茶室内部展開

西向きを床の間正面とする。床の間の畳一畳分を室内に突出させる出床で、框と落掛を渡した框床の形式であるが、平面でも触れたとおり床柱が畳の角にではなく、少し奥まった位置に立つ。床柱は目通り二寸二分（六・七センチ）ほどの細い赤松の皮付。框は入節の磨丸太（成二寸五分）。床脇との境には竹の壁留を入れて下部を吹き放し狆くぐりとする。床脇が点前座になり、その正面のやや高い位置（畳より一尺九寸三分）に障子を建て、円窓をあける。

床の間に向かって右に立つ相手柱は落掛からはなれて客座寄りに立つ。すなわち落掛と框で区画された床の間の広さは、床柱が奥まって立っていることから畳一畳分に足りないが、相手柱から床の間奥の入り隅柱までの奥行きは、半間の長さをもつ。客座北面の壁面には柱間いっぱいに中敷居を通して、上下に中心を少しずらした下地窓をあけ、障子を建てる。上の障子は片引き、下の障子は二枚を左右に引き分ける。上下の下地窓の大きさを比較すると、下の方がやや大きめになっており、下地の間隔も上に比べて下の方が大きい。東の壁面は客座側の隅に躙口をあけ、上に連子窓をあける。西の壁面に太鼓襖片引きの方立口をあけて茶道口とする。点前座の勝手付に洞庫をそなえる。

茶室天井

客座から点前座にかけての平天井は竹の網代天井で、竹の皮面を裏返しにして張っている。竿縁は赤松皮付の小丸太。床の間前から点前座の風炉先部分にかけては客座の平天井より一段下げて落天井とし、萩の小枝を詰め張りしている。落天井にできた小壁の壁留にはわずかな曲がりのある細いサルスベリの丸太が用いられている。平天井と落天井の段差を利用して、小壁と落天井の下面を照らす和紙張りの証明装置が組み込まれている。この証明は同時に床の間内部も照らす。床の間天井の下には照明装置と並んで屋根裏に通じる排気のための窓があいている。

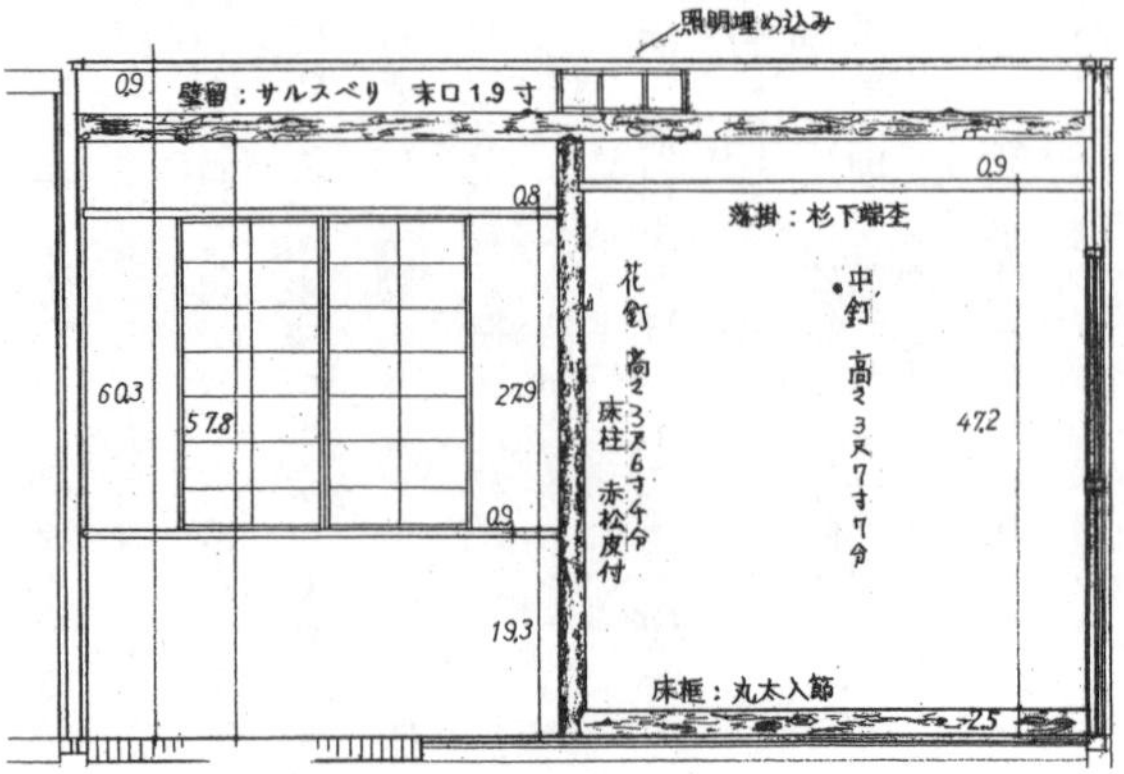

図４　茶室西展開図

図５　茶室北展開図

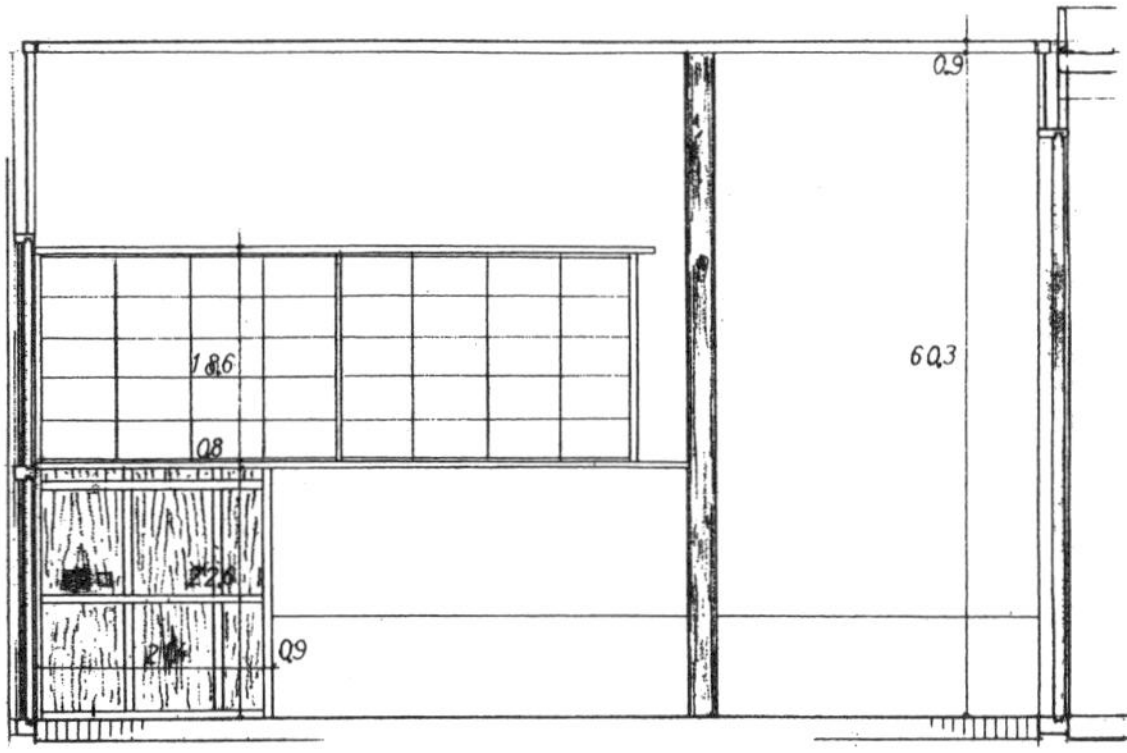

図6　茶室東展開図

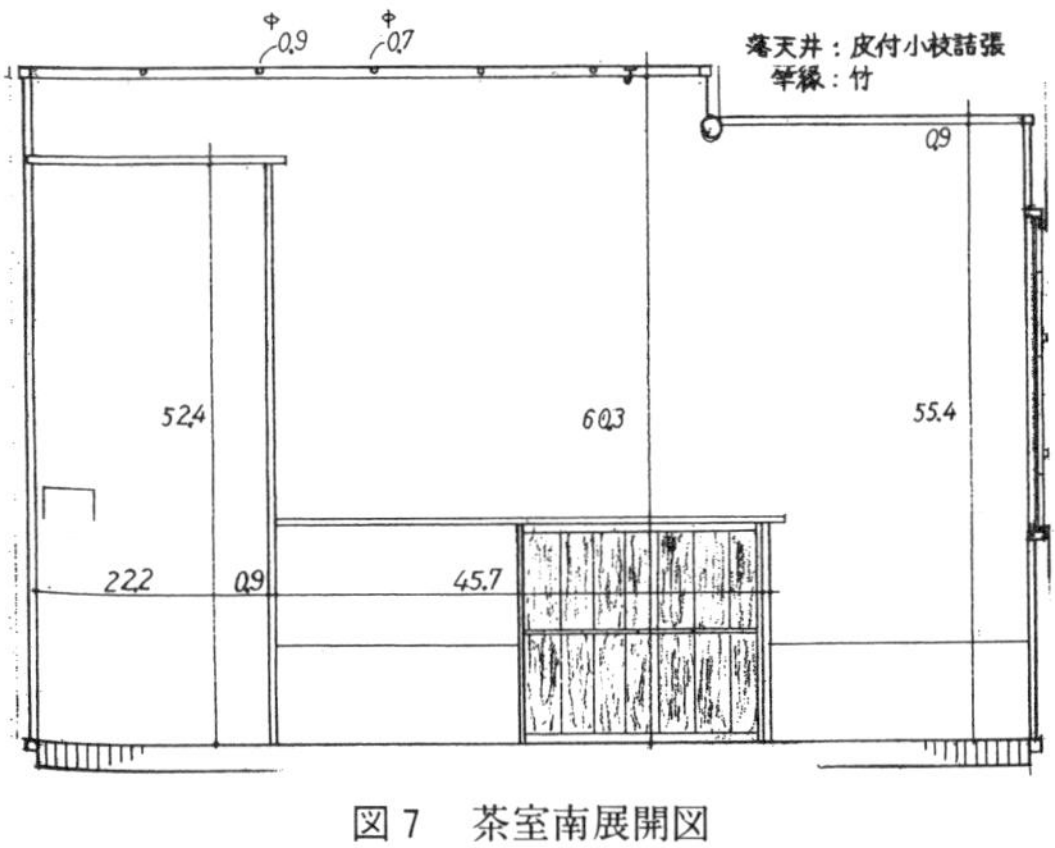

図7　茶室南展開図

（2）いくつかの特徴について

床の間と照明について

床の間は落掛と框を用いた通例の框床の形式になるが、床柱を少し奥にたてて座との間にゆとりをもたせている。ここでは框床の形式をとっているが、框を置かずに座の畳面と同じ高さに板を敷き込んで、その上に床柱を立てた床の間の形式を原叟床という。表千家六世覚々斎原叟宗左（一六七八～一七三〇）が案出したといわれる形式であり、また、草間直方編著になる『茶器名物図彙』(4)で「一燈好」

として紹介されている茶室の床の間とも共通する構えである。床柱の位置が自由になり、床の間と客座あるいは点前座との間にゆとりが生まれる、きわめて軽妙な構えであるといえよう。全体がのびやかで飾りの仕方も自由度が高いからであろうか、特に近代の茶室でよく用いられる床の間の構えである。野村家茶室では框を入れていることから純粋な原叟床ではなく、その変形とみなされる。座と同じ高さに板を敷き込んだ踏込床の形式で、その板が床の間の前と脇にまでのび広がっていることで原叟床の本来の軽妙さがうまれるのである。(5) 野村家茶室のように板の上に框を置いて上段のような構えにしてしまうことは原叟床の趣旨にはかなわず、いくぶん重々しい構えになってしまっているが、床の間の前と脇に板を敷き込んで座との間にゆとりを設けていている点においては原叟床の原理に通じていよう。

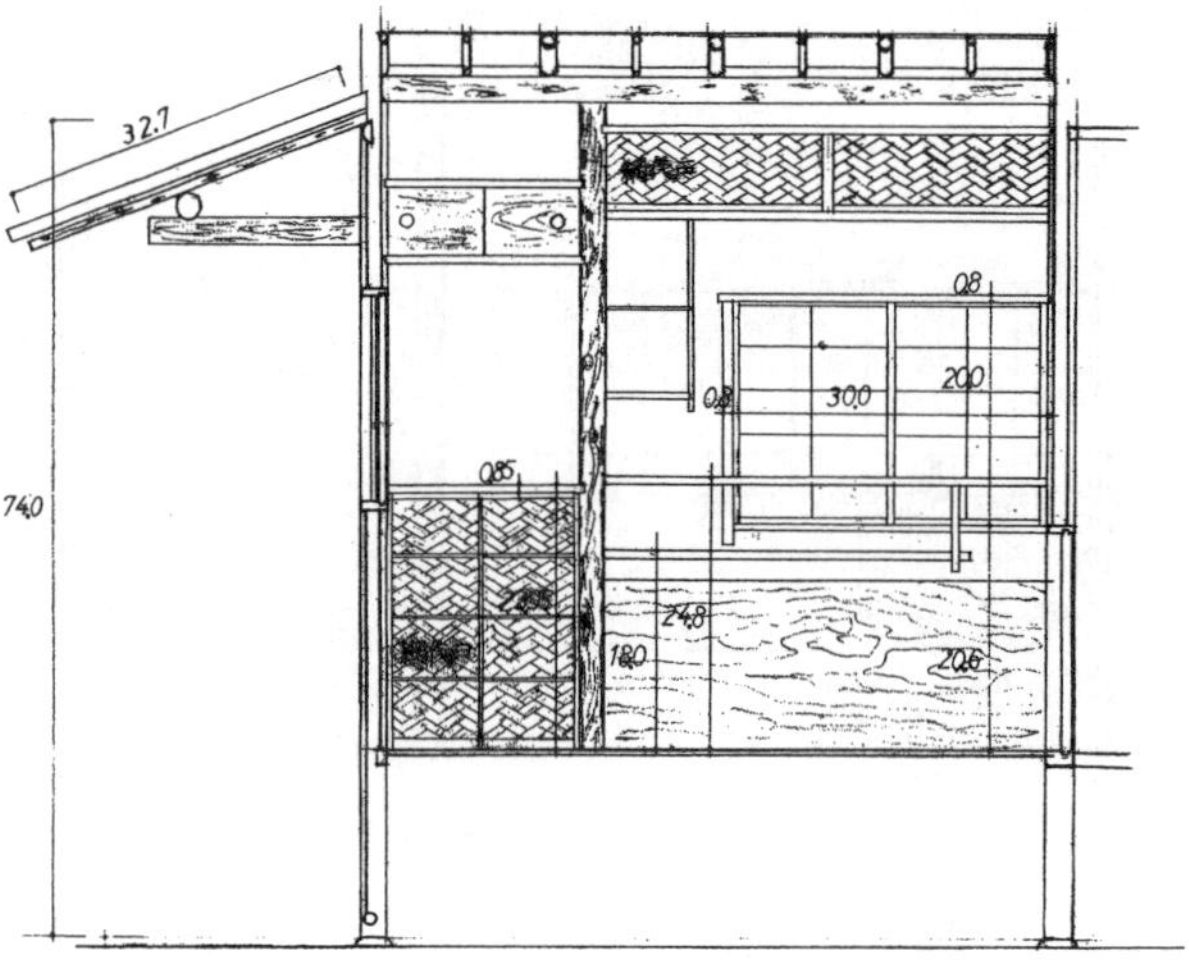

図8　水屋西展開図

　床の間前で天井を一段下げてできた小壁を利用して和紙張りの照明器具を納めている。床の間前の床柱付近を照らすのと同時に床の間内部も照らす。このような照明の工夫は聴竹居ほか他の藤井の作品にもいくつかみられる手法である。日本の伝統的な素材および空間構成と近代的設備の融合をこころみた藤井ならではの構成といえよう。

　ところで藤井厚二には『床の間』（田中平安堂、一九三四年）という著作がある。床の間の「現代」的意味を問い、藤井自身が試みた床の間の実例を示すものであるが、「腰掛式客室の床の間」「閑室の床の間」などと紹介されている実例の中に「茶室の床」と題されている写真が二例ある。(6) ひとつは聴竹居に隣接する一畳台目中板の茶室のもの、もうひとつはいわゆる原叟床の形式で、床の間前の天井を一段下げて照明器具を組み込んでおり、(7)「塗師初代宗哲の案に似て居ると或人から聞きましたが、照明などに就いて考案せるものです」と書き添えている（図11）。千家十職の塗師・中村宗哲家には「如心三畳半板入」と表題された茶室の起し絵図が伝えられており、それは原叟床の形式に框床を組み込んだ、まさに野村家茶室に共通する床

図９　茶室内部

図10　床前の照明

の間の形式をもつ茶室であった(8)。藤井自身がこの中村宗哲家伝来の「如心三畳半板入」図の存在を知っていたか否かは定かではないが、いずれにしても藤井は原叟床の原理に通じた形式に照明を組み込んだ床の間を、「現代」の茶室の床の間にふさわしいものと理解していたことがわかる。野村家の茶室のように原叟床の構えに框床の形式を取り入れたのは、飾りの場として床の間の本来の厳粛さを認めた結果であったのかもしれない。

図11 『床の間』所蔵の「茶室の床」

窓と躙口

点前座正面にあけられた円窓は、いわゆる風炉先窓ではあるが、かなり高い位置にあけられており、単に風炉先に明かりを導くためだけの窓ではなく、点前座全体に明かりを採り入れると同時に、客座からの景として考慮された窓であろう。

北面の二つの下地窓のように中心を少しずらして上下二段にあけられた窓は、一般に色紙窓と呼ばれる形式である。古田織部の工夫にはじまると考えられており、採光のためだけでなく、室内の景として視覚的効果を意図した窓であるといえる。点前座の勝手付きにあけられることが多いが、野村家茶室のように客座の側にあけられることも例外ではない。ここでも室内の視覚的効果が強く意図されていると考えられる。また色紙窓の場合、上を連子窓、下を下地窓にすることが多いが、ここでは上下とも下地窓である。決してこれも例外とはいえないが、上下で下地の間隔に変化をつけているのは注目される。下地窓は下地を組んだあと、壁土を塗り残すことによってできる窓であり、大きさや位置、形が自由にあけられので、茶室内へ微妙な明暗の効果を演出することを可能にすることに本質がある。従って本来は壁の中に塗り込まれているはずの下地の間隔が場所によって異なるのは、下地窓の本質と相容れない。野村家茶室のように下地の間隔が異なる下地窓の意匠には、何らかの作意が働いていたと考えられるが、その意図については解し得ない。

図12　下地窓

図13　茶室の天井

躙口の板戸の施錠は掛け金を用いることが茶室の一般的な伝統である。野村家茶室では掛け金ではなく、摘み式の鍵を用いている。伝統的な建築であっても新しい装置や工夫に対する藤井の積極的な理解が感じられる。

天井　割り竹の皮目を裏返しにして編んだ網代天井や萩の小枝を詰め張りにした落天井の素材と構成は、通気性能を考えての選択であったと考えられる。北側の妻面の屋根裏部分に換気口があけられており、竹網代や小枝の詰め張りといった通気性の良い天井を介して天井裏から室内の換気が計られている。

藤井は最初の著書である『日本の住宅』(岩波書店、一九二八年)で、気候条件と環境工学の科学的研究成果から、日本の住宅建築に関して独自の見解を述べている。その中で「夏季に能う限り室内を標準気候の状態に近かしむること及び不良の状態にある時間を能う限り短縮せしむることに努むる為めに」として掲げた三つの方法のうちの二番目が「室内の汚損せる空気は天井に設けたる室内よりの排気口を通じて屋根裏に排出せしめて、屋根裏の通気窓より屋外に流出せしむる事」であった。この茶室の天井は天井面から屋根裏を通して屋外に排出することの有効性を高く評価していた藤井の、茶室における排気方法のひとつの解答であったともいえよう。客座から見えない床の間内部の天井近くに排気のための窓をあけ、客座部分は通気性の高い網代や小枝の詰め張り天井にしたものと解される。

ちなみに、竹の皮目を裏返しにした網代の天井は、藤井の遺作となった扇葉荘(京都市、一九三七年)の二階喫煙室でも試みていた。(9)

(3)野村家茶室の建築年代について

野村家茶室の建築年代については、小西文子氏からの聞き取りによる昭和五年(一九三〇)頃という伝えがある。

京都大学建築学教室本館の一室に藤井厚二の遺作図面が蔵されている（以後「京都大学所蔵図面」、次節で詳述）。もとは京都大学建築学教室の村田治郎博士が整理されたものであるというが、近年になって石田潤一郎博士はさらに整理をしなおし、それをもとに『「聴竹居」実測図集』（竹中工務店設計部編、彰国社、二〇〇一年）所収の「藤井厚二建築作品目録」をまとめられた。それに「聴竹居内茶室　S5頃　木1　京都府乙訓郡大山崎町　解体」とある。[10]すなわち藤井厚二は第五回実験住宅であった自邸「聴竹居」（昭和三年築）の敷地に木造平家の茶室を建てており、それは昭和五年頃の建築であって現在は解体されていることが認められている。「藤井厚二建築作品目録」にはほかに「聴竹居内閑室　S3」や「聴竹居内下閑室　S5頃」も挙げられている。「聴竹居内閑室　S3」は聴竹居の北寄り山手に現存する通称「上閑室」のことであろう。「聴竹居内下閑室　S5頃」は聴竹居の東南寄りの山下に建つ茶室（「下閑室」）で、『床の間』（前傾）に「茶室の床」と題されて写真が掲載されている一畳台目中板の茶室のことであるから、現存する茶室あるいは閑室以外に、聴竹居に付属して茶室が建てられていたことになる。これが移築された現在の野村家茶室であると考えることもできよう。そうであれば昭和五年築という小西文子氏のご記憶にも合致する。藤井厚二が、かつては現在よりも広い範囲の敷地を所有し自邸を営んでいたことからすれば、野村家の茶室が、もとは聴竹居から道路を挟んで向こう側に建てたものであった、という伝えにも食い違うことはない。

藤井厚二の茶室に関して、構造学者で古建築の修復などもご専門の西澤英和博士は、「知られざる名作　もうひとつの閑室をめぐって」[11]の中で、京都大学建築学科所蔵の藤井厚二の「作品リスト」を紹介されておられる。それを見ると、「聴竹居」「閑室」の活字の次に手書きで二行記されており、二行目は「茶室　昭和六年五月ヨリ十月」と判読できる。一行目はいささか不鮮明で解読困難であるが、「閑室」の文字にも見える。手書きの一行目が確かに「閑室」であって、活字の「閑室」とあわせてこの二つの「閑室」が、現在聴竹居に付属する閑室あるいは茶室のことを意味しているとすれば、手書き二行目の「茶室」は藤井が母のために建てた建築に付属した茶室、すなわち現在の野村家の茶室であるかも知れない。「昭和六年五月ヨリ十月」は施工期間を意味しているのであろうか。そうすると、この茶室の竣工は昭和六年（一九三一）一〇月ということになろう。[12]

いずれにしても、野村家茶室の建築年代を確定する史料を見出すにはいたっていないが、管見の範囲においては、昭和五年もしくは同六年のころの建築といえよう。

(4)史料「京都大学所蔵図面」について

「京都大学所蔵図面」は図面やメモなど藤井厚二が残した様々な記録が箱の中に雑然と納められている。その中に「茶室」と標題されたファイルケースがひとつあり、一ミリ方眼紙に描かれた茶室の詳細な図面が五枚と、スケッチやメモの類が数枚納められている。

一ミリ方眼紙に描かれた五枚の図面にはそれぞれに①から⑤までの番号が付されており、いずれもがきわめて詳細かつ丁寧にインキング（墨入れ）されている。年代や家屋名等の書き込みは見あたらないが、平面や展開図にみられる茶室構造から、この図は現在の野村家茶室と同一の構造および意匠になる茶室の図面であることにまちがいはない。

各図の内容と野村家茶室との比較　①は縮尺1／20の平面図である。方位は不明であるが、この図と野村家茶室の現状実測図を比較すると、両図画がほぼ一致していることがわかる。いくつかの相違点を挙げると次のとおりである。

イ　①図には土間庇部分の塵穴の脇に袖垣があるが、野村家茶室にはそれがない。

ロ　①図では茶室の躙口に向かって右方に袖壁が立ち、その先端から少し角度を変えてやはり袖垣がのびている

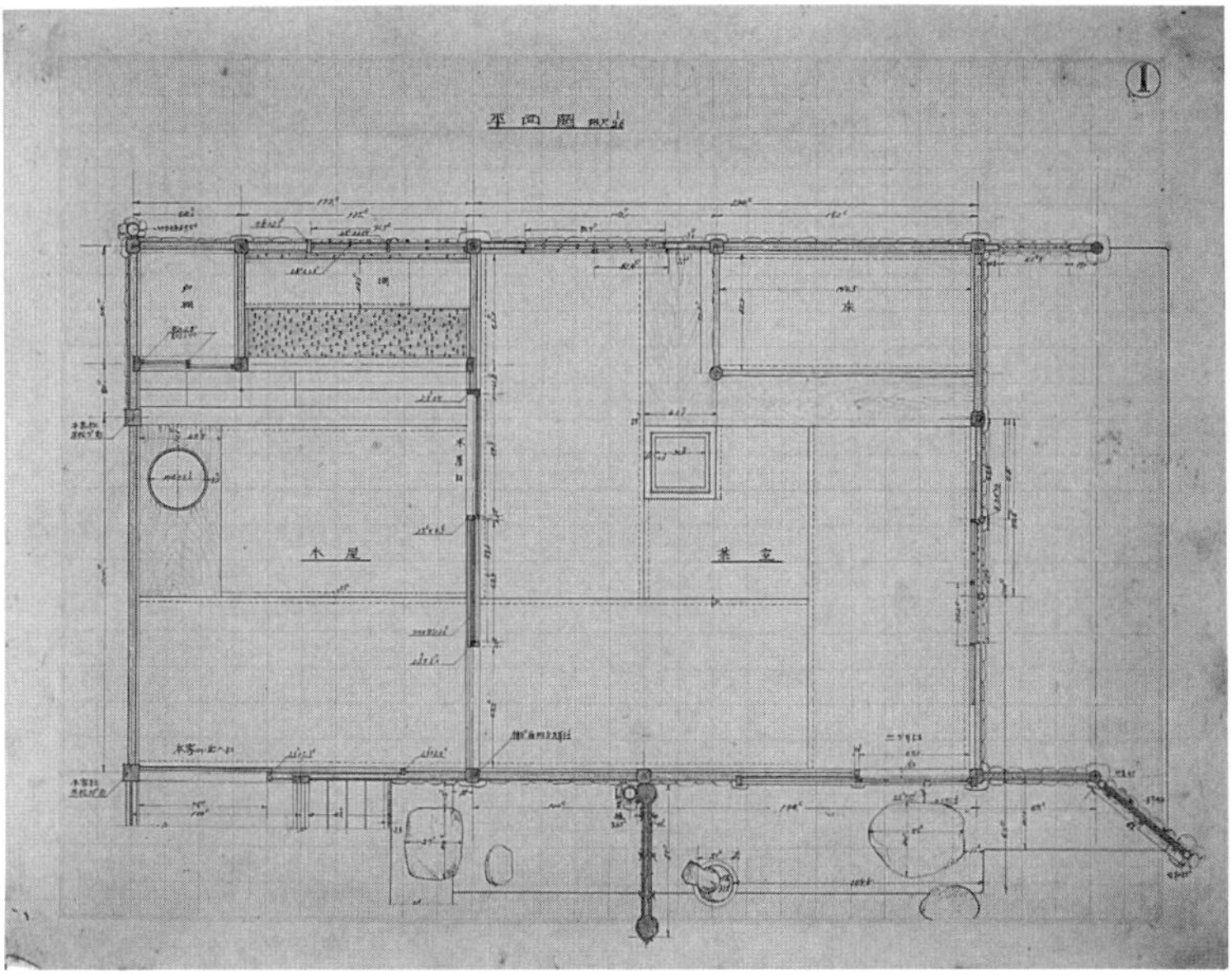

図14　京都大学所蔵図面①

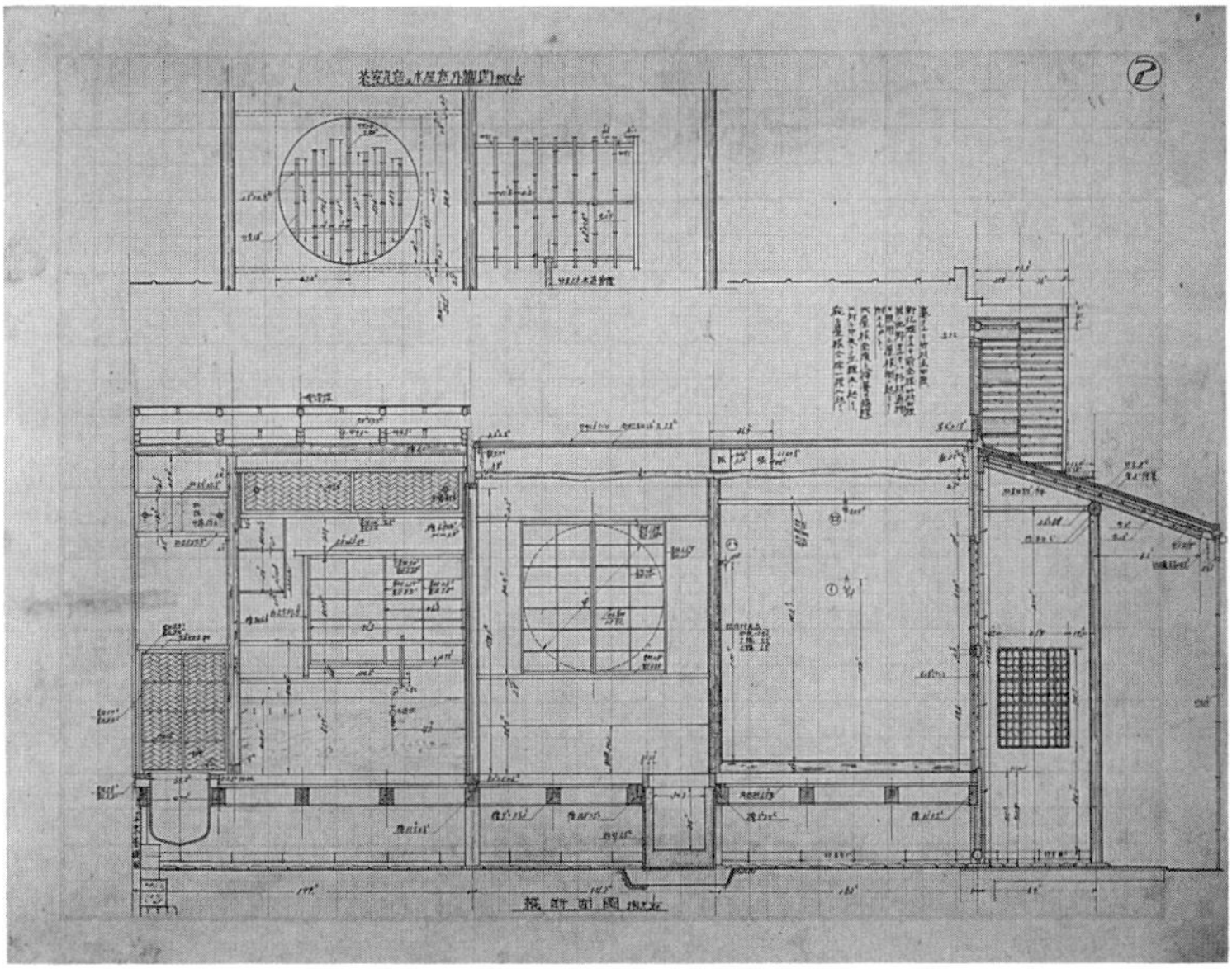

図15　京都大学所蔵図面②

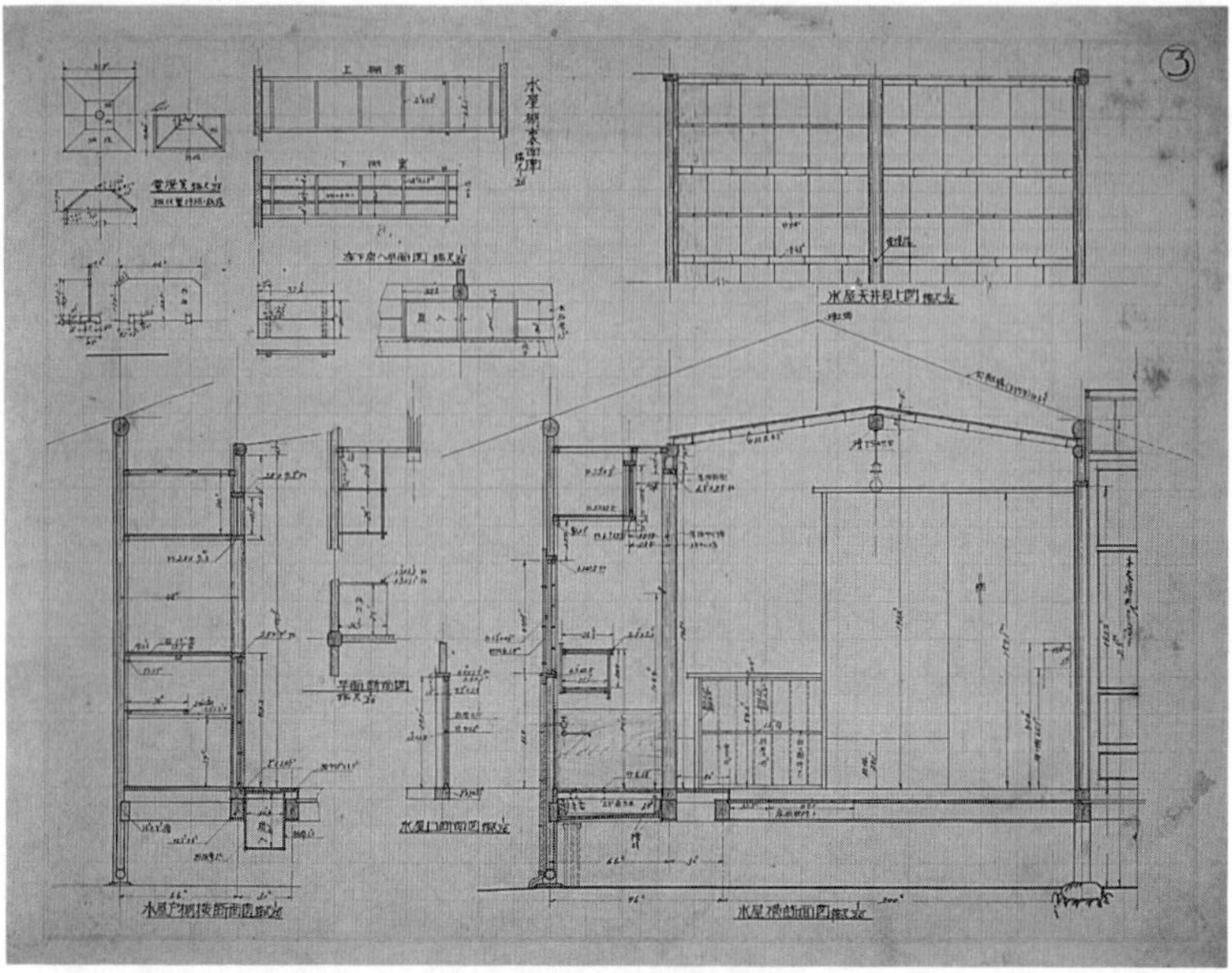

図16　京都大学所蔵図面③

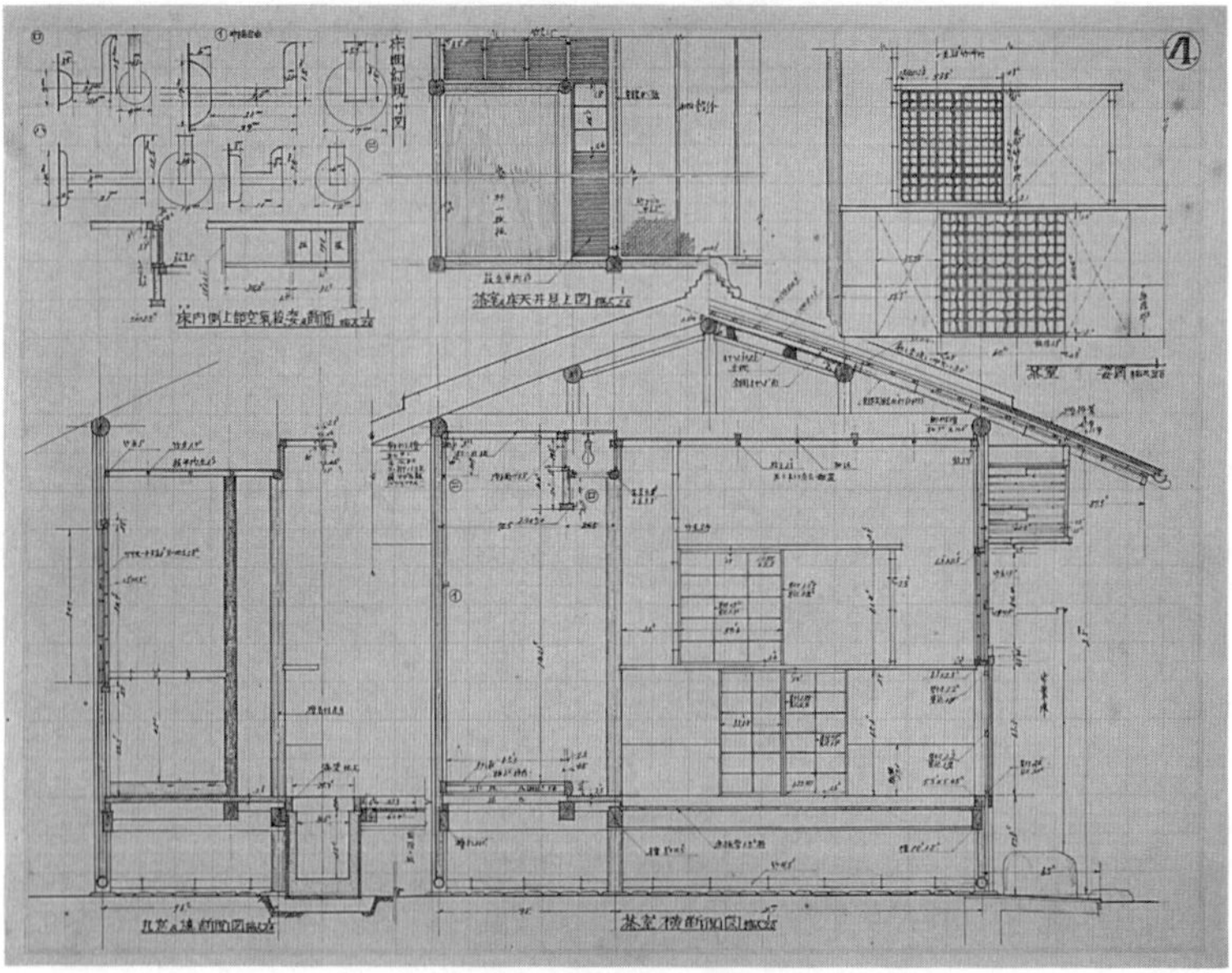

図17　京都大学所蔵図面④

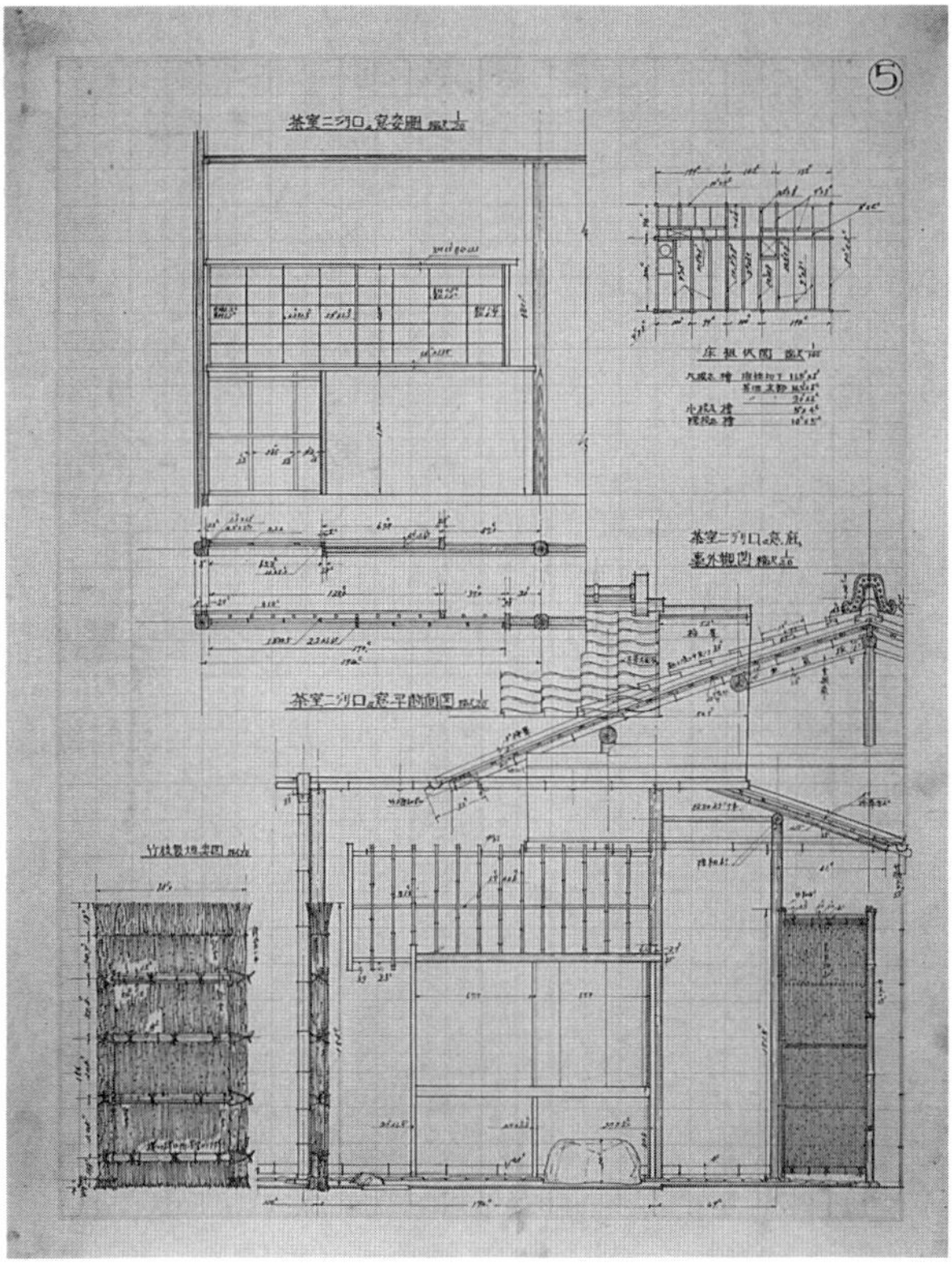

図18　京都大学所蔵⑤

が、野村家茶室には袖壁も袖垣もない。

ハ　①図では茶室の床の間の正面に向かって右奥の柱から右方に袖壁が立っており、壁には下地窓があいているが、野村家茶室には袖壁がない。

ニ　外部から水屋への入口が、①図では水屋棚後方の壁面の部屋隅に「本家　出入口」の書き込みがあって引き戸が建っている。引き戸をあけると廊下がつながっており、廊下には建具を隔てて榑板張りの濡縁が付設されている。また、①図「本家　出入口」の戸当りの柱（戸を閉めたときに戸の先にあたる柱）と丸炉が切られた水屋板畳の角に立つ柱が角柱で「本家柱　米松」の書き込みがされており、この二本の柱が「本家」の柱を兼ねていることを示している。野村家茶室は露地の中に独立して建つ茶室で、廊下などで連絡されてなく、水屋への入口は水屋棚に向かって左の壁面の後方にあり、沓脱石に履物を脱いで入る形式である。また野村家茶室は床柱以外全て杉の面皮柱である。

②は床の間正面および水屋棚正面側の断面展開図（縮尺1／20）である。野村家茶室においては西面展開図に相当する。断面展開図の画面上方には床脇の風炉先にあけられた円窓（書き込みは「丸窓」）と水屋棚正面の連子窓の外観を描く（縮尺1／20）。

茶室部分では赤松皮付の床柱や入節磨丸太の床框、床の間の前方で照明器具を納めるために天井を一段下げることによってできた下がり壁の壁留に入れられたサルスベリの丸太などもきわめて写実的に描かれており、床框の節や見付に二箇所施された面付けのためのハツリの位置や壁留のわずかな曲がりの様子も野村家茶室のものと一致する。風炉先の円窓内に組み込まれた七本の竹と二段の貫による構成も野村家茶室と同一である。床柱には「赤松皮付丸太」で「中央ニテ7.0c　下端7.3c　上端6.8c」（cは㎝の略——筆者注）と、材種と具体的な形状が注記されている。

②図の断面展開図の小屋裏の位置に次のような書き込みがある。

妻タルキ竹材圣四糎　軒化粧タルキ前仝様竹材四糎　其ノ他野タルキハ杉材直物ヲ使用シ屋根面ニ起リヲ附スルコト　大屋根全流レ（柿葺下端線）ニ対シ中央ニテ三糎五起リ　庇シ屋根仝様一糎ニ起リ

これは屋根の化粧棰材として竹、野棰材として杉の直材の使用を指定し、さらに屋根上面の起りの仕様を指示するものである。野村家茶室では妻および化粧棰には竹を使用しており、屋根には起りが確認できる。

②図と野村家茶室との相違点は次のとおりである。

ホ　①図（平面図）での相違点のハでも触れたとおり、②図の床の間の右方（外部）に壁面が連続し、下地窓があいているが、野村家茶室にはこの壁がない。また、②図では床の間の右方の妻面に庇が差し掛けられている。野村家茶室も同様の構造であるが庇の長さが②図よりも短い。

③図は水屋の断面展開図（縮尺1／20）である。水屋棚の正面に向かって右側の展開図で、茶室に入るための茶道口（太鼓襖）と洞庫（①平面図での書き込みは「水屋口」）が見えている。野村家茶室では水屋の北展開図に相当する。③図の画面上方には水屋の屋根伏図、画面左方には水屋戸棚の断面詳細図、洞庫（水屋口）の断面詳細図、水屋棚の詳細図、床下炭入の詳細図、電灯笠の詳細図が描かれている（いずれも縮尺1／20）。

③図に描かれたいずれの図も野村家茶室と一致する。但し、これは建築構造にかかわることではないが、

へ　電灯の笠が③図では下方を広げた角錐台形の紙張りで、細い角材で縁取られているのに対して、現在野村家茶室の水屋に吊られている電灯の笠は直方体で、紙の張り方で側面に凹凸の変化をつけたものである。

といった相違が認められる。

④図は茶室の断面展開図（縮尺1／20）である。茶室の床の間正面に向かって右側の壁面の展開図で、野村家茶室では茶室の北側展開図に相当する。④図の画面左方には床の間と床脇との境にあけられた狆くぐりの展開図と炉の断面図（縮尺1／20）が描かれている。また、上方には壁面にあけられた上下二段の下地窓の展開図と天井の部分見上図（縮尺1／20）、床の間の折釘（書き込みでは「曲釘」）四種類の原寸図、および「床内側上部空気抜及断面」図（縮尺1／20）が描かれている。画面上方に描かれている床の間の折釘四種にはそれぞれ㋑㋺㋩㋥が符号されており、④図の断面展開図および②図の床正面断面展開図にそれぞれの釘の位置が指定されている。

㋑は床の間正面、大平の壁の中央に打たれた花釘（中釘）、㋺は落掛の正面見付の中央に打たれた釘（落掛釘）、㋩

は床柱の花釘（柱釘）、㊁は床の間正面に向かって右奥の柱の散りにうたれた柳釘を示している。いずれも座付の折釘で、うち㋑（中釘）だけが「伸縮自由」と書き込みされており、いわゆる無双折釘であることがわかる。

④図の内容も野村家茶室とほとんど相違はなく、上下の二段にあけられた下地窓の障子の方立に立てられた竹の節の位置までも一致している。ふたつの下地窓の大きさを比較すると、下の下地窓の方がわずかに大きい。下地窓の下地として組まれている葭の間隔を比較すると、小さな上方の下地窓の方が狭く、大きな下方の下地窓の間隔は上のそれよりいくぶんか広くなっているのも野村家茶室と一致する。わずかな相違点として次の三点があげられる。

ト　①図（平面図）での相違点ロで触れたように、④図の断面展開図の画面右方の外部軒下に袖垣が描かれているが、野村家茶室ではその袖垣がない。

チ　④図では四種の折釘の詳細を示し、それぞれの釘の打つ場所を指示している。そのうち㋺の落掛釘が野村家茶室にはない（痕跡もない）。また㊁の柳釘について、野村家茶室での有無に関しては未確認である。

リ　④図に描かれた上下二段の下地窓の下地として組まれている葭の本数および掛蔓の位置が、野村家の茶室のそれと異なる。

⑤は茶室の躙口部分の外観（立面図）と屋根の妻面の外観を描き、画面上方には躙口の室内側の展開図、躙口部分およびその上部の連子窓の平面図（いずれも縮尺1／20）、建物全体の床伏図（縮尺1／100）、また画面左方には躙口脇の袖垣の姿図（書き込みでは「竹枝製垣姿図」、縮尺1／20）を描く。躙口部分の立面図は野村家茶室では東立面図の一部、室内側の展開図は同じく東側展開図の一部に相当する。妻面の外観には妻壁の上方、軒の直下に「空気抜」と記された換気口が開き、そこには「金網張」がなされている。五枚の図面のうち、建物の立面が示されているのはここだけである。茶室の設計において正面の入口にあたる土間庇の部分は、外観を形成する肝

要な部分であり、したがってここで土間庇内の躙口と連子窓の外観が示されているのは当然のこととして理解できるが、あわせて「空気抜」の存在を示す妻側の立面も、この茶室の設計において重要な要素のひとつであったことが理解できよう。⑤図と野村家茶室との相違点は次の二点のみである。

ヌ　①図のハおよび②図のホでも触れたとおり、躙口正面の外観図の右方に袖壁が連続し、さらに袖垣が立てられているが、野村家茶室ではそれがない（①図および②図では袖壁に下地窓があけられているが、⑤図が示す同一部分には下地窓は省略されている）。

ル　①図の画面上方に描かれた躙口部分の室内展開図で、右方の柱の床面から中敷居のあたりにかけてタケノコ面とよばれる丸太柱特有の削り跡が描かれている。野村家茶室の同じ部分の柱は杉の磨き丸太で、①図と同様に丸太であるがタケノコ面が無い。

①から⑤図で確認できる茶室の主要な寸法と野村家茶室の実測寸法を比較すると表1のようになる。比較した野村家茶室の実測値と京都大学所蔵図面に記入された寸法では、一部をのぞいては両者に僅かな差しか認められず、差が一センチ以内のものがほとんどである。京都大学所蔵図面の記入寸法を基準にして両者の差との比をみても、一％を越えるものは僅かしかない。実測の誤差あるいは施工に際し生じる図面との誤差を勘案すれば、実測値と図面の記入寸法のほとんどは一致しているということができ、京都大学所蔵図面が描く茶室と野村家茶室は本来同一の建物であったとことが確認できる。

しかし、実測誤差あるいは施工誤差としてはやや大きすぎる差もいくつかが認められる。たとえば、床の間の落掛の成には二ミリ、見込寸法には一二ミリの差がある。これは京都大学所蔵図面に記入された寸法と比較すると、成は六・九％、見込は一七・一％の差になる。野村家茶室と京都大学所蔵図面との相違点のチで指摘したように、京都大学所蔵図面には床の間の落掛正面に打たれる落掛釘の存在が示されているが、野村家の茶室にはその釘は

表1　野村家茶室実測値と京都大学所蔵図面記入数値の比較

	野村家茶室実測値		京都大学所蔵図面記入寸法単位：m	※誤　差 単位：m	※誤差比 単位：%
	単位：尺	m換算値 (尺×0.303)			
梁行柱芯々	9.7	2.94	2.96	-0.02	0.7
茶室部分　桁行柱芯々	9.72	2.945	2.94	0.005	0.2
水屋部分　桁行柱芯々	6.54	1.982	1.99	-0.008	0.4
軒高(石口天端～桁天端)	8	2.43	2.5	-0.07	2.8
天井高(畳～廻縁下端)	6.03	1.827	1.831	-0.004	0.2
床の間　間口(柱芯々)	5	1.515	1.52	-0.005	0.3
床の間　落掛高さ(床框～落掛下端)	4.72	1.43	1.431	-0.001	0.1
床の間　框　成	0.25	0.076	0.075	0.001	1.3
床の間　落掛　成	0.09	0.027	0.029	-0.002	6.9
床の間　落掛見込	0.19	0.058	0.07	-0.012	17.1
床の間　中釘高さ	3.77	1.142	1.02	0.122	12
床の間　床柱花釘高さ	3.64	1.103	1.1	0.003	0.3
床の間脇円窓の中敷居高さ	1.93	0.585	0.58	0.005	0.9
床の間脇円窓の中敷居～鴨居内法	2.79	0.845	0.847	-0.002	0.2
床の間脇円窓の内法径	2.26	0.685	0.807	-0.122	15.1
下の下地窓内法(畳～中敷居下端)	2.17	0.658	0.656	0.002	0.3
上の下地窓内法(中敷居上端～鴨居下端)	2.02	0.612	0.614	-0.002	0.3
躙口内法高さ	2.26	0.685	0.683	0.002	0.3
躙口幅	2.14	0.648	0.653	-0.005	0.8
躙口上　連子窓内法高さ	1.86	0.564	0.56	0.004	0.7
茶道口内法高さ	5.24	1.588	1.591	-0.003	0.2
茶道口幅	2.22	0.673	0.683	-0.01	1.5
水屋上の棚の高さ(床～棚の上端)	2.48	0.751	0.745	-0.004	0.5
水屋棚奥の窓の内法高さ	2	0.606	0.6075	-0.0015	0.2

※誤　差：[実測値メートル換算値]－[京都大学所蔵図面記入寸法]
※誤差比：誤差絶対値÷京都大学所蔵図面記入寸法(小数点第2位以下四捨五入)

なく、また落掛には正面に釘が打たれていた痕跡もない。そうすると床の間の落掛については野村家茶室のものと京都大学所蔵図面のものは同一のものとみなすことができず、別の材であるとするのが妥当であろう。また床の間脇にあけられた円窓の内法径に認められる一二・二センチ（同一五・一％）の差も、両者を同一の窓であると判断するには、いささか躊躇する数値である。相違点のルからも、野村家茶室と京都大学所蔵図面とに材の異同が認められる。

このように同一のものとはみなしえない差がいくつか存在していることは、野村家茶室と京都大学所蔵図面が示す茶室とが本来同一の建物であったとしても、両者が存在していた時期にはいくらかの時間差があり、その存在の時間差の間にいくつかの材料の取り替えや窓の開け替えといった建築工事が行われていたことを物語っていると考えられる。

①の平面図から、京都大学所蔵図面が示す茶室が「本家」と呼ばれる建物に付属し、水屋が「本家」と廊下で連結していた茶室であったことが明らかである。これは現在の野村家茶室の状態とは異なることから、この図に示された茶室は、現在の野村家茶室に相当する建築の図面でありながら、野村家とは別のところに建っていた状態を記録しているといえよう(13)。現在の野村家茶室が聴竹居の近くから移築されたものであるという、確かな伝承があることからすれば、図は野村家への移築前、すなわち聴竹居の近くにあった時の状態を示すものと考えられる。

移築以前は「本家」と称される主屋に付属した茶室で、水屋の二本の柱が「本家」と共有し、「本家」からは濡縁をそなえた廊下を伝って水屋に入る形式であったのだろう。移築に際しては、茶室部分と水屋の基本的な構成はそのまま踏襲した上で、主屋から切り離し、露地内に独立した茶室として建て替えられたものと解される。この時、主屋と共有していた水屋の柱を独立した磨丸太の柱に取り替えたほか、柱の一部や落掛を新しい材に取り替えられたのであろう。円窓や下地窓など、壁の造作にかかわる部分の寸法に関しては、移築に際し幾分かの差異が生じたものと思われる。下地窓の下地も、移築後新たに差し替えられたのであろう。

この図が描かれた目的

以上のように、京都大学所蔵図面の茶室は、野村家へ移築される以前の、聴竹居の近くにあった時の状態を示すものであることはすでに明らかであろうが、ではこの図はどのような機会に、何を目的に描かれたものなのだろうか。

壁留に使用されているサルスベリの自然の曲がり方など、木材の形状が写実的に表現されていること。床框の節や面付けのためのハツリの様子も実際のものと一致していること。皮付丸太の末口・元口・中央の寸法を詳細に記述していることや、沓脱石を写実的に描き、さらに寸法を測っていること。以上のようないくつかの特徴を考えあわせると、これらの図は、既に建っている茶室の状態を詳細に観察して描いたもの、と考えた方がよさそうである。すなわち単なる設計図というよりは実測図としての性格が強く表れていると考えられる。もちろん材を吟味した上で設計がなされることも考えられるが、曲がりのある材やハツリ目などは現場で合わせてつくられるものであろう。

しかし一方で、②図の小屋裏にみられる「中央ニテ三糎五起リ　庇シ屋根仝様一糎二起リ」の書き込みは、屋根と庇の起りの具合を実寸で指示するものであり、建った状態で測定するには困難な寸法である。②③④⑤図は単なる展開図にとどまらず、床下の建築構造も示されており、さらに④⑤図の屋根裏の小屋組や床伏図なども、そのまま施工可能なほど詳細かつ現実的に描かれていることに注目しなければならない。

すなわち、京都大学所蔵になるこの図面は、単に建物が建った状態で室内意匠を実測したにとどまらず、それをそのまま新たに施工することも可能にするような意味も持ち合わせていると理解されよう。このような考察から、いささか想像をたくましくすれば、この図が作成された動機には、次の二つが考えられる。一つは、この図が示す茶室をどこかに移築することを前提して作成されたこと。もう一つは、この図が示す茶室と同様の茶室を他の敷地にも建設することを考えて作成された、あるいは室内意匠を含めた茶室構造の典型として詳細に記録しようとした可能性である。

ところで、この図が誰によって描かれたのかを判断するのは難しい。藤井厚二の図面によくあるようにミリ方眼紙が使用されていることや、文字の筆跡から、これを藤井厚二が描いた図であるとしても違和感ない。起りの指示などはやり設計者ならではのものであろう。ただし、藤井厚二が描いたとされる他の図面と比較すると、きわめて丁寧かつ詳細に描かれていることは確かである。これは移築に際しての施工用の図というより、施主へのプレゼンテーション用、あるいは記録として保存するための図と考えた方が妥当であろう。

施主へのプレゼンテーション用と考えるのであれば、移築に際して作成されたと考えることもできるが、そうであれば藤井自身が生前に移築を考慮に入れて作成していたことになる。一方、後者のように、この図が示す茶室と同様の茶室を他の敷地にも建設することを考えて作成されたと理解するのであれば、この図に示す茶室、すなわち現在野村家にある茶室が、藤井厚二にとって写しを造るに足る内容をもった茶室であり、藤井自らが考える茶室の典型を提示したもの、と理解することができよう。そのために詳細に記録し伝える意味があったと考えられる。

設計寸法について

藤井厚二は一ミリ方眼紙を用い、メートルをグリッドにして建築を設計していたことが知られている。京都大学所蔵図面のこの図面でも1ミリ方眼紙を用いて作図されており、記入寸法はセンチが用いられているが、特に畳を敷いた部分に関わる柱は必ずしもグリッド上には乗ってない。メートルをグリッドにして柱を立てるのではなく、六尺三寸×三尺一寸五分（一九一〇センチ×九五五センチ）の京間の畳が内法におさまるように柱を立てていることがわかる。展開図に示された高さの寸法にも端数が生じている。

藤井は伝統的な所作に制約される茶室の設計においては、必ずしもメートルグリッドに固執していたわけでなかったのかも知れない。

小結

野村家茶室は昭和五年あるいは六年ころ、現在の聴竹居の近くに藤井厚二が設計して建てた茶室であり、いつの頃かは詳らかでないが、後に野村家に移築されたものである。移築に際してはいくつかの材の取替えが確認できるが、全体の構成や各部の寸法なども、旧状を維持しており、藤井厚二の設計になる数少ない遺構のひとつであるといえる。この茶室に関する京都大学所蔵図面は、藤井自らが好む茶室の典型として記録し伝えようとしたものであった可能性がある。すなわち野村家の茶室は藤井が「現代」にふさわしいと考えた茶室の典型を伝える貴重な遺構であることがわかった。

二　藤井厚二の茶室観と茶の湯

『床の間』（前掲）にみられる二つの「茶室」や現存する茶室遺構、あるいは図面類に記録された藤井厚二の茶室に関しては稿を改めて論じたいと思うが、野村家の茶室について、わざわざ一節をたてて執拗に考察を加えたのは、藤井が設計したとされる茶室のうち、遺構として存在しているものはきわめて少数であり、建築家として生涯の設計活動のなかで設計した茶室そのものも決して多くないと予想されるからである。

そのような状況のなかで藤井厚二の茶室観を探ろうとするとき、彼の残したいくつかの論考は、遺構の数が不十分であるという状況を幾分かは補ってくれるにちがいない。

（一）茶室と閑室

これまで述べてきたように、藤井は茶室とは別に「閑室」と呼ぶ小室をいくつか設計している。茶室と閑室のちがいについて、藤井は『床の間』（前掲）のなかで「閑室とは茶道の古い伝統に拘泥しないで、囚はれない和敬静寂を楽しみ、閑寂を旨とする室の意味です」と述べており、茶を点て茶を飲むという行為に限定された茶室とは明らかに区別していた。閑室とは、茶の湯の文化に通じる和敬静寂を旨としながら、さまざまな行為を可能にし、多機能に働く空間を意味していたように思える。あるいは茶を点て茶を飲むという、本来の茶室の機能に限定したとしても、それは伝統的な作法に縛られた茶の湯ではなく、より自由な所作を許容し得る空間であったのではなかろうか。

ところで、『床の間』が刊行された昭和九年（一九三四）の二年後の昭和一一年（一九三六）、創元社より『茶道全集　第三巻　茶室篇』が刊行されている。正木直彦、高橋箒庵を顧問として千宗室、千宗守両家元の監修になるこの『茶室篇』は、宗匠と建築家それに数寄者といった、それぞれ異なった立場から茶の湯に関わっている人たちの論考によって成り立っている。そこに建築家であり、すでに数寄者としても認められていたであろう藤井厚二は「建築家の見た茶室」と「新しき茶室建築」の二編の論考を寄せている。

このうち「建築家の見た茶室」は、藤井のほか森田慶一と瀧澤真弓という三人の建築家による鼎談形式になるもので、それに本編の編者であった西堀一三と佐分雄二が茶室巡りの案内役として加わっている。そのなかにいささか興味深い藤井の発言がある。

ひととおりの茶室巡りを終えて、総括の口火を切った藤井は

歴史のことは不案内ですが、利休以前の茶室は利休によって完成されて、現代の茶室建築の基をしたと云っ《ママ》て差支へないと思ひます。さうして、利休案の茶室としては妙喜庵の待庵が代表的のものでせう。あの建築

は大まかなどっしりした気持がよく表れてゐると思ひますが、その後時代が新しくなればなる程よく整って、細かい技巧も加はって、三斎案の大徳寺の高桐院松向軒から光琳案の仁和寺遼廓亭と移り変って居ります。其の時代には茶道の作法は全く動すことの出来ない一定のものとされて、茶室建築の意匠なり設備なりは之を基礎として、細心の注意が払はれて居ります。後には更に甚しくなって其の形式にのみ囚はれて、スケールの如きも非常に小さく、二分の一の模型のやうな感じを与へるものもあります。建築は頗る行届いて居りますが、茶室と云ふものが単にお茶を点てる道具或は茶の湯を弄ぶ道具と云ったやうな感じのみを与えて、古い茶室に入った時の気持とは雲泥の差です。英国のイングル・ノックとかデンとかは一寸茶室に似た感じがありますが、それ等に較べて我国の茶室は非常に優れてゐると思ひます。併し現代のやうに形式を脱し得ないで、古い建築の模倣にのみ努めるのは洵に遺憾な事で、将来の茶室建築では茶道の源を顧みて新しいこともどんどん取入れて、意匠の自由豊富を誇らねばならないと思ひます。（一部旧字体を新字体に改めた）

と語っている。

これは、利休の時代の茶室、あるいはそれに続く時代の茶室は、動かすことのできない一定の作法を基礎にした茶室であって、それは正にその時代の要請に応える茶室の有り方であったことを認めた上で、それに続く時代、すなわちそれは近代のことと思われるが、近代の茶室が形式を脱し得ないで、ただ道具や茶の湯をもてあそぶ道具になってしまっていることに気がついての発言だと解されよう。そしてやや唐突にイングル・ノック（ingle-nook：炉辺・暖炉ばた）やデン（den：隠れ家・小さな私室）を引き合いに出し、日本の茶室はそれらよりも優れているとしながらも、古い建築をそのまま模倣し続けることに異議を唱えている。すなわち藤井は、利休あるいはそれに続く時代の日本の茶室に一定の評価をした上で、近代の茶室がその模倣に終始することに警鐘を鳴らし、むしろ炉辺の閑寂を伴う小空間、たとえば英国のイングル・ノックあるいはデンなどの空間に、日本のこれからの茶室の有り様を見出していたようにも思える。藤井が考える、伝統的な茶室とは異なる閑室とは、正にイングル・ノック、あるいはデンのようなものだったのではなかろうか。

更に「御宅に茶室を造られた時の感想をお聞かせ下さらないでせうか」と問われた藤井は「私には茶室と云ふものを造ることは出来ません。自分の家のは茶室と呼ばないで、閑寂を楽しむと云意味で閑室と云って居ります。度々申す通りに茶の事は知りませんから」と素気ない。

明らかに茶室と閑室を区別し、茶室は茶の作法に適う特別な室であることに固執している。そして自分がつくるのは閑室であって、それは茶の作法のみに拘泥されているものではないことを主張しているのである。

その後の「建築家の見た茶室建築」のやりとりは次に続く。

N　その閑室のことをお聞かせ戴きたいのですが。

F　お話する程のこともありません。

N　先生の所謂「閑室」が、換気を非常によくして居られるといふことは専門家の間では有名です。

F　私ばかり喋ってもいけないから、他の方も何かお話し下さい。

M　今日はお招伴ですから。

N　閑室について瀧澤さん、もう少し御説明願へませんか。

F　それは云はない方がよろしい。今日は名建築を澤山見て来たのだから。（後略）

ここに登場しているNは西堀一三、Mは森田慶一であろう。そしてFはいうまでもなく藤井厚二である。

藤井は自らがつくった造語である閑室に伝統的な茶室とは異なる機能性を見出し、これからの日本の建築に寄与しうる可能性を信じながらも、その明確な定義、あるいはスタイルというものについては、いまだ摸索中であったのではなかろうか。閑室という建築に興味をいだく建築家や数寄者あるいは茶の湯の研究者に対して、その意味を声高に主張することを、この時はまだ躊躇していていたのかも知れない。

（2）茶室研究の取り組み

藤井厚二が建築家として活躍をしはじめ、また数寄者として茶の湯とのかかわりを深めはじめた大正の初期頃には、茶室に関する研究はすでに多方面で行われはじめていた。

藤井厚二を京都大学に招いた武田五一が明治三〇年（一八九七）に東京帝国大学造家学科に提出した卒業論文は「茶室建築について」（『建築雑誌』明治三一年一月号より同三四年七月号まで連載、昭和二一年に高桐書院から同名で刊行）であったから、武田は茶室研究の先駆者のひとりといえよう。

実は藤井厚二は、建築家として茶室の設計や閑室の提案を試みる一方で、茶室の研究に取り組んでいた。西澤博士は「知られざる名作　もうひとつの閑室をめぐって」[14]で、その資料の一部を紹介されている。前節で詳述した「京都大学所蔵図面」の資料群に含まれるメモ類がそれで、それらのうち八つのメモ類に茶室研究への取り組みがうかがえる。八つのメモ類とはおよそ次のようなものである。

メモ一：小さな紙片に茶室の平面と文字が毛筆で記されている。「左に写したる図は武者の小路の席ので裏の席は□□□□□也……」とあり、武者小路千家に関わる茶室であることとわかる。図は一畳台目中板の席で、炉は向切、点前座の先に向板を入れ、勝手付には「水屋」（洞庫）をそなえている。周囲には「トウロ」や「ツクバヱ」、飛石の位置が示された露地が描かれている。図には建具の仕様や材料まで詳細に観察した記録が添えられている。これは藤井自身が記録したものというよりは、古文書に近いものと考えられる。平面が聴竹居に付属する茶室（下閑室）に類似するので、藤井が茶室を設計する際に参考にしたのかもしれない。

メモ二：これも毛筆による古文書の類で、一畳台目向切、向板・水屋（洞庫）付きの茶室平面図である。「うらの

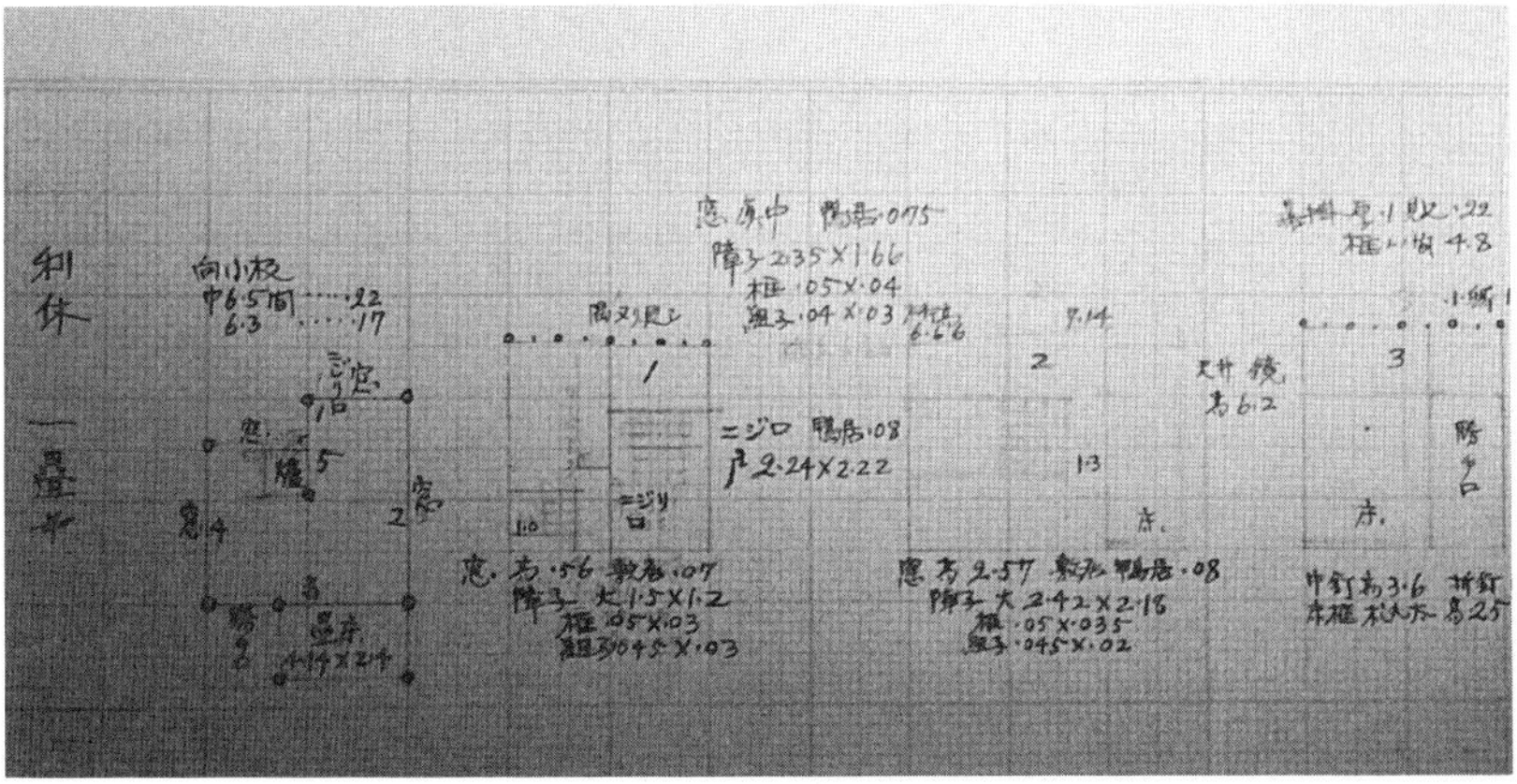

図19　メモ四「利休一畳半」

席の形」と書き添えられている。藤井はこのような古文書類を収集しては、茶室の古典に対する理解を深めていたと思われる。

メモ三：「床の間」や「平瀬」「不審庵摸」の各部の寸法が尺あるいは寸の単位で記されている。

メモ四：一ミリ方眼紙に「利休一畳半」と記された茶室の平面と展開図が約一〇〇分の一の縮尺で描かれ、各部や部材の寸法が尺の単位で記入されている。

メモ五：五ミリ方眼紙に「閑室」と「本屋」の面積と気積の計算がされている。

メモ六：「宗易四畳半」の天井高や床寸法、各部・部材の寸法が詳細に記録されている。単位は寸を基準とし、一部については（）内にセンチ単位で換算されている。

メモ七：茶室の各部、各部材の寸法を整理しまとめたものである。一ミリ方眼紙の上段に「妙喜庵」と「不審庵」の二茶室についてまとめられている。

メモ八：「設計者」、「利休」「宗旦」「原叟」と記された三つの茶室について間取りを描き、それぞれ大きさや「床之間」各部寸法、紙の仕様、窓の大きさ、開口部の大きさなどが丁寧に整理しまとめられている。記録されているのは三茶室のみであるが、その下にも記

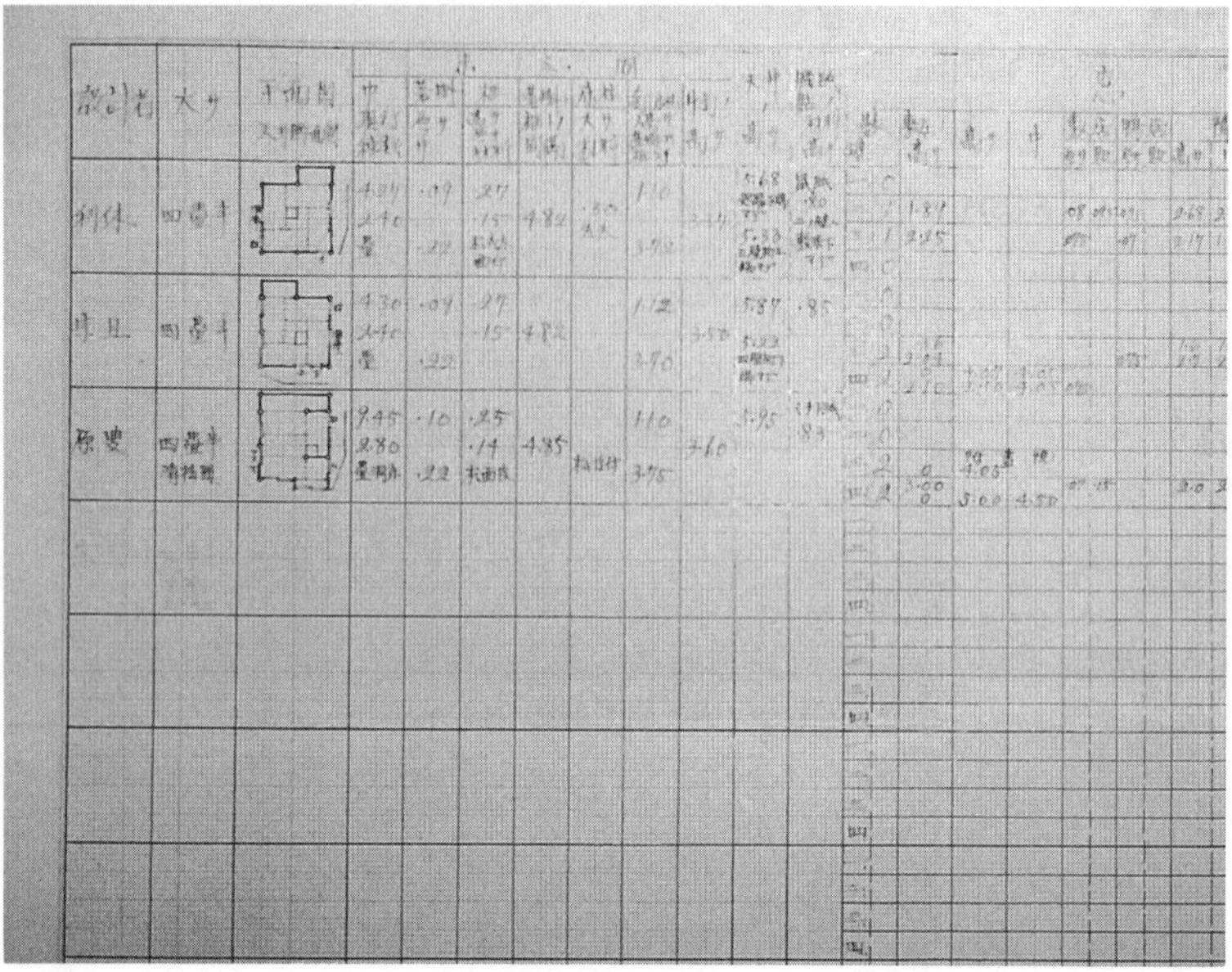

図20　メモ八

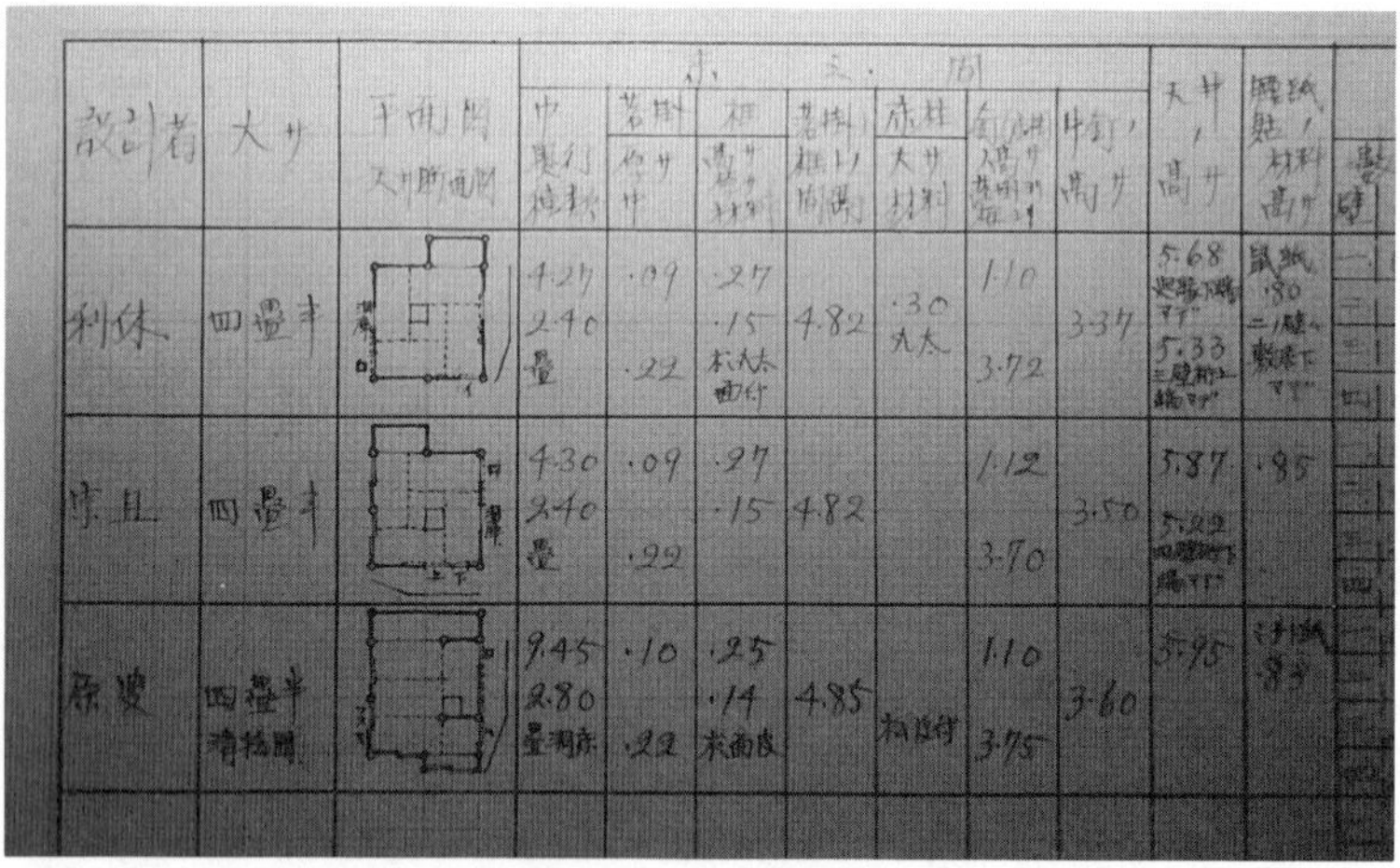

図21　メモ八の部分

録用の欄が続いており、より多くの茶室の寸法を整理し記録しようとしていたことがわかる。

メモ一とメモ二を除く六種類のメモ類はいずれも藤井自身の筆跡になるものと思われる。藤井は茶室研究の方法として、古典と称される伝統的な茶室について、その寸法書を整理しようとしていたことがわかる。それは、単なる寸法の羅列ではなく、平面の形を考慮した上で、メモ五にみられるような気積を計算して、茶室の室内環境を科学的に類型化しようとする試みであった。

以上のメモ類から、茶室研究の方法を模索していた藤井の姿がうかがえる。専門の環境工学的方法によって茶室研究を開拓しようとした藤井の試みは、茶室を建築史のなかに位置づけるという歴史学的な作業ではなく、これからの新しい建築の可能性を古典の茶室の中に見出すためのプロセスのひとつであったといえよう。ただし藤井が残したこれらのメモ類のいずれもが走り書き程度のものにとどまっていたり、あるいは未完成であったりするのは、単に藤井が早世したからという理由だけでなく、このような方法での茶室研究の困難さを垣間見るようでもある。これらのメモ類は建築家として新しい茶室、あるいは閑室のアイデアを持つ一方で、それを研究者として客観的に評価するため、古典の茶室を歴史学ではなく環境工業的方法の俎上にのせて検証しようとする、藤井厚二の試行錯誤の跡であろう。閑室という建築に新しい可能性をすでに確信しながらも、それを実証し得ないもどかしさが漂う。

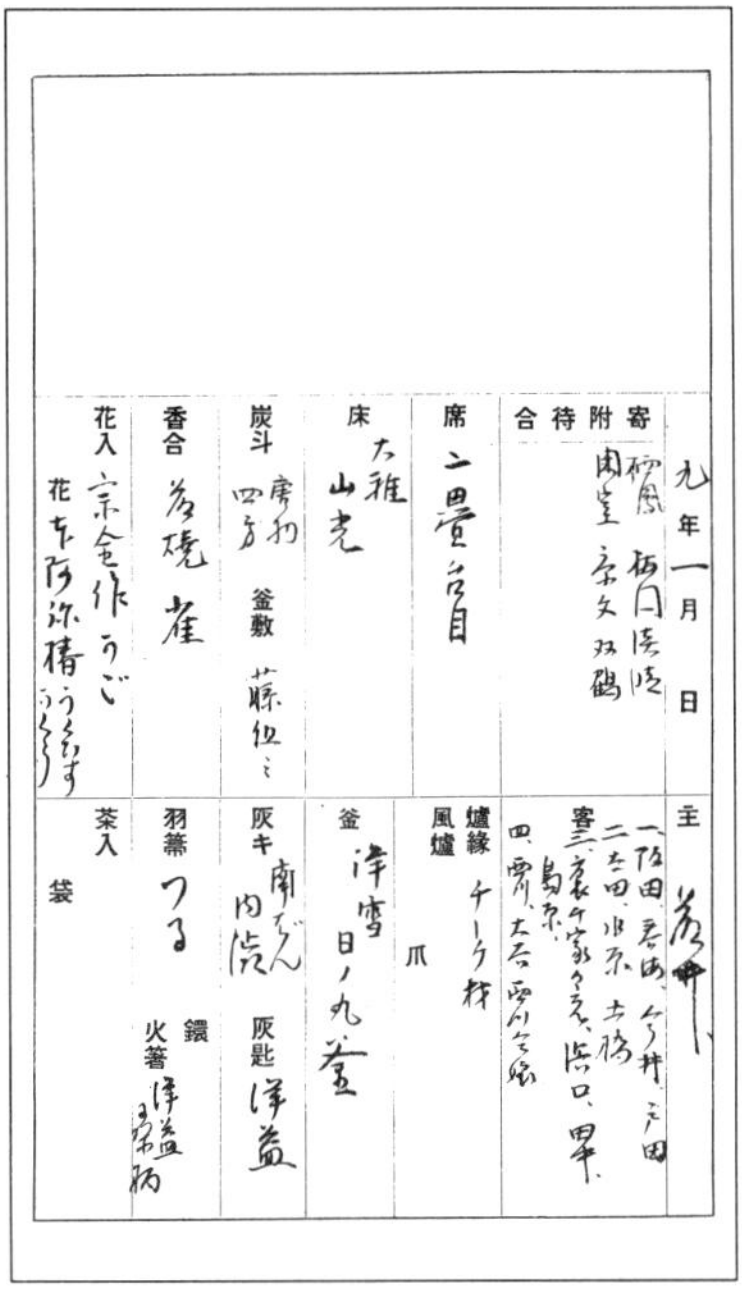

図22 『茶会記』「九年一月」

(3)茶会の記録

藤井厚二が茶の湯と関わり、多くの数寄者と交流があったことはよく知られている。[15] また藤井の聴竹居およびそれに付属する閑室あるいは茶室での茶会を伝える茶会記もいくつか確認されている。[16]

ここでは、これまで知られていた茶会の記録とは別に今回の調査で発見された新出の茶会記によって藤井厚二の数寄者との交流、あるいは数寄者としての活動の一端を明らかにし、彼の茶室観あるいは茶の湯とのかかわりについて考察する。

聴竹居に付属する茶室(下の閑室)の床下に藤井が製作した花器等がたくさん並べられていた。筆者が所有者の了解を得てこれらを搬出した際に、奥の棚から藤井の蔵書類が発見され、その中に藤井の自筆と思われる茶会記が見つかった。そこには八回の茶会が記録されており、うち三回は藤井自身が亭主をつとめたと思われる、いわゆる自会記。あとの五回は茶会に招かれたときの記録、すなわち他会記である。

「九年一月」と記された、藤井が亭主をつとめた茶会は、閑室を寄付とし、二畳台目(一畳台目の間違いか)を本席としていた。おそらく大正九年(一九二〇)の一月、新春を迎えてのめでたい会であったのだろう。茶会は四席にもおよび、第一席は阪田、春海、今井、戸田。第二席は太田、水原、土橋。第三席は裏千家家元、浜口、田中。第四席は西川、大谷、西川令娘を客としたものであった。藤井自らの窯で焼いた「藤焼」の香合を飾り、懐石料理も調えた本格的な茶会であった。

「十年二月一日」の茶会には亭主の記載がないが、おそらくは藤井が亭主をつとめた聴竹居で行われた茶会であったと思われる。それは「花研究のため催」した茶会で、応接の床の間および床脇には栖鳳の軸を掛け、「居間」と「閑室」「茶席」をそれぞれ使用している。午後一時に集まり、四時半に濃茶、六時より食事が振舞われた。客は「西川先生」をはじめとして一一名の名が連ねられている。藤井の自邸である聴竹居の居間や応接のほ

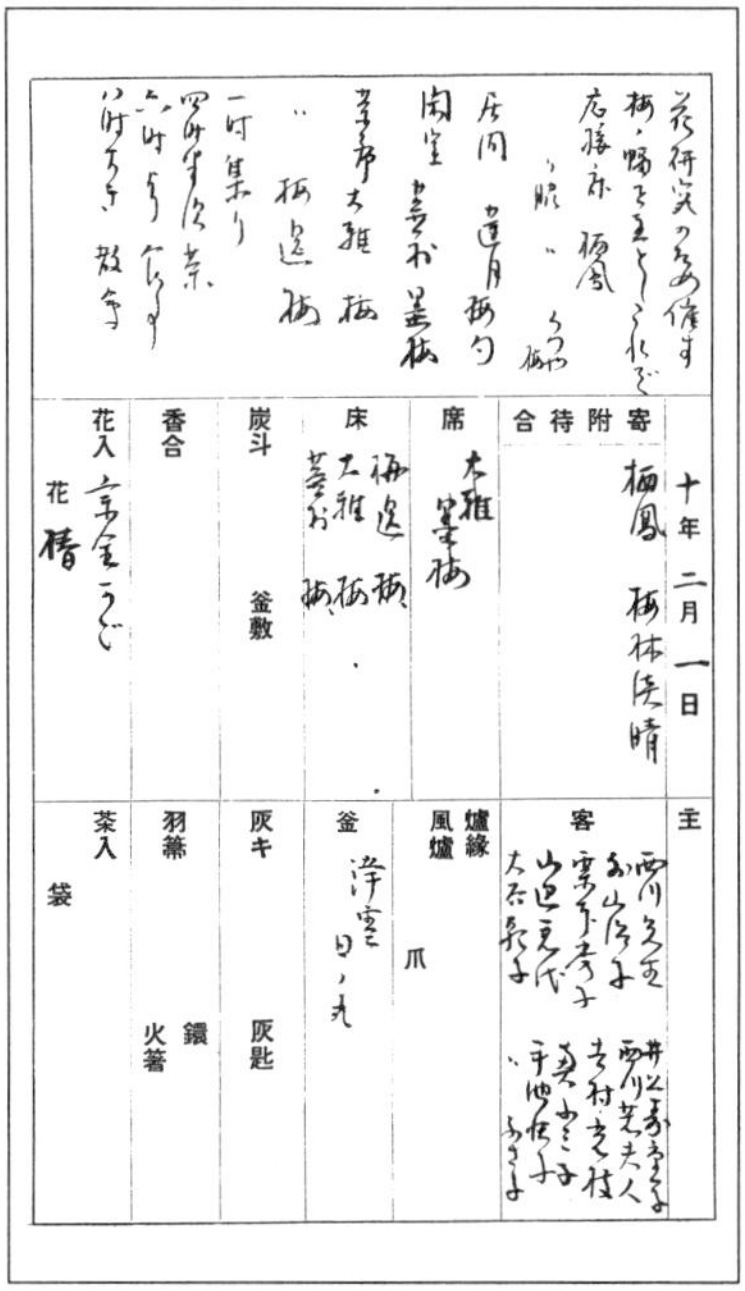

図23 『茶会記』（十年二月一日）

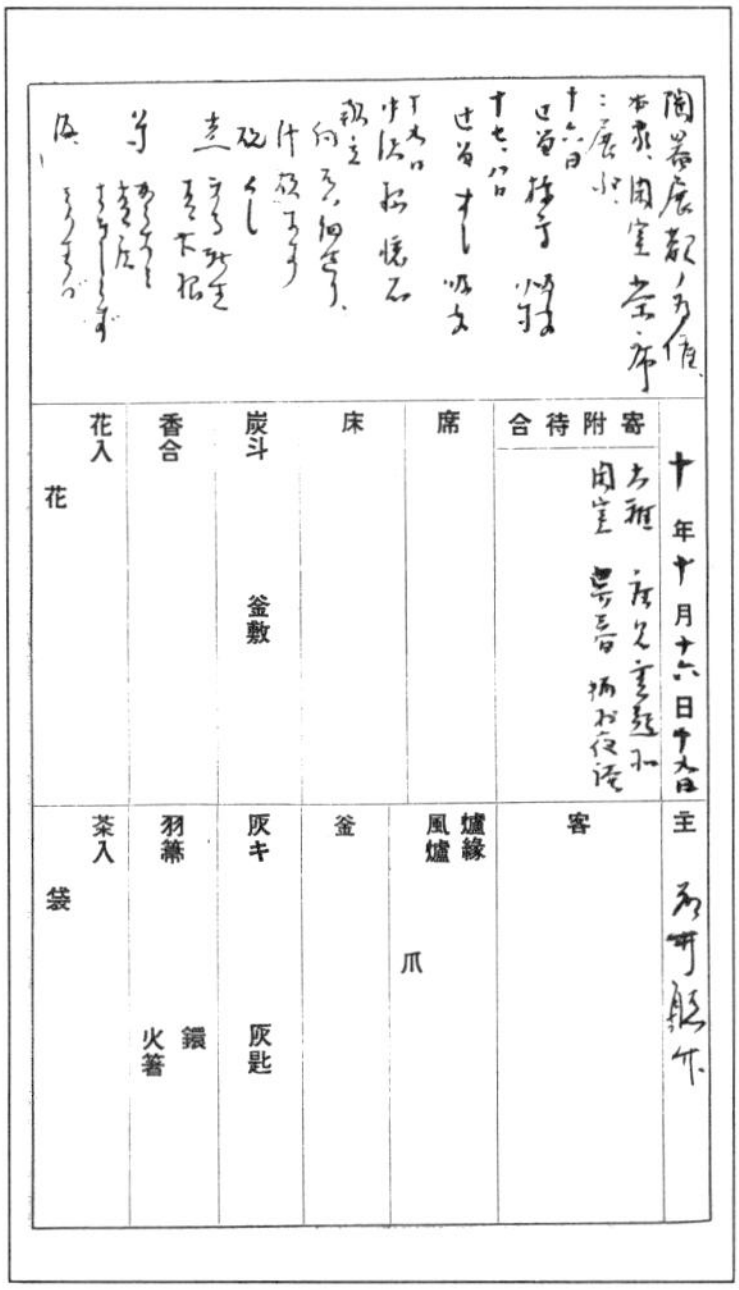

図24 『茶会記』（十年十月十六日・十九日）

か、付属の閑室や茶室を使用しての大がかりな茶会であった。聴竹居に整えられた施設が一体となって茶会の場に供されており、屋敷全体が茶の湯あるいは華道の道場の観を呈している。ここでも薄茶碗に藤焼が用いられた。

「十年十月十六日」から「十九日」まで続いた会の亭主には「藤井聴竹」の号がみえる。やはり本家ほか閑室と茶室を使用した茶会であった。それは「陶器展観ノ為ノ催」であり、本家、閑室、茶室のすべてに陶器が展示された。藤焼の陶器類が陳列されたのであろうか。純粋な茶会というよりは煎茶会に設けられる展観席のような性格をもった茶会であったことが想像される。

藤井が亭主をつとめたこれらの自会記から、自邸である聴竹居全体がひとつの茶会の施設として性格づけられており、それは単に茶を点て、茶をもてなすという茶会のスタイルだけでなく、時には花の研究会や陶器の展覧会の催しにも使用されるなど、幅広い機能を有した施設であったことがわかる。

小結

藤井厚二は数寄者の仲間入りをする一方で、建築家としての使命感からか、これからの茶室のあり方を、古典の茶室に学ぶという姿勢をとりながら、さまざまな可能性を摸索をしていた。それは単にこれからの茶室のあり方にとどまらず、これからの新しい建築のあり方を探るための方法でもあった。藤井がいう、伝統的な作法のみに拘束されない閑寂な空間である「閑室」とはまさにその新しい茶室、あるいは新しい建築の姿を示すものであったにちがいない。藤井が取り組んだ、あるいは取り組もうとしていた環境工学的方法による茶室研究は、閑室の完成のための道程のひとつであったといえよう。

おわりに

第一節においては現存する野村家茶室の調査結果と、京都大学所蔵図面をもとにして、野村家茶室が存在している意義を明らかにすることができたと思う。

第二節においては、論説や資料を用いて、藤井厚二の茶室観あるいは茶の湯とのかかわりを探ろうと試みた。が、はなはだ不完全な考察に終わってしまった感は否めないが、一・二節を通じて、藤井厚二の茶室観や茶室への取り組み、あるいは茶の湯とのかかわりについて、あらかた把握することができたのではなかろうか。

藤井厚二は野村家茶室のような、新しい茶室としての典型を示しながらも、一方で茶室とは異なる閑室の可能性を模索していた。中村昌生博士は「藤井は、論文「新しき茶室建築」のなかで、「古きを尊び時代の推移に覚醒しない茶人の態度を批判し、茶室にも現代科学を導入して室内環境の改築を図るべきであると主張した。（中略）藤井の「新しき茶室建築」の構想は今も滅んではいないのである。しかし茶室の真の現代化は藤井の提案だけで達成しうるものではなく、むしろ五世紀にわたる茶室の伝統を現代にいかに活躍させるか、より本質的な問題の追及が要請されつつあることも忘れるべきではない」[17]と述べておられる。

藤井厚二は昭和一三年（一九三八）七月七日、四九才の若さでこの世を去っている。本稿で藤井の茶室に対する取り組みを不完全ながら顧みたとき、いま少しでも藤井に余生が許されていたとすれば、いかような「現代の茶室」を提示したであろうか興味をいっそう強くするものであり、早世がいかにも残念だとの思いが募る。

（1）「数寄者」と似たことばに「茶人」あるいは「茶匠」、「茶湯者」等がある。数寄者の語は、桃山時代の『山上宗二記』にすでに見出すことができる。それには「一物も不持　胸の覚悟一　作分一　手柄一　此三箇条の調たるを侘数寄」と定義されており、この「侘数寄」が「数寄者」の意と解することができよう。また慶長八年（一六〇三）に日本イエズス会によって刊行された『日葡辞書』では「Suqixa　スキシャ」を「茶の湯の道とその修業に打ち込んこんでいる人」としている（土井忠生ほか編『邦訳日葡辞書』、岩波書店、一九八〇年）。現在の「数寄者」の一般的な解釈は、この『日葡辞書』の定義とほぼ共通するものであろう。近年、茶の湯研究者である谷晃氏は「茶湯者」「茶匠」「宗匠」「数寄者」「茶人」を分類し、茶の湯が利休によって大成されたころまでに、茶の湯の世界に名を留めた人物を「茶湯者」、主として桃山時代から江戸時代初期にかけ、生業は別に持ちながら茶の湯に深く関わって独自の茶風を確立した人物、またその後に家元制度が成立してからはその流派の祖とされた人物を「茶匠」、流派の家元を頂点に戴き、茶の湯を教授することを業とする人々を、家元本人も含めて「宗匠」、とりあえずは特定の流派の茶の湯を学びながらも、己の考えにもとづいて流派の教えにとらわれることなく、自由に茶の湯を行っていた人物を「数寄者」、「特定の流派に属し、その教えを忠実に守りながら茶の湯を楽しむ人々」を「茶人」と定義した（谷晃著『茶会記の研究』、淡交社、二〇〇一年）。数寄あるいは数寄者を厳密に定義することはなはだむずかしいし、本稿においては必ずしも必要のないことであるが、本稿で藤井厚二を数寄者としてとらえる場合の数寄者の意味は、おおむね谷氏のこの定義に従うものとする。

（2）藤森照信『藤森照信の原・現代住宅再見』（TOTO出版、二〇〇二年）。
（3）現在、藤井厚二の第五回目の実験住宅として知られている「聴竹居」をアトリエとして活躍されているインテリアデザイナーの高橋功氏よりこの茶室の存在を教えていただいた。茶室の実測調査は二〇〇一年一二月四日および一七日の二日間行った。調査は矢ヶ崎ほか千木良礼子、稲葉香代、山下真理子、柳沼祐二郎（いずれも京都工芸繊維大学造形工学科日本建築研究室学生——当時）が行った。
（4）名物茶器を中心とした図説書で、茶器のほか茶道具全般にわたって体系的に叙述されており、茶家の系譜や茶室、茶会記、千家関係の筆録などに言及している。近世町人による名物記の到達点を示す一書とも評価されている。文政一〇年（一八二七）自序。昭和五一年（一九七六）に文彩社より影印本が刊行されている（『茶道大事典』、角川書店）。
（5）中村昌生『茶の建築』、河原書店、一九八六年
（6）同著では「床」と「床の間」を区別して定義しており、「茶室の床」の意味もさらに慎重に考察する必要があろうかと思うが、本稿ではさしあたって同義ととらえ稿を進める。
（7）『床の間』掲載のこの写真は、野村家茶室の床の間と共通する構えの床の間ではあるが、框の有無や窓の配置等に相違があり、野村家茶室の床の間そのものではない。この写真は後の調査で寝屋川市香里園にあった八木邸の茶室（主屋は現存、茶室は現存しない）であることが判明した。八木邸の茶室については別稿で報告する予定である。
（8）近年、中村家ではその起こし絵図をもとにして茶室を新築されている（『住宅建築』、建築資料研究社、一九九九年一月号）。
（9）二〇〇二年に解体されるにあたり、記録保存を目的として京都伝統建築技術協会が行った実測調査に参加させていただいた際に確認した。
（10）京都大学所蔵図面に含まれる資料の中に、この茶室の建築年代を伝える資料があることになるが、残念ながら筆者は未確認である。
（11）雑誌『SD』第四三二号（鹿島出版会、二〇〇〇年九月）八九～九二頁
（12）西澤博士がこの手書き一行目の文字に関しては言及されておられないのは、何らかのご判断によるのであろうと推察される。ご教示を俟ちたい。

(13) 野村家には、茶室を移築後、敷地内で移動させたり、大きな改造を加えたりした、という伝えや記録はない。
(14) 注(11)に前掲
(15) 藤井厚二の数寄者的な性格はいけばなの家元であり、数寄者として「風流一生涯」の生活を送った西川一草亭との出会い、あるいは交流に大きく触発されていることと思われる。西川一草亭と藤井厚二のかかわりについては中村昌生「『茶道全集』の成り立ちと刊行の意義　巻の三　茶室篇」(『茶道全集　別巻』、創元社、一九七七年)、冨田美穂『近代数寄者による和風建築の一動向に関する研究』(京都工芸繊維大学修士論文、一九八九年)、中村利則「西川一草亭の作事」(『花道去風流七世　西川一草亭　風流一生涯』、淡交社、一九九三年)に詳しい。
(16) 西川一草亭が主催する去風流の機関紙『瓶史』に、藤井は昭和六年(一八七三)新年号から登場している。また『瓶史』所収の「去風洞日記」によると、藤井が西川を招いた茶会は昭和五年五月三〇日、同六年一一月一七日、同八年四月二八日、同九年一月二九日にあった。また茶会ではないが、昭和八年(一九三三)五月九日に建築家のブルーノタウトが藤井邸を訪れて、「新築の典雅な茶室」で藤井夫人点前になる茶をいただいている(『日本――タウトの日記　一九三三』、岩波書店、一九七五年)。
(17) 前掲注(15)「『茶道全集』の成り立ちと刊行の意義　巻の三　茶室篇」。

〔付記〕京都大学所蔵図面の閲覧ほか野村邸茶室の調査にあたって京都大学の高橋康夫教授、京都工芸繊維大学の石田潤一郎教授、野村春子様、高橋功様のご高配を賜った。ここに記し、謝意を表する。また図14・15・16・17・18(京都大学所蔵図面①〜⑤)は、筆者撮影の写真が不鮮明であったため、ふくやま美術館撮影のものを使用させていただいた。使用に際し、ふくやま美術館の谷藤史彦様のお手を煩わせた。あわせて感謝申し上げる。

III 建築生産史・都市史

◆中扉写真◆
出雲文化伝承館

松江藩の作事と御大工について

和田嘉宥

はじめに

近世松江藩は、慶長五年（一六〇〇）に堀尾吉晴が出雲・隠岐の大守として入国したことに始まるが、堀尾氏の時代は三三年間で終り、続く京極氏も短命で、寛永一五年（一六三八）には松平直政が信州松本から転封し、以来幕末まで松江松平氏の治世が続いた。

松江築城や城下町の形成は堀尾氏時代によるものの、直政入府以後の二三〇年間の城郭の維持管理、城下の経営等は松平氏によるものであり、その治世下で作事（建築）を統率した造営組織は御作事所《おさくじどころ》と称された。

御作事所は、松江城本丸、二の丸、三の丸の維持管理にあたる一方、城内の仕事だけでなく、藩内の神社仏閣の修造や造営、城下の主要な橋梁の建設、さらには幕府の普請手伝いにも関わるが、これらの作事にあたって中心的な役割を担ったのが御大工《おだいく》である。

松江藩御作事所および松江藩御大工の働きを明らかにすることによって、出雲大社をはじめとする出雲地方における近世建築の特色も明らかになると思われる。

本稿では、まず松江藩の造営機構である「御作事所」及び御作事所が関わった「作事」の特色を『御作事所御役人帳』(1)（以後『帳』と記す）を始めとする近世史料によって明らかにし、続いて御大工の系譜を辿りながら「松江藩御大工の働き」を明らかにする。「御大工竹内有兵衛」については章を改める。終りに「松江藩御大工の特質」を明らかにし、併せて「出雲地方の建築的特質」についても言及したい。

一　松江藩御作事所

松江藩の機構や格式を伝える資料に『雲藩職制』(2)がある。御作事所については「作事を司る、殿町に位置して、東は勘定所、南は京橋に面したる大なる構をなせり」とあり、さらに「破損所」と「寺社修理方」は「作事所構内に在り」と記されている。一方『帳』は、天明六年(一七八六)以降になると、御作事奉行について「御作事御破損方奉行　寺社修理方兼」との付記があり、御大工の勤めについても「御破損方勤」などと記載されている。

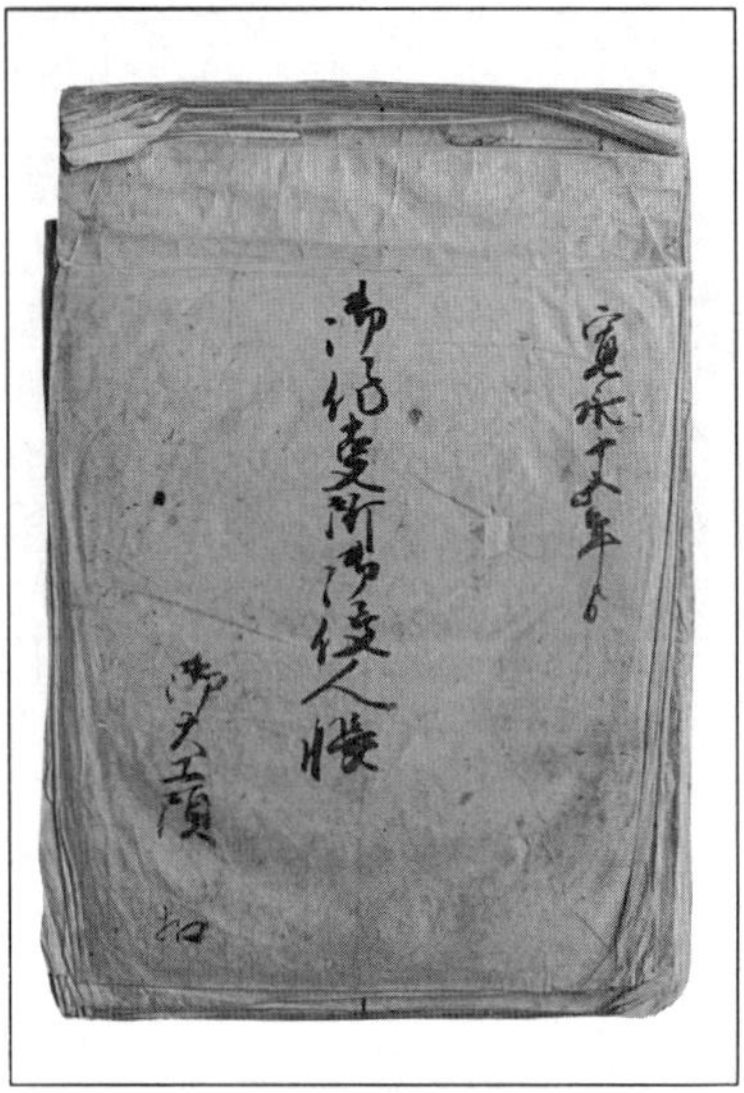

図1　御作事所御役人帳

御作事所は松江藩における作事（建築）を掌握する役所であり、御作事所以外に、御破損方や寺社修理方も設けられていたことが分かる。

松江藩士の屋敷地の変動を記録した史料に『松江城下武家屋敷明細帳』(3)（以後『明細帳』と記す）があるが、御細工所、御用屋敷、御勘定所御作事所など、役所の動向についても記されている。御作事所の欄を見ると、まず敷地の大きさが書かれ、その後に「少将様御入部ゟ奉行之次第」と記され、続いて作事奉行の名が列記されている。御作事所は松平直政入府の寛永一五年（一六三八）に設置されたことが分かる。

ところで、『帳』には御作事所の変更に関する記述がいくつかある。例えば、明和四年（一七六六）の改革「御立派《おたては》」(4)を機に「御修復方」と名称が変わり、後年（明和七年）、再び「御作事所」に戻ったことが確認できる。また、作事関係の役所としては「御作事所」以外に「御破損方」「寺社修理方」「小普請方」等の名称も見える。表1は御作事所の変遷に関する記載をまとめたものである。松江藩の造営機構も時代ごとに変化しているが分かる。

松江藩御作事所における役職の陣容も『帳』には、

御奉行	三人
御目見御大工頭	弐人
御目見御役人頭	壱人
御役人	拾壱人
御大工	六人
御左官	壱人
城普請	拾九人
御足軽定渡杖	弐拾人
定渡御小人	四人

と、元禄六年（一六九三）の末尾に記載されているが、以後、『帳』には年次ごとに作事奉行以下の役職名とその員数と増減が記されている。これによって御作事所の陣容、数、年ごとの推移も分かる。

御奉行とは作事奉行のことで、人数は二〜三人が原則だったが、前記『明細帳』には「奉行之次第」の中で

表1　御作事所の変遷(享保2～明和8)

年号（西暦）	御作事所の変遷記録
享保2(1717)	御作事所御立替ニ付(中略)壱人奉行(後略)
19(1734)	十二月十二日御作事所内ニて小普請方被仰付
延享2(1745)	唐人屋鋪ニて御修覆方始ル
4(1742)	御破損方御役所此度ヨリ御作事所へ引渡
	外出普請所同前ニ付候様
宝暦9(1759)	御作事所内ニて新積方
	会所愛宕前ニて繭草趣向
12(1762)	御破損方以前之通リニ被仰付
	御修覆方被相止御作事所内ニ而小普請方ト申名目御立被成候
13(1763)	寺院修理方被仰付
14(1764)	御作事所会所建直シ
	繭苗方御趣向止ム
明和2(1765)	寺院御修復方止ム
3(1766)	小普請方御倹約方へ付属
4(1767)	是迄小普請方請場所御作事受ロ被仰付
	二月廿三日　社□方再興
	御立派被仰付
	閏九月御作事所名目小普請方与被仰候処御存旨有之ニ付御修覆方ト今朝被仰出候
5(1768)	寺院方寺社修理方ト改
	三丸屋根方被仰付
	御作事鍵　小普請方
7(1770)	御作事所名目ニ相成ル
	御作事所内ニ小作事所相立
8(1771)	小普請方被相止御破損方内ニて万作事相立小作事ト相積

「竹内右平是ﾖﾘ一人役ニ成ル」との記載があるように、一人の年もあった。

身分は士分で、享保二年（一七一七）には、御徒（卒分）だった御大工頭竹内有兵衛が作事奉行になり、士列に取立られている。以後、御作事所では、御大工頭（卒分）から作事奉行（士分）になるものが何人も見える。(5)

御大工頭と御大工の数は、元禄六年（一六九三）から正徳二年（一七一二）までは御大工頭二～三名、御大工四～六名で、基本的に大きな変化は見られない。その後、御大工頭は少しずつ増える傾向にあり、明和三年（一七六六）には五名になっている。いずれも御大工からである。

御大工の員数の変化を追って見ると、正徳三年・享保三年・寛保二年（一七四二）の増加が顕著である。これらの年の『帳』を見ると、それぞれ御大工並が四人、七人、六人と新たに召抱られているのが分かる。

御大工並増の理由について『帳』は何も記していないが、例えば、正徳三年の増員は愛宕山、伊弉諸社、一畑薬師堂等の修覆、月照寺鎮守社の新造、翌年の京橋掛直し等、享保三年の増員は城郭の整備の他、須佐大宮、鰐淵寺等の修復、寛保二年の増員は出雲大社の延享度造営等に備えたものと思われる。

新しく取立られる御大工は「召抱」と記される。御大工並ないし御大工見習の場合が大半である。御大工見習は御大工の倅に限られ、大半が「無給」と記されている。御大工見習は親が隠居（あるいは死去）すると代わって御大工になっている。

松江藩御大工には、上から御大工頭、御大工、御大工並（明和九年以降、譜代格御大工）、御大工見習等の序列が見られる。御大工頭の格式は御徒や御目見格で、御大工の格式は御目見格とそうでない者（万役人等）とに分けられるが、いずれも卒分である。

御役人の変化は、御大工の場合とは異なる。当初、御役人の上には御役人頭がいただけであったが、宝永八年（一七一一）以後、御目附、御材木受払、元〆等の役職が表れる。いずれも御役人頭の上位に記されている。時代が下るに従って、役職の分化が進んだことが分かる。

御大工を補佐する役職として城普請がある。

格式は卒分でも下位の「取立物」と見える。その員数は、最初のころは年々増えるが、元禄六年以降になると一八、九名が定数となり、系譜を見る限りほとんどが世襲である。[6] 城下絵図を見ると城下町松江では松江城の鬼門の方角にあたる奥谷に城普請町（谷）があるが、城普請の屋敷地は松平時代を通してこの地に常置されていたことが『明細帳』によってはっきりする。[7]

御作事所の総員数がはっきりするのは元禄六年（一六九三）からである。

元禄六年は六七人であり、その後、暫時減少し、宝永五年（一七〇八）には五六人になる。その後再び増加しており、享保三年（一七一八）には一〇〇人になっているが、この増員は主に小人によるものである。その後は小人や足軽の減少と共に員数が減少している。延享四年（一七四六）以降宝暦一三年（一七六三）までは八〇人前後で大きな変化は見られない。その後再び増加し、明和四年（一七六七）には八九人となっている。ところが、この年は藩の大改革事業「御立派」によって、半分以下の三八人に減少している。

「御立派」は御作事所にも大きな影響を与えているが、その後、員数は少しずつ増加し、天明四年（一七八四）には六四人になり、「御立派」以前の員数に回復している。松江藩御作事所は、組織として六〇人以上の員数が必要だったのである。

御作事所と御大工の働きを記した史料に『旧藩事蹟調査下按　五之拾壹』[8] がある。幕末の様子を伝えるものだが、次にその内容をまとめて記す。

(1)　大工職には御大工から御大工頭となり御徒になり、さらに添奉行となり新番士になる者が何人か見られるが、添奉行の一人はもともと御大工の家系だった。

(2) 添奉行から本奉行となり組士となり、さらに役組外となる者も少なくなかった。
(3) 御作事所の仕事は、城内の建物（藩主隠居後の住居、若殿の住居）、郭外に設ける新規の藩の建物（例えば「修道館」）などの建築が主で、その他は、既存の役所の改築、大橋などの橋の掛け替えもあった。
(4) 江戸屋敷には江戸勤番が置かれた。
(5) 破損方、寺社修理方も置かれた。
(6) 杵築大社造営も御作事所にとって重要な任務だった。
(7) 役所には、事務系として内改、元〆などの計吏、それを補佐する下役人等が、また技術系として作事支配の御大工、御左官、城普請等が置かれた。
(8) 御大工は、鋸などの大工道具の扱いは優れており、その道にもよく通じ、配下の職人達は頭が上がらず、仕事では手抜きが出来なかった。

御作事所の特色と御大工の位置付けがよく分かる。また、御大工の力倆についても触れてあり、御作事所が御大工を中心とした職能集団であったことがうかがえる。

二　御作事所の作事

『帳』を開くと、例えば「享保十六亥」の欄では、年号の下方に「三丸二階御座敷出来」などの記載がある。このように作事関係の事項が記されているのは延宝七年（一六七九）より明和八年（一七七一）までであるが、これによって、この間の御作事所の作事の動向を知ることができる。それらをまとめたのが表2である。(9)

最も多いのは寺社建築で五〇件近い。

藩主の菩提寺である月照寺は天和二年（一六八二）に本堂（現存せず）の大修理を行っており、正徳三年（一七

表2　御作事所の作事関係記載事項

年代（西暦）	記載事項	
延宝7(1679)	荻田屋鋪出来	※
8(1680)	平田御茶屋出来	※
天和2(1682)	御立山御茶屋出来	※
3(1883)	月照寺大繕	※
貞享2(1685)	大橋掛直シ	※
3(1686)	天神橋掛直シ	※
4(1687)	佐田社御建立　八月十八日棟上　十九日遷宮	※
元禄元(1688)	佐田宮不残出来	※
2(1689)	荒和井土橋初テ出来　普門院寺町ヨリ田町へ引越被仰付銀弐拾枚被下	
3(1690)	三丸新寝間出来　京橋掛直シ	※
4(1691)	元御貸方御土蔵出来	
5(1692)	奥御姫様御殿共三百坪余出来	※
7(1694)	後山御茶屋出来　田中御茶屋出来　　天倫寺御具屋出来　初	
9(1696)	揖屋社御修復	
10(1697)	江戸田安之御普請出来　三丸御門北多門石垣崩レ直シ　多賀社御建立	
11(1698)	出雲郷土橋掛ケ直シ	
12(1699)	薗妙見社御修復御木材被下　新蔵御止御作事所へ附ク	
13(1700)	平浜八幡御修復	
14(1701)	白潟天神社上葺　天神橋桁ヨリ上仕直シ	
15(1702)	御内所御部屋弐ケ所出来　浜佐田御茶屋出来　下庄八幡社御修復	
16(1703)	御立山弁才天社初出来	
17(1704)	荒和井土橋板橋ニ成ル　新御屋鋪御普請出来	
宝永3(1706)	新御殿御普請出来	
4(1707)	喜多堀橋掛直シ　源林院様御廟門出来	
5(1708)	神門高勝寺御修復	
宝永6(1709)	大橋掛直シ　大庭神魂社御修復	
7(1710)	隆元様御廟御唐門出来	
正徳2(1712)	塩冶八幡社御宮山へ引御建立　渡橋観音堂門共上葺	
3(1713)	愛宕社　伊弉諾社　一畑薬師堂　御修復　月照寺鎮守社初テ出来	
5(1715)	京橋掛直シ　松崎御茶屋出来　薗妙見社長聴出来　拝殿御供所御修復 須佐大宮仮殿出来	
6(1716)	氷川社御建立　清水寺御修復　月照寺焼失	
享保2(1717)	天神橋掛直シ	
3(1718)	八重垣　伊丹堂　善光寺　御修復　新橋　両三枚橋　掛直シ	
4(1719)	魔利支天社出来　須佐大宮　鰐渕寺　御修復	
5(1720)	外御厩之内中長屋出来	
6(1721)	揖屋東泉寺稲荷拝殿出来　普門院焼失護魔堂出来	

7 (1722)	御仕立所御座間出来
8 (1723)	三丸御唐門出来
11(1726)	三丸御仕立所御納戸御湯殿出来
12(1727)	浜佐田御茶屋崩取　津田馬場御茶屋初出来
13(1728)	東泉寺護魔堂初出来
14(1729)	御仕立所御部屋出来　大草六所社御建立
15(1730)	中原八幡社御建立
16(1731)	三丸二階御座敷出来
19(1732)	善隆院様御廟所御門出来
元文 3 (1738)	平浜八幡不残御修復　円流寺庫裏建直シ
寛保 2 (1742)	天倫寺台所建直シ
寛延 3 (1750)	大庭神魂社遷宮
宝暦 2 (1753)	円流寺大修理　大庭末社修復　二丸御役屋布建直シ
3 (1753)	大橋掛直シ九月渡初メ
9 (1759)	北堀橋掛直シ　三丸奥御殿普請
11(1761)	江州山門御普請御手伝被仰付
12(1762)	円流寺本堂建立　月照寺本堂上葺
13(1763)	御作事所会所建直シ
明和 3 (1766)	三丸奥御殿二階崩シ已前之通りニ成ル
6 (1769)	江戸西ノ丸御普請御手伝
7 (1770)	御作事所内ニ小作事所相立
安永 3 (1774)	御花畑新御茶屋　三丸奥新御座敷　出来
6 (1777)	御寝所建継　御普請五月出来　渡部喜右衛門相勤ル
9 (1780)	京橋掛直シ御新石柱敷石ニ成ル
天明 2 (1782)	天隆院様御宝塔楯縫久多見石ヲ以出来
3 (1783)	平田御茶屋新出来　大橋御掛直シ被仰付
4 (1784)	九月大橋御渡初　慶運橋ト号ス
6 (1786)	三丸駒次郎様御殿取壊
7 (1787)	田中御茶屋継足　駒次郎様御殿ニ相成ル
8 (1788)	田中御茶所崩江戸御居間へ建跡へ代り御茶所　有来り之通新出来 三ノ丸長局建直し
9 (1789)	御花畑南へ駒次郎様御殿建

注：※印は『(竹内右兵衛書付)』にも記載されている建物である

一三）には鎮守社（現存せず）が創建されている。宝永四年（一七〇七）に源林院廟門（四代吉透）、同七年（一七一〇）には隆元院廟門（三代綱近）、享保一九年（一七三四）には善隆院廟門（五代宣維）、天明二年（一七八二）に天隆院宝塔（六代宗衍）がそれぞれ造られている。[10]

貞享四年（一七六八）造替の佐太神社については「佐田社御建立　八月十八日棟上　十九日還宮」と日付けも記してあるが、この造営事業には御大工竹内宇兵衛（有兵衛）が深く関わっていた。[11]

円流寺は元文三年（一七三八）に「庫裏建直し」、宝暦二年（一七五二）に「大修復」、同一二年（一七六二）に「本堂建立」とあるが、この寺院は歴代将軍の霊位が安置された寺で、清水寺や鰐淵寺と同格に扱われ、本堂には本格的な書院も備わった壮麗な建物だったとの記録がある。[12]

その他、元禄六年（一六九三）の「揖屋社御修覆」、同一三年の「平浜八幡御修覆」、宝永六年（一七〇九）の「大庭神魂社御修覆」、正徳六年（一七一六）の「清水寺御修覆」、享保四年（一七一九）の「須佐大宮・鰐淵寺御修理」、享保一四年（一七二九）の「大草六所社御建立」等が見えるが、これらはいずれも松江藩が強く庇護していた寺社建築だったと思われる。

城郭内の建物の修復関係は二一件余りある。

最初に記載されている荻田屋敷とは延宝七年（一七一〇）に幕府が越後の老臣荻田主馬を出雲に流し、松江藩が城内二の丸下段にその住居として造らせた建物だった。

三ノ丸御殿については、元禄三年（一六九〇）の「新寝間」、同一〇年の「御門北門石垣崩れ直し」、享保六年（一七二一）の「唐門」、同七年の「御仕立所御納戸御湯殿」、同一六年の「二階御座敷」、宝暦九年（一七五九）の「奥御殿普請」、安永三年（一七七四）の「奥座敷」、天明八年（一七八八）の「長局建直し」等の記載が多い。三ノ丸御殿は修復、建て替えが多かったのである。

なお、享保一六年（一七三一）には二階座敷が造られているが、一九年後の明和三年（一七六六）には「三丸奥御殿二階崩シ已前之通りニ成ル」と記してある。享保一六年（一七三一）に二階座敷が造られたものの、傷みがひどくなって元の平屋に戻されたことも分かる。

橋の付け替えも二〇件近く見える。

特に多いのは大橋の架け直しである。貞享二年（一六八五）、宝永七年（一七〇九）、元文三年（一七三八）、宝暦三年（一七五三）、天明三年（一七八三）にそれぞれ架け直しが行われ、天明四年（一七八四）には大橋を「広運橋」と称している。

大橋に続いて多いのは天神橋と京橋である。天神橋は貞享三年（一六八六）、元禄一四年（一七〇一）、享保二年（一七一七）に掛け直され、京橋は元禄三年（一六九〇）、正徳五年（一七一五）、安永九年（一七八〇）に掛け直されている。

大橋、天神橋、京橋のいわゆる三橋は山陰道から松江城に通じる必要不可欠な橋であり、御作事所にとっても三橋の付け替えは、特別な作事だった。

御茶屋に関する記述は一〇件程ある。

御茶屋は、街道筋に造られた本陣機能を持つ御茶屋と、邸内や山荘に設けられた休息機能の御茶屋の二種類に分かれる。

延宝八年（一六八〇）、天明三年（一七八三）に記載されている「平田御茶屋」は、藩主の出雲大社参詣の際の休憩所として平田町に造られたものである。天和二年（一六八二）の「御立山御茶屋」は、寛文頃、松江城の東方、嵩山西麓に造られた林泉苑池を備えた山荘御立山（楽山）に設けられた御茶屋である。また、元禄七年（一六九四）の「田中御茶屋」、安永三年（一七七四）の「御花畑新御茶屋」は、三ノ丸の西方に位置する御花畑の一

画に設けられた御茶屋である。この御花畑には水泉があり、藩邸の奥座敷として幾つかの御殿や御茶屋が建てられていた。(13)

幕府に対する普請手伝いが三件見える。

元禄一〇年（一六九六）の「江戸田安之御普請出来」、宝暦一一年（一七六一）の「江州山門御普請御手伝被仰付」、明和六年（一七六九）の「江戸西ノ丸御普請御手伝」である。

「江州山門」とは比叡山延暦寺のことであるが、この時の普請手伝いは松江藩の藩経営にも影響するほど負担の大きなもので、明和四年（一七六四）に断行された改革「御立派」のきっかけにもなった普請手伝いだった。

『帳』にはほとんど記載されていなかったが、松江藩御作事所は出雲大社の造営、特に寛文度造替、延享度造替、文化度造替には深く関与していたことが、近世の造営関係の記録(14)によってうかがえる。

寛文度造替は入府間もない藩主直政の大社に対する崇拝あつく、幕府の同意を得て、古式に則り、正殿造りで執行されている。

延享度造替は元祖竹内有兵衛が杵築大社造営に際し「相談役」になっており、また『帳』には、伊藤彦兵衛が「御徒御大工頭杵築惣肝煎」に、渡部徳右衛門が「御徒並御大工頭杵築惣肝煎」になっているのが見えるし、『出雲大社延享造営伝』(15)には、作事奉行椎野惣八以下御作事所の面々が多数参列して諸行事が執り行われた様子が詳しく記されている。

文化度造替は屋根の葺替が中心だが、『大社御造営日記』(16)によると惣奉行を中老村松内膳が勤め、御作事所を中心に「大社造営方」が組織され、松江藩御作事所の面々が深く関与した様子が記されている。

出雲大社造営は松江藩にとっては重要な造営事業であり、御作事所は、「大社造営方」といった臨時の造営組織を設け、御大工達も大社に場所詰めし、造営事業に対処したのである。(17)

三　松江藩御大工

松江藩御大工の系譜を追跡して見ると、御大工並から御大工へ、さらには御大工頭、添奉行、御奉行へと取立てられている家系がいくつか見られる。しかし、中には一、二代で途切れる家系もあるし、士分になって大工職から遠ざかる家系もある。『帳』には一〇〇人の御大工が登場するが、ここでは寛永一五年（一六三八）に召抱られた御大工と共に、『列士録』が伝える特筆すべき御大工の系譜を辿り、松江藩御大工の家系がどのように推移しているか検証したい。

なお、氏名の後に（　）付きの番号を付しているが、この数字は「後記」でも述べているように、『帳』に登場する松江藩御大工の初出順位を表すものである。

(一)寛永一五年召抱御大工とその推移(18)

寛永一五年に松平直政入府に伴い来松した御大工は竹内有兵衛(1)、上田作太夫(2)、上坂次郎兵衛(3)、馬場助右衛門(4)、水谷五郎兵衛(5)、竹内小右衛門(6)、森川甚兵衛(7)の七人だった。竹内有兵衛と上田作太夫については後述することとし、まずそのほかの御大工五人について、その推移をみたい。表3は寛永一五年に召抱られた御大工七人の系譜をおおまかに表したものである。

上坂次郎兵衛

上坂次郎左衛門(3)は慶長六年（一六〇一）、直政の父秀康の時代から足軽並として仕え、越前大野で御大工となる。倅次郎左衛門(9)は慶安二年（一六四九）に御作事所に勤め始め、明暦元年（一六五五）に父の跡を継ぎ御大工となる。その倅杢兵衛(21)は、貞享二年（一六八五）に御大工、元禄一四年（一七〇一）に御大工頭、宝永八年（一七一一）に御目見御大工頭に、享保五年（一七二〇）に御徒並元〆（杢兵衛

表3　寛永15年召抱御大工とその子孫の推移

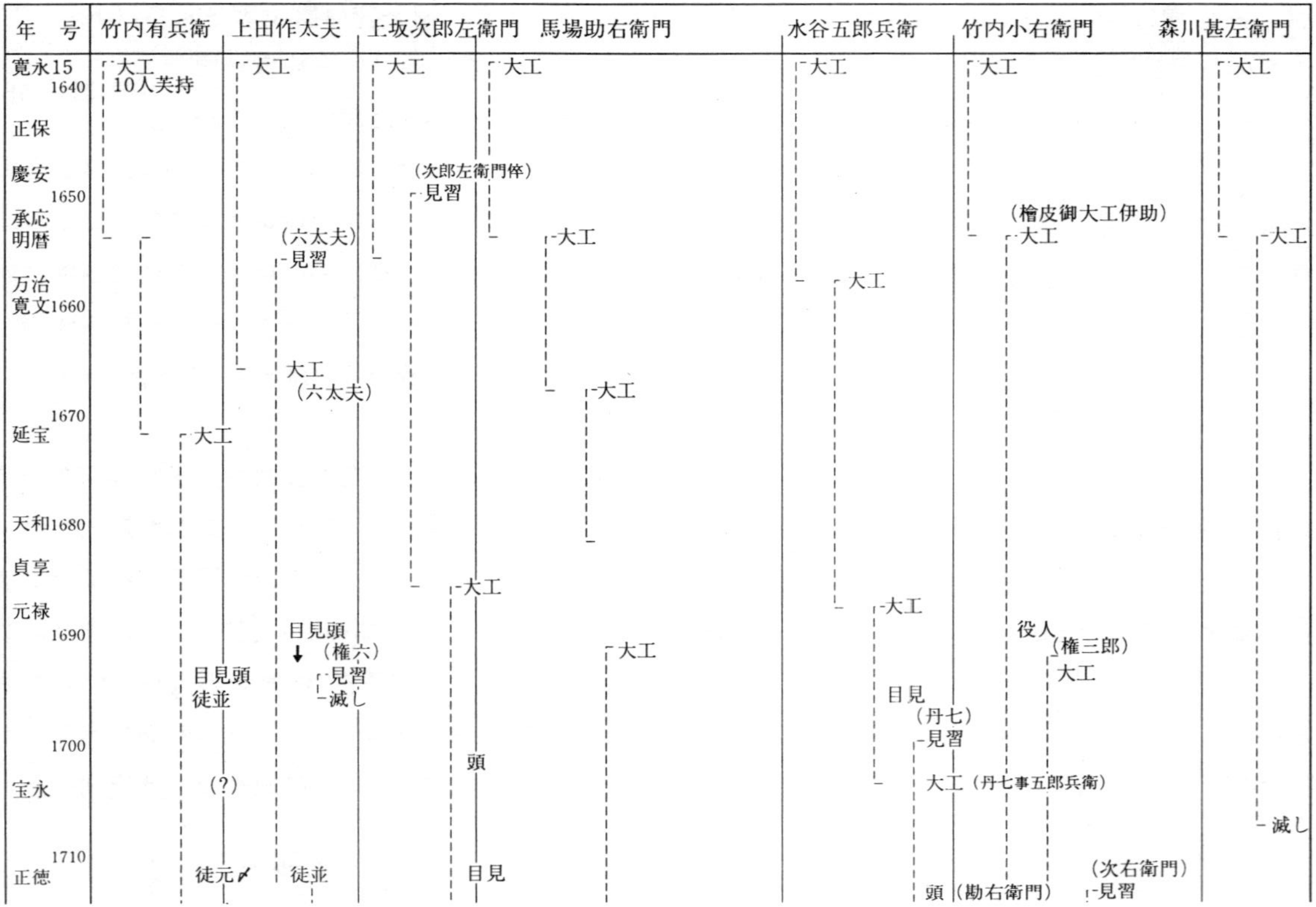

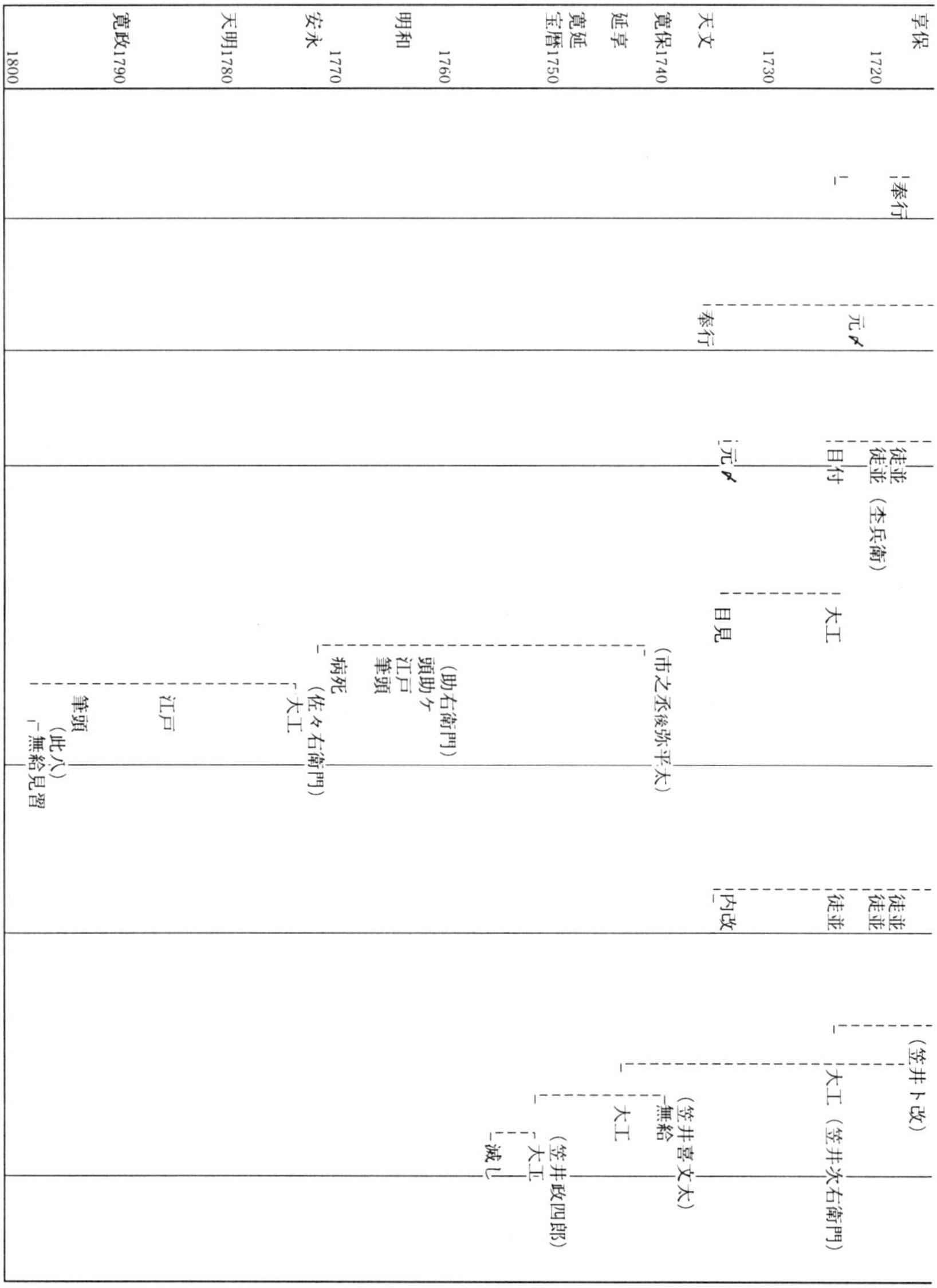
享保
1720
1730
天文
寛保1740
延享
寛延
宝暦1750
1760
明和
1770
安永
天明1780
寛政1790
1800
奉行
元〆
奉行
徒並
徒並（杢兵衛）
目付
元〆
大工
目見
（市之丞後弥平太）
（助右衛門）
頭助ケ
江戸
筆頭
病死
（佐々右衛門）
大工
江戸
筆頭
（此八）
無給見習
徒並
徒並
徒並
内改
（笠井卜改）
大工（笠井次右衛門）
無給
（笠井喜文太）
大工
大工
（笠井政四郎）
減し

と改名）となり、同九年に目附に、同一九年に再び元〆になっている。[19]

馬場助右衛門

馬場助右衛門(4)は越前大野で足軽として仕え、松江で御大工になっている。倅助右衛門(11)は承応二年（一六五三）親に代わって御大工になる。その倅助右衛門(17)は寛文八年（一六六八）に親と入れ替る。『帳』には以後しばらく馬場姓は見えないが、元禄六年（一六九三）に御大工馬場助右衛門（17か?）とある。また、しばらくなく馬場姓は見えないが、享保九年（一七二四）に御大工馬場助右衛門（34）とあり、同一九年には御目見御大工頭になっている。市之丞（後に助右衛門）(39)は寛保二年（一七四二）に親と入れ替り御大工となり、宝暦十年（一七六〇）は「御大工頭助ケ」とあり、明和四年（一七六七）に御大工頭となる。佐々右衛門(83)は安永二年（一七七三）に親の跡を継ぎ御大工になり、寛政八年（一七九六）に御大工頭になり、『帳』を保管、記録も行っていたと思われる。[20]

水谷五郎兵衛

水谷五郎兵衛(5)は越前大野では台所役人として仕え、松江で御大工となる。倅五郎兵衛(14)は万治元年（一六五八）に御大工となる。その倅五郎兵衛(22)は貞享四年（一六八七）に御大工となる。その倅五郎兵衛(25)は元禄一七年（一七〇四）に親と交代して御大工に、正徳三年（一七一三）に御大工頭（後に勘右衛門と改名）となる。その後、享保一九年（一七三四）に徒日附内改小普請方頭取とあるが、以後、『帳』に水谷姓は見られない。

竹内小右衛門

竹内小右衛門(6)は元和元年越前姉ケ崎で檜皮方として召抱えられ、松江で御大工になっている。二代目伊助(13)は承応二年（一六五三）に父の跡を継ぎ、檜皮方を勤める。以後は『列士録』によると、寛文一二年（一六七二）に御作事所役人となり宝永元年（一六七三）に逝去する。以後、伊助の経歴は『列士録』に見られるが略す。[21]表3には同姓の竹内権三郎(24)の系譜も載せている。

森川甚兵衛

森川甚兵衛(7)は越前大野で足軽並として召抱られ、松江で御大工となっている。二代目甚左衛門(12)は、承応二年（一六五三）に御大工になるが、宝永五年（一七〇八）に「御大工滅し」とある。以後『帳』に森川姓は見えない。跡絶えたと見える。

(2)『列士録』(22)を伝える御大工とその系譜

『列士録』は松江藩の藩士（士分）の家系に対して格式や役職、働きに対する報償等が記されており、藩士の系譜を知ることのできる史料である。御大工の家系で『列士録』があるのは、竹内有兵衛、上田作太夫、竹内三左衛門、竹内久右衛門、竹内小右衛門、井川善十郎、山門吉郎左衛門、内藤野八、斎田彦吉、安藤兵八等であるが、いずれも最初は御大工（卒分）で、その後子孫が士分になっている。

『帳』によって御大工の系譜はおおよそ摑めるが、『列士録』は御大工の働きも記されており、その活動や推移等を補うことができる。また、『帳』は享和二年（一八〇二）までの記録しかないが、『列士録』の多くは明治初年までの藩士の働きなどが記してあり、『帳』では分からない享和二年以降の御作事所や御大工の活動内容も知ることができる。

ここでは『列士録』で確認できる御大工の系譜のうち上田作太夫、井川善十郎、山門吉四郎、内藤野八、斎田彦吉、安藤兵八の六人を取り上げ、その家系と働きについて検証する。氏名の後の〇数字は『列士録』での記載順を表わしている。

上田作太夫

上田作太夫①は『帳』の上田作太夫(2)と同一人物である。作太夫①(2)は元和年中に足軽並として直政に仕え始めるが、寛永年中、越前大野で御大工となる。松平直政が松江に入府した当初から竹内有兵衛①と共に御大工頭の地位にあったと思われる。

その子六太夫②(15)は明暦二年（一六五六）から御作事所に勤め始め、寛文六年（一六六六）に父作太夫と入れ替り御大工となる。『帳』によると、元禄六年（一六九三）に御目見御大工頭となり、延宝七年（一六七九）に御徒並御大工頭となっている。佐太神社の貞享度造替では竹内有兵衛(18)と共に「御大工」として携わっている。[23]

享保三年（一七一八）に留守居番組に組入れし士分になる。

上田作太夫③は『帳』では元文二年（一七三七）の「御奉行被仰付」しか記されていないが、『列士録』によると、作太夫③は宝永三年（一七〇六）に御作事所元〆となり、享保一〇年（一七二五）に士列に取立られ、御留守居番組に組入れし、御蔵奉行や御代官を勤め、元文二年（一七三七）に作事奉行になっている。御大工の家系から御作事奉行になるのは竹内有兵衛③についで二人目である。また寛保元年（一七四一）には「大社御造営御用懸り」とあり、同三年（一七六四）に作事奉行は御免となり、大番組に組入し、以後、上田氏は幕末まで士列として継続する。三代目以降の上田氏については省略する。

井川善十郎

『帳』による井川姓の初見は正保二年（一六四五）の御大工井川太郎右衛門(8)であるが、この後を継ぐ太郎右衛門(20)は元禄四年（一六九一）に亡くなっている。以後、途絶えたと見え、しばらく井川姓は見えないが、井川源四郎(36)が享保三年（一七一八）に御大工並として登場し、新之丞（後の源四郎）(55)が跡を継いでいる。

これとは別に井川太郎右衛門(46)が元文二年（一七三七）に御大工並として登場し、源太（繁右衛門）(77)が跡を継ぐ系譜が見える。太郎右衛門、源太はそれぞれ『列士録』に記されている井川保助①、善十郎②である。

元文二年、御大工並となった保助①は延享二年（一七四五）に杵築御造営に関わり、寛延元年（一六六一）に御大工になり、明和四年（一七六七）まで勤めている。

保助の倅善十郎②は、宝暦一一年（一七六一）からの江州山門（延暦寺）の普請手伝では「坂本御大工雇」として場所詰めし、明和四年（一七六七）に親と入れ替り御大工になっている。それ以後、明和七年（一七七〇）に小作事元〆となり、同八年には御大工本格となり、安永三年（一七七四）には御大工頭となり、「駒次郎様御殿修復」、「若殿様御殿普請」にも関わっている。天明五年（一七八五）には御徒並となり、寛政四年（一七九二）には御大工頭頭取となり、この年には、さらに御作事所添奉行となっている。

山門吉四郎

『帳』での山門姓の初見は享保三年（一七一八）に御大工並として召抱られる山門吉郎左衛門(39)である。『帳』で山門姓を拾ってみると、吉郎左衛門(39)は御大工並から御大工になり、三郎左衛門(72)は御大工見習から御大工になり、さらに御大工頭となり寛政九年（一七九七）まで勤め、その跡を兵蔵(87)が継いでいる。この他、安永五年（一七七六）に新番士として士列に取り立てられる吉四郎(58)が見える。

ここでは、この吉四郎の系譜を『列士録』によって追跡してみる。

元祖平左衛門①は享保三年（一七一八）に御大工並となり、元文二年（一七三七）に御大工になるが、宝暦九年（一七五九）に死去する。この平左衛門は『帳』にある吉郎左衛門(39)と同一人物である。

元祖吉四郎②(54)は実は本家吉郎左衛門(39)の嫡子である。寛保三年（一七四三）に御大工並となり、寛延三年（一七五〇）に御大工になり、宝暦一二年（一七六二）に「御目見小算用格」を仰付られ御大工頭元〆となり小普請方に勤める。その後、御修覆方御大工頭、小普請方御大工頭を勤め、明和八年（一七七一）には「御作事所御大工頭頭取役」を仰付られ、安永五年（一七七六）には士列に取立てられ、御作事所添奉行となり、天明元年（一七八一）には御破損方寺社修理方添奉行を兼勤し、同四年に亡くなっている。その間、「佐陀神社（佐太神社）普請御用」を勤め、安永八年には「日光諸堂社其外御修復手伝い御用」を勤めている。なお、このことより、松江藩が安永度の日光諸堂社修復に対しても普請手伝いを行っていることが確認できる。

二代目平左衛門③は御大工としての記録はないが、文化年間には「杵築大社修復」「大奥修復」「江戸表東長屋普請」等に携わっている、また「横目」（御作事所での役職）にもなっている。なお、平左衛門③は、その後、文政二年（一八一九）には新番士に取立てられ、天保三年（一八三二）には組士になっている。

内藤野八

『帳』によると、内藤姓の初見は享保三年（一七一八）の内藤安右衛門（後に野右衛門）(40)で、以下、寛保二年（一七四二）の内藤連太（後に領左衛門）(50)・内藤丈右衛門(80)へと継がれている。

一方、延享三年（一七六四）には御大工並となる内藤野八(62)の名前が見える。野八について、『帳』は宝暦三年（一七五三）に「破損方大工」と記してあるだけでその後の活動は不明であるが、『列士録』によってその後の働きを知ることができる。

内藤野八①(62)は野右衛門(40)の次男で、延享二年（一七四五）に御大工見習となり、宝暦二年（一七五二）には御破損方御大工並となり、明和元年（一七六四）に御大工になる。

その倅野八②は明和八年（一七七一）に父の跡を受けて譜代格御大工となり、天明二年（一七八二）には御大工になり、寛政六年（一七九四）には御大工頭になっている。以後、「江戸上屋敷御修復」「佐陀神社（佐太神社）造営」や江戸大崎の普請などに関わり、文化八年（一八一一）には添奉行になっている。文政元年（一八一五）には大橋の普請にも関わり、同七年に亡くなる。

江戸大崎の普請は文化二年（一八〇五）・同四年・同九年と三度も関わっているが、文化九年には「大崎御屋鋪大御前様（不昧）御殿御普請出精相勤」と記されており、これは特に力を入れた普請事業であったことがうかがわれる。この江戸大崎の下屋敷は、治郷が文化三年（一八〇六）に隠居して不昧と号し営んだ大崎庭園であり、園内には茶亭が一一ケ所あった(24)。

野八②の度重なる関与からも、独楽庵等を含めて大崎下屋敷の普請に松江藩御大工が関与していたことは明らかだろう。

内藤工八郎③は文化三年（一八〇六）に御大工見習として御作事所に入り、以後、同八年に「御大工頭之心得」とあり、文政七年（一八二四）に士分となり御留守居番組に組入するが「上屋敷普請に出精」とも記されている。士分になっても作事や普請に関与していたのである。

斎田彦吉

『帳』での斎田姓の初見は延享四年（一七四七）の斎田彦四郎(63)であるが、『列士録』によると、父斎田彦吉①は享保三年（一七一八）に「御破損方支配御大工並に仰付られ御給銀拾枚三人扶持下さる」とあり、同年に「御天主小形」（天守の模型か）を造り、同五年には「御城内分限絵図」を描いて、それぞれ藩主に差し出している。模型を造り、絵図を作成しているところから、設計能力も備えた御大工だったと見える。この彦吉は、彦四郎(63)と同一人物である。彦吉①はその後、享保一〇年（一七二五）には御大工になり、享保一七年には城内の諸建物の修復に関わり、寛保四年（一七四四）には城内にある稲荷神社の造営にも関わっている。

斎田彦四郎②は『帳』にある斎田徳左衛門(65)と同一人物である。延享四年（一七四七）に御作事所見習となり、宝暦元年（一七五一）に父の跡を受けて「御破損方支配御大工」となっている。その後、宝暦三年（一七五三）には「大橋懸直し」に、同五年には「三丸仕立所御住居替普請」に関わり、同九年には「三丸奥御殿普請」にも携わり、同一一・一二年（一七六一・六二）には江州山門（比叡山延暦寺）の「普請手伝」に関わっている。また、明和元年（一七六四）には「天倫寺本堂御建立御用」を勤め、同三年に御徒本格となり「奥御殿御住居替御用」を勤め、御立派改革のあった同四年には「御大工頭頭取、御修復方内改」になっている。その後、藩内の寺社の修復、大橋の架け替えなどを勤め、明和六年（一七六九）には「御立派以来深切に打込み役所内殿り合宜しく且つ三丸其の外幾多の御修復所出精相勤め」たとして金一両を賜わっている。同八年には御大工頭取となり、士列に取立られ、安永二年（一七七三）に添奉行、寛政元年（一七八九）に作事奉行（御破損方、寺社修理方兼勤）

になり、同一〇年には「月照寺御霊屋御普請」を勤め、翌年に亡くなっている。

なお、二代目斎田彦四郎③は父の跡を継いだ時から士列で、大番組に組入れし、御銀奉行等を勤めるなど、御作事所とは関係のない役職に就いている。

安藤兵八

安藤兵八(54)は、『帳』では寛保二年（一七四二）に「御大工並」になっているが、『列士録』では安藤兵八①が同元年に杵築大社造営に伴い「御大工並」になっている、同三年には一端「御暇」になるが、宝暦二年（一七五二）に帰参し、再び御大工並になり、同一二年の「円隆寺本堂建立」では山門三郎左衛門(72)と共に御大工を勤め、明和二年（一七六五）に亡くなっている。

その子源太（喜代七）②は『帳』の源太(79)と同一人物である。宝暦一三年（一七六三）に御大工見習となり、明和二年（一七六五）「三丸奥御殿・外廻り修復御用」を勤め、御大工並となる。同四年には「御立派」により「減人」となるが、安永三年（一七七四）には再び、御大工並として帰参し、同八年には「月照寺書院庫裏御普請御用」を勤め、天明三年（一七八三）には譜代格御大工となる。寛政三年（一七九一）からしばらく「大奥御居間普請御用」に始まり「若殿様御殿」「大奥普請」を勤め、同一一年に亡くなっている。

伝六（伝之助）③(101?)は寛政一一年（一七九九）に父の跡を継いで、譜代格御大工となり、文化一一年（一八一四）には「大崎御屋敷御用格別心配相勤」として御隠居様より銀二両を賜わっている。大崎御屋敷は江戸大崎の下屋敷であり、御隠居様は不昧に他ならない。下屋敷における御茶屋の作事にも関与していたと考えられる。同一三年に御大工になり、文政元年（一八一八）には御大工頭になり、天保五年（一八三四）には「杵築大社内外御普請御用」を勤め、同九年には御作事所別当になり、同一〇年に亡くなっている。

只七④は天保六年（一八三五）に御大工見習として御作事所に入り、同一〇年には親に代わって御徒並となり、同一二年には「江戸御仕立所御普請御用」を勤めているが、当時、江戸勤番となり、抱え屋敷の御茶屋の図面も(25)

残している。その後、天保一四年（一八四三）には御大工頭になり、嘉永三年（一八五〇）には御徒本格になっている。その後、同七年には、観山御殿の造営にも関わり、さらに、文久元年（一八六一）には「須佐大宮御造営並びに御殿御修復御用出精相勤」とあり、須佐神社本殿の造営に関わっていることが分かる。[26]観山御殿は、三の丸の東に位置する御花畑にあった建物で、「松平氏末世の豪華な時代」が偲ばれる華麗な建物だった。須佐神社は、『風土記』『延喜式』に記載された由緒ある神社で、古来より須佐大宮・出雲大宮と称されている。『帳』には、正徳五年（一七一五）に「須佐大宮仮殿出来」、享保四年（一七一九）に「須佐大宮御修復」とあり、松江藩も重用していた神社である。現存する須佐神社本殿は文久元年（一八六一）の上棟であり、檜皮葺の堂々とした大社造の社殿であるが、このような社殿の造営を可能にしたのも松江藩御大工の関与があったからと考える。

その後、只七④は同二年（一八六二）に士列（新番士）に取立られ、添奉行となり、慶応元年（一八六五）には御作事奉行になり、同三年には「杵築大社御造営御用懸」を勤め、明治元年（一八六七）に亡くなっている。

四　竹内有兵衛とその働き[27]

本節では松江藩の名工と伝えられる竹内有兵衛[28]について述べる。

まず、『列士録』を中心にその系譜を追跡するが、竹内姓では、檜皮方竹内小右衛門、作事奉行竹内久右衛門などの名前も『帳』には記されており、これらの『列士録』も確認されているので、概要を付記する。次いで、竹内家に伝えられていた『（竹内右兵衛書付）』（以後『（書付）』と記す）の特色を述べ、この史料が木割等を記した伝書としては初期の史料であることを明らかにしたい。氏名の後の（　）付きの番号は前節同様『帳』に記載されている御大工名の初出順を表わし、○数字は『列士録』での記載順を表わしている。

(一)竹内氏の系譜

『帳』には、初出の有兵衛(1)、二人目の有兵衛(14)、三人目の有兵衛(18)と三人の記録が見えるが、三人目の有兵衛(18)については元禄六年（一六九三）から御大工頭、享保二年（一七八〇）から同一八年（一七三三）まで作事奉行とある。これら有兵衛の動向は『列士録』によって、より詳しく知ることができる。ここでは、御作事所に勤めた三人の有兵衛（宇兵衛）を中心に、その働きをたどってみる。

図２　松江城天主模型（写真提供：松江市）

祖父宇兵衛①は『帳』の有兵衛(1)と同一人物である。寛永七年（一七三〇）以来直政に仕え、信州松本では同一〇年に城郭の破損修理に呼び寄せられている。同一三年、奉仕を一度は断わっているが、直政が松江に移封された寛永一五年（一六三八）には、紀州家に二〇〇石で召抱られることになっていたところを「御大工頭」として呼び寄せられている。『藩祖御事蹟』にも竹内有兵衛（宇兵衛）についての記述があるが(29)、直政に召し出され仕えるようになったのも大工としての技倆を高く評価されたからであろう。また、「松江城天主模型」（図２）が保存されているが、この模型も『藩祖御事蹟』によると、この宇兵衛が造ったことになる。

父宇兵衛②(14)は承応三年（一六五四）に御大工頭となり明暦大火によって類焼した江戸の屋敷の普請に関わっている。

元祖宇兵衛③は『帳』の有兵衛(18)と同一人物であるが、『帳』の記述とは若干異なる。寛文一一年（一六七一）に既に御大工頭となり、元禄七年（一六九四）には御作事所元〆役になり、同一〇年には江戸城田安御殿の普請手伝に関与し、正徳二年（一七一二）には御作事所胆煎役となり、享保三年（一七一八）には士列に取立られ、格式は役組外になる。その間、貞享度佐太神社造営に際しては「御大工」を勤め、「差図板」を書いている。同一八年まで作事奉行を勤めるが、作事奉行を辞したあと寛保元年（一七四一）には出雲大社修復に際して「相談役」を勤めている。

なお竹内有兵衛の系譜をたどると、元祖宇兵衛③⑱以降七代目平六⑨まで士分であることが確認できる。役職も奥納戸役・御側役などを勤め、御作事所に関わる役柄は見えず、わずかに五代目有兵衛⑦が嘉永元年（一八四八）に「御城内稲荷同所若宮八幡末次熊野権現御造営御修復御用懸り仰付らる」とあるだけである。

松江藩の名工として知られている竹内有兵衛が、御大工として働いたのは祖父有兵衛①から元祖有兵衛③までの三人で、その中でも祖父宇兵衛①と元祖有兵衛③の働きが顕著であることが分った。

このほか、竹内姓は竹内小右衛門・竹内仁助の系譜が見られる。竹内小右衛門については既に述べた。ここでは竹内仁助の系譜を述べておく。

仁助は寛永年中に越前姉崎で小算用として召抱られ、明暦元年（一六五五）に出雲で亡くなる。子の九右衛門が同年に跡を継ぐが、嗣子がなく、御細方玉村源十郎の三男を養子に迎えている。養子となる久右衛門は享保一八年（一七三三）には御作事奉行となっている。寛保元年（一七四一）には「杵築大社造営御用掛り」も仰付けられているが、同三年まで一一ヶ年間作事奉行を勤めている。

また久右衛門の弟、竹内権三郎は寛文九年（一六六九）に御勘定方押合役となっている。二代目三左衛門（実は久右衛門養父の次男）は寛文一二年（一六七二）に御勘定押合役となり、御取立になり、元禄一一年（一六九八）に役組外を仰付られている。その子、竹内左助は享保一六年（一七三一）に御破損奉行になり二〇ヶ年勤め、また延享三年（一七四六）には御作事奉行を兼勤することとなる。

竹内姓では竹内有兵衛以外に、竹内久右衛門・竹内左助と二人が作事奉行となっているが、竹内氏は松江藩御大工の中でも、傑出した存在であったことがうかがえる。

『明細帳』には、奥谷にある「地形場」の一画に「御大工　竹内右平」と記されており、宝永元年（一七〇四）に「御取立御徒」とあり、続いて「愛宕ノ下久保喜右衛門跡へ被遣」とある。右平は元祖宇兵衛③である。士列に取り立てられた宇兵衛は、屋敷替えで外中原に移っていることが分かる。奥谷の竹内右平の後は「御大工　上田六太夫」「御作事附　奥田杢左衛門」など御作事所に関わる役職の者（卒分）の名が続いて記されている[30]。このことから「地形場」は、直政入府当初から作事に関わる場所であり、その一画に御大工等が屋敷地を宛てがわれていたと思われる。

（2）『(竹内右兵衛書付)[31]』について

『(書付)』の記載事項は多岐にわたっている。その内容をまとめたのが表4である。冒頭に年表が書かれているが、年号は永正から正徳までで、永正一七年（一五二〇）に始まり正徳三年（一七一三）で終っている。建築等に関しては、門に始まり、家作については茶室の記載も含まれている。棚は「違棚之事并図」として五二棚が図示され、道具類については碁盤類が五種、まな板類が六種、煎茶箱六種、箱五種、衣桁・見台・文机などがあり、計外（秤升）等も記されている。竹内家は家作や門扉の作事だけでなく、茶室や道具類の造作にも長けた大工職の家柄だったと見える。「はゝかりなから　書つけおき候」にはじまる『(書付)』の奥書[32]には最後に「竹内右兵衛」の署名があるが、『(書付)』は竹内家の秘伝書で、一種の木割書である。

この竹内右兵衛であるが、『帳』に「但越前大野御部屋住之時ゟ御大工」とある有兵衛①と同一人物であることは間違いない。『(書付)』は右兵衛すなわち有兵衛①が直政に伴い松江に移ってから、竹内家に伝わる資料を

表４　『（竹内右兵衛書付）』一覧

年表（３枚）	
永正〜元和（年号刻み）	
寛永元年〜正徳三年（１年刻み）	
（延宝６〜元禄５には作事等の記載が見られる）	
家相（４枚）	
地形之事、二十二相之事、五姓之人家造之事、門尺之事、龍臥之事	
建築・道具関係（68枚）	
門	棟門之事、唐棟門之事、四足門之事、唐四足之事、唐門之事、向唐門之事、薬医門之事、上土門之事、冠木門、平地門之事、同取付塀之事、向塀重門之事
家作	広間之事、中門之事、輿寄之事
棚	違棚之事并図（52棚図示）
付設１	舞台、鞠懸、厩
茶室	四帖半台数寄屋、腰掛、雪隠
付設２	鷹部屋
道具類	具足櫃、碁盤、中将碁ノバン、小将碁ハン、双六盤、（鴫）ノ板、白鳥ノ板、鯉ノ板、中ノ板、下ノ板、中ノ板、包丁ノ柄、マナハシ、衣桁、手拭カケ、見台、煎茶箱６、御文箱、御机、箱類５、
舛他	関札、計舛17、産屋ノ事、町舛４
松江城城郭（24枚）	
御本丸中（天守閣平面図６を含む）、二御丸中、御本丸二丸下ノ段、新御屋敷之内	
奥書（１枚）	

改めて書き直したのだろう。寛永一五年（一六三八）より承応三年（一六五四）の間に書かれたものと思われる。また、『（書付）』に書かれている「違棚之事并図」は「四十八棚系」のもっとも先駆的な資料であることが岡本真理子によってすでに明らかにされているが、(33)『（書付）』の年紀が永正の年号から始まっているところから竹内家は一六世紀初頭から伝わる大工の家柄と推察できる。『（書付）』は建築書としても古く貴重な史料といえるだろう。

松江城城郭の欄は、天守閣の平面図六（一〜六階）を含み本丸・二の丸等にあった建物一つひとつについて、その名称や大きさが記されてる。また、年表のうち、延宝六年（一六七八）から元禄五年（一六九二）までは「延宝七年　荻田配所十一月出来唐門」「元禄元年　佐田本社八月十八日棟槌十九丑刻遷宮」等、作事に関する記述がある。年表への記述と城郭に関する記述は筆跡も年代も符合する。(34) このことから、年表に附記されている作事と城郭の記述は、元祖有兵衛③が、一七世紀後半に書き加えたものと思われる。

『(書付)』は祖父有兵衛①が代々竹内家に伝わる木割書を携帯できるようにまとめ直して冊子にしたものであり、それを元祖有兵衛③が関与した作事や城郭等について新たに書き加えた伝書と考える。

五　松江藩御大工の特色

第二節で松江藩御作事所が関与した作事を明らかにし、第三・四節では、松江藩御大工のうち松平直政に伴って松江に来た御大工と『列士録』が伝える御大工、そして竹内有兵衛の系譜を検証し、松江藩御大工の働きを明らかにしてきた。本節では、松江藩御大工の特色について言及し、考察を加えたい。

まず、松江藩における御作事所と御大工の特色をまとめておく。

(1) 御作事所には、作事奉行とそれを補佐する添奉行が役所を統率し、その配下には、事務(計吏)系として調役、内改、横目、元〆、役人等が、技術系として御大工頭、御大工、御大工並(譜代格御大工)、御左官等が、それらを助ける役職として城普請、小夫等が置かれていたが、御作事所の陣容は天明六年(一七八六)当時およそ七〇名だった。

(2) 御大工を中心にその推移を見ると、御大工から御大工頭、添奉行、中には本奉行へと昇格する者もいた。

(3) 役職と格式は不可分に対応している。大工職は徒以下の卒分であり、奉行、添奉行になってはじめて士分になる。

(4) 御作事所は、普請所勤めが主体であるが、破損方、寺社修理方も併置されていた。

(5) 添奉行、大工頭、御大工等は交互に江戸勤番をしているが、江戸での勤めも重要な任務だった。
(6) 御作事所は御大工を重用した組織であり、御大工には優れた技倆が備わり、統率力のある者が求められていた。

御大工の任用とその推移は、『帳』によって、次のような特色が見られた。

徳川家康の庶長子結城秀康の第三子・松平直政は、寛永元年（一六二四）から一〇年間越前大野を領し、同一〇年から松本を、同一五年から出雲国を領するが、寛永一五年召抱の御大工七人の大半は生国が越前（竹内有兵衛だけは生国播磨）であり、大野時代に直政に仕え、[35]身分はいずれも足軽（卒分）だった。

前国主京極忠高に仕えていた家臣にも作事に長けた家来[36]がいたはずだが、直政は、御作事所を設けると大野以来仕えた家来で固め、城郭や城内の殿館等の修覆造営整備に当たらせたと思われる。

御大工の役職は御大工並の召抱（登用）から始まるが、御大工並の召抱に決りはなく、町大工や棟梁から御大工(並)になる例もいくつか見える。田鹿与市は町大工だったし、小林安左衛門は大工町に住む大工だった。[37]技倆が備わっておれば町大工や大工棟梁からの御大工(並)への登用もあり、また、力と働きのある人物は御大工並から御大工、そして御大工頭となり、それに相応して格式も高くなっていった。御大工並の召抱とその推移を見ると、松江藩では、大工職の任用や登用が、大工の技倆や働きに応じて行われる場合が多々あったと思われる。

なお、享保三年（一七一八）に召抱られた御大工並七人の系譜を辿ると、田原茂右衛門のように短命な者、内藤野右衛門のように倅が受け継いで添奉行にまで昇進する系譜と、その推移は個々によって異なることも分かった。[38]

『帳』によって松江藩御大工の系譜を追跡すると、二八（竹内、上田、上坂、馬場、水谷、森川、井川、野口、田鹿、奥田、渡部、伊藤、中村、井上、原田、山門、内藤、岡、上村、安藤、斎藤、中山、川端、一宮、藤岡、木村、小林、香川）の家系にまとめることができた。また、寛政一五年（一六八三）から享和二年（一八〇二）までの一六五年間に御作事所に勤めた御大工を拾ってみると竹内有兵衛から馬場此八まで一〇〇名（享和二年の安藤伝之助を含めると一〇一名）になった。

これらのうち原田茂左衛門・中山茂兵衛・川端初右衛門・木村庄七は一代限りで、森川甚左衛門・野口三十郎などは二代で途絶え短命であるが、子から孫に、そして子孫に大工職が引き継がれている系譜も少なくなかった。

寛永一五年（一六八三）に御大工に召抱られた七名であるが、今一度、それぞれの系譜を振り返ってみると、竹内姓（有兵衛）、上田姓は士分となり、上坂姓・水谷姓・竹内姓（小右衛門）・森川姓は途中で途絶え、『帳』から消えている。馬場姓は最初から最後まで確認できる。また、寛永一五年に足軽として召抱られ、正保二年（一六四五）に御大工になったと見られる井川太郎右衛門の子孫も途中で一端途切れているが、享保三年（一七一八）以降、再び現れ、享和二年（一八〇二）まで確認できる。松江藩御大工の中でも、この馬場氏と井川氏が御大工として特に息の長い家系であった。

このほか息の長い御大工は、正徳二年（一七一二）に御大工並に召抱られた渡部徳右衛門・伊藤万蔵・中村伊左衛門、享保三年（一七一八）に召抱られた井上清右衛門・山門吉郎左衛門・内藤安右衛門の系譜に見られる。

新たに任用される御大工も何人か見えるが、[39] 寛保二年（一七四二）以降に召抱られた大工職の中からも安藤只七・斎田彦吉のように力のある御大工が表れている。[40]

竹内有兵衛については、節を改めてその働きを記したが、『藩祖事蹟』[41]には「竹内有兵衛といふ名匠の聞江にある者にて、越前大野に在ませし時依り御出入いたし、出雲へ御入国の時に士列の召出されたる者なり、御入国の時乙部可正に従ひ、御待受の為に御先に来れるか、御殿前より遙に天主を見あげて、南の方幾尺寸傾けりといへり、其事御聴に達し、御しらべありければ、果して違はず、それより天主の御修復を命ぜられしかば、有兵衛先づ天主雛形を作りて御修復に取懸りて、遂に思ふ如くに功を成せり、其雛形は今二の丸に蔵せらる（後略）」と記されている。竹内有兵衛①が、当初から名匠として嘱望されていた御大工だったことを伝える記述である。

松江藩御作事所と御大工の関与した作事で特筆すべき事柄を二つ取り上げておく。

一つは、出雲大社を始め主要な神社仏閣の造営に松江藩御大工が深く関わっていたことである。

今一つは、御大工は藩邸だけでなく江戸屋敷の諸建物の普請にも携わっており、下屋敷大崎の造営を始め、茶室や数寄屋建築にも力を発揮していることである。

直政は、松江入封以来、職制・軍役・正教・治水・産業に力を注いだことはいうまでもないが、独自の施策として特筆すべきは出雲大社の正殿式造営とそれに伴う神仏分離の断行であろう。寛文度の出雲大社造営は、前国主京極忠高の家臣であった岡田半右衛門が作事大奉行となり挙行されたが、以後の造営には御作事所が強く関わり、現社殿も松江藩御大工の関与が大きかったことが、『帳』『列士録』だけでなく『出雲大社延享造営伝』を始めとする「山村家寄贈」資料[42]によってもうかがえる。

いわゆる出雲地方に伝わる大社造の神社は、神魂神社を除くと、大半が直政入封以後の建築である。そのうち佐太神社・須佐神社など代表的な神社の造営では、御作事所や松江藩御大工の関与がはっきりしている。貞享度造営の佐太神社は竹内有兵衛の指揮のもと大社造の基本形に社殿が造り直されているが、佐太神社は貞享度・文化度と造営が繰り返される中で、社殿が純粋な大社造に作り替えられてきた。

こうして見ると、近世以降、出雲大社に代表される大社造が出雲地方に浸透するようになった要因として、松平直政入封以後における松江藩御作事所の関与は無視できなく、松江藩御大工の働きが大きいと考える。

また、七代藩主治郷（不昧）は松江藩きっての名君にあげられるが、それは施策家としてより、多分に茶人・

文化人としての足跡に負うところが大きいからだろう。茶人としての働きは、江戸の大崎下屋敷に設けた一連の茶室と庭園の整備、大徳寺孤篷庵の再建などが知られるが、国元松江にあっても、不昧の指導による名席菅田庵、明々庵などが伝えられている。松平不昧については、古くは松平家編輯部『松平不昧伝』(箒文社、大正六年)及び高橋梅園著『茶禅不昧』(寶雲社、昭和一九年)があり、中村昌生先生にも「松平不昧と菅田庵」(『茶の建築』、河原書店、昭和四三年)、「松平不昧」(『茶匠と建築』、鹿島研究所出版会、昭和四六年)などの論考がある。これら先学の業績は大きく茶人としての不昧の活動については他言をはさむ余地はあまりないが、不昧の活躍の背景に、御大工から細工人になった小林如泥を始めとする松江藩御大工の存在があったことは明記してもよいだろう。

不昧が再建した大徳寺孤篷庵であるが、これに対しては「京都大徳寺孤篷庵御茶室焼失ニ付御再建仰出御訪之趣承仕候(中略)若御国ゟ御大工ニ而も被差置候ハヾ差心得候その申付被地江差置木品仕様等委処為相紀御入用積為仕候得者委処者可相成旨奉存候此段奉伺之候以上　五月廿三日　御作事所」と記された文書[43]がある。これは、寛政五年(一七九三)二月に焼失した孤篷庵の再建に対して、松江藩御作事所も十分に対応できることを伝えるものであり、松江藩御作事所並びに御大工の技倆の確かさを裏づけるものであろう。不昧はまた、松江城内、御花畑の一画に待庵写しの「妙喜庵[44]」を設けていたことが最近分かってきたが、このことを明らかにできる『御花畑之内南御亭妙喜庵御待合共御建直積』(島根県立図書館蔵)や『妙喜庵絵図』(同館蔵)も御作事所が関わり、御大工頭が書き残したものである。

家老職であった三谷家住宅(殿町にあった上屋敷)の再建では、棟札によって御作事所の関与がはっきりしているが[45]、三谷家に現存する対雲亭などの茶室も不昧好みの茶室といってよいだろう。

松平治郷の御成に併せて建築されたと推察できる奥出雲に現存する鉄師頭取櫻井家住宅の御成座敷には如泥が造った釣物や欄間も残っているが、普請にあたっては御作事所の指導があったと推察してよいだろう[46]。

菅田庵などの茶室建築だけでなく、住宅においても不昧の影響を受けた建築遺構が存在していることは、その影響の深さを物語るものであり、江戸大崎に営まれた独楽庵が、先年、出雲市の出雲文化伝承館に復元されたの(47)も、こうした文化的土壌が現代にも生き続けている証しと考える。

(1) 野津隆氏所有。
(2) 島根県立図書館蔵、正井儀之丞・早川仲編、歴史図書社、一九七〇年。
(3) 広島大学付属図書館所蔵の『中国五県土地租税資料文庫』の一。一六項目五八冊ある。貞享頃から延享頃までと延享頃から明治初期までの二期に分別できる。いずれも、屋敷地ごとに屋敷の広さ（間口、奥行）と門の向き（東西南北）が記され、さらに居住者名が逐次記されている。拙稿「『松江城下武家屋敷明細帳』等の概要――城下町松江の研究二」（日本建築学会大会梗概集(九州)、一九八九年）参照。
(4) 七代藩主治郷の代に家老職朝日丹波によって断行された藩財政建て直し改革。「勧農抑商」を基本としたものだった。「治国譜」に二五ケ条が列挙されており改革の内容を記しているが、その中に「御徒以下ニテ減人ヲ立ル事」とある。徒以下の下級武士は、相当数の減人を断行したようである。明和四年（一七六七）の御作事所の大幅な減員はこの「御立派」によるものである。
(5) これまでの諸藩の作事組織に関する研究では、御大工から作事奉行（徒から士格）への登用は確認されていない。他藩でもこのような事例は見られなかったと思われる。
(6) 城普請については、拙稿「城普請と城普請谷――松江藩御作事所の研究――」（日本建築学会大会梗概集、一九九七年）がある。
(7) 『役人帳』には「城普請町図」が挿入されており、屋敷地には居住者の氏名が記されている。
(8) 『旧藩事蹟調査下按』（国文学研究資料館史料館所蔵『雲州松平家文書』に一）は松江藩軍用方書役だった重村俊介が松江藩の様子を多岐にわたって記したもので、そのうち『五ノ拾壹』に「十一御作事奉行」が記されている。
(9) 同様の記述は竹内家に伝わる『(竹内右兵衛書付)』の年表にも見られる。表2では『(書付)』記載の作事に※印を付しておいた。
(10) 初代直政から九代斎貴までの廟門及び墓石は現存しているが、初代直政及び七代治郷の廟門については建造年代が不明。治郷の廟門については小林如泥の関与も伝えられ、文政元年（一八一八）以降の建築と思われるが、初代直政の廟門も同時期の建築と見える。

(11) 貞享四年の佐太神社造替は松江藩御大工である竹内有兵衛と上田作太夫が関わっている。竹内有兵衛は「指図板」を残しているが、これによって貞享度造営の佐太神社造営は、それまでの社殿を一新する古典的な造営事業であることが分かる。拙稿「佐太神社の変遷について」（日本建築学会中国支部研究報告集・一八、一九九四年）参照。

(12) 照高山円流寺について『松江史誌』は次のように記している。「旧藩時代には荘厳なる本堂あり、其設備善美をつくし上の間、次の間、三の間、四の間、対面所、使者の間を始めとし、書院、茶の間等があり、四周の古木老松と相俟つて神威を崇高ならしめて居た(後略)」。

(13) 御花畑について『松江史誌』は次のように記している。「三の丸及び御鷹部屋の西方に濠を以て隔てられたところはお花畑であり、助次橋外一橋を架けて相通じてゐた。こゝに京極氏の頃から、すでにお花畑が置かれ、松平氏に及んだところで松平氏末世の豪華時代の表徴とも云ふべき観山御殿、南方御殿、田中の御殿、桝形の御茶屋、歌仙堂の名残地として古老の感想を新にするものである。(後略)」。

(14) 主要な造営記録は『「山村家寄贈」図書』に含まれている。『「山村家寄贈」図書』による作事関係の史料は島根県立図書館に八九点保存されているが、その中に、出雲大社に関する史料は一五点以上ある。

(15) 『「山村家寄贈」図書』の一。原本は島根県立図書館にはなく、写本が出雲大社に所蔵されている。『出雲大社延享造営伝』は本社の造営を中心とする『乾』と、末社や他の建物を扱う『坤』の二冊からなる。

(16) 『「山村家寄贈」図書』の一。島根県立図書館所蔵。慶応度の社殿修復の記録であるが、文化度造営に関する記録も再録されている。

(17) 松江藩御作事所にとって出雲大社造営事業は特別であり、御大工の深い関与も、『出雲大社延享造営伝』『大社御造営日記』など『「山村家寄贈」図書』によってうかがえる。

(18) 拙稿「寛永一五年召抱御大工とその子孫の推移（松江藩御大工の研究　その一）」（日本建築学会大会学術講演梗概集（近畿）、一九九六年）に修正を加えている。

(19) 『帳』には三代目までしか記載されていないが、『列士録』によると、以下の通りである。四代目伴兵衛は正徳二年（一七一二）に御作事所見習となり、享保七年（一七二二）に父の跡を継ぎ御徒並となり、元〆、横目役を勤める。五代目伴兵衛は元文元年（一七三六）に小算用となり御作事所から離れる。以下は『列士録』によるが、六代目武太夫は安永五年（一七七六）に御徒並となり、文化六年（一八〇九）の出雲大社修覆、その後「若殿様御殿普請」にも携わり、文政一二年（一八二九）には士格になっている。

(20)『帳』に最初から最後まで名が見える御大工は馬場姓だけである。

(21)『帳』には元禄六年（一六九三）に御役人竹内伊助の名が確認でき、同八年には御目見御役人となっている。『列士録』によると三代目伊助（戸作）は元禄一二年（一六九九）に父の跡を継ぎ御役人となる。四代目小太夫は正徳三年（一七一三）に御料理方見習となり、以来台所方に勤め、延享二年（一七四五）に士格となり、宝暦一二年（一七六二）から御台所奉行を勤めている（安永四年まで）。

(22)国文学研究資料館史料館に収蔵されている『雲州松平家文書』の一。松江藩士の系譜を記したもので全五四冊からなる。『雲州松平家文書』は国文学研究資料館史料館所蔵。『雲州松平家文書』の中には『藩祖御事蹟』『旧藩事蹟』『列士録』『出入捷覧』等、松江藩の変遷を知る上で貴重な史料が数多くあり、複写本が島根県立図書館に所蔵されている。

(23)佐太神社貞享四年建立棟札には「御大工　上田六太夫　竹内宇兵衛」と記されている。

(24)大崎庭園について記した資料に『松平不昧伝』（大正六年発行、平成元年復刻）がある。茶室に関しては、『松平不昧伝　中』の第六章「大崎名園」にその特徴が記されており、松瞑、為楽庵、簇々閣、窺原、眠雲、富士見台、一方庵、清水茶屋、独楽庵、紅葉台、利休堂と一一ケ所の建物について、その概要が解説されているが、いずれも不昧が好んで使った茶屋・茶室である。

(25)『畑ケ谷御屋鋪分間惣絵図』（天保一二年三月制作）が島根県立図書館に所蔵されている。『「山村家寄贈」図書』の一。

(26)須佐神社の文久元年の造営棟札には大工棟梁等の氏名は記載されていないが、現存する社殿については『近世社寺緊急調査報告書(島根県)』（一九八〇年）に「現本殿は、作事奉行塚本官太夫景正の宰配の下に文久元年（一八六一）上棟されたものであり、大社造、檜皮葺の堂々とした社殿である」とある。安藤只七も御大工頭として尽力したと思われる。

(27) 拙稿「竹内有兵衛と『竹内右兵衛覚書』について（松江藩御大工の研究　その七）」（日本建築学会大会学術梗概集(関東)、二〇〇一年）に加筆修正を行ったものである。

(28) 竹内有兵衛の呼称は、『(書付)』に竹内右兵衛、『列士録』に竹内宇兵衛とあるなど史料によって異なるが、本稿では竹内有兵衛を便宜的に基本的呼称としている。

(29) 島根県立図書館蔵。

(30) 『帳』によると、上田六太夫は寛文六年に御大工になり、元禄八年御大工頭になっており、奥田杢左衛門は宝永六年に御大工になり、享保三年に御大工頭になっている。

(31) 原本は横綴の小本（七・三×一五・六センチ）で、紙数は一一五枚（うち末尾一五枚白紙）である。表紙の半分は損なわれて、表題は分からない。『日本建築古典叢書五　近世建築書――座敷雛形』では、史料名を『(竹内右兵衛覚書)』と題し、これを「四八棚系」本のもっとも先駆的な史料として紹介し、「実用本位の覚書的性格をもつ史料であることは、奥書によって察せられる」としている。本史料は竹内家から松江市に寄贈され、現在は松江城管理事務所に『竹内右兵衛書付』（松江市保護文化財）として所蔵されている。島田成矩著『松江城の城郭について』（島根県文化財調査報告集第一〇集、一九八〇年）で、島田成矩は『竹内右兵衛書付』としている。しかし、表紙が欠落しており、呼称は不明である。本稿では、史料の呼称を『(竹内右兵衛書付)』とした。

(32) 資料として貴重と思われるので、原文をそのまま掲げておく。奥書には「は、かりなから　書つけおき候　此書物もし　おとし候ハヽ、ひとへ　に目くらの杖　をうしなへるにて候　御ひろい被成候方様ハ　可被下候ハヽ、忝存たてまつるへく候　以上　竹内右兵衛」。

(33) 『日本建築古典叢書　五　近世建築書――座敷雛形』（大龍堂書店、一九八五年）。

(34) 城郭のうち「御本丸二丸下ノ段」の中で「荻田居所境ノ塀」「荻田表長屋」などと記載されている建物は、年紀に記されている荻田配所（延宝七年）と同じ建物である。

(35) ただ上坂氏だけは直政の父秀康の代から仕えていた足軽だった。

(36) 例えば寛文の杵築造営の大奉行になった岡田半右衛門。

(37) 『松江八百八町　町内物語＝白潟の町＝』（同書編纂協会編、一九五五年）に記されている。また、小林安左衛門は松江藩の名工小林如泥の親である。

(38) 享保三年に召し抱えられた御大工については、拙稿「享保三年召抱御大工とその推移（松江藩御大工の研究 その六）」（日本建築学会大会学術講演梗概集(東北)、二〇〇〇年）がある。
(39) 本稿では取り上げなかったが、『山村家寄贈』図書を残した山村源左衛門は、『奉納御本社棟札』に「大社御用ニ付取立」とある。出雲大社の文化度造営にあたって新たに召し抱えられた御大工と見える。
(40) 御大工並小林安左衛門の子・如泥は松平不昧に重用され細工人として名を残している。
(41) 島根県立図書館蔵。
(42) 史料は図版も含めて一〇〇点以上あり、うち八九点が島根県立図書館に所蔵されている。「杵築御本社惣絵図」「月照寺山内御廟所絵図面」「青山御屋鋪分間絵図、麹町御屋鋪絵図面」「江戸大崎御絵図」「遠州公好三畳大目中潜砂雪隠附待合建絵図入 御大工」「お茶屋絵図」「妙喜庵絵図」などが含まれるが、『「山村家寄贈」図書』は松江藩の建築の実像を伝える貴重な史料と思われる。
(43) 野津隆氏所有『松江市誌関係文書』の一つ。
(44) 「妙喜庵」については、「松平不昧の『妙喜庵』について」（二〇〇四年度日本建築学会大会学術講演梗概集）としてまとめ、投稿したところである。
(45) 拙稿「三谷家住宅について(松江藩御大工の研究 その五)」（日本建築学会中国支部研究報告集・二一、一九九六年）によって明らかにしている。三谷家住宅には棟札が現存しており、表面には、上方に上棟年月（天保五年一二月吉日）、三谷家当主（長熙公御代）が記され、下方の大工棟梁には職人の名前が記され、裏面には、まず「御作事所役人」とあり、続いて「内改／高橋為助忠正 御大工頭／吉田嘉平光豊 吟味方／松田平八正睦 軸方／吉田直重真意 請払／祝原良助春喜 壁方／古川九蔵盛寿 請払／田和愛五郎憲武 屋根方／兼本半兵衛久富 同／兼本半四郎富吉 軸方／佐々木鉄次郎吉高 木材請払／周藤義蔵忠敬 見廻／武部喜惣亮泰 壁方／三成清助正貞同／三成清次郎直温」と御作事所の面々が列記されている。これによって天保五年（一八三四）の普請工事では御作事所が指導的役割を担っていたことがはっきりする。
(46) 桜井家住宅は松平治郷をはじめ松江藩主の度重なる御成を受けている。拙稿「鉄師頭取桜井家の屋敷構えと建築」（日本建築学会中国支部研究報告集・二一、二〇〇一年）で松江藩御大工の関与を推察している。
(47) 平成三年竣工、設計／京都伝統建築技術協会・伝統建築研究所、施工／安井杢工務店。中村昌生著『中村昌生の

仕事　数寄の空間　II』（淡交社、二〇〇〇年）所収。

〈付記〉本稿は、拙稿『松江藩御作事所と御大工に関する研究』（学位論文、私家版）を松江藩の作事と御大工の働きを中心に書き改めたものである。

『御作事所御役人帳』『列士録』『松江城下武家屋敷明細帳』『（竹内右兵衛書付）』を基礎史料として扱っているが、その中でも『帳』は、幕藩体制下における地方（松江藩）の建築生産組織の形態とその推移を伝える貴重な近世史料と考える。本稿ではその一端を紹介するにとどめているが、『松江藩御作事所と御大工に関する研究』では、その全てを翻刻し資料一（別冊）とし、また、『帳』に記されている松江藩御大工が一目で分かるように『松江藩御大工一覧』を作成し資料二（折込）とした。

『帳』で確認した松江藩御大工二〇〇人について、『松江藩御大工一覧』（資料二）では御大工の右肩に『帳』の記載順に一から一〇〇まで番号を付し、論文『松江藩御作事所と御大工に関する研究』では各御大工にも同じ数字を付し、照合できるようにしているが、本稿で取り上げる御大工についても、氏名の後に（　）付きの数字を付し、『帳』に登場する御大工の順が分るようにした。

近世初期寺内町の様相について
——泉州貝塚における寛文二年「願泉寺再興造立奉加帳」をもとに——

岩波由佳

はじめに

寺内町は、中世末に真宗寺院を中核として形成された自治的性格を持つ集落である。おもに摂津・河内・和泉地方に多く建設された各寺内は、相互に結びつき、本願寺を頂点とする宗教・政治・経済のネットワークを形成した。また、活発な経済活動の展開により、近世都市に先行する都市的形態を持つと捉えられる。

本稿では、泉州貝塚寺内町を中心に、近世初期の寺内町の状況を集落・都市形成の観点から分析し、当時の状況と都市としての特質、中世から近世へと移行する過程を考察する。

泉州貝塚は、中世末より本願寺を支援する和泉地方の拠点であった。天正一一年七月～一三年八月（一五八三～八五）には、約二年間という短期間ではあるが、本願寺が移転、惣本山所在地として教団の中心となった。近世に至っては、他の多くの寺内町が特権を剥奪され一般農村として近世封建体制に組み込まれてゆくのに対し、「貝塚寺内」として諸役免除や一定の検断権等の自治的特権を持ち続け(1)、中心寺院である願泉寺住持・卜半家の支配の下、近在農村の経済的先進地域として繁栄した。

近世初期の貝塚は町の形成過程の上で、中世集落から近世都市への移行、再編成がなされる重要な時期と考えられるが、史料に乏しく不明な点も多い。ただし当時の状況を知る重要な史料の一つとして、寛文二年（一六六二）「願泉寺再興造立奉加帳」（以下「奉加帳」）[2]が願泉寺に残されている。奉加は寛文三年の願泉寺本堂再建に先立って行われ、貝塚寺内一二二四人、他郷から四九二人が参加している。当時の人口は明らかでないが、約二〇年後の延宝九年（一六八一）の寺内戸数は「一三〇〇余、人口七五〇〇斗」[3]とされることから、奉加参加者は概ね戸数に近く、寺内のほとんどの世帯が奉加に参加したと考えられる。また「奉加帳」には上納金額、居住地、名字・屋号、奉加参加者の名前が記載されており、寺内の全体像を把握する上のみならず、集落構造の細部を知る手がかりとなる重要な史料である。

以下では、「奉加帳」を多角的な視野で分析し、近世初期の貝塚寺内町の状況および都市構造を明らかにするとともに、中世から近世への移行過程について考察する。

一　近世初期における畿内の寺内町の状況

中世末の摂津・河内・和泉・大和地方において、大坂石山本願寺を中心に各寺内が自治的性格を持ちながら発展した。徳川の治世に入ると、寺内町は自治権をはじめとする諸特権を失い、一般農村として近世封建制の下へ再編されていった。しかし都市としての経済的先進性により、近隣郷村の中心として経済活動をリードする面も見られる。

河内地方の代表的な寺内町である富田林は、永禄元年（一五五八）に始まり、戦国期を経て、近世初期には在郷町として発展した。寺内町の特質の一つである交通の要衝という点においては、高野街道に沿って位置し、紀州や大和へ通じるが、渡し場や船着き場が無く、舟運に関しては不便であった。富田林に残されている寛永二一年（一六四四）「河州石川郡之内富田林家数人数万改帳」(4)（以下「万改帳」）には、石高をはじめ、家屋その他建物の種類と規模、家族構成までが記され、当時の状況についての詳細な史料として知られる。「万改帳」によると、寛永当時の戸数二八五戸、総人数一二〇六人である。総戸数の内、「かしや」は九八戸を数える。商工業者は七九軒（二七・七％、うち職業の判明するもの三三軒）で、商農兼業であるケースも多かったと考えられる。職種で多いのは「かじや」が六軒、「紺屋」が五軒見られる。これらの商家では下人を雇用し、規模も上から中の階層であることが窺える。一方「からかさや」「火ばちや」「餅や」なども見られるが、商人とは区別され、小規模で貧しい層にある。

さらに富田林には「貞享三年（一六八六）宗門帳」(5)（以下「宗門帳」）が残されている。「万改帳」から約四〇年経過しており、商業的農業の展開等により「万改帳」と比べ、町として大きく発展していることが窺える。「宗門帳」には戸数四二〇軒（高持二一四、借家二〇六）、惣人数一六六九人が記載され、寛永期から著しく増加している。このうち商工業者と考えられるものは七六軒、屋号を持つもの三七軒、商人と推定されるもの一九軒である。職種では「かじ」が相変わらず最多で九軒であるが、「布や（七）」「木綿屋（三）」「こん屋（四）」と木綿加工に関連する職種が増加するのが特徴である。「米や」も四軒と多い。また、その他の雑多な小売り商いの種類も増加している。

同じ河内地方の寺内町である大ケ塚は、石川の東の段丘地に位置し、永禄頃形成された。近世初期の史料である『河内屋可正旧記』(6)（大ケ塚村の有力商人である河内屋五兵衛可正によって元禄から宝永年間に記された日記）によると、その頃の諸営業は一〇三軒二三種を数える。大ケ塚の集落は、北と南に二分され、制札場などもそれぞれに立つのが特徴であり、各営業は北、南それぞれにまんべんなく分布する。職種では髪結が一二軒と多く、紺屋四軒を大きく凌いでいる。規模は貝塚や富田林には及ばないながら、都市的商工業が展開していたことが窺える。

一方、今井は多くの近世民家が現存する大和地方の代表的寺内町である。近世封建制の下、村落として扱われたが、富裕であり、町としての発展が著しかったことから「町」と称される。天文年間には吉野地方の本願寺の拠点であった。豊織政権下においては南大和の中心的な町場となり、農村である一方、町として発展した。寺内は六町に整然と区画される。「文禄検地帳」[7]では屋敷地が町面積の四割以上を占めている。屋敷筆数は五二二、屋敷所有者四〇六とあり、借家が相当数存在したことが窺える。近世初期には繁栄のピークを迎え、延宝七年（一六七九）には家数一〇八二（本家二二八・借家八五四）、人口約四四〇〇を擁する。[8]自治的性格も見られ、寺内町創設以来の有力者に町政が任されていたが、近世期にはむしろ富裕な商家による町の運営という性格に変化している。商業活動が活発で、米の為替決済や両替商、肥料、質屋、酒屋その他日用品の販売、さらに複数の貸家を所有して借家経営を行うものも見られる。

北河内の招提は天文期に成立したが、比較的早い時期に諸特権を剝奪され、一般農村に編入された。天正一三年（一五八五）には農村として検地が行われている。そのため町場としては十分に発展せず、また寺内規模も小さなものであったことから、商工業者の割合は少ない。延享元年（一七四四）「招提村差出明細帳」では総戸数二二七戸、延享二年（一七四五）の諸営業[9]は一七軒となる。内容も農村の日用品の販売が中心である。

貝塚では、現存する最古の寺内絵図である「慶安元年（一六四八）寺内絵図」[10]（以下「寺内絵図」）に、整形街区を持ち瓦葺の町並みを有する整備された都市の形態が描かれる。具体的な戸数や人口について、確認できる史料からは、延宝九年（一六八一）一三〇〇戸、七五〇〇人、元禄九年（一六九六）一五三六戸、七一一〇人、宝永七年（一七一〇）一三二三戸、七五三六人となる。[11]このように町の物理的規模としての人口は延宝、元禄期をピークとし、その後暫時減少する傾向にある。ただし商業、経済は江戸期を通じて向上していると一般には考えられ、戸数、人口減少の理由には都市生活の進展による富裕層の出現や一戸の坪数の増加が挙げられる。

以上のように、摂津河内和泉の各寺内は、近世初期の慶安・寛永期から四〇～五〇年の間で、商業的農業の発達、経済活動の工場、土地開発、人口流入による人口増等が起こり、めざましく発展した。特に都市・大坂という大消費地に近接するという地勢からも顕著であったと考えられる。また中世寺内として発展した地盤を持つ地域として、都市政策としての優遇(12)——寺内という宗教性を取り除いた上で、近世封建制下の地域経済発展の拠点としての組み入れ——が働いていたことも考えられる。

二　職種から見た貝塚寺内の職業構成と居住地の分布

貝塚寺内において「奉加帳」記載の屋号からわかる職種は、「かちや（鍛冶屋）」「櫛屋」「大工」をはじめ六七種類、総数三〇〇軒を超え、多種多様な商工業が展開していたことが窺える。貞享三年（一六八六）富田林（四二〇戸、一六六九人）の商工業者三四種類、七六軒と比較しても、貝塚の町場の規模は大きい。

貝塚寺内は北之町、西之町、中之町、南之町、近木町の五町で構成される。そのうちでは商工業者数、種類ともに北之町が最も多い。奉加金の町別総額においても、北之町九貫二七一匁九歩五厘、西之町・中之町合計九貫九一七匁、南之町・近木町合計五貫五九八匁五厘と、北之町が抜きん出ており、北之町が寺内において商工業の最も発展していた地域であり、寺内経済の中心であったと考えられる。寺田（星野）家、利斎家（ともに一七世紀末）をはじめとする近世の有力商家の住宅遺構も北之町に数多く残されている(13)。

職種別では「かち（鍛冶屋）」が四七軒と最も多く、「かなや（金屋）」一三軒と合わせて、鉄器金物生産が発達していたことが窺える。中世を通じて、貝塚の近接地域である河内南部地方における鋳物師の活発な活動はよく知られるところであるが、近世初期の貝塚における鍛冶屋、金屋の多さは少なからずその影響によるものと考えられる。河内鋳物師(14)は、中世初期より有力寺院の灯炉供御人として重要な地位を占めていた。河内鋳物師は、おもに河内国日置を拠点とした手工業者で、一般の鋳物師に比べて高度な技術を持っていたとされる。河内鍋は高級品として生産され、河内鋳物師は生産品を持って都へ上り、販売していたと考えられている。室町後期には鋳物師と鍋売という鉄器の製造と販売は分業されるようになっていた。鋳物師は河内国を中心に近国に散在しており、和泉地方にも有力な職人集団が存在していたと考えられる。貝塚寺内にも影響が及んでいることは想像に難くない。鋳物師は中世の職人・商工業者の中でも最も重要な職種の一つであった[15]が、鋳物師の業務を受け継ぐ鍛冶屋は中世寺内でも重要な産業であったと考えられる。寺内町という軍事・経済面で先進的な集落にとっては、

表1　「願泉寺再興造立奉加帳」職種別分布表

	北	南	中	西	近木	その他	不明	計
かちや	12	2	15	6	12			47
くしや	1	1	20	2	1	16	1	42
大工	3	0	5	1	0	3	0	15
かなや	7	0	0	0	0	0	6	13
紺屋	2	1	2	1	0	1	6	12
しほや	1	1	0	1	1	5	0	9
かみゆい	2	1	0	3	0	1	2	9
うをや	2	1	0	3	0	1	0	7
鰯屋	1	1	0	0	0	0	5	7
篭屋	1	1	0	0	2	1	2	7
油屋	2	1	0	2	0	1	0	6
樽屋	1	0	0	1	3	0	1	6
てぐりや	0	1	0	1	0	0	4	6
やくし	0	0	0	1	0	2	2	5
渡シ	2	0	0	1	0	2	0	5
地わふせんや	0	2	0	0	0	3	0	5
鉄屋	0	0	0	0	0	0	5	5
医師	1	0	0	0	0	0	3	4
船大工	2	2	0	0	0	0	0	4
ぬしや	3	0	0	0	0	1	0	4
木引	3	0	0	0	0	0	0	3
魚うり	2	0	0	0	0	1	0	3
軽物や	0	0	0	0	0	1	1	2
くしひき	0	0	1	0	1	0	0	2
瓦や	0	0	0	0	0	1	1	2
あめや	0	1	0	0	0	1	0	2
とほふや	1	1	0	0	0	0	0	2
こんにゃくや	0	1	0	1	0	0	0	2
ばばや	1	0	0	0	0	1	0	2
茶売	2	0	0	0	0	0	0	2
そほめんや	0	0	1	0	0	1	0	2
たばこや	2	0	0	0	0	0	0	2
むめや	1	0	0	0	0	1	0	2
帯売	1	0	0	0	0	0	1	2
はかりや	1	0	0	1	0	0	0	2
古かねや	1	1	0	0	0	0	0	2
八百屋	0	0	0	1	0	0	0	1
ちゃ屋	1	0	0	0	0	0	0	1

あおや	0	0	0	0	0	1	0	1
灰や	0	0	0	0	0	0	1	1
古手や	0	0	0	0	0	0	1	1
革や	0	1	0	0	0	0	0	1
たたみや	0	0	0	0	0	1	0	1
目医師	1	0	0	0	0	0	0	1
塩売	0	0	1	0	0	0	0	1
とりや	1	0	0	0	0	0	0	1
くつや	1	0	0	0	0	0	0	1
目薬売	0	0	0	0	0	0	1	1
小間物や	1	0	0	0	0	0	0	1
まんちうや	0	0	0	1	0	0	0	1
がんばこや	1	0	0	0	0	0	0	1
板や	0	0	0	0	0	1	0	1
かさや	1	0	0	0	0	0	0	1
やなし	0	0	0	0	0	1	0	1

技術の先進性が都市を運営する上でも特に重要であったと考えられる。

　また、「鍛冶屋」に次いで「くしや（櫛屋）」が四二軒、「くしひき」一軒と、櫛関係の営業も多く見られる。櫛は古代より貝塚地方の名産品として「新猿楽記」にも現れている。近世に至るまで「和泉櫛（近木櫛）」として独占的に生産されていた伝統産業である。櫛製造は寺内町を含む近木庄全域に分布し、職人の数は江戸中期には五〇〇～六〇〇人に達したとされ(16)、江戸期の櫛の全国シェアの大部分を占めていた(17)。櫛製造に関与する種々の分業も成立していたとされるが、「奉加帳」では「くしひき」一軒を除いて単に「くしや」という表記のみであり、櫛製造に伴う分業形態は不明である。近世初期においても、櫛の生産販売は中世からの基盤を引き継いだ貝塚寺内の中心的業種であったと思われる。

　一方、一業種の件数は少ないが、雑多な業種が数多く見られるのが貝塚寺内の特徴である。「うをや」「もちや」「かみゆい」「油屋」「こんにゃくや」他それぞれ一～二軒程度であるが、営業は多種にわたる。六〇種を超える貝塚の商工業種のうち、「かちや」「くしや」等の数種の主要業種以外は、このような種々雑多な内容である。日用品の販売をはじめとする、都市生活の維持に必要な、いわゆる消費的営業が多様に展開するのが特徴である。

　次に奉加参加者の居住地と合わせて、各職業の分布について分析する。全体の傾向としては、金屋は北之町に、鍛冶屋は北之町、中之町、近木町に、櫛屋は中之町にいずれも集中している（表1）。北之町は集落の北部、街

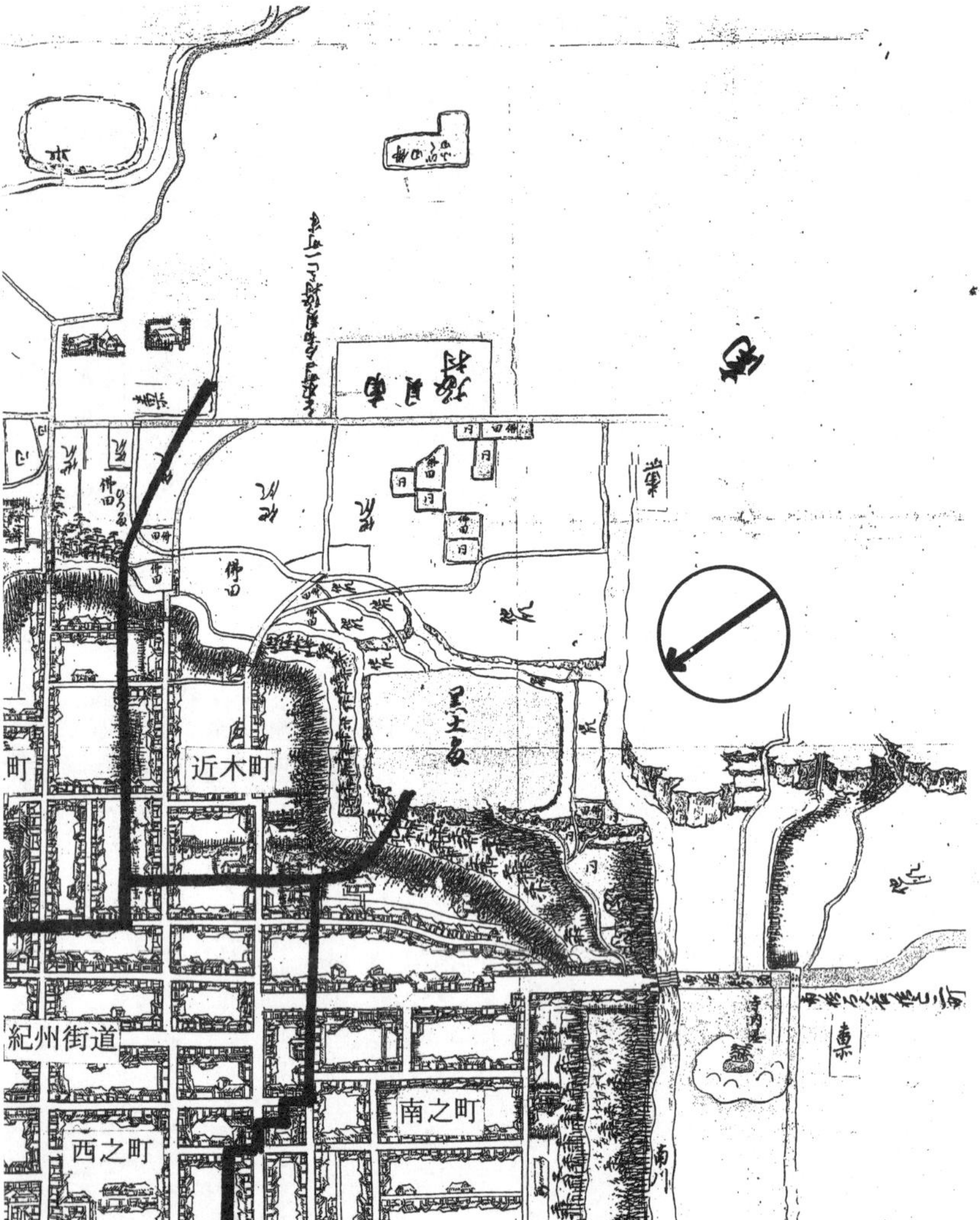
近木町
町
紀州街道
南之町
西之町
海
清水川

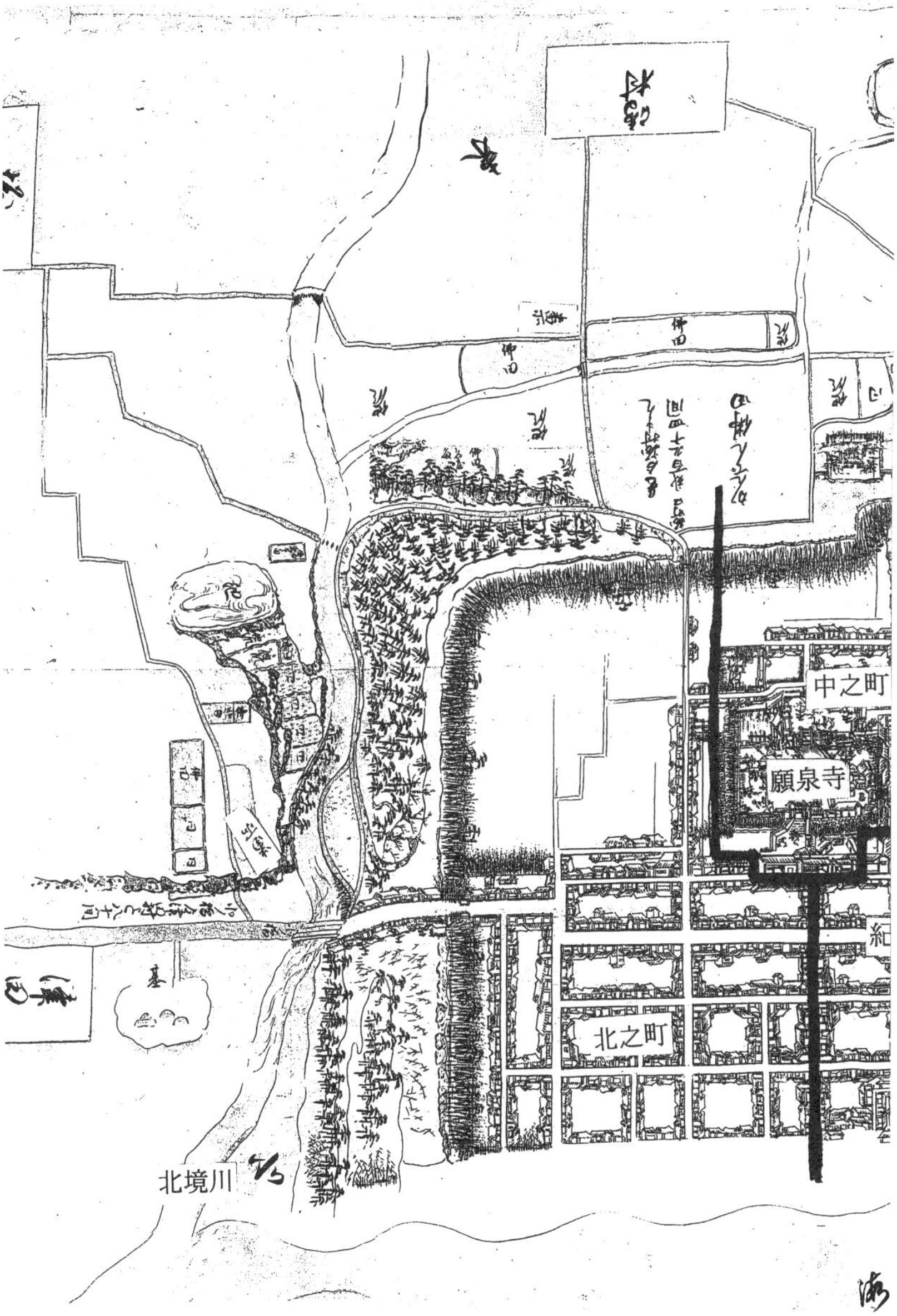

図1　貝塚寺内五町（慶安元年寺内絵図に明治22年地籍図の町界を重ね合わせて作製）

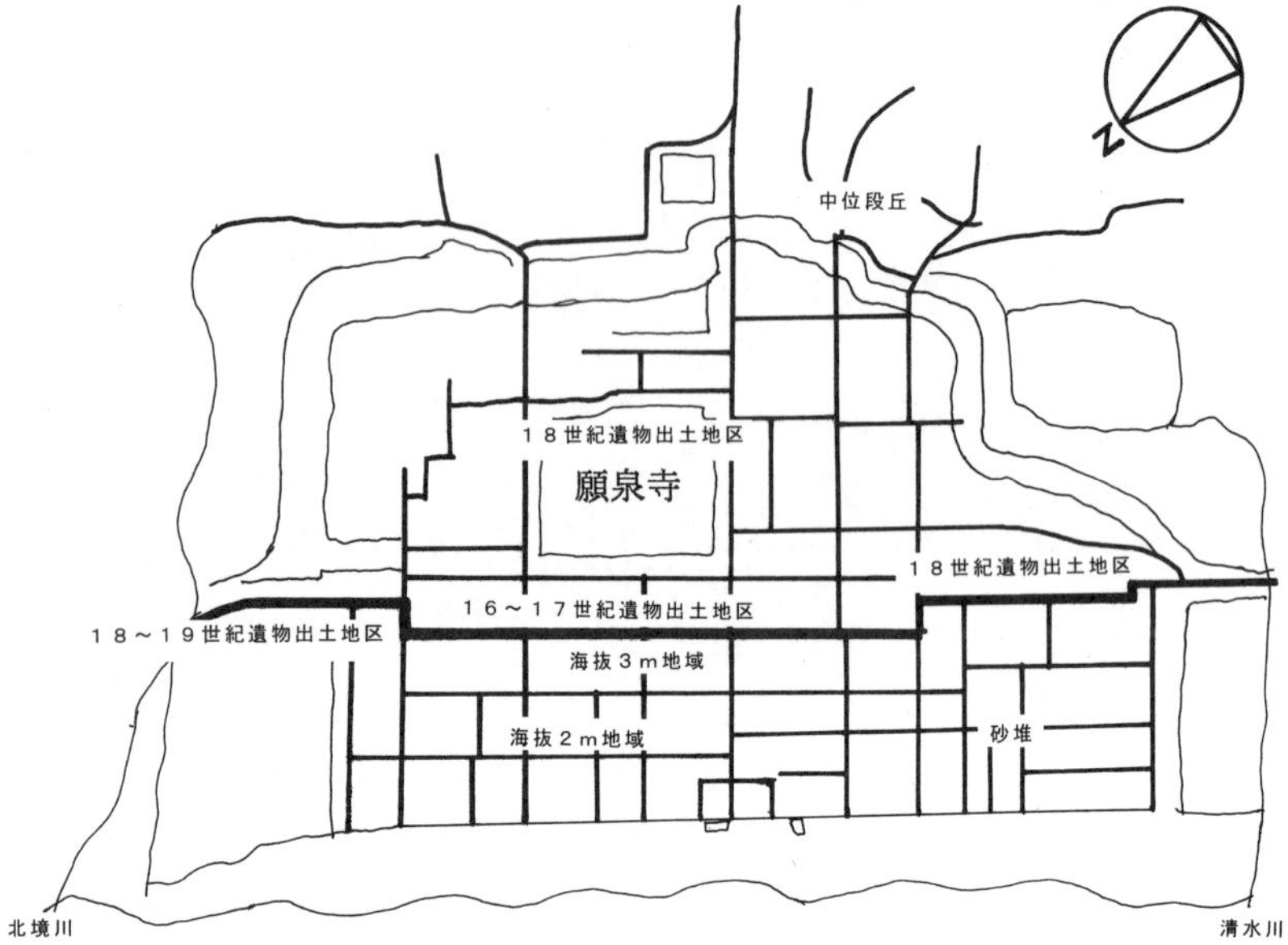

図2　貝塚寺内地形および発掘調査による遺物等の出土状況
（慶安元年内絵図に、前川浩一「貝塚寺内町遺跡」〔『寺内町研究』第4号、1999〕を参照して作製）

道の両側にわたる最も広い地域を占め、海、山両方向に広がる。中之町、近木町は集落東部の段丘上に位置する。中之町は願泉寺の東、南側に広がり、近木町は中之町の南側、集落南東端の堀土居の内側にある。西之町は北之町の南側、集落の中央海側に位置し、南之町はさらに南の集落南部で、どちらも紀州街道以西の海沿いの平地を中心に広がる（図1）。

金屋、鍛冶屋、櫛屋が集中する北之町、中之町、近木町は、いずれも集落の東側、段丘上の山側に位置する地域である。これらの業種は中世における貝塚地方の代表的生産業種であるとともに、軒数も多く、まとまった数の就業が見られる。山側の地区は中世の伝統産業を近世に引き継いだ、集団的営業形態であったと考えられる。

一方「うをや」「もちや」「かみゆい」「油屋」「こんにゃくや」等、一業種当たり一～二軒と少ないが種々雑多な業種が見られるのは西之町、南之町、北之町においてである。集団性は希薄であり、資本や設備、技術の蓄積をあまり必要としない製造やサービス業等の、いわゆる消費的営業と言えよう。都市生活を支える、零細ではあるがバリエーションに富んだ商業活動の展開が窺える。

このように「奉加帳」からは、中世以来の産業を集団的に営む山側の地区と、消費的営業を主体とする海側の地区という構造が読みとれる（表1）。ただし北之町は街道を中心に山側と海側の両方にわたっているため、双方の面を持つ。

西之町、南之町、北之町における消費的営業の発展は、近世初頭における都市化の進展と人口増加を背景に、寺内住民の都市生活を支える様々な商工業活動が必要になったことが理由として考えられる。願泉寺を核として、産業の確立された山側の地区に対し、海側の西之町、南之町は町として、宅地として十分に発達しておらず、近世に入って新規に開発されたところも多く含まれると思われる。消費的営業が新たに入り込む余地がなかった山側の地域に比べ、西之町、南之町は伝統的産業を持たなかったことによって新しい都市的、消費的な経済活動へスムーズに移行できたのではないかとも考えられる。「慶安絵図」には、街道沿いに瓦葺の二階建てを含む町家や蔵の建ち並ぶ情景が描かれ[19]、「奉加帳」の前段階ですでに先進的な町並み、町場が存在したことが窺える[18]。さらに発掘調査[20]によって、砂段下の街道筋に当たる地区で一六世紀から一七世紀の遺物が発見されており、それらは青花、輸入磁器等の商業的性格のものであることから、近世貝塚に先んじて商業的に発展した町場の存在が指摘されている（図2）。また、遺物の数が一六世紀後半から急増することも明らかにされている。これらのことは段丘下の北之町街道沿いに当たる地区の先進性および急成長を示唆しているものといえる。よって海側の地区においては、単なる空き地開発による町場化ではなく、寺内宅地開発の進展による人口増加に伴う消費的需要の拡大によって、都市的商業が成長し、すでにあった街道沿いに発達した町場を核として、未開発であった海側地域へ町が広がり、新たなる商業地域へと展開したと考えられる。近世初期の貝塚寺内町においては、北之町、中之町、近木町の山側地区に中世からの伝統的工業が集団で受け継がれ、産業地区が確立していた一方で、街道沿いの先進的商業地区を核として海側の西之町、南之町に消費的、都市的な商工業が新たに発生、定着したと考えられる。よって近世初期の段階で山側の伝統産業地区、街道沿いの富裕な商業地区、海側の新しい消費産業地区という基本構造が成立しており、職業内容による区分、住み分けが行われていたことが窺える。

三　地名による寛文頃の貝塚寺内地形と開発

「奉加帳」には寺内五町以外に、特定地域を表す以下のような地名が散見する。

茶木原、浦ノかハ、窪村、中村、下ノ、堀之町、谷町、南浦町、南上善寺町、北はた、北新町、南浜、北ノはた、南はた、南町浦町、北浜、西浜、南町浜、南西はた、南はた浦町、西町浜、南町はた、西はた、南はた、西町堀、北堀町、北之浜、西之浜、西町はた

このうち堀之町は願泉寺北側を東西に走る通りである堀之町筋沿いに位置する。史料にも頻出し、五町には含まれないが、同等の扱いを受ける重要な町である。また上善寺町は、南之町の浄土宗上善寺周辺の地域を指すと思われる。谷町は、中之町にあり、集落中央を東西に横切る難波川（現在暗渠）の谷間に位置する。堀新町、茶木原、窪村、中村は貝塚周辺の地名である。

このような固有の地名以外については、以下のように分類できる。

①特定の地名に「浦」が付く場合（浦ノかハ、南浦町、南町浦町、南はた浦町）
②地名に「浜」の付く場合（北浜、西浜、南町浜、西町浜、北之浜、西之浜）
③地名に「はた」の付く場合（北はた、北ノはた、南はた、南西はた、南町はた、西はた、南はた、西町はた）
④地名に「堀」の付く場合（西町堀、北堀町）

いずれも寺内の町名に周辺部をあらわす浦、浜、はた、堀という語句が付随していることから、各町の周辺部の堀、土居、海岸が埋められて宅地化された場所を表すと考えられる。西、北、南は、いずれも海に面する三町であり、また北、南は堀土居に面してもいる。これらの町を中心として「はた（端）」や「うら（浦）」、そして海沿いの「浜」に住宅地が浸食し、集落の周囲にめぐらされた「堀」が埋められて宅地化されたことを示唆している。

「慶安絵図」には、寺内中心部である紀州街道沿いおよび山側の御坊周辺には瓦葺の町並みが描かれ、ところどころに蔵も見られる。それに対し、海側ではほとんどが藁葺で、空き地も見られる。また、周辺部の堀土居の内側はほとんどが空隙地になっており、特に寺内北東堀土居の内側は大きな未開地であったと思われる。対して享保一七年（一七三二）「泉州和泉郡貝塚卜半境内絵図」[21]では寺内の宅地化が進展しており、特に堀土居周辺では土居が削られ、土居外の北境川まで宅地になっている。また、南、北の堀内側、特に街道より西の海側で宅地化が進んでいる。

寺内人口は宝永七年（一七一〇）のピークまで増加を続けており、また貞享五年（一六八八）外側替地、享保一四年（一七二九）近木口の開発など寺内の大規模都市開発が進められた[22]。寛文二年という時期は慶安と享保の中間であり、大規模開発、宅地化が進展した寺内の開発期であると考えられる。

よって前述の地名は宅地化の進展を具体的に示すと考えられる。また固有の地名ではなく単純に場所と部位を示すのみであることから、建設途上の過渡的な寺内状況が窺える。

四　奉加金額から見る寺内の階層構成と「かしや」層の存在

寺内全一二二四軒の奉加金額は銀一〇枚（銀一枚が五〇～六〇匁として換算）から銀一歩までに渡る。上納内容は銀が中心で一〇一九軒、その他金六一軒、銭二九軒、青銅二軒である。上納額別では銀一〇匁が二二二軒と最も多く、二匁一〇一軒、二〇目九六軒、三匁九三軒、一匁八四軒の順となる。銀納の場合、全体の傾向として、五匁以下、一〇~三〇匁、五〇匁以上の三つの山が見られる（表2）。一〇~三〇匁は最も多く四七六軒、五匁以下は三八九軒、五〇匁以上は一二三軒となり、経済状況に応じて奉加を行ったと考えた場合、貝塚寺内住人は中流層、貧困層、富裕層に大まかに分化していたことが窺える。また、五〇匁以上の富裕層一二三軒の中では銀一枚が四九軒と多く、目安としての金額であったと思われる。寛文三年当時の物価では、米一石が銀五五匁であり[23]、銀五〇匁以上はかなり高額な奉加金額と見てよいであろう。

また、「奉加帳」には「かしや」という表記が二八四軒（町全体の二三％）見られ、おそらく借家人層と考えられる。町別では西町九七軒、北町八四軒、南町四三軒、中町二六軒で、西町は面積の割に借家数が多いことが窺

表2　「願泉寺再興造立奉加帳」奉加金額集計

銀		5匁	70
500目（10枚）	3	4匁	4
300目（6枚）	7	3匁	93
250目（5枚）	7	2匁	101
200目（4枚）	6	1匁2分5厘	1
150目（3枚）	15	1匁	84
110匁	1	5歩	36
100匁	24	1歩	1
70目	6	3両	30
60目	1	2両	12
50目	53	1両	30
40目	0	金	
35匁	1	1両	12
30目	65	2分	14
25匁	24	1分	35
20目	96	銭	
15匁	66	200文	10
11匁	3	100文	17
10匁	222	30文	1
9匁	0	50疋	1
8匁	9	青銅	
7匁	10	100疋	1
6匁	10	20疋	1

表3　近世初期寺内の戸数・人口および借家数

		人口	戸数	借家
貝塚	延宝9（1681）	7500	1300	
今井	延宝7（1679）	4400	1082	854
富田林	貞享3（1668）	1669	420	206

える。借家は他の寺内町にも見られ、延宝七年（一六七九）今井では一〇八二軒中八五四軒（七八％）、富田林では寛永二一年（一六四四）二八五軒中九八軒（三四％）、貞享三年（一六八六）四二〇軒中二〇六軒（四九％）となり、いずれも貝塚より高い割合を示している（表3）。特に今井では中世からの有力町人が近世の早い段階から富裕層を形成し、金融・土地経営にあたっていたことが知られている。

貝塚においては、町の規模は大きいものの、近世初頭には今井などの他の寺内町に比べてまだ貧富の格差が大きくなく、富裕層は存在したが、大土地所有、や借家経営にまでは至っていなかったと言えよう。さらに「かしや」所有者名から、所有者は重複していることは少ないことが窺える。借家の所有はほとんどが一～数軒にとどまっており、最も多い事例でも八軒で、大半は一つの借家に一人の家主という状態であった。近世後期には富裕層と貧困層の二極分化によって、大規模な地所を所有して土地を細分し、大規模借家を経営する家主層が出現する[22]が、寛文の段階ではまだ特定の個人が大規模な土地を所有する状態には至っていなかったと考えてよいであろう。

奉加にあたっての「かしや」層の奉加金額は、全二八四軒中銀一匁が最も多く六七軒、二匁六二軒、三匁四四軒となる。また「かしや」層全体としては銀五歩～五匁に二二一軒とほとんどが集中しており、町全体と比較して見ると金額は低い。しかし一〇匁以上上納している例も一七軒、銀三両一軒も見られる。また、銀五歩が二五軒見られ、女性名が多いことから零細ながらも寺内住人として富裕商人層と同等に奉加に参加している状況が窺える。

五　屋号に見る寺内有力町人と近世都市貝塚の創建

「奉加帳」の記載は概ね奉加金額の多い順になされており、筆頭の奉加額銀一〇枚の三名をはじめとして、「奉加帳」前半に記される奉加参加者の大半が銀一枚あるいは五〇匁以上の高額上納者である。「奉加帳」には卜半家および血縁者は含まれていないので、卜半一族以外の富裕な住民が多数存在し、富裕層が確立していたことが窺える。

富裕層のひとつは、「新川」「松浪」「目黒」等の名字をもつ卜半家家来[24]の地侍層と考えられる。明治四年「家来歴世并給禄書上帳」[25]には、「慶長年間御当家に召抱エ相成」高槻家をはじめ、北野、山出、目黒、松波、新川、並河、木原の各家について書かれており、並河、木原以外の各家はいずれも一七世紀初頭には貝塚に居住し、卜半家と何らかの関わりを持っていたことが記されている。並河家と木原家は寛文二年にはまだ卜半家家来として現れておらず、「奉加帳」にこの二家が見られないことと一致する。卜半家家来衆が形成された経緯は明らかでないが、具体的史料としては貞享五年（一六八八）地替[26]の際の「卜半役所役人」として、白井、木原、高槻の三名の名前が挙がっている。ただしそれ以前にも、慶長一二年（一六〇七）文書[27]の「寺内中」に対する「一門中」という特定の集団の記載や、慶長一五年（一六一〇）貝塚寺内住民訴訟[28]（以下「寺内訴訟」）での一般寺内惣中に対する「親類・家来・出入之衆百六家」などが見られ、慶長期にはすでに少なくとも一般の寺内住民と卜半家に関わる家来衆との区別が明確にされていたと考えられる。このように近世初期には卜半家の血縁者と「諸国牢人等を召抱え」という形の家来によって構成される卜半家家来衆の存在が窺える。

一方もうひとつの富裕層として、「利斎」「かわく（加奥）」「信濃屋」「鶴原屋」「加守屋」等の屋号を持つ富裕な商人らが見られる。近世において各町の寺内年寄[29]はこれら富裕商人層から選出され、寺内運営の一役を担っていた。延宝四年（一六七六）の各町の寺内年寄は、南ノ町信濃や新左衛門、森口や長左衛門、岡ノ又兵衛、北ノ町かおく弥右衛門、くすりや（利斎）新左衛門、井筒や（井ノ）惣左衛門、中ノ町くきや九郎右衛門、近木ノ町くしや彦右衛門、西ノ町樽井や与兵衛の九名である。いずれも「奉加帳」に現れており、奉加金額も銀一枚から一〇枚、平均三枚と高額である。

また、天正一五年（一五八七）付け由緒書である「貝塚寺内起立書」(30)（以下「基立書」）には「旧住ノ外近比諸国ヨリ来ル人々」として、「杉・青草・藪・白妙・岡・吉川・法信・大沢・森広・五藤・根津・杉守・加奥・庄司・武藤・西田・唐須・末包・宮花・後呂間・大仏・茂知谷・難波・千代松・大野・楠根」の二六名を挙げている（傍線筆者）。この中の「岡」「加奥」「唐須」「後呂間」は「奉加帳」にも名前が現れており、「かわく（加奥）」四軒、「からす（唐須）」二〇軒、「五郎ま（後呂間）」一〇軒が見られる。また、加奥弥右衛門は北之町年寄を、「岡（ノ）」の岡ノ又兵衛は南之町年寄を勤めている。「からす」二〇軒の内、居住地の記載のあるものは一二軒で、いずれも北、「五郎ま」は一〇軒中二軒が北、七軒が西である。このように「奉加帳」で見られる商人層の一部は天正期まで遡ることができ、北之町を中心に居住していたことが伺える。天正期の住人構成の状況は明らかでないが、貝塚寺内宛禁制(31)が天正一一年、本願寺移転に先駆けて下付されている。「基立書」作成が天正一五年とされていることから、「近比」をその時点から少し前と考えた場合、禁制が下され、本願寺が移転してくる時期にいた可能性を示唆する。「旧住ノ」人が具体的に誰を指すのかは不明であるが、中世貝塚からの住人を指すと考えるのが妥当であろう。また、あえて「近比」来た人の名前を列挙していることから、これらの人々が特別な働きをしたとも考えられる。天正一一年（一五八三）七月本願寺が紀州鷺森から貝塚へ移り、天正一三年大坂天満へ移転する約二年間は、短期間であるにせよ貝塚に本願寺が存在したことにより、多くの移住者が流入し、中には技能や職能を持つものが存在した可能性が考えられる。都市機能を支える職能を持つ者の流入の結果、前節で述べたような多様な職種の展開の基盤となったのではないかと思われる。

また、奉加中で最高額である銀一〇枚を志納したのは利斎正専、新川閑入、かわく弥右衛門の三名であり、他の高額上納者についても、卜半家家来、富裕町人のどちらの階層も区別なく含まれており、富裕なものは富裕さに応じて同等に奉加に参加していることが窺える。

以上のことから、当時の貝塚においてはト半家家来の地侍層と寺内年寄をはじめとする富裕な町人層が寺内における有力住人の双璧として混在していたことが読みとれる。天正の寺内は、ト半家を中心とする近世封建制に組み込まれた支配体制ではなく、有力住人の連合を中心とする中世自治的結合による寺内運営がなされていたことが示唆され、その影響が近世に至っても残されていたことが窺える。そして「奉加帳」においてもト半家主導の近世封建制に組み込まれた都市として再整備されて行く中で、なお家来衆と対等の財力を持ちうる富裕町人層の存在が浮かび上がると言えよう。

六　先行する中世貝塚集落と近世都市化について

これまで寛文二年の貝塚寺内の状況を考察してきた。近世貝塚は、寺内ではあるが、制度上は近世封建制に組み入れられ、ト半家主導の支配に則って展開する。しかし有力商人の存在や伝統産業の集団営業等、未だ中世の影響が少なからず見られる。一方で消費的営業の発達や商業内容による地域分化など、近世都市としての先進性も窺える。近世貝塚寺内町は中世の先行集落を基盤として、近世都市へと再編されたと考えられる。

貝塚の原初の集落成立に関しては、応仁年間ともいわれるが、伝承の域を出るものではない[32]。天文一九年（一五五〇）証如裏書の「方便法身尊像[33]」が下付されているが、宛先は「和泉国南郡麻生郷堀海塚」とされているのみである。「寺内」として成立していたかどうかは不明であるが、真宗寺院を中心とした何らかの集住があったことは考えられる。その後「天正五年兵乱ニ草堂・人屋悉ク破却ス」とあり、織田信長の和泉地方への侵攻の事実からも、この時点で貝塚寺内は破却され、焼亡したと考えられる。そして天正一一年（一五八三）に豊臣秀吉の禁制が「貝塚寺内」宛に下付されていることから、天正五年から一一年のあいだに町の再建が行われたと考えられる。この禁制は軍事的安全保障の禁制であり、地子免許等の都市特権を認める禁制ではないが、「貝塚寺内」宛に発給されたことから、事実上の公権力による「貝塚寺内」の承認という意味が読みとれる。その後天正一一年から一三年、本願寺が貝塚に移転し、町としての発展が確立する。貝塚の町は、天正の破却から六年間という短期間で本願寺が移転できるほどの再建に成功したと考えられる。

再建時の状況については「慶長一五年（一六一〇）寺内訴訟」（以下「訴訟」）から窺うことができる。「訴訟」は貝塚寺内住民が起こしたもので、文禄二年（一五九三）以降の卜半家による独裁と免除特権の剥奪の理不尽を主張している。寺内住民側の主張としては、天正の破却以降、織田信長に対し「かいつか年寄廿人」が合力し、折衝や取引等の寺内復興努力を行った結果、「新家分ニ寺内取立」として屋敷別一〇〇坪の地子免許特権を得たのであり、復興に尽力したのは卜半家ではなくむしろ年寄を中心とする寺内住人[34]であったことを訴えている。よって寺内の本来的な主権は卜半家でなく寺内年寄中にあるべきで、卜半家の独裁への異議を申し立てている。訴訟の結果は卜半家の勝訴で終わり、以降近世を通じ、地頭としての卜半家による貝塚支配が確立するのであるが、前述の貝塚年寄の主張や本願寺移転に先立って下付された天正一一年禁制の宛先が「卜半寺内」ではなく「貝塚寺内」となっていることなどを合わせると、中世以来の寺内住人の強固な自治的結合の存在が窺える。

近世における町の再編はこの天正期に再興された集落[35]を基盤としていたと考えられる。集落の形態は、段丘下の商業的に発達した地域と段丘上の御坊という形であったと推測される。このことは、北および西の山側が、中世以来の基盤を持つ産業地域であることと合わせて、天正まで遡り得る家の住人が北、西に居住していること、発掘調査により一六世紀から一七世紀の遺物が段丘下から出ていることから窺える。つまり願泉寺の位置する段丘上、周辺に中世以来の伝統産業が展開する地域と、西側に隣接して街道沿いに商業が展開する地域に分かれている形をとると考えられる。町場は寺院を中心として発展するのでなく、街道沿いの商業地域として展開する。

特に本願寺移転にともない種々の職能民が流入してきた可能性が考えられ、天正期の再興で基盤の出来た貝塚寺内が、本願寺移転を契機として一気に都市化したと推測される。近世初期の寺内再編成では、この山側の願泉寺中心の伝統産業地区＋段丘下、街道沿いの商業地区＋寺院＋町場が中心となる二つの核として大規模に開発され、近世寺内町へと展開すると考えられる。

おわりに

以上、「奉加帳」の分析に基づいて寺内の状況を考察してきた。寛文期は寺内の発展期に当たり、以降も様々な寺内整備が行われる。奉加の目的である願泉寺本堂再建の理由として、寛文二年の地震による損壊があげられるが、卜半家の寺内運営および都市としての発展が安定期に入り、勢力確立を可視的にあらわす目的もあったのではないかとも考えられる。

町の構造としては、伝統産業地区と商業地区が二つの核として発達したことが窺える。

また、貝塚が他の諸寺内と比較して、近世期により大規模な町場として展開した理由として、潜在的な中世有力商工業者の力をはじめ、中世以来の経済基盤および技術力を基礎としていた点があげられよう。また、そのため、近世都市として早い段階で先進的な活動を展開することが可能となったと考えられる。その上で多様な商工業の発達が都市の活力を生み出し、人口増加と寺内の整備発展につながった。中世の基盤の存在が近世初頭の急激な発展への対応を可能にしたと言えよう。

中世末、天正期の貝塚の集落の形成については、本願寺が移転してきたことと、鋳物業の存在による影響が大きいと考えられる。鋳物師は中世期には重要産業であり、諸国を渡り歩くとともに、定着しては地域の中心的産業となったと考えられる。短期間とはいえ本願寺が存在したことは、人口流入等、都市発展上貝塚にとって大きな意味を持つが、その根底には鋳物師による確固とした中世集落の存在が大きく関与していると思われる。中世末の本願寺移転、近世の経済発展に際し、単なる消費的営業の広がりのみでなく、厳然とした伝統的主要産業が先行して存在し、集落形成の根幹をなしたのが特徴である。

(1) 慶長一五年(一六一〇)徳川家康より「泉州貝塚卜半」宛に寺内の諸役免許の黒印状が与えられている(『貝塚市史』第三巻、七一頁)。以降、万延元年徳川家茂にいたるまで、近世を通じて将軍が変わる毎、京都所司代より同文の朱印状が下付された。
(2) 願泉寺蔵。矢内一磨「願泉寺本堂再興造立奉加関係文書について――寛文三年の本堂再興に関する奉加帳のデータベースによる紹介――」(『寺内町研究』創刊号、一九九五年)で、奉加帳全三冊の内容がデータベース化されて紹介されている。
(3) 戸数(「並河記録」、『貝塚市史』第三巻所収)。
(4) 幕府が同年作成を命じた代官所限りの「人数帳」の控えと考えられている。脇田修『日本近世都市史の研究』(東京大学出版会、一九九四年)第一章第三節参照。
(5) 戸数四二〇軒は、かまど数とも考えられる。前掲注(4)参照。
(6)『河内石川村学術調査報告』(大阪府南河内郡石川村役場・石川村学術調査報告刊行会、一九五二年)
(7) 称念寺蔵。『今井町史』(一九五七年)第一編参照。
(8) 家数改「町方留書」
(9)「商物書上並御請手形帳」(片岡家文書)(『枚方市史』第三巻所収)。
(10) 願泉寺蔵。
(11)『貝塚市史』第一巻第二章第三編で、延宝九年(一六八一)から明治二年(一八六九)までの貝塚寺内戸口の推移が通観されている。
(12) 天満本願寺寺内町においては、豊臣秀吉の近世都市政策として、建設間もない大坂城下町の活性化や地域開発の契機とするため、意図的に建設された側面があることが指摘されている。伊藤毅『近世大坂成立史論』参照。

(13) 貝塚市教育委員会『貝塚寺内町――町並調査報告書――』(一九八七年)参照。
(14) 河音能平『中世封建社会の首都と農村』(東京大学出版会、一九八四年)参照。
(15) 網野善彦『職人歌合』(リキエスタの会、二〇〇一年)参照。
(16) 「要文書」(『貝塚市史』第三巻所収)。
(17) 『貝塚市史』第一巻第四章第三編参照。
(18) 紀州街道の前身は浜街道と呼ばれ、中世後期に発達しだした沿岸の湊や町場を綴っていたとされる。紀州街道としては元和年間(一六一五~二四)に整備された。
(19) 「慶安絵図」については大阪府立岸和田高校に残る同時代と見られる絵図には街路のみが描かれ、街区内の住宅は描かれておらず、写実的な信憑性については検討の余地がある。ただし瓦葺の発達した先進的な町場としての街道沿いの地域とそれ以外の藁葺民家の地域のコントラストを意図したものと考えることは可能と思われる。
(20) 前川浩一「貝塚寺内町遺跡」(『寺内町研究』第四号、一九九九年)、前川浩一「考古学から見た「寺内」」、上野裕子「貝塚寺内町遺跡」(『第一一回関西近世考古学研究会大会　寺内町の成立と展開』より)。
(21) 願泉寺蔵。
(22) 岩波由佳「近世期における寺内町の町構造の変容について」(『日本建築学会計画系論文集』第五四六号、二〇〇一年四月)参照。
(23) 大蔵省編『大日本貨幣資料』(一八七五)参照。
(24) 延享三年(一七四六)には「侍共不断召仕廿人計、外ニ宿持在之、二十八斗、外家来」とある。文久元年(一八六一)には内家来二二名、外家来一一名、明治三年(一八七〇)には総数四二名にのぼり、松波、新川等の当初からの家来衆以外の新しい家来も多数現れている。時代が下がるにつれト半支配機構の整備によって内家来・外家来に二分化されたと考えられる。
(25) 願泉寺蔵。
(26) 「覚書　地替証文之事」(『貝塚市史』第三巻所収)。
(27) 願泉寺蔵。
(28) 『貝塚市史』第三巻、六八~七一頁所収。

(29)『貝塚市史』第三巻所収。

(30) 願泉寺蔵。貝塚寺内の成立と展開についての基本史料として、長年用いられてきた。ただし近年の研究の進展によって、内容に意図的条項や作為的記述が認められる箇所があり、記載内容をそのまま全面的に事実として認めることの危険性が示唆されている。史料批判および作成意図を考慮しながら分析を行うことの必要性が指摘されている。近藤孝敏「貝塚寺内の成立過程について――「貝塚寺内基立書」の史料批判を通じて――」(『寺内町研究』創刊号、一九九五年)参照。

(31) 天正一一年五月日　羽柴秀吉禁制。『貝塚の歴史と文化』、四〇頁写真。

(32)「基立書」冒頭部分の記載であるが、応仁年間の蓮如の逗留などが述べられるが、はっきりした証左は今のところ窺えない。

(33)『貝塚市史』第三巻、三八頁所収。

(34) 天正期の寺内復興に尽力した寺内住人らは数多い。利斎家は家伝によると元は僧であったが天正頃貝塚へ移住し、以来薬種屋を営んだとされる。また「基立書」では触れられていないが寺内訴訟に見られる酒屋「さこや藤右衛門」や米問屋「こんだや」、吹屋「井とのハた惣左衛門」の存在、天正二〇年(一五九二)付け豊臣秀吉による高麗出兵に際しての船荷の基準を示した朱印状が「泉州貝塚塩屋藤兵衛」持ちとして残ることなど、有力な商人の存在が窺える。また、実際天正期の織田政権下で貝塚に卜半斎が一時不在となり、貝塚還住はおそらく天正八年以降であろうとする説が有力である。前掲注(30)近藤論文参照。

(35) 中世末の貝塚集落の形態に関しては、歴史地理学の水田義一、建築史学の青山賢信による考察が行われている。水田説では、一五五〇年代を成立期とし、街村状の町が海岸低地に、願泉寺が台地の上に形成されたとする。対して青山説は、願泉寺出土の石垣列が四度三〇分ずれることから、願泉寺と町が中之町筋を挟んで南北に向き合うとし、一五七七年織田信長焼き討ち後の町再建時に、慶安絵図に見られる町に整備されたとする。また、考古学の前川要は、青山説を受けて、町の成立は織豊系城郭プランが採用される天正以後であるとしている。前掲注(13)『貝塚寺内町――町並調査報告書――』、水田義一「寺内町の建設プラン」(『講座日本の封建都市』第一巻、文献出版、一九八二年)、前川要『都市考古学の研究』(柏書房、一九九一年)参照。

Ⅳ　近代建築

◆中扉写真◆
聴竹居

大阪市中央公会堂の建築と意匠

山形政昭

一　はじめに――中之島のあゆみ――

大正二年に着工、大正七年に竣工開館した大阪市公会堂[1]は、近代大阪の都市形成において、また様々な歴史の舞台として重要な役割を担ってきた建築である。そして、土佐堀川、堂島川に挟まれた中之島東部に建つ公会堂は、水都大阪の象徴的な景観として夙に知られてきたものである。その保存を求める声に応えて、大阪市による保存活用計画が昭和六〇年代より進められ、修理再生工事が平成一一年に着手され、平成一四年秋に完成している。そしてリニューアル・オープンを前にして、歴史的建造物としての価値と、その活用をはかる再生工事が評価され、重要文化財に指定されている。本稿ではこの建築の設計より建設に至る経緯を追い、建築計画と意匠の特色について述べ、加えて主要諸室の意匠に和風表現が導入され、この建築の特筆すべき特色となっていることを指摘したい。

なお、この小稿は保存・再生工事報告書[2]の一部とした「大阪市中央公会堂の建築」を下に加筆改稿したものである。

ここで先ず建築地とされた中之島の歴史を概観しておきたい。

明治三〇年代の淀川大改修工事により、大川の河口となる毛馬に閘門が設置されるまで、淀川の本流が市中に流れ込んでいた。

澱江の流れは悠々と大阪の市中に注ぎ込み、毛馬をすぎ、川崎をすぎ、錦城の天守閣を写して、大きく屈曲するとき、忽突として中之島剣先は、この大河を二つに引裂く。北なるは川幅広く、流れゆるやかなる堂島川、南なるは両岸ややせまって、水勢つよい土佐堀川である。この二つの川は、はるか一五、六丁も川下である端建蔵橋の下で、ふたたび落合う。これがすなわち、中之島の終わるところである。

史家宮本又次の名著『キタ——風土記大阪』所収「中之島の巻」の冒頭の一節で、中之島の東端、剣先の指し示す方向にかつて大阪城が望まれていたという位置関係が分かる。

近世初期、中之島を開発したのは秀吉、家康に用いられた商人淀屋常安で、後代には巨富を誇ったことで闕所断絶に処せられている。それはともかく、江戸期を通して中之島には「天下の台所」を支えた諸藩の蔵屋敷が建ち並び、上中之島といわれる東部地域には、仙台、唐津、水戸、加賀、松山などの雄藩蔵屋敷が所在していた。明治維新により蔵屋敷は打ち捨てられ、それを収容した新政府は跡を公的用地となしてゆく。たとえば、現公会堂西寄りの地とされる浜田藩邸跡はそのまま太政官会計局通商司の役所となり、そこに明治二年大阪為替会社が開かれている。その西の上田三郎兵衛の屋敷跡は憲兵屯所にあてられ、明治四年には現日銀付近に大阪郵便役所が、明治六年には現市役所付近に大阪裁判所が置かれていた。

ところで江戸中期まで中之島東端は、現公会堂付近におわり、難波橋まで達していなかった。それが明和四年(一七六七)頃、埋め立てにより山崎の鼻と称される新地が開かれ、難波橋は南北二橋に分けられる。さらに現在の天神橋東方まで伸張されるのは大正中期のことである。

江戸期以来、川面に近い島の東端は涼み処、川遊びの地とされていたが、公園整備に向う契機となったのが、明治一二年、豊太閤を祀る京都の豊国神社がここに分祀されたことによる。(4) 神社周辺には梅、桜、萩が植えられ、藤棚をかけて茶店が人を集め、明治二四年に至って中之島公園に指定されている。その頃茶店、料亭が建ち並び、その代表格となる西洋料理店自由亭が、明治一四年に現東洋陶磁美術館付近に出店した。自由亭は、(5) 正しくは自由亭ホテルといい、居留地川口に接する梅本町に明治元年に開かれていた大阪最初の洋式ホテルであった。中之島自由亭は、明治一七年に東隣にあった浪花温泉と料亭清華楼を購入し敷地を広げ、そこに和館の洗心館を建て和洋両館を備えることとなり、明治二八年頃には「大阪ホテル」と称していた。明治三二年、そのホテルは株式会社大阪倶楽部の所有となり「大阪倶楽部ホテル」と改称するが二年後に焼失。明治三六年に西館を再建し再び「大阪ホテル」として再出発を果たす。東館の敷地はその翌年に手放され大阪銀行集会所(6)が建てられている。この大阪ホテルは、大正一三年再度焼失し中之島を去るが、その間、公会堂の時代とともに歩んでいる。

この明治三六年は、天王寺茶臼山を主会場とした第五回内国勧業博覧会が盛大に開催された年であり、その事業に関連して、ここに現公会堂に先行する木造の公会堂(7)が建てられていた。さらにその年、明治建築界の泰斗辰野金吾(8)の設計による日本銀行大阪支店の建築が淀屋橋袂に姿を現し、つづく明治三七年には住友吉左衛門の寄付による大阪図書館(9)の建築が日銀大阪支店に対峙するように建ち、明治における中之島東部は着々と公的空間としての役割を鮮明にしていったのである。(10)

明治四〇年代に入って、西区江之子島におかれ木造建築だった市庁舎の新築移転問題が起こる。そうした明治四四年に株式取引所仲買商を営む岩本栄之助(11)より公会堂建築費の寄付が寄せられ、翌明治四五年に中之島を建築地とする大阪市役所庁舎(12)と大阪市公会堂の建築競技設計が相次いで行なわれた。そして数年後にその両建築が竣工したことにより、現在へと至る中之島一丁目の景観は一応の完成を見たのである。そして「公衆ノ便益ニ供ス

図１　明治中期に設けられた中之島公園は、公会堂、市庁舎が建築された大正期に整備された。堂島川に架かる鉾流橋は大正７年の完成、対岸には大正６年竣工の大阪控訴院が建つ。(『大阪市大観』大正14年)

ルガ為」(13)に寄付され実現した大阪市公会堂は、以来、様々な講演集会の他、広く芸術文化活動に供する公共建築として、かつ都市の偉観を担う建築としての役割を担っていく。

大正一四年春、大阪市は大規模な市域拡張を実施し、東京と並ぶ近代都市としての装いを整えたのを期に、写真集『大阪市大観』を刊行している。その第一頁に中之島東部、即ち公会堂を中心に収めた写真（図1）を載せ、次のように説明している。「公館区　市庁舎を中心とした中之島付近の一帯は之を公館区とも称すべく、大阪市役所、府立図書館、中央公会堂、日本銀行大阪支店等ここにあり、堂島川を隔てて大阪控訴院、堂島ビルヂング、堂島米穀取引所等此と相対す、土佐堀川を隔てたる対岸は、所謂北船場の商業区域にして銀行、会社、商店等の高層建築多し」。市街地の中枢にあり、公的施設を集める一方、川縁を公園として整備されたこの一帯は、この時代より大阪の誇る都市空間として巷間に知られて今日に至っている。

二　大阪市公会堂の競技設計

岩本栄之助の寄付によって公会堂建設の方針を固めた大阪市は、明治四四年八月に市長の植村俊平を理事長とする財団法人公会堂建設事務所（公会堂事務所と略記す）を設立し、建設事業に着手した。公会堂事務所は日本建築学会及び建築顧問を委嘱していた辰野金吾(14)の意向をうけて、明治四五年一〇月末日を提出期限として一七名の建築家による懸賞競技設計(15)が実施され、設計案のなかから早稲田大学教授工学士岡田信一郎(16)の案が一等最優秀案として選ばれたのである。

岡田案は、正面中央部に立つ四本のジャイアント・オーダー（様式に従う柱の構成）、その上部をまとめる大きな半円アーチの構成など、当時我国では宮廷建築の数例を除いて未だ例のないネオ・バロック的壮麗さを有したもので、その造形力は応募案のなかで確かに一歩勝ったものだった。そして意匠表現の巧みさとともに、岡田案は公会堂事務所が示した計画概要に最も忠実に従ったものの一つであり、かつ外観の煉瓦壁を華やかに表現した辰野式と称される様式に準じたものだった。つまり岡田の作案は、この設計コンペの指導的立場にいた辰野が求めていたものを見事に具体化したものだったと思われる。ところで、この岡田案と、これに基づいて建てられた公会堂建築を見る上で次の点に留意する必要がある。

ひとつは、この競技設計規定に記されていた設計条件、及びこの選出方式の特色についてである。設計条件には「各室ノ数及面積ハ希望ノ大要ヲ示スニ過ギズト雖モ総建坪ハ七百坪以内トス」として、具体例としての各階平面を示すライン・ドローイング（略平面図面）まで示されていた。また応募案の審査は、財団理事長の植村俊平と、建築顧問の辰野金吾と応募者全員が委員となる珍しい互選方式で行なわれた。このことから設計案の審査

図２　岡田信一郎の応募図案　正面図
(『大阪市公会堂新築設計指名懸賞競技応募図案』大正２年)

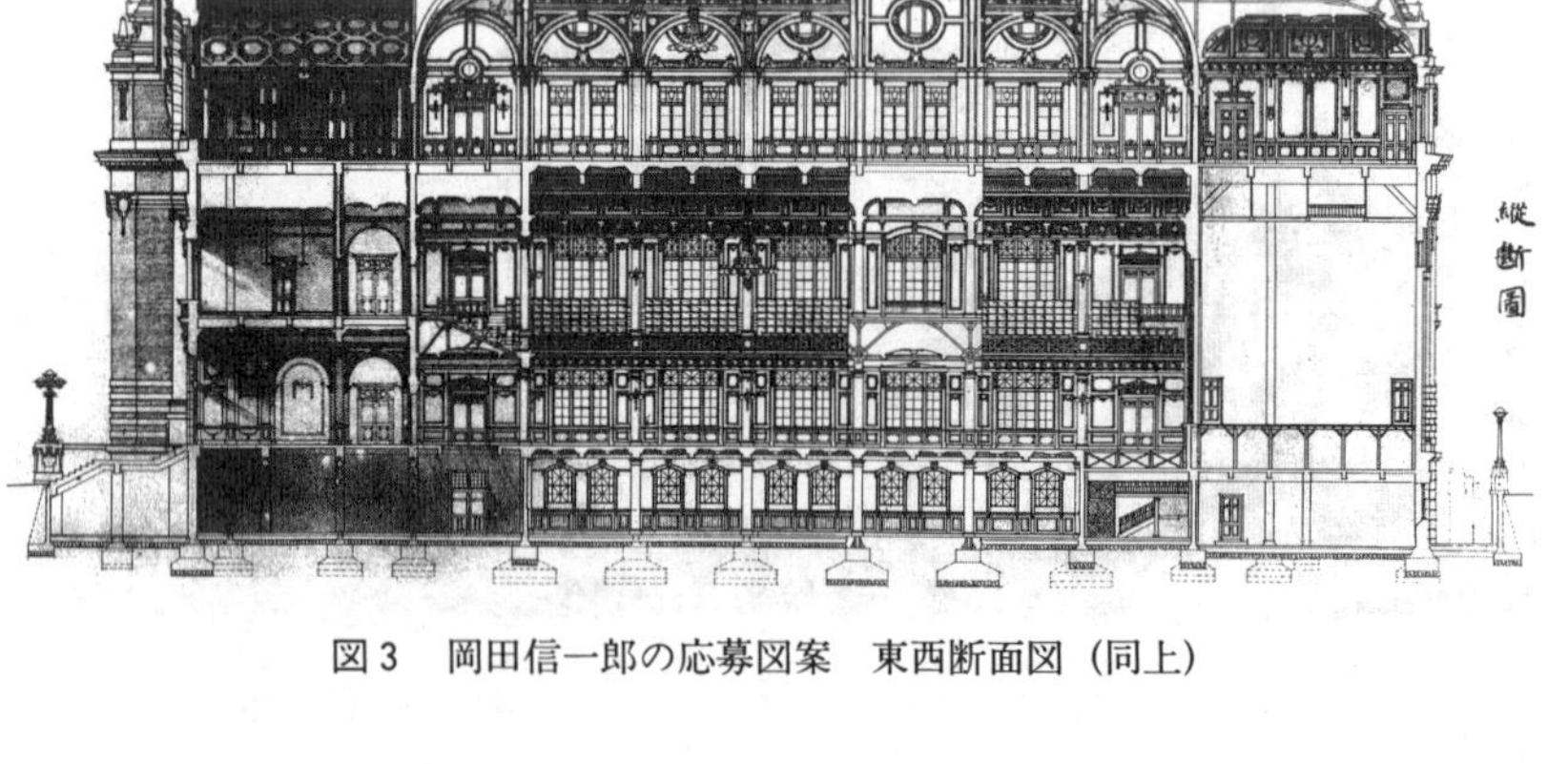

図３　岡田信一郎の応募図案　東西断面図（同上）

には、コンペを取り仕切っていた辰野の内意が相当に反映されただろう状況が窺える。

そしてコンペの設計案に対して応募規程では「当選シタル設計ハ勿論提出シタル設計ハ当事務所ノ所有ニ帰シ意匠ノ取捨配合ハ随意ニ之ヲ為シ得ルモノトス」と謳われていた。それによって、最優秀案の岡田案を基に、実施設計を実質的に進めた辰野片岡建築事務所によって、「意匠ノ取捨配合」の手が加えられた他、設備、構造計画が入念に検討され進められていった。そして建築工事記録においては、設計及工事監督者として工学博士辰野金吾、工学士片岡安が併記され、岡田信一郎はその原案設計者に留まっている。

三　ネオ・ルネサンス様式と辰野式

様式について竣工時の建築記録[17]には「復興式中の準パラディヤン式」とある。所謂ネオ・ルネサンス式と考えてよい。古典系の建築では通例オーダーと称される円柱やピラスター（付柱）の構成、そして頂部を飾るコーニスやアーキトレーブが壁面を分節し、外観の枠組が構成される。そして古典的なモチーフでデザインされた開口部が壁面に秩序だって配置され、壁面と窓で織りなされる一種の諧調が与えられる。

公会堂の意匠はこのネオ・ルネサンス式として概ね読み解かれるものである。しかし当初の岡田案ではその枠組みを越える表現が所々に見られるものだった。

たとえば、正面中央部に立つコンポジット式の柱頭をもつ四本のジャイアント・オーダー、階段室の外壁面に付与された長大な窓とその上部に置かれた円窓、そのシャフトの頂部には華麗な小ドームが冠され、その上には彫像や頂部飾りが置かれていた。そして正面上部の半円アーチの構成については次に触れるが、総体にその意匠は多彩で劇的構成を特色とするバロック的な表現が導入されたものであった。

さらに外観の構成はネオ・ルネサンス式の枠組みに納まらない煉瓦壁の処理がある。壁面は四隅のコーナーで

図４　堺公会堂　明治45年（『目で見る堺市の100年』郷土出版、昭和49年）

限定されず側面に回り込み、煉瓦造のヴォリューム感が強調され、一階外壁面に並ぶ窓の縁石は、煉瓦と花崗岩の縞模様のなかに取り込まれている。つまり、分節的なクラシカルな枠組みに限定されない煉瓦造の自在な表現が導入されているのであり、赤煉瓦の壁面上にクラシカルなモチーフが浮遊し、流動しているようにもみえる。この様式はフリー・クラシック、我国においては辰野式も呼ばれていた。それに関しては後段で改めて述べる。

岡田案に見る内部諸室の意匠は、竣工した公会堂に比して、装飾意匠が密度高く織り込まれていた。たとえば、大小の集会室の天井にはミューラル・デコレーション（装飾を施した梁型）が多用され、開口上部のアーキトレーブには花綱装飾が華麗に付されるなど、全体に稠密なネオ・ルネサンス式のインテリアが計画されていたのである。なお、竣工に際して注目されるレセプションホール（貴賓室）の天井油彩画の計画は、ここには示されていなかった。

また外観構成の特色とされている大きな半円アーチのファサード（正面外観）について、岡田の評伝(18)で指摘されている二つの建物がある。一つは岡田の卒業設計作品である劇場建築案（明治三九年）で、一つは警視庁の主任設計者福岡常次郎の下で設計に関わった警視庁舎（東京日比谷、竣工明治四四年）である。特に後者はファサードの中心的モチーフとなる大アーチとそのその両脇にクポラを配した塔状の構えは公会堂のそれに共通するものであった。

もう一棟、見過ごし難い建築に辰野片岡建築事務所の設計で公会堂コンペの年にあたる明治四五年に竣工した堺公会堂（大浜公会堂）[19]がある。古典様式を用いた木造二階建ての建築だったが、早くに焼失したため建築に関するし資料は乏しく、建設の経緯など明らかではないが、大阪市公会堂と平面計画および特徴的な正面構成にも類似性が認められるものであった。

四　大阪市公会堂新築図面と工事経過

大阪市公会堂の最優秀案として岡田案が選出された後、辰野金吾による「大阪市公会堂設計図案概評」[20]が公表されている。そこでは全体として岡田案の勝れていることを賞賛しているのにつづき、改善すべき事項として次のことが指摘されていた。

第一に、玄関及び大集会室のある一層目階高の低いこと、つまり岡田案では大集会室室上部の二階ギャラリーに開く窓を主として南北面の外観が構成されていたのである。次に、外壁のコーニス（軒蛇腹）が水平に通っていないこと。正面左右の塔状外壁に配された大時計を停車場風として好ましくないと考えられていたことなど。総じて岡田案に表現された古典式を逸脱したバロック風と見られる部分が批判されていたのである。

また、工事費用七〇万円の予算を前提として、仕上げの代案を次のように記している。「石材を擬石塗りに変更し、或はワニス塗りをペイント塗りに落とし、或は材料の品位を下げる等の方法を講ずれば、超加工費の大部分を減少することも出来る途がある」と、興味深い指摘がなされていた。

そして、公会堂建設事務所、実質的には辰野片岡建築事務所により岡田案を基として全体構成及び部分的意匠に関して手が加えられ、大正二年春に実施図面としての大阪市公会堂新築図面が作成された。

ところでこの大阪市公会堂建築図面は行方知れずとなっており、僅かに内部諸室の展開図の複写図面[21]が伝えられている。また昭和一二年の部分改修時に当初図面からトレース複写したものと思われる平面図、立面図等の一部が残されていた。それに加えて工事仕様書[22]、工事着手前に作成された精巧な模型写真[23]があり、かつ公会堂建築そのものが、後に改修の手が加えられているものの、総体に良く維持されていることで当初の設計内容は概ね分かるのである。

さて、岡田の設計原案から実施建築設計への変更は次の三点に集約できる。

第一に、建築規模の縮小化。競技設計の規程で建坪「七百坪以内」とされていたのに従って、岡田案では六九五坪に収めていた。それをさらに六四二坪に減じている。その調整は梁行方向で玄関ホールの間口六〇尺を五四尺に、桁行方向で大集会室外部側壁長さ九〇尺を八〇尺と改めるなど、各所の柱間を狭くしてなされている。

第二に、外観意匠の修正。辰野によって「意匠がゴツイ、枯れていない、若い[20]」と評された岡田案を、辰野式の構成へと修正を加えたこと。そして窓上部のペディメント（屋根形装飾）を付したアーキトレーブや、付柱に付された楯形飾りなどの古典的オーナメントを平面的幾何図形化したセセッション式意匠へと転換させたことである。この表現は辰野のパートナーであった片岡安の得意とするものであった[24]。

第三に、装飾に導入された和風表現。岡田案の室内意匠に見る稠密な洋風の古典的意匠は、経費の軽減化からか、全般的に平明なものへと転じている。その一方で貴賓室の壁画及び天井画などここで注目したい和風の表現が所々に加わる。

こうした修正が加えられたものの、岡田の原案を下に実施計画の設計がなされたのであり、ひいては競技設計規程に示されていた諸室の用件を具体化したものだった。公会堂の竣工時における各階主要室の内容と工事経過(17)についてここに略記しておく。

＊　　＊

地階／食堂大小二室。調理室。配膳室。暖房汽罐室。小使室。宿直室。倉庫。

一階／大玄関（室の左方に衣帽置場、右方に貴賓用階段を置く）。大集会室（奏楽用演説用の広間、席数は三千。舞踊演劇にも供し得る舞台。客席は固定せず、大食堂、柔剣道の武道場としても利用し得る平土間床とする）。左右玄関四室。事務室。予備室三室。

二階／大集会室上部階段席。市長室。新聞記者室。予備室七室。物置。

三階／大食堂（千人の立食、或いは五百人の会食に供する食堂）。中食堂（百人の会食に供する食堂）。貴賓室（東側正面に大円窓を有する貴賓用待合室）。喫煙室二室。配膳室三室。扇風機室（館内換気通風のための設備）。

他各階／便所四箇所。階段六箇所。昇降機二箇所。

大正二年　三月　　一日　建築設計承認願、肝付兼行市長に提出
大正二年　三月　　九日　地鎮祭
大正二年　六月二十八日　工事着工
大正三年　八月　　　　鉄骨組立工事着手
大正四年　十月　　八日　鉄骨組立て完了し、定礎式（定礎を東南隅に設置）
大正七年　十月三十一日　工事完工

図５　竣工時の大阪市公会堂（公会堂蔵「竣工写真アルバム」）

大正七年十一月　十七日　落成奉告祭

＊　　＊

工事は当初大止六年末の竣工[25]が予定されていたが、着工の翌年に勃発した第一次世界大戦の影響を深刻にうけたことで、一〇カ月の遅れを生じて竣工している。この時期は歴史の伝えるように株価の暴落、戦時需要による好景気、そして物価の高騰と世情不安がつづいていたのであり、工事費の運用と資材の調達には極めて厳しい時代であった[26]。

ところで本工事はその性格により、特定の建設会社の一括請負方式を採らず、公会堂事務所による直営方式で行なわれた。つまり基礎工事、煉瓦工事など清水組大阪支店を主とし、煉瓦納入大阪窯業、鉄骨工事高田商会、大理石工事矢橋商店、家具装飾東京三越呉服店、高島屋大阪支店など、約七〇社[17]、一〇〇〇余件の工事発注が行なわれている。つまり戦時経済下という困難な時期に、工事関係者の努力により、「各種材料工手間の暴騰に際して各工事関係者が飽くまで当初の契約を履行するに躊躇する処なく、時日の切迫に遭遇するもよくその完成に絶大の努力を継続し……[27]」進行したのだった。

工事費は岩本栄之助の寄付による一〇〇万円とその利息一〇万円を合わせた一一〇万円で計画され、竣工開館までに工事総額一二〇万円が費やされたが、その内には食器、花瓶、時計など細かな器物まで含められていた。

五　辰野式煉瓦建築としての公会堂

石積の基壇から建ち上がる煉瓦壁を主体とし、花崗岩あるいは擬石塗りなどで開口部や壁面頂部をクラシカルに装飾し、また水平帯をリズミカルに配して壁面を赤と白の拮抗する構成とし、屋根には大小のドームや屋根窓を配して華やかな赤煉瓦建築とする様式を当時辰野式と呼んだ。それに関しては藤森照信博士の論考[28]があり、それに従って述べる。

明治期の建築界に君臨した辰野は明治三五年に工科大学（現東京大学）教授を辞して後、東京で明治三六年に辰野葛西建築事務所、大阪で明治三八年に辰野片岡建築事務所を開設し、それより大正八年に没するまでの一六年間、設計活動に打ち込んだ。その間各地に一二〇棟余りの赤煉瓦建築を残している。現存する代表的な建築には日本銀行京都支店（現、京都文化博物館、竣工明治三九年）、日本生命保険九州支店（現、福岡市赤煉瓦文化館、明治四二年）、盛岡銀行（現、岩手銀行、明治四四年）などあり、最大の規模を有する大作が東京駅（着工明治三九年、竣工大正三年）、そして晩年の大作として大阪市公会堂がある。この辰野式という流れのなかで、公会堂の特色について次の二点が指摘できる。

先ず、「二つの顔の内に、フリーとクラシックの二つの横顔を秘めている[28]」といわれるように柱形やドームなどの古典様式を活用しつつ、全体として自由で無限定なヴォリューム感を演出するのが辰野式の特色といわれている。実際その特質は時代と共に深化していったと見られるが、公会堂においては逆に古典的な性格を鮮明に表現したものへと転じている。つまり正面及び側面に並ぶ長大な列柱と二重に付されたコーニス（軒蛇腹）の重厚な表現がありそれを劇的なものへと転化させる大アーチの導入という個性的な構成をとっている。この外観は岡田の原案を基とした結果であるが、古典様式へと振れた辰野式建築の成果として特筆されるものであるだろう。

次に、公会堂の建築は「鉄骨煉瓦石造ニシテ鉄筋混凝土ヲ混用ス」(17)と記されているように補強式鉄骨煉瓦造で、鉄筋コンクリートの基礎上に、鉄骨を構造主体とし、それを煉瓦、石、或いは鉄筋コンクリートで被覆した壁体及び柱で構成され、床は鉄筋コンクリート、屋根の主体構造は鉄骨という混構造に特色がある。こうした補強式煉瓦造は我国において三井銀行本店（横河民輔、明治三五年）を始めとして、大正期にかけての主たる建築に用いられてきた。その最大の成果が正面長さ一八四間（三三五メートル）、地上三階建て軒高五五尺（一六・六メートル）の東京駅であり、関東大震災でも殆ど無傷で残ったのである。公会堂は建築面積ではそれに及ばないものの、三階軒高は六四尺（一九・四メートル）、大棟上端まで八八尺（二六・七メートル）と東京駅に勝り、かつ内部に梁行九〇尺、桁行一一六尺、二層吹き抜けの大空間をもつ大集会室を置くという構造において挑戦的な内容をもつものだった。

外壁仕上げでは煉瓦壁体に「石材及化粧煉瓦ヲ張付ケ其他ハ擬石塗ヲ施ス」(17)と記されるように、煉瓦積みと見られる壁面は厚さ一五ミリメートルの化粧煉瓦張りであり、基壇の本石積みにつづいて石面に見える上部の過半は擬石モルタル洗い出し仕上げとなっている。また地階床、大集会室床の広い部位に用いられたアスファルト敷き床、一階階段ホール床に用いられた施釉セメントタイルなど工場生産された新しい資材の導入にも注目すべきものがある。そして窓に関して、公会堂は、鉄骨造を主体的に導入することにより、煉瓦壁面の拘束度を減じたことで、大型スティールサッシュ窓を各所に広く配することができたのである。それによって得られた内外観の明朗性は、大集会室に見る大空間の雄大さとともに辰野の大作、東京駅の建築にも勝るものとなった。

このように辰野式といわれる建築は、時代と共に構造、意匠、施工法においても逐次改良が加えられてきたのであり、それは当時我国において最も信頼されていたものだった。しかしその時代は公会堂の竣工した翌年、大正八年の辰野の死と、大正一二年の関東大震災を転機として閉じられ、以後鉄筋コンクリート構造が主流となる。

六　室内意匠について

内部意匠は外観に準じてネオ・ルネサンス式が基調であるがその幅は広い。玄関ホールをはじめ諸室に配されていた種々の柱頭飾りを備えた列柱、付柱、腰壁や天井回りのパネル、扉建具回りの意匠などある。そのなかで様式として指摘されているものに大集会室に華やぎを添える飾幕にヴィクトリアン・ゴシックの趣、小集会室のエドワーディアン様式などがある。(29) また近代初頭のセセッション式意匠、そしてさらにモダンな構成と見られるところに、吹き抜けあるいはエレベーター・シャフトを挟む階段の配置やロート・アイアンの手摺子意匠、大集会室二階席前面壁の装飾、種々のシャンデリア及ブラケット等の灯具、そして地階食堂の室内意匠、などがある。そうした洋風の幅広い様式デザインに加えて、主要室には様々な和風の装飾、絵画の類が導入されていることに目を向けたい。

先ず大集会室では、金箔押しプロセニアム・アーチの中央に舞楽面の石膏像彩色装飾がある。舞楽蘭陵王(30)を主題として、面と衣装と金帯を組み合わせた古代の伝統的意匠で異彩を放つ効果を見せている。三階大食堂（中集会室）では四隅に方位を示す十二支の動物を図案化した透かし彫り装飾グリルがあり、回廊の東西面天井に、鷲、鶴、鳩、鷺などを画題とした円形天井画が配されており、共に和風意匠の装飾である。また回廊の南北面天井には大阪の港や帆船を描いた円形ステンドグラス。(31) 側壁に並ぶ扉の上部飾には食材を図案化した透かし彫りが付され、大阪の海の図案と共に親近感ある装飾効果を上げている。食材の図案は中食堂（小集会室）の天井側面のステンドグラスにも用いられ、食堂に相応しい意匠となっている。

さて、三階貴賓室（特別室）は公会堂において最も注目される意匠がみられる所である。その第一にヴォールト天井面等に描かれた松岡壽(32)による油彩画がある。天井面に天ツ神を中心に伊邪那岐、伊邪那美の両神を配して国造りの神話を描いた「天地開闢」、天井側櫛形壁に「仁徳天皇」、北側壁面に「商神素戔嗚尊」、南側壁面に

図6　竣工時の大集会室（公会堂蔵「竣工写真アルバム」）

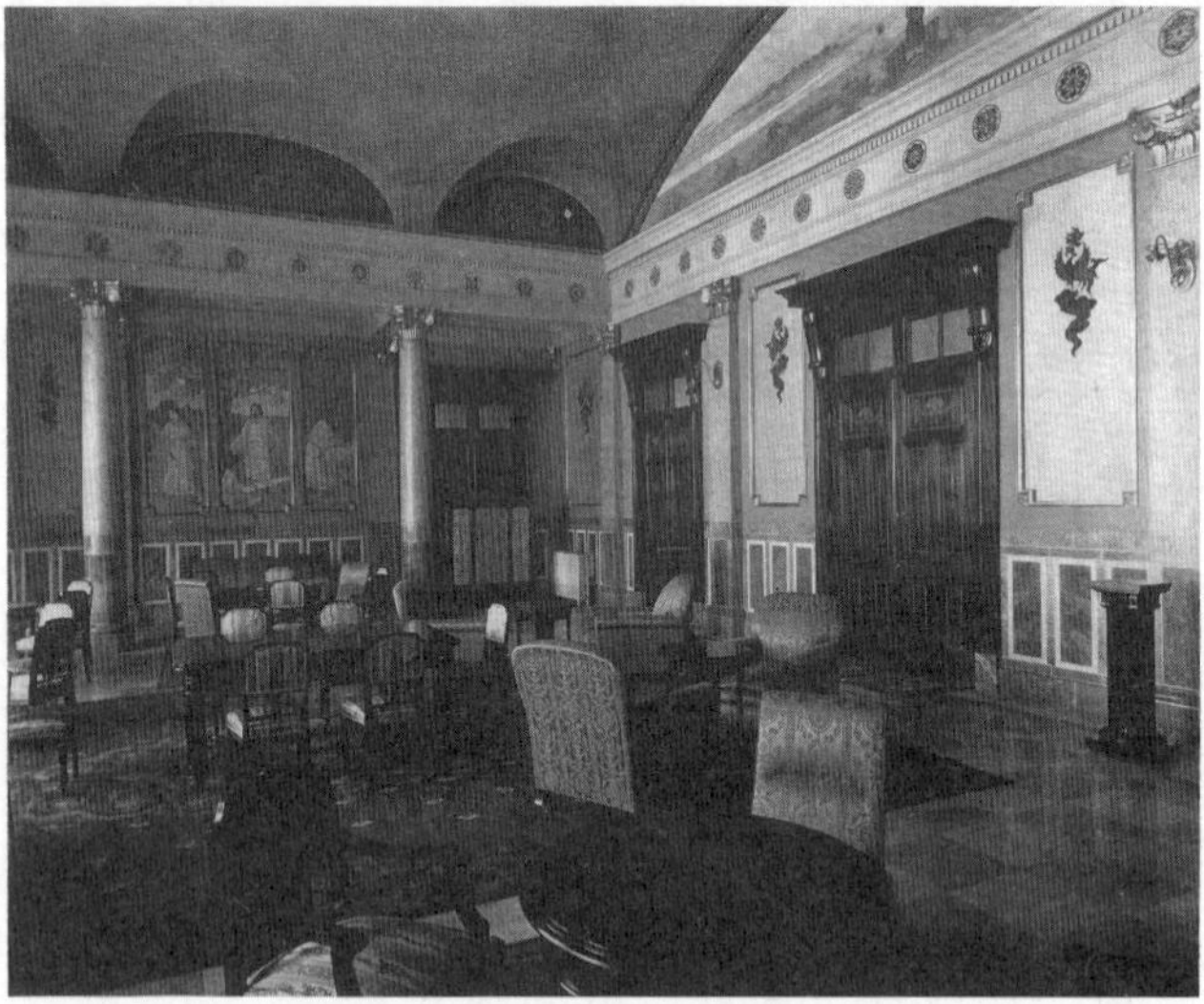

図7　竣工時の貴賓室（同上）

図８　記念像「ミネルバとメルキュール」の図案
（『松岡壽展図録』平成元年）

「工神太玉命」が描かれている。松岡はさらに公会堂正面屋根頂部に置かれた神像の原画を描いている。市章の澪つくしを中央に、商神「メルキュール」と科学と平和を象徴する「ミネルバ」の神像を配したもので、原画を下に銅板打ち出し技法にて制作されたものである。ともに松岡が商都大阪の象徴に相応しいものとして日本と西洋の古代神話に求めた画題であった。

次に東面半円形窓に納められたステンドグラスがあり、一対の鳳凰の図案を中心として総体的にはセセッション式デザインとみられている。鳳凰のモチーフは、窓に懸かる飾幕の他、壁面に配された一四面の壁装刺繍装飾にも用いられている。

さらに特色ある意匠図案として、列柱上部のエンタブラチュアーの中間帯フリーズに描かれた円形文様がある。南北面に各一二、西面に一四、合わせて三八箇所に二五種類の文様が描かれている。この表現は西洋古典様式にみる種々のパテラに因むものといえるが、ここでは我国の伝統的文様の趣が強いものとなっている。

つまり貴賓室（特別室）の構成はコンポジット・オーダーとパラディアン・ウインドウを導入した西洋古典様式の上に、日本古代に因む伝統的意匠装飾を施したものとみられる。この特色は、先に見た諸室においても同様の傾向が指摘されるものであろう。

七　おわりに――松岡壽について――

これまで大阪市公会堂の建築について、当初の建築案から竣工に至る建築計画と意匠について述べてきた。この公会堂は岩本栄之助の高志による寄付をもとに、市民のための公的な施設として中之島東部という好適地を得て計画され、明治四四年の競技設計の実施から大正七年（一九一八）の竣工まで八年を要して建てられた。そしてこの建築は、構造においては大正三年竣工の東京駅と並んで煉瓦を主体とする我国近代建築の到達点を示すものであり、建築意匠においては岡田信一郎の原案を得てネオ・ルネサンス様式を基調としつつ、部分的にセセッション式意匠を用いるに加え、さらに積極的に和風意匠を導入したことで、辰野式建築の展開を示す、当時我国における古典様式を基とする代表的建築の一つと位置づけられるものである。

おわりに、貴賓室の天井壁画等を描いた松岡壽について補筆しておきたい。

松岡は明治九年工部美術学校に入学、同期に六歳年長の浅井忠がいた。明治一三年渡欧しローマ美術学校に学んだ。明治二〇年に卒業して帰国、明くる明治二二年に浅井忠、小山正太郎らとともに明治美術会を創立した。それは明治初期の伝統的な日本画界に対抗し、洋画に学び近代日本の美術、工芸の創生を図ろうとする運動で、賛助会員として進歩的な芸術支援者が加わり、なかにコンドル、辰野の姿もあったのである。辰野と松岡は留学時代よりの親交があったことが伝えられており、そうした縁で、辰野は明治二五年工科大学造家学科講師として（明治三六年まで）松岡を招いている。

一方浅井忠は明治三五年、二年間の渡欧より帰国するやその年設立された京都高等工芸学校の教授に迎えられ、以後京都を中心に美術、工芸の指導者として活躍するが、明治四〇年に惜しくも急逝している。そして松岡は明治三九年、東京高等工業学校の創立に関わり、図案科科長につき、さらに大正三年には東京美術学校教授に転じ教育活動に活躍していた。その頃に大阪市公会堂の壁画制作の依頼を受けていたと思われる。

(1) 大正七年の竣工後、天王寺公会堂と区別するため大阪市中央公会堂と称される。建築計画及び建設事業は大阪市公会堂として進められたものであり、ここではその名称をとっている。

(2) 大阪市教育委員会『大阪市中央公会堂保存・再生工事報告書第二版』、平成一五年六月。

(3) 江戸期より天満橋、天神橋に並ぶ大阪三大橋の一つといわれ、明治一二年に鉄橋となる。ところで当時は現在地より一街区西側にあり、大正四年に現在地にて鉄骨鉄筋コンクリート造の石橋が設置された。大阪市土木部の設計で橋上灯、ライオン像（天岡均一）も著名。なお公会堂の北に架かる鉾流橋は大正七年に架設されている。

(4) 当初、現公会堂付近に位置した豊国神社は、明治四五年府立図書館の西に移転し、さらに昭和三九年には大阪城内に遷座されている。豊国神社の旧地が公会堂の敷地に当てられたことになる。

(5) 自由亭については、堀田暁生「自由亭ホテル」（『川口居留地―1―』、川口居留地研究会、昭和六三年）、「ホテルの登場――洋風化のはじまり」（『明治の大阪』、大阪都市協会、平成一三年）による。

(6) 大阪銀行集会所はここに明治三七年に設けられているが、大正八年に焼失し、片岡建築事務所の設計による煉瓦造二階建てに大正一一年改築されている。

(7)『明治大正大阪市史第一巻』昭和九年、によると、明治三六年に大阪で開催された内国勧業博覧会に関連する集会施設として建てられた。木造二階建て、鉄板葺き屋根、外壁漆喰塗り、三四五坪の建築。新たな公会堂建設の始まる大正二年に天王寺公園に移設され、天王寺公会堂として昭和一一年まで使用された。

(8) 辰野金吾（一八五四～一九一九）。明治一七年に工部大学教授（後の東京帝大）、明治一九年に造家学会（後の日本建築学会）を創設し会長となる。以来、明治大正期の建築界を強力に指導した建築家。

(9) 明治三三年に住友家の寄付申し出をうけ、住友建築部野口孫市の設計により明治三七年建築された。左右両翼部増築は大正一一年。

(10) 中之島の歴史に関してここでは主に『明治大正大阪市史第1巻』（昭和八年）、『中之島誌』（中之島尋常高等小学校創立六五周年記念、昭和一二年）、宮本又次『キタ――風土記大阪』（ミネルヴァ書房、昭和三九年）によった。

(11) 明治一〇年、岩本栄蔵の次男として大阪南区に生まれる。明治三九年に家督を継ぎ、株式仲買人として活躍。明治四二年に渋沢栄一を団長とする渡米実業視察団に大阪財界代表として参加。米国の事業家を範として公共事業への寄附を心に決めたといわれている。帰国後再び渋沢栄一や名士の意見を聞き、明治四四年に公会堂建築費として一〇〇万円を寄附。その後相場に破れ、大正五年一〇月に自決した。池永治雄『公会堂の恩人岩本栄之助』(大阪市役所、昭和二九年)などによる。

(12) 大阪市役所庁舎は公会堂に僅かに先行した競技設計(明治四五年三月発表、同八月提出、大正元年一〇月審査)で小川陽吉による設計原案が決定された。建築工事は公会堂の竣工近い大正七年六月に着工され大正一〇年五月に竣工している。正面の玄関上部に塔を配したネオ・ルネサンス式の庁舎は、昭和五七年に建て替えられるまで使われた。

(13) 岩本栄之助の「寄附申込書」明治四四年。寄付から建築にいたる経緯については、銅板の「壁記」(大正七年一一月)に記され、公会堂玄関ホール壁面に設置されている。

(14) 明治三五年に工科大学を辞した辰野は、翌年東京で辰野葛西建築事務所、明治三八年大阪に辰野片岡建築事務所を開設し、設計活動の場とする組織を置いた。パートナーとした片岡安(一八七六~一九四六)は明治三〇年卒業後、日銀技師となり、翌年日銀大阪支店の建築工事に際して来阪し、以来大阪に根づいた。公会堂の工事関係者には、辰野、片岡の両氏の他、工務主任の谷民蔵、工務員の永野房吉、長田次郎ら、当事務所員が多数を占めていた。

(15) 公会堂の設計競技は、日本建築学会誌『建築雑誌』(明治四五年五月号)に発表されている。コンペの審査結果は『建築雑誌』(大正元年一二月号)に報じられ、さらに『大阪市公会堂新築設計指名懸賞競技応募図案』(公会堂建設事務所、大正二年)が発行され、応募図面の他、競技規程、競技者心得などが記録されている。

(16) 岡田信一郎(一八八三~一九三二)の履歴は、昭和七年の没後に記された「岡田信一郎君を弔ふ」(『建築雑誌』昭和七年五月号)、大川三雄「岡田信一郎年譜」(『日本の建築明治大正昭和/様式美の挽歌』三省堂、昭和五七年、一九五~八頁)に詳しい。卒業後の職歴は、警視庁及び日本銀行事務嘱託を経て、明治四〇年東京美術学校講師。明治四四年より早稲田大学講師を兼任し、翌年教授。大正一二年東京美術学校建築科の開設に伴い主任教授となり、以後活動の場とする。

(17) 『大阪市公会堂竣成記念』(財団法人公会堂建設事務所、大正七年一一月)、日本建築学会誌『建築雑誌』大正四年三月号・大正八年五月号、日本建築協会誌『建築と社会』第一輯一四号(大正七年一二月)などに報じられている。

(18) 前野嶢「岡田信一郎」(『日本の建築明治大正昭和/様式美の挽歌』、三省堂、昭和五七年、一一四~一三〇頁)。

(19) 『堺市史』第三巻(昭和五年、一〇六三頁)の記述、建築平面図(堺市蔵)などが知られる。

(20) 『建築工芸叢誌』第二二冊大正二年一一月、二三冊同一二月、二四冊大正三年一月。

(21) 東京大学生産技術研究所、藤森研究室蔵。

(22) 建築工事仕様書には岡田信一郎による「大阪市公会堂新築設計仕様概要」(大正元年)、公会堂建設事務所による「大阪市公会堂建築工事仕様書」(大正二年)が伝えられている。

(23) 公会堂建築図面を基にした模型が大正四年三月に制作され、大阪市において関係者及び一般に公開されている。『建築雑誌』大正四年三月号所収。模型写真は大阪市中央公会堂蔵。

(24) 辰野片岡建築事務所の作品においてみられる直線化、単純化された細部装飾、セセション式意匠の導入は片岡の好みによるといわれている(石田潤一郎『関西の建築』、一六~七頁)。

(25) 落成の記録は「大阪市公会堂落成奉告祭——本日挙行」(『大阪朝日新聞』大正七年一一月一七日)の紙面など。

(26) 谷民蔵「大阪中央公会堂建築工事に就いて」(『関西建築協会雑誌』第一輯一四号)。

(27) 谷民蔵前掲論文において「純建築費及び器具装飾費を合して約八十五万円、維持費約十万円、経常費約十万円、敷地整理費約五万円則ち百十万円を計上したる也」とある。

(28) 藤森照信「辰野式」(『日本の建築明治大正昭和/国家のデザイン』三省堂、昭和五四年、一三九~一五五頁)。

(29) 福田晴虔「『保存された』大阪市中央公会堂」(『建築と社会』平成一四年一二月、五六~七頁)。

(30) 古代中国、北斉の王蘭陵王長恭の故事に因み、龍頭を模した異形の面と装束をまとう舞楽。

(31) 工事仕様書の硝子工事関係者に大阪木内眞太郎の記載があり、特別室、中集会室、小集会室に用いられているステンドグラスは、当時宇野沢組大阪出張所にいた木内が制作したものとみられている。

(32) 松岡壽(一八六二~一九四四)明治九年工部美術学校の創設と共に入学し、フォンタネージのもとで洋画を習得し、明治一二年に師の帰国を機にイタリアに留学、ローマ美術学校で学ぶ。パリを経て明治二一年に帰国し東京高等工業学校、東京美術学校教授に着任し美術教育に、そして浅井忠らと明治美術会を結成し活躍する。古代神話を画題とした公会堂の壁画は珍しい作品であり、我国歴史画の優品として知られている。『松岡壽展図録』(神奈川県立美術館、岡山県立美術館、一九八九年）、橋爪節也「近代大阪の象徴——特別室天井画・壁画」（大阪市立博物館「岩本栄之助と大阪市中央公会堂展」資料、平成一一年）などがある。

思想としての乾式構造

梅宮弘光

はじめに

乾式構造とは、ドイツ語の trocken Montagebau の訳語で、工場生産された部材をボルトや釘で組み立てる建築方式をいう。セメントや土や漆喰とは異なり、乾燥を待たずともよい材料と施工法によることから「乾trocken」の語が当てられる。

日本でこの構造が注目されたのは、一九三〇年代初頭である。住宅建築への適用について建築ジャーナル上で関心が高まった。その際にはこの訳語以外にも乾構造、乾構築、乾式組み立て構造などが用いられ、またトロッケンバウ、トロッケン・モンタージュバウというカタカナ表記もみられる。本稿では、当時の文献に比較的多く登場する乾式構造という表記に便宜的に統一する。

ところで、今日この名称が構造形式の呼称として用いられることはまずないだろう。というのも、その形式にはプレファブリケーションの語が一般化しているし、プレファブが主流の商品化住宅でなくとも、今や製品化された建築部材は多種多様で、それらをドライ・ジョイントで組み立てるという方式はきわめて一般的だからである。つまり、今日の技術環境にあっては、「乾」も「組み立て」もことさら強調すべきものではなくなっている。一方同時に、今日どれほど建築部材の製品化が進展し規格化が整備されようとも、日本の伝統構法や鉄筋コンクリート構造の意義が失われるものではない。これらの特質も広く認められ、条件に応じて選択されるものと考えられている。

しかし、一九三〇年代における乾式構造は、そのような選択肢のひとつとして登場したのではなかった。選択可能性という点では、技術としての未熟ゆえにむしろ低かった。じじつ、乾式構造を論じた建築家に比してそれを手がけた建築家は少なく、実施例となると理解ある施主に恵まれた少数の実験的作品に限られるのが実態である。にもかかわらず、それは将来の住宅建築の理想像として択一的に設定されたのであった。

一九三〇年代という時代状況において、乾式構造には二つの側面があった。ひとつは、未熟な技術環境にもかかわらず実施された実験的作品が体現する実務的側面である。そこには、設計上のいじらしい工夫とモダニズムの美学を窺うことができる。いまひとつは、乾式構造をめぐる建築家たちの言動に窺える理念的側面である。彼らは設計ばかりでなくこの技術についてよく発言し、また研究会などの集団的活動をおこした。なかでも、設計者としてはもっとも大胆に振る舞える自邸の設計に際してそれぞれに乾式構造を採用した二人、市浦健と山越邦彦の言説には、乾式構造が実務の範囲を超えて思想としての広がりをもつものであったことが読み取れる。

乾式構造の実施例が現れるのは、一九三一年から四〇年の約一〇年間に限られている。しかも建設時期の分布からすれば約八割が三六年までにつくられているから、建築物としての乾式構造の出現は一九三〇年代前半の特徴といえる（表1）。こうした乾式構造の登場の背景の検討は、これまで十分にはなされていない。(1) 当時の乾式構造の技術は未熟な状態であった。にもかかわらず、一群の建築家たちはこの構造で設計し、またこの構造を称揚した。乾式構造が胚胎していたこうした矛盾を、この構造にかかわった建築家たちがどう認識していたかを検

表1　乾式構造による主要実施作

発表年月	住宅名	設計者名	掲載誌名・年月号
1932.02	土浦自邸(第１)	土浦亀城	『国際建築』1932.02
1932.03	市浦自邸(第１)	市浦　健	『国際建築』1932.03
1932.03	俵邸	土浦亀城	『国際建築』1932.03
1932.03	平林邸	土浦亀城	『国際建築』1932.03
1933.01	Ｓ氏のアトリエ	伊藤成文	『住宅』1933.01
1933.04	Ａ邸	池谷定雄	『国際建築』1933.04
1933.04	Ｂ邸	池谷定雄	『国際建築』1933.04
1933.04	福田邸	小林秀爾	『国際建築』1933.04
1933.04	西村邸	豊口克平	『国際建築』1933.04
1933.04	佐々木邸	横山不学	『国際建築』1933.04
1933.05	DOMO DINAMIKA	山越邦彦	『国際建築』1933.05
1933.07	穂積邸	友田　薫	『国際建築』1933.07
1933.12	田中医院	井上房一郎	『国際建築』1933.12
1934.04	Ｉ博士の終末別荘	斉藤四郎	『国際建築』1934.04
1935.02	土浦自邸(第２)	土浦亀城	『国際建築』1935.02
1935.06	今村邸	土浦亀城	『新建築』1935.06
1935.07	阿部邸	市浦　健	『国際建築』1935.07
1935.07	高島邸	土浦亀城	『国際建築』1935.07
1936.03	乾構造小住宅試作	本野精吾	『建築と社会』1936.03
1936.06	金子邸	蔵田周忠	『国際建築』1936.06
1936.07	斉藤邸	蔵田周忠	『国際建築』1936.07
1936.07	三輪邸	蔵田周忠	『国際建築』1936.07
1936.08	古仁所邸	蔵田周忠	『国際建築』1936.08
1936.09	Ｅ氏の田園住宅	山脇　巖	『国際建築』1936.09
1936.11	安川邸	蔵田周忠	『国際建築』1936.11
1937.09	白柱居	蔵田周忠	『国際建築』1937.09
1937.11	平岡邸	三浦元秀	『国際建築』1937.11
1937.11	最小限実験住宅	鷲塚誠一	『国際建築』1937.11
1938.01	貝島邸	蔵田周忠	『国際建築』1938.01
1940.	Ｔ氏の終末住居	蔵田周忠	『現代住宅1933-1940・４』

討し、乾式構造の思想的側面を明らかにすることが本稿の目的である。

一　日本における乾式構造の受容とその背景

日本における乾式構造の源泉は、一九一〇～二〇年代のドイツで工業技術の発達を背景に生まれたtrocken Montagebauである。この時期、従来現場労働集約的な一品生産品であった建築物を工業生産の対象として捉える気運が高まった。その嚆矢は、一九一〇年にヴァルター・グロピウスがドイツの大企業AEGの経営者エミール・ラテナウに提案した「芸術的統一の原理に基づく一般住宅建設会社の設立要綱」とされる。(2)その冒頭でグロピウスは次のように述べている。「ここに設立されんとしている会社の目的とするところは、議論の余地なき工業生産方法の諸利点、最良の材料と技術、低コストなどを保証するために住宅建築の工業化を計ることである」。(3)この方向性は、その後のグロピウスの活動を通して追求されていった。彼は初代校長として就任したバウハウスで、一九二二年以降の基本理念を「芸術と工業の新たなる統一」と定めた。この理念のもとにバウハウスで展開された具体的な方法は、第一に部分と全体の機能的関係を検討する機能分析、第二に大量生産に適応し多様な使用場面に適用するための規格化だった。一九二五年に刊行されたバウハウス叢書第三巻『バウハウスの実験住宅』では巻頭論文「住宅工業」において乾式構造の利点を説いた。こうした方法が住宅生産において具体化したのが、一九二七年のヴァイセンホーフ・ジードルンク展に出品されたグロピウス設計の「十七号住宅」だった。この住宅は、Z型断面の鉄骨骨組みに、外壁には石綿スレート板を内壁には繊維板を貼り、柱間の中空にはコルクを充塡するという鉄骨の乾式構造だった。

ドイツにおけるこうした動向は、それほど間をおかずして当時の日本にも伝えられた。その早い例は、一九二九年一一月に同時にバウハウス特集を組んだ二誌、『建築新潮』と『建築紀元』である。(4)『建築新潮』では、大内秀一郎によって訳出された前出の「住宅工業」に、「機械で組み立てる乾いた儘の建築」(5)と表現されている。また、川喜田煉七郎による解説記事「バウハウス提案の住宅型」には「グロピウスはさらに別に彼れの提案する〈モンターゲ、トロッケン、バウ（組立的乾燥建築）〉を主張して[6]」いると述べられ、施工中の「十七号住宅」の写真が掲載されている。『建築紀元』では、香野雄吉が「中央建築・工芸研究所としてのバウハウス」と題した記事で「芸術と工業の新たなる統一」を理念に掲げ生産工房としての性格を強めたバウハウスを次のように紹介している。「組立家屋の大量生産的且全く工場生産的建築法、その部分品は、連続的に工場に於いて作られ在庫品生産を目的とし季節及び天候に関係なく、必要に応じて現場で任意に組立てられる（鋼鉄家屋、乾燥式組立骨格建築）[7]」。ここでも「十七号住宅」の施工中ならびに完成状態の写真が掲載された。また参考文献としてヴァイセンホーフ・ジードルンク展出品作品をまとめた"*BAU UND WHONUNG*" HERAUSGEGEBEN VOM DEUTSCHEN WERKBUND, 1928が紹介されている。以上から、乾式構造に関する情報はバウハウス叢書などのドイツの文献を通じて、わずかな時間差でもたらされたといえる。

このような新動向に関心を示したのは、前衛的な建築家たちだった。彼らの多くは、当時の日本における近代主義建築運動に関わっていた。先にふれた二冊のバウハウス特集号は、そういった人びとによって編集されていた。『建築新潮』の特集に関わった川喜田煉七郎、谷口吉郎、大内秀一郎。『建築紀元』の特集に関わった堀口捨己、岸田日出刀、牧野正己、今井兼次らである。

これらの顔ぶれを見るとき、建築運動との関わりにおいて異なる世代が混在していることがわかる。ひとつは、堀口、今井、大内といった一八九五年前後生まれの世代。彼らは分離派建築会やメテオールといった一九二〇年代前半期の建築運動で芸術としての建築を追求した、いわば建築運動の第一世代である。いまひとつは、川喜田煉七郎、谷口吉郎、牧野正己ら一九〇五年前後生まれの第二世代。彼らは第一世代に刺激を受けて建築運動に加わり、当初は芸術としての建築を追求するが、一九二八年頃からはマルクス主義の影響もあって建築の社会的側

面に関心を移した。いずれも、自らの建築理念を計画案という形式で表現し、展覧会で発表することが主たる活動であった。(8)

当時の建築運動の中心的な集団であった創宇社やＡＳ会の展覧会には、一九二八、二九年頃から政治的傾向が顕著に現れてくる。たとえば「労働者診療所」（海老原一郎、一九二九年）や少青年労働者宿泊所（中野順次郎、同）、「共同組合アパートメント」（今泉善一、一九三〇年）など、計画案の標題に社会に対する変革の意識を反映させたものが散見される。乾式構造に関連する計画案としては、たとえば川喜田煉七郎による一九二九年の計画案「一戸建て式より連続式に伸展する共同住宅の型」（図1）のように、グロピウスの住宅案「コンビネーションの可能性」（一九二〇～二二年）の直接的な影響を受けた例が見られる。

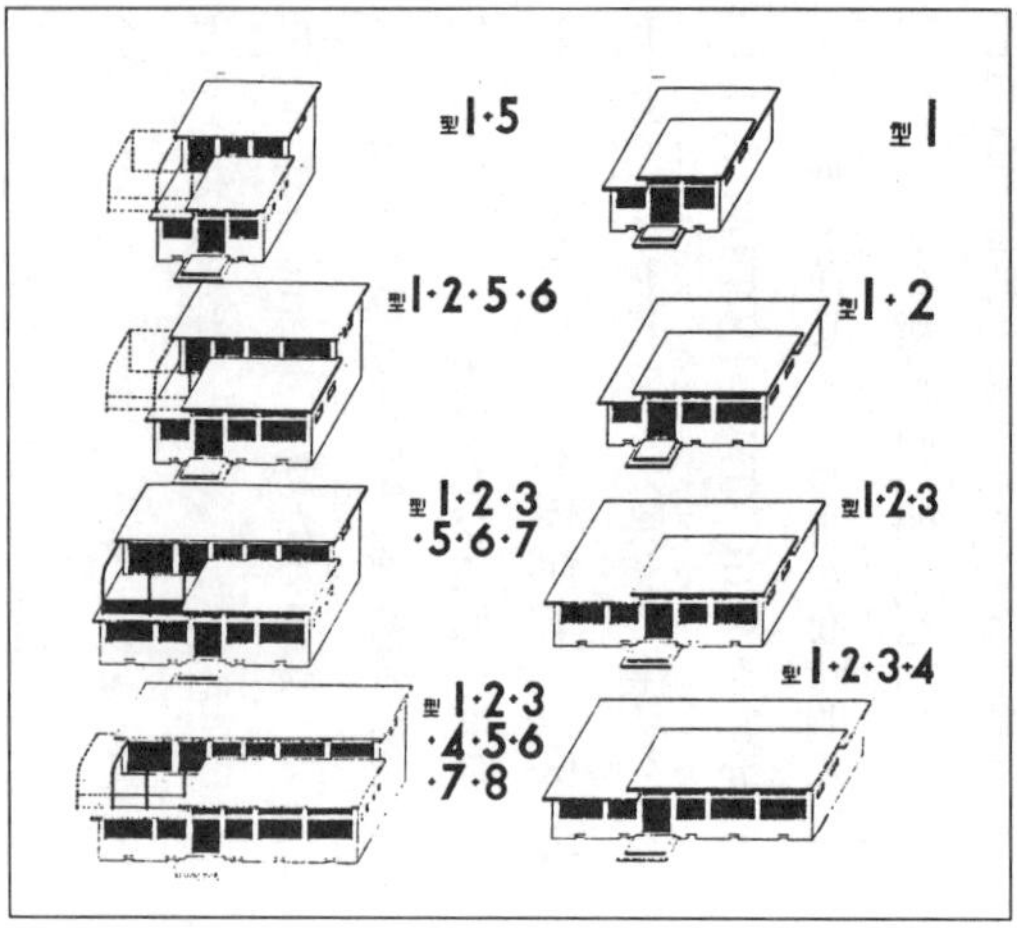

図1　川喜田煉七郎「一戸建て式より連続式に伸展する共同住宅の型」1929年（『建築畫報』第21巻第9号）

この時期、建築運動に関わる建築家たちが関心を向けたのは住宅問題だった。一九三〇年の第八回創宇社建築展覧会の内容にはその傾向が顕著である。

> 出品総数二十点、その内労働者階級並に無産小市民の住宅に関するもの十点に達し、全数の五〇パーセントを占めて居ることは、此度の展覧会の最も著しい現象であつたと共に、今日の若き建築家の関心が、如何に社会意識に醒つゝあるかを明瞭にした。（中略）右の如く住宅が断然その半数を占め、特に集合住宅並に共同住宅にその主題が集中された。(9)

こうした傾向の背景には、住宅問題の社会問題化があった。大正末期より高まっていた都市の密集住宅地に対する問題意識は、一九二六年の政府による不良住宅改良事業構想を経て、二七年の「不良住宅地改良法」発布につながっていった。関東大震災復興計画の一環として設置された同潤会は、耐震耐火の必要性から鉄筋コンクリート造「アパートメントハウス」建設を進め、都市型住宅の将来像を具体的に提案していた。

しかし、こうした事業が必ずしも十全に機能したわけではなかった。都市衛生や不燃化の増進の経費が結果的には住宅経営の営利化を招き、居住者はそうした負担に耐え得る階層すなわち中間層に占められることになった。改良事業が本来前提にしていた低所得層の生活・福祉の安定・向上には必ずしもつながらず、社会事業としての意義は薄くなったのである。(10)このような現実的社会問題に対して、運動に関わる建築家たちは建築計画案というかたちで意思表明を行ったのである。

しかしながら、彼らの主張が建築の社会性を重視することにある以上、実現の見込みのない計画案を展覧会で発表するという運動の方法論自体が、その主張と矛盾するものであった。この点について先の川喜田は次のように書いている。「我々が建築発表の形式に於て先づ要求するものは（中略）在来の作品展覧会に於てその模型やパースペクティヴの裏にかくれて見えなかつたものをしつかりと摑みだし、在来の実験室の特殊な報告にすぎなかつたものをあく迄一般化し、方向づけていくことである(11)」。

ここで指摘されているのは、次のようなことである。すなわち、展覧会で発表する計画案が建築家の単なる夢想ではないことを証明するためには、その計画案が完成したときの姿を図や模型として示すだけでは不十分で、それらが社会にとって有益であることの根拠を明示する必要がある。そのためには、大学等でなされていながら現実社会への還元がされていなかったり、専門性ゆえに一般には理解し難い有用な研究成果を、大衆にもわかりやすく明示する必要がある。さらにまた、研究成果をデータの段階にとどめるのではなく、民衆のための建築にどのように応用可能かを示す必要がある。こうしたことが、建築の展覧会で達成できなくてはならない。

このような問題意識から、建築運動の第二世代はそれまでとは異なる運動の方法論を導いた。それが一九三〇年七月に結成された新興建築家連盟である。この団体は「科学的な社会意識のもとに団結して、建築を理論的に技術的に獲得する」[12]ことを目的に、次のような組織となるはずだった。材料および構造、建築計画などを調査研究する「研究部」、講演会や出版、あるいは新聞などのマスコミを担当する「宣伝部」、設計・施工を行う「実行部」、建築制度や建築教育の改善を求める「批判部」、職業紹介や失業対策を受け持つ「互助部」、国内・海外の建築家同士を結びつける「連絡部」。この内容から、新興建築家連盟の性質が、計画案の制作を中心としていた従来の建築運動とは異なり、運動の外部すなわち社会に向けては制度の変革を求める具体的な働きかけ、運動の内部すなわち建築家のなすべき活動としては技術的な研究への志向が強まっていることがわかる。しかし、新興建築家連盟という新しい建築運動の構想は、結局始動せぬまま頓挫した。一九三〇年一一月一三日付け『読売新聞』の、新興建築家連盟は「極左芸術思想団体」で、ナップ（全日本無産者芸術連盟）の「大衆赤化歳末闘争」の一環とする悪宣伝のために退会者が相次ぎ、連盟は結成から半年で解散を余儀なくされたのである。

新興建築家連盟の構想において、「研究部」の活動として「建築史及び建築様式の研究。材料及び構造の技術的研究。調査。建築計画（標準化大量生産の研究、住居問題、都市計画）。討論会。講習会」[13]があげられていた。前述した周辺状況から、この中の「標準化大量生産」は、乾式構造が前提とされているとみられる。その背景については、始動せぬまま終わった新興建築家連盟にたどることはできないが、連盟設立にも関わった建築家・中村鎮の一九三〇年六月に発表された評論から類推できる。

中村は一八九〇年生まれで新興建築家連盟構想を担った建築運動の第二世代よりも一世代年長である。一九二〇年代の建築運動に関わることはなかったが、その合理主義思想と在野精神によって運動を担う若い建築家に敬愛される存在だった。[14] 彼の建築論「建築経済の問題」は、住宅問題の解決の方策として経済的な構法の開発を主張するものである。

今から十数年前迄の建築家の最大関心事は「如何にして美しい形を得可きか」にあつた。それが約十年位前から「如何にして安全強固なる建築物を得可きか」に転換せられた。そして之は大正大震災以来、殊にその重要さを増して来た。耐震耐火と云ふ事と鉄骨鉄筋コンクリートと云ふ事とは同一事物の二つの言ひ表はし方であるかの如き状態となった。（中略）

然しながらそれは今日迄の問題であつて、決して明日の問題ではない。否昨日迄の問題であつて決して今日の問題ではあり得ないと言ひ得やう。

然らば今日より明日へ向つての建築の最大の関心事は何であるか。私は之に答へて次の如く言はう。

「今日より明日への建築の最大問題は経済と衛生との問題殊に経済の問題である」と。

今日は最早構造の安固を最大級の問題とす可きでなく、「耐震耐火の鉄筋コンクリート建築（又は其以上のもの）を、如何に廉価に如何に能率よく、又如何に衛生的に造る可きか」が最大級問題でなければならない。[15]

これを書いた中村鎮は、決して鉄筋コンクリート構造否定論者ではない。むしろ彼は大正七年以来、東洋コンクリート会社や日本セメント会社の技師を務め、この構造の実務に携わっていた。しかし、東京・横浜の震災復興計画において不燃化が目指されながら、鉄筋コンクリート構造が高価なためにその費用が罹災者に負担できず結果的に不燃化が実現しなかったことが、彼を「鉄筋コンクリート建築をして木造建築と同価格たらしめる」[16] 仕事に向かわせた。彼が開発し特許を取得した型枠ブロック構造「中村式鉄筋コンクリート建築」はその成果であった。

しかし彼はコンクリートに固執したわけではなかった。「更に鉄筋コンクリートより一歩進んだ新構造が考へられ得る。それは鉄骨被覆構造である」[17]として、次のように続ける。

鉄骨被覆構造は鉄骨又は合金骨を以て出来得る丈け軽く結構を構成し之を、軽量にして耐火耐久力及保温力等を有する材料を以て被覆する構造を称するのである。（中略）被覆材料もエキスパンデツド、コンクリートの如き軽量且強力なるものか、更に進んで軽量なる科学的新材料を使用す可きである。（中略）之は木造建築の場合に於いても（中略）鉄骨と同様の新構造が考案され得る。[18]

この文中には乾式構造に類する用語は登場しない。しかし、骨組みと被覆を組み合わせる中村の「新構造」とは、明らかに乾式構造のことである。彼はそれを木造で行うことも可能だと指摘している。[19]

中村の主張は、従来の鉄筋コンクリート構造の改良あるいは新構造の発明なしには現実的な住宅問題の解決は望めないというものである。新構造の提案は、住宅政策や鉄筋コンクリート構造偏重への批判でもあった。中村の言説にみられるこの運動的性格は、新興建築家連盟における乾式構造受容の背景でもあっただろう。

二　乾式構造の主題化

建築運動の中で注目された始めた乾式構造は、新興建築家連盟の中に具体的な研究活動として組み入れられるはずであった。しかし、新興建築家連盟は結成即解散という事態に陥った。その後、乾式構造はどうなったか。この点について、連盟の幹事のひとりであった市浦健は、一九三二年の建築界を振り返る主旨の記事において次のように記している。

短い乍らもその存在が日本に於ける新建築運動の上にエポツクを作つた新興建築家連盟の解消が若い建築家に与へた教訓は、その活動の目標が略同一方向に採られた事によつて判つきり見究《ママ》める事が出来る。即ち多くの研究団体の発生と過去の小児病を脱してや丶実質的活動に見覚めつ丶ある現象が夫である。（中略）

鉄筋コンクリートに関する理論で埋つて居る日本の構造学に、乾式構造を割り込ませんとする提唱がなされた事は注目すべき事実である。この構造は敢て新奇なものではないが、鉄筋コンクリート構造の欠点を充分補つて居る事によつて、充分な材料学的研究と実践的研究が積まれるならば将来の発展性を約束する事が出来るであらう。(20)

市浦は、新興建築家連盟の結成即解散という経験によって「若い建築家」の活動が「小児病」的なものから「実質的」なものへ変化したという。「小児病」とは当時、左傾化した性急な政治志向のために建築運動が現実性を見失い観念論に陥った状態を揶揄してしばしば用いられた表現である。すでにみたとおり、それは連盟が解散に追い込まれることになった要因でもあった。「小児病」を経た者は、連盟の解散以降、観念論を脱して「実質的活動」に向かい始めた。その具体的活動が乾式構造の推進だというのである。たしかに、一九三〇年代の主要建築雑誌を通覧すると、乾式構造の実施作は三一年から三六年にかけて、乾式構造に関する言説は三一年から三三年に集中的に現れている（表2）。これは乾式構造が主題と認識されるようになったことを意味していよう。市浦の先の指摘は、その傾向の始まりを指摘したものだったといえる。

乾式構造に関する言説や実施作のまとまった出現は、乾式構造の主題化という現象のいわば外見である。内実は、どのようなものであったか。乾式構造に関する言説には、各筆者がその時点でこの構造をどのように認識していたかが窺える箇所がある。そこには表現は異なるものの乾式構造に対する共通の認識が示されているので、断片的に列記する。

此の乾式構造は今日直ちに完全に実施し得ない点が少なくない。何故ならこの目的の為に優れたる壁材料が作られては居ないし、又この目的の為に大量生産が企てられて居ない。然し建築家の関心は夫等の為の困難をも顧みず敢へて果敢な試みをなさずには居られないのである。何事も考へられそして試みられなければ進

表2　乾式構造に関する主な言説

発表年月	執筆者・題目	掲載誌・年月号
1931.08	川喜田煉七郎(訳)ラッシュ兄弟 「構築　工業生産の材料と構造」	『建築畫報』1931.08
1932.03	市浦健「住宅と乾式構造」	『国際建築』1932.03
1932.03	土浦亀城「乾式構造の住宅」	『国際建築』1932.03
1932.05	池田傳作「コンクリートへの疑と表面仕上の問題」	『建築科学』2号
1932.07	市浦健「乾式構造に就いて」	『建築科学』3号
1932.07	広瀬初夫「トロッケンバウに就いて」	『建築科学』3号
1932.11	大阪建築科学研究会「乾式建築の被覆材料」	『建築科学』4号
1932.11	牧野正己「コンクリート貶謗論」	『国際建築』1932.11
1932.11	福田欣二(抄訳)「ドイツに於ける金属住宅」	『日本建築士』1932.11
1932.12	川喜田煉七郎 「トロツケン・ウム・バウで小商店を詩作しました」	『建築畫報』1932.12
1933.01	建科東京支部トロッケンバウ研究部員・金尾 「トロッケンバウの施工に関して」	『建築科学』5号
1933.01	ｄｅｓａｍ内トロッケンバウ研究会 「トロッケンバウ研究会通信」	『建築科学』5号
1933.01	牧野正己「耐火乾構造の準備的研究」	『国際建築』1933.01
1933.01	伊藤正文「乾式構造の住宅」	『住宅』1933.01
1933.02	大阪建築科学研究会「乾式建築の被覆材料」	『建築科学』6号
1933.03	「乾構造の発展を祈って」	『建築世界』1933.03
1933.03	トロッケンバウ研究会座談会　十代田三郎の研究報告	『国際建築』1933.03
1933.03	蔵田周忠「乾構築の意匠」	『国際建築』1933.03
1933.04	川喜田煉七郎『新しい構造の家 ――トロッケンバウの家　乾式構造の家』	『建築構成』4号
1933.04	横山不学「乾式構造研究断片 外部被覆板の目地防水材料に就て」	『国際建築』1933.04
1933.04	小林秀彌「福田邸に就て」	『国際建築』1933.04
1933.07	足立一郎 「WACHSENDE HAUS に現はれたる構造的問題」	『国際建築』1933.07
1933.07	蔵田周忠「WACHSENDE HAUS のこと」	『国際建築』1933.07
1933.10	十代田三郎 「乾構造住宅の展望　1933年シカゴ博覧会に於ける」	『国際建築』1933.10
1933.10	山越邦彦「DOMO DINAMIKA」	『新建築』1933.10

歩はない。[21]

※

所謂乾式構造は（中略）その材料や施工にも、又此処に取扱はれた問題の外にも研究を要する沢山のものがあるのであるから、乾式構造として完成せしめるには今後も相当の努力を要すると考へねばならない。[22]

※

其ではフエロコンクリート構造に代るべき優秀な構造方法があるかどうか。悲しいけれども今のところあるとは言へない。併し近い将来に於て必ず出来ることは断言出来る。其は漸く近頃になつて注目されはじめた乾式構造が其れだ。[23]

※

所謂乾構造（中略）は未だ研究過程にあつてその指導理論の整然たるにも拘らず実際に於ては費用だけの見栄えもせず不経済になりがちなものである。[24]

※

乾構造の誕生は未だ極めて新らしく、従つて其れに要する材料、構造原理等に於て、幾多の画期的研究に待つもの多かる可きは云ふまでもないところであり、その基本的改良点の的確な発見には、個々の実施によるよりも、むしろ実験室内の研究を経なければならぬ点の多かる可き事も、疑ひなき事柄であらう。[25]

※

若き青年学生達が「トロツケンバウ」なる名称に魅了されて盲目的に礼賛する傾向があるのは戒むべきことである。新構造をよきものに育て上げる為め充分研究と吟味を要するものと思はれる。[26]

※

乾式構造なるものは少くも我国に於ては今や其の第一歩を踏み出したに過ぎない。従つて其の開拓を今後の研究努力に待たねばならない分野はかなり広大であるやうに思う。[27]

これらに共通した認識を端的にいうならば、乾式構造という技術は優れているが現時点では不完全である、ということになろう。しかも、どの言説も不完全なところは近い将来解決されることが期待されている。そのためにも「困難をも顧みず敢へて果敢な試み」（市浦）をなすべきと認識されているのである。

こうした技術環境の実状にもかかわらず、意識のみがさらに先行する例もみられる。牧野正己「耐火乾構造の準備的研究[28]」では「乾構造で耐火力のある高層建築が可能であるかどうか[29]」が主題とされている。牧野は前年に書いた「コンクリート貶謗論[30]」で、乾式構造を鉄筋コンクリート構造よりも優れた構造と主張していたから、コンクリートの長所である耐火性が乾式構造でも可能なことを論証する必要があったのであろう。

> 私が今之から述べようとする耐火乾構造といふものは要するに研究中のものである。未だ発表するまでにまとまつたものではない。尚困つたことには私は実地にその方法を実施したわけでもなく、又、耐火試験の設備を用ひて実験したものでもない。材料や壁体の耐火力については他の人の行つた実験結果をりようしてゐるだけである。言はゞ他人の研究の結果をすつかり頂戴して自分の都合のい、様に焼直しただけのものである。[31]

ここで牧野が「他の人の行つた実験結果」というのは「復興局技術試験所報告」「帝国大学工学部紀要[32]」に掲載された関連データである。「自分の都合のい、様に焼直しただけ」というのは、乾式構造で高層建築を設計するという架空の主題を自らに課し、その可能性を検討するために先の関連データを参照するという作業のことである。

牧野のこうした作業は、かつての建築運動における計画案制作と似ている。それらは図面や模型で表現されていたが、あくまで理念の表明であり実際的な設計ではなかった。牧野の記事には具体的な実験データが参照されるなど、一見したところ観念的ではない。しかし、データそのものは客観的なものとしても、そのデータを用いて乾式構造の高層建築の合理性を論証する過程には、当人も言うように恣意的なところがある。つまり、かつては図面や模型が用いられていた建築理念の表明に、ここでは論文あるいは仕様書の形式が用いられているのである。牧野の言説は実質的に見えて、じつのところ理念性が勝っているのである。

こうした乾式構造の理念性への傾斜は、実施作にさえ窺うことができる。一九三〇年代の前半に乾式構造はたしかに集中して現れたが、その絶対数は多いわけではない。他人の財産で瑕疵を生じさせるわけにはいかないから、未熟な技術を実作で試す機会はまれだったと思われる。そうしたなかで、建築家の自邸は「果敢な試み」(市浦)を行う好機だったはずである。乾式構造に積極的だった建築家、土浦亀城、市浦健、山越邦彦はいずれも三〇年代の比較的早い時期に自邸を乾式構造で設計・実施している。

土浦は一九三一年に最初の自邸を乾式構造で設計した。それは、木造の矩体に厚さ二分の石綿スレートを真鍮釘で打ち付け、目地にルーフ・パテを詰めるという方式であった。しかし、スレート板が吸水によって反り返り釘が飛び出したり、収縮による目地切れにたびたび悩まされたという。この壁体の経費は、設計当初は従来一般的であった鉄網モルタル塗りよりも安価だったが、まもなくスレート板の値上がりによりかえって高価なものになったという。(33) それでも土浦亀城はこういう。

自分の木造乾式構造は、鉄骨乾式構造に進む前の試案であつて、全体的に充分な効果を得る事は望みえないのであるが、在来の木造に比して幾分でも近代的建築材料の特徴を利用し得た事と、建物の生命をいくらか永くするだらうと言ふ点に満足を感じてゐるし、工費の点では将来もつと安くなる筈のものであると言う点に希望をつないでゐる。(34)

その言葉どおり土浦は、四年後の三五年に二番目の自邸をやはり乾式構造で設計した（図2）。層状に連続して展開する内部の豊かな空間性と、大開口をもつ単純立体の外観によって、近代建築の傑作のひとつに数えられる作品である。しかし、こと構造に関して、設計者自身の評価は芳しくない。

> 乾構造は世人の興味を引いたが、此の三年間に大した進歩はしてゐない。これを完全なものにするには第一に材料を改良し、第二には施工法を工夫しなければならないのであるが、第二の方は建築家や施工者が夫々苦心をしてゐても、材料の方は製造家や販売者が無関心の為めに三年前から見て少しも変化してゐないのが遺憾である。[35]

図2　土浦亀城自邸（第2）設計＝土浦亀城
1935年　東京（『国際建築』第11巻第2号）

こうした事情は、市浦や山越でも同様であった。市浦は先に紹介したとおり自邸の発表に際して「建築家の関心は夫等の為の困難をも顧みず敢へて果敢な試みをなさずには居られない」と述べていた。山越は「目地が問題であつたが、此の目地に手数又は費用をかける位であれば、乾構築の意味はないと思つて、アスベストボードを貼つてから、三ケ月後にモルタルの目地をした[36]」と述べている。いずれの言説からも、建築家たちが自邸を乾式構造の実験の場と捉えていたことがわかる。

三　乾式構造の理念

乾式構造をめぐる言説は、技術論文の体裁をとりながら乾式構造の将来における利点を主張する傾向が強いものだった。乾式構造の実施作では、建物としての完成度よりも実験が優先された。どちらにおいても、現実的な効用よりも可能性の方に大きな期待が寄せられたのである。

乾式構造で多くの店舗改築を手掛けた川喜田煉七郎は、乾式構造の基本原理を次のように説明する。建築の構造は大きく「マウエル・バウ Mauerbau」と「モンタージュ・バウ Montagebau」に二分できる。マウエル・バウは直訳すれば壁式構造で、ここではコンクリートを型枠に流し込んで一体の構造とする、すなわち全体が単一の要素でできている。対して「モンタージュ・バウ」は Skelett（骨組み＝柱・梁）と Mantel（被覆材＝壁・屋根）のそれぞれ独立した二つの要素からなっている。

モンタージュバウを具体的に認識するには、先づ、1構造になるスケレットと、被覆になるマンテルとがある事。2完全に工場で十分研究して造り出したものを現場で組立てる事。3従つて全部を統一したユニットが必ず必要である事。(37)

「乾式構造 trocken Montagebau」と書けば「乾 trocken」に注意が向きがちだが、先の一文に端的に述べられているように、本質はむしろ「構 Montage」のほうにある。すなわちそれは、部分を「組み立て Montage」ることによって全体となる構造形式のことである。「乾 trocken」は建築物の各部位を独立分離し、その上で部分と全体との関係性を明瞭にする前提条件にすぎない。

市浦健はこうした理解を踏まえて、新しい設計概念「建築構造学」を提唱する。「建築構造学とは構造力学と材料学とを建築構成へ結び付ける工学である。構造学が力学を駆使し材料を処理してこそ真に完全な建築の構成が企て得られるのだ(38)」。すなわち、ここで「構造力学」が対象とすべき要素が Skelett（骨組み＝柱・梁）であり、「材料学」が対象とすべき要素が Mantel（被覆材＝壁・屋根）である。その両者を適切に関係づけるするためには、「構造力学」と「材料学」とを一段高い次元で統合する「建築構造学」が必要だと説く。

また、山越邦彦は自邸を乾式構造で完成させた一九三三年に次のように書いている。

> 構造研究の方面も、施工技術の発達、建築材料製造工業等の進歩に従つて、頗る複雑なものとなつて来た。その結果、構造学も、構造に関するありと凡ゆるものを、その対象とする多方面な各研究部内を一括して、無組織的に、その中に包含するには、余りに膨大な漠然とした学となつて了つた。此所に分科への契機が生じたのである。即ち、構造学は、三つの異つた部門に、発展的に解消し、「構造学」といふ名称は、唯、力のエネルギーに関する構造力学としてのみ残され、他のエネルギー――光、熱、電気、音等と共に風及び水の問題を研究する構造上の部門としては、遮断学が生まれ、更に建築材料の化学的変化と物理的変化を研究する耐構学が確率されつゝある。例へば、建築物の骨格は、構造力学の対象であり、屋根、壁等の遮断的特性の研究は遮断学、モネルメタルと鉄板の接触によつて、鉄板の腐食の大なる影響や、銅板に対して、銅の釘と鉄の釘とが及ぼす夫々の影響の如きものは、耐構学の分野に属するものである。
>
> 斯くの如く、此の三部門は構造全体の分析的研究を対象とすると同時に、構造の各部門の全面的（多面的ではない）科学的研究を目的とする、即ち分析と同時に総合的研究が並行しなければならない。（中略）
>
> 建築物に対する斯うした研究態度、解決法は、最も進歩した近代科学の見地に立つものであり、取りも直さず、唯物弁証法的方法に依拠するものである。従来の自然発生的な「建築」に対する「構築」の存在理由もこゝにある。建築は、必然的構築にまで発展し、科学的体系としての構築の中へ解消すべきものである。[39]

山越は、従来的な「構造学」を「構造力学」「遮断学」「耐構学」の三部門に分け、それらが「総合」されることによって従来的な建築概念は変革されるとし、そのあたらしい建築概念を「構築」と呼んだ。

市浦のいう「構造」と山越のいう「構築」とは同義といってよいだろう。つまりそれは、複数の要素が有機的に関係し合い全体としてまとまった機能を発揮するような要素の集合体、すなわちシステムの意味である。建築物はシステムであるべきだというのが両者の主張であり、その理念を体現するものが乾式構造であった。乾式構造が実際的な技術としては未熟な段階にとどまりながら建築家たちの関心をひきつけたのはこの理念性ゆえである。

まとめ

日本において乾式構造は近代主義建築運動の過程で主題化されていった。その発端は、一九二九年にヴァルター・グロピウス設計による「十七号住宅」の紹介で、工業化社会にふさわしい住宅生産のあり方として、運動を担った若い建築家たちに受けとめられた。こうした関心は、彼らが制作した計画案にも反映された。ただし一九二九〜三〇年の間、その関心の重点は乾式構造の技術的側面よりも意匠の方にあったといえる。

一九三〇年の年末における新興建築家連盟の結成即解散という事態は、建築運動に関わった建築家たちの意識をより実質的な方向に変質させた。その傾向のなかで一九三〇年代の前半には乾式構造の技術的側面に対する関心が高まり、乾式構造をめぐる言説と木造乾式構造の実施作品が集中的に現れた。

しかし、外・内壁材や防水処理などの乾式構造をめぐる技術環境は未熟なままであったから、材料学的な研究は萌芽的な、実施作は実験的な段階にとどまらざるを得なかった。こうした実態にもかかわらず、乾式構造に積極的な建築家たちは、この構造の将来に期待を寄せた。その要因は、建築を複数の要素が有機的に関係し合い全体としてまとまった機能を発揮するようなシステムとみる近代的理念を、乾式構造が明快に体現するものだったからである。

（1）　乾式構造の背景についての研究が少ない中で、この構造の理念性に着目した論文に、矢代真己「〈バウエン〉Ｉ

N NIPPON」（『SD』第四三二号、二〇〇〇年九月）がある。
(2) 松村秀一『〈住宅〉という考え方』（東京大学出版会、一九九九年）八三〜八四頁。
(3) 『BAUHAUS別冊日本語版』（造型社、一九六九年）三四頁。
(4) 『建築新潮』第一〇年第一一号（一九二九年一一月）、『建築紀元』第一年第二号（一九二九年一一月）。
(5) 前掲『建築新潮』三六頁。
(6) 前掲『建築新潮』一六頁。
(7) 前掲『建築紀元』二八頁。
(8) 近代主義建築運動の変容については、拙稿「透明な機能主義と反美学」（五十殿利治・水沢勉編『モダニズム／ナショナリズム』、せりか書房、二〇〇三年）参照。
(9) 石原憲治「新しい社会技術へ」（『国際建築』第六巻第一一号、一九三〇年一一月）一〜二頁。
(10) 『日本近代建築学発達史』一二三一〜一二三七頁。
(11) RRRRRR生「所謂レポートの形式について」（『建築新潮』第一二年第一号、一九三一年一月）一四〜一五頁（「RRRRRR生」は川喜田の筆名）。
(12) 『建築時潮』第四号（一九三〇年一〇月）四四頁。
(13) 同前。
(14) 「中村鎮氏逝く」（『国際建築』第九巻第九号、一九三三年九月）。
(15) 中村鎮「建築経済の問題」（『建築新潮』第一一年第六号、一九三〇年六月、一頁、のち『中村鎮遺稿』に再録、中村鎮遺稿刊行会、一九三六年、四四〜四五頁）。
(16) 中村「建築経済の問題」（前掲）四頁。
(17) 中村「建築経済の問題」（前掲）六頁。
(18) 同前。
(19) 彼はこの「新構造」について「何れ他日稿を新にして論じやう」と書いていたが、一九三三年に亡くなったため彼の乾式構造論が現れることはなかった。
(20) 市浦健「1932→1933」（『国際建築』第九巻第一号、一九三三年一月号）三頁。

(21) 市浦健「住宅と乾式構造」(『国際建築』第八巻第三号、一九三二年三月)一二二頁。
(22) 土浦亀城「乾式構造の住宅」(前掲『国際建築』)一二三頁。
(23) 牧野正己「コンクリート貶謗論」(『国際建築』第八巻第一一号、一九三二年一一月)四三三頁。
(24) 牧野正己「耐火乾構造の準備的研究」(『国際建築』第九巻第一号、一九三三年一月号)五頁。
(25) 「乾構造の発展を祈って」(『建築世界』第二七巻第三号、一九三三年三月)一～二頁。
(26) 「トロッケンバウ研究会座談会」(『国際建築』第九巻第七号、一九三三年七月)二六九頁。
(27) 横山不学「乾式構造研究断片　外部被覆板の目地防水材料に就て」(『国際建築』第九巻第四号、一九三三年四月)一四七頁。
(28) 『国際建築』第九巻第一号(一九三三年一月)。
(29) 前掲『国際建築』六頁。
(30) 注(23)に同じ。
(31) 同前。
(32) 同前。
(33) 注(22)に同じ。
(34) 注(22)に同じ、一二七頁。
(35) 土浦亀城「第二の自宅の建築」(『新建築』第一一巻第三巻、一九三五年三月)四三頁。
(36) 山越邦彦「DOMO DINAMIKA」(『新建築』第九巻第一〇号、一九三三年一〇月)一九三頁。
(37) 川喜田煉七郎「トロッケンバウとその最近の実例」(『建築構成4　新しい構造の家』、洪洋社、一九三三年)二頁。
(38) 市浦健「住宅と乾式構造」(『国際建築』第八巻第三号、一九三二年三月)一一七頁。
(39) 山越邦彦『耐構学(建築学会パンフレット第五輯第六号)』(建築学会、一九三三年)二頁。

瑞暉亭と北欧の近代建築

川島洋一

序

かつて「瑞暉亭《ずいきてい》」という日本の茶室がスウェーデンに贈られ、一九三五年にストックホルムにある国立民族学博物館に建てられたことは、茶道史ではすでに知られている。(1) しかし、その建物が一九六九年、不審火により焼失したことから、今日ではその建築的な詳細を知ることが難しくなっている。(2) 筆者は以前、同国に留学して建築家グンナール・アスプルンドの研究を行う機会を得たが、その際に彼に関する事跡の収集のため、同国の代表的な建築雑誌を全頁通覧する作業を行う中で、瑞暉亭を紹介する当時の記事を発見した。その時は思いがけない場所での日本の茶室との出会いに驚き、記念に記事のコピーをとったにすぎなかったが、その後アスプルンドの研究を進めるにつれ、意外にも彼とこの茶室とが重要な接点を持つことを認識するに至った。

本稿は、論証を重ねて新しい知見を提供するというよりも、スウェーデンの近代建築史を専攻する立場から、これまで茶道史で扱われてこなかった資料を用いて失われた瑞暉亭の姿を明らかにするとともに、この茶室と北欧の近代建築家たちとの関係についてわずかな考察を試みるものである。

一　茶室「瑞暉亭」建設の経緯

そもそも日本の茶室がスウェーデンに贈られることになったのは、来日し表千家で茶を学んだスウェーデン人女性イーダ・トローツィ（Ida Trotzig, 1864-1943）の発案によるものであった。茶室建設の経緯は、熊倉功夫氏の『近代茶道史の研究』の中で紹介されているが、(3)スウェーデン児童文学の翻訳者として知られる小野寺百合子氏の著書の中にも関連する記述が見られる。(4)スウェーデン滞在中に晩年のイーダと親しくしたという小野寺氏は、茶道史とは別の角度からこの間の事情を紹介していることから、ここでは両者の記述を参考にして経緯を整理してみたい。(5)

イーダの夫ヘルマン・トローツィ（Herman Trotzig, 1832-1919）は、船乗りとして一八五九年に長崎に到着し、そのまま日本に留まることを決意した。アーノルド・グルームやグラバー商会などに勤務し、一八六八年に居住地を長崎から神戸に移して、一八七二年に神戸居留地行事局長（のちに神戸居留地警察署長）に就任した。スウェーデンに一時帰国した際に三二歳年下のイーダと結婚することになり、ドイツ滞在を経て夫婦で日本に旅立ったのが一八八八年とされる。彼は一八九九年に国内の居留地がすべて日本に返還されたのを期に職を引退したが、その後も神戸に留まり一九一九年に日本で生涯を終えている。(6)

夫ヘルマンとともに来日したイーダは、その後三〇年以上に及んだ日本での滞在中に日本語や日本文化を学び、特に茶道と華道を本格的に学んだ。一九一一年にはストックホルムで『Cha-no-yu, Japanernas teceremoni』を出版している。(7)なお同書の序文は、探検家として名高く親日家でもあったスヴェン・ヘディン（Sven Hedin, 1865-1952）が書いており、(8)当時スウェーデンでは無名であったイーダが著書を出すにあたり、力添えをしたことが想像される。

ヘルマンの没後、ストックホルムに戻ったイーダは、スウェーデンに茶道を紹介するために茶室を必要とした。[9]彼女は当時、同国イェーテボリにある貿易会社に協力して緑茶の輸入に携わっていたが、その経営者であるヤーメス・ルンドグレン（James Lundgren）を説得し、またスヴェン・ヘディンの弟子であったストックホルムの民族学博物館館長のG・リンドブロム教授（G. Lindblom）に茶室の建設を嘆願した。[10]同教授はパリ大学のエリセーエフ教授に相談し、一九三二年に日本から茶室を寄贈してもらう計画を立てた。[11]リンドブロム教授は、駐スウェーデン日本公使を通して国際連盟日本支部に茶室の寄贈を要請したが、[12]それを知った当時の日瑞協会副会長で王子製紙社長の藤原銀次郎（茶名　藤原暁雲　一八六九～一九六〇）が中心になって寄付の会がつくられた。[13]藤原は北欧の気候に向く茶室を探したが適切なものを見つけることができず、結局新しい茶室を建築することにしたという。東京三田の慶応義塾大学の敷地内に仮建築された茶室は、当時の日瑞協会名誉総裁の秩父宮殿下によって「瑞暉亭」と命名された。瑞暉亭は再び解体され、棟梁の浮ヶ谷氏と大工の谷口氏とともに船でスウェーデンへ送られた。二人は現地の職人の協力を得て、ストックホルムの民族学博物館の敷地内に、一九三五年無事に茶室を竣工した。[14]

このようにイーダ・トローツィの熱意に動かされて実現した瑞暉亭であるが、残念ながら一九六九年一〇月に焼失してしまったのである。[15]

二　瑞暉亭の建築の概要

瑞暉亭は、スウェーデンを代表する建築雑誌『ビグメスタレン（Byggmästaren）』誌上で、一九三八年に建築家ヘルイェ・シムダール（Helge Zimdahl, 1903-?）の署名記事により紹介されている。[16]一三頁におよぶ記事には、配置図・平面図・立面図二面の図面に加え、二二点の写真と二点の説明図が添えられている。

本文では、冒頭で瑞暉亭の建設の経緯が簡単に紹介された後、茶道および茶室の使われ方に関する基本的な知識が手短かに説明される。茶道の精神的な側面に敬意を払う彼は、「茶道は日本人が数世紀にわたって育んできた深く根を下ろした伝統であって、美にまつわる哲学的側面が興味のすべてとなっている。このことにこそ注意を払うべきであって、西洋の五時の紅茶などに相当する事柄ではない[17]」と、やや構えた態度もうかがえる。それ以降の記述は日本建築の構造と材料に関する解説に終始している。瑞暉亭の特徴について述べる内容は見られず、むしろ当時ヨーロッパ諸国でよく読まれた吉田鉄郎著『Das Japanische Wohnhaus（日本の住宅）』などの資料によって得られた日本建築の構法に関する知識を、初めて眼にする実物を参照しつつ確認するような印象を受ける記述となっている[18]。吉田の『Das Japanische Wohnhaus』は日本の住宅を全般的に扱った優れた概説書であり、参考図版として桂離宮をはじめとする数寄屋の実例を豊富に扱っているものの、茶室に関する本文中での説明はごくわずかにとどまっている[19]。このように茶室に関する情報が不足していたことから、シムダールの記事は瑞暉亭についての具体的な解説というよりも、日本建築一般の紹介という性格を帯びたのであろう。彼は日本の住宅に関する一般的な説明として「建物は庭と親密につくられ、部屋は完全に開放することができる[20]」と表現し、日本建築の空間の開放性に注目する。次に、規格化された日本建築の寸法体系がいかに合理的な発想であるかを強調することに説明の力点が置かれていく[21]。その結果として、「豊富なヴァリエーションを可能にし、洗練された簡素な美と素材の取り扱いを生み出し、しかもそれが周辺環境によくとけ込むという日本建築の長所に、スウェーデンの住宅建築も関心を持つべき[22]」との結論へ至る。こうした日本建築の構法が本来備える合理性は、吉田の『Das Japanische Wohnhaus』において一貫して説明の基本方針とされていることであり、シムダールはそれを十分に理解していたとみることができるだろう。シムダールの記事には、腰掛を離れと混同したり、図版の向きを九〇度取り違えるなどの誤解も一部で見られるが[23]、全体的にはよく準備をして書かれた記事といってよい。

シムダールの記事中に添えられた写真のうち六点は、明らかに瑞暉亭とは異なる建物の写真である。被写体の内訳は、桂離宮古書院一の間が一点、桂離宮の釘隠が一点、竹小舞に土壁を塗る作業中の壁の様子が一点、鎌倉の住宅地の街路と垣根のたたずまいが一点、寺院と思われる建物の縁と庭が一点、建具が開放された室内から庭を眺めるアングルが一点となっている。前四点はいずれも吉田鉄郎の本に掲載されている写真であり[24]、同書からの引用と見ることができる。後二点は吉田の本には掲載されておらず、出典は今のところ確認できていない。

また記事に添えられた二点の説明図は、いずれも吉田の本に掲載されている。襖の詳細を説明するために姿図・断面詳細図・襖骨の図・枠と框の接合部詳細が一組になった図が一点、下地窓の形態のヴァリエーション三通りを一組にして示した図が一点となっている[25]。

上述した六点以外の写真一六点は、すべて瑞暉亭を写したものと考えられる。その被写体の内訳は、瑞暉亭と書かれた額が一点（図1）、茶室の外観が三点（図2・3・4／ただし図2と図4は同一写真であり、トリミングの違いによるもの）、腰掛の外観が一点（図5）、寄付および茶室の内部がそれぞれ一点（図6・7）、水屋が一点（図8）、引手（おそらく水屋の天袋棚の）が一点（図9）、雨戸とその戸袋が二点（図10・11）、床脇の下地窓の詳細が一点（図12）、門（貴人口の雨戸か）の詳細が一点（図13）、根石と柱の詳細が一点（図14）、茶室の天井（化粧屋根裏）が一点（図15）、床柱と床框の取合いの詳細が一点（図16）となっている[26]。

ここで写真と図面を参照し、そららから読み取れる瑞暉亭の概要を整理してみたい。

まず配置図（図17）および平面図（図18）からは、台目床のついた本勝手四畳半切の茶室と、玄関をともなった六畳の寄付とが雁行して配置された全体構成をうかがうことができる。配置図には路地や植栽、手水鉢、腰掛などが描かれ、一通りの茶庭がつくられていたようである。熊倉氏によれば、建物の設計は山澄力蔵であるという[27]。

図3　外観

図4　外観

図5　腰掛の外観

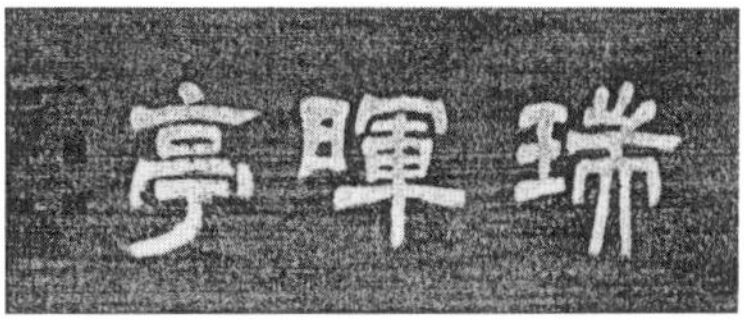

図1　額

図1～19　瑞暉亭：*Byggmästaren,* AB Tidskriften Byggmästaren, 1938 より

図2　外観

図9　引手詳細

図6　寄付

図10(上)／図11(下)　寄付の雨戸と戸袋

図7　茶室

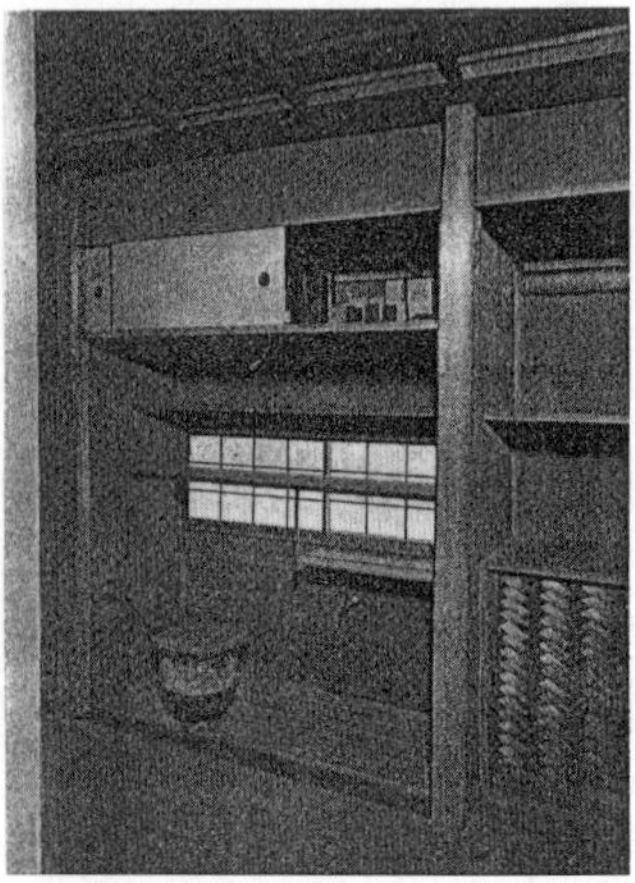

図8　水屋

図14　根石と柱の詳細

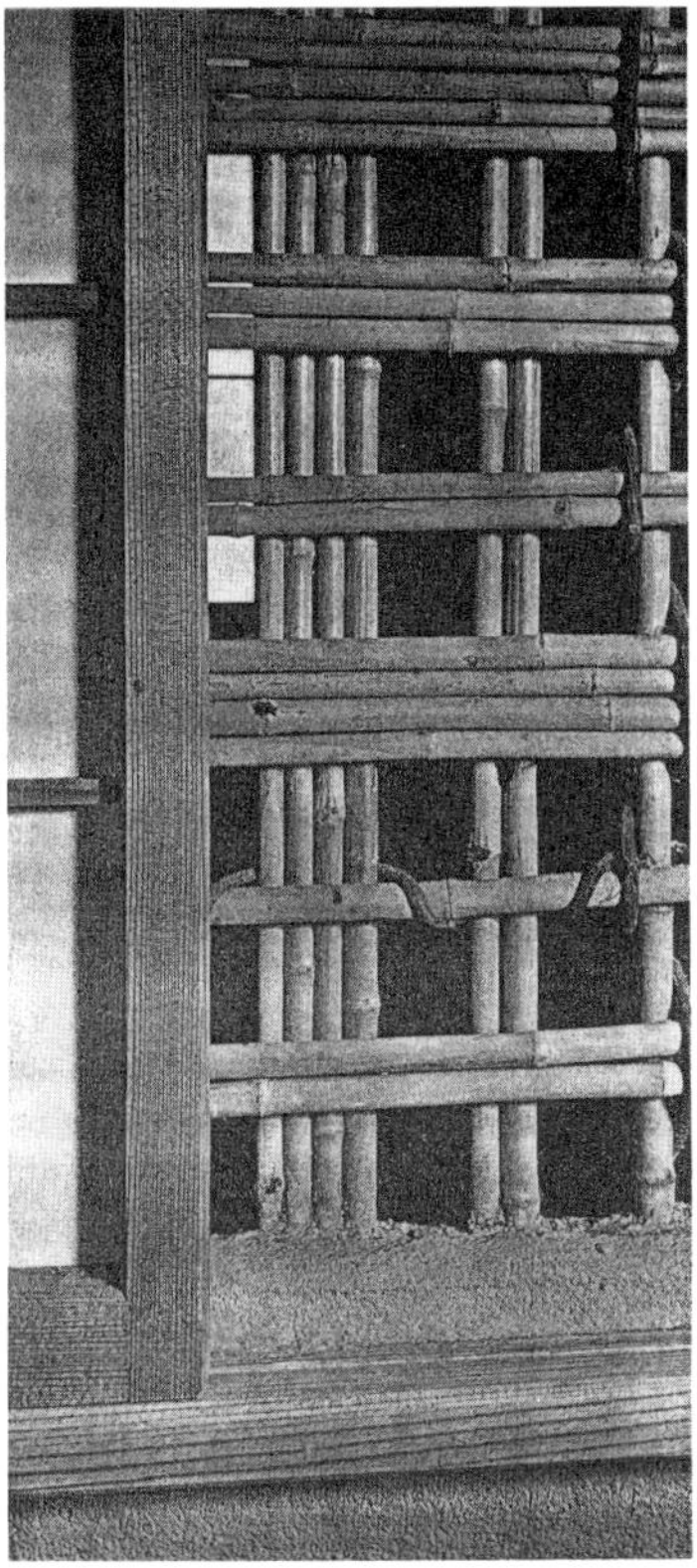

図12　床脇の下地窓

図15　茶室の化粧屋根裏

図16　床柱と床框の取合い

図13　閂

平面図および図7から判断すると、茶室の内部は全体的な印象として又隠《ゆういん》を思わせる構成になっている。瑞暉亭の独自の要素としては、貴人口がありそれに雨戸がついている点、および床脇に下地窓が取られている点などが指摘できる。また、床周辺の細部を写した図16からは、皮付丸太の床柱と、はつりのある磨き丸太の床框が確認できる。図15は、おそらく茶室の下座の天井が化粧屋根裏となっている様子を写したものであろう。次に寄付の内部を伝える写真（図6）では正面に付書院が認められるが、棚板と小障子との間に腰壁の存在が看取される。腰壁には腰張りが施されていることから、この書院は装飾的な目的でつくられたというよりは、この部屋を現地の人々が待合として使う際に棚板を腰掛として用いることを想定したものと思われる。この書院の開口部にも、平面図から見る限り雨戸がつけられているようである。図10および図11では沓脱石がわずかに見えることから、この寄付から土間庇に出る開口部を写したものと考えられよう。この二枚の写真の意図は、添えられたキャプションから判断して、雨戸と戸袋の機能を説明するものである。

次に立面図（図19）および写真（図3・4）を見ると、庇造りになった建物の外観の様子を知ることができる。妻を小舞けらばとするなど草案風の仕様となっているが、全体的に腰高な印象を拭えない。玄関の開口の高さも通常より高く見える。熊倉氏は「一般の茶室よりも天井を上げるなどして外国人向きに工夫をこらし」(28)たことを紹介しているが、天井高については図6および図7の室内写真からだけでは十分に確認することができなかった。しかし、図4を見ると水平材を現した茶室の妻のプロポーションから、おそらく全体の高さ方向の比率を整えるために、小屋組もやや高めに設定したことが想像される。(29)建物全体の寸法が通常より高く計画されているこれらの様子から、天井も高めに設定されていたと推定するのが自然であろう。また、図3および立面図（図19）の両方から、地面より一〇〇〇ミリ前後の高さまで外壁に腰板が貼られていることが明らかであり、スウェーデンの厳しい冬の気候を考慮した仕上げを意図したものと想像される。

図17　配置図

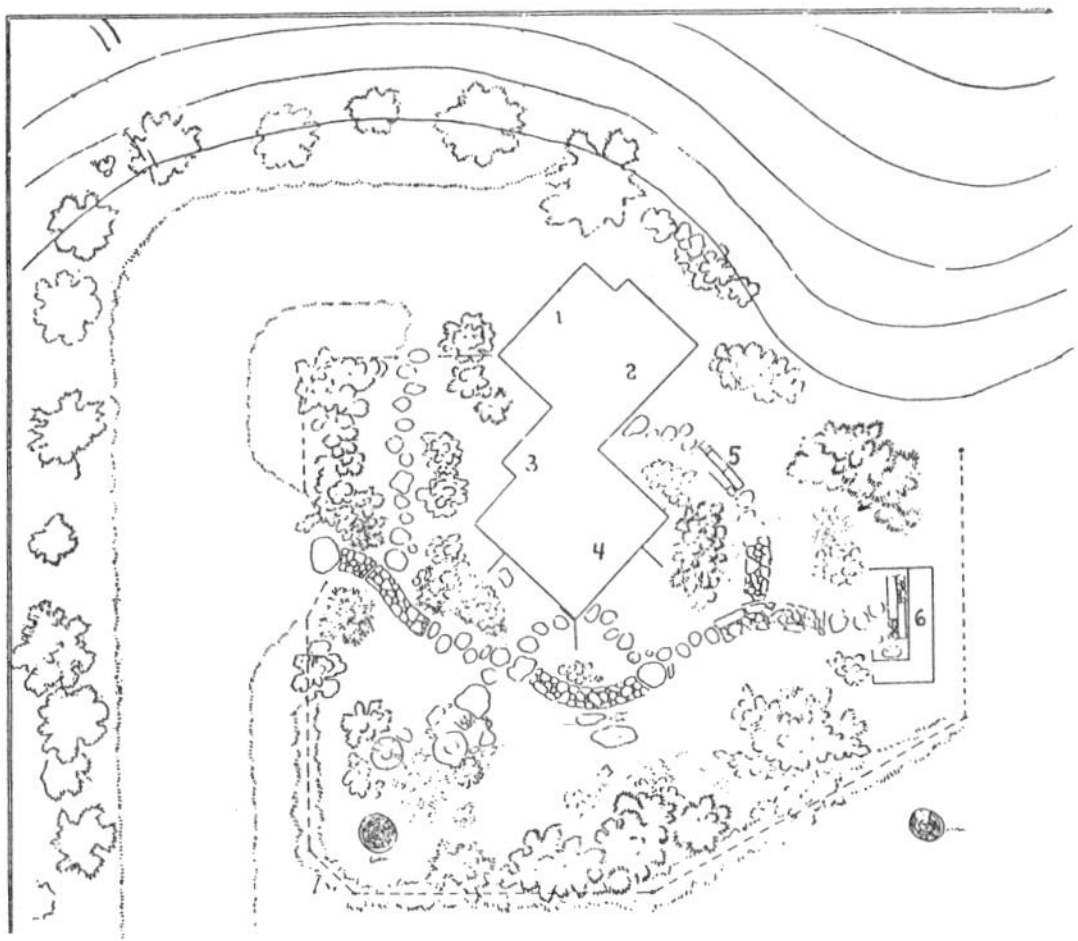

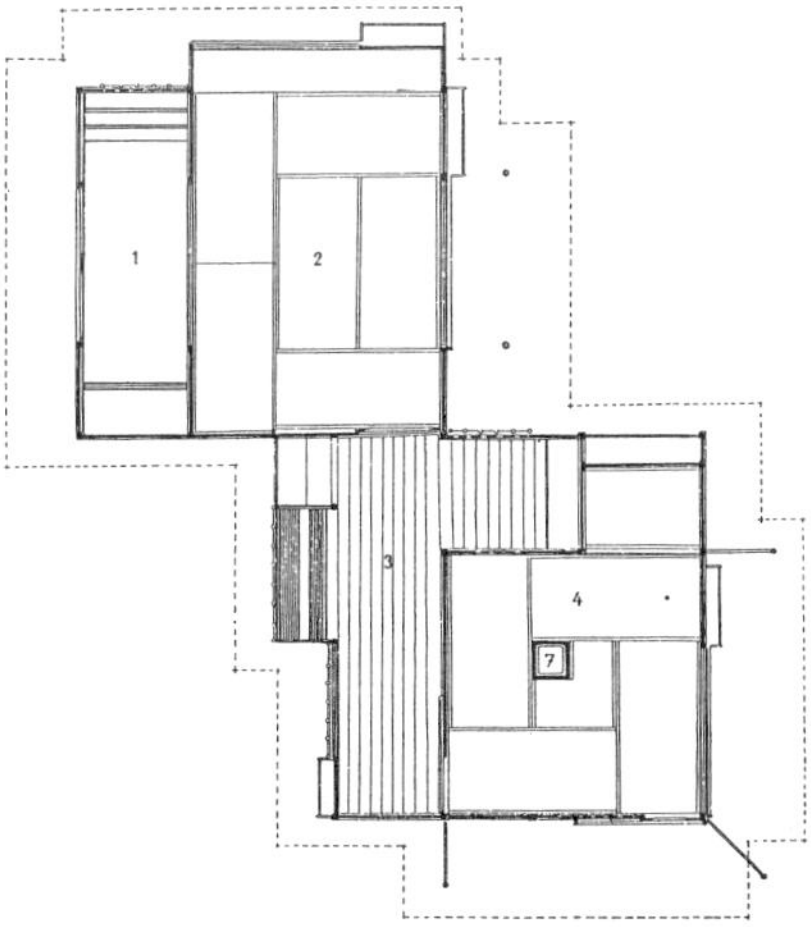

図18　平面図

図19　立面図

以上から、瑞暉亭の特徴として次の点を指摘できよう。まず、外国人の利用を考慮し、おそらく天井高を含めて建物の高さを高めに計画したこと。また、同様の理由から、寄付の書院を腰掛として利用できるように工夫したこと。次に、スウェーデンの厳しい冬の気候を考慮し、外壁に腰板を貼りめぐらしたこと。さらに、開口部にはできるだけ雨戸を設けたこと、の四点である。(30)

このように、やや特殊な性格が一部に見られるものの、日本人の手で設計と施工がされた本物の茶室がスウェーデンに建てられたことは、実に有意義であったと考えられる。

三　建築家アスプルンドの建築観と日本建築

こうして実現した瑞暉亭が、北欧の建築家たちの興味を刺激したことは想像に難くないが、ここではまず、当時のスウェーデンを代表する建築家グンナール・アスプルンド（Erik Gunnar Asplund, 1885-1940）の建築観と日本建築との関係から見ていこう。

ストックホルムに生まれたアスプルンドは、一九〇九年にその地の王立工科大学を卒業後、若くして独立した建築家として設計活動を開始した。一九一五年に結果が発表された「ストックホルム南墓地国際設計競技」では、友人の建築家シーグルド・レヴェレンツ（Sigurd Lewerentz, 1885-1975）と協同で応募した作品が一等を獲得し、彼らの出世作となった。のちに「森の墓地」と呼ばれるこの作品に、アスプルンドは生涯を通して取り組み、彼の代表作となる。特に彼が一人で担当したその主要施設「森の火葬場」（一九三五～一九四〇）で到達した卓越した境地により、「森の墓地」は二〇世紀の傑作として現在では世界遺産に登録されている。(31)

一九～二〇世紀転換期前後のスウェーデンでは、ナショナル・ロマンティシズムと呼ばれる建築思潮が盛んであり、アスプルンドもそうした環境で建築を学んだ。その後、一九一〇年代から二〇年代にかけて、主流は北欧新古典主義(32)に移行した。アスプルンドはその代表的な建築家の一人として、「ストックホルム市立図書館」や「スカンディア・シネマ」などの作品を残している。一九三〇年に開催された「ストックホルム博覧会」では主任建築家を務め、名実ともに北欧建築界のリーダーとなった。この博覧会で彼は、すでにドイツで先行していた近代建築を採用し、鉄とガラスを多用したパビリオンを設計した。これが契機になって、北欧諸国は一気に近代建築の時代を迎えるのである。

アスプルンドは徹底して作品をつくることに活動の重点を置いており、自身の建築観を文章で残す機会はきわめて少なかった。したがって、一九三一年に行った王立工科大学教授への就任記念講演は、建築雑誌に詳細な記録が残っている点で特に貴重である。(33)「われわれの建築的空間概念」と題したその講演の記事で、冒頭に示されている図版は、豊かな森林の環境に建てられた別邸風の日本建築のぬれ縁の写真である（図20）。これ以後に示される図版にはすべて図版番号がふられ、本文でアスプルンド自身の解説が確認できることから、それらは講演の中で紹介された図版であることがわかる。しかし、この最初の図20がどのように講演の中で使われたのかは、残念ながら記事からは読み取ることができなかった。

彼は講演において、当時ヨーロッパで人気を博していた哲学者オズワルド・シュペングラー（Oswald Spengler, 1880-1936）の『西洋の没落』を参考にしながら自身の建築観を語っている。まず「西洋文化の本来のシンボルは無限の空間である」(34)とアスプルンドは主張する。その無限の空間について、

ゴシックは空間を解体した最初の形態である。それは空間を外部の世界から閉じこめるのではなく、そのかわり開放するのである。ゴシックの構造は、外部と内部の間を分離する壁を取り除いた。（中略）アラビア・ビザンティン様式の閉鎖性を一掃するのだが、ピアの間に大量のガラスを挿入することによって、それが可能になるのである。このガラスの大量利用は、以前は気づかれていなかったが、われわれの時代になっ

図20　某住宅のぬれ縁（*Byggmästaren,* AB Tidskriften Byggmästaren, 1931）

図21　某住宅の室内（同上）

てから初めて一般的になったのである。[35]とゴシックを例にあげて説明する。さらに「後のハーフティンバー建築のもとになった長い窓のある回廊を備えたゴシックの住宅が、水平連続窓を取り付けた現代の住宅の原型を形成したことは明らかなことである[36]」と、ゴシックの住宅の開口部の取り方が、新しい建築の動向と関係があることを示す。その後、彼はバロックの空間を分析し、それと都市計画との関係について語るが、本稿の目的から離れるのでここでは触れない。アスプルンドは、自身の建築観の軸として再び「われわれの時代の建築的特徴は、建築的空間の解体である[37]」と語り、それ以後は図版を示しながら、具体的な建築の実例について分析をはじめている。

彼はル・コルビュジエのスケッチやパリのヴァンドーム広場周辺の都市図、パリの凱旋門周辺の鳥瞰写真、コルビュジエのポアザン計画の図面などを示した後、図版12でコルビュジエのペサック集合住宅の写真を示し、「現代の空間概念は、シュペングラーの無限の空間に関する定義（中略）すなわち外部空間と内部空間との結合の概念であり、外と内はそれぞれ独立した別の空間であるとは見なさない[38]」と、再び外部と内部の空間の連続性に話を戻す。さらに続けて彼は、「われわれは、空間をまったく一定の不変のものとは見なしたくない。空間の性質自体に動きと変化が備わり、異なった状況や異なった人々に対して適応するのだ(39)」と語る。ここで空間の開放性の概念は、空間の性質を変化させることを可能にする概念と関連して語られている。さらに、その空間の性質の変化によって、アスプルンドの主張する新しい空間概念は、さまざまな状況や人々に対応できる柔軟な性格を備えることを示唆しているように思われる。空間の開放性と空間の性質を変化させることとの関係については、ここまでの説明では明らかにされておらず、両者を結びつけて語るここでの論理の展開はやや意外な印象を受けるが、次にアスプルンドが日本建築を実例として示すことにより、これらの概念の関係を主張する意図が明らかになる。この講演の最後の実例である図版13として、日本の住宅の室内の写真が示されたのである（図21）。

空間の解体と変化は、明らかにわれわれの概念自体へ行き着く。ここ西ヨーロッパで、おそらく日本の発想に近づくのである。しっかりとして、重く、寿命が長い材料を、すべての部分に使わない、という発想に。われわれは西ヨーロッパにおいて、日本で昔から習慣にしてきたように空間や季節によって、また来客によって、必要に合わせて変えていく形式をおそらく見つけることができる。あたかも日本人が夏の間、風通しをよくするために、すべての壁を取り外したように。(40)

講演の終わり近くで結論的に述べられたこの内容は、アスプルンドが考える新しい時代の建築概念、すなわち空間の開放性、あるいは彼のいう空間の解体を、日本の伝統的な空間概念の中に実例として見い出せる、と彼が考えていたことを示している。それは単に外部空間と内部空間との連続性に関わることだけでなく、必要とされる状況や機能に合わせて建具などの設えを変化させ、空間の構成自体を変化させることができることを意味しており、彼がこれら二つの概念を一体のものとして扱う理由がここで理解できる。西洋的な価値観からは、日本建築の空間は、重く固定的な壁を持たない新しい空間の発想であり、建具をすべて開放した状態の空間は、内部空間が開放されて外部空間と連続するだけでなく、「空間の解体」であると彼の眼には映ったのであろう。「ここでいう空間の解体とは、決して空間の退化を意味するのではなく、むしろ空間の再生を意味することである」[41]と彼は補足説明しており、アスプルンドがこの空間概念により、建築の新しい可能性を切り開くことを確信していた様子がうかがえる。さらに「こうした空間概念に見られる特徴が、同時代の文化の他の分野においても基調になってきているように見える」[42]と述べて講演を締めくくっているが、彼がこの空間概念を単なる建築計画上の問題とだけ見なさず、新しい時代の文化を形成する価値観と理解していたことを示しており、アスプルンドの認識の幅と奥行きをあらためて感じさせる。

四　北欧の建築家と瑞暉亭

このように日本建築に対して強い関心を抱いていたアスプルンドであるが、彼自身が日本建築に関して直接言及したのは、上で示した講演が最初で最後である。したがって、ここから先はさまざまな状況証拠を積み重ねてみたい。

まず、一九三一年の講演で使われた二枚の日本建築の写真であるが、吉田鉄郎の『Das Japanische Wohnhaus』にいずれも掲載されている[43]。ただし、吉田の本がドイツで出版されたのは初版が一九三五年であるから、講演の時期までにそれを参照することは不可能である。これらの図版のうち、図20の写真は吉田の本では「一九二七年」とキャプションが添えられている。これは建物の竣工年を表すものと考えられるが、これが事実であるならば、一九二七年から一九三一年の間にこの写真がアスプルンドあるいは当該雑誌の編集人などによって入手可能であったことになる。たとえば当時のヨーロッパで、吉田の本より先に出版されよく読まれたフランツ・バルツァーの本（注18参照）が出たのが一九〇三年であり、それに図20が掲載されることはありえない。仮に一九二七年から一九三一年の間のヨーロッパで入手可能な何らかの媒体にこの写真が掲載されたのだとしたら、逆にそれを吉田が自身の本を執筆するまでに入手できたことになる。これらの条件を満たす図20と図21の出典先は、残念ながらまだ確認できていない。

アスプルンドと吉田鉄郎（一八九四～一九五六）とは、実は直接会っている。吉田は一九三一年に北欧を旅し、ストックホルムに一週間滞在しているが、その間の吉田の日記を見てみよう。日付はいずれも一九三一年である。

一〇月一九日　（ストックホルム――引用者注）市庁舎へ　中に入れず
一〇月二〇日　市庁舎　北欧博物館　音楽堂　図書館
一〇月二一日　アスプルンドの事務所を訪問し、助手に図書館とスカンジヤ《ママ》・キネマを案内してもらう。
一〇月二二日　アスプルンドに彼の事務所であう。謙虚な感じのいい人物で、日本の建築、ことに引き違い窓に興味を持っていて、いろいろ聞かれた。正午にエストベリイ事務所に行き、彼にあう。

（中略）

一〇月二五日　ストックホルムからオスロへむかう。[44]

吉田のこの日記からは、日本の建築家に会えた機会を利用して、日本建築に対する理解を深めようとするアスプルンドの姿が見て取れる。吉田がアスプルンドに会ったのは一九三一年一〇月二二日であり、アスプルンドが教授就任記念講演を行ったのが同年一一月一九日である。[45]あくまでも一つの可能性としてではあるが、吉田自身がこれらの写真をアスプルンドに直接手渡したのだとすれば、写真に関する上述の謎はすべて解けることになる。

　このように日本建築に強い関心を持っていたアスプルンドにとって、その後も日本建築は出版物で見るだけの遠い存在であっただろう。しかし、一九三五年にストックホルムに瑞暉亭が建てられたことにより、ついに実物トーヴァルド・オケション氏（Tovald Åkesson, 1910-1990）は、筆者に対し次のような証言をしてくださった。アスプルンドはこの日本の茶室が気に入り、私たち若い所員に見学を薦め、また日本建築の重要性を強調した。ある日、アスプルンドは私たち若い所員を連れて茶室を見に行き、興味深く観察したり、いくつか寸法を測ったりした。私にとって特に印象深かったのは、アスプルンドが茶室の表面的なことや細部よりも、このまったく異文化の建築をデザインした建築家が、どのような空間概念を持っているのかを理解しようとしていたことであった。(46)

オケション氏の発言内容から、彼がアスプルンドの下で働きはじめた一九三七年以降も、アスプルンドにとって日本建築が興味の対象であったことを確認することができる。

さらにこの時期に、フィンランド出身で世界的な建築家になりつつあったアルヴァ・アールト（Alvar Aalto, 1898-1976）も、おそらく瑞暉亭を訪れていたことが推測される。アールトとアスプルンドの接点は、アールトがヘルシンキ工科大学の学生であった一九二〇年夏にさかのぼる。彼はストックホルムのアスプルンド事務所を訪れ弟子入りを志願したが、このときは断られている。(47) しかし、一九二〇年代ごろから二人は親交を結び、その友情はアスプルンドの他界まで続いた。(48) オケション氏もアスプルンド事務所に勤務していた時期に、アールトがしばしば事務所を訪問していたことを証言している。(49) アールトとアスプルンドは、互いに建築の興味を共有し合ったが、その話題には日本建築に関する内容が含まれていたことだろう。実際、アールトは一九三五年にストックホルムで行った講演の中で「日本文化は限られた素材と形態を使うことによって、多様性と新しい変化をほとんど日々つくり出していく名人的技巧を人々のうちに育んできた」(50) と語っているが、アスプルンドの一九三一年の講演の内容と同様の主旨であることは注目に値する。

アールトは、フィンランドに初めて駐在した日本公使の市河彦太郎とかよ子夫人を自宅に招待する間柄であり、市河夫妻の出版した本に彼らの交流が記載されているという。市河氏の在職期間は一九三三年三月から一九三七年七月である。[51] それによると「(アールトは) マルコ・ポーロと桃太郎、カチカチ山、牛若丸などの日本の昔噺を読んで以来、大の日本びいきとなり、今では日本建築、殊に茶室についての本など沢山集め、病院、図書館、住宅、レストランなどを作る時、いつでも木を生地のまま使用し、竹なども色々な場所に、なかなか雅趣に富んだ用ゐ方をしてゐる (後略)」と記されているという。[52] また、市河夫妻は「一九三五〜一九三六年に日本の観光局が出版した九巻におよぶ書物をアールトに贈った」とされ、その内容は「神道や能楽にはじまって、茶道や桜や木版画にまで及んでいるうえ、日本建築や庭園芸術も扱っている」という。また「ブルーノ・タウトの日本建築についての専門書を (アールトは) 一九三七年に誰かから贈られていた」とも証言している。[53]

アールトが市河夫妻の伝えるように大の日本びいきであり、しかもアスプルンドに会うために一九三〇年代後半にストックホルムを頻繁に訪れていたならば、瑞暉亭を訪れていたと想像する方が自然であろう。アールトと日本建築との関係について論考をまとめたユハニ・パラスマーは、アールトの住宅作品としては代表作といえるマイレア邸を設計していた当時、アールト事務所に勤務していた建築家ポール・ベルヌリの証言を紹介している。それによれば、「一九三八年にアールトは吉田鉄郎の著書『日本住居』(『Das Japanische Wohnhaus』のこと——引用者注) を買って事務所に持ってくると、名高いその邸宅 (マイレア邸——引用者注) のいくつかのディテールの設計の参考にその本を使った」という。[54] パラスマーは、アールトの他の作品と日本建築との関係についても考察を行っており興味深いが、瑞暉亭とは時期的にやや隔たりがあるのでここでは触れないでおく。

このようにアスプルンドとアールトだけに限ってみても、彼ら北欧の建築家と日本建築との親密な関係が浮き彫りにされるのであり、彼らが瑞暉亭からいかなる影響を受けたのか、興味の尽きないところである。もちろん建築の設計は複雑な思考過程を経て成立するものであり、さまざまな状況証拠があるからといって短絡的に影響を論じることは避けなければならない。ここでは彼らの作品のうち、特に日本建築との関係を想像させるものを数点選んで、示唆するにとどめたい。

アスプルンドが一九三〇年のストックホルム博覧会の際に設計した「パラダイス・レストラン」(図22)におけるテラスと深い軒が生み出す空間は、彼が翌年の教授就任記念講演で示した写真(図20)のぬれ縁にきわめて近いものである。これらの写真のアングルの一致はおそらく偶然であり、ここでは空間の類似性こそが問題であろう。一九三七年に竣工したアスプルンドの「イェーテボリ裁判所増築」では、内装の一部に日本建築を思わせる部分がある(図23)。また、一九四〇年に竣工した彼の代表作「森の火葬場」では、大礼拝堂の周囲の敷石のパターン(図24)と、吉田鉄郎の『Das Japanische Wohnhaus』に紹介されている桂離宮のそれ(図25)とを、比較してみたい衝動にかられる。同じく「森の火葬場」において、二つある小礼拝堂の待合室の入口にかけられた深い庇(図26)と、大礼拝堂と小礼拝堂それぞれの窓につけられた日本建築の竪格子を連想させるルーバー(図27)は、本稿の主題を論じる上で無視できない要素である。その小礼拝堂の待合室の室内において、天井と壁あるいは壁と壁の入隅部、壁の仕上げ面と連続したものとしてなだらかなカーブを描いて造りつけられているベンチ、H型鋼の柱と梁に施された被覆の出隅部、建具の金物など、この室内に存在するあらゆる角が落とされ、丸く加工されているのも注目に値する(図28)。このディテール処理は、親しかった人との別れを告げる葬儀を待つ間、この部屋の利用者の傷ついた心を建築が刺激することのないように、細心の注意を払ってデザインされたものであろう。そうした意図にこれらのディテールが十分に応えながらも、さりげなく処理されているのは見事であるが、アスプルンドほどの建築家ならば、瑞暉亭を訪れた際にあらゆる木部の角がやはりさりげなく面取りされていることを、おそらく見逃さなかったはずである。

図22 アスプルンド「パラダイス・レストラン」テラス（*Asplund,* AB Tidskrif-ten Byggmästaren, 1950）

図24 アスプルンド「森の火葬場」大礼拝堂ポルティコの敷石（筆者撮影）

図23 アスプルンド「イェーテボリ裁判所」室内(同上)

図25 桂離宮 楽器の間周辺の敷石(*Das Japanische Wohnhaus,* Verlag Ernst Wasmuth, 1935)

図26　アスプルンド「森の火葬場」小礼拝堂（筆者撮影）

図28　待合室（筆者撮影）

図27　同上

図29　アールト「マイレア邸」ウインターガーデン（*Aalto Interiors 1923-1970,* Alvar Aalto Museum, 1986）

アールトが一九三八年から一九三九年にかけて設計した「マイレア邸」では、前述のパラスマーの論考で紹介されていたポール・ベルヌリの証言通り、日本建築から刺激を受けたと想像されるインテリアが見られる（図29）。

ここに示した内容はあくまでも筆者の想像の域を出ないが、これらの建築の諸相が日本建築と不思議な一致を見せていることは、今後さらに追求されるべきであろう。日本建築が西洋の近代建築家たちに与えた刺激は、表面的な日本趣味の問題にはとどまらないにちがいない。

新しい瑞暉亭　結語にかえて

本稿では、瑞暉亭の建設の経緯を整理し、またその建築的な概要をいくらか明らかにした。日本建築の専門家がご覧になれば、ここに示した資料からでもさらに新たな事実が読み取れるかもしれない。本稿では、さらにスウェーデンの建築家グンナール・アスプルンドの空間概念において、日本建築が重要な意味を持っていたことを論じた。これについては、今後さらに考察を進めたい。最後に、アスプルンドとアールトを例にとり、日本建築との関係を示す事跡をさまざまな角度から集め、彼らの代表作との関係を示唆した。

このように、イーダ・トローツィの熱意によってストックホルムに建てられた瑞暉亭は、二人の偉大な建築家の日本建築に対する理解を助け、創作意欲を大いにかき立てたことだろう。その瑞暉亭が焼失した後、長い間空地となっていた場所に、中村昌生先生の手によって新しい瑞暉亭が建てられたの

図30　中村昌生先生設計の瑞暉亭（『数寄の空間』淡交社）

は一九九〇年のことである（図30）。新しい瑞暉亭が、再び北欧の建築家たちの創作活動を刺激することを念じつつ、本稿を閉じることにしたい。

（1）熊倉功夫『近代茶道史の研究』、日本放送出版協会、一九八〇年、三五八～九頁
（2）熊倉氏の著書をはじめ瑞暉亭を扱う文献の中で、その建築の具体的な姿について言及するものは管見ではない。
（3）熊倉氏は同書における瑞暉亭に関する事実関係の記述は、横井夜雨『一亭一碑』を参照したとしている（熊倉前掲書、三六七頁、注6）。
（4）小野寺百合子『バルト海のほとりの人びと』、新評論、一九九八年、一二一～三九頁
（5）両書を参照しつつ、スウェーデン名の日本語表記、固有名詞の原語表記、当時の職名、年号などについて、筆者が若干の追加・修正を行った。小野寺氏の著書は、学術的な出版物ではなく、また高齢になってからの執筆ではあるが、事実関係の正確な記述に配慮されており、また貴重な証言を含んでいることから、ここでは他の資料と内容が矛盾しない限り参考にする立場をとった。
（6）小野寺前掲書、一三～七頁および三五～八頁
（7）副題の「Japanernas teceremoni」は、日本人たちの茶の作法（英語の tea ceremony に相当）の意。なおイーダの没後、一九二〇年代初頭ごろに彼女によって書かれた華道に関する未刊の草稿を編集した本『Japansk blomsterkonst（日本の生け花芸術）』が、スウェーデンの出版社シグヌムから出版されている。
（8）小野寺前掲書、一七～九頁
（9）熊倉前掲書、三五八～九頁
（10）スウェーデン国立民族学博物館ホームページ http://www.etnografiska.se/etnoweb/tehus4.htm
（11）熊倉前掲書、三五九頁
（12）小野寺前掲書、二一頁
（13）熊倉前掲書、三五九頁
（14）小野寺前掲書、二二頁

(15) 前掲スウェーデン国立民族学博物館ホームページ
(16) Helge Zimdahl, ZUI-KI-TEI, *Byggmästaren*, Stockholm, 1938, pp. 82-94
(17) Helge Zimdahl, ZUI-KI-TEI, p. 83
(18) 実際、シムダールは当該記事の関連文献として、次の三点をあげている。(記載順)
Jiro Harada, *The Lesson of Japanese Architecture*, London, 1936
Tetsuro Yoshida, *Das Japanische Wohnhaus*, Berlin, 1935
Kakuzo Okakura, Das Buch vom The, *Insel Bucherei*, No. 274, Leipzig
シムダールは関連文献にあげていないが、上記の他にやはり当時のヨーロッパで読まれた日本建築に関する本として著名なものにフランツ・バルツァー(F. Baltzer)の *Das Japanische Haus, eine bautechnische studie*, Berlin, 1903がある。近年出版された吉田の *Das Japanische Wohnhaus* の翻訳本『日本の住宅』のあとがきで、吉田がバルツァーの本を参考にして自身の本をまとめたと推測されることが指摘されている。
大川三雄・田所辰之助「『日本の住宅』の今日性」(吉田鉄郎著『日本の住宅』所収、鹿島出版会、二〇〇二年)、二一一~二一二頁
(19) Tetsuro Yoshida, *Das Japanische Wohnhaus*, pp. 15-16
吉田はここで、利休による茶の湯の完成と茶室という形式の存在を紹介しているが、その特徴にまで踏み込んだ内容にはなっていない。
(20) Helge Zimdahl, ZUI-KI-TEI, p. 86
(21) Helge Zimdahl, ZUI-KI-TEI, p. 88以降
(22) Helge Zimdahl, ZUI-KI-TEI, p. 93
(23) 図版の向きの誤解は、著者であるシムダールによるものではなく、雑誌の編集者によるミスの可能性もある。
(24) 桂離宮古書院一の間の写真は吉田の前掲書三七頁に、桂離宮の釘隠の写真は同一二四頁に、土壁の写真は同一二三頁に、鎌倉の街路の写真は同一七九頁に、それぞれ掲載されている。なお、シムダールの記事中の土壁の写真は、時計回りに九〇度回転した状態で誤って掲載されている。
(25) 前者は吉田の前掲書一三二頁に、後者は同一四一頁に掲載されている。なお、後者の図は、シムダールの記事中

では、時計回りに九〇度回転した状態で掲載されている。

(26) 本稿で写真につけた番号は、シムダールの記事における掲載順である。

(27) 飛石、石灯籠など路地のいっさいまで添えて茶室と共に船で送られた、という記録を裏付けるものと見ることができるだろう（熊倉前掲書、三五九頁）。

(28) 熊倉前掲書、三五九頁

(29) 図4で確認できる茶室の妻に見える水平材の数は、立面図（図19）のそれとは一致していない。

(30) 瑞暉亭の特徴を考察するにあたって、福井工業大学の池田俊彦先生には貴重なご教示をいただいた。記して心より感謝申し上げたい。

(31) ナショナル・ロマンティシズムとは、産業革命以後、急速に近代化する社会情勢の中で、自国のアイデンティティを追求した文化思潮のこと。北欧に限らず、東欧・南欧をはじめ、中欧でもこうした傾向は見られた。その思潮の中でスウェーデン人が再発見したものは、ヴァイキングに象徴される英雄的な過去の記憶と、農家に代表される土着の建築的伝統の独自性であり、森や湖など国土の自然環境の豊かさとそれらが生み出す美しい風景などであった。

(32) 近代建築運動が進む中で、ナショナル・ロマンティシズムの土着的・歴史的な表現から離れ、より近代的な表現を模索した結果、彼らは新古典主義にたどり着いた。スウェーデンでは、装飾をできるだけ排除した幾何学形態による造形が特徴であり、簡素な美が追求された。また、古典建築の先例を参照することにはこだわらず、繊細なプロポーションの細部による優美な表現を特徴とした。これらの性格から、この新古典主義は様式建築の復活というよりも、本格的な近代建築に移行するまでの過渡的な現象と考えることができる。

(33) Erik Gunnar Asplund, Vår arkitektoniska rumsuppfattning, *Byggmästaren*, Stockholm, 1931, pp. 203-210

(34~36) Erik Gunnar Asplund, Vår arkitektoniska rumsuppfattning, p. 204

(37) Erik Gunnar Asplund, Vår arkitektoniska rumsuppfattning, p. 206

(38~42) Erik Gunnar Asplund, Vår arkitektoniska rumsuppfattning, p. 210

(43) 吉田の *Das Japanische Wohnhaus* において、図20は七八頁に、図21は一三三頁に、それぞれ掲載されている。

(44) 向井覚・内田祥哉編『建築家・吉田鉄郎の手紙』、鹿島出版会、一九六九年、一四～一五頁

(45) Christina Engfors ed., *E.G.Asplund arkitekt, vän och kollega*, Stockholm, 1990, p. 69
(46) オケション氏への面会は二度実現し、一度目はインタビューとして、さらにここに引用した内容は、一九九〇年八月二四日に筆者がルンド大学建築学科で行った大学院研究発表セミナーの席上での発言の一部である。
(47) ヨーラン・シルツ著、田中雅美・田中智子訳『白い机　若い時』、鹿島出版会、一九八九年、一一三〜四頁(Göran Schildt, *Valkoinen Pöytä, Alvar Aallon nuoruus ja taiteelliset perusideat*, Otava, 1984)。
(48) ヨーラン・シルツ前掲書、一四一頁
(49) Christina Engfors ed., *E.G.Asplund arkitekt, vän och kollega*, Stockholm, 1990, p. 66
(50) Alvar Aalto, (Göran Schildt ed.), *Sketches*, The MIT Press, Cambridge, Mass., London, 1985, p. 51
(51) ヨーラン・シルツ著、田中雅美・田中智子訳『白い机　モダン・タイムス』、鹿島出版会、一九九三年、一〇七頁(Göran Schildt, *Nykyaika, Alvar Aallon tutustuminen Funktionalismiin*, Otava, 1986)。
(51) ヨーラン・シルツ『白い机　モダン・タイムス』、一〇七〜八頁
シルツはこの部分の記述を、市河夫妻の執筆したエッセイ集『フィンランド雑記』黄河出版から引用している。

(52〜53) ヨーラン・シルツ『白い机　モダン・タイムス』、一一三頁
(54) ユハニ・パラスマー「フィンランド建築に見る日本」(『建築文化一九九八年一〇月号』所収、彰国社)、一四八頁。

思い出すままに

京都工芸繊維大学工芸学部の建築学科は、設計教育を重点とすることが特色であった。そして卒業研究も論文ではなく、卒業設計が慣例となっていた。したがって学生も将来の作家を志す者が多く、卒業研究には圧倒的に設計の希望が多く、構造・設備・建築史を専攻する人は極めて稀であった。藤原義一先生在職中も先生の指導を受けたのは田中俊之氏と小野木重勝氏だけであった。藤原教授の退官後、村上訒一氏の卒業研究の指導を私が担当した。村上君は建築史の勉強に意欲的で、生涯この分野で働くという固い意志を秘めておられ、はやくから古代の建築に知識を広め、「大安寺の復原」を卒業研究のテーマに決めておられた。すでに奈良文化財研究所に就職も決まっていた。復原的研究であるから図面はそのまま卒業設計作品となった。

建築史関係の研究を指導出来るようになったのは大学院（修士課程）が開設されてからである。日本建築史を専攻する最初の院生は奈良昭彦君であった。大阪大学の溶接工学科の出身であったから、いささか不安であったが、建築に対する理解は早く、近代の研究に眼を向けた。そこでジョサイア・コンドルの設計図（京大蔵）の写真（京大蔵）があったので、その中の現存する遺構を調べ、それらを通じてコンドルの作風を考察する仕事に取り組んだ。彼は調査に精力的に取り組んだ。私も幾棟か同行したが忘れ難いのは古河邸である。見せて貰えないというので知人に頼んだところ、国税局が管理していることが分かり、幸いに許可を頂いた。進駐軍に接収され、解除後もう何年も封鎖されていた由、マスクを持参するよう注意を受けた。ドアがあけられると一面に蔽われた埃（微粒子）が音もなく舞い上がる光景は異様であった。それでも二階建の屋内を隈なく案内して頂き、接収中の秘話などを聞いた。奈良君はこの論文が評価され、志望の東大大学院博士課程へ進学した。西洋建築史を専攻した竹内次男君も私のゼミに奈良君と席を並べていた。大岡博士の大著『南都七大寺の研究』を読んだ時の感銘が未だに消えないと先日も語っていた。

学部では現代建築の創作に夢を馳せている学生が大部分であったから、大学院で建築史を志望する学生はほとんど期待できない。したがって学部での授業こそ大切であった。デザインに狂喜している連中の眼を過去の日本建築に向けさせ、彼らにとって魅力ある建築史の講述を工夫することが必要であった。そこで遺構の様式・意匠・構法などにあらわれた作者の、あるいはその時代の人の意図を探りながら、古建築との対話の楽しさを伝えることを主とした建築史を講じたのであった。建築史演習の授業では、公開されていない名建築や文化財建造物の修理工事の現場の見学をおこなった。この授業には欠席者はほとんどいなかった。こうした授業を通じて私の意図を受けとめてくれた学生が現れた。日向進君である。彼は当時建築史の新しい領域、都市の問題に関心を抱き、デザインか歴史か、何れの道に進むか思案をしていた。結局建築史の専攻を決意し、「京都町家の史的研究」が修士論文のテーマとなった。卒業後はさらに町家を京の町の歴史とともに研究し、町家のなかからどのように数寄空間が生まれ、発達したか、研究を発展させたいと抱負を語られた。当時建築史・建築意匠の講座には助手の定員もなかったので、日向君は福井工業大学に勤務し研究を続けることになった。

昭和四七年には学部から山形政昭君、名古屋工業大学から中村利則君が入学された。山形君の論文は「和風住宅の源流と形成過程の研究」であった。現代の和風の形成過程を考察しようとするものであったが、その形成に影響が大きかったとする藤井厚二の作品の調査に熱意を注いでいた。私も同行したが、松ヶ崎の高野川沿いの広大な敷地を占めていた堀野邸の調査は、取壊される一カ月程前のことで貴重な収穫となった。中村君の論文は「本願寺坊官住宅の建築的研究」で、東本願寺の坊官粟津家の屋敷の模様を初めて明らかにした。工繊大の日本美術史の土居次義教授は、京大の沢村専太郎教授に学ばれ、特に近世障壁画の研究に独自な学問を確立された。他大学からも先生の学風を慕う者の集まりが鹿ケ谷のお宅で時折りあり、私も参加していた。その中に大谷大学で先生に学ばれた上場兼澄氏がおられ、よく議論をしたものだった。同氏は大谷大学の講師として図書館に勤務されていた。同氏のお力添えで厖大な「粟津文書」の一部の撮影が許された。これが中村君の論文の基礎史料となった。

昭和五〇年には学部から中村伸夫君、大阪工業大学から建部恭宣君が入学した。建部君はいったん就職して再び研究を志した人で、実務の経験から建築史を学ぶことの重要性を認識したという珍しい人材だった。原始時代を対象にしたいということだった。私も大いに関心のあることで同君の研究に期待したが、やはり大学では無理な仕事であることを悟り「神殿の形成に関する基礎的研究」をテーマとし、神殿の成立過程について広く諸説を検討しながら自身の仮説を展開した。中村伸夫君は中世の建築意匠、細部手法などの動向に近世的なものの萌芽、胎動を解明しようとした。昭和五一年には学部から佐藤洋司君が将来設計を業とするため建築史を研究したいと明確な意志を掲げて入学した。佐藤君も単体の建築より都市空間に対する関心が強く、「京都市の歴史的都市空間及び景観に関する基礎的研究」をテーマとし、中世から現代に至る京都の都市的景観の変貌を考察した。

昭和五三年には学部から大鉢もと子さんと立花正充君が入学した。大鉢さんは「近世における貴族の数寄屋に関する研究」と題して後水尾院の御所、近衛家の桜御所、予楽院の河原御殿、妙法院御茶屋などを通じて数寄屋造りにおける貴族の好みの特色を考察した。立花君は学部卒業後、建設会社に勤務、特に庭の研究の必要性を痛感するところあって進学した。『作庭記』を勉強しつつ、日本庭園と水の演出との関わりを重視し「日本庭園における水の形態に関する研究」をテーマとした。同君はこの研究の成果を生かしながら造園計画の仕事に今も専念している。昭和五四年には学部から池田俊彦君が進学した。彼は「古代国語における柱」と題した卒業論文で受賞した。院では「擬洋風建築に残る和風について——外部意匠を通じて」をテーマとした。見逼されがちな擬洋風建築につながる和風のデザインを考察の対象とした。また日本大学から島村昭好君が進学した。彼は「近代和風住宅の動向——京都に於ける別邸建築を中心として——」をテーマとした。その頃私は南禅寺界隈の別荘建築をはじめ、各地の和風建築の調査をおこなっていた。島村君はこの調査に積極的に参加し、自らも資料を調べてこの論文を纏めたのであった。

昭和五五年には大田精一君が大阪工業大学から、森田卓郎君が学部から進学した。大田君は「民家における座敷の史的研究」をテーマとし、民家の調査報告書によって、近畿地方の近世民家における座敷の発達の過程を考察した。また森田君は文化財修理の仕事に従事することを生涯の目標として「建造物の保全と修理に関する研究」をテーマとした。昭和五六年には学部から平井俊行君が「近世浄土真宗寺院建築と諸制度との関係に関する研究」をテーマとした。平井君も文化財修理の技術者を志していた。真宗寺院建築を単に様式意匠の特色を論じるのでなく、諸制度との関連に視座をすえて考察を展開した。

昭和五八年には大阪市立大学から島田敏男君が、学部からは矢ケ崎善太郎君が進学した。島田君は「東本願寺御堂の再建に関する研究」をテーマとした。これは京都工芸繊維大学美術工芸資料館蔵の「古建築図面」に基づいてなされた考察である。この資料は藤原教授が寄贈を受けた古図で、某寺から吉田技官と運搬したものであり私にとっても思い出が深い。東本願寺の明治再建工事の際、特に図面を担当していた工匠藤本某の所蔵していた図面一式である。長い間未整理であったのを島田君が整理をしながらこの論文を纏めた。昭和五九年から山形市生活文化財調査を委託され、明治の大火で焼失を免れた山形市の各種の建築の調査をおこなった。この調査に終始従事した矢ケ崎善太郎君は、その中の民家の調査成果を「山形盆地における近代民家の史的研究」と題して論文に纏めた。

昭和五九年には学部から桐浴邦夫君と田中岳彦君が、東京電機大学から照井俊朗君が進学した。桐浴君は「武田五一の作風に関する研究——日本建築との関わりを中心に——」をテーマとした。本学の前身京都高等工芸学校創立時から教授に就任した武田五一は藤原教授の恩師でもあり、私も学生諸君に武田五一のエピソードを語りながら作品を見て廻ることがよくあった。しかし武田五一を論文のテーマに取り上げたのは桐浴君が最初であった。田中君は「近代和風建築の関西的作風に関する研究」と題し、関西における近代和風建築の特色を考察した。照井君は「数寄屋の木割に関する研究」をテーマとし、書院造に対し木割がないとされる数寄屋の寸法の決め方について考察をめぐらした。昭和六〇年には日本大学から石東真理さん、学部から高井昭君と寺本就一君が進学した。石東さんは「茶室の空間的特性に関する考察」と題し、草庵から書院風に及ぶ多様な茶室空間に共通する特性とは何かを考察した。高井君は神社建築を神事とのかかわりから考察することに意欲的で、「住吉大社社殿成立に関する一考察——神功皇后神招きの空間——」と題する論文を纏めた。寺本君は山田寺の発掘成果に感動して「発掘成果による山田寺の史的研究」をテーマに考察した。昭和六二年には学部から北野良彦君、明治大学から清光弘恵さんが進学した。北野君は日本建築の設計法の中から自身の設計手法を見出したいとして「日本建築に於ける設計とその表現に関する史的考察」と題して論文を書いた。清光さんは「数寄屋空間の機能的考察」をテーマに、これまで茶室研究で取り上げられることの少なかった水屋を中心にその機能を考察した。

昭和六二年には鹿島出版会でSD誌の編集に携っていた梅宮弘光君（学部は近畿大学）が進学した。建築の近代化を担った建築家たちの活動に強い関心を示し「昭和初期建築思潮に関する一考察」として川喜田煉七郎を取り上げ、堅実な作家論を展開した。また名城大学から進学した横山晴美さんは「松平不昧の数寄空間に関する研究」をテーマに大崎園の茶屋を中心に不昧の作風を考察した。東京都立大学から射場保貴君、学部からは冨田美穂さん、中田宏和君が進学した。射場君は「数寄の造形思考に関する研究」をテーマに、茶の湯の世界で数寄・侘・寂という概念は、具体的にどのような造形を思考しているかを考察した。冨田さんは「近代数寄者による和風建築の動向に関する研究」をテーマに、西川一草亭の建築の調査を中心に数寄者の創意が近代和風に及ぼした影響の一端を考察したもので、建築における一草亭の先駆的な業績であった。中田君の論文「伝統的木造建築工法に関する研究——山翠楼（旧高松邸）を事例として——」は、名古屋の山翠楼取壊しに際し、移築のための解体工事調査に参加した時の成果に基づいて纏めたものである。ちなみにこの旧高松邸は暫遊荘として犬山市に移築再生されている。

昭和六三年には京都府立大学から関智之君、清水建設設計部から直町常容子さん（学部は日本女子大学）が進学した。関君の論文「近代建築思潮に関する一考察——本野精吾の活動を中心に——」は、京都高等工芸学校図案科の教授で作家であった本野精吾の作家論である。直町さんは数寄空間に関心をもちながら茶匠でなく文人、隠者の営みに眼を向けていた。「近世文人趣味建築の史的研究——木下長嘯子の山居を中心に——」をテーマに大原野の金蔵寺に残る長嘯子の庵居の図を中心に文人趣味の世界を考察した。平成元年には千葉大学から川島洋一君、学部から安西園恵さん、大阪市立大学から寺西正裕君が進学した。川島君はスウェーデンの現代建築家アスプルンドの建築に傾倒していた。自然と融和したストックホルムの火葬場は私も惹かれていた。当時私はストックホルムの国立民族博物館構内の茶室の建設に関わっていた。彼もまたアスプルンドの研究にスウェーデンに渡っていたことをあとから知った。論文「E・G・アスプルンドの研究」はその成果であった。安西さんは「近代住宅作家に関する一考察――保岡勝也を中心に――」をテーマに保岡勝也を取り上げた。保岡は近代住宅、特に茶室・数寄屋建築に貴重な足跡を残した作家でありながら、ほとんど研究の対象になっていなかった。保岡の著作を渉猟し、その業績を明らかにした。後に東京都文京区西片の平野邸が保岡の設計に成ることを知り、安西さんの論文を献呈した。寺西君は「足利義政邸の建築と庭園に関する復元的研究」をテーマに既往の東山殿の復元的研究を参照し、特に建築と庭との関連について考察した。

以上三君の修士論文の指導を了えて平成三年三月定年退官した。

院生の研究の多くは、ゼミの過程で、私の提案で決まったテーマが多い。それらはじつは時間の余裕があれば私がやりたい研究課題なのであった。院生の調査や研究を見守りながら私も勉強させて頂いたのであった。そうした平素の勉強がどれだけ私の仕事や建築に対する考え方の熟成に役に立っているか図り知れないものがある。

なお大学院に入学しないで、研究生として私の研究室にこられた国内外の方々がある。そのなかでお二人のことを記しておきたい。福岡教育大学の吉井宏氏（東京芸術大学卒）は二年間内地留学で茶室の研究にこられた。茶室の空間が五感に与える影響、特に光の効果、照度の調査に力を注がれた。『茶室』（保育社刊）はその成果の一端でもある。また福井工業大学卒業後、五十嵐建築事務所に勤務、退社して研究生として昭和五〇年に来られた吉江勝郎氏は、研究生として在学一三年に及んだ。吉江氏は私の研究の実践的活動であった物創りの仕事に積極的に協力され、山形市宝紅庵にはじまる幾つかの公共茶室の設計を助け、苦楽を共にして頂いた。私の物創りの方法論はかなり深部まで感得しておられると思う。また、熊本県立球磨工業高校に伝統建築コースが設置されるや、伝統建築教育の基礎的研究のため前田義美氏と富岡茂則氏が相次いで内地留学でこられ、院生たちにも大きな刺激となった。

昭和四一年に裏千家学生茶道研究会が発足した。その幹事役をしておられたのが京大文学部国史学科の学生であった谷晃氏であった。当時茶の湯研究を語り合う若い人がいなかったこともあって谷さんと急速に親しくなった。学生茶道は茶会を催すことよりも研究をすべきであり、堀口博士が昔やっておられたような「読茶会」をやろうではないかということになった。谷さんは私と同県人であり愛酒家でもあった。夜、私の研究室によく訪ねてきてくださった。そんなことから、やがて日向君をはじめ研究室の連中も親しく交わるようになり、古文書の読み方を教わったりしていた。卒業後は茶の湯研究を生涯の仕事とする決意を固められ、河原書店の編集部へ勤務された。その頃、一緒に茶書の出版を計画し、かなり作業をはじめたのであったが、やがて香雪美術館へ移られることになって、その仕事は中絶した。『数寄屋古典集成』三巻（小学館刊）に「茶譜」を収め得たのも、その時の氏の協力のお蔭である。いつの間にか谷さんは建築史研究室の長老格として、皆が慕い尊敬するようになっていた。

吉井、吉江両氏とともに、大学院のＯＢで、今回本書に寄稿できなかった方々のために、かつての業績を紹介した次第である。

徒らに馬齢を数える老生にはあまりに面映ゆいことです。このような充実した研究書を上梓して下さった日向進教授とＯＢの方々に深甚の謝意を表しますとともに、本書がさらに後進の学問の啓明に寄与できることを祈ります。

平成一六年六月一五日

中村昌生

あとがき

本書誕生の経緯や、その意図するところは「はじめに」に記されている。論集を編む節目を何度かもつなかで、この度は中村先生から快くお許しを賜り、このような企画が成就できることに、まずは感謝を申し上げたい。こうした好機も、中村昌生先生とのそれぞれの出会いが機縁となって実現することになったといえる。

昭和五五年当時、京都工芸繊維大学中村研究室は、西門を入った生協の食堂棟の北側、「五号館」と称する建物の五階にあった。エレベーターを降りて事務室前を通り過ぎた、五階の中ほど南向きの研究室であった。そして、中廊下を挟んで真向いに日向（当時講師）研究室が置かれていた。その直下、四階は大学院生室で、当時、六、七人の大学院生、研究生がいた。そのころは毎週のように茶室や数寄屋などの建物調査が行われ、その実測図面の作成作業などには、日向研究室が当てられることも多く、日常そこに出入りすることが繁となって、あたかも不夜城のようであった。

中村先生が在室しておられる日は、不思議と日向研究室前の廊下や私たちの周囲に緊張感が漲るのを、研究室の全員が感じ取っていた。当時の中村先生は、どことなくやさしい面だちで、柔和な物腰が印象的であったが、先生の眼奥には、何ものをも透視されているかのような鋭敏さと厳しさが感じられた。それは、先生がご自身の中に求める厳しさといったものに拠っているように思われ、私たちはそういう先生に尊敬の念を抱いていた。先生のこうした人となりが、私たちに、よい緊張感と精進を強いる学究の場を醸成して、豊かに育くんで下さっていたのである。それが、私たちの生き方に深い心の指針となって生きつづけている。

本書については、企画段階から、できるだけ多くの者が執筆に加わった形のものにしたいと考えていた。けれども、諸般の事情から執筆を断念していただかざるを得なくなってしまった方もあり、必ずしも当初の方針を貫くことができなかったことを、この場をお借りして深くお詫びしたい。

また、本書の上梓に当たって、こうした誠に地味な論文集の出版をお引き受けいただいた思文閣出版、編集から製本にいたるまで、様々な便宜をお図り下さった長田岳士専務取締役および林秀樹・秦三千代の両氏には、心から感謝申し上げる次第である。さらに、長年、先生の作品を撮ってこられた田畑みなお氏には、本書中の扉写真を快く提供下さり、深く感謝申し上げたい。

二〇〇四年七月

中村昌生先生喜寿記念刊行会

吉江勝郎
池田俊彦

山形政昭（やまがた　まさあき）

1949年大阪府生．京都工芸繊維大学大学院修士課程修了．大阪芸術大学教授．『ヴォーリズの西洋館』（淡交社，2002年）『ヴォーリズの建築』（創元社，1989年）「建築家小川安一郎について」（意匠学会論集『デザイン理論』，1994年）「建築家笹川慎一をめぐって」（大阪芸術大学紀要『芸術』，1992年）『ウィリアム・メレル・ヴォーリズの建築をめぐる研究』（私家本，1993年）

梅宮弘光（うめみや　ひろみつ）

1958年兵庫県生．神戸大学大学院博士課程修了．神戸大学発達科学部助教授．『モダニズム／ナショナリズム』（共著，せりか書房，2003年）『作家たちのモダニズム』（共著，学芸出版社，2003年）『国際デザイン史』（共著，思文閣出版，2001年）『建築ＭＡＰ大阪／神戸』（共著，ＴＯＴＯ出版，1999年）『近代建築史』（共著，昭和堂，1998年）

川島洋一（かわしま　よういち）

1962年大阪府生．京都工芸繊維大学大学院博士後期課程修了．福井工業大学工学部建設工学科専任講師．『作家たちのモダニズム』（共著，学芸出版社，2003年）『Light/Space/Architecture（ストックホルム市立美術館における吉村行雄写真展カタログ）』（共著，2001年）『近代建築史』（共著，昭和堂，1998年）『ヨーロッパ建築史』（共著，昭和堂，1998年）「アスプルンドの初期の活動について」（『日本建築学会計画系論文集』499号，1997年９月）

中村昌生（なかむら　まさお）

1927年愛知県生．彦根工専（現滋賀大学）卒．京都大学工学部助手・京都工芸繊維大学助教授・教授等を経て現在，京都工芸繊維大学名誉教授・福井工業大学名誉教授．著書『数寄の空間』（淡交社，2000年）『茶室の研究・新版』（河原書店，2000年）『数寄屋古典集成』（小学館，1987～95年）『茶苑の意匠』（毎日新聞社，1983年）『茶匠と建築』（鹿島出版会，1971年）

日 向　　進（ひゅうが　すすむ）

1947年京都府生．京都工芸繊維大学大学院修士課程修了．京都工芸繊維大学教授．『茶室に学ぶ―日本建築の粋』（淡交社，2002年）『近世京都の町・町家・町家大工』（思文閣出版，1998年）『窓のはなし』（鹿島出版会，1988年）『京都町触の研究』（共著，岩波書店，1996年）『社寺彫刻―立川流の建築装飾』（共著，淡交社，1994年）

池 田 俊 彦（いけだ　としひこ）

1955年兵庫県生．京都工芸繊維大学大学院修士課程修了．福井工業大学助教授．『茶室・露地　茶道学大系六』（共著，淡交社，2000年）『国宝・重文の茶室』（共著，世界文化社，1997年）『匠技―大工・中村外二の仕事』（共著，青幻舎，1996年）『和風建築の意匠』（共著，学芸出版社，1991年）『数奇の名料亭』（共著，毎日新聞社，1990年）

桐 浴 邦 夫（きりさこ　くにお）

1960年和歌山県生．京都工芸繊維大学大学院修士課程修了．京都建築専門学校．『近代の茶室と数寄屋』（淡交社，2004年）「武田五一『茶室建築』をめぐって―その意味と作風への影響」（『日本建築学会計画系論文集』537号，2000年11月）「紅葉館と星岡茶寮について―1880年代の数寄屋―」（『茶の湯文化学』第５号，1998年）『近代数寄屋建築の黎明―公に設置された明治期の数寄屋建築―』（私家本，2000年）

矢ヶ崎善太郎（やがさき　ぜんたろう）

1958年長野県生．京都工芸繊維大学大学院修士課程修了．京都工芸繊維大学助教授．『図説　建築の歴史』（共編著，学芸出版社，2003年）『町家再生の技と知恵』（共著，学芸出版社，2002年）『近代日本の郊外住宅地』（共著，鹿島出版会，2000年）『植治の庭―小川治兵衛の世界』（共著，淡交社，1990年）「近代京都の東山地域における別邸群の初期形成事情」（『日本建築学会計画系論文集』507号，1998年５月）

和 田 嘉 宥（わだ　よしひろ）

1945年島根県生．京都工芸繊維大学工芸学部建築工芸学科卒．米子工業高等専門学校教授．『中国地方のまち並み』（共著，日本建築学会中国支部中国地方まち並み研究会編，中国新聞社，1999年）『鳥取建築ノート』（共著，朝日新聞社鳥取支局編，富士書店，1991年）「松江藩における御大工の位置付けとその推移―松江藩御作事所と御大工の作事に関する研究―（その２）」（『日本建築学会計画系論文集』544号，2001年２月）「松江藩御作事所の構成とその推移―松江藩御作事所と御大工の作事に関する研究―（その１）」（『日本建築学会計画系論文集』504号，1998年２月）『松江藩御作事所と御大工に関する研究』（私家本，2002年）

岩 波 由 佳（いわなみ　ゆか）

1963年京都府生．京都工芸繊維大学大学院博士後期課程修了．京都文教短期大学講師．「近世における寺内町の町構造の変容について―和泉国貝塚寺内町を事例として―」（『日本建築学会計画系論集』546号，2001年８月）「近世における寺内町の形態的変容について」（『寺内町研究』４号，1999年）「畿内における寺内町の近世的変容」（共著，『京都工芸繊維大学工芸学部研究報告　人文』47号，1999年）

執筆一覧（収録順）

中 村 伸 夫（なかむら　のぶお）

1952年大阪府生．京都工芸繊維大学大学院修士課程修了．奈良県教育委員会文化財保存事務所．『日本建築史基礎資料集成　十二　塔婆II』（共著，中央公論美術出版，1999年）「重要文化財興福寺南円堂修理工事報告書」（奈良県教育委員会，1998年）「重要文化財藤岡家住宅修理工事報告書」（奈良県教育委員会，1996年）

高 井　　昭（たかい　あきら）

1961年兵庫県生．京都工芸繊維大学大学院博士後期課程修了．京都市立伏見工業高等学校建築科教諭．『図説 建築の歴史』（共著，学芸出版社，2003年）『祭祀と国家の歴史学』（共著，塙書房，2001年）「日前神宮・國懸神宮の静火御祭について」（『神道及び神道史』53号，1996年）『中世日前神宮・國懸神宮の本殿の建築と神事に関する基礎的研究』（私家本，1994年）

建 部 恭 宣（たてべ　やすのぶ）

1946年沖縄県生．京都工芸繊維大学大学院修士課程修了．日本建築専門学校教授．『文化財ガイドブック―建造物編―』（静岡県教育委員会，2000年）『桂離宮』（共著，小学館，1995年）『京の離宮と御所』（共著，ＪＴＢ日本交通公社出版事業局，1995年）

平 井 俊 行（ひらい　としゆき）

1959年東京都生．京都工芸繊維大学大学院修士課程修了．京都府教育庁指導部文化財保護課建造物第２係長．『週刊日本遺産18　清水寺・祇園・産寧坂』（共著，朝日新聞社，2003年３月）『週刊朝日百科日本の国宝73　京都／三宝院・法界寺・歓喜光寺』（共著，同前，2002年７月）「西村家の『由緒覚書』の考察と全文紹介（桟瓦の起源について）」（『京都府埋蔵文化財論集』第３集，1996年３月）「火番について―妙心寺本坊での火番と典座の研究―（その１）」（『日本建築学会計画系論文集』467号，1995年１月）「妙心寺古文書『記録』に見る「並べ瓦」・「丸付並べ瓦」」（『建築史学』21号，1993年９月）

谷　　　晃（たに　あきら）

1944年愛知県生．京都大学文学部史学科卒．野村美術館学芸部長．『茶会記の研究』（淡交社，2001年）『金森宗和茶書』（思文閣出版，1997年）『茶会記の風景』（河原書店，1995年）『高麗茶碗―論考と資料』（共著，河原書店，2003年）『茶の湯美術館』（共編，角川書店，1997年）

中 村 利 則（なかむら　としのり）

1946年石川県生．京都工芸繊維大学大学院修士課程修了．京都造形芸術大学教授．『町家の茶室』（淡交社，1981年）『茶室・露地　茶道学大系六』（編著，淡交社，2000年）『茶の湯絵画資料集成』（共編著，平凡社，1992年）『京都学への招待』（共著，角川書店，2002年）『国宝・重文の茶室』（共著，世界文化社，1997年）

建築史論聚《けんちくしろんしゅう》

2004(平成16)年8月2日発行

定価：本体9,000円(税別)

編　者　中村昌生先生喜寿記念刊行会

発行者　田中周二

発行所　株式会社思文閣出版

〒606-8203 京都市左京区田中関田町2－7

電話 075-751-1781

印　刷
製　本　株式会社 図書印刷 同朋舎

 ISBN4-7842-1202-7 C3052